suhrkamp taschenbuch
wissenschaft 640

Die in diesem Band enthaltenen drei Monographien sind großen Komponisten gewidmet, die für die Entwicklung der modernen Musik von zentraler Bedeutung sind.
Durch den »Versuch über Wagner«, 1937/38 geschrieben und 1952 als Buch erschienen, hat Adorno entscheidend dazu beigetragen, das Wagner-Bild in der Mitte unseres Jahrhunderts zu prägen und eine kritische Einstellung zur Wagnerschen Musik zu finden, in welcher »Fortschritt und Reaktion sich nicht wie die Schafe von den Böcken scheiden lassen, sondern beides unauflöslich fast sich verschränkt«.
Das Mahler-Buch – »eine musikalische Physiognomik« des großen Anregers der modernen Musik, des Lehrers von Schönberg und Berg – erschien zum 100. Geburtstag des Komponisten (1960) und half mit, das vielfach verbogene Urteil über Mahler zu revidieren, über diese Musik des Fin-de-siècle, die »in den Erinnerungsspuren der Kindheit« an der Utopie festhält und doch weiß, »daß dieses Glück verloren ist und erst als Verlorenes zum Glück wird«.
Der Monographie über Alban Berg, den »Meister des kleinsten Übergangs« (1968), gingen verschiedene Aufsätze über diesen »aus Jugendstil und Fin-de-siècle hervorgegangenen« Komponisten voraus. Berg darf als Schlüsselfigur für Adornos eigene musikalische Theorie gelten – sowohl in seiner Affinität als auch und gerade in seiner Distanz zu Mahler und Wagner.

Theodor W. Adorno

Die musikalischen Monographien

Suhrkamp

Die vorliegende Ausgabe ist text- und seitenidentisch mit Band 13 der *Gesammelten Schriften* Theodor W. Adornos.
Herausgegeben von Gretel Adorno und Rolf Tiedemann

8. Auflage 2024

Erste Auflage 1986
suhrkamp taschenbuch wissenschaft 640

Umschlag nach Entwürfen von
Willy Fleckhaus und Rolf Staudt
Druck und Bindung: C. H. Beck, Nördlingen
Printed in Germany
ISBN 978-3-518-28240-3

www.suhrkamp.de

Inhalt

Versuch über Wagner 7

I Sozialcharakter 11
II Gestus 26
III Motiv 41
IV Klang 59
V Farbe 68
VI Phantasmagorie 82
VII Musikdrama 92
VIII Mythos 109
IX Gott und Bettler 123
X Chimäre 134
Nachweise 146

Mahler
Eine musikalische Physiognomik 149

I Vorhang und Fanfare 151
II Ton 167
III Charaktere 190
IV Roman 209
V Variante – Form 230
VI Dimensionen der Technik 253
VII Zerfall und Affirmation 267
VIII Der lange Blick 287
Nachweise 310
Notiz 318

Berg
Der Meister des kleinsten Übergangs 321

Vorrede 323
Ton 325
Erinnerung 335
Zu Werken 368
Analyse und Berg 368
Klaviersonate 374
Lieder nach Hebbel und Mombert 383
Sieben frühe Lieder 386
Erstes Streichquartett 391
Altenberglieder 401
Klarinettenstücke 408
Orchesterstücke 414
Zur Charakteristik des Wozzeck 428
Epilegomena zum Kammerkonzert 434
Lyrische Suite 451
Weinarie 463
Erfahrungen an Lulu 471
Werkverzeichnis 491
Zum Text 493

Anhang 495

Zum »Versuch über Wagner«
I. Résumés der Kapitel 2 bis 5 und 7 und 8 aus der »Zeitschrift für Sozialforschung« 497
II. Notiz zur Erstausgabe 503
III. Selbstanzeige des Essaybuches »Versuch über Wagner« 504

Zu »Berg«
Konzertarie »Der Wein«, Fassung von 1937 509

Editorische Nachbemerkung 515

Für Gretel

»Pferde sind die
Überlebenden der Helden«

Versuch über Wagner

Der »Versuch über Wagner« wurde von Herbst 1937 bis Frühjahr 1938 in London und New York geschrieben. Er hängt aufs engste zusammen mit Max Horkheimers 1936 erschienener Studie »Egoismus und Freiheitsbewegung: zur Anthropologie des bürgerlichen Zeitalters« und anderen aus dem Institut für Sozialforschung in jenen Jahren hervorgegangenen Arbeiten. Das Ganze erschien, bei Suhrkamp, erstmals 1952.

Vier Kapitel, das erste, sechste und die beiden letzten, waren bereits 1939 in Heft 1–2 der »Zeitschrift für Sozialforschung« publiziert. Der größte Teil der Auflage wurde während der deutschen Okkupation von Frankreich vernichtet; nur ganz wenige Exemplare haben sich erhalten. Den Wortlaut der bereits gedruckten Kapitel glaubte der Autor im Buch kaum antasten zu dürfen. Mit einigen der unveröffentlichten Kapitel verfuhr er etwas freier; er hat auch manches an späterer Einsicht hineingezogen. Dagegen wurde die seitdem erschienene Wagnerliteratur kaum berücksichtigt. Insbesondere der Briefwechsel mit König Ludwig und die beiden letzten Bände der großen Biographie Ernest Newmans bieten neue und wichtige Materialien zur Kenntnis des Wagnerschen Sozialcharakters. Der Autor meint sich berechtigt, sie als Bestätigung des von ihm Entwickelten aufzufassen.

Die Taschenbuchausgabe* korrigiert Druckfehler; sonst bringt sie nur geringfügige Änderungen. Was der Autor während der letzten Jahre zu Wagner formulierte, hätte sich dem Aufbau nicht eingefügt. Der Aufsatz »Zur Partitur des Parsifal« steht in den »Moments musicaux«; der Vortrag »Wagners Aktualität«,

* *Die Ausgabe, der der vorliegende Text folgt, erschien als »Versuch über Wagner«, München und Zürich: Droemer Knaur 1964 (Knaur-Taschenbücher. 54.) (Anm. d. Hrsg.)*

den er bei Gelegenheit der Berliner Festwochen im September 1963 hielt, ist noch ungedruckt.

Dezember 1963 Der Verfasser

I

Die erste zu seinen Lebzeiten aufgeführte Oper von Richard Wagner, Das Liebesverbot, verwendet ein Textbuch, dessen Stoff Shakespeares Maß für Maß entnommen ist, mit der Abweichung, daß, nach Wagners eigenen Worten, »der Heuchler durch die sich rächende Liebe allein zur Strafe gezogen«, nicht aber durch die politische Macht demaskiert wird. Als Einundzwanzigjähriger hat der Komponist, so stellt es dem Reifen sich dar, die Shakespearische Komödie im Phantasiehorizont von »Ardinghello« und dem »Jungen Europa« angeschaut. »Der Grundton meiner Auffassung war gegen die puritanische Heuchelei gerichtet und führte somit zur kühnen Verherrlichung der ›freien Sinnlichkeit‹. Das ernste Shakespearische Sujet gab ich mir Mühe durchaus nur in diesem Sinne zu verstehen, ich sah nur den finsteren, sittenstrengen Statthalter, selbst von furchtbarer leidenschaftlicher Liebe zu der schönen Novize entbrennen«, und er wirft sich vor, in der Feuerbachischen Stimmung jener frühen Produktion das Moment der dramatischen »Gerechtigkeit« übersehen zu haben, das allein die Entwicklung der Gegensätze bei Shakespeare gestatte. Dies Werk ist nach der provinziell verunglückten Premiere sogleich und gründlich vergessen worden und auch im Zeitalter von Wagners Ruhm durch philologischen Eifer nicht mehr zu beleben gewesen. Die Gerechtigkeit des folgenden Werkes hat sich der Heuchelei geneigter gezeigt: Rienzi wurde nicht nur Wagners erster großer Erfolg, der ihm Namen und Stellung einbrachte, sondern füllte bis vor kurzem lärmend die Opernhäuser, obwohl die Meyerbeerische Haltung den musikdramatischen Normen Wagners so gründlich widerspricht wie die Novize von Palermo. Die Eingangsszene verherrlicht nicht länger allerdings die freie Sinnlichkeit. Sie denunziert sie. Eine Rotte junger Adeliger ist dabei, einen Anschlag auf die Tugend der sittenreinen Irene zu verüben. Sie ist die blind ergebene

Schwester Rienzis, des letzten römischen Tribunen und ersten bürgerlichen Terroristen. Wie es um dessen »Freiheitsbewegung« bestellt ist, hat Wagner quellentreu, doch mit Zustimmung dargestellt: »Freiheit verkünd' ich Romas Söhnen! Doch würdig, ohne Raserei zeig' jeder, daß er Römer sei; willkommen nennet so den Tag: er rächet Euch und Eure Schmach.« Raserei gibt es danach nur als erlaubte: als moralisch sanktionierte Rache. Wenn aber darum der schwankende Repräsentant der Feudalmacht, Adriano Colonna, Rienzi als »blut'gen Freiheitsknecht« apostrophiert, so verkennt er, daß das Rasereiverbot zunächst seiner eigenen Schicht zugute kommt. Rienzi verbeugt sich vor ihm mit den Worten: »ich kannte stets nur nobel dich, du bist kein Gräuel dem Gerechten«, und eine Regiebemerkung Wagners erklärt bewundernd: »die Friedensboten bestehen aus Jünglingen von den besten römischen Familien, sie sind halb antik in weißseidene Gewänder gekleidet, tragen Kränze im Haar und silberne Stäbe in der Hand.« Die besten Familien gehören einer Volksgemeinschaft an: »Nicht zum Verderben deines Standes ersann mein Geist den kühnen Plan, nur das Gesetz will ich erschaffen, dem Volk wie Edle untertan.« In diese Volksgemeinschaft werden die Unterdrückten dem Titel nach aufgenommen: »Nun denn, Rom mach' ich groß und frei, aus seinem Schlaf weck' ich es auf, und jeden, den im Staub du siehst, mach' ich zum freien Bürger Roms.« Gibt der »Friedensheld« den Feudalen zu verstehen, daß er ihnen nichts Ernsthaftes antun wolle, so beschränkt er dafür die Ansprüche der Unterdrückten auf deren bloßes Bewußtsein: »... zu helfen dem, der niedrig denkt, zu heben, was im Staub versenkt, du wandeltest des Volkes Schmach zu Hoheit, Glanz und Majestät...« Kurz, die römische Erhebung wendet sich gegen den libertinen Lebensstil, nicht gegen die feindliche Klasse, und mit folgerechter Naivetät wird die tönende Staatsaktion durch die privaten Familienkonflikte Adrianos in Bewegung gebracht. Der Revolutionär Rienzi will von Anbeginn integrieren: wenn er die widerstreitenden Parteiparolen »für Colonna – für Orsini!« vernimmt, so ruft er dem, Prophet der totalitären Ideologie, »für Rom« entgegen. Als erster Diener des großen Ganzen verzichtet der Diktator Rienzi auf den Titel König, so wie nachmals Lohengrin auf die Herzogswürde. Dafür nimmt er freilich

Vorschußlorbeeren so gern entgegen, wie er selber sie spendet. Eine Regiebemerkung beschreibt, abermals im Sinne der Kategorien von Egoismus und Freiheitsbewegung[1]: »Rienzi tritt auf, er erscheint als Tribun in phantastische und pomphafte Gewänder gekleidet.« Fast dämmert ein kritisches Bewußtsein von der wahren Art des Helden als Selbstbesinnung noch im historischen Spektakelstück. Eigenlob und Pomp – Züge der gesamten Wagnerschen Produktion und Existentialien des Faschismus – entspringen der Ahnung von der Unbeständigkeit des bürgerlichen Terrors, von der Todgeweihtheit des Heroismus, der sich selbst proklamiert. Seinen Nachruhm sucht bei Lebzeiten, wer daran zweifelt, daß ihn überlebt, was er geschaffen hat, und in festlichen Aufzügen zelebriert er die eigene Totenfeier. Tod und Vernichtung stehen hinter der Wagnerschen Freiheitskulisse bereit: die historischen Trümmer des Kapitols, die den kostümierten Friedenshelden begraben, sind die Modelle der metaphysischen, die über den entmächtigten Göttern und der schuldhaften Welt des Ringes zusammenschlagen.

Wenn Wagner sich selbst später dahin auslegte, es habe die »Ausgleichung beider Richtungen« seiner Frühzeit, nämlich der entfesselten Sexualität und des asketischen Ideals, »das Werk seines weiteren künstlerischen Entwicklungsgangs« ausgemacht, so geschieht dieser Ausgleich im Namen des Todes. Lust und Tod werden eines: wie Brünnhilde am Ende des dritten Aktes Siegfried dem Geliebten zum »lachenden Tod« sich preisgibt, da sie zum Leben zu erwachen meint, so erfährt Isolde ihren leibhaften Tod als »höchste Lust«. Selbst wo der Gegensatz von Sexualität und Askese unmittelbar thematisch ist, im Tannhäuser, nimmt er die Form solcher Verschränkung im Tode an. Der Impuls gegen die »puritanische Heuchelei« ist noch wach genug. Die Ritter, die den abtrünnigen Tannhäuser gegen seinen Willen in den Kreis ihrer Sitte zurückgezogen haben, wollen aus entrüsteter Tugend diesen erschlagen, weil er »zur äußersten Linken« erfahren hat, was ihre mittlere Oberwelt ihnen zu erfahren verbietet, und die Menge spendet ihnen dazu den »tobenden Beifall« der Rienzi-Volksgemeinschaft, ohne daß diesmal das Werk damit einig ginge. Die heilige Elisabeth ist in gewissem Sinne mit dem trotzigen Hedoniker solidarisch. Das bewährt sie, indem sie gegen die Ordnung stirbt, vor der sie ihn beschützt. Askese und Rebellion verbinden sich wider die Norm. Ritterschaft, Meisterzunft und alle Gestalten der Mitte haben fortan bei Wagner keinen guten Stand: der urzeitliche Ehemann Hunding wird ohne viel Umstände in die Hölle geschickt. Gerade die verächtliche Handbewegung Wotans jedoch, die Hunding gehen heißt, ist wiederum eine terroristische Geste. Solche Diffamierung des Bürgers, der doch in den Meistersingern rasch genug fröhliche Urständ feiert, dient demselben Zweck wie im totalitären Zeitalter. Nicht soll ein veränderter Begriff des Menschen an seine Stelle treten. Es soll von den Verpflichtungen dispensiert werden, die an der Mitte haften. Die Kleinen werden gehängt, die Großen läßt Wagner laufen. So geht es jedenfalls im Ring zu. Wohl scheint Wotan die Rebellion zu verteidigen, aber es geschieht um seines imperialistischen Weltplans willen und in den Kategorien von Handlungsfreiheit: »durch Vertrages Treue-Runen band er dich Bösen mir nicht« und Vertragsbruch: »denn wo kühn Kräfte sich regen, da rath' ich offen zum Krieg«. Seinen aufwieglerischen Schützling läßt der souveräne Gott im Stich und weiß den weltpolitischen Widersprüchen sich nicht anders zu entziehen, als indem er schroff die Diskussion mit der Ratgeberin abbricht und diese grimmig bestraft, als sie seinen ursprünglichen Plan ausführt, um sich am Ende väterlich sentimental von ihr zu verabschieden.

Wagner verlieh, nach Angabe Newmans, seinem Abscheu über die eigene Photographie aus der ersten Pariser Zeit Ausdruck mit dem Satz: »It made me look like a sentimental Marat.«[2] Sentimental reflektiert die Tugend den Schrecken, den sie verbreitet. Diese Sentimentalität hat in Wagners Physiognomie einen verhängnisvollen Zug angenommem: den des Mitleid Heischenden. Nicht umsonst ist er, im Gegensatz zu den Pfarrers- und Beamtensöhnen der Generation vor ihm, aus einer in Deutschland neuen Bohème dilettierender Halbkünstler hervorgegangen; nicht umsonst ist die Periode seines Aufstiegs jene ökonomisch prekäre, da die Opernproduktion ihre höfische Sekurität nicht mehr und ihren bürgerlichen Rechtsschutz, die geregelten Tantiemeneinnahmen, noch nicht besaß[3]. In einer Berufswelt, in der ein erfolgreicher Autor wie Lortzing Hungers starb, hat Wagner die Fähigkeit virtuos ausbilden müssen, bürgerliche

Ziele zu erreichen durch Preisgabe der eigenen bürgerlichen Würde. Wenige Wochen bereits, nachdem er aus Dresden wegen seiner exponierten Teilnahme am Bakunin-Aufstand geflohen war, bat er Liszt brieflich, ihm von der Großherzogin von Weimar, dem Herzog von Coburg und der Prinzessin von Preußen ein Gehalt zu erwirken[4]. So wenig Entrüstung über Wagners Charakterlosigkeit ansteht, so tief führt diese in das Werk. Dort wird sie von Siegmund repräsentiert. Er appelliert als friedlos Umirrender ans Mitleid und wendet dieses zum Mittel, Frau und Waffe zu gewinnen. Dabei bedient er sich moralistischer Wendungen: er gibt an, daß er für verfolgte Unschuld, unterdrückte Liebe focht; ein Revolutionär, der den verachteten Bürgern der Mitte konziliant von seinen vergangenen Großtaten erzählt. Entscheidend daran ist nicht das komödiantisch Verlogene der Geste. Nicht daß er sie betrügt, ist sein Vergehen, sondern daß er durch den Appell ans Mitleid die Herrschenden anerkennt und mit ihnen sich identifiziert. Hemmungslosigkeit im Betteln könnte besondere Unabhängigkeit von bürgerlichen Normen suggerieren. Sie hat aber den entgegengesetzten Sinn. Die Macht der Ordnung über den Protestierenden ist ihm bereits so groß, daß es nicht einmal zur wahrhaften Isolierung, nicht einmal zu Widerständen gegen das Ganze mehr kommt: wie es denn auch der Wagnerschen Harmonik, die vom Leitton gleitet, von der Dominante in die Tonika sinkt, an Widerstand gebricht. Es ist die Haltung des schmeichelnden Muttersöhnchens, das sich und anderen einredet, die guten Eltern könnten ihm nichts abschlagen, eben damit sie es nicht tun. Die Erschütterung der ersten Emigrationswochen hat Wagner dicht ans Bewußtsein davon geführt. Am 5. Juni 1849 schreibt der Sechsunddreißigjährige, der den Lohengrin hinter sich hat und schon am Ring arbeitet, an Liszt: »wie ein recht verzogenes Kind der Heimath rufe ich aus: ach, säße ich daheim in einem kleinen Hause am Walde, und dürfte dem Teufel seine große Welt lassen, die ich im besten Falle gar nicht einmal erobern möchte, da mich ihr Besitz noch mehr anekeln würde als ihr bloßer Anblick es schon thut!«[5], und im gleichen Brief: »oft blöke ich wie ein Kalb nach dem Stalle und nach dem Euter der nährenden Mutter ... Bei allem Muthe bin ich oft die erbärmlichste Memme! Trotz Deiner großherzigen

Anerbietungen sehe ich oft mit einer wahren Todesangst auf das Schmelzen meiner Baarschaft«[6]. Die Macht des Bürgertums über Wagner ist so vollkommen, daß er als Bürger die Anforderungen der bürgerlichen Anständigkeit nicht mehr erfüllen kann. Durch den Appell ans Mitleid wird der Interessenantagonismus scheinhaft derart aufgehoben, daß der Unterdrückte seine Sache zu der des Unterdrückers macht: schon in den offiziell revolutionären Schriften Wagners spielt der König seine positive Rolle. Der Bettler Wagner vergeht sich gegen die Tabus der bürgerlichen Arbeitsmoral, aber sein Segen frommt den Verfügenden zum Heile. Es indiziert sich bei ihm früh der Funktionswechsel der bürgerlichen Kategorie des Individuums. Seiner Vernichtung im hoffnungslosen Konflikt mit der gesellschaftlichen Instanz sucht es zu entgehen, indem es sich auf deren Seite schlägt und gerade jenen Übergang als die eigentlich individuelle Entwicklung rationalisiert. Der ohnmächtig Bittende wird zum tragischen Lobredner. In einer späteren historischen Phase sind diese Züge zu größter Bedeutung gelangt, als Gewaltherrscher in schwierigen Situationen mit Selbstmord drohten, öffentliche Weinkrämpfe erlitten und ihrer Stimme heulenden Klang verliehen. Eben die Fäulnisstellen des bürgerlichen Charakters, im Sinne von dessen eigener Moral, sind Vorformen von dessen Wandlung im totalitären Zeitalter.

Noch der späte Wagner zeigt die Konfiguration von Neid, Sentimentalität und Zerstörungsdrang. Der Parteigänger Glasenapp berichtet aus der letzten venezianischen Zeit, er habe »bei Betrachtung der zahlreichen geschlossenen unbekannten Paläste« ausgerufen: »Das ist Eigentum! der Grund alles Verderbens! Proudhon hat die Sache noch viel zu materiell von der äußeren Seite her aufgefaßt; denn die Rücksicht auf den Besitz bedinge bei weitem die meisten Eheschließungen, und dadurch die Degeneration der Rassen.«[7] Hier ist das ganze Instrumentarium beisammen: die Einsicht in die Sinnlosigkeit der herrschenden Eigentumsverhältnisse, verkehrt in Wut über die Genußsucht, entpolitisiert durch die Gebärde des »viel zu äußerlich«, vernebelt durch Substitution biologischer für gesellschaftliche Begriffe. Die Person Wagner nimmt in der Bayreuther Epoche diktatoriales Gebaren an. Dafür steht abermals der unverdächtige

Glasenapp ein: »Noch ein fernerer Zug wurde uns hervorgehoben, der allerdings nicht erst bloß für diese letzte Lebenszeit seine Geltung hatte. Man habe nichts vor ihm verbergen können; er habe immer alles gewußt. Wenn Frau Wagner ihn mit irgend etwas überraschen wollte, so habe er in der Nacht davon geträumt und es ihr am Morgen gesagt.« Dafür hat der Volksmund den Ausdruck: in die Suppe spucken. Glasenapp fährt fort: »Fremden gegenüber geschah dies Durchschauen oft in völlig dämonischer Weise: er erkannte die schwachen Seiten seines jedesmaligen Gegenüber mit durchdringender Schärfe des Blickes, und so geschah es, daß er, ohne jemand damit kränken zu wollen, gerade die wundesten Punkte desselben berührte.«[8] Dieser Neigung ist Wagner insbesondere seinem jüdischen Parsifal-Dirigenten gegenüber gefolgt. Die Freundschaft mit Hermann Levi wird von liberal begeisterten Schriftstellern gern dazu benutzt, den Wagnerschen Antisemitismus als harmlos hinzustellen. Glasenapps Chronik, in der Absicht geschrieben, Wagners Menschenfreundlichkeit und Weitherzigkeit ins Licht zu rücken, erteilt darauf ungewollt Bescheid. Levi verspätete sich danach zum Mittagessen in Wahnfried am 18. Juni 1881 um zehn Minuten. Wagner wies ihn mit den Worten: »Sie kommen zehn Minuten zu spät: Unpünktlichkeit kommt gleich nach Untreue«, zurecht und gab ihm dann noch vor Tisch einen anonymen Brief aus München zu lesen, in welchem Wagner beschworen wurde, den Parsifal nicht von einem Juden dirigieren zu lassen. Bei Tisch verhielt Levi sich schweigend; auf Wagners Frage, warum er so still sei, entgegnete er, seinem eigenen Bericht zufolge, daß er nicht begriffe, warum Wagner den Brief nicht einfach zerrissen hätte. Die ebenfalls von Levi referierte Antwort Wagners lautete: »Das will ich Ihnen sagen, ... hätte ich den Brief niemandem gezeigt, ihn vernichtet, so wäre vielleicht etwas von seinem Inhalt in mir haften geblieben, so aber kann ich Sie versichern, daß auch nicht die leiseste Erinnerung an ihn mir bleiben wird.« Ohne Abschied zu nehmen, fuhr Levi nach Bamberg und bat von dort Wagner dringend, ihn der Direktion des Parsifal zu entheben. Wagner depeschierte zurück: »Freund, Sie sind auf das ernstlichste ersucht, schnell zu uns zurückzukehren; es ist die Hauptsache schön in sichere Ordnung zu bringen.« Levi insistierte auf der Demission und empfing darauf ein Schreiben, das die Sätze enthält: »Lieber bester Freund! Alle Ihre Empfindungen in Ehren, so machen Sie doch sich und uns nichts leicht! Gerade daß Sie so düster in sich blicken, ist es, was uns im Verkehr mit Ihnen etwa beklemmen könnte! Wir sind ganz einstimmig, aller Welt diese Sche ... zu erzählen, und dazu gehört, daß Sie nicht von uns fortlaufen, und vollends Unsinn vermuten lassen. Um Gotteswillen, kehren Sie sogleich um und lernen Sie uns endlich ordentlich kennen! Verlieren Sie nichts von Ihrem Glauben, aber gewinnen Sie auch einen starken Mut dazu! – Vielleicht – gibt's eine große Wendung für Ihr Leben – für alle Fälle aber – sind Sie mein Parsifal-Dirigent.«[9] Sadistischer Demütigungsdrang, sentimentale Versöhnlichkeit und über allem der Wille, den Mißhandelten affektiv an sich zu binden, treten in der Kasuistik von Wagners Verhalten zusammen: dämonisch jedenfalls in anderem Sinne als dem von Glasenapp vermeinten. Jedem versöhnenden Wort ist der kränkende Stachel aufs neue beigesellt. Es ist jene Art von Dämonie, deren Wagner selber gedenkt, wenn er in der Autobiographie die Szene berichtet, da er, selber übrigens nicht voll immatrikuliert, mit einer Horde von Studenten an der Plünderung zweier Leipziger Bordelle teilnahm, ohne noch in der späten Rechenschaft die moralistische Hülle ganz abzuwerfen, die jene Säuberungsaktion gedeckt hatte: »Ich glaube nicht, daß die vorgebliche Veranlassung zu diesem Exceß, welche allerdings in einem das Sittlichkeitsgefühl stark verletzenden Vorfalle lag, hierbei auf mich Einfluß übte; vielmehr war es das rein Dämonische solcher Volkswuthanfälle, das mich wie einen Tollen in seinen Strudel mit hineinzog.«[10]

Wenn Wagner als Opfer Mitleid heischt und dabei zu den Herrschenden überläuft, so ist er geneigt, die anderen Opfer zu verhöhnen. Sein Katz-und-Maus-Spiel mit Levi hat sein Äquivalent im Werk: Wotan wettet mit Mime um dessen Kopf ohne Mimes Zutun und gegen seinen Willen: der Zwerg ist dem Gott ausgeliefert wie der Gast dem Wirt von Wahnfried. Davon hängt nicht weniger ab als die Konstruktion der gesamten Siegfriedhandlung, da Mime nach Siegfrieds Tode trachtet allein, weil Wotan Mimes in der aufgezwungenen Wette verlorenes

Haupt an Siegfried verpfändet hat. Wer den Schaden hat, braucht für den Spott nicht zu sorgen: das gilt bei Wagner vorab für die Untermenschen. Alberich, der sich den »Kopf kratzt«, wird von den Naturwesen, die er begehrt, als »schwarzes, schwieliges Schwefelgezwerg« geschmäht. In Nebelheim lachen Wotan und Loge über Mimes Schmerzen. Siegfried quält den Zwerg, weil er ihn »nicht leiden kann«, ohne daß die Aura des Hehren und Edlen ihn verhinderte, an der Ohnmacht die Lust zu büßen. Der Spott über die alte Jungfer Lene ist das Reversbild des Kultus der Reinheit. Ein Opfer ist auch Beckmesser: um bürgerliche Ehre und die reiche Braut zu gewinnen, muß er sich auf die Maskerade der Unbürgerlichkeit, den feudalen Mummenschanz von Ständchen und Preisgesang einlassen, dessen Bild die Bürger so dringend benötigen, wie sie bereit sind, es hämisch zu zerstören. Klingsor, der Alberich des christlichen Kosmos, wird von Kundry mit der Frage: »Bist du keusch?« verlacht, und in seiner Verachtung sind die Gralsritter mit der Höllenrose einig: »an sich legt' er die Frevlerhand, die nun dem Grale zugewandt, verachtungsvoll dess' Hüter von sich stieß«. Titurel verfährt mit dem Büßer, der sich selbst entmannte, nicht anders als der Papst mit Tannhäuser. Aber es gibt beim reifen Wagner keine Instanz mehr, die dessen Spruch aufhöbe.

An ihre Stelle ist der Wagnersche Humor getreten. Seine Bösewichter werden humoristische Figuren als Opfer von Denunziation: die mißratenen Zwerge Alberich und Mime, der geschundene Hagestolz Beckmesser. Wagners Humor springt grausam um. Er zitiert den halb vergessenen des frühen Bürgertums, der einmal das Erbe der Teufelsfratzen antrat, zweideutig zwischen Mitleid und Verdammnis festgebannt. Malvolio und Shylock sind seine szenischen Vorbilder. Nicht bloß wird der arme Teufel verspottet; im Rausch, den das Lachen über ihn entfacht, geht das Gedächtnis an das Unrecht unter, das ihm widerfuhr. Die Suspension des Rechts im Lachen wird erniedrigt zur Sanktionierung des Unrechts. Wenn Wotan die Riesen betrügt, denen im Vertrag Freia versprochen war, so geschieht es mit dem Hinweis auf Scherz: »Wie schlau für Ernst du achtest, was wir zum Scherz nur beschlossen!« Daß es bloßes Spiel sei, hilft stets zur Rationalisierung des Schlimmsten. Auf sie spricht Wagner in den Märchen der deutschen Überlieferung an. Keines steht im näher als das vom Juden im Dorn. »Wie er nun mitten in den Dornen steckte, plagte der Mutwille den guten Knecht, daß er seine Fiedel abnahm und anfing zu geigen. Gleich fing auch der Jude an, die Beine zu heben und in die Höhe zu springen; und je mehr der Knecht strich, desto besser ging der Tanz.« So verfährt Wagners Musik als guter Knecht mit seinen Bösewichtern, und die Komik ihrer Qual gibt nicht bloß dem Lust, der sie verhängt, sondern erstickt auch die Frage nach dem Warum und proklamiert den stummen Vollzug als gebietende Instanz. Diese Komplexion des Wagnerschen Humors hat im persönlichen Umgang Liszt und Nietzsche abgestoßen. Dafür gibt es sein eigenes Zeugnis: »Wagner sagte zur Schwester Nietzsches: ›Ihr Bruder ist gerade wie Liszt, der mag meine Witze auch nicht‹.«[11] Als Wagner in einer berüchtigten Szene gegen Nietzsche in Wut ausbrach und Nietzsche schwieg, äußerte Wagner, jener habe ein so feines Benehmen, er werde es gewiß noch weit bringen in der Welt; ihm, Wagner, habe es daran sein Leben lang gemangelt. Der Witz setzt widerspruchslos den ins Unrecht, über den er ergeht, diffamiert die Zartheit als Streberei und verklärt die Roheit als genialische Ursprünglichkeit. Daran aber nicht genug. Das dunkelste Geheimnis des Wagnerschen Humors ist, daß er wie gegen die Opfer so gegen sich selber sich kehrt. Für die zu frühe Suspension des Rechts durch Lachen wird teuer gezahlt: die Uhr schlägt, und die lachende Fratze bleibt stehen. Es ist nicht der heilsame Zynismus dessen, der das Gedächtnis an die verstörte Schöpfung wieder aufruft, indem er den Menschen an seine Tierähnlichkeit jäh gemahnt, sondern der verderbliche, dem die Einheit der Natur darin besteht, daß alles, Mensch und Tier, Opfer und Richter, seinen Untergang wert ist, und der den Untergang des Opfers bleckend legitimiert durch die moralische Vernichtung seiner selbst. Hildebrandt, der der Georgeschen Schule das Mißtrauen gegen den Humor verdankt, hat in Wagners Zynismus der Selbstdenunziation den eigentlichen Grund des Konflikts mit Nietzsche gesehen: »Doch war es damals ein Ausspruch Wagners, der Nietzsche schwer traf. Als nämlich einmal« – während der letzten gemeinsamen Zeit von

Wagner und Nietzsche, in Sorrent – »die Rede auf den schwachen Besuch der Bayreuther Spiele gekommen war, hatte Wagner, wie Nietzsches Schwester berichtet, ärgerlich bemerkt: die Deutschen wollen jetzt nichts von heidnischen Göttern und Helden hören, die wollen was Christliches sehen‹.«[12] So wichtig wie die Frage, ob in der Tat die Ausführung des Parsifal mit dem ökonomischen Erfolgsinteresse des Bayreuther Gründers zusammenhing, ist dabei die Geste der Selbstpreisgabe: der schamlos bettelt, ist auch willens, sich des Betruges zu zeihen, und spielt damit Nietzsche die tödliche Waffe fast willentlich in die Hand. Der Autor des Parsifal bekennt sich als Klingsor, und die Parole Erlösung dem Erlöser hat ihren bösen Hintersinn. Freilich bleibt die Frage offen, ob Nietzsche und vollends dessen Georgesche Nachfolge solchen Sieges recht froh werden sollten. Indem Wagner das Glück seines eigenen Traumes verrät – und stets lauert das Werk auf Verrat –, gibt er sekundenweise den Blick auf das Unglück der Welt preis, die jenen Traum braucht: »die wollen was Christliches sehen«.

Der Widerspruch zwischen der Verhöhnung des Opfers und der Selbstdenunziation definiert den Wagnerschen Antisemitismus. Der Gold raffende, unsichtbar-anonyme, ausbeutende Alberich, der achselzuckende, geschwätzige, von Selbstlob und Tücke überfließende Mime, der impotente intellektuelle Kritiker Hanslick-Beckmesser, all die Zurückgewiesenen in Wagners Werk sind Judenkarikaturen. Wie sie den ältesten deutschen Judenhaß aufrühren, so scheint zuweilen die Romantik der Meistersinger im Klang Schmähverse vorwegzunehmen, die erst sechzig Jahre später auf den Straßen gellten: »Edler Täufer, Christs Vorläufer, nimm uns freundlich an, dort am Fluß Jordan.« Wagner hat die antisemitische Gesinnung mit anderen Vertretern des von Marx so genannten deutschen Sozialismus um 1848 gemein. Aber sein Antisemitismus bekennt sich als individuelle Idiosynkrasie, die verstockt aller Verhandlung sich entzieht. Sie stiftet den Wagnerschen Humor. Aversion und Gelächter treten wortfeindlich zusammen. Siegfried sagt zu Mime: »seh' ich dich steh'n, gangeln und geh'n, knicken und nicken, mit den Augen zwicken: beim Genick' möcht' ich den Nicker packen, den Garaus geben dem garst'gen Zwicker!« und kurz danach: »Ich kann dich ja nicht leiden, vergiß das nicht so leicht!« Daran klingt die Beschreibung der jüdischen Sprache im Aufsatz über das Judentum an, die keinen Zweifel läßt, aus welchen Quellen die Unwesen Mime und Alberich geschöpft sind: »Als durchaus fremdartig und unangenehm fällt unserem Ohre zunächst ein zischender, schrillender, summsender und murksender Lautausdruck der jüdischen Sprechweise auf: eine unserer nationalen Sprache gänzlich uneigenthümliche Verwendung und willkürliche Verdrehung der Worte und der Phrasenkonstruktionen giebt diesem Lautausdrucke vollends noch den Charakter eines unerträglich verwirrten Geplappers, bei dessen Anhörung unsere Aufmerksamkeit unwillkürlich mehr bei diesem widerlichen Wie, als bei dem darin enthaltenen Was der jüdischen Rede verweilt«[13], die damit als Rede niedergeschlagen wird. Für diesen idiosynkratischen Haß gilt aber Benjamins Definition des Ekels als der Angst, vom ekelhaften Objekt als dessengleichen erkannt zu werden. Newman legt besonderes Gewicht auf die später unterdrückte Beschreibung Mimes in der Urfassung des Siegfried: »Mime, the Nibelung, alone. He is small and bent, somewhat deformed and hobbling. His head is abnormally large, his face is a dark ashen colour and wrinkled, his eyes small and piercing, with red rims, his grey beard long and scrubby, his head bald and covered with a red cap ... There must be nothing approaching caricature in all this: his aspect, when he is quiet, must be simply eerie: it is only in moments of extreme excitement that he becomes exteriorily ludicrous, but never too uncouth. His voice is husky and harsh; but this again ought of itself never to provoke the listener to laughter.«[14] Die Angst Wagners vor der Karikatur, die doch um des Kontrastes zum seriösen Unterweltsgott Alberich willen dramaturgisch sich empfohlen hätte, weist ebenso wie die Unterdrückung dieser Regieanweisung darauf hin, daß Wagner in der Figurine des Mime seiner selbst mit Schrecken inneward. Seine eigene physische Erscheinung, unverhältnismäßig klein, mit zu großem Kopf und vorspringendem Kinn, hat das Abnorme gestreift und ist erst durch den Ruhm vorm Lachen geschützt gewesen. Seine hemmungslose Suada, die seiner ersten Frau auffiel, ließe aus den Prosaschriften selbst dann sich rekonstruieren, wenn sie nicht ebenso tradiert wäre wie die überlebhafte Gestik. Er verfolgt die Opfer bis zur biologischen Fatalität hinab, weil er sich selber als einen erfuhr, der dem Bild des Zwergen knapp entronnen war. Daß aber alle Gerüchte über Wagners eigene jüdische Deszendenz nach Newmans Beweisführung auf den gleichen Nietzsche zurückdatieren, der dem Wagnerschen Antisemitismus den Weg vertrat, erklärt sich eben damit. Nietzsche kannte das Geheimnis der Wagnerschen Idiosynkrasie und brach dessen Bann, indem er es aussprach. Die Schicht des Idiosynkratischen als des Allerindividuellsten jedoch ist bei Wagner zugleich die des gesellschaftlich Allgemeinsten. Die Undurchsichtigkeit des blinden Nicht-leiden-Könnens gründet in der Undurchsichtigkeit des gesellschaftlichen Prozesses. Dieser hat dem Geächteten die Male aufgeprägt, vor denen der Ekel sich abwendet. Gesellschaftliche Zusammenhänge erscheinen danach dem, der zu den wahren Schuldigen überläuft, als Werk geheimnisvoller Verschwörungen. Zum Ekel vorm Juden gehört dessen Imagination als Weltmacht. In dem Aufsatz »Aufklärung über das Judentum in der Musik« hat Wagner alle Widerstände gegen sein Werk auf erfundene jüdische Konspirationen zurückgeführt; während er von dem angeblich Hauptschuldigen in jenen Intrigen, Meyerbeer, so lange aktiv gefördert worden war, bis er ihn selber öffentlich attackierte. Zwischen Idiosynkrasie und Verschwörungswahn knüpft sich die Rassentheorie. Der Bürger Wagner hat sie nicht erst von dem depossedierten Feudalen Gobineau zu lernen brauchen, mit dem er im Alter befreundet war. Schon im Siegfried heißt es: »Alles ist nach seiner Art: an ihr wirst du nichts ändern. Ich laß' dir die Stätte, stelle dich fest: versuch's mit Mime, dem Bruder, der Art ja versieh'st du dich besser. Was anders ist, – das lerne nun auch!« Dem gehorcht die Ringdichtung: Alberich raubt den Ring und flucht der Liebe, weil die Rheintöchter ihm sich nicht geben: die Dialektik von Trieb und Herrschaft ist auf eine Differenz der »Art« anstatt auf die gesellschaftliche Bewegung reduziert. Der absolute Unterschied der Arten wird im Ring zum Grund der Lebensnot, wie sehr auch diese als geschichtliche sich entfalten mag. Bilden im gesellschaftlichen Lebensprozeß die »versteinerten Verhältnisse« eine zweite Natur, so schaut

Wagner fasziniert diese als erste an. Sein Antisemitismus spricht sich von Anbeginn – 1850 – in Naturkategorien: denen der Unmittelbarkeit und des Volkes aus und bringt dieses bereits in Gegensatz zum »Liberalismus«: »Als wir für Emanzipation der Juden stritten, waren wir aber doch eigentlich mehr Kämpfer für ein abstraktes Prinzip, als für den konkreten Fall: wie all' unser Liberalismus ein nicht sehr hellsehendes Geistesspiel war, indem wir für die Freiheit des Volkes uns ergingen, ohne Kenntniß dieses Volkes, ja mit Abneigung gegen jede wirkliche Berührung mit ihm, so entsprang auch unser Eifer für die Gleichberechtigung der Juden viel mehr aus der Anregung eines allgemeinen Gedankens, als aus einer realen Sympathie; denn bei allem Reden und Schreiben für Judenemanzipation fühlten wir uns bei wirklicher, thätiger Berührung mit Juden von diesen stets unwillkürlich abgestoßen.«[15] Der Wagnersche Antisemitismus versammelt alle Ingredienzien des späteren in sich. Der Haß führt so weit, daß die Nachricht vom Tode von vierhundert Juden beim Wiener Ringtheaterbrand, Glasenapp zufolge, ihn zu Witzen inspirierte[16]. Selbst den Gedanken von der Vernichtung der Juden hat er bereits konzipiert. Von seinen ideologischen Nachfahren unterscheidet er sich dabei nur, indem er die Vernichtung der Rettung gleichsetzt. So enthält der Schlußpassus des Aufsatzes über das Judentum, wie immer zweideutig, Sätze, die an eine andere Abhandlung zur Judenfrage anklingen: »Noch einen Juden haben wir zu nennen, der unter uns als Schriftsteller auftrat. Aus seiner Sonderstellung als Jude trat er Erlösung suchend unter uns: er fand sie nicht, und mußte sich bewußt werden, daß er sie nur mit auch unserer Erlösung zu wahrhaften Menschen finden können würde. Gemeinschaftlich mit uns Mensch werden, heißt für den Juden aber zu allernächst so viel als: aufhören, Jude zu sein. Börne hatte dieß erfüllt. Aber gerade Börne lehrt auch, wie diese Erlösung nicht in Behagen und gleichgiltig kalter Bequemlichkeit erreicht werden kann, sondern daß sie, wie uns, Schweiß, Noth, Ängste und Fülle des Leidens und Schmerzens kostet. Nehmt rücksichtslos an diesem, durch Selbstvernichtung wiedergebärenden Erlösungswerke theil, so sind wir einig und ununterschieden! Aber bedenkt, daß nur Eines eure Erlösung von dem auf euch lastenden Fluche sein kann: die Erlösung Ahasver's, – der Untergang!«[17] Ungeschieden liegen darin beisammen der Marxsche Gedanke von der gesellschaftlichen Emanzipation der Juden als der Emanzipation der Gesellschaft vom Profitmotiv, für das sie symbolisch einstehen, und der von der Vernichtung der Juden selber. Gerade der letztere jedoch hat bei Wagner seine Grenze nicht an dem verhaßten Volke: »Wenn unsere Kultur zugrunde geht, ist es gar kein Schaden; wenn sie aber durch die *Juden* zugrunde geht, ist es eine Schmach.«[18] Die Verfassung des Daseins, die da den Juden den Untergang wünscht, weiß, daß sie selber nicht zu retten ist. Den eigenen Untergang deutet sie als den der Welt und die Juden als dessen Vollstrecker. Der bürgerliche Nihilismus ist auf seiner Höhe zugleich der Wunsch zur Anihilierung des Bürgers. Im finsteren Bannkreis von Wagners Reaktion sind die Lettern eingezeichnet, die sein Werk seinem Charakter abtrotzte.

II

Es lohnte den Versuch, die Haufen von Abfall, Schutt und Unrat zu betrachten, auf denen die Werke bedeutender Künstler sich zu erheben scheinen, und denen sie, knapp Entrinnende, etwas von ihrem Habitus doch verdanken. Zu Schubert gehört der Wirtshausspieler, zu Chopin der schwer dingfest zu machende Typus des »Salons«, zu Schumann der Öldruck, zu Brahms der Musikprofessor: in der dichtesten Nachbarschaft der Parodie hat ihre Produktivkraft sich behauptet, und ihre Größe liegt in dem kleinen Abstand, den sie von jenen Modellen halten, aus denen ihnen zugleich kollektive Energien zuwachsen. Ein Modell solcher Art ist für Wagner nicht ebenso leicht zu finden. Aber der Chor der Entrüstung, der Thomas Mann antwortete, als er im Zusammenhang mit Wagners Namen den des Dilettanten nannte, zeigt an, daß er einen Nervenpunkt traf. »Sein Verhältnis zu den Einzelkünsten, aus denen er sein ›Gesamtkunstwerk‹ schuf, ist des Nachdenkens wert; es liegt etwas eigentümlich Dilettantisches darin, wie denn Nietzsche in seiner wagnerfrommen ›Vierten Unzeitgemäßen Betrachtung‹ über Wagners Kindheit und Jugend sagt: ›Seine Jugend ist die eines vielseitigen Dilettanten, aus dem nichts Rechtes werden will. Ihn schränkte keine strenge erb- und familienhafte Kunstübung ein. Die Malerei, die Dichtkunst, die Schauspielerei, die Musik kamen ihm so nahe als die gelehrtenhafte Erziehung und Zukunft; wer oberflächlich hinblickte, möchte meinen, er sei zum Dilettantisieren geboren.‹ – Tatsächlich und nicht nur oberflächlich, sondern mit Leidenschaft und Bewunderung hingeblickt, kann man sagen, auf die Gefahr hin, mißverstanden zu werden, daß Wagners Kunst ein mit höchster Willenskraft und Intelligenz monumentalisierter und ins Geniehafte getriebener Dilettantismus ist. Die Vereinigungsidee der Künste selbst hat etwas Dilettantisches und wäre ohne die mit höchster Kraft vollzogene Unterwerfung ihrer aller unter sein ungeheures Ausdrucksgenie im Dilettantischen steckengeblieben. Es ist etwas Zweifelhaftes um seine Beziehung zu den Künsten; so unsinnig es klingt, haftet ihr etwas Amusisches an.«[1] Grobe Ungeschicklichkeiten im Satz und in der Akkordverbindung werden tatsächlich erst seit dem Lohengrin getilgt; Fehlleistungen der Modulatorik, des harmonischen Gleichgewichts lassen noch in den Meistersingern sich beobachten. Nicht nur fiel es Wagner schwer, den Standard des »guten Musikers« zu erreichen – die urbildlichen Zellen seines Werkes entraten der primären Beziehung zu ihrem Material. Leubald und die Feen, Liebesverbot und Rienzi sind vom Schlage jener Stücke, von denen Gymnasiasten in Wachstuchhefte den Titel, das Personenverzeichnis und die Überschrift »Erster Akt« zu schreiben pflegen. Wird eingewandt, derlei Anfänge seien, zumal bei Dramatikern, allgemein, so ist zu entgegnen, daß Wagner das Kolossalformat solcher Produkte so gut wie die Kostümträume der Liebhabertheater sein Leben lang festhielt: wie er denn schon in frühesten Jahren Entwürfe, von denen die anderen nur die Überschriften ausgeführt hätten, tatsächlich vollendete. Treue zum Kindertraum und Infantilität verwirren sich in seinem œuvre. Vom ersten Tag an ist er der Autor seiner sämtlichen Werke gewesen, und liest man seine minuziösen Aufzeichnungen über die Lektüre aus der Bayreuther Zeit, so kann man sich des Eindrucks nicht erwehren, als habe für ihn bis zum Ende alle Lust des Lesens an den Einbanddeckeln goldener Klassiker gehaftet. Noch seine kühnste Meisterschaft hat es nicht vermocht, das Grundverhalten des Amateurs zu brechen: enthusiastischen Respekt. Seine Entwicklungsbahn ist die enthusiastische Flucht vorm Dilettantismus der Enthusiasten in die Transzendenz jenseits der Rampe, so wie er die Welt der Opfer flieht, zu der er gehört; stets wahrt er sich etwas von der naseweisen Gelehrigkeit dessen, der Approbiertes nachahmt. Dabei nimmt er die Gestalt des dem Orchester befehlenden Kapellmeisters an. – »Nicht Kaiser und nicht König, aber so dastehn und dirigieren –«[2]: das gibt eine seiner entscheidenden Kindheitserfahrungen wieder. Der Kapellmeister vermag als Fachmann, was der Liebhaber im Publikum sich wünscht, und hält dessen sekundäre Begeisterung fest in der eigenen angedrehten Erregtheit. Er ist »nicht Kaiser und nicht König«, sondern einer aus der Masse der Bürger, aber mit der vollkommensten sinnbildlichen Herrschergewalt über jene. Zurückgewichen vorm prosaischen Alltag, bis ihm der Bühnenprospekt selber Einhalt gebietet, hat er doch für keinen Augenblick den Zusammenhang mit den nicht Eingeweihten durchschnitten, denen er zu imponieren wünscht. Untrennbar sind die dilettantischen Züge in Wagner von denen seines Konformismus, des entschlossenen Einverständnisses mit dem Publikum. Als Kapellmeister inthronisiert, vermag er es, eben dies Einverständnis unterm Schein eigenwilliger Opposition durchzusetzen und die Macht der Ohnmacht ästhetisch zu statuieren. Er hat nicht bloß den bürgerlichen Beruf des Kapellmeisters ergriffen, sondern die erste Kapellmeistermusik großen Stils geschrieben. Damit soll weder der armselige Vorwurf der Unoriginalität wiederholt, noch eine bloß orchestrale Gewandtheit unbillig hervorgehoben sein, über die Wagners Instrumentationskunst mächtig hinausragt. Vielmehr ist seine Musik konzipiert in der Gestik des Schlagens und von der Schlagvorstellung beherrscht. In dieser Gestik werden die gesellschaftlichen Impulse Wagners zu technischen. Steht in seiner Zeit der Komponist der Hörerschaft bereits lyrisch entfremdet gegenüber, so tendiert Wagners Musik dahin, diese Entfremdung zu verkleistern, indem sie ins Werk als Element von dessen »Wirkung« das Publikum einbegreift. Anwalt der Wirkung, ist der Kapellmeister Anwalt des Publikums im Werk. Als Schlagender aber verleiht der Komponierdirigent dem Publikumsanspruch terroristischen Nachdruck. Die demokratische Rücksicht auf den Hörer wandelt sich ins Einverständnis mit den Mächten der Disziplin: in Hörers Namen wird zum Schweigen gebracht, was nach anderem Maße fühlt als die Zählzeit. Der Entfremdung vom Publikum ist bei ihm von Anbeginn die Kalkulation des Publikumseffektes verschworen; erst eine Hörerschaft, deren gesellschaftliches und ästhetisches Apriori von dem des Künstlers so abgespalten ist wie unterm Hochkapitalismus, wird, verdinglicht, zum Kalkulationsobjekt der künstlerischen Behandlung.

Unter den Funktionen des Leitmotivs findet sich denn neben

den ästhetischen eine warenhafte, der Reklame ähnliche: die Musik ist, wie später in der Massenkultur allgemein, aufs Behaltenwerden angelegt, vorweg für Vergeßliche gedacht, und wenn man die Fähigkeit musikalischen Verstehens in weitem Maße der Kraft der Erinnerung und des Vorblicks gleichsetzt, so hat an dieser Stelle die alte antiwagnerische Parole, er schriebe für Unmusikalische, neben ihrem reaktionären Element auch ihr kritisches Recht. Die Berliozsche idée fixe, das unmittelbare Muster des Leitmotivs, dient in der Symphonie fantastique als Zeichen einer Obsession, wie sie später unter dem Namen spleen ins Zentrum des Baudelaireschen Werkes tritt. Man kommt von ihr nicht mehr los. Vor ihrer irrationalen Übermacht, dem Siegel des Unverwechselbaren, streicht das Subjekt die Segel. Nach dem Programm von Berlioz erscheint die idée fixe dem von Opium Berauschten. Sie ist die auswendige Projektion eines insgeheim selbst Subjektiven und dabei Ichfremden, an die als an seine Chimäre das Ich sich verliert. Diesem Ursprung bleibt das Wagnersche Leitmotiv verhaftet. Er bedingt die Absenz eigentlicher Motivkonstruktion zugunsten eines gleichsam assoziativen Verlaufs. Was die Psychologie hundert Jahre später Ichschwäche taufte, damit rechnet bereits die Wagnersche Verfahrungsweise. Die aufschlußreiche Bemerkung Steuermanns, Wagners Musik sei, im Vergleich zum Wiener Klassizismus, auf ein Zuhören aus weiterer Distanz angelegt, so wie die impressionistischen Bilder aus größerem Abstand gesehen werden möchten als die vorangehende Malerei, trifft vielleicht den gleichen Sachverhalt. Aus größerer Distanz Hören heißt auch soviel wie: nicht so genau Hinhören. Das Publikum der vielstündigen Monstrewerke wird, nicht ohne Hinblick auf die Ermüdung des Bürgers in seiner freien Zeit, als dekonzentriert vorgestellt, und während es sich mit dem Strom treiben läßt, hämmert sich ihm die Musik, als ihr eigener Impresario, durch Tosen und ungezählte Wiederholungen ein. Das vermag sie kraft ihrer Konzeption aus dem Hörwinkel des Kapellmeisters. Noch im siebzehnten Jahrhundert haben die Dirigenten den Takt mit Stäben gestampft: Schlagzeugwirkung und Dirigieren weisen gemeinsam auf barbarische Ursprünge zurück, und der Gedanke des dirigentenlosen Orchesters entbehrt nicht des kritischen Erfahrungsgrundes. Bei Wagner gilt der ungebrochene Primat des Dirigenten in der Komposition. Alfred Lorenz, der die Frage der Wagnerschen Form als einer der ersten ernsthaft in Angriff genommen hat, kommt unwillentlich diesem Tatbestand außerordentlich nahe: »Hierbei sei es gestattet, an dieser Stelle eine persönliche Bemerkung einzufügen. Die Erkenntnis der hier dargelegten Zusammenhänge wurde mir erleichtert durch meine praktische Tätigkeit am Dirigentenpult. Dem Künstler, der sich bei der Leitung des Orchesters freimacht von dem häuslichen Partiturstudium des Gelehrten, drängt sich unwillkürlich die Erkenntnis des hier behandelten Problems der Form eines Kunstwerkes in ihrem Zusammenhange mit dem, was sie zum Ausdruck bringen soll, auf: Zuerst rein künstlerisch, gefühlsmäßig durch den musikalisch atmenden Schwung des Kunstwerkes selbst; dann verstandesmäßig infolge der Notwendigkeit der restlosen Beherrschung der Partitur durch das Gedächtnis.«[3] Danach wäre der Schlüssel der Wagnerschen Form darin aufzusuchen, daß der Dirigent das Werk auswendig kennen muß: die Formanalyse wird zu seiner Gedächtnisstütze. Das Werk Wagners aber gibt in der Tat Anlaß zur Vermutung, daß der analysierende und reproduzierende Dirigent in der Gegenrichtung den gleichen Weg zurücklegt, den Wagners eigenes Produktionsverfahren genommen hat. Die Riesenkartons seiner Opern werden durch die Schlagvorstellung aufgeteilt. Die ganze Musik scheint erst durchtaktiert, dann ausgefüllt; und über weite Strecken, zumal in den Anfängen des eigentlich musikdramatischen Stils, bleibt die Taktiervorstellung gewissermaßen abstrakt stehen. Der gesamte Lohengrin ist mit Ausnahme einer winzigen Partie in gerader Taktart geschrieben, als erlaubte die Gleichheit der Zählzeiten mit einem Blick ganze Szenen zu überschauen, etwa wie man arithmetische Brüche durch »Kürzen« sich vereinfacht. Die Überschaubarkeit der durchtaktierten Kompositionsskizze veranlaßt Lorenz zu der erstaunlichen Bemerkung: »Wenn man ein großes Werk mit allen seinen Einzelheiten vollständig auswendig beherrscht so kommen manchmal Augenblicke vor, wo das Zeitbewußtsein plötzlich weg ist und das ganze Werk, ich möchte sagen ›räumlich‹ alles in höchster Genauigkeit zusammen, im Bewußtsein gleichzeitig vorhanden ist.«[4] Im Sinn solcher Verräumlichung und Vergegenwärtigung sind die Wagnerschen Formen auch vom Komponisten aus gesehen Gedächtnisstützen. Freilich schießt die Beobachtung von Lorenz weit über Wagner hinaus und fände erst an Beethoven ihren Gegenstand. Die Wagnersche Zeitbeherrschung durchs Taktieren ist als Gegensatz zur symphonischen abstrakt, nämlich bloß eben die Vorstellung der durch die Taktierschläge und ihre Projektion auf die »Großperioden« artikulierten Zeit. Auf das, was in ihr geschieht, nimmt der taktierende Komponist keine Rücksicht. Ist für den Reproduzierenden die periodenmäßige Formanalyse ein Mittel, das konkrete musikalische Kontinuum ordnend aufzuteilen, so hilft dem Komponisten die Taktiervorstellung trügerisch dazu, die leere Zeit, mit der er beginnt, in die Gewalt zu nehmen, während doch das Maß, dem er die Zeit unterwirft, gerade nicht aus dem musikalischen Inhalt stammt, sondern aus der dinglichen Zeitordnung selber. So ist die von Lorenz bei Wagner vermutete Verräumlichung der Zeitextension bloßer Trug: nur bei unselbständigen, unprofilierten Teilinhalten läßt die totale Herrschaft der Taktiervorstellung bruchlos sich durchhalten, und die viel monierte melodische Schwäche Wagners hat ihren Grund nicht in einem simpeln Mangel an »Einfall«, sondern in der taktierenden Gestik, die sein Werk beherrscht.

Sie hinterläßt im Werk als Male die auftrumpfend intermittierenden Bühnenmusiken, Tuschs, Signale und Fanfaren. Inmitten des durchkomponierten Stils bleiben sie bei Wagner erhalten und sedimentieren sich zugleich im Stil. Der Kapellmeister erobert die Bühne vom Orchesterraum aus: virtuell könnte der ganze Rienzi als eine einzige Fanfare auf der Bühne geblasen werden. Auf den Signalcharakter der Holländerthematik hat Paul Bekker hingewiesen[5]. Man vermöchte eine entscheidende Schicht von Wagners Komponieren auf die Praxis der Bühnenmusiken und ihrer Derivate – wie der Orchestergeste nach »Wolfram von Eschinbach, beginne« – zurückzuführen. In der Tat hat der mittlere Wagner eine ganze Form, die Einleitung zur dritten Szene des dritten Aktes von Lohengrin, aus Fanfaren gebildet. Diese Form ist wahrscheinlich noch das Modell zu Siegfrieds Rheinfahrt in der Götterdämmerung:

selbst das absolut-musikalische Prinzip des Fugatos hat den Kontakt mit der gestikulierenden Bühnenmusik nicht verloren. Wann immer die abstrakte Schlagvorstellung bei Wagner gegenüber dem musikalischen Inhalt vorwaltet, werden bühnenmusikalische Formeln zitiert; in den Spätwerken machen sie den eigentlichen Widerpart zur Chromatik aus. Mit melodischer Unplastik, in bloßer Umschreibung der Harmonie, hat auch der rezitativische Sprechgesang daran teil. Ein Element des Unsublimierten ist in den hochorganisierten Stil eingesprengt. Wagners musikalisches Bewußtsein unterliegt einer eigentümlichen Rückbildung: es ist, als hätte die Scheu vor der Mimik, die mit der Geschichte der abendländischen Rationalisierung stets stärker wurde und zur Kristallisation einer autonomen, sprachähnlichen Logik der Musik nicht wenig beitrug, über ihn nicht die volle Macht. Sein Komponieren fällt zurück auf ein Vorsprachliches, ohne doch dabei des Sprachähnlichen ganz sich entäußern zu können. Die Wagnersche »Schauspielerei«, das Anstößige seines Verfahrens, wie Paul Bekker sie mit Recht als den Kern des Wagnerschen Kunstwerks schlechthin aufgefaßt hat, gründet in jener Regression. Mängel der technisch-kompositorischen Gestaltung rühren bei ihm durchwegs daher, daß die musikalische Logik, die vom Material seiner Zeit allenthalben vorausgesetzt wird, aufgeweicht ist und durch eine Art von Gestikulieren ersetzt, etwa wie Agitatoren durch Sprachgesten die diskursive Entwicklung der Gedanken ersetzen. Gewiß weist alle Musik auf dies Gestische zurück und bewahrt es in sich. Im Abendland jedoch hat sie es zum Ausdruck vergeistigt und verinnerlicht, während zugleich der musikalische Totalverlauf der logischen Synthesis durch Konstruktion unterliegt; um den Ausgleich beider Elemente bemühte sich die große Musik. Wagner steht dazu quer; seine Musik vollzieht in sich keine Geschichte, darin ähnlich der Gesinnung der Schopenhauerschen Philosophie. Das unbändig gesteigerte Ausdrucksmoment hält es im Innenraum, im Zeitbewußtsein beinahe nicht mehr aus und wird als auswendige Geste losgelassen. Das bewirkt jenes peinliche Gefühl, als zupfe sie den Zuhörer unablässig am Ärmel. Die Kraft des konstruktiven Elements wird aufgezehrt von der veräußerlichten, gleichsam physischen Intensität. Diese Veräußerlichung nun findet sich mit Verdinglichung, dem Warencharakter zusammen, wie denn das späte Unbehagen an der Kultur, ganz im Sinne der Freudschen Theorie, ihren Archaismus hervorruft. Das gestische Element bei Wagner ist nicht, wie es prätendiert, Äußerung des ungespaltenen Menschen, sondern der Reflex, der ein Verdinglichtes, Entfremdetes imitiert. Dergestalt wird die Gestik in den Wirkungszusammenhang, die Beziehung zum Publikum mit einbezogen. Die Wagnerschen Gesten sind immer schon Übertragungen von Verhaltensweisen des imaginierten Publikums, von Volksgemurmel, Beifall, Triumph der Selbstbestätigung, Wogen der Begeisterung, auf die Bühne. Ihre archaische Stummheit, das Sprachlose, bewährt sich dabei als höchst zeitgemäßes Herrschaftsmittel, das dem Publikum um so genauer korrespondiert, je selbstherrlicher es ihm zugleich sich entgegensetzt. Der komponierende Dirigent vertritt und unterdrückt die Forderung des bürgerlichen Individuums, gehört zu werden. Er ist der Sprecher für alle und hält sie zum sprachlosen Gehorsam an. Darum muß er trachten, die Gesten zu beseelen und Seelisches in Gesten zu objektivieren. Beides aber, die entfremdete Äußerlichkeit und die Inwendigkeit, welche als Wagnerscher Ausdruck die Form der konstitutiven Subjektivität zerbricht, lassen sich nicht miteinander versöhnen. Daran hat Wagners Musik ihren innersten Widerspruch gefunden: den technischen nicht weniger als den gesellschaftlichen.

Technisch ist dessen Träger das Motiv. Bühnenmusik und Leitmotiv sind historisch vermittelt durchs Ritornell in jener Gestalt, die es in der älteren Oper bis hinauf zu Weber annahm. Die Orchestereinwürfe während der Rezitative erfüllen gestische Funktion. Sie durchbrechen, gleich den Bühnenmusiken, den Gesang, ja das kompositorische Gewebe, und zeichnen die Gebärden der Figuren auf der Szene nach. Insofern haben sie intermittierenden Charakter. Aber indem sie nicht auf der Bühne, sondern im Orchester erklingen, gehören sie doch wiederum auch dem kompositorischen, nicht nur dem gestischen Zusammenhang an. Mozart und vor allem Weber hat sie mit Ausdruck geladen. So nimmt Wagner sie auf. Bei ihm wird die intermittierende Geste zum tragenden Kompositionsprinzip; Bühnenmusik und Ausdruck in eins, verliert sie den Charakter des Eingeschobenen und breitet übers ganze Werk sich aus, Erbin jenes Kollektiven, Politischen, der Objektivität der »Staatsaktion«, die in der von Wagner gescholtenen Äußerlichkeit der Großen Oper statuiert ward. Wagners Mittel, Beseelung und Objektivität zu vereinen, ist die Sequenz. Sie hält das Schema abstrakter, architektonisch überblickbarer Symmetrieverhältnisse in der Zeit fest und sucht zugleich deren Inhalt durch Steigerung mit subjektiver Dynamik zu versöhnen. Die Wagnersche Geste wird zum »Motiv« im Augenblick, in dem sie sequenzierbar wird. Guido Adler hat mit Recht seine Formkritik daran orientiert. Die Verteidigung durch Lorenz bleibt darum formalistisch, weil er den Sequenzbegriff statisch-architektonisch definiert und demgemäß Wagners Musik von ihm ausnimmt, während die Überblendung von Ausdruck und Geste gerade darin besteht, daß das statische Sequenzprinzip in die dynamisch-funktionelle Harmonik übertragen wird. Wagners Sequenz steht zur symphonischen Beethovens in äußerstem Kontrast. Sie schließt prinzipiell die »durchbrochene« Arbeit des Wiener Klassizismus aus. Gesten können wiederholt und verstärkt, nicht aber eigentlich »entwickelt« werden. Die Wiener Antiphonie hatte alles Gestische zum geistigen Entwicklungsprinzip umgeschmolzen, und Wagner konnte sie nur gewaltsam in den Tanz oder dessen »Apotheose« zurückdeuten, wie denn auch die Ouvertüre der älteren Suite, aus der die Sonatenform entstand, von den folgenden Suitensätzen sich eben dadurch unterschied, daß sie nicht selber als stilisierte Tanzform auftrat. Sonate und Symphonie machen die Zeit kritisch zu ihrem Gegenstand; sie zwingen sie zum Einstand durch den Inhalt, den sie ihr verleihen. Wird jedoch in der Symphonik der Zeitverlauf zum Augenblick, so ist dafür die Geste Wagners eigentlich unwandelbar, zeitfremd. In ihrer ohnmächtigen Wiederholung resigniert Musik eben in der Zeit, die sie in der Symphonik bewältigte.

Die wiederholten Gesten versinken in dem Strömen, aus dem einzig Verwandlung sie erheben könnte: Verwandlung, kraft welcher sie aufhörten, Gesten zu sein. So führt der Versuch, die Form durch Wiederholung ausdrucksgeladener Gesten zu konstituieren, allenthalben ins Ausweglose. Alle Wiederholung von

Gesten entzieht sich der Notwendigkeit, musikalische Zeit zu stiften; sie ordnen sich gleichsam im Raum, einem ungeschichtlich-chronometrischen System, und fallen aus dem zeitlichen Kontinuum heraus, zu dem sie sich doch scheinbar zusammenfügen. Vielleicht ist die Langeweile des nicht eingeweihten Hörers in einem Werk aus Wagners reifer Periode nicht nur Zeichen pedestren Bewußtseins, das vor der Prätention des Erhabenen versagt, sondern auch bedingt von der Brüchigkeit der Zeiterfahrung im Musikdrama selber. Die Schwierigkeit verstärkt sich dadurch, daß jenes Ausdrucksmoment, das in der Sequenz von Geste zu Geste führen soll – im berühmtesten Fall, dem des Tristanbeginns, ist es das des »Schmachtens« –, tanzhaft-tongetreue Wiederholung ausschließt und eben die eingreifende Variation verlangt, gegen die sich die gestischen Motivcharaktere sträuben und die durchs Wagnersche Prinzip der »psychologischen Variation« nur auf recht rationalistische, den musikalischen Gestalten gewalttätig aufgezwungene Weise ersetzt wird. Die wiederholte Geste ist zwangshaft; der wiederholte Ausdruck aber tautologisch. Die Wagnerschen Längen, jene Geschwätzigkeit, die mit dem bittenden, überredenden Verhalten der Person zusammenstimmt, trifft man wieder in den Mikrokosmen der Form. Durch Wiederholung und gestische Repräsentation wird der Ausdruck in sich selbst verfälscht. Eingebaut ins Ganze und verdinglicht, degeneriert die mimetische Regung zum bloßen Nachmachen und schließlich zur Lüge. Das Moment der Unwahrhaftigkeit im Wagnerschen Ausdruck läßt sich somit bis in seine kompositorischen Ursprünge hinab verfolgen. Was der Form mißlingt, schlägt den Inhalt. In dem trüben quid pro quo gestischer, expressiver und tektonischer Momente, von dem die Wagnersche Form zehrt, soll etwas wie eine runde, geschlossene, dem Epos abgeborgte Totalität des Inwendigen und Auswendigen erscheinen. Wagners Musik fingiert die Einheit von Innen und Außen, von Subjekt und Objekt, anstatt ihren Bruch zu gestalten. So wird das kompositorische Verfahren selber zum Agens von Ideologie, schon ehe diese literarisch in die Musikdramen hineingetragen wird. Nirgends ist das offenbarer als an jenen Stellen, wo der Ausdruck der Musik glorifizierend den dramatis personae edle Reinheit und Naivetät zuschreibt. Die charakterisierende

Absicht, welche den musikalischen Gestus zum Träger von solchem Ausdruck prägt, ein notwendiges Moment von Reflexion, zeigt stets Reinheit und Naivetät, als bewunderte sie sich im Spiegel, und hebt sie damit auf. Das erklärt sich aber keineswegs bloß psychologisch aus dem fragwürdigen »Empfinden« des Komponisten, sondern aus der fatalen Logik der Sache. Um sich als Geste so sinnfällig zu veräußerlichen, wie es Wagners Verfahren fordert, kann der Ausdruck sich nie bei sich selber bescheiden, sondern muß sich pointiert setzen und dann durch seine steigernde Wiederholung noch übertreiben. Das Moment der identischen Wiederholung an sich führt bereits jenes Reflexionsmoment mit sich; die Ausdrucksregung, zum zweiten Male auftretend, wird zum unterstreichenden Kommentar ihrer selbst. Umgekehrt bewirkt die subjektive Furnierung der äußerlichen, bühnenmusikalischen Elemente eben jenes Brimborium, dem Nietzsche so wenig traute wie der Reinheit. Diese wirft sich weg in der Ostentation, der Mummenschanz wird verraten ans Bühnenweihfestspiel.

Wagners Kraft aber bewährt sich im Versuch, den Widerspruch, der sich seiner technischen Erfahrung mit jedem Schritt anzeigen mußte, zu meistern. Gibt es ein »Geheimnis der Form« bei ihm, so ist es das jener verzweifelten, nie eingestandenen, und vollständig abgeblendeten Bemühung. Als solches Formgeheimnis rückt bei Lorenz das Prinzip des »Bar«, der Formorganisation nach dem Schema a-a-b, von zwei gleichen Stollen und einem davon verschiedenen Abgesang, in den Vordergrund. Dies Schema beherrscht archaistisch die Meistersinger und ihre ästhetischen Exkurse. Keineswegs beschränkt sich das Barprinzip bei Wagner auf umgrenzte und herausgehobene Stücke von der Art des Preisliedes, sondern Lorenz verfolgt es durch den Großaufbau der Formen und geht in seinem Überschwang so weit, die ganzen Meistersinger auf Grund einer durchgeführten Parallelisierung der beiden ersten Akte als einen einzigen »riesigen Bar« aufzufassen[6]. Ebenso läßt er sich in die motivischen Zellen zurückverfolgen. Dort nun kommt der gestische Charakter des Bars zutage. Sein Ursprung ist in den früheren Werken deutlich zu erkennen. Erinnert sei an den Anfang der zweiten Szene des zweiten Tannhäuseraktes, unmittelbar nach dem Nachspiel der

Hallenarie. Dort stellt sich, nach einem ausgehaltenen Einleitungsakkord, ein achttaktiger Bar her. Der erste Stollen ist ein schüchtern vorwärts tastendes zweitaktiges Motiv. Es wird, leicht variiert und um einen halben Takt gedehnt, als zweiter Stollen in eine höhere Lage versetzt, ähnlich wie später die erste Sequenz der Wagnerschen Motivmodelle, die freilich im entfalteten musikdramatischen Stil solche Variationen sich selten mehr gestatten und, zumal im Tristan, durchwegs mit der Transposition auf die höhere Stufe sich zufriedengeben. Der Abgesang, abermals um einen halben Takt länger, wird von einer »sehr lebhaften« Sechzehntelfigur bestritten, die hoch über den Anstieg des Stollenmotivs hinausschwingt, dann jedoch über einem Bläserhalt rasch zusammenbricht. Der szenische Sinn der Stelle ist der, daß Tannhäuser der Geliebten scheu-stockend und unbemerkt naht, dann, von Wolfram ermutigt, »ungestüm zu Elisabeths Füßen« stürzt und dort verharrt, bis sie ihn sich erheben heißt. Entscheidend ist die dritte, die Abgesangsgeste. Sie greift weit aus, um zum eigenen Ausgangspunkt zurückzukehren, so wie der Sänger die ausgebreiteten Arme sinken läßt, wenn er Elisabeth erreicht hat und reglos, schweigend in sich gewandt an sie sich schmiegt. Auf dem gehaltenen Terz-Quart-Akkord der fünften Stufe tritt ein Stillstand ein: Modell jenes seltsamen Stillstehens, das trotz aller Dynamik und gerade in ihr Wagners Musik stets wieder determiniert. Die ausgreifende Geste hat sich auf den Körper zurückgenommen. Ihr Einsturz gemahnt an die Woge. Vielleicht ähneln darum Wagners musikalische Gesten dem Tanz sich an, usurpieren die Motivwiederholungen seine Symmetrie, weil bloß als Tanzende Menschen die Woge imitieren können. Mit dem Formgesetz der Woge hat Wagner den Widerspruch von Ausdruck und Geste musikalisch aufzuheben unternommen, längst ehe er es durch die Schopenhauersche Philosophie rationalisierte. Die Entwicklungslosigkeit der Geste und die Unwiederholbarkeit des Ausdrucks will er versöhnen, indem die Geste sich selbst widerruft. Sich selbst und die Zeit. Wenn er diese nicht wie Beethoven beherrscht, so erfüllt er sie auch nicht wie Schubert. Er revoziert sie. Die Ewigkeit der Wagnerschen Musik, gleich der der Ringdichtung, ist die des Nichts-ist-geschehen; die einer Invarianz, die alle Geschichte mit der sprachlosen Natur dementiert. Die Rheintöchter, die zu Beginn mit dem Golde spielen und es am Ende zum Spielen zurückerhalten, sind der letzte Schluß von Wagners Weisheit und Musik. Nichts ändert sich; gerade die individuelle Dynamik stellt den amorphen Urzustand wieder her; die Entfesselung der Kräfte dient selber nur der Invarianz und damit der herrschenden Macht, wider welche sie zu Felde ziehen. Das wird von Wagners Formgesinnung eindringlicher vertreten als je von seinen philosophischen Meinungen. Als ästhetisches Formprinzip aber wird, Schopenhauer entgegen, verklärt und zum tröstlichen Äquilibrium gemacht, was unerträglich ist in der realen gesellschaftlichen Welt, aus der Wagners Werk entflieht.

Fürs ideologische Wesen des »Geheimnisses der Form« liefern die Meistersinger ein erstaunliches Indizium. Die Lieder, die darin von den Angehörigen der Bildungsschicht, also den Antipoden Walther und Beckmesser, gesungen werden, halten sich an die Barform. Sachs aber, der vom »Volk« her das Recht des Einspruchs bewahrt und vertritt, und der doppelsinnig von sich sagt, »nur Gassenhauer dicht' ich zu meisten«, singt ein rein strophisches Lied. Die Meistersinger, das größte Zeugnis des Wagnerschen Bewußtsein von sich selber, weisen die Barform den Vornehmen und der herrschenden Oberschicht zu. Nimmt man aber die Deutung von Lorenz an, die dem ganzen Werk Barform zuschreibt, so behielte die Oberschicht in der Totalität der Meistersinger ebenso recht wie im Ring die Rheintöchter, Allegorien jenes Meeres, in welches der Wagnersche Traum regrediert, gegen den Parvenu Alberich.

Die Einsicht in die Funktion des Bars schließt die Kritik der Wagnerschen Form in sich. Lorenz, der die seit Nietzsche reaktionär nachgebetete Phrase von der Wagnerschen Formlosigkeit nachdrücklich angriff, ist dabei mehr an der Organisation der Großformen als an der »thematischen Arbeit« interessiert. Er rechtfertigt das damit, daß die Motivanalyse durch Wolzogen und die sogenannte Leitfadenliteratur zureichend geleistet worden sei. Aber er hätte sich nicht darüber täuschen sollen, daß eine musikalische Motivanalyse, die die Großform aus den Entwicklungen und Variationen der thematischen Zellen verständlich macht, nichts zu tun hat mit poetisierenden Leitmotivaufzählungen, die zu jeder Textstelle deren musikalisches Ebenbild aufführen. Sein Desinteressement an der Wagnerschen »Kleinarbeit« hat seinen Grund im Gegenstand selbst. Lorenz sagt im zuständigen Kapitel seines ersten Bandes: »Als Hauptmerkmal fällt auf, daß diese Aufstellung« – die Wagnersche Exposition der thematischen Modelle – »immer so erfolgt ..., daß eine öftere Wiederholung uns das Motiv deutlich ins Bewußtsein bringt.«[7] Es ist diese Tatsache der sei's tongetreuen, sei's stufenweise versetzten Motivwiederholung im Rahmen der Wagnerschen »Themen«, die Lorenz wegen der Regelhaftigkeit der Ereignisse von der Verpflichtung zu Analysen etwa nach der Art der Bergschen Schönberganalysen dispensiert. Dieser Dispens heißt aber nichts anderes, als daß es in der Kleinform bei Wagner in Wahrheit nichts zu analysieren gibt. Wagner kennt eigentlich nur Motive und Großformen – keine Themen. Die Wiederholung spielt sich als Entwicklung auf, die Versetzung als thematische Arbeit, und umgekehrt wird das lyrisch Unwiederholbare, das Lied, behandelt, als wäre es Tanz. Die Zurücknahme durch die Bargeste aber hat den Sinn, alle ungeschlichteten Widersprüche ins Nichts aufzulösen. Während Wagners Musik unablässig Schein, Erwartung und Anspruch des Neuen erweckt, geschieht in ihr strengsten Sinnes nichts Neues. Diese Erfahrung ist der Wahrheitskern des Vorwurfs der Formlosigkeit. Nur rührt diese nicht vom Chaotischen her, sondern von der falschen Identität. Identisches tritt auf, als wäre es neu und unterschiebt dadurch die abstrakte Zeitfolge der Takte für den inhaltlich-dialektischen Fortgang seiner Musik, ihre innere Geschichtlichkeit. Das Kerngehäuse der Wagnerschen Formkonstruktion ist leer: die Entfaltung in der Zeit, die sie doch beansprucht, uneigentlich. Die von Lorenz entdeckten Großformen der Wagnerschen Musik sind nur von außen aufgestülpt und bleiben am Ende die namenlosen Schemata, als welche sie zu Anfang die abstrakte Taktierzeit artikulieren. Nicht zufällig lassen die Lorenzschen Analysen auf Tabellen sich eintragen, prinzipiell der Zeit so fremd wie die Wagnersche Formorganisation selber. Trotz aller Akribie bleiben sie ohne Gewalt über die wirkliche Musik, graphisches Spiel. Wagners Formen, selbst die paradoxale Barform, die im zeitlichen Fortgang diesen negiert, versagen vor der Zeit. Das mephistophelische »Und ist so gut, als wär' es nicht gewesen« behält das letzte Wort. Daher die Enttäuschung, das Unerfülltbleiben von Erwartungen durch den, der privat so gern Versprechen brach, wie der Formkünstler sie brechen muß. Seine Musik gebärdet sich, als ob ihr keine Stunde schlüge, während sie bloß die Stunden ihrer Dauer verleugnet, indem sie sie zurückführt in den Anfang.

III

Der unaufhaltsam fortschreitende Prozeß, der doch keine neue Qualität aus sich entläßt und stets wieder ins Alte mündet; die Dynamik der permanenten Regression hat dem Wagnerschen Werk ein Rätselhaftes verliehen, und heute noch bleibt dem Hörer, im Unterschied zu fast jeder anderen Musik, trotz aller Vertrautheit das Gefühl des Unauflöslichen, des blinden Flecks zurück. Wagner verweigert dem Gehör, das ihn begleitet, die feste Bestimmung und läßt es im Zweifel, ob der Formsinn eines jeden Augenblicks richtig aufgefaßt sei. Sachsens »Kann's nicht behalten – doch auch nicht vergessen« – spielt darauf an. Nichts ist eindeutig. Was einmal als das irritierend Moderne an ihm erfahren ward, was man mit Begriffen wie dem des Nervösen und Reizbaren einigermaßen musikfremd benannt hat, gründet in der Zweideutigkeit des musikalischen Sinnes. Ihr entspricht freilich ein zweideutiges Moment in der Ideologie, von der allbekannten Ambivalenz zwischen Sexualität und Askese bis zur Rolle zweideutiger Figuren, Hagens, des »Recken« und Verräters, Kundrys, der Büßerin und Verführerin, selbst der Helden Tristan und Siegfried als der treulos Treuen. Zweideutigkeit ist der romantischen Überlieferung des Komponierens nicht fremd: die zwielichtigen, alterierten Akkorde Schuberts sind solchen Wesens, und Wagner, dessen Werk scheinbar wenig gemein hat mit dem Schubertschen, hat dergleichen Akkorde mit Vorliebe gebraucht. Aber bei ihm zuerst ist Zweideutigkeit zum principium stilisationis erhoben, die Kategorie des Interessanten im Gegensatz zur Konsequenzlogik der musikalischen Sprache vorherrschend geworden. Das hat das fortgeschrittenste Bewußtsein seiner eigenen Epoche, Baudelaire schon, der offenbar nicht einmal die Musik des Tristan kannte, und vollends Nietzsche so sehr erregt. Die im Wechsel sich durchhaltende musikalische Identität als solche ist dabei nicht eigentlich das

Novum. Durch Konstruktion vollständiger musikalischer Einheit in der Mannigfaltigkeit hat der Wiener Klassizismus, Beethoven zumal, eben dies Prinzip aufs höchste ausgebildet. Aber es war durchwegs in Übereinstimmung geblieben mit der Logik der festgefügten musikalischen Sprache einer in allen Antagonismen noch zusammengehaltenen Gesellschaft. Die Regung der zufällig-einzelmenschlichen Individualität, welche dieser Logik als irrational sich entzieht und ihr seit der Explosion in Berlioz die Überraschung entgegensetzt, war dem Klassizismus fremd oder ward zumindest in ihm bewältigt durch die Synthesis der Form. Dazu gebricht es der Wagnerschen Kunst an Kraft: bloße Individualität tritt um so selbstherrlicher hervor, je schwächer das Ich gesellschaftlich und damit zugleich als ästhetisches Konstitutionsprinzip ward, je weniger es sich zur Objektivität eines Totalzusammenhangs zu entäußern vermag. Das Ich differenziert sich unendlich, indem es die eigene Schwäche reflektiert und zur Schau stellt, aber vermöge eben dieser Schwäche fällt es zugleich auf die Schicht des Vor-Ichlichen zurück. So zeichnet im Überwiegen des »psychologischen« Moments bei Wagner, des zweideutig Interessanten, ein Geschichtliches sich ab. Die Bruchlinie jedoch, die Wagners Werk markiert, die Ohnmacht im Angesicht der technischen und der diese tragenden gesellschaftlichen Widersprüche, kurz all das, was schon der Sprache seiner Zeitgenossen Dekadenz hieß, ist zugleich die Bahn des künstlerischen Fortschritts.

Paul Bekker hat den Ausdruck als die Grundkategorie Wagners angesehen. Nirgends deutlicher aber als an dieser tritt das Brüchige und zugleich Abgründige hinter der dicht gefügten Oberfläche von Wagners unabgesetztem Kompositionsstil hervor. Wenn die Einheit von Geste und Ausdruck im Leitmotiv nicht gelingen kann, wenn das Motiv, als Ausdrucksträger, stets zugleich am drastisch-gestischen Charakter festhält, so besagt das nicht weniger, als daß die Geste niemals unvermittelt sich selber zu beseelen vermag. Vielmehr stellt sie ein Seelisches vor. Spezifisch für den Wagnerschen Ausdruck ist das intentionale Moment: das Motiv vermittelt als Zeichen eine geronnene Bedeutung. Wagners Musik verhält sich bei aller Emphase und Intensität wie die Schrift zum Wort, und wenig fehlt, daß man vermuten möchte, sie bedürfe der Intensität ihres kompositorischen Vortrags nur, um das zu verstecken. Ihr Ausdruck stellt sich nicht dar, sondern wird dargestellt. Die Beschlagnahme eines aus der vergeistigten Totalität Herausgefallenen, bloß Auswendigen durch Bedeutungen, die es zu repräsentieren hat, und die so gut ausgewechselt werden können wie ihre Repräsentanten, prägt die Wagnerschen Leitmotive als Allegorien. So sind denn auch die allegorischen Künste der Meistersinger, die durchgehenden, gewaltsamen Namensallegorien, schließlich der abstrakte Bedeutungszusammenhang hinter dem ganzen Ring keine bloßen Oberflächenphänomene: gerade solche exzentrischen Züge weisen auf den Kern. Das Leitmotiv reicht hinter Berlioz zurück auf die Programmusik des siebzehnten Jahrhunderts, in der noch keine verbindliche musiksprachliche Logik waltete, und erst unter allegorischem Aspekt wäre dieser Ursprung besser zu verstehen als die kindische Spielerei von Echoeffekten und Ähnlichem. Die orthodoxe Wagnerexegese, der doch gewiß der Allerweltsbegriff des Symbolischen ans Herz gewachsen war, hat gleichwohl den allegorischen Charakter der Leitmotive unwillkürlich hervorgehoben, indem sie jedem seinen starr identifizierenden Namen gab, vergleichbar dem Spruch, der unter dem allegorischen Bilde dessen Bedeutung enträtseln soll. Wenn im Großen Wagners Musik keine Bewegung kennt, indem sie ihren eigenen Zeitverlauf widerruft, dann eignet ihr Starrheit schon im Kleinsten. Die Leitmotive sind Bildchen, und die angebliche psychologische Variation exponiert sie bloß der Umbeleuchtung. Dem Berliozschen Namen der idée fixe halten sie wörtlicher die Treue, als sie sich träumen lassen, und ihre Starrheit ist es, die der psychologischen Dynamik die Grenze setzt, ja oftmals sie Lügen straft. In der Götterdämmerung, wo der dynamische Kompositionsstil auf ein älteres Motivmaterial von größter allegorischer Sprödigkeit angewandt wird, liegt der Widerspruch offen zutage. Während das Leitmotiv gerade der metaphysischen Absicht der Musikdramen dienen soll, wird es, endliches Zeichen vorgeblich unendlicher Ideen, zu deren eigenem Feind: im Schoß der Wagnerschen Spätromantik wächst ein positivistisches Element heran, ganz ähnlich wie Schopenhauers Metaphysik den Kantischen Idealismus positivistisch-naturwissenschaftlich umfunktionierte.

Schon zu Wagners Zeit hat das Publikum die Leitmotive krud auf die Personen bezogen, die sie charakterisieren, eben weil sie mit den geistigen Bedeutungen nicht unmittelbar verschmolzen sind, mit denen eins zu sein sie doch vorgeben: die Notwendigkeit der Kommentare war stets schon die Bankrotterklärung von Wagners eigener Ästhetik des unmittelbar Einen. Der Verfall des Leitmotivs ist diesem immanent: er führt über die geschmeidige Illustrationstechnik von Richard Strauss geradeswegs zur Kinomusik, wo das Leitmotiv einzig noch Helden oder Situationen anmeldet, damit sich der Zuschauer rascher zurechtfindet.

Allegorische Starre hat das Motiv gleich einer Krankheit befallen. Die Geste gefriert als Bild des Ausdrucks. Eben das aber gebietet dem bloßen Gleiten Einhalt und entbindet konstruktive Widerstände. Nur in einem artikulierten harmonischen Zusammenhang vermag das Motiv einzustehen, vermag die Technik der fortspinnenden Sequenz selber jenen allegorischen Sinn hervorzubringen, den die Leitmotivik erheischt, und der weithin sein Schema an der Triplizität des Bars besitzt. Das läßt sich noch an scheinbar rein chromatischen Modellen wie dem ungezählte Male analysierten Tristananfang zeigen. Die Notwendigkeit einer den Formsinn erst entfaltenden Artikulation zwingt hier der chromatischen Harmonik und der bloßen Sequenz die Gegentendenzen von gekräftigter Tonalität und Variation ab. In der ersten Sequenz des Eröffnungsmotivs tritt die große Sext anstelle der kleinen des Modells: h-gis für a-f. Diese Abweichung ergibt sich aus der Bezogenheit der ganzen Periode auf ihre virtuelle Grundtonart, die harmonische a-moll-Skala, in der es f, aber gis heißt. Sie wird durch die Auswahl der charakteristischen Ecknoten umschrieben. Solche Umschreibung einer identisch festgehaltenen Tonart noch im Fortgang der chromatischen Modulation hat den Sinn, diese auf ein harmonisches Einheitsmoment zu beziehen und damit zu organisieren. Das aber führt in der Sequenzierung zu konstruktiven Folgerungen: durch die harmonische Einheit wird die mechanische Identität der beiden melodischen Sequenzglieder vermieden. Modell und erste Sequenz weichen in einem entscheidenden Intervall voneinander ab: sie verhalten sich wie ein

Thema zu seiner rudimentären Variation. Unvariiert führte die Sequenzgruppe auf den Dominant-Septimakkord von h, durch die Abwandlung aber auf den von C-Dur als der Paralleltonart von a-moll. So wird die Beziehung zur Grundtonart verstärkt. Gerade durch die festgehaltene Einheit der Tonalität a, die sich dem hemmungslos gleichmachenden Weitermodulieren verweigert, wird die Banalität der chromatischen Sequenz beseitigt und jene Selbständigkeit chromatischer Nebenstufen vorgebildet, die dann bei Schönberg der Tonalität so viel gefährlicher wurde als das einfache Chroma. Wagt man einmal den Vergleich der Barform mit dem dialektischen Schema der Triplizität, so entspräche dann hier das dritte Glied der Sequenzgruppe, der »Abgesang«, der Synthesis. Um die tonale Einheit weiter zu garantieren, setzt es nicht eine Sekunde, sondern eine kleine Terz höher ein als die erste Sequenz: abermals also wird ein kritisches Intervall variiert. Dabei hält der Beginn des Abgesangs als Rest des zweiten Sequenzgliedes das Intervall der großen Sext d-h fest, stellt aber durch Einfügung einer zweiten absteigende Sekunden die ursprüngliche melodische Relation zum Ausgangston im Sinn des Modells wieder her. Als Negation der Negation, als Zurücknahme der Abweichung des zweiten Gliedes, bestätigt das dritte die Einheit des Ganzen und bringt sie auch zur harmonischen Auslegung durch die Kadenz auf der Wechseldominante von a-moll. Sie wird in dem anschließenden Forte-Einsatz tatsächlich nach a-moll heimgeholt, indem Wagner dem festgehaltenen Motivrest eis-fis nun die erste Dominante unterlegt, freilich die Tonika wieder durch die Trugfortschreitung zu sechsten Stufe vermeidet: Schulfall dessen, was Schönberg später »umschriebene Tonalität« nannte. Wenn Lorenz gegenüber Kurth die diatonisch-tektonischen Momente Wagners als Gegengewicht der expressiv-chromatischen hervorhebt, so darf das nach solchen Bildungen nicht im Sinne einer teutonisch-ominösen Urgesundheit verstanden werden, die den Exzeß des Tristan nur einmal sich gestattet hätte. Vielmehr zieht Wagner in seinen größten Augenblicken aus dem unversöhnlichen Widerspruch die Produktivkraft, aus dem gestisch-regressiven Moment die fortschreitende Konstruktion. Diese geht über den bloß subjektiven Ausdruck so weit hinaus, wie sie ihn im Hegelschen Doppelsinn aufhebt.

Daraus erhellt aber, daß Fortschritt und Reaktion in der Wagnerschen Musik sich nicht wie die Schafe von den Böcken scheiden lassen, sondern daß beides unauflöslich fast sich verschränkt. Wagner hat, unter der dünnen Hülle des kontinuierlichen Verlaufs, die Komposition in dinghaft aneinandergereihte allegorische Leitmotive zerfällt. Diese entziehen sich den Ansprüchen musikalischer Formtotalität nicht weniger als den ästhetischen der »Symbolik«, kurz, der Überlieferung des deutschen Idealismus. So emphatisch Wagners Musik als Stil durchgebildet ist, so wenig ist dieser Stil dafür System im Sinn der konsequenzlogischen Geschlossenheit, des reinen Immanenzzusammenhangs von Ganzem und Teilen. Das aber gerade hat seinen revolutionären Aspekt. In der Kunst nicht weniger als in der Philosophie trachten die Systeme, die Synthesis des Mannigfaltigen aus sich hervorzubringen. Dabei richten sie in Wahrheit stets an einer vorgegebenen, aber fragwürdig gewordenen Totalität sich aus, deren unmittelbares Daseinsrecht sie bestreiten, um sie vermittelt aus sich selber nochmals zu erzeugen. Damit ist es bei Wagner zu Ende. Seine apologetisch rückwärtsgewandte Stellung zum Bürgertum hat die Kehrseite, daß er den Kosmos der bürgerlichen Formen ungebrochen nicht mehr akzeptiert. Nichts Vorgegebenes wird geduldet, keine »Typen«, von den Gesamtformen angefangen, die den Namen der Oper verschmähen, bis zur Anlage der Motive, die alles an Figuration Gemahnende idiosynkratisch sich verwehren. Gegenüber der Wagnerschen décadence bahnt heute ein Verfall sich an insofern, als eben diese Empfindlichkeit den Musikern abhanden kam, ja sie geradezu nach den Fesseln des Typischen lechzen, die Wagner abzuwerfen trachtete. Wenig bezeichnet den Impuls seiner Verfahrungsart besser als seine Äußerung, er höre zuweilen bei Mozart im Geist das Klappern des Geschirrs zur Tafelmusik. Das gegenwärtige Verhältnis zum musikalischen »Erbe« laboriert vorab daran, daß keiner mehr solche Respektlosigkeit sich zutraut. Die typenfeindliche, mit Typen bloß noch spielende Formbildung Wagners hat nicht bloß die feudalen Restbestände des musikalischen Materials fortgeräumt, sondern darüber hinaus das Material dem Komponisten unvergleichlich viel fügsamer gemacht, als es je zuvor war. Die Maxime dieser Formgesinnung ist im ästhetischen Gespräch der Meistersinger lapidar definiert: »Wie fang ich nach der Regel an? – Ihr stellt sie selbst und folgt ihr dann.« In den gleichen Zusammenhang fällt die Forderung Wagners nach sinngerechter Deklamation. Sie ist antiromantisch und antifeudal: die Idee der musikalischen Prosa wirft ihren Schatten voraus, indem der Zauberbann der Symmetrie gebrochen wird. Die Sprachähnlichkeit der Musik, der sie so viel von ihrem metaphysischen Anspruch verdankt, schlägt um in ein Mittel musikalischer Aufklärung, freilich in Wagners Kompositionsweise noch in Schranken gehalten durch die Vorherrschaft der symmetrischen Periode. Die Forderung des »natürlichen« Deklamierens weist ebenso auf die Wagnersche Typenfeindschaft wie auf das Bedürfnis nach Verschmelzung der Medien; gleich der Konzeption des Leitmotivs aber bereitet auch jene das technische, rationale Kunstwerk vor.

Dessen Beziehung zur Motivtechnik wird nirgends deutlicher als in der Atomisierung des Materials, der Zerlegung in kleinste Motivbestandteile, welche die Integration erlauben soll nach Siegfrieds Programm: »Zu Spreu nun schuf ich die scharfe Pracht, im Tigel brat' ich die Späne.« Diesem Programm ist der Tristan am vollständigsten gefolgt. Es fällt schwer, dabei des Gedankens an die Quantifizierung des industriellen Arbeitsprozesses, seine Zerlegung in kleinste Einheiten sich zu entschlagen, wie denn nicht zufällig ein Akt der materiellen Produktion als Allegorie jenes Prinzips gewählt ist. Das Ganze soll durch Unterteilung in kleinste Einheiten beherrschbar, dem Willen des alles Vorgegebenen ledigen Subjekts fügsam werden. Daß Wagner dies Analogon zur impressionistischen Verfahrungsweise der Malerei entwickelte, ohne sich dessen bewußt zu sein, zeigt nicht weniger die Einheit der Produktivkräfte der Epoche an als die durch Arbeitsteilung bewirkte Abblendung der Einzelbereiche gegeneinander. Wenn im übrigen Wagner aus dem potentiellen Impressionismus der Motivtechnik nicht oder nur in Episoden der Naturstimmung die ganze Konsequenz zog, so erklärt sich das ebenso aus der Spekulation aufs Publikum wie aus der ästhetischen Gesinnung. Gesellschaftlich will die Verschränkung von Alt und Neu, daß zwar immerzu frische Reize geboten, niemals jedoch die eingeschliffenen Hörgewohnheiten brüskiert werden sollen. In Wagners Atmosphäre schwelt schon etwas von der des wütenden Philisters, aus der später der Bann gegen alle »Ismen« erging. Je weiter die Technifizierung des Kunstwerks, die rationale Planung der Verfahrungsweise und damit der Wirkung fortschreitet, um so ängstlicher ist seine Musik darauf bedacht, als spontan, unmittelbar, naturhaft zu erscheinen und den verfügenden Willen zu verstecken. Im Widerspruch mit seiner Praxis verleugnet seine Ideologie das Auflösende, Zersetzende schon ähnlich, wie es dann in der summarischen Abfertigung aller neuen Kunst durch Cosima im Briefwechsel mit dem nationalsozialistischen Chamberlain brutal und primitiv sich aussprach. Wagner war ein Impressionist malgré lui, entsprechend dem zurückgebliebenen Stand der menschlichen und technischen Produktivkräfte und damit auch der ästhetischen Doktrin im Deutschland der Mitte des neunzehnten Jahrhunderts. Nicht nur der traditionelle Aberglaube, die Größe der ästhetischen Idee spiegle sich in der Größe der gewählten Gegenstände und der Monumentalität des Kunstwerks, auch eine vorkritische und Wagners eigenem Stand unangemessene Anschauung von der Melodie spielt da herein. Kein Vergleich Wagners mit dem Impressionismus trifft zu, der nicht zugleich daran erinnerte, daß das Credo universaler Symbolik, dem alle seine technischen Errungenschaften unterstehen, zu Puvis de Chavannes gehört und nicht zu Monet. Bei Wagner überwiegt denn auch schon das totalitär-herrschaftliche Moment der Atomisierung; jene Entwertung des Einzelmoments gegenüber der Totalität, die echte, dialektische Wechselwirkungen ausschließt. Nicht sowohl die Nichtigkeit des Einzelnen jedoch schlägt der Wagnerschen Totalität zum Unheil aus, als daß das Atom, das charakterisierende Motiv, eben um der Charakteristik willen stets auftreten muß, als wäre es etwas, und diesen Anspruch nicht durchweg einlöst. So verbinden sich die Themen und Motive zu einer Art Pseudogeschichte. In Wagners Musik wird bereits jene Entwicklungstendenz des spätbürgerlichen Bewußtseins sichtbar, unter deren Zwang das Individuum um so emphatischer sich selbst hervorhebt, je scheinhafter und ohnmächtiger es in der Realität geworden ist. Etwas von solcher

Unwahrheit läßt vielen Wagnerschen Motivkernen sich anhören, deren pathetische Gebärde die eigene Substanz überfordert, während manchmal freilich die motivischen Profile ihm unverlierbar gerieten. Wiederum ist die Formkategorie als solche, die Nichtigkeit des Motivs als bloßer Setzung, das Ephemere der Individuation selber Wagner mit dem Wiener Klassizismus gemeinsam. Aber der Sinn des Verfahrens hat sich verkehrt und damit auch sein ästhetisches Recht. Bei Beethoven ist das Einzelne, der »Einfall« kunstvoll-nichtig, wo immer die Idee der Totalität den Vorrang hat; das Motiv wird als ein an sich ganz Abstraktes eingeführt, lediglich als Prinzip des reinen Werdens, und indem daraus das Ganze sich entfaltet, wird das Einzelne, das im Ganzen untergeht, zugleich auch von diesem konkretisiert und bestätigt. Bei Wagner verleugnet das aufgespreizte Einzelne die Nichtigkeit, die ihm doch als vorsprachlichem Gestus eignet. Zur Strafe wird es vom Fortgang, den es nicht aus sich heraus zu stiften vermag, während es ihn unablässig als Modell zu tragen vorgibt, dementiert. Die scheinbar so widerstandslose Totalität, die sich der Ausmerzung des qualitativ Einzelnen verdankt, erweist sich als bloßer Schein, als der zum Absoluten erhobene Widerspruch.

Je triumphaler Wagners Musik sich aufführt, desto weniger kennt sie mehr in sich einen Feind, den sie bezwänge; stets überschrie der bürgerliche Triumph die Lüge der Heldentat. Gerade die Abwesenheit eines dialektischen Stoffes, an dem sie sich bewähren könnten, verdammt die Wagnerschen Totalitäten zur bloßen Dauer. Daß Motive wie das des Schwertes oder das von Siegfrieds Hornruf von keiner Formkunst zu meistern sind, ist evident: der Vorwurf der melodischen Einfallslosigkeit trifft weniger einen Mangel des subjektiven Vermögens als einen objektiven. Immer wieder muß das gestische Verfahren die melodische Folge natürlicher Obertöne sich zunutze machen. An ihnen aber hat die beseelende Kraft eben des Subjekts ihre Grenze, die Allherrschaft sich anmaßt. So zeitigt die stete Rücksicht auf Drastik und Faßlichkeit, die Wagner zu signalähnlichen Motiven greifen läßt, Unplastik und technische Inkonsequenz im Verlauf. Man kann das etwa schon am Lohengrinvorspiel zeigen. Dessen Thema ist, nach vier Einleitungstakten, in einem achttaktigen Satz exponiert. Die erste Hälfte wirkt unartikuliert: die poetische Idee des »Schwebenden« verhindert gleichsam die musikalisch eindeutige Folgerung, während gerade die ästhetische Idee des Vagen technisch der bestimmtesten Darstellung bedürfte. Die Unplastik jener ersten Hälfte rührt nicht nur her vom Verhältnis zur zweiten, deren Formsinn – ob melodische Fortspinnung oder Nachsatz – nicht ganz klar wird. Sondern schon die Melodie des Vordersatzes selber enträt der Faßlichkeit, weil sie sich auf den beiden Noten e und fis festbeißt, ohne daß deren Wiederholung, als thematisch, eindeutig gesetzt wäre. Der Grund dafür ist zunächst harmonischer Art. Der stufenarme Vordersatz verwendet von Nebenstufen nur die sechste, die im Zusammenhang des Satzes unselbständig, bloßes Substitut der ersten bleibt. Die unentschiedene harmonische Relation von erster und sechster Stufe spiegelt sich in der melodischen Unartikuliertheit des e-fis, der Noten, auf welche die Oberstimme immer wieder gleichsam zurückfällt. Die Stufenarmut selber aber wird von der Ökonomie der Stelle erzwungen. Die Nebenstufen, oder deren Äquivalente in modulatorischer Ausweichung, schlicht gesagt, die frischen Töne der Unterstimme, spart Wagner für den Nachsatz auf, der mit dem gleichen Motivmaterial wie der Vordersatz haushalten muß. In ihm nun gewinnt die Melodie, obwohl sie an denselben Noten e und fis wie der Vordersatz haftet, mit einem Mal Plastik durch die harmonische Perspektive, die sie vermöge der Berührung der Tonarten fis-moll, E-Dur, h-moll eröffnet. Das Mittel der harmonischen Perspektive aber, das die Plastik der Melodie herstellt, muß Wagner sparsam verwenden, nicht bloß, weil er stets mit den überlangen Zeitdimensionen zu rechnen hat, sondern auch den Forderungen zuliebe, die aus dem Hörwinkel des Kapellmeisters, dem Gedanken an den Wirkungszusammenhang ergehen; in der Theorie wie im eigenen Verfahren ist paradoxerweise der Chromatiker Wagner eine gewisse Scheu vor der Modulation, außer im Tristan, nie ganz losgeworden. Ohne das Gegengewicht diatonischer Partien von Art des Vordersatzes schüfen Stufenreichtum und chromatische Stimmführung jene Esoterik, die Wagner wie den Tod fürchtete. Ihre Verhöhnung war nicht die letzte unter den polemischen Absichten der Meistersinger, wo dem verkünstelten Meistergesang schon etwas wie das nachmals losgelassene gesunde Volksempfinden kontrastiert wird: die Idee der Selbstzurücknahme reicht bis in die Geschichte von Wagners eigenem Werk hinein, das zu seiner produktiven Mitte, dem Tristan, ein wenig sich verhält wie der Reiter überm Bodensee. Die sozial-konformistische Forderung der Auffaßbarkeit und die artistische der Plastik, die ursprünglich bei Wagner zusammenfielen, treten auseinander. Ihre Antinomie, daß alles zugleich verständlich und apart sein soll, teilt beiden Schichten des Wagnerschen Materials, den diatonischen und den chromatischen Motiven, gleichermaßen sich mit. Die »aparten«, als Reiz empfundenen Halbtonschritte des Tristan heben so wenig voneinander sich ab, wie umgekehrt die urtümelnden Fanfaren als Melos recht eigentlich sich behalten lassen; zumal die letzteren tendieren zum Amorphen, wie es mit voller Konsequenz im Rheingoldvorspiel auskomponiert ward. Der Bruch reicht bis in den Einfall selber hinein. Einfall ist eine junge musikalische Kategorie. Das siebzehnte und frühe achtzehnte Jahrhundert kannte sie so wenig wie das Eigentumsrecht an bestimmten Melodien. Erst als die Spuren, die der monadologisch vereinsamte Komponist im musikalischen Material als Charaktere hinterlassen möchte, gibt es Einfälle. Wagners Werk aber ist darauf aus, die eingezeichneten Charaktere im Naturmaterial untergehen, verschwinden zu lassen. Die Kraft des Einspruchs, welcher die des Einfalls gleichkommt, findet sich bei ihm annulliert, und das entfremdete An-sich-sein eines Materials, dem der Komponist um so ohnmächtiger schließlich gegenübersteht, je mehr er es beherrschen lernt, wird als verzweifelte Auskunft zum Wesen erhoben. Tendenziell löst Wagners Kompositionstechnik sowohl wie seine Texte alles Bestimmte, Namentliche ins Ein und Alles auf, sei es in den »Ur«dreiklang, sei es ins Chroma. Die Wagnersche Typenfeindschaft endet absurd beim Namenlosen, Unspezifischen, Abstrakten derart, daß man etwa bei Max Reger schließlich jedes Thema und jeden Takt aus jedem Werk in jedes andere transponieren könnte, während die innere Brüchigkeit des Motivmaterials bei seinen neudeutschen Nachfolgern Strauss und Pfitzner an den Extremen auftrumpfender Banalität und hilfloser Undeutlichkeit offenbar wird.

Die Brüchigkeit des Kleinsten wird vom Makrokosmos gespiegelt: von dem, was der Bayreuther Schule unendliche Melodie hieß. Weniger als sonstwo handelt es sich dabei um ein Neues: eher möchte das hochtrabende Prestigewort eine Schwäche verdecken. Unendliche Melodie als den »roten Faden«, den festgefügten sukzessiven Zusammenhang der Hauptstimme, hat es abermals in der Wiener Klassik gegeben; die von einer Gruppe an die andere überspringende Melodie machte dort die Einheit der durchbrochenen Arbeit sinnfällig. Wagner hat einzig, im Gedanken an den »hohen Stil«, der sein ganzes Werk inspiriert und den er dem kleinbürgerlich-musikalischen Glück im Winkel entgegensetzt, gegen das genrehaft Abgesetzte, bequem Überblickbare protestiert, das ihn noch an Brahms ärgerte, als er im Konflikt mit Nietzsche von »Triumph- oder Schicksalsliedchen« sprach. Indem der nach außen möglichst undurchbrochene melodische Verlauf dem Gedächtnis des Zuhörers das Besitzrecht an kleinem musikalischen Eigentum verweigert, spannt es ihn desto unerbittlicher in den Wirkungszusammenhang der Totalität ein. Progressiv bewährt sich die unendliche Melodie gegenüber jenen diskret gegeneinander abgesetzten, unzulänglich verknüpften Perioden, in denen die zur Intimität resignierende Romantik sich zu bewegen liebte, bereit, noch die Sonate dem Liedideal zu unterwerfen. Der teils aus Willen, teils aus Not sich beschränkenden Melodik seiner deutschen Vorgänger, und vollends den Lieblingsopern der ersten Hälfte des neunzehnten Jahrhunderts gegenüber bedeutet Wagners Konzeption ausgreifender melodischer Komplexe Fortschritt in ähnlichem, auch ähnlich suspektem Sinn wie der industrielle Aufschwung der Bismarckschen Ära gegenüber der Welt des Vormärz. An den gelungensten Stellen der Meistersinger, im dritten Akt Siegfried, zuweilen auch in der Walküre, erreicht Wagner in der Tat eine melodische Flexibilität ungekannter Art: als befreite sich die melodische Triebkraft von den Fesseln der kleinen Periode, als schlüge die Gewalt von Drang und Ausdruck über die konventionellen Gliederungen und Symmetrieverhältnisse hinaus. Aber als Komplement der Motivtechnik bleibt auch die unendliche Melodie Schein. Nicht daß es ihr an Artikulation fehlte; selbst Nietzsche hat Wagner noch mit den Ohren des Biedermeier gehört, als er ihn formlos fand. Zunächst jedoch führt gerade die Sorge um das Nichtabreißen des von Beethoven überkommenen »roten Fadens« zu einem Verlust an Differenzierung des melodischen Verlaufs. Trotz allem bleibt dieser bei Wagner wie bei seinen romantischen Vorgängern weit mehr auf die bequem faßliche Vordergrund- und Oberstimme beschränkt, als bei dem an der Kammermusik geschulten Satz des Wiener Klassizismus. Die viel bemerkte instrumentale Melodieteilung nuanciert eher koloristisch das abrollende Melos, als daß sie es durch echt durchbrochene Arbeit in sich selber dialektisch machte, in Spannungen auflöste. Solche Primitivität wird durch die rhythmische verstärkt, deren Wagner selber sich in den Jahren zwischen Lohengrin und Rheingold mit viel kritischer Einsicht erwehrte. Sie ist die Folge der »Unendlichkeit« als der Überdehnung der Zeitdimension. Erst viele Takte gewissermaßen bilden eine Takteinheit, und wie im Venusberg sind für Wagners Musik sieben Jahre gleich einem Tag. Mannigfaltig gerät erst die Großrhythmik. Das Einzelne, stets schon im Hinblick auf sie entworfen und ohne Kraft des Verweilens, treibt aber darum immer wieder zur Monotonie, besonders kraß im Lohengrin. Vielfach, so auch in dem überaus inspirierten zweiten Akt des Tristan, summieren sich die symphonieähnlichen Sätze aus langen Abschnitten, von denen jeder einzelne von einem Hauptmotiv bestritten wird, bis es ganz erschöpft ist. Wird endlich der nächste eingeführt, so ist die Wirkung eher eine der Abwechslung als des Resultats, und in sich sind die Abschnitte, verglichen mit dem einfachsten Mozartschen Stück, erstaunlich arm an Gestalten. Jene Ungeduld der Hauptstimmen, die ohne störende Komplikationen zum Ziel der Großperiode gelangen möchte, verwehrt aber auch, allen neudeutschen Behauptungen zum Trotz, eigentliche Polyphonie. Die einzig strikt kontrapunktischen Stellen sind Themenkombinationen. Sie ziehen, wie die berühmteste von allen im Meistersingervorspiel, ihre höchst literarische Wirkung aus der paradoxen Gleichzeitigkeit von Melodien, die ursprünglich durchaus sukzessiv gedacht und mit Akkordbegleitung empfunden sind; sie bestätigen nur die grundsätzliche Homophonie durch synthetische Apotheose der Motive. Auch die vielberufene Selbständigkeit der orchestralen Mittelstimmen, die noch der frühe Schönberg als Muster erkor, war zumindest bei Wagner selber harmonisch determiniert. Die Mittelstimmen vollziehen die Ineinanderbewegung der Akkorde, umschreiben sie und folgen dabei der Schulregel, im vierstimmigen harmonischen Satz sich möglichst ohne Sprünge, in kleinen Schritten zu bewegen. Darüber hinaus befriedigt die Verselbständigung der Mittelstimmen das expressive Bedürfnis. Sie sollen, so will es der erfahrene Orchesterpraktiker, so weit »sinnvoll« werden, daß sie mit jenem Ausdruck gespielt werden können, der sich zur Wirkung des Ganzen summiert. Unverkennbar hat gerade Wagners harmonische Polyphonie zur Freisetzung der wirklichen entscheidend beigetragen. In Tristan, Götterdämmerung, Parsifal erzittert zuweilen das sichere, von Wagner peinlich respektierte vierstimmig-harmonische Schema unterm polyphonischen Gegendruck. Die unendliche Melodie selber aber, stets verwiesen auf den Akkordverlauf und kaum je autonom, gewinnt bei all dem wenig. Der zwangshafte Verzicht auf ganze Schichten kompositorischer Mittel, Komplement eines jeden selbstherrlichen »Stilwillens«, nötigt Wagner zu jenen Wiederholungen, Fortspinnungen und Überdehnungen, die am letzten von einer Motivsubstanz getragen werden, die selber nur im Hinblick auf solche Unendlichkeit entworfen wurde. Das, und nicht die Emanzipation des Melos von kennbaren Einschnitten, trägt die Verantwortung für die Mißverhältnisse, welche den frühen Hörern Wagners als Belege seiner Formlosigkeit galten. Wagners Melos bleibt eben jene Unendlichkeit schuldig, die es verheißt, indem es, anstatt wahrhaft frei und ungebunden sich zu entfalten, immer wieder auf die kleinen Modelle zurückgreift und durch deren Aufreihung die eigene Entwicklung surrogiert. Nur allzu deutlich zeigen sich die melodischen Enden der unendlichen Melodie. Sie sind durch stereotype Trugschlüsse[1], wie die Auflösung des Dominant-Septimakkords in den Terz-Quartakkord der Wechseldominante, kaum eben verkleistert. Die prätendierte Unendlichkeit bleibt schlecht als bloße Hülle eines Endlichen, die unendliche Melodie wagt nur darum, immer weiter zu gehen, weil sie sich bei den Sequenzmodellen jeden Abschnitts allzu geborgen, eigentlich als unabänderlich dasselbe weiß.

So ist denn auch die Konzeption der unendlichen Melodie ohne nachhaltigere Wirkung geblieben. Um so intensiver war dafür die eines mit jener eng verknüpften Stilmittels: des Sprechgesangs. Er setzt voraus, daß die traditionelle Gliederung der Melodie nicht länger anerkannt, daß der horizontale Verlauf von der Kontrolle eines regelmäßigen Vers- und Strophenbaus entbunden ist, und dieser Dispens wird auf die musikalische Behandlung des Textes selbst übertragen. Dabei stößt man auf einen gesellschaftlichen Sachverhalt. Bekanntlich wird der Wagnersche Sprechgesang im allgemeinen aus dem Accompagnatorezitativ hergeleitet, obwohl Wagner von Anfang an gegen seine Vermengung mit dem Rezitativ sich verwahrte. Im Liebesverbot findet sich nun gelegentlich der der Spieloper entlehnte Brauch, die melodische Hauptstimme ins Orchester zu verlegen, während die Singstimme – etwa einen Ton festhaltend – dazu »deklamiert«. Man möchte vermuten, daß Opernkomponisten wie Rossini und Auber gerade solchen Eigentümlichkeiten den Ruf des Geistreichen verdanken. Dabei war wahrscheinlich gemeint, daß die Spieloper, ohne ihr rein musikalisches Gewebe zu opfern, die Wortbedeutungen durchläßt und auf diese Weise etwas vom Stilisierungszwang der großen Oper lockert zugunsten des empirischen Daseins. Wagner hat wohl die deklamatorische Behandlung der Singstimme der von ihm sonst als kalt und oberflächlich beschimpften Manier entlehnt; sich bemüht, Opera buffa und Opera seria zu verschmelzen, wie vordem der Wiener Klassizismus den »galanten« und »gelehrten« Stil. Der Motivgehalt käme aus der romantisch-pathetischen, das Verhältnis von Sprache, Gesang und Orchester aus der Spieloper, und der musikdramatische Stil beruhte auf einer Vereinigung divergierender Operntypen, wie sie schon in der Zauberflöte, im Don Juan, im Fidelio angestrebt war. Die Opera seria aber gehört zum höfisch-feudalen Zeremonial, die buffa, ganz deutlich bei Pergolese, zur bürgerlichen Opposition. Wagner hat beides versöhnt unterm Primat des Bürgertums, das dafür auf eingreifend oppositionelle Regungen verzichtet. Präzis wird das vom Sprechgesang registriert. Das Parlando des Liebesverbots hat in den Spätwerken den ironischen, die Würde der Herrschenden demaskierenden Charakter verloren, um dessentwillen es doch eigentlich geistreich hieß; es ist zum Pathos übergelaufen, und das Gebell der Wagnerschen Sänger ist das Kind solcher mésalliance. Dies verbürgerlichte und damit das Lächerliche streifende Pathos schafft sich zugleich bei Wagner sein sprachliches Mittel in der Alliteration. Sie ist der progressiven Prosatendenz verwandt. Wie die Musik selber sich der Schablonen entäußert, so möchte sie diese auch im Wort nicht mehr dulden. Der bürgerliche Oppositionelle drängt auf Entzauberung der Sprache. Der ohnmächtige Überläufer jedoch sucht der Entzauberten archaistisch neuen Zauber abzugewinnen: die verbürgerlichte Sprache soll tönen, als werde in ihr das Sein selber laut. Der fortschrittliche Wagner hat die gebundene Sprachform so abgewandelt, daß sie den musikalischen Tonfall nicht stört und dem Gedanken wie der Musik sich anschmiegt gleich Prosa; der Reaktionär hat ihr ein magisches Element beigemischt, einen Sprachgestus vollführt, der einen vor der Spaltung in Vers und Prosa liegenden Zustand fingiert.

Wagners Musik nimmt insgesamt eine veränderte Haltung zur Sprache ein. Sie antwortet ihr nicht, sie wandert nicht ein in Wald und Höhle des Wortes wie Schubert. Vielmehr läßt sie die Sprache, als Interpretin ihrer allegorischen Bildchen, der Leitmotive, durch ihr Gitterwerk fremd, dinghaft durchdringen. Dem verdankt Wagner eine Schicht, der nur wenig Beachtung geschenkt wurde: die Fähigkeit, selber Dinghaftes, Prosaisches, Trockenes, Musikfremdes zu bewältigen. In der Charakteristik Beckmessers und Mimes ist die Grenze des Ausdrucks über die poetische Subjektivität hinaus erweitert, ohne doch ins bloße Illustrieren zu verfallen; darin berührt sich Wagner am ehesten mit dem ihm gänzlich unbekannten Mussorgsky. Indem der hohe Stil übers niedrig Alltägliche, im bereits negativ gewandten Sinn Bürgerliche sich ausbreitet, kristallisieren sich ganz neue musikalische Charaktere. Der Fortentwicklung dieses Elements mehr als jedem anderen verdankt Hugo Wolf seinen Ton; in den Straussischen Witzen ging es zugrunde. Der gleiche Wagner, dessen Schwäche die Prägung rein musikalischer Charaktere war, bewährt sich unübertrefflich in der Übersetzung von Ausdruckscharakteren in Musik. Sie schlagen sich dann auch in der Komplexion seiner gesamten musikalischen Sprache nieder. Die Mahnung des Bayreuther Triumphators, »Kinder, schafft Neues«, dürfte eben die Forderung solcher neuer Ausdruckscharaktere angemeldet haben. In der Tat sind sie seit Wagner, den einen Mahler ausgenommen, zugunsten immanent-kompositorischer Formmittel verkümmert, und am Spezialistischen der neuen Musik in ihren höchsten Repräsentanten hat das Absterben jener Fähigkeit gewiß Anteil. Sie aber, die sich stets Zeit zum Ausmalen läßt, ist keineswegs dramatischen Wesens, wie denn überhaupt Wagner Theatraliker eher als Dramatiker war. Die wunderlichen Gattungsbezeichnungen der Werke seit dem Tristan – die Meistersinger rechnen sich überhaupt keiner Gattung zu – lassen darauf schließen, daß Wagner selbst etwas davon ahnte. Fürs Drama scheint er zu ideologisch: er vermag es nicht, den Geist hinter die Sache selbst zurücktreten, einzig aus dieser sprechen zu lassen, sondern fühlt sich als Künstler stets zugleich in der Rolle des Apologeten, der es selber sagen muß. Mit der romantischen Tradition teilt Wagners Musik ein episches Moment: sie neigt sich der Vorwelt, indem sie von dieser berichtet. Manchmal nimmt sie selber die Diktion des berichtenden Wortes an, so etwa, wenn Siegfried im dritten Akt bei der schlafenden Brünnhilde das Fürchten lernt. Die ausgedrückten Gefühle sind nicht, und gewiß nicht in den Spätwerken, die der dramatis personae, sondern die des reflektierenden Autors. Diese Funktion der Musik dient aber der Zurücknahme der Zeit. Die großen Erzählungen Wotans im zweiten Akt der Walküre, Siegfrieds vor seinem Tode lassen sich nicht dramaturgisch begründen. Sie bringen nichts, was in der Handlung nicht selber sich ereignet hätte. Aber sie wenden an entscheidenden Stellen, der von Wotans Verneinung des Willens und der des Unterganges der einen Hoffnung, die Handlung selber ins Vergangene, so wie der Gestus des Bars seinem Formsinn nach sich selber auf den Körper zurücknimmt. Die Wagnerschen Erzählungen gebieten der Handlung Einhalt als dem Lebensprozeß der Gesellschaft. Sie lassen sie stillstehen, um sie ins Reich des Todes, das urbildliche der Wagnerschen Musik, hinabzugeleiten. Wagners Musik ist episch als geleitende. Indem sie jubelnd oder leidend ihre Helden mit sich zieht, antezipiert sie das Verdikt der Gesellschaft. Je mehr sie sich aber den Hörern aufreden will, als ob sie deren eigene Entscheidung wäre, desto mehr muß sie vortäuschen, daß sie mit ihren Figuren unvermittelt eins sei, diesseits der Trennung von Sänger und Held. Daher muß der redende Dichter im Kostüm des »Meisters« mythische Identität mit den eigenen Geschöpfen behaupten, muß seine Figuren als deren Schauspieler musikalisch nachmachen. Das erklärt die Zweideutigkeit seines musikalischen Verhaltens, das die lyrische Reflexion der dramatischen Person und die gestisch-affektive Unmittelbarkeit des Dirigenten miteinander verwirrt. Etwas davon äußert sich in jenem Brief an Liszt, in dem Wagner diesem die Unterbrechung der Arbeit am Ring mit den Worten mitteilt, er habe seinen jungen Siegfried noch unter die Linde geleitet und dort mit viel herzlichen Tränen von ihm Abschied genommen. Die Tränen, die seine Musik über die eigenen Kinder vergießt, gelten aber in Wahrheit dem Weinenden selber. Indem das Publikum von diesem sich ergreifen läßt, soll es den reuigen verlorenen Sohn empfangen. Worin sie sich begegnen, ist nicht die Versöhnung zu gemeinsamem Leben, sondern die tödliche Fügung, der beide gleichermaßen verfallen sind.

IV

Die tragenden Widersprüche der formalen und melodischen Struktur Wagners – notwendige Bedingung des technisch Brüchigen – bestimmen allgemein sich damit, daß das regressiv Immergleiche sich als Immerneues, das Statische sich als Dynamisches vorträgt, oder daß, umgekehrt, dem eigenen Sinn nach dynamische Kategorien identifiziert werden mit unhistorischen, präsubjektiven Charakteren. Wagners Komponieren ist inkonsistent nicht, weil es unmittelbar als statisch, gar als Sein im Sinne der ontologischen Ideologie von der Mitte des zwanzigsten Jahrhunderts sich gerierte wie etwa Strawinsky. Dieser weiß sich, trotz tiefer Affinität im Element des Vorweltlichen und vielleicht gerade dieser Affinität wegen, als den Antipoden Wagners schlechthin. Strawinsky setzt die Regression in immer neuen Gestalten frei; wie in der faschistischen Ideologie wird in seiner ästhetischen dem Begriff des Fortschritts abgeschworen. Der hundert Jahre Frühere dagegen, der im Liberalismus wurzelt, aber dessen eigene Rückbildung vorweg errät, möchte das regressive Element selber noch als das fortschrittliche, die Statik als Dynamik behaupten, Exponent einer Klasse, die objektiv bereits von der geschichtlichen Tendenz bedroht ist, ohne doch dem eigenen Bewußtsein nach sich als geschichtlich verurteilt zu erfahren, und die statt dessen das absehbare Ende der eigenen Dynamik als metaphysische Katastrophe auf den Seinsgrund projiziert. In der Tat sind die Momente der Rückbildung bei Wagner stets auch solche der Entfesselung produktiver Kräfte. Das Subjekt, das da erstmals in der Musik von der Krise der Gesellschaft erfaßt wird, gewinnt nicht bloß in solcher Schwäche unendlich an konkreter Fülle, Ausdrucksfähigkeit und Nuanciertheit, sondern hat auch, gegenüber dem souverän sich setzenden bürgerlichen Subjekt der aufsteigenden Zeiten, Züge eines sich selbst Loslassens, sich nicht bei sich selber Haltens und

Verhärtens, die hinausweisen über die Ordnung, der es angehört.

Nirgends entfalten jene Züge Wagners sich glücklicher als dort, wo der regressive frei ist von der Lüge, dynamisch zu sein; wo gleichsam das gesellschaftliche Subjekt musikalisch der eigenen Rückbildung ins Auge sieht, ihr standhält und ihre Geschichte schreibt, indem es sie unverbogen in seinem Material realisiert. Daher ist das eigentlich produktive Element Wagners eben das, in dem das Subjekt auf Souveränität verzichtet, passiv sich dem Archaischen – dem Triebgrund – überläßt; dem Element, das gerade vermöge seiner Emanzipation den unerfüllbar gewordenen Anspruch preisgibt, den Zeitverlauf als sinnvoll zu gestalten. Dies Element aber ist, in seinen beiden Dimensionen, der harmonischen und der koloristischen, der Klang. Durch ihn scheint Zeit in den Raum festgebannt, und wie er als Harmonie den Raum »füllt«, so ist der Name der Farbe, für den die Musiktheorie keinen anderen kennt, selber der optisch-räumlichen Sphäre entlehnt. Zugleich ist es der bloße Klang, welcher eben jenen unartikulierten Naturzusammenhang vorstellt, in welchen Wagner auflöst. Regrediert jedoch Musik bei Wagner ins zeitfremde Medium des Klanges, so gestattet dafür gerade dessen eigene Zeitferne, es weithin zu entwickeln, ungehemmt von den Tendenzen, die in der Zeitdimension seine Gebilde wieder und wieder paralysieren. Als Ausdruck dringt subjektive Produktivkraft in der harmonischen Schicht am kühnsten vor: Prägungen wie das Schlafmotiv des Ringes gleichen Zauberformeln, fähig, alle späteren harmonischen Funde aus dem Kontinuum der zwölf Töne hervorzulocken. Mehr noch als in der Atomisierungstendenz nimmt in der Harmonik Wagner den Impressionismus vorweg. Die bekannten Belege aus Tristan ließen durch extreme Fälle sich ergänzen: die Walküre entwickelt aus dem übermäßigen Dreiklang schon Ganztonkomplexe; Siegfried gar kennt eine der Wirkung, wenn nicht dem harmonischen Buchstaben nach polytonale, zwischen C-Dur und f-moll schwankende Stelle, vor Mimes Worten »das gab mir deine Mutter«; vor allem aber ist an die auf dem Tritonus-Intervall basierende kurze Szene des Wanderers mit Fafner und an große Teile der Fafners mit Siegfried zu erinnern, wo der Begriff des harmonischen Fortgangs ganz im Sinne Debussys suspendiert ist, und wo statt dessen akkordische Ebenen verschoben werden. Trotzdem wäre es falsch, Wagners harmonische Tendenzen umstandslos auf den Impressionismus zu beziehen. Wenn er, der ja von Renoir porträtiert wurde, den malerischen Impressionismus ablehnte – den gleichen Impressionismus, dessen technische Mittel später Debussy auf die Musik übertrug –, so läßt sich gewiß kaum bezweifeln, wohin die Lobpreisung Tizians auf Kosten der »Kleckser« zielt. Fraglos ist Wagners Neigung im Spiel, in allen Dingen außerhalb seiner engsten fachlichen Zuständigkeit die Partei autoritärer Klassiker zu nehmen gegen die »Modernen«: die Nietzschesche Parole des Unzeitgemäßen hat sich beim Autor des Tristan, dem Idol der Pariser Symbolisten bis zu Mallarmé, in hämische Selbstgerechtigkeit verzerrt. Zugleich aber führen wiederum seine eigenen harmonischen Funde über den Impressionismus zumindest der deutschen Wagnernachfolge hinaus. Hat Richard Strauss die Wagnerischen und die aus ihnen entwickelten Dissonanzen bloß als Reizwerte, tatsächlich klecksartig, in ein hinter Wagner zurückgebliebenes, primitives harmonisches Gefüge eingesetzt, so greifen zuweilen bei dem Älteren die neuen Akkorde den Grundriß selber an. Sie gewinnen konstruktive Kraft. Schon im einzelnen gehen sie als Dissonanzen über die impressionistischen hinaus. Die Walküre bringt bei Wotans großem Ausbruch, vor den Worten »o heilige Schmach«, einen Akkord, der sechs verschiedene Töne (c f as des ces eses) enthält und nicht eigentlich aufgelöst wird; Siegfried gebraucht einen ebenso scharf dissonanten Nonenakkord zu den Worten »und aller Lasten ist das nun mein Lohn«; in den beiden letzten Opern gewinnt der verminderte Septimakkord mit der darüber gelegten kleinen None des Grundtons als fünftöniges Gebilde Selbständigkeit, leitmotivische Bedeutung; besonders kraß, wenn er, wie häufig im Parsifal, anstelle einer Auflösung einstimmig fortgesetzt wird. Wichtiger indessen als das bloße Vorkommen solcher Klänge ist ihre Funktion. Sie wird von der üblichen, an den Begriffen des Leittons, der Chromatik und des harmoniefremden Akzidens ausschließlich orientierten Deutung verfehlt. Ursprünglich war die chromatische Entwicklungstendenz der romantischen Periode fortschrittlich.

In der widerstandslosen totalen Leittönigkeit hat sie bei Wagner erstmals etwas Nivellierendes und Stationäres angenommen. Aber auch hier werden Gegenkräfte entbunden: gerade als totale produziert die Chromatik aus sich selbst Widerstände, kräftige Nebenstufen, die keineswegs mehr bloß Tonika und Dominante ersetzen. Dem ist besonders Kurth nicht gerecht geworden. Wohl hat er die Emanzipation der Dissonanz von ihrer Auflösung, den tragenden Tatbestand der Verselbständigung dessen bemerkt[1], was früher bloß Akzidens war. Aber er faßt dabei die Dissonanzen als »absolute Klangwirkung«, anstatt zugleich auch als stufenbildende Harmonien und bietet damit die genaue theoretische Parallele der Straussischen Praxis unverbindlicher Dissonanzkleckse[2]. Nicht umsonst gehört der Begriff der Klangwirkung in den ersten Jahrzehnten des zwanzigsten Jahrhunderts zum billigsten journalistischen Inventar. Mit diesem möchte Kurth sich gewiß nicht einlassen. Seine Interpretation der Harmonie als »energetisch« und nicht bloß klanglich nimmt sich avanciert aus und hilft zur Einsicht in den prinzipiell dynamischen Charakter der harmonischen Dimension. Kurth hat das harmonische Verhältnis von Dissonanz und Konsonanz als eines von Spannung und Lösung inhaltlich gedeutet. Mit dem Begriff des Spannungszusammenhangs zwischen harmonischen Ereignissen, anstatt deren statischer Registrierung im Generalbaßschema, werden überholte theoretische Restbestände liquidiert, gegen die übrigens bereits der Riemannsche Funktionsbegriff sich kehrte. Aber Kurth zufolge maskieren und umschreiben die Spannungen in Wahrheit bloß das Auflösungsziel, »für« das sie einstehen, und durch das sie determiniert sind. So bringt er den Spannungsbegriff um seine Fruchtbarkeit und hält, allen subjektiv-psychologischen Redeweisen zum Trotz, ja vielleicht gerade um ihretwillen, die Konservatoriumskategorie des »Harmoniefremden« fest. Er übersieht, daß die »Akzidenzien«, etwa der Tristanakkord, in der kompositorischen Gewichtsverteilung zur Hauptsache geworden sind. Die Dissonanzen haben den Lösungen gegenüber in Wagners Stilperiode den Charakter der selbstherrlichen Subjektivität angenommen: sie protestieren wider die regelsetzende gesellschaftliche Instanz. Alle Energie ist bei der Dissonanz; an ihr gemessen werden die einzelnen Lösungen immer dünner, unverbindliches Dekor oder restaurative Beteuerung. Spannung wird zum totalen Prinzip gerade, indem die Negation der Negation, die volle Begleichung der Schuld einer jeglichen Dissonanz, wie in einem riesigen Kreditsystem, unendlich verschoben ist. Indem Kurth daran vorbeisieht; indem er die Dissonanzen unter die Konsonanz beugt, der sie widersprechen und die ihnen nur noch äußerlich gewachsen ist, schmuggelt er gerade im Wohlwollen gegen das »moderne« dynamische Moment der Harmonik ein autoritär-traditionalistisches ein. Wo aber die Dissonanz solcher Interpretation spottet, muß Kurth sie eben zu jener bloßen Klangwirkung degradieren, der seine energetische Kritik des Klangbegriffs widersprach. Nur sehr gelegentlich, bei der Behandlung des Gegensatzes der harmonischen Theorien von Riemann und Sechter[3], kommt er einer dialektischen Auffassung der romantischen Harmonik nahe. Sonst bleibt er im undialektischen harmonischen Funktionsdenken befangen.

Wagner hat es freilich mit der berühmten Definition der Musik als Kunst des Übergangs[4] selbst befördert, und die Tendenz zur allegorischen Rückkehr ins unartikulierte Naturmaterial gibt ihm in letzter Instanz recht. Der Drang, nichts Geprägtes gelten zu lassen, alles zu verflüssigen, jegliche Grenze zu verwischen, setzt technisch sich um in die Sorge um stetige Vermittlung. Aber Funktionalität, das Vermitteln von Spannung und Lösung, das keinen Überschuß gestattet, nichts was draußen bliebe – diese Verfahrungsart darf nicht zu primitiv verstanden werden, nicht buchstäblich und kurzfristig. Wagners harmonische Praxis erschöpft sich keineswegs im Begriff des Übergangs. Dabei ist nicht an die Diatonik als solche zu denken, wie Lorenz sie billig gegen Kurth ausspielt. Sondern in den weithin diatonischen Meistersingern erlaubt die archaische Stilisierung, recht analog zur Brahmsschen Modalität, jene Kräftigung der Nebenstufen, die den Primat der Dominante einschränkt und zugleich die Tonalität selber bereichert; das Altertümliche wird zum Ferment der Moderne. Die gewichtigste Folge der Gegentendenz, der Verselbständigung des harmonisch Einzelnen aber ist eben die Emanzipation der Dissonanz von den jeweiligen Auflösungen. Sie wird durch die Akzentuierung ins

Licht gerückt. Die Akzente liegen in den harmonisch progressiven Partien durchweg auf den Dissonanzen und nicht den Lösungen. Im Parsifal, der alle bloß schmückenden Bestandteile der Musik beginnender Kritik unterwirft, tragen erstmals die Dissonanzen offen zuweilen den Sieg davon, sprengen die Konvention der Lösung und richten an deren Stelle die kahle Monodie auf. Wenn Wagner den Ruf Parsifals »Amfortas! – die Wunde!« an Gewalt über Tristans Verfluchung der Minne stellte, so hat er ins Zentrum seines Werkes acht Takte gerückt, die ihrer gesamten Faktur nach unmittelbar die Schwelle von Atonalität erreichen. Doch eben nur die Schwelle. Wagners Zweideutigkeit bedingt den Janus-Charakter auch seiner Harmonik. Dieser samt der Emanzipation der Dissonanz steigert nicht nur den Ausdruck, sondern erweitert dessen Bereich. Zweideutigkeit selber wird zum Ausdruckselement. Bei Beethoven und bis in die Hochromantik hinein sind die harmonischen Ausdruckswerte fixiert: die Dissonanz steht für das Negative und das Leiden, die Konsonanz für Positivität und Erfüllung. Das ändert sich bei Wagner im Sinn der subjektiven Differenzierung der harmonischen Gefühlsvaleurs. Der charakteristische Akkord etwa, dessen allegorische Beschriftung die Worte: »Lenzes Gebot, die süße Not« bringt und der in den Meistersingern das Moment des erotischen Dranges und damit das Agens schlechthin repräsentiert, kündet vom Leiden an der Unerfülltheit ebenso wie von der Lust, die in der Spannung, dem Unerfüllten selber liegt: er ist süß und Not zugleich. Diese Zwischenschicht des Ausdrucks, recht eigentlich die musikalische Moderne des neunzehnten Jahrhunderts, existierte nicht vor Wagner. Daß Leiden süß sein kann, daß die Gegensätze von Lust und Unlust nicht starr einander gegenüberstehen, sondern vermittelt sind, haben die Komponisten und Zuhörer einzig von ihm gelernt, und diese Erfahrung allein hat es dann der Dissonanz ermöglicht, über die gesamte Musiksprache sich auszubreiten. Und Weniges hat an Wagners Musik so sehr gelockt wie der Genuß der Qual. Während aber die Dissonanz als Ausdrucksträger in den reifen Werken hervorgekehrt wird, bedarf ihr Ausdruckswert selber doch stets des Kontrasts zum Dreiklang; die Akkorde bewähren sich expressiv nicht als absolute, sondern nur in ihrer impliziten Differenz von der Konsonanz, an der sie sich messen, noch wo sie verschwiegen wird. Für die Konzeption des Ganzen bleibt die Vormacht der Tonalität unangefochten, und man faßte den Begriff des harmonischen Fortschritts zu simpel, wenn man ihn bei Wagner umstandslos dort anwendete, wo neuartige akkordische Gebilde erscheinen. So wenig Wagners Musik jemals die Immanenz der bürgerlichen Gesellschaft und ihren Wirkungszusammenhang mit dieser aufkündigt, so wenig hat sie das geltende musikalische Idiom im Ernst verlassen, und ihre Neuerungen werden vorab von diesem absorbiert, mag ihre Konsequenz schließlich auch das System zersetzen. Nur vermittelt durch die Ausweitung des tonalen Raumes, nicht als dessen unmittelbare Suspension haben die Wagnerschen Errungenschaften die musikalische Sprache verändert. Ihr Einfluß auf die Organisation seines eigenen Werkes war, trotz der Lorenzschen Lobreden auf den tonartlichen Plan ganzer Akte und Werke, erstaunlich gering. Der Mangel an eigentlicher thematischer Konstruktion zieht auch die harmonische in Mitleidenschaft. Allenthalben zwar gibt es Riemannsche Funktionen, aber keine »funktionelle Harmonik« im Sinne von Schönbergs Theorie; es wird keine Perspektive der Form durch die Disposition sowohl der Einzelereignisse wie der wechselnden tonalen Ebenen hergestellt. Die Wagnersche Modulationsscheu, dies sonderbar konservative Residuum, das doch wieder mit dem Leittonverfahren der bloßen Rückung so leicht sich verbindet, versagt der Wagnerschen Harmonik ihre beste Möglichkeit, die der formalen Tiefenorganisation, wie sie etwa der an der Oberfläche so viel ungeschicktere Sechterschüler Bruckner konzipiert hat. Entschließt sich Wagner einmal zum eigentlichen Modulieren, wie, um im Meistersingervorspiel aus der Nachbarschaft des allzu beharrlichen C-Dur auszubrechen, so nimmt die Modulatorik, die nie von der Rückung ganz loskommt, etwas eigentümlich Willkürliches, Unbalanciertes an und verliert in ihrer Abruptheit leicht das formale Gleichgewicht mit den langen leitereigenen Partien, die vorausgehen; woraus sie dann freilich wieder Stimulantien der Wirkung zieht. Die Grenzen der Wagnerschen Formgestaltung sind auch die seiner Harmonik.

Untrennbar von den übrigen Elementen seines Komponierens

hat die Harmonik insgesamt teil an den Widersprüchen von Wagners Stil. Dabei ist zunächst an die kaum in ihrer Tragweite gesehene Tatsache zu erinnern, daß seine reifen Werke noch in ihrer reichsten orchestralen Gestalt durchwegs auf einem fast schulmäßig innegehaltenen vierstimmigen harmonischen Satz basieren. Sehr häufig hat dieser die Gestalt: melodieführende Oberstimme – festgehaltener, wechselnd gedeuteter Baßton – harmonisch umschreibende oder chromatisch gleitende Mittelstimmen. Der vierstimmige harmonische Satz ist erklärbar aus dem dilettantisch-outsiderhaften Respekt vor dem regulären »Choral« der Harmonielehre, aber vielleicht auch aus der Haltung des taktierenden Komponisten. Der Choral bietet das ausgeführte harmonische Schema der Zählzeiten, worin auf jeden Schlag ein Akkord entfällt. Ein Modell dafür sind die Wandererharmonien des Siegfried. Der metrischen Monotonie entspricht eine harmonische wenigstens insofern, als dies Satzschema kaum abgewandelt wird: die Harmonien und ihr Zusammenhang, nicht aber die harmonische Setzweise sind von Wagners emanzipatorischer Absicht durchdrungen, und oft könnte es scheinen, als wollte durch schulgerechten Satz der schulfeindlichen Akkorde der harmonische Revolutionär die Lehrer versöhnen, denen er entsprang. Der harmonische Satz wird geglättet durch die festgehaltenen Baßnoten: durchwegs gibt es weniger Baßtöne als harmonische Ereignisse. Daraus resultiert eine gewisse Schwerfälligkeit, das charakteristisch Dickflüssige des Verlaufs. Es ist wohl die Erbschaft der dilettantischen Stufenarmut des jungen Wagner, wie in dem Allegro-non-tanto-Vorspiel vor Rienzis »Adriano, du? Ein Colonna?« Der reife Wagner hat aus solcher Not die Tugend der harmonischen Mehrdeutigkeit zu machen gewußt. Das enharmonische Element gewinnt bei ihm durchaus paradoxe Bedeutung. Man kann diese besser von seiner Vorgeschichte als vom entfalteten Verfahren des Tristan ablesen. Es findet sich schon im Holländervorspiel, wo die Modulation von d-moll nach As-Dur herbeigeführt wird durch Umdeutung eines zuvor auf a-moll bezogenen verminderten Septimakkords. Der Lohengrin zeigt es in Elsas Vision voll ausgebildet mit jenen von Wagner als Paradigma zitierten acht Takten, die von As-

Dur über Ces-Dur, h-moll, D-Dur, d-moll, F-Dur-moll nach As-Dur zurückmodulieren. Die Pointe ist die Umdeutung des ces in h. Die enharmonische Verwechslung hat dabei die Wirkung des Unerwarteten, des Imprévu im Berliozschen Sinne. Dieser Überraschungseffekt, etwa der des ges nach dem Satz »daß ich für edel, frei und groß dich halte!«, durchbricht im Rienzi noch kraß und unvermittelt das Gefüge. Durch Enharmonik jedoch wird er dann, wie in der Lohengrinstelle, in den Kompositionszusammenhang hineingezogen. Das Neue ist zugleich das Alte: im Neuen erkennt es sich wieder und wird leicht auffaßbar. »Es klang so alt und war doch so neu«: das könnte die Regel der Wagnerschen Enharmonik abgeben und die der Wagnerschen Harmonik insgesamt. Akkorde wie der auf den ersten Schlag des dritten Taktes des Meistersingervorspiels, der Tristanakkord, der Warnungsakkord der Rheintöchter in der Götterdämmerung lassen sich zurückdatieren aufs »Alte«, auf Begriffe wie Durchgang, Alteration, Vorhaltsbildung. Indem sie aber umschlagend das Zentrum des musikalischen Vorgangs einnehmen, gewinnen sie die Gewalt des nie Gewesenen. Ganz verständlich werden sie erst aus dem fortgeschrittensten Material der gegenwärtigen Musik, welche die Stetigkeit des Wagnerschen Übergangs abgeschafft hat.

V

Während die Wagnersche Harmonik zwischen Gewesenem und Zukünftigem schwankt, ist die koloristische Dimension recht eigentlich von ihm entdeckt worden. Instrumentationskunst im prägnanten Sinne, als produktiven Anteil der Farbe am musikalischen Geschehnis »in der Art, daß jene Farbe selbst zur Aktion wurde«[1], hat es vor ihm nicht gegeben. Er als erster hat feinste kompositorische Differenzen sowohl wie die Einheit kompositorischer Komplexe durch koloristische faßlich gemacht: Richard Strauss bemerkt in seiner Neuausgabe der Berliozschen Instrumentationslehre, daß jedes einzelne Werk Wagners seinen eigenen Instrumentationsstil, ja sein eigenes Orchester habe, und Wagners Fähigkeit der instrumentalen Stilisierung ist so weit entwickelt, daß selbst innerhalb der Stileinheit des Ringes die vier Opern sich ihrem spezifischen Klangcharakter nach voneinander abheben. Die Wagnersche Instrumentationskunst hat die harmonische der Mischung und des Übergangs eingeholt, ohne dabei an ältere Materialbereiche nach Art der harmonischen Diatonik gebunden zu sein. Die Leistung von Berlioz bleibt, damit verglichen, noch stofflich. Er hat zwar das Element des leuchtenden Orchesterklangs und die Valeurs der einzelnen Farben darin entdeckt, nicht aber die koloristischen Funde der Komposition als solcher zugeführt, nicht sie kompositorisch produktiv angewandt. Lernt Wagner von Berlioz die Emanzipation der Farbe von der Zeichnung, so gewinnt er der Zeichnung die befreite Farbe zurück und hebt die alte Divergenz von Farbe und Zeichnung auf. Hier triumphiert er wahrhaft über jegliches Schema. Wie es vor Wagner keine Instrumentationskunst gab, so konnte bis heute keine Instrumentationslehre im kanonischen Sinne von Harmonielehre und Kontrapunkt, sondern bloß Klangbeschreibung und empirische Satzanweisungen geliefert werden. Die Wahl der

Farbe hängt von keiner Regel ab; sie weist sich allein nach den konkreten Erfordernissen des spezifischen kompositorischen Zusammenhangs aus, so wie es für die harmonische Dimension und gar für die Melodiebildung erst in der gegenwärtigen Musik durchgesetzt wurde. Das koloristische Moment, über das Wagner in voller Freiheit gebietet, ist zunächst die Domäne seines Subjektivismus, und die koloristische Empfindlichkeit des Instrumentators Wagner bildet das Seitenstück zur sensuellen Reizsamkeit dessen, der die Briefe an die Putzmacherin schrieb. Aller Vergrößerung des instrumentalen Apparates, ja aller verselbständigten Technik zum Trotz ist das Orchester Wagners intimster Bereich: der Komponist, der zum Dirigentenpult floh, ist erst im Orchester zu Hause, wo ihn die Stimmen der Instrumente ansprechen, magisch zugleich und vertraut, wie Farben für Kinder es sind. In der Tat fällt die eigentliche Konzeption der Wagnerschen Orchesterkunst mit der Wendung zur Intimität im Lohengrin zusammen. Strauss, dem die einzigen fördernden Hinweise zur Theorie der Wagnerschen Instrumentation zu danken sind, rät dem Lernenden dringend das Studium der »feineren Holzbläsermischungen« dort an. Holländer, Tannhäuser kennen großartige instrumentale Intuitionen. Das kompositorisch relevante Prinzip der Mischung ist erst im Lohengrin aufgestellt.

Die besondere Stellung der Holzbläser und Holzbläsermischungen im Lohengrin hängt zusammen mit der poetischen Idee der Hochzeit, die den Stil der ganzen Oper, nicht nur den von Brautzug und Brautgemach, vorschreibt. Strauss hat an einer Stelle auf die Imitation des Orgelklangs aufmerksam gemacht, die jener poetischen Idee allegorisch dient: indem der Lohengrin die Orgel selber verwendet, stellt sich zugleich die kompositorische Aufgabe, den formfremden, in der Behandlungsweise der Großen Oper unerträglich banalen Orgelklang mit dem des Orchesters zu verschmelzen. Danach kombinieren sich selbst in Wagners Instrumentationstechnik die widersprechenden Elemente. Im Sinne des romantischen Mittelalters von Münster und Kemenate wird auf die Orgel als Wunschbild eines umfangenden, von der Gottheit bestätigten Kosmos zurückgegriffen, und die Holzbläser erstellen dessen archaisierendes Bild. Sie sollen gleichsam dem subjektiven Streicherespressivo das objektive Gegengewicht bieten. Zugleich aber sollen, um jener Idee der bruchlosen Formtotalität willen, die den Inhalt von Wagners Polemik gegen die traditionelle Oper ausmacht, die Holzbläser möglichst eng mit dem Streicherklang sich verbinden, ihm selbst ohne Sprung sich einfügen. Strauss spricht vom »Kitt« der Holzbläser. Indem sie die Orgel imitieren, wird ihre Orgelstarrheit aufgetaut. Für ihre Mischklänge sind hier die gekoppelten Orgelregister, dort die Verschmelzungsmöglichkeiten des Streichkörpers das Modell.

Einsicht darein und damit in die Funktion der Wagnerschen Instrumentationskunst läßt sich bloß an einer Instrumentationsanalyse aus jenem für die Idee seines Orchesters entscheidenden Werk gewinnen. Zu Beginn der zweiten Szene des ersten Aktes Lohengrin, nach den Worten »Seht hin! Sie naht, die hart Beklagte!«[2], findet sich ein achttaktiger Bläserchor. Die Periode ist thematisch nächstverwandt jener enharmonischen Stelle in Elsas Traumerzählung. Sie gliedert sich nach zwei Viertaktern. Im Vordersatz werden die Holzbläserstimmen, und zwar auch im Piano, durchweg verdoppelt. Dafür ist die unmittelbare Veranlassung die Aufgabe, eine gewisse Inhomogenität zu korrigieren. Die Flöten sind einerseits weniger tragfähig, andererseits schwieriger zu verschmelzen als die Klarinetten; sie sind zu schwach, und dabei fallen sie aus der Totalfarbe heraus. Im Sinne der subtilen Klangkritik, die von der Wagnerschen Instrumentation ausgeübt wird, sind indessen die Oboen als Verdoppelungsinstrumente wesentlich nur im Forte zu gebrauchen. Im Piano ist ihr Timbre gewissermaßen zu prägnant, zu eng seinem expressiven Aktionsradius nach, um nicht sogleich als das der Oboe aufzufallen; werden sie mit den Flöten unisono geführt, so decken sie diese, anstatt sich mit ihnen zu verbinden. Negativ ist die veränderte Behandlung der Oboen eine der wichtigsten Neuerungen Wagners gegenüber der traditionellen Verfahrungsweise. Im herkömmlichen Partiturschema stehen die Oboen über den Klarinetten und werden im Wiener Klassizismus meist auch höher als diese gesetzt. Dadurch, im Verein mit der Farblosigkeit der Klarinette in ihrem mittleren Register, ergibt sich im klassischen Holzbläserchor oftmals jene auffällige Unbalanciertheit und Zufälligkeit der Klangkombination, die Wagner unerträglich war. Er hat darum die Oboen prinzipiell nur entweder solistisch oder im Tuttiforte, nicht mehr jedoch unbedenklich als den natürlichen zweiten Sopran des Bläserchors gehandhabt. Im Vordersatz jener Lohengrinperiode zieht er nun aus der Kritik hier des Flöten- und dort des Oboenklangs die Konsequenz, sowohl die Flötenmelodie der Oberstimme wie den ebenfalls von einer Flöte gespielten zweiten Sopran durch Klarinetten zu verdoppeln. Diese Verdoppelung ist aber so wenig bloße Verstärkung, wie die Verdoppelung der Streicher im Piano bei Beethoven. Vielmehr verändert sie die Klangfarbe. Zwischen Flöte und Klarinette ergibt sich im Unisono eine Art von schwebendem, vibrierendem Interferenzklang. In ihm gehen die spezifischen Charaktere beider Instrumente unter; sie sind nicht mehr zu identifizieren, man hört dem Klang nicht mehr an, wie er zustande kommt. Damit eben nähert er sich dem dinghaften Orgelton an. Er gewinnt aber zugleich – und das ist höchst bezeichnend für den Doppelcharakter von Wagners Instrumentationskunst – durch solche Objektivierung höhere Flexibilität zugunsten des Ganzen. Was dem einzelnen Instrument durch Verdoppelung an spezifischem Klangcharakter verlorengeht, wird aufgewogen von der Möglichkeit, es bruchlos der Totalität des Orchesterklangs einzufügen. Vermag es weniger, die eigene Spielweise zu bekunden; werden die subjektiven Teilaktionen der Spieler vom Gesamtklang aufgesogen, so wird dieser eben in solcher Einheit zum willigen Medium des Ausdrucks, den der Komponist ihm zumutet. Je mehr Verdinglichung, desto mehr Subjektivismus: das gilt wie für die Erkenntnis so für die Instrumentation. Wenn die Klarinetten die archaische Irrationalität der Flöte ausgleichen, so hilft die Baßklarinette dem altmodisch zurückgebliebenen Holzbläserbaß nach, dem Fagott. Auch dieses dient fortab nur noch als unqualifiziertes Tutti-Instrument oder wird für besondere Effekte wie Mimes Terzen aufgespart. Als Baß jenes Bläserchors[3] ist das dritte Fagott durch die Baßklarinette verdoppelt; das erste geht unisono mit der dritten Flöte, in einer meist liegenden, wohl absichtlich auch instrumental substanzloseren Stimme.

Der simultanen Verschmelzung im ausgewogenen Klang entspricht sukzessiv das Ausinstrumentieren der Übergänge vermöge einer Technik instrumentaler »Reste«, die nicht bloß später im Tristan zur äußersten Virtuosität gesteigert ist, sondern bis Schönberg und insbesondere Alban Berg verbindlich bleibt. Das Verhältnis von Vordersatz und Nachsatz in jener Lohengrinperiode bietet dafür ein elementares und instruktives Modell. Beide sind nämlich derart miteinander verschränkt, daß die Intonation des Nachsatzes durch eine frische Instrumentalgruppe – zwei Oboen, Englisch Horn und das zuvor nicht gebrauchte zweite Fagott – zusammenfällt mit dem Abschluß des Vordersatzes. Der ist aber den Flöten allein anvertraut, während die mit diesen bis dahin unisono geführten Instrumente, zwei Klarinetten und erstes Fagott, verstummen. Dadurch wird erreicht, daß ein »Rest« des bisherigen Klanges in den neuen eingeht, so daß kein Bruch entsteht. Als solcher Rest fungiert gerade der schwächere Teil des bisherigen Klanges, der nicht selbständig hervortritt; das wird durch die dynamische Disposition unterstützt, da die Flöten im Pianissimo verklingen, während der Einsatz der neuen Gruppe im einfachen Piano erfolgt. Für den Augenblick des instrumentalen Umschlags verschmelzen die Flöten derart mit Oboen und Englisch Horn, daß bei sinngemäßer Darstellung überhaupt kein eigentlicher »Einsatz«, sondern bloß eine Flexion des Klanges zu vernehmen sein dürfte. Auf diese Weise werden Vorder- und Nachsatz aneinander gekittet, in einem Übergang, so eng wie nur die melodische kleine Sekunde, in welcher der Nachsatz an den Vordersatz sich anschließt, und doch sinnvoll unterschieden. So verwandelt sich die Instrumentationstechnik in einen integralen Bestandteil der Komposition. Vorder- und Nachsatz stehen, wie immer auch sublimiert, im Verhältnis von Tutti und Solo. Die Geste des Vordersatzes ist flehentlich ausgreifend; die des Nachsatzes nimmt sich ergeben zurück. Der Vordersatz enthält Crescendo und Diminuendo, der Nachsatz Diminuendo allein. Wäre dies Verhältnis bloß durch die Dynamik des Vortrags zum Ausdruck gebracht, so ginge es bei der Vergröberung alles Musikalischen im Theater verloren. Durch die instrumentale Disposition wird seine Faßlichkeit gerettet. Der Vordersatz erscheint als Tutti durch jene Verdoppelungen; er wird von acht Instrumenten gespielt, der Nachsatz zu Beginn nur von vieren. Aber daran nicht genug. Der formale Sinn der Vordersatz-Nachsatz-Relation ist durch die Wahl der instrumentalen Farben selber realisiert. Anstelle des Interferenzklangs von Flöte und Klarinette tritt der solistische der Oboe. Er steht in gewisser Weise zwischen der Flöte, mit der er den Charakter des archaisch Pastoralen teilt, und der Klarinette, welcher er in dem in Rede stehenden Register sich annähert. Der Ton der Oboe hat nicht die flockige Einsamkeit des Flötentons, aber er ist auch nicht so gesellig wie die Klarinette, und sein Pastorales ist eine Unschuld, die darauf wartet, aus ihrem eigenen Bann gelöst zu werden. Darum ist die Oboe, selber zweideutig, prädestiniert, das Erbe des voraufgehenden zweideutigen Interferenzklangs anzutreten, ohne zu diesem grob zu kontrastieren. Denn die ganze Periode bildet musikalisch so gut wie gestisch eine Einheit, und der großen Zeitdimensionen wegen muß Wagner auch instrumental mit starken Kontrasten höchst sparsam verfahren. Daher die Verkittung durch den Flötenakkord. Zugleich jedoch wirkt die Oboe, einfach weil sie nicht verdoppelt ist, solistisch. Ihr Klangcharakter ist dem »verschämten« der Nachsatzgeste angemessen, von dem Wagners Regiebemerkung spricht. Bei minimaler Variierung des Klangs, unter strikter Vermeidung aller Außenkontraste, vermag so in der Sukzession der Oboe auf den Flöten-Klarinetten-Komplex das Vordersatz-Nachsatz-Verhältnis als eines von Tutti und Solo im engsten Rahmen sich durchzusetzen. Instrumentation fügt der blanken Symmetrie von Vordersatz und Nachsatz eine neue kompositorische Dimension hinzu und entreißt den Achttakter dem Schema. Die latente Intention der Form ist ausinstrumentiert. Wollte die Komposition das gleiche Resultat ohne Instrumentationskunst erreichen, so müßte sie das kleine Teilganze der Periode überanstrengen. Die kompositorische Funktion der instrumentalen Setzweise geht aus den Anforderungen der kompositorischen Ökonomie selber hervor.

Wenn man Flöte und Klarinette in ihrer simultanen Kombination den Modus der Hervorbringung nicht mehr anhört; wenn ihre spezifischen Charaktere verlorengehen und sie sich in einen

Klang verzaubern, dem keine reale instrumentale Spielweise mehr zugeordnet wird, so ist damit ein Grundbestand der Wagnerschen Instrumentation berührt. Er kommt vor allem am Horn zutage. Seine zentrale Stellung im Wagnerschen Orchester wurde von Strauss bezeichnet. Als Träger von Fanfaren und Signalen war es ursprünglich, und weit über Beethoven hinaus, ein gestisches Instrument. Es nimmt bei Wagner expressiven Charakter an, nicht anders als die orchestrale Geste des Recitativo accompagnato. Der Wechsel seiner Funktion manifestiert sich im Einsatz des auf die Diatonik beschränkten Naturhorns durch das Ventilhorn, das über die chromatische Skala verfügt. Zur Einführung des Ventilhorns, das schon während Wagners Kindheit erfunden war, hat dieser offenbar nur schwer sich entschließen können. In einer Bemerkung zur Tristanpartitur heißt es: »Durch die Einführung der Ventile ist für dieses Instrument unstreitig so viel gewonnen, daß es schwer fällt, diese Vervollständigung außer acht zu lassen, obgleich dadurch das Horn unleugbar an der Schönheit seines Tones, wie namentlich auch an der Fähigkeit, die Töne weich zu binden, verloren hat. Bei diesem großen Verlust müßte allerdings der Komponist, dem an der Erhaltung des echten Charakters des Hornes liegt, sich der Anwendung der Ventilhörner zu enthalten haben, wenn er nicht andererseits die Erfahrung gemacht hätte, daß vorzügliche Künstler durch besonders aufmerksame Behandlung die bezeichneten Nachteile fast bis zur Unmerklichkeit aufzuheben vermochten, so daß in bezug auf Ton und Bindung kaum noch ein Unterschied wahrzunehmen war.« Diese Sätze belegen Newmans gelegentliche Bemerkung, daß Wagner von rein musikalischen Dingen stets mit größter Vernunft rede und unverantwortlich nur, sobald er den Umkreis der eigenen Erfahrung überschreitet, den ihm die verhaßte Arbeitsteilung gezogen hat. Seine romantische Gesinnung verkümmert ihm nicht die konkrete Einsicht, daß in dem gleichen Rationalisierungsprozeß, der den »echten Charakter« bedroht, auch die Kräfte – die bewußter Menschen – heranreifen, die soche »Nachteile« aufheben. Er zeigt damit der Phrase vom »Substanzverlust« weit sich überlegen, die auf einer späteren Stufe der Rationalisierung diese summarisch verwirft und damit nur den Mächten desto genehmer wird, welche die Rationalisierung verfügen. Dabei hat jedoch Wagner so wenig wie die Kritiker der politischen Ökonomie über den Preis sich getäuscht, der für den Fortschritt zu entrichten ist. Wer je ein Naturhorn neben einem Ventilhorn hörte, dem kann es nicht fraglich sein, worin der von ihm beklagte »echte Charakter« des Horns zu suchen sei. Er ist die Spur, den die Hervorbringung des Tons in diesem hinterläßt; ein Ton »klingt wie Horn«, solange man ihm anhört, daß er auf dem Horn gespielt ist: die Genesis, samt der Gefahr des Kicksens, wandert in die Qualität des Phänomens ein. Diese Spur ist es, die dem Ventilhorn verlorengeht. Man pflegt die Wagnerschen Hornstimmen mit Klavierpedalen zu vergleichen. Einerlei wie der Prioritätsstreit zwischen dem Lisztschen Klavier- und dem Wagnerschen Orchesterstil zu schlichten ist; soviel steht außer Frage, daß der Pedalton des Klaviers vom nicht pedalisierten Ton dadurch sich unterscheidet, daß aus ihm die Spur der Hervorbringung im Augenblick, da der Hammer die Saite anschlägt, verscheucht ist. Ähnliches gilt für die Hörner, die durch Einschaltung des Ventilmechanismus der unmittelbaren Produktion ihres Tones sich entfremden. Ihnen dankt Wagners Orchester, daß es in verschiedenen Schichten der Präsenz spielt. Von mehreren Simultanstimmen sind bei ihm nicht alle im gleichen Maße »da«, und zwar nicht bloß im Sinne der Abhebung hervortretender Haupt- und zurücktretender Nebenstimmen. Es gibt bei ihm Instrumentalparts, die, obschon als obligat durchaus vernehmlich, dennoch gewissermaßen unterhalb der manifesten kompositorischen Oberfläche zu verlaufen scheinen, ähnlich wie der Traum verschiedene Schichten von Präsenz kennt. Der oftmals verschleierte, unausgesprochene Ton des Ventilhorns prädestiniert es für derartige Obligatstimmen. Seine Emanzipation vom Modus der Hervorbringung gestattet weiter, ihm mehr noch als selbst der flexiblen Klarinette die Aufgabe des orchestralen »Kitts« anzuvertrauen. Der Verlust an »Charakter« nähert es anderen Instrumentalklängen an, so wie diese wiederum sich dem Horn und allgemein untereinander annähern. Das Wagnersche Orchester zielt auf die Herstellung eines Kontinuums von Klangfarben ab und inauguriert damit eine Entwicklung, die heute an den Polen der Produktion sich durchsetzt. Wie in der Schönbergschule die Instrumente füreinander substituierbar werden und ihre krude Spezifikation einbüßen; wie, nach einer Äußerung von Alban Berg, der Instrumentator zu verfahren hat wie ein Schreiner, der kontrolliert, daß an seinem Tisch nicht die Nägel herausstehen und nicht der Geruch des Leims bemerkbar bleibt, so können im Jazz Dämpfertrompeten wie Saxophone klingen und umgekehrt, und selbst die flüsternde oder durch den Schalltrichter übertragene Singstimme ähnelt ihnen sich an. Die Idee eines elektrischen Kontinuums aller möglichen Klangfarben hat diese Tendenz auf die radikale: die mechanische Formel gebracht. Wagner freilich sucht die technologische Tendenz in ein Naturverhältnis umzudeuten, indem er anstelle der einzelnen Orchesterinstrumente jeweils instrumentale »Familien« wie besonders die der Klarinetten und der Tuben setzt, die dann Beziehungen eingehen, welche er als Wahlverwandtschaften sich ausmalen mochte. Man darf in der Tat annehmen, daß Wagners Instrumentationskunst verschränkt ist mit dem Gedanken an den menschlichen Leib: er gibt szenische Gestalten, die fleischgewordene Orchesterinstrumente scheinen, und leicht könnten die Kontraste von Kundrys Charakter aus denen der Klarinettenregister entsprungen sein, an die ihre Thematik gemahnt, obwohl sie nur gelegentlich von der Klarinette vorgetragen wird. Aber die Entdeckung der produktiven Phantasiekraft des Klanges schlägt der Komposition nicht nur zum Guten an. Die Erscheinung, die bei Wagner das Wesen nährt, wenn nicht gar erzeugt, ist zugleich die Seite, die das Kunstwerk nach außen kehrt, der »Effekt«. Nicht bloß wird die Erscheinung wesenhaft, sondern in eins damit und notwendig das Wesen scheinhaft; die Integration der Elemente geht auf Kosten der kompositorischen Integrität. Wird, in idiosynkratischer Abwehr des nackten Instrumentaltons, dem die Hervorbringung anzuhören ist, verdoppelt – und Verdoppelung im Unisono ist das Urphänomen des Wagnerschen Mischklangs –, so gerät zugleich, eben durch die Verdoppelung, ein Element des Überflüssigen, Falschen und Aufgeschmückten in die Instrumentation, das sich der Einheit von Komposition und Orchesterklang in den Weg stellt, um derentwillen doch gerade die Instrumentationskunst ausgebildet ist. Schon bei Wagner, von den Neudeutschen zu schweigen, findet sich eine Tendenz zum Überinstrumentieren, dazu, Ereignisse für mehr auszugeben, als sie musikalisch sind. Manchmal folgen daraus sinnfällige Differenzen von Klang und Konstruktion, insbesondere in Gestalt der »Füllstimmen«. Diese werden erzeugt aus der Tendenz zur Mischung und damit zur bruchlosen klanglichen Darstellung des kompositorischen Gefüges, fallen aber selber nicht mit diesem zusammen und gewinnen trügende Selbständigkeit, zu ausgesprochen für harmonischen, zu unplastisch für kontrapunktischen Satz. Die vielberufene »Einfachheit« der Instrumentation des Parsifal ist daher gegenüber Tristan, Meistersingern und Ring nicht bloß reaktionär, nicht bloß falsch sakral, sondern vollzieht auch legitime Kritik an den ornamentalen Bestandteilen im charakteristischen Instrumentationsstil Wagners. Es gibt im Parsifal nicht bloß frömmelnde Blechbläserchöre, sondern zugleich eine düstere Abblendung des Klangs, wie sie in Mahlers letzten Werken und danach in der Wiener Schule beherrschend wurde. Das asketische Ideal ist in Kunst dialektisch. Heute dient es, sachlich drapiert, meist dem Obskurantismus und der Rancune gegen das sinnliche Glück wie gegen das des Geistes. Seine andere Seite ist die Zersetzung des ästhetischen Scheins, die dazu beiträgt, das Versprechen von Kunst zu verwirklichen, indem die illusionäre Verwirklichung in der ästhetischen Gestalt beseitigt wird, und indem deren eigene Negativität den Widerspruch des Wirklichen zum Möglichen ausdrückt.

Die Errungenschaften der Wagnerschen Instrumentation sind nicht auf die Bläser beschränkt. Strauss spricht von der al fresco-Behandlung der Streicher im Feuerzauber, wo Figuren geschrieben sind, die keine einzelne Violine im Tempo mehr exakt spielen kann, und die doch im Chor »klingen«, weil dort die Unzulänglichkeiten der individuellen Spielweise verschwinden. In der chorischen Besetzung der Streicher hat die Entdeckung der Bläsermischungen bei Wagner ihr Vorbild. Ihr kompositorischer Stellenwert ist nicht erst ihm eigentümlich. Mit dem Opfer der Einzelspontaneitäten der Streicher, gleichsam der Naturalform des Klanges, erkauft sich das klassische Orchester den Aspekt des Umfassenden, des Gesamtprozesses; zum

Gleichnis des Unendlichen wird es, indem es die endlichen Leistungen kassiert, die es bilden, und die Idee seiner Allmenschlichkeit verwischt die Spuren der lebendigen Arbeit, des individuell Menschlichen. Vielleicht ist die idiosynkratische Scheu der Komponisten Wagnerscher Tradition vorm nackten Klang des Soloinstruments inmitten des Orchesters die Furcht, daran erinnert zu werden und an das Moment von Unrecht in der Totalität selber. Am klarsten hat Schreker diese Idiosynkrasie ausgesprochen in einem 1919 im »Anbruch« publizierten Aufsatz: »Nichts wirkt störender als zum Beispiel eine Celesta, die sich mir als solche aufdrängt ... Ich verneine ... den allzu deutlichen, differenzierbaren Klang und möchte im Dienste der Oper nur ein Instrument anerkennen: das Orchester selbst.«[4] Die später gängige Forderung eines materialgerechten, Mischungen und Pseudomorphosen meidenden Instrumentierens hat diese Scheu eher im Namen der Redlichkeit übertäubt als überwunden, jedenfalls aber in der Breite der Produktion das Niveau des Instrumentierens gesenkt. Rasch genug ist das kritische Recht jener Forderung ins amusisch Pharisäische, den Verlust der kaum errungenen Instrumentationskunst umgeschlagen. Mit Grund hat sich das artistische Gehör gesträubt gegen einen Streichkörper, der so schwach besetzt ist, daß man die individuellen Geigen herauszuhören vermag; das Orchester suggeriert transzendierende Ferne vermöge der chorischen Neutralisierung des einzelnen Bogenstrichs im Tutti. Für die Theorie des Wagnerschen Orchesters, das derlei Tendenzen zum Prinzip erhebt, gibt dessen Vorgeschichte den Schlüssel. Dabei ist aber mehr noch als an die chorische Besetzung der Streicher an die klassische Verdoppelung von Streichern durch Bläser zu denken, die im Piano ebenfalls bereits der Bindung dienen. Solche Verdoppelungen kamen gewiß schon in der alten Kontinuopraxis vor und bezogen dort die divergenten Instrumente auf die Einheit des harmonischen Verlaufs. Bei Haydn und Mozart aber wird nicht bloß die Einheit in der Mannigfaltigkeit, sondern die Mannigfaltigkeit in der Einheit selber wichtig. Daß Violinen und Flöten, daß Celli und Fagotte als verschiedene dasselbe spielen, gewinnt von nun an in der Organisation des Ganzen einen Sinn. Die herkömmliche Anwort, welche die Bindung des Klanges etwa mit der Stetigkeit des Mannheimer Orchestercrescendos zusammenbringt, ist unzulänglich, denn gerade der Mozartsche Kompositionsstil ist keineswegs auf Stetigkeit aus, sondern setzt viel eher monadische Einheiten nebeneinander, wägt sie aus, kontrastiert Streich- und Blaskörper nach älterer konzertanter Manier. Trotzdem jedoch favorisiert er jene Verdoppelung im Unisono oder der Oktav. Es ist danach nichts anderes als der nackte Instrumentalton selber, der Strich der einen Geige, der Atem des einen Horns, der im Orchester hier schon nicht ertragen werden kann, weil er der orchestralen Synthesis prinzipiell widerspricht, wie das Einzelinteresse des bürgerlichen Individuums dem totalen der Gesellschaft. Die »Subjektivierung« des Orchesterklangs, die Verwandlung des ungefügen Instrumentenchors in die willfährige Palette des Komponisten, ist zugleich Entsubjektivierung, indem sie tendenziell alle Momente der Entstehung des Klangs unhörbar macht. Wenn dies Prinzip zunächst in der chorischen Besetzung der Streicher sich verwirklicht und erst bei Wagner durch das der Mischung auf die Bläser übergeht, so hat das keinen anderen Grund als den, daß die starren Bläser nicht ebenso die Spur der subjektiven Hervorbringung tragen wie die Streicher; man hat nicht umsonst den beseelten Violinton zu den großen Innovationen des Cartesischen Zeitalters gerechnet. Wagners nuancierende Orchesterkunst ist der Sieg der Verdinglichung in der instrumentalen Praxis: der objektive Klang, zur Verfügung des komponierenden Subjekts, hat den Anteil der unmittelbaren Produktion des Tons aus der ästhetischen Gestalt vertrieben. Ist die Geschichte von Wagners Werk, gerade nach ihrer chromatisch-koloristischen Dimension, die Fluchtbahn vorm Banalen, auf welcher der Komponist den genormten Marktanforderungen der Ware Oper zu entrinnen hofft, so führt doch diese Fluchtbahn nur um so tiefer in die Ware hinein. Der gegen seine Produktion abgeblendete, verabsolutierte Klang, dessen Idee seine Instrumentationstechnik lenkt, hat Warencharakter nicht weniger als der triviale, zu dessen Vermeidung er ersonnen ward. Für ihn gilt, was Schopenhauer vom Menschenleben selber aussagt, das jener Klang bei Wagner vorstellt: an ihm ist, »wie an jeder schlechten Waare, die Außenseite mit falschem

Schimmer überzogen: immer verbirgt sich was leidet«[5]; selbst noch, wenn Leiden ausgedrückt wird.

Musik, als bürgerliche eine junge Kunst, setzt mit Instrumentation ihren spätesten Zweig an. Sie entspringt aber nicht wie Athena fertig aus dem Haupt des Zeus, sondern wiederholt verkürzt die Geschichte der ganzen Gattung. Urgeschichtliche Züge der bürgerlichen Praxis kommen in ihr nochmals zutage. Wer ganz begriffe, warum Haydn im Piano die Geigen durch eine Flöte verdoppelt, dem könnte aufblitzen, warum die Menschheit vor Jahrtausenden aufgab, rohes Getreide zu essen, und Brot buk, oder warum sie ihre Geräte glättete und polierte. Die Kunstwerke verdanken ihr Dasein der gesellschaftlichen Arbeitsteilung, der Trennung geistiger und körperlicher Arbeit. Dabei jedoch treten sie selbst als Dasein auf; ihr Medium ist nicht der reine, für sich seiende Geist, sondern der, welcher in die Existenz sich zurückbegibt und kraft solcher Bewegung das Getrennte als vereint behauptet. Dieser Widerspruch zwingt die Kunstwerke dazu, vergessen zu lassen, daß sie gemacht sind: der Anspruch ihres Daseins, und damit der von Dasein selber als eines Sinnvollen, gerät um so überzeugender, je weniger mehr in ihnen daran mahnt, daß sie hervorgebracht wurden, daß sie dem Geist als einem ihnen selber Äußerlichen sich verdanken. Kunst, welche nicht mehr das gute Gewissen hat zu solchem Trug, ihrem eigenen Prinzip, hat bereits das Element aufgelöst, in dem einzig sie sich realisieren kann. Bei Wagner ist jenes gute Gewissen dahin, und trotzdem hält seine Kunst am Anspruch ihres Ansichseins retrospektiv fest. Daher muß sie diesen Anspruch übertreiben und um so mehr den falschen Naturalcharakter des Produkts hervorkehren, je weiter sie sich in der Reflexion von der ästhetischen Naturwüchsigkeit abgelöst, dem Artifiziellen überantwortet hat. Das Wagnersche œuvre findet darin sich zusammen mit jenem Typus von Konsumgütern des neunzehnten Jahrhunderts, der keinen höheren Ehrgeiz kennt, als jegliche Spur der Arbeit zuzudecken – vielleicht, weil damals diese Spur noch allzu vehement an gefühltes Unrecht, an die Aneignung fremder Arbeit erinnert hätte. Läßt überhaupt keine Autonomie der Kunst ohne Verdeckung der Arbeit sich denken, so wird diese im Hochkapitalismus, unter der totalen Herrschaft des Tauschwerts und der gerade kraft solcher Herrschaft anwachsenden Widersprüche problematisch und zum Programm. Das ist der objektive Grund dessen, was psychologisch Wagners Verlogenheit heißt. Die Magisierung des Kunstwerks läuft darauf hinaus, daß Menschen die eigene Arbeit als heilig verehren, weil sie sie als solche nicht erkennen können. Daher ist dies Kunstwerk reine Erscheinung: absolut gegenwärtiges, gleichsam räumliches Phänomen. Erst die Wagnersche Spätkunst macht die Probe aufs Exempel der klassischen Ästhetik und überführt damit, freilich ungewollt, diese der eigenen Unwahrheit. Während der Betrachter des Kunstwerks zur Passivität angehalten, von »Arbeit« entlastet und in solcher Passivität zum bloßen Objekt der künstlerischen Wirkung reduziert wird, läßt ihn eben diese Erleichterung nicht mehr das Bewußtsein der im Kunstwerk enthaltenen Arbeit erreichen. Das Kunstwerk bekräftigt, was sonst die Ideologie bestreitet: Arbeit schändet. Von deren Begriff hat Wagner den Künstler ausdrücklich ausgenommen. »Der Künstler hat, außer dem Zwecke seines Schaffens, schon an diesem Schaffen, an der Behandlung des Stoffes und dessen Formung selbst Genuß; sein Produziren ist ihm an und für sich erfreuende und befriedigende Thätigkeit, nicht Arbeit.«[6] Die gesellschaftliche Abblendung des Kunstwerks gegen die eigene Produktion ist aber auch das Maß seines immanenten Fortschritts, dem der künstlerischen Materialbeherrschung. Alle Paradoxie der hochkapitalistischen Kunst – und ihre Existenz selber ist paradox – konzentriert sich darin, daß sie vermöge ihrer Verdinglichung vom Menschlichen redet, nur durch die Vollendung ihres Scheincharakters teilhat an der Wahrheit.

VI

Die Verdeckung der Produktion durch die Erscheinung des Produkts ist das Formgesetz Richard Wagners. Das Produkt präsentiert sich als sich selbst Produzierendes: daher auch der Primat von Leitton und Chroma. Indem die ästhetische Erscheinung keinen Blick mehr durchläßt auf Kräfte und Bedingungen ihres realen Produziertseins, erhebt ihr Schein als lückenloser den Anspruch des Seins. Die Vollendung des Scheins ist zugleich die Vollendung des illusionären Charakters des Kunstwerks als eines Wirklichen sui generis, das im Bereich der absoluten Erscheinung sich konstituiert, ohne doch auf Abbildlichkeit zu verzichten. Wagners Opern tendieren zum Blendwerk, wie Schopenhauer die »Außenseite der schlechten Ware« nennt: zur Phantasmagorie. Das begründet den Primat des harmonischen und instrumentalen Klanges bei ihm. Die großen Phantasmagorien, die immer wieder im Wagnerschen Werke auftreten; in denen die Bewegung der Werke einsteht und aus denen alle Bewegung zugleich entspringt, sind aufs Medium des Klangs bezogen. »Aus holder Ferne mahnen süße Klänge«, heißt es schon in der Venusbergszene des Tannhäuser, der Phantasmagorie schlechthin. Die neudeutsche Schule hat bis zu ihrer Selbstauflösung in Schreker an der Idee des »fernen Klanges« als des akustischen Blendwerks festgehalten; des Klingens, in welchem Musik verräumlicht innehält, Nähe und Ferne so trugvoll verschränkend wie die tröstende Fata Morgana, die Städte und Karawanen aus ihrer Ferne als Naturschauspiel in die Nähe rückt und die gesellschaftliche Modelle abbildlich in Natur selber verzaubert. Der phantasmagorische Charakter der Venusbergmusik ist in technischen Kategorien zu bestimmen. Er schafft sich seinen eigentümlichen Klang durchs Mittel der Verkleinerung. Ein verkleinertes Forte, Bild des Lauten aus der Ferne, herrscht vor. Es wird von leichten Holzbläsern ausgeführt.

Unter ihnen dominiert die Piccoloflöte, von allen Orchesterinstrumenten das archaischste, an dem die Entwicklung der Instrumententechnik fast spurlos vorüberging. Es ist ein musikalisches Elfenreich, nicht unähnlich dem vom jungen Mendelssohn entworfenen, dem der späte Wagner seine Gunst bewahrte. Der Venusberg erscheint Tannhäuser verkleinert. Er gemahnt an die Spiegelvorrichtungen jenes Tanagratheaters, das Rummelplätze und Vorstadtkabaretts heute noch zuweilen präsentieren. Tannhäuser spiegelt das Bacchanal aus der Ferne heidnischer Vorzeit auf der Traumbühne des eigenen Leibes. Es fehlen die Baßinstrumente, die den harmonischen Fortgang und damit den Zeitcharakter von Musik markieren: diese ist als verkleinerte zugleich Bild eines unerreichbar vergangenen Modells. Wenn aber im Venusbergteil der Ouvertüre, beim Buchstaben B, mit dem Ritardando, Celli und Bässe einsetzen, so bezeichnen sie den Augenblick, da der Träumende des eigenen Leibes innewird und im Traum sich dehnt. Die Technik der baßlosen Verkleinerung des Klangs verleiht noch einer Stelle im Lohengrin phantasmagorischen Ausdruck, die, weniger offenbar als im Tannhäuser, das ganze Werk determiniert. Es ist Elsas Vision, in welcher sie als Träumende den Ritter und alle Handlung gleichsam herbeizieht. Ihre Beschreibung des Ritters ähnelt dem Bilde Oberons: der inwendige Lohengrin ist ein winziger Elfenfürst. »In lichter Waffen Scheine ein Ritter nahte da, so tugendlicher Reine ich keinen noch ersah: ein golden Horn zur Hüften, gelehnet auf sein Schwert, – so trat er aus den Lüften zu mir, der Recke werth.« Soweit Baßnoten vorkommen, sind sie abermals schwerelosen Instrumenten, Baßklarinette und Harfe, zugeteilt. Der Klang der Baßklarinette, von besonderer Transparenz, wird nicht unter das kleine es geführt. Für das Horn des Textes wird in der Musik als Verkleinerung die Pianissimotrompete eingesetzt. Der Hinzutritt der Bässe bei den Worten »mit züchtigem Gebahren« ist äquivalent dem in der Tannhäuserstelle und bezieht die gleichsam in die Luft gebannte Musik auf den Leib der Träumenden. Es ist die Beziehung des Trostes aus der Fata Morgana: »gab Tröstung er mir ein«. Als Trost spendende ist die Phantasmagorie die des Grals selber, und wie Elsas Vision motivisch dem Gralsthema verwandt ist, so hat bereits das Lohengrinvorspiel, allegorische Darstellung des Grals, die gleichen phantasmagorischen Züge der Technik wie Elsas Vision. Selbst jene Stockung des harmonischen Fortgangs am Beginn des Lohengrinvorspiels gewinnt im Namen der Phantasmagorie ihren Sinn. Der Mangel eigentlich harmonischer Progression wird zum phantasmagorischen Stillstehen der Zeit. Tannhäuser sagt im Venusberg: »Die Zeit, die ich hier verweil', ich kann sie nicht ermessen: – Tage, Monde gibt's für mich nicht mehr; denn nicht mehr sehe ich die Sonne, nicht mehr des Himmels freundliche Gestirne; den Halm seh' ich nicht mehr, der frisch ergrünend den neuen Sommer bringt.« Der Stillstand der Zeit und die vollkommene Verdeckung der Natur durch die Phantasmagorie sind damit zusammengedacht in Erinnerung an eine Archaik, die keine Zeit kennt, welche nicht von den Gestirnen verbürgt wäre. Das Moment der Zeit ist jenes entscheidende der Produktion, über das die Phantasmagorie täuscht als Trugspiel der Ewigkeit. Rinnen in ihr Tage und Monde in den Augenblick zusammen, so vermag sie dafür zugleich den Augenblick als Dauer vorzustellen. Das ist der Fall des Fliegenden Holländers. Er war ursprünglich als Einakter konzipiert und ging aus der Sentaballade hervor. Noch das ausgeführte Werk ließe sich reduzieren auf den Moment, da der Holländer unter seinem Bilde – man möchte denken: aus seinem Bilde – heraustritt; da Senta, die ihn beschwor wie Elsa den Ritter, mit ihm Aug in Auge steht. Die ganze Oper ist nichts als der Versuch, diesen Augenblick in die Zeit zu entfalten, und an ihren schwächeren Stellen, zumal der dramaturgischen Hilfsfigur Eriks, ist die Spur solcher Mühe mit Händen noch zu greifen. Die späteren Werke haben der dramatischen Explikation der Phantasmagorie vollkommener sich gewachsen gezeigt, ohne sie doch je zu verleugnen. Im Parsifal wird der phantasmagorische Schein in die sakrale Sphäre transferiert, deren Magie eben Züge des Blendwerks festhält. Beim Wege zum Gral ereignet sich das Gespräch: »Gurnemanz: Mich dünkt, daß ich dich recht erkannt: kein Weg führt zu ihm« – dem Gral – »durch das Land, und Niemand könnte ihn beschreiten, den er nicht selber möcht' geleiten. Parsifal: Ich schreite kaum, doch wähn' ich mich schon weit. Gurnemanz: Du sieh'st, mein Sohn, zum Raum wird hier die Zeit.« Die Personen selber verlieren ihre empirische Zeitstelle, sobald das wesenlose Reich der Wesen betreten wird. Wenn der letzte Wagner mit dem Gedanken der Metempsychose spielte, so hätte es dazu kaum erst mehr der Anregung durch die buddhistischen Sympathien Schopenhauers bedurft. In der Phantasmagorie ist schon Frau Venus, die heidnische Göttin, bildlich eingewandert ins christliche Zeitalter, Wiedergeburt so gut wie Kundry, die Klingsor im bläulichen Licht schlafend beschwört, »Herodias war'st du, und was noch? Gundryggia dort, Kundry hier!« Selbst der Ring bezeugt diese Intention, wenn Brünnhildes Liebe zu Siegfried als vorzeitliche seinem Bilde gehört und nicht der empirischen Figur: »Dich zarten nährt' ich noch eh' du gezeugt; noch eh' du geboren barg dich mein Schild: so lang lieb' ich dich, Siegfried!« Wagners Gestalten lassen nur darum beliebig als Symbole sich nutzen, weil in der Phantasmagorie ihre Existenz nebelhaft zerrinnt.

Der Zeit enthoben ist Brünnhilde, schlafend gleich Kundry, in der jäh befohlenen Phantasmagorie des Feuerzaubers als der beherrschenden des Rings, der endlich das Bild der Götterdämmerung musikalisch selbst abgewonnen wird. Ist in seinen Streicherfiguren der Modus der Hervorbringung vollständig verdeckt, so ist harmonisch zugleich sein Fortgang aufs kunstvollste einer im Stillstand: bei stetem Harmoniewechsel werden nicht sowohl eigentlich neue Stufen erreicht, als auf den wechselnden Spiegelflächen verschiedener Tonarten die jeweils konstanten Grundharmonien durch ein System der Ausweichung umkreist: dem Feuer gleich, das unablässig flackernd nicht von der Stelle sich regt. Als Gleichnis des Feuers geben die sechzig Schlußtakte der Walküre entscheidenden Aufschluß über die Phantasmagorie. Wenn die Wagnernachfolge ihnen den Namen des Zaubers verlieh, so sind sie ein solcher nur im uneigentlichen Sinne der illusionären Veranstaltung und gehören in die Reihe der Elementarschauspiele, deren erstes der Holländer bringt, die dann mit der Gewitterallegorik des Walkürenrittes aus dem Stimmungshintergrund in die Handlung schlagen und schließlich in der Karfreitagsmusik des Parsifal sich sedimentieren, wo vom Wunder nicht mehr gesagt wird, als daß »Wald und Wiese im Vormittagslichte leuchten«, das ihnen als natürliches den

Ausdruck der Versöhnung leiht, der dem Tau eignet und der Träne. Von solcher Unscheinbarkeit des Scheins aber sind Wagners Phantasmagorien sonst weit entfernt. Es liegt nahe, sie auf die musikalischen Zauberformeln der älteren Romantik zurückzuführen; wie auf Mendelssohns Sommernachtstraummusik so auf die Geisterstellen der Euryanthe, die Klanggesichte des Oberon, vor allem auch auf die chthonischen zweiten Themen Schuberts; im Dualismus wacher und träumender Musik, wie er etwa die Tannhäuserouvertüre bestimmt, deren Pilgerzug verdämmert, um wie im Schlaf den Venusberg aufzutun, ist das Erbe jener Romantik gewiß gegenwärtig. Jedoch die Wagnersche Phantasmagorie gewinnt ihren Kontur erst, indem sie von der romantischen Zaubermusik sich scheidet. Paul Bekker hat die überaus wichtige Bemerkung gemacht, daß Wagner im Gegensatz zur älteren Romantik »wirkliche Geister« nicht mehr kennt: »Indem er das Wunderbare in die menschliche Seele legt, kennzeichnet er es als wahr im künstlerischen Sinne, steigert er die Sagen- und Märchenidee zur Illusion der absoluten Wirklichkeit des Unwirklichen.«[1] Läßt man die fragwürdige »Wahrheit im künstlerischen Sinne« und die Wagner unangemessene Kategorie der Verinnerlichung beiseite, so wird der Begriff der Illusion als der absoluten Wirklichkeit des Unwirklichen um so fruchtbarer. Er trifft die unromantische Seite der Phantasmagorie. In ihr wird der ästhetische Schein vom Charakter der Ware ergriffen. Als Ware ist sie illusionär; die absolute Wirklichkeit des Unwirklichen ist keine andere als die des Phänomens, das nicht bloß seine eigene Genesis in Arbeit beschwörend fortzubannen trachtet, sondern in eins damit, vom Tauschwert beherrscht, geflissentlich seinen Gebrauchswert als echte Realität, als »keine Imitation« pointieren muß, nur um den Tauschwert durchzusetzen. Wie die ausgestellten Konsumgüter von Wagners Epoche den Käufermassen einzig noch ihre phänomenale Seite verlockend zukehren und damit ihren bloß phänomenalen Charakter, nämlich ihre Unerreichbarkeit, vergessen machen, so tendieren die Wagnerschen Opern in der Phantasmagorie zur Ware. Ihre tableaux nehmen Ausstellungscharakter an: indem das romantische Flämmchen Hans Heilings zum totalen Feuerzauber sich auswächst, schlägt es um in den Prototyp zukünftiger Lichtreklamen. Wotans Parole: »Wer meines Speeres Spitze fürchtet, durchschreite das Feuer nie« wäre leicht zu ergänzen durch die Anpreisung eines Apparats, der dem vorsichtigen, doch entschlossenen Käufer dennoch gestattet, das Feuer zu durchschreiten. Die Wagnerschen Phantasmagorien rechnen zu den frühen »Wunderwerken der Technik«, denen die große Kunst Aufnahme gewährte, und Wotan ist nicht bloß die Allegorie des sich verneinenden Willens zum Leben, sondern auch der vertrauenswürdige Demonstrator einer technisch lückenlos nachgeahmten und souverän kommandierten Natur. Der phantasmagorische Stil verewigt den Augenblick zwischen romantischem und veristischem. Seine Wunderwerke sind undurchschaubar geworden wie der Alltag der verdinglichten Gesellschaft und treten deshalb das Erbe der magischen Gewalt an, die romantisch den transzendenten Mächten zugesprochen war. In dieser Magie befriedigen sie aber zugleich als Waren Bedürfnisse des Kulturmarktes. Der Venusberg, den Wagner auf der Höhe des Tristan auskomponierte und noch in der Blumenmädchenszene des Parsifal blaß wiederholte, ist aus den theaterüblichen Anforderungen des Balletts hervorgegangen. Diese Szenen sind die einzigen, in denen die Bedingungen der Warenproduktion Wagners Werk unvermittelt erreichen; sie sind es zugleich auch, in denen Musik ihre Produktion selber am sorglichsten in der passiv-visionären Präsenz versteckt. Wo der Traum am höchsten, ist die Ware am nächsten. Zum Traum tendiert die Phantasmagorie nicht bloß als trügende Wunscherfüllung der Käufer, sondern gerade um der Verdeckung der Arbeit willen: sie spiegelt Subjektivität, indem sie dieser das Produkt der eigenen Arbeit vor Augen stellt, ohne daß die Arbeit zu identifizieren wäre. Ohnmächtig begegnet der Träumende dem Bilde seiner selbst wie einem Wunder und verbleibt im unentrinnbaren Zirkel der eigenen Arbeit, als wäre dieser ewig; das Ding, von dem er vergaß, daß er es machte, wird ihm vorgegaukelt als absolute Erscheinung.

Unterm Gesetz des Traumes unterliegt die Phantasmagorie ihrer eigentümlichen Dialektik. Diese ist zumal im Tannhäuser entfaltet. Mit dessen ersten Worten wird das Blendwerk als Traum benannt: »Zuviel! Zuviel! Oh, daß ich nun erwachte!«

Das Motiv der Handlung ist in dem Zuviel beschlossen: wie Unterdrückte ist Tannhäuser dem Anspruch der eigenen Lust nicht gewachsen. Seine asketische Wandlung wird mit nichts anderem begründet als dem Ideal der Freiheit: »Doch hin muß ich zur Welt der Erden, bei dir kann ich nur Sklave werden; nach Freiheit doch verlangt es mich, nach Freiheit, Freiheit dürste ich.« So antwortet Tannhäuser auf das Feuerbachische Versprechen der Lust durch Venus: »Nicht sollst du ihr ein scheues Opfer weih'n, nein! – mit der Liebe Göttin schwelge im Verein!« Er will das Bild der Lust aus dem Venusberg auf die Erde tragen: sein Abschied von Venus ist einer der echten politischen Momente in Wagners Werk. Gerade er aber wird zweideutig. Denn die Treue zu Venus ist nicht die zur Lust, sondern die zu deren Phantasmagorie. Gelobt der Scheidende: »zu Kampf und Streite will ich stehn, sei's auch auf Tod und Untergehn!«, so hält er besser noch sein anderes Versprechen: »stets soll nur dir, nur dir mein Lied ertönen.« Sein Verrat ist nicht, daß er zu den Rittern sich begibt, sondern daß er weltfremd und traumbefangen ihnen das Preislied auf Venus singt – das gleiche Preislied, das ihn zum zweitenmal eben der Welt als Opfer vorwirft, vor der er einmal in die Phantasmagorie floh. Sein Ausbruch selber ist scheinhaft: er führt aus dem Venusberg in den Sängerkrieg, aus dem Traum ins Lied, und die Spur dessen, was ihn zur Rebellion trieb, ist allein im genialischen Gesang des Hirten festgehalten, der die Produktivität der Natur selber, jenseits von Traum und Gefangenschaft, als Werk der gleichen Macht anruft, die dem Befangenen als bloße Unfreiheit erschien. Mit den Worten: »Frau Holda kam aus dem Berg hervor« und nicht mit Tannhäusers verräterischem Lob ist Venus gerettet. Der gesellschaftlich determinierten Erfahrung der Lust als Unfreiheit verschiebt die Triebmacht selber sich in Krankheit, so wie Tannhäuser schon im Reiche der Venus des eigenen Genusses gleichwie einer Schwäche, mit dem Ruf »Zu viel!«, gewahr wird. Die Erfahrung der Lust als Krankheit durchdringt das gesamte Wagnersche œuvre. Die nicht Entsagenden, Tannhäuser, Tristan, Amfortas, sind allemal »siech«. In der Romerzählung heißt es, zu einer Musik von größter Gewalt, wie sie allein noch in ›Tristans Fluch von Wagner überboten ward: »Da naht' auch ich; das Haupt gebeugt zur Erde, klagt ich mich an mit jammernder Gebärde der bösen Lust, die meine Sinn' empfanden, des Sehnens, das kein Büßen noch gekühlt.« Krankheit und Begierde verwirren sich einer Ansicht, die Lebendiges nur durch Unterdrückung seines Lebens lebendig zu erhalten wähnt. Die Begierde ist auf Wagners Bühne zur Karikatur geworden: zu jenem Bilde aufgeschwemmter Bleichheit, das mit der kastratenhaften Physis der Tenöre so völlig zu konvenieren scheint. In einer Regression, die aus der bürgerlichen Erziehung wohl vertraut, von der Psychoanalyse als »Syphilophobie« längst gedeutet ist, ähneln sich Geschlecht und Geschlechtskrankheit an, und nicht zufällig hat Wagner noch in seinem Kampf gegen die Vivisektion dagegen geeifert, daß deren Resultate der Heilung von Krankheiten zugute kämen, die durch »Laster« erworben seien. Die Verkehrung der Lust in die Krankheit ist das denunziatorische Werk der Phantasmagorie. Gemahnen zwei der Wagnerschen Phantasmagorien, Venusberg und Klingsors Zaubergarten, ans geträumte Bordell, so sind die Bordelle zugleich diffamiert als Ort, den keiner heil verläßt, und gewiß bedurfte es aller tiefsinnigen Veranstaltungen Wagners, mit den Blumenmädchen zu versöhnen, indem er sie von Anbeginn als »nichtige Blendwesen«[2] dem Untergang preisgab. Es ist bemerkt worden, daß bei Wagner die Flöten, die den Venusberg durchtönen, späterhin nur selten noch als Soloinstrumente hervortreten. Sie sind der Diffamierung der Lust durch die Phantasmagorie zum Opfer gefallen, die sie in der Phantasmagorie selbst vertraten. Nietzsche hat das wohl gewahrt: »Woran ich leide, wenn ich am Schicksal der Musik leide? Daran, daß die Musik um ihren weltverklärenden, jasagenden Charakter gebracht worden ist, daß sie Décadence-Musik und nicht mehr Flöte des Dionysos ist.«[3] Die Wagnersche Flöte ist die des Rattenfängers von Hameln; als solche aber wird sie dann tabuiert.

Mit der Verfemung der Lust, die sie selbst vor Augen stellt, ist der Phantasmagorie von Anbeginn das Element ihres eigenen Untergangs beigesellt. Der Illusion wohnt ihre Desillusionierung inne. Sie hat in Wagners Werk ihr sehr verborgenes Modell: das des Don Quixote, den Wagner besonders hoch stellte. Die

Phantasmagorie der Meistersinger, deren zweiter Akt, versetzt den Helden in die Rolle dessen, der gegen Windmühlen kämpft. Walther Stolzing, der die alte feudale Unmittelbarkeit gegenüber der bürgerlichen Arbeitsteilung der Zünfte wiederherstellen will, wird im Angesicht der bürgerlichen Welt zur latent komischen Figur, indem jene in eine mythische ihm sich verzaubert. Beim Ruf des Nachtwächters legt er »mit emphatischer Gebärde die Hand an sein Schwert und starrt wild vor sich hin«, während ihn die bürgerliche Eva belehrt: »Geliebter, spare den Zorn! 's war nur des Nachtwächters Horn.« Die Szene Beckmessers und dann die Prügelszene sind zunächst Vorgänge, die in den Grenzen des Alltags sich halten und allein vom Don Quixote Walther als Spuk und Traum erfahren werden. Die bürgerliche Welt selber aber produziert aus sich heraus Momente, die objektiv jenen Scheincharakter annehmen, der subjektiv auf der Traumbühne des romantischen Protests sich herstellt. Es herrscht prästabilierte Harmonie zwischen der Monade, die aus Angst vor den Meistern in die Vorwelt von Burg, Hof und Minnesang sich zurückbegibt, und der bürgerlichen Welt der Meister selber, die den Ausdruck des Vorzeitlichen annimmt, weil ihr bei ihr selbst nicht wohl zumute ist. Wie die Zünfte einander nicht mehr verstehen und sich gegenseitig der Unredlichkeit zeihen, die sie doch allesamt trägt, kommt es zum flüchtigen Widerschein vorzeitlicher Anarchie: der Rauferei, schlechtem Ersatz der politischen Aktion ebenso wie der Sängerkrieg auf der Wartburg, den ursprünglich die Meistersinger parodieren sollten. Das bürgerlich Neue und das regressiv Vorzeitliche finden in der Phantasmagorie zur Indifferenz, und der Traum des Ritters behält objektiv recht. Im dritten Akt wird der Spukcharakter des phantasmagorischen Vorgangs von Sachs bestätigt und der Traumgrund selber erreicht: »Ein Kobold half wohl da! Ein Glühwurm fand sein Weibchen nicht; der hat den Schaden angericht'.« Der Traum des zweiten Aktes wird von Sachs gedeutet als Produkt der Verdrängung; Glühwürmchen aber sind wie Lampions der Natur: Phantasmagorie konstituiert sich, indem die Moderne unterm Zwang der eigenen Fessel in ihren neuesten Produkten dem längst Gewesenen sich anähnelt. Jeder Schritt nach vorwärts ist ihr zugleich einer ins

Urvergangene. Die fortschreitende bürgerliche Gesellschaft bedarf ihrer eigenen illusionären Verdeckung, um fortzubestehen. Sie wagt dem Neuen anders nicht ins Auge zu sehen, als indem sie als alt es wiedererkennt. Jene Formel »Es klang so alt und war doch so neu« ist die Chiffre eines gesellschaftlichen Sachverhalts. Wenn der generöse Pogner, den, seiner eigenen Angabe zufolge, Gott zum reichen Mann schuf, von der kleinbürgerlichen Beschränktheit, dem Vorwurf praktisch engen und geizigen Sinnes sich reinigen will, vermag er es bloß durch die Farce des sagenhaften Sängerkriegs. In der Phantasmagorie gerät die bilderarme Welt der Bürger selber zum Bilde, und diesem Bilde dient Wagners Kunstwerk, wie es zugleich den Bürgern dient. Als Entwurf einer bürgerlichen Urzeit sind daher die Meistersinger sein zentrales Werk: »So leitete mich bei meiner Ausführung und Aufführung der ›Meistersinger‹, welche ich zuerst sogar in Nürnberg selbst zu veranstalten wünschte, die Meinung, mit dieser Arbeit ein dem deutschen Publikum bisher nur stümperhaft noch vorgeführtes Abbild seiner eigenen wahren Natur darzubieten, und ich gab mich der Hoffnung hin, dem Herzen des edleren und tüchtigeren deutschen Bürgerthumes einen ernstlich gemeinten Gegengruß abzugewinnen.«[4] Dieser Gegengruß ist aber der Dank für den Traum und dessen Zerstörung zugleich, und die Askese, die Tannhäuser um der Freiheit willen auf sich nimmt, kehrt sich endlich gegen diese. Mit seinem Anruf der Jungfrau Maria zerstört er das Bild des Schönen, das mehr verspricht als bloß Gewesenes, und wenn der heilige Speer phantasmagorisch innehält über Parsifals Haupt, so nutzt er ihn zum Fluche: »In Trauer und Trümmer stürz' er die trügende Pracht!« Es ist der Fluch jenes Rebellen, der in seiner Jugend die unvergessenen Bordelle stürmte.

VII

Am Einstand der Welt in der Phantasmagorie hat Wagners ästhetische Idee nicht ihr Genügen. Die Phantasmagorie wie der Rhythmus ihres Untergangs soll im episch-extensiven Kunstwerk sich auseinanderlegen. Dessen umfassende Organisationsform ist das Gesamtkunstwerk oder, wie Wagner lieber es nennt, das »Drama der Zukunft«, das dichterische, musikalische und mimische Elemente vereint. Mag immer die Intention, die Grenzen der einzelnen Künste im Namen des alle durchwirkenden Unendlichen aufzuheben, ebenso wie die Erfahrung der Synästhesie zu den Grundstücken der Romantik gehören, so ist doch das Gesamtkunstwerk den fünfzig Jahre älteren, eigentlich romantischen Konzeptionen fremd. Denn indem es auf ein quid pro quo der ästhetischen Medien ausgeht, welches durch artifizielle Vollendung alle Nahtstellen des Artefakts, ja dessen Differenz von der Natur selber verdecken soll, setzt es eben die radikale Entfremdung von jeglichem Naturwüchsigen voraus, welche das als zweite Natur sich einrichtende, all-eine Gebilde vergessen machen möchte. Auf das phantasmagorische Motiv des Verdeckens ist denn auch Wagner, erstaunlich genug, in der Erörterung der Einheit des Gesamtkunstwerks selbst gestoßen, und zwar dort, wo er die »dichterische Absicht«, aus der jenes Kunstwerk entspringen soll, charakterisiert: »Ein solcher Ausdruck ist nun derjenige, der in jedem seiner Momente die dichterische Absicht in sich schließt, in jedem sie aber auch vor dem Gefühle verbirgt, nämlich – sie verwirklicht. – Selbst der Worttonsprache wäre dieses vollständige Bergen der dichterischen Absicht nicht möglich, wenn ihr nicht ein zweites, mitertönendes Tonsprachorgan zugegeben werden könnte, welches überall da, wo die Worttonsprache, als unmittelbarste Bergerin der dichterischen Absicht, in ihrem Ausdrucke nothwendig so tief sich herabsenken muß, daß sie, um der unzerreißlichen Verbindung dieser Absicht mit der Stimmung des gewöhnlichen Lebens willen, sie mit einem fast schon durchsichtigen Tonschleier nur noch verdecken kann, das Gleichgewicht des einigen Gefühlsausdruckes vollkommen aufrecht zu erhalten vermag.«[1] Das Verbergen des dichterischen Produktionsvorganges um seiner Absichtlichkeit, also Rationalität willen ebenso wie die konstitutive Beziehung des Kunstwerks aufs »gewöhnliche Leben«, an die zu erinnern »Oper und Drama« nicht müde wird[2], sind damit von Wagner selbst in die Konfiguration gerückt, welche die Phantasmagorie definiert. Das »zweite Sprachorgan« ist denn auch kein anderes als Wagners phantasmagorisches Medium, das Orchester. Die Emanzipation der Farbe selbst, welche diesem Orchester gelang, steigert das illusionäre Moment, indem der Akzent vom Wesen, dem musikalischen Ereignis an sich, auf die Erscheinung, den Klang fällt. Neuerungen wie die Herstellung musikalischer Farbflächen konnten nur auf Kosten der zeitlichen Artikulation, nur zugunsten der blendenden Gegenwart gelingen, und die Aufweichung der konstruktiven Elemente in Wagners Komponieren kommt nicht zuletzt der illusionären Präsenz zugute. Mit der »Verdeckung der Absicht« der Dichtung durch die Musik strebt das Gesamtkunstwerk dem Ideal des absoluten Phänomens nach, das die Phantasmagorie ihm vorgaukelt: »so bezeichnen wir also die vollendetste einheitliche Kunstform als diejenige, in welcher ein weitester Zusammenhang von Erscheinungen des menschlichen Lebens – als Inhalt – sich in einem so vollkommen verständlichen Ausdrucke an das Gefühl mittheilen kann, daß dieser Inhalt in all' seinen Momenten sich als ein das Gefühl vollkommen erregender und vollkommen befriedigender kundgiebt. Der Inhalt hat also ein im Ausdrucke stets gegenwärtiger, und dieser Ausdruck daher ein den Inhalt nach seinem Umfange stets vergegenwärtigender zu sein; denn das Ungegenwärtige erfaßt nur der Gedanke, nur das Gegenwärtige aber das Gefühl.«[3] So plausibel ein solches Postulat der sentimentalen Ästhetik des »reinen Gefühls« klingen mußte, die dem Bürgertum des neunzehnten Jahrhunderts selbstverständlich war, längst ehe Hermann Cohen ihr den Namen gab, so wenig wird sie doch in Wahrheit der Musik gerecht. Diese verdichtet sich zur Gegenwart überhaupt nur in der äußersten Anspannung von Erinnerung und Vorblick – jener Anspannung der eigentlich thematischen Arbeit, welche bei Wagner durch den Trick der außermusikalischen Erinnerungsstützen, der allegorisch befrachteten Motive, umgangen ist. Die innerste Schwäche solcher Ästhetik ebenso wie ihrer Praxis besteht darin, daß die ding- und stückhaften, nicht rein aktualisierbaren Elemente des ästhetischen Vollzugs, allzu mächtig, als daß dieser sie noch bewältigen könnte, stattdessen verleugnet werden und weggezaubert. Die permanente Vergegenwärtigung, die Musik an Dichtung auf Kosten der musikalischen Zeit vollziehen soll, verfolgt den Zweck, alles starr Gegenständliche der Dichtung, und damit den Reflex der Warenwelt im Kunstwerk, durch Verflüssigung und Verlebendigung in den Schein reiner subjektiver Aktualität überzuführen: »Die Wissenschaft hat uns den Organismus der Sprache aufgedeckt; aber was sie uns zeigte, war ein abgestorbener Organismus, den nur die höchste Dichternoth wieder zu beleben vermag, und zwar dadurch, daß sie die Wunden, die das anatomische Sezirmesser schnitt, dem Leibe der Sprache wieder schließt, und ihm den Athem einhaucht, der ihn zur Selbstbewegung beseele. Dieser Athem aber ist – die Musik. – –«[4] Es wird also der Musik nicht weniger zugemutet, als die geschichtliche Tendenz der Sprache, die auf die Signifikation hin, zugunsten der Expression zurückzunehmen. Zum ersten Male wird bei Wagner die Ungleichzeitigkeit der Entwicklung ästhetischer Medien, ja die Irrationalität selber in einen rational geplanten, ob auch vorerst bloß ästhetischen Zusammenhang eingesetzt. »Die Anpassung an die bürgerlich rationale und schließlich hochindustrielle Ordnung«, heißt es in einer neueren Schrift zur Ästhetik des Films, »wie sie vom Auge geleistet wurde, indem es die Realität vorweg als eine von Dingen, im Grunde als eine von Waren aufzufassen sich gewöhnte, ist vom Ohr nicht ebenso geleistet worden. Hören ist, verglichen mit dem Sehen, ›archaisch‹, mit der Technik nicht mitgekommen. Man könnte sagen, daß wesentlich mit dem selbstvergessenen Ohr, anstatt mit den flinken abschätzenden Augen zu reagieren, in gewisser Weise dem spätindustriellen Zeitalter widerspricht ... Das Auge ist immer ein Organ von Anstrengung, Arbeit, Konzentration, es faßt ein Bestimmtes eindeutig auf.

Dem gegenüber ist das Ohr eher dekonzentriert, passiv. Man muß es nicht wie die Augen erst aufsperren. Mit ihnen verglichen, hat es etwas Dösendes, Dumpfes. Auf diesem Dösen aber liegt das Tabu, das die Gesellschaft über Faulheit überhaupt verhängt hat. Musik ist immer schon ein Versuch gewesen, dies Tabu zu überlisten.«* Wird heute das Dösen wissenschaftlich-psychotechnisch verwaltet, so hat Wagner erstmals, indem er dem Drang, auch der Not seiner Begabung folgte, es für Wirkungszusammenhänge entdeckt: das hat Nietzsche schon mit Recht geargwöhnt. Das Unbewußte, dessen Begriff Wagner von der Metaphysik Schopenhauers empfing, ist bei ihm bereits Ideologie: Musik soll die entfremdeten und verdinglichten Beziehungen der Menschen anwärmen und klingen lassen, als wären sie noch menschlich. Solche technologische Bewußtseinsfeindschaft ist das Apriori des Musikdramas. Es vereinigt die Künste, um sie rauschhaft zu vermischen. Wagners begehrlich-idealische Sprache bringt es unter das Gleichnis der sexuellen Vereinigung: »Das nothwendig aus sich zu Spendende, der nur in der brünstigsten Liebeserregung aus seinen edelsten Kräften sich verdichtende Samen – der ihm nur aus dem Drange, ihn von sich zu geben, d. h. zur Befruchtung ihn mitzutheilen, erwächst, ja an sich dieser gleichsam verkörperlichte Drang selbst ist – dieser zeugende Samen ist die dichterische Absicht, die dem herrlich liebenden Weibe Musik den Stoff zur Gebärung zuführt.«[5] An diese Metapher hat die Wagnersche Praxis sich enthusiastisch gehalten. Nicht nur gipfeln die Musikdramen in rauschhaften Partien wie Isoldens Schlußgesang, der Siegfried-Brünnhilde-Szene am Ende des Siegfried oder Brünnhildes Totenklage in der Götterdämmerung – die musikdramatische Form selber ist in der Promiskuität ihrer Elemente jeden Augenblick dem Rausch als »thalassaler Regression« offen. Die Götterdämmerung, deren maßlose Zeitdauer den Hörer gewissermaßen auf eine Seereise entführt, scheint die ganze Welt mit Musik zu überfluten, und so wenig es ihr gerade gelingt, die Stoffmassen in Lyrik einzuschmelzen, um so mehr werden dafür

* *Die von Adorno nicht nachgewiesene Passage ist ein Selbstzitat; vgl. Theodor W. Adorno und Hanns Eisler, Komposition für den Film, München 1969, S. 41 und S. 43. (Anm. d. Hrsg.)*

die harten und starren Umrisse von den Wogen überspült. Nicht nur die Grenzen der Medien, die Grenzen der Werke selber gegeneinander verflüssigen sich beim späten Wagner. Allegoriker ist er nicht zuletzt darin, daß alles alles bedeuten kann. Figuren und Symbole spielen ineinander, bis Sachs zu Marke wird und der Gral zum Nibelungenhort, die Nibelungen zu den Wibelungen. Erst vom Extrem einer Art von Gedankenflucht, des Aufgebens eines jeglichen Eindeutigen, der Verneinung alles individuell Geprägten, keineswegs bloß in der Musik, erschließt sich die Idee des Musikdramas.

Es ist eine von Totalität: der Ring sucht, ohne viel Umstände zu machen, den Weltprozeß als ganzen einzufangen. Wagners Ungeduld gegen das Isolierte, beschränkt bei sich selber Verharrende, bloß für sich Seiende, von der das phantasmagorisch-musikdramatische Verfahren gespeist wird, ist Protest gegen die Verbürgerlichung der Kunst, die sich zum Gleichnis sturer Selbsterhaltung bescheidet. Untrennbar sind die Wagnerschen Veranstaltungen, allenthalben Grenzen verschwimmen zu lassen, sind die Riesenformate der Stoffe wie der Werke von der Sehnsucht nach dem »großen Stil«, die bereits dem herrschaftlichen Gestus des Dirigenten innewohnt. Die Wagnersche Totalität geht gegen Genrekunst. Wie Baudelaire hat er aus dem bürgerlichen Hochkapitalismus ein Antibürgerliches, Heroisches herausgelesen in der Zerstörung des Biedermeiers. Die Verzichte, die der letzte gesellschaftlich-substantielle Stil, um sich im individualistischen Zeitalter noch tragfähig zu halten, dem künstlerischen Verfahren auferlegte, waren ihm verhaßt. Tief genug hat er die Bewegungsgesetze der Gesellschaft innerviert, um der Ohnmacht eines Auswahlprinzips innezuwerden, das sich dem verstockten Absehen von eben jenen Gesetzen verdankt. Er bäumt sich auf gegen die falsche Geborgenheit, und blind gegen die Möglichkeit einer anderen, sieht er es aufs gefährliche Leben ab. Wie Nietzsche und später der Jugendstil, den er in vielem antezipiert, möchte er die ästhetische Totalität von sich aus, auf eigene Faust, durch beschwörende Veranstaltung herbeizwingen, trotzig unbekümmert darum, daß ihr die gesellschaftlichen Voraussetzungen mangeln. Wie der Begriff des technischen Kunstwerkes, so dürfte auch der des »Stilwillens« mit Wagners œuvre in die Welt gekommen sein. Er protestiert gegen die Enge eines objektiven Geistes, dessen gesellschaftliches und ästhetisches Subjekt zum privaten Individuum schrumpfte. Sein eigenes Beginnen jedoch bleibt, eben als bloß ästhetisches, auf den Hörwinkel jenes Individuums verwiesen, auf das, was es von sich aus zu füllen vermag und worüber es doch im Namen des Ganzen hinaus möchte. Daher ist die Wagnersche Totalität, das Gesamtkunstwerk, zum Zerbrechen verurteilt. Die sich selbst übertreibende Verschleifung aller Elemente ineinander hat nicht zum letzten die Funktion, darüber zu täuschen. Je weniger das Musikdrama als Stil gelingen kann, um so angestrengter muß es sich stilisieren. Das Ganze wird zur Einheit nicht mehr aus einer vorgegebenen, sei's auch bloß konventionellen Abgestimmtheit der Ausdruckselemente aufeinander. Sondern die einander entfremdeten, von keinem wie immer gearteten Sinn mehr verbundenen Medien werden durchs Diktat des vereinzelten Künstlers, und darum willkürlich, zusammengebogen. Anstelle des Formaprioris innerer Organisation tritt ein lückenloses, doch äußerliches Additionsprinzip disparater Verfahrungsweisen, das aber so auftritt, als wäre es kollektiv verbindlich. Züge des privaten Individuums, und zwar des vorgestellten Betrachters, usurpieren die Einheit des Stils. Zum Stil wird die Summe der von seinen sämtlichen Sinnesorganen registrierten Reize. Das All der Wahrnehmungswelt, die ihm zuteil werden kann, gibt sich für die in sich geschlossene Totalität des Sinnes, für die Fülle des Lebens aus: daher der fiktive Charakter des Wagnerschen Stils. Denn in der zufälligen Erfahrung des individuellen bürgerlichen Daseins gewähren die einzelnen Sinnesorgane keine Totalität, keine in sich einstimmige, verbürgt wesenhafte Welt; fraglich, ob eine solche Einheit der sinnlichen Welt jemals bestand, auf die doch Wagners desillusionierter Bewußtseinsstand verwiesen sich sieht. Vielmehr klaffen die Organe, disparat in ihrer Entwicklung, am Ende weit auseinander, als Konsequenz der anwachsenden Vergegenständlichung der Realität ebenso wie des Prinzips der Arbeitsteilung, das nicht nur die Menschen voneinander trennt, sondern jeden Einzelnen in sich nochmals zerlegt. Daher mißlingt es dem Musikdrama, den einzelnen Medien sinnvolle Funktionen zuzuweisen. Es ist die Form der falschen Identität. Musik, Szene, Wort werden integriert einzig, indem der Autor – das Wort Dichterkomponist bezeichnet nicht übel das Monströse seiner Position – sie behandelt, als konvergierten alle in demselben. Damit aber tut er ihnen Gewalt an und verunstaltet das Ganze. Es wird zur Tautologie, zur permanenten Überbestimmung. Musik sagt noch einmal, was die Worte ohnehin sagen, und je mehr sie sich in den Vordergrund spielt, um so überflüssiger ist sie, gemessen an dem Sinn, den sie ausdrücken soll. Das berührt aber die musikalische Integrität selber. Gerade der Versuch, die Medien ineinander zu passen, verletzt die Einheit des Kompositionsgefüges. Das Stilmittel des Sprechgesangs ward von Wagner als Garant jener Einheit ersonnen: mit Hilfe eines gleichsam natürlichen Tonfalls sollen Musik und Sprache sich verbinden, ohne daß einer von ihnen Gewalt angetan würde. Damit nun wird der sinnfällige Träger des musikalischen Vorgangs, die Singstimme, auf die allemal im Operntheater die Aufmerksamkeit sich konzentriert, vom eigentlichen musikalischen Inhalt losgerissen. Sieht man von den wenigen Komplexen ab, in denen die absolut-musikalische Gestaltung eingestandenermaßen den Primat übernimmt, so entzieht sich die Singstimme dem motivischen Leben der Musik und ihrer Gesetzmäßigkeit: das gesungene Motiv widerspräche der geforderten Natürlichkeit des Tonfalls und entfernte sich vom sprachlichen Duktus. In Wagners musikalischer Faktur divergieren zwangsläufig deren wichtigste Elemente, Gesang und Orchester; das Auffälligste, der Gesang, ist am Wesentlichen, dem thematischen Gewebe, nicht mehr beteiligt als auf die recht abstrakte und unverbindliche Weise, daß die Singstimme nach den Harmonien des Orchesters sich richtet. Um der Synthesis aller Medien willen wird die Konsistenz des entscheidendsten, der Musik, mißachtet. Die Pseudomorphose der Musik an die Sprache, die seit dem stile rappresentativo unaufhaltsam fortschritt, und der die Musik so viel von ihrer Entfesselung verdankt, kehrt ihr negatives Moment hervor, sobald sie zum Parasiten der Sprache degeneriert, bloß noch die Kurve der Sprachintentionen nachahmt. Zugleich wird die Musik zum Kommentar der Bühne, indem der Autor Stellung nimmt und genau jene Formimmanenz verletzt, deren Ideal zuliebe das Musikdrama ersonnen ward. Das ist der Grund des Streifenhaften, Mitschleifenden, eigentlich Filmähnlichen darin. Das Wort, auf die Musik hin gesprochen, übernimmt sich in jedem Augenblick; die Schauspielerei des Dichters Wagner ist untrennbar vom terminus ad quem der Dichtung, die unablässig in Extremen sich bewegen muß, um musikfähig zu bleiben. Der Musik aber werden durch ihre auslegende Funktion alle die Kräfte fortgesogen, durch welche sie als bedeutungsferne Sprache, als reiner Laut, der menschlichen Zeichensprache sich kontrastiert und durch solchen Kontrast erst ganz menschlich wird. Die Szene endlich wird dazu genötigt, mitzumachen, was im Orchester geschieht; das läppische Gehabe der Sänger – oftmals erscheint das Operntheater als ein Museum längst verschollener Gesten – wird verursacht von ihrer Anpassung an den musikalischen Verlauf. Sie werden falsch musikähnlich; Karikaturen, weil die Gestik eines jeglichen nochmals erscheint, als wäre sie die eines Dirigenten. Je näher, indiskreter die divergierenden Medien einander auf den Leib rücken, je mehr der musikdramatische Wille auf ihre Indifferenz gegeneinander hinarbeitet, um so mehr stören sie sich. Die ältere Oper, der Wagner den Mangel ästhetischer Einheit vom Standpunkt der Integration der sinnlichen Medien aus vorwarf, war zumindest darin ihm überlegen, daß sie die Einheit nicht in der Assimilation suchte, sondern im Gehorsam gegen die Forderung eines jeglichen Materialbereichs. Die Mozartsche Einheit war die der Konfiguration, nicht der Identifizierung. Bei Wagner aber ist die radikale, sich geflissentlich unterstreichende Integration bereits das Deckbild des Zerfalls. Der Kosmos des Wahrnehmbaren, der bei ihm das Wesen vorstellen soll, weil die ästhetische Anschauung des isolierten Individuums auf nichts anderes als den Inbegriff dessen sich verlassen kann, was ihm sinnlich gewiß ist – dieser Kosmos ist keiner. Er wird von nichts anderem zusammengehalten als von der Zufälligkeit der Existenz des je Einzelnen. Als Zufälliges, das usurpatorisch sich selbst Notwendigkeit zuschreibt, muß geschichtsphilosophisch das Gesamtkunstwerk scheitern. Weil in der entfalteten bürgerlichen Gesellschaft ein jegliches Sinnesorgan gleichsam eine andere Welt, wenn nicht gar eine andere Zeit wahrnimmt, deshalb kann der musikdramatische Stil keinem einzelnen von ihnen sich anvertrauen, sondern muß eins ins andere transformieren, um auf diese Weise von sich aus etwas von jener

Einstimmigkeit zuwege zu bringen, die ihnen abgeht. Das aber ist ihm nicht möglich, solange die Organe selber am Bewußtsein sich messen, sondern nur, indem sie der unterscheidenden Instanz sich entziehen und allesamt archaisch gebärden. Im Gesamtkunstwerk ist der Rausch unumgänglich als principium stilisationis: ein Augenblick der Selbstbesinnung des Kunstwerks würde genügen, den Schein seiner ideellen Einheit zu zersprengen.

Das Pathos der Stilisierung des Gesamtkunstwerks richtet sich jedoch nicht bloß gegen das versöhnliche Genre des Biedermeiers, sondern ebenso gegen die Kunstformen von Wagners eigenem, industriellem Zeitalter, in denen jene genrehaften Elemente in Konsumartikel umfunktioniert werden. Götter, Helden und weltumspannende Aktion versprechen der ästhetischen Sehnsucht Rettung auf der Flucht vorm Banalen; die frühere Romantik hatte der Bilder der Größe darum nicht bedurft, weil ihr noch nicht mit jedem Schritt die Drohung des Warencharakters begegnete, die dann schließlich bei Wagner auch die heroischen Modelle selber ergreift. Indem er, um der Totalität der Sinnesorgane willen, als erster kategorisch die Emanzipation des Gehörs verlangt, das »kein Kind«[6] ist, opponiert er zugleich einer Verhaltensweise, welche den »Gehörsinn zum sklavischen Lastträger seiner sprachlichen Industriewaaren-Ballen macht«[7]. Weil aber die Idee der Totalität, die das Musikdrama inspiriert, keine bloße Antithese zum »gewöhnlichen Leben« duldet, sondern, aus großen Motiven, eben jenes Dasein in sich aufzunehmen sich verpflichtet weiß, dem aus nicht minder großen Motiven der Artist zugleich ausweichen muß, so ist die Verstrickung ins Banale auf der Flucht davor universal. Im Tristan wird es keineswegs bloß von der Welt des »Tages« vorgestellt, welche die »Handlung« fürs Reich der Nacht eintauschen möchte. Die Handlung kulminiert im Entschluß zum Tode. Er will die an der Unendlichkeit des Dranges in der Endlichkeit leidenden, endlichen Individuen in den Urgrund des Daseins zurücknehmen. Das Bild dieses Entschlusses aber, der die »Erlösung« der Individuen nicht bloß vom Tag, sondern von der eigenen Individuation meint, gerät selber banal. Denn die musikalische Bilderwelt, die als metaphysisches Widerspiel zur vereinsamten Monade gesetzt wird, stammt aus der Gesellschaft, die es negiert. Was als Korrektiv bloßer Individualität auftritt, ist musikalisch die approbierte Sprache, und das Individuum, das die Nacht wählt, verschreibt sich gegen den eigenen Willen wie gegen den ästhetischen dem Bestehenden. Kein Unbefangener, der das schwungvolle »Motiv des Todesentschlusses« im Tristan zum ersten Male hört, wird dem Eindruck trivialer Fröhlichkeit sich entziehen können. Aus dem individualistischen Horizont läßt die Wesenheit, das Allgemeine nur als schlecht Allgemeines sich beschwören. Die metaphysisch-psychologische Konstruktion des Tristan muß den Tod, um ihn aus der Individuation heraus zu rechtfertigen, die er tilgt, mit der Lust in eins setzen. Als Positivität jedoch gleitet das Bild der Lust ins Gewöhnliche ab. Es wird zum Elan des Individuums, das es so will, das in solchem Willen gerade teilhat am Leben und in dieser Teilhabe dem Leben sein Einverständnis bekundet. Damit hat auch die Wagnersche Todesmetaphysik ihren Tribut der Unerreichbarkeit der Freude gezollt, die seit Beethoven für alle große Musik gilt. Die Notwendigkeit des Übergangs des tragischen Entschlusses in ein Was kost' die Welt, schließlich des beseligten Liebestodes in einen Solistenreißer ist unvermeidlich. Das monadologische Individuum, dem der Komponist die Treue hält und aus dessen Aspekt er komponiert, steht nicht im absoluten Gegensatz zur Gesellschaft: seine Struktur folgt aus deren eigenem Prinzip. Das soziale Schicksal der Einsamkeit, rücksichtslos expressive Selbstaussage und ein Element vulgärer Selbstbehauptung und Selbstanpreisung sind miteinander nur allzu verträglich. Daß schon zu Wagners Lebzeiten, in flagrantem Widerspruch zu seinem Programm, aus den Totalwerken Glanznummern wie Feuerzauber und Wotans Abschied, Walkürenritt, Liebestod und Karfreitagszauber herausgebrochen, arrangiert und populär wurden, ist den Musikdramen, deren Gleichgewichtsverteilung jene Abschnitte klug einschätzt, nicht äußerlich; der Zerfall in Bruchstücke bezeugt die Brüchigkeit der Totalität.

Sie ließe in Stilkategorien sich aussprechen als der Konflikt des romantischen und des positivistischen Elements. Die Konzeption der in sich geschlossenen und sich selbst entrollenden Totalität, der in sinnlicher Anschauung anwesenden Idee ist ein Spätling der großen metaphysischen Systeme, deren Impuls, philosophisch seit dem Wagner vertrauten Feuerbach gebrochen, in die ästhetische Gestalt sich rettete. Man mag es Wagner glauben, daß er, als er schließlich im Schopenhauer las, von diesem bloß sich bestätigt fühlte, nicht im üblichen Sinn »beeinflußt« ward; die Verlagerung des metaphysischen Akzents auf die Kunst ist im dritten Buch der Welt als Wille und Vorstellung vorbereitet. Wie aber diese Verlagerung bedingt wird von dem Positivismus, der in Schopenhauers Entschlossenheit, allem natürlichen Dasein den »Sinn« abzusprechen und es dem blinden Willen zu überlassen, so deutlich sich ankündigt, so ist auch die der Wagnerschen Verfahrungsweise immanente Metaphysik verschwistert der Entzauberung der Welt. Die Addition der musikdramatischen Totalität aus allen Reaktionsformen der sinnlichen Organe hat zur Voraussetzung nicht nur die Absenz eines verbindlichen Stils, sondern mehr noch das Zergehen der Metaphysik. Im Gesamtkunstwerk will diese nicht sowohl sich ausdrücken als hergestellt werden. Die vollendete Profanität möchte aus sich selbst heraus eine Sakralsphäre erzeugen: darin erhebt der Parifal lediglich die Tendenz des gesamten Ansatzes zum Selbstbewußtsein. Der illusionäre Charakter des Gesamtkunstwerks rührt her von solchem Wesen der Veranstaltung. Nicht länger gehorcht das Kunstwerk seiner Hegelschen Definition als des sinnlichen Scheinens der Idee, sondern das Sinnliche wird arrangiert, um zu scheinen, als wäre es der Idee mächtig: das ist der wahre Grund des allegorischen Zuges in Wagner, der Beschwörung unwiderbringlicher Wesenheit. Der technologische Rausch wird bereitet aus Furcht vor der allzu nahen Nüchternheit. So verschränkt der Übergang der Oper an die autonome Souveränität des Artisten sich mit dem Ursprung der Kulturindustrie. Die Begeisterung des jungen Nietzsche hat das Kunstwerk der Zukunft verkannt: in ihm ereignet sich die Geburt des Films aus dem Geiste der Musik. Dafür gibt es ein frühes und authentisches Zeugnis aus Wagners engstem Kreis. Am 23. März 1890, also längst vor der Erfindung der Kinematographie, schrieb Chamberlain an Cosima über Liszts Dantesymphonie, die hier für die ganze Sphäre einsteht: »Führen Sie diese Symphonie mit versenktem Orchester im nachtdunklen Raume auf, und lassen Sie im Hintergrunde Bilder vorbeiziehen – und Sie werden sehen, alle Levis und alle meine kalten Nachbarn von heute, die das arme Herz durch ihre Nichtempfindung peinigten, sie alle geraten in Ekstase.«[8] Weniges könnte drastischer unter Beweis stellen, wie wenig die Massenkultur der Kunst bloß von außen angetan ward: kraft ihrer eigenen Emanzipation ist diese in ihr Gegenteil umgeschlagen.

Nirgends zeigt das Brüchige der Konzeption des Musikdramas sich schärfer als dort, wo sie ihrem eigenen Grunde, der Verdeckung des Produktionsvorgangs, am nächsten kommt: in Wagners antagonistischem Verhalten zur Arbeitsteilung, auf der dann die Kulturindustrie eingestandenermaßen beruht. Theoretisch und in der Ideologie der Werke hat er die Arbeitsteilung abgelehnt mit Parolen, die an die nationalsozialistischen von der Überwindung der Sonderinteressen durch den Gemeinnutz gemahnen. Wagner, der Experte für Orchester und theatralischen Effekt, hat die antisemitischen Karikaturen Beckmesser und Mime zugleich als solche von Experten ausgepinselt. Ihre Komik soll darin bestehen, daß sie vermöge ihrer Spezialisierung der eigenen Aufgabe nicht mehr gewachsen sind, der die Spezialisierung dient. Der zünftlerische Merker kann weder das Preislied verstehen, noch, angefüllt mit den Regeln der Tabulatur, selber auch nur etwas Kohärentes zustande bringen; und Mime, der Schmied, ist »zu weise«, um das einzige Schwert zu schmieden, dessen er bedürfte. In beiden Figuren schmäht Wagner den reflektierenden Verstand. Ihm setzt er die Welt Walthers und Siegfrieds als die ungespaltene des Ursprungs entgegen. Sie soll irrational sein wie, dem Programm des Gesamtkunstwerks zufolge, die Rolle der Musik in diesem. Walther beruft sich auf die Natur als auf seinen Lehrer, der er es abgelauscht haben will, und auf den »alten Meister« des Minnesangs, Walther von der Vogelweide, in dessen Gedichten übrigens, wie durchwegs in denen seiner Zeit, das fast ganz fehlt, was seit der industriellen Revolution Naturlyrik heißt. Der Idealismus Wagners ist rücksichtslos mit den Sachgehalten umgesprungen, deren Aura das Gesamtkunstwerk so gern sich zunutze macht. Während es aber gegen die Arbeitsteilung die mythische Einheit von Dichter, Sänger und Mimen ausspielt und sich die Allüre gibt, als wäre es solcher Einheit fähig, wird von der Verfahrungsweise selbst die Arbeitsteilung nicht aufgehoben, sondern eher gesteigert. Dem Text der Meistersinger ist die Ahnung um den Widerspruch so wenig fremd wie die Hegelsche Forderung des sich Entäußerns. Der »Sänger« Walther beugt sich am Ende dem »Meister« Sachs und lernt die spezialistischen »Zünfte« nicht zu »verachten«; wobei freilich die Versöhnung des Feudalen mit der bürgerlichen Ordnung aufs Einverständnis mit eben der verdinglichten Welt hinausläuft, vor welcher den Junker mit allem Recht Angst ergriff. Trotzdem jedoch ist weniges fortschrittlicher an Wagner als sein paradoxes Bemühen, rational über die von verblendeter ratio hervorgebrachten Verhältnisse hinauszugehen. Manche von Wagners kulturgläubigen und zivilisationsfeindlichen Gegnern, unter ihnen Hildebrandt, machen ihm einen Vorwurf daraus, daß er, bei allem angeblichen »Kampf gegen das neunzehnte Jahrhundert«, dessen technische Errungenschaften bedenkenlos übernommen habe. Sie rechnen ihm die Bedeutung des »Maschinenmeisters« in Bayreuth vor, und kämen gewiß zu weit bestürzenderen Ergebnissen, könnten sie Partitur lesen. Wagners Intention, die einzelnen Künste dem Gesamtkunstwerk einzuordnen, erzwingt mit der Organisation solcher Einheit eine Teilung des Arbeitsprozesses, die alles hinter sich läßt, was vor ihm Musik kannte. »Die Wunde schließt der Speer nur, der sie schlug«: das gilt zumindest für Wagners kompositorisches Verfahren. Gerade der sakrale Parsifal, der die filmähnliche Technik der Wandeldekoration verwendet, bezeichnet die Höhe solcher Dialektik: das magische Kunstwerk träumt sein vollkommenes Gegenbild, das mechanische. Der Arbeitsprozeß bedeutender Komponisten hat seit je Züge technischer Rationalisierung enthalten: man braucht nur an die Abkürzungen und Sigel von Beethovens Manuskripten zu denken. Der letzte Wagner geht darin besonders weit. Zwischen die Kompositionsskizze und die ausgeschriebene Partitur schiebt sich ein Drittes: die sogenannte Instrumentationsskizze. In ihr ist der Notentext gegenüber der Bleistiftniederschrift mit Tinte ausgeschrieben, also gewissermaßen objektiviert; zugleich findet sich die vollständige Instrumentation eingetragen, so daß Wagner während der Arbeit am Parsifal sagen konnte, nach der Instrumentationsskizze vermöchte ein anderer die Partitur herzustellen. Die Instrumentationsskizze – heute nennt man dergleichen Particell – wird parallel zur Kompositionsskizze fixiert: sie folgt ihr stets im Abstand weniger

Tage. Es werden dadurch die beiden Arbeitsverfahren deutlich voneinander abgesetzt und vermieden, daß der Klang im Berliozschen Sinn sich verselbständigt. Seine Kontrolle ist dem kompositorischen Ablauf vorbehalten. Andererseits ermöglicht es der kurze Zeitabstand zwischen den beiden Prozessen, die koloristische Vorstellung, die bei der Komposition selber zugrunde lag, noch festzuhalten. So ingeniös hat Wagner die musikalische Arbeitsteilung organisiert. Sie erfaßt alle Schichten seines Komponierens und erlaubt jenes Ineinanderpassen der Elemente, das die Lücken verstopft und den Schein absoluter Geschlossenheit und Präsenz zeitigt. Die magische Wirkung selber ist untrennbar von eben dem rationalen Produktionsprozeß, den sie bannend von sich fernhält.

Wagners Arbeitsteilung ist die der Arbeit eines Individuums. Das setzt ihr die Grenze, und darum vielleicht muß sie so angestrengt sich verleugnen. Nicht, daß es das vorgeblich absolute Eigenrecht der einzelnen Künste antastet, ist gegen das Musikdrama einzuwenden. Dies Eigenrecht ist in der Tat ein Fetisch der arbeitsteiligen Disziplinen. Wenn Wagner ihn im Namen des »wirklichen«, nämlich des ganzen und freien Menschen angriff und Kooperation und Assoziation der Künste forderte, wie beim befreiten Menschen die Sinnesorgane, nicht länger mehr verstümmelt, einmal vielleicht sich zusammenfinden mögen, so hat er damit eine Forderung des realen Humanismus erhoben. Diese Forderung schlug ihm in Rausch und Verblendung um, anstatt mit der rationalen Lenkung des Arbeitsprozesses der Freiheit beizustehen. Das jedoch erklärt sich damit, daß das Gesamtkunstwerk von eben dem bürgerlichen »Individuum« und seiner Seele getragen wird, das Ursprung und Substanz selbst jener Entfremdung verdankt, gegen welche das Gesamtkunstwerk aufbegehrt. Es ist konstituiert nicht in der Gesamtheit, in deren Namen es dröhnt, sondern gehört nach Voraussetzung und Gehalt dem Einzelnen zu. Gewalttätig wirft er als Inkarnation der Gesamtheit sich auf. In Wagners theoretischer Konzeption fällt die emphatische Rolle des »Genies« dem Dichter zu, dessen Primat er, vielleicht als musikalischer Fachmann mißtrauisch gegen sein Eigentliches, die Musik, behauptet. Er hat die Not des Widerspruchs von Gesamtkunstwerk und Individualismus wohl erkannt; aber der Rausch soll sie bannen oder verklären: »Nicht Zweien kann gegenwärtig der Gedanke zur gemeinschaftlichen Ermöglichung des vollendeten Drama's kommen, weil Zweie im Austausche dieses Gedankens der Öffentlichkeit gegenüber die Unmöglichkeit der Verwirklichung mit nothwendiger Aufrichtigkeit sich eingestehen müßten, und dieses Geständniß ihr Unternehmen daher im Keime ersticken würde. Nur der Einsame vermag in seinem Drange die Bitterkeit dieses Geständnisses in sich zu einem berauschenden Genusse umzuwandeln, der ihn mit trunkenem Muthe zu dem Unternehmen treibt, das Unmögliche zu ermöglichen; denn er allein ist von zwei künstlerischen Gewalten gedrängt, denen er nicht widerstehen kann, und von denen er sich willig zum Selbstopfer treiben läßt.«[9] So viel Wahres diese Sätze enthalten, ihre Konsequenz liefe nicht auf das Gesamtkunstwerk hinaus, sondern auf dessen kritisches Verbot. Weniger das Flaubertsche Motiv der Schaffensqual als der Gedanke an das Hoffnungslose der Sache ist es denn wohl, der Wagner von Selbstopfer reden läßt. Die Stelle zielt weiter als auf die rauschhafte Preisgabe der Individuation. Was der einzelne im Musikdrama opfert, ist nicht er selber, sondern die Konsistenz des Gebildes: er vermag es als Isolierter nicht, tatsächlich die Arbeitsteilung aufzuheben, der er alles verdankt, was er vollbringt, sondern nur den ephemeren Schein dieser Überwindung zu bewirken. Er vermag es aber auch ebensowenig, in allen Medien des Musikdramas zu dem Spezialisten sich zu machen, dessen es bedürfte. Der Künstler in Samtjacke und Barett, der sich zum »Meister«, zum Künstler schlechthin stilisiert, und der halbdilettantische Dichter, der den Forderungen von Dramaturgie und Sprache niemals ganz gewachsen sich zeigt – beide gehören, wie sehr auch einander widersprechend, zusammen. Was dem Individuum als organisch beseelte Einheit vorschwebt, stellt objektiv sich dar als bloßes Agglomerat. Die Rationalität der Technik, der Wagner im Material der Musik am nächsten kam, ist überall sonst gescheitert. Zu einem verbindlichen, von falscher Identität gereinigten Gesamtkunstwerk gehörte ein planendes Kollektiv von Spezialisten. Schönberg, der doch als Theaterkomponist der Wagnerschen Ästhetik naiv die Treue hielt, hat einmal die Utopie von »Komponierateliers« sich ausgedacht, in denen der eine die Arbeit genau dort aufnimmt, wo der andere sie aufgeben muß. Kollektivarbeit aber ist bei Wagner nicht bloß durch die Zeitsituation um die Mitte des neunzehnten Jahrhunderts ausgeschlossen, von der er Rechenschaft ablegte, sondern durch den Gehalt seines Werkes, die Metaphysik von Drang, Rausch und Erlösung. Sie verwehrt jene Organisation des Gesamtkunstwerks, die einzig als kollektive vorgestellt werden könnte: die antithetische. Das Prinzip der falschen Identität läßt nicht zu, aus den Widersprüchen der einander entfremdeten Künste ihre Einheit zu konstruieren. Stand in der Geschichte der bürgerlichen Oper das Recht der Musik beim Einspruch gegen den stummen und sinnlosen Vollzug von Schicksal – beim Einspruch von Monteverdis klagender Ariadne nicht anders als bei der Fideliofanfare, die in den Kerker dringt –: dann hat bei Wagner Musik ihr Einspruchsrecht verkauft. Als unausweichlicher Wirkungszusammenhang bleibt sie deterministisch gleich der Philosophie, zu der er sich bekennt, und vollendet sich als blindes Verhängnis. Daher der Schein der reinen Formimmanenz wie das tief Formwidrige, wie es die verantwortlichen unter seinen Kritikern gewahrt haben. Die Bruchlosigkeit der musikdramatischen Form selber, der Wagnersche »Stil«, ist der Bruch. Musik hat nicht länger ihre entscheidende Kraft: die Gefangenschaft im Aktionszusammenhang zu transzendieren. Deshalb muß sie, ohne Atem zu holen, mit subjektiver Leidenschaft und Erregtheit den Hörer übertäuben. Die Ästhetik der Verdoppelung ist das Surrogat des Einspruchs, bloße Verstärkung der subjektiven Ausdrucksmomente, die gerade vermöge solcher Verstärkung ins Nichtige getrieben werden. Die Medien aber, denen der Wagnersche Zauber Gewalt antut, rächen sich an ihm, indem sie der Vereinigung spotten und die Divergenzen hervorkehren, die das Werk fruchtbar zu machen versäumte. Oftmals findet sich in den Musikdramen, eben weil sie das Gewebe um keinen Preis lockern dürfen, ein kahlerer Überschuß des Stoffs über die Musik als je in den Rezitativen, die den Stoff gar nicht erst musikalisch zu bewältigen vorhaben; und dieser Überschuß wirkt dann musikalisch fort in den ausgeklügelten Motivbeziehungen, die dem Wagnerschen Postulat der »Gegenwärtigkeit« ins Gesicht schlagen. Wer nicht gelernt hat, daß am Ende der Götterdämmerung das Erlösungsmotiv steht, dem bleibt der musikalische wie der poetische Vollzug gleich unverständlich. Das ist der Preis, den das Musikdrama dafür zu entrichten hat, daß es auf die rein musikalische Logik der innerzeitlichen Konstruktion verzichtet. Es verfällt dem Rationalismus aus irrationalistischer Gesinnung. Indem Gegenwart und Reflexion auseinander treten, vollzieht das Musikdrama ein Urteil gegen sich selber, wie es ähnlich der Theoretiker Wagner ausspricht, der Dichtung als Sache des Verstandes und Musik als Sache des Gefühls beschreibt, die das Gesamtkunstwerk vermählen wolle – eine Unterscheidung der Medien, die sie dem Cliché unterwirft, um sie danach bequemer zusammenbringen zu können. Die Produktivkraft des Musikdramas stammt aus dem Traum vom ganzen Menschen: »Wie sich uns zu vollster, befriedigendster Gewißheit nur derjenige Mensch darstellt, der unserem Auge und Ohre zugleich sich kundgiebt, so überzeugt auch das Mittheilungsorgan des inneren Menschen unser Gehör nur dann zu vollständigster Gewißheit, wenn es sich dem ›Auge und dem Ohre‹ dieses Gehöres gleichbefriedigend mittheilt.«[10] Aber Entwurf und Praxis des Gesamtkunstwerks fallen unter Wagners eigene kritische Einsicht: »Niemand kann es gegenwärtiger sein als mir, daß die Verwirklichung des von mir gemeinten Drama's von Bedingungen abhängt, die nicht in dem Willen, ja selbst nicht in der Fähigkeit des Einzelnen, sei diese auch unendlich größer als die meinige, sondern nur in einem gemeinsamen Zustande und in einem durch ihn ermöglichten gemeinschaftlichen Zusammenwirken liegen, von denen jetzt gerade nur das volle Gegentheil vorhanden ist.«[11]

VIII

In stilgeschichtlichen Begriffen wäre die polemische Doppelstellung des Musikdramas so zu formulieren, daß es nicht bloß gegen die genrehaft verniedlichte romantische Oper sich wendet, sondern ebenso gegen die Große, die musikalische Staatsaktion. Wird im Namen des menschlichen Gehalts das Übernatürliche von der Bühne verwiesen oder ins Gleichnis für Natürliches nivelliert, so tilgt der Anspruch von Allmenschlichkeit ebenso das Gegenteil des Zaubers, den sachlich-historischen Stoff. Der phantasmagorische Rausch vertreibt alle Politik aus der Oper; übrigens waren bereits bei Meyerbeer die politischen Sujets zu bloßen Schaustücken neutralisiert, etwa wie in den Farbfilmen oder den Biographien berühmter Leute, welche heutzutage die Kulturindustrie auf den Markt bringt. An der Verflüchtigung des politischen Moments bei Wagner hat die Enttäuschung des Bürgertums nach 1848, die in seiner Korrespondenz so unverhohlen sich niederschlug, fraglos ihren Anteil. Aber bereits an der Historie, mit der der junge Wagner sich einließ, bemerkten seine Zeitgenossen das reaktionäre Potential, das erst in seinen späteren Werken manifest wurde. A. B. Marx wandte nach Newmans Angabe gegen den Lohengrin ein: »This drama the drama of the future? ... The Middle Ages a picture of our future, the outlived, the quite finished, the child of our hopes? Impossible! These sagas and fables ... come to us now only as the echo of the long-dead times that are quite foreign to our spirit.«[1] Denkbar, daß Wagner in Erinnerung ans Junge Deutschland solchen Einwänden nicht weniger als der Aversion gegen Opernwunder gerecht werden wollte. Gewiß aber sträubte er sich, gebunden an die Kinderschablone vom Poetischen, trotz aller Rede vom »gewöhnlichen Leben« dagegen, mit der spröden Nüchternheit konkreter gesellschaftlicher Verhältnisse den Bannkreis der Oper zu gefährden. Das Dogma von der Identität von Dichtung und

Musik ließ ihn alles fürchten, was in solcher Identität nicht aufgeht, was erst im gestalteten Gegensatz zur Musik zu ergreifen wäre; der Fidelio war um so viel politischer als die Musikdramen, wie er Musik und Text intermittierend behandelte. Ganz und gar bürgerlich zeigte Wagner sich darin, daß ihm die ästhetische Tiefe der Darstellung zusammenfiel mit dem Fortlassen des historischen Stellenwertes. Sein Bild vom allgemein Menschlichen erheischt den Abbau des vermeintlich Relativen zugunsten der Idee der Invarianz des Menschen. Ihm ist das Substantielle ein Residuum. So sieht er sich zwangvoll verwiesen auf eine Stoffschicht, die weder Geschichte kennt noch Übernatürliches noch auch eigentlich Natürliches, sondern jenseits von all solchen Kategorien liegen soll. Das Wesen wird in die allbedeutende Immanenz hineingezogen, die Immanenz von den Symbolen in Bann gehalten. Diese Schicht des Ungeschiedenen ist aber die mythische. Ihr fehlt Eindeutigkeit; ihr Zwielicht lockt zur Vermischung der unversöhnlichen Elemente, des positivistischen und des metaphysischen, weil in ihr Transzendenz so wenig vorkommt wie bloße Faktizität. Auf der gleichen Bühne agieren Götter und Menschen miteinander. Nach dem Lohengrin hat Wagner eigentlich geschichtliche Konflikte aus seinem Werk ausgeschlossen; das Rittertum von Tristan und Parsifal bietet bloß noch das pathetische Kolorit des weit Entrückten, und die Ausnahme der Meistersinger bestätigt wahrhaft nur die Regel. Das mythische Musikdrama ist säkular und magisch in eins: so löst es das Rebus der Phantasmagorie auf.

Der Versuch, die Mischform an der Vieldeutigkeit der Mythen zu legitimieren, stößt jedoch auf eine Grenze. Erweist sich Wagners Vorstellung von der unveränderlichen Menschennatur als ideologischer Trug, dann zerstört diesen die Gewalt der Mythen selbst, wie sie gegen Wagners Willen in seinen Werken durchschlägt. Die Wahlverwandtschaft, die ihn den Mythen zutreibt, zersetzt zugleich die Humanität, an die er noch glaubt: dem eingefleischten Bürger, der er noch war, schwankt schon der Begriff von sich selber unter den Füßen. Wohl fällt seiner Ohnmacht etwas von der negativen Wahrheit zu, vom Bewußtsein des Chaotischen unterhalb der bürgerlichen Ordnung – aber eben dorthin zieht es ihn zurück; das ist der objektive Grund der

Wagnerschen Regression. In den reinen Menschen projiziert er bereits den Wilden, der am Ende aus dem Bürger hervortritt, und ihn verherrlicht er, als wäre er metaphysisch der reine Mensch. Mit so viel Recht man Wagners Musik psychologisch nennen mag, so wenig sind es die Texte, in denen primitiv, buchstäblich sich zuträgt, was im psychologischen Subjekt als Imagination bloß nachlebt. Der Dramatiker des Ringes, eigentlich der aller reifen Werke, verschmäht es, die Personen zu »entwickeln«. Die Wagnersche Tendenz zur Veräußerlichung, welche die subjektive Beseelung der gestischen Sinnfälligkeit und dem Effekt hintanstellt, fördert eben damit etwas vom Ephemeren der Beseeltheit selber zutage. Die Motivationen sind mit äußerster Drastik vorgeführt. Blitzschnell ändern sich die Verhaltensweisen der Personen. Kaum bleiben sie mit sich identisch, und Siegfried hat noch nicht das ganze Bewußtsein der Identität, sondern gebraucht fürs Personalpronomen häufig das Impersonale – »da redet's ja«. Liebe gibt es, wie schon im Holländer, auch zwischen Siegmund und Sieglinde, Walther und Eva nur auf den ersten Blick und nirgends in innerlicher Verschlossenheit; daß Wagner, allen deutschtümelnden Idealen zum Trotz, von der Atmosphäre des muffig Ehrbaren durchwegs sich freihält, hat er einer unverschandelten Anschauung vom Sexus zu verdanken, die allein ihm auch die rührende Szene gewährt, in der Brünnhilde um des Geliebten willen das Bild ihres Mädchentums retten möchte und dennoch ohne Widerstreben sich herschenkt. Freilich schlägt dann auch ihre Liebe ebenso umstandslos in Haß um. Keine Reflexion führt sie auf den Mechanismus der Intrige; und später wandelt wieder der Haß, nach Siegfrieds Tod, ebenso abrupt sich in Liebe, unter völligem Verzicht auf Lösung des dramatischen Knotens. Nachdem ihr Gutrune vom Vergessenstrank berichtet hat, verliert sie darüber kein Wort mehr. Es ist, als hätte Wagner auch jene Einsicht Freuds vorweggenommen, der zufolge beim archaischen Menschen alles in jäher krasser Aktion sich äußerte, was beim zivilisierten nur noch als innerliche Regung nachzittert, um einzig im Traum und Wahnsinn mit der alten Auswendigkeit zu erscheinen.

Zugleich aber bezeugt die Wagnersche Gleichgültigkeit gegenüber dem individuellen »Seelenleben« Spuren des politischen

Wissens um die Bedingtheit des Individuums durch die materielle Realität. Er mißtraut wie die große Philosophie dem Privaten. Sein Blick auf die Totale ist nicht bloß totalitär-verfügend, sondern mahnt auch an die universale Verstricktheit, in der das Individuum desto weniger vermag, je rücksichtsloser es sich selbst setzt. Die Veränderung der Welt mißlingt, aber es geht um die Veränderung der Welt. Siegfried leidet nicht am Ödipuskomplex, sondern zerschlägt Wotan den Speer. Sublimiert sich schließlich die urweltliche Aktion zum Traum in der beseelten historischen Welt, so ereignet sich der Übergang in der Alberich-Hagen-Szene der Götterdämmerung selbst sinnfällig auf der Szene. Diese Sinnfälligkeit aber, und ihr Gegensatz zur Verinnerlichung, prägt die mythischen Stoffe weit geschichtlicher, als die Wagnersche Ästhetik Wort haben möchte. Mythos und Kultur folgen aufeinander als Phasen, und damit tritt der mythische Ursprung von Kultur selber ins Blickfeld. Der Dramatiker Wagner erkennt die Verschränkung von Mythos und Recht. Die »Verträge«, denen der Ring, in Reminiszenz an Schopenhauer, so viel Gewicht zuteilt, setzen die Anarchie voraus. Notdürftig nur wird der Kampf aller gegen alle durch die aus ihm resultierenden Rechtsordnungen geschlichtet. Er bricht überall dort von neuem aus, wo keine ausdrückliche Vertragsordnung es verhindert. Wotan ist zu jeder Gewalttat bereit, sobald ihn nicht kodifizierte Verträge binden. Darüber hinaus erweisen sich gerade die Verträge Wotans, die den finsteren Naturzustand einschränken, zugleich als Fesseln, die ihm die Freiheit der ausweichenden Bewegung rauben und damit das Chaos wieder herstellen helfen. Bei Wagner enthüllt sich das Recht als Äquivalenzform des Unrechts. Dem Ring könnte jener Spruch des Anaximander vorangestellt sein, den neuerdings Heidegger, als Sprachmythologe Wagner nicht unähnlich, interpretierte. Er lautet in Nietzsches Übersetzung: »Woher die Dinge ihre Entstehung haben, dahin müssen sie auch zugrunde gehen nach der Notwendigkeit, denn sie müssen Buße zahlen und für ihre Ungerechtigkeit gerichtet werden, gemäß der Ordnung der Zeit.« Das Recht, das sich als Buße des Unrechts bestimmt, gleicht diesem sich an und wird damit selber zum Unrecht, Ordnung zur Zerstörung: das aber ist das Wesen des Mythos, wie es im vorsokratischen Gedanken nachhallt, und ihm überläßt sich Wagner nicht stofflich nur, sondern bis ins Innerste des ästhetischen Vollzugs. Auf der archaischen Idee des Schicksals beruht der lückenlose Immanenzzusammenhang im Gesamtkunstwerk ebenso wie wahrscheinlich jenes musikalische Formprinzip der »Kunst des Übergangs«, der universalen Vermittlung. Wagners Musik beugt sich dem Rechtssatz, daß Spannung und Lösung im ganzen sich entsprechen müssen, daß nichts unausgeglichen, als Kahles, Isoliertes stehenbleiben dürfe: alles musikalische Sein ist bei ihm ein Sein für anderes, ist in der Komposition selber »vergesellschaftet«. Zielte alle bürgerliche Musikpraxis von Dissonanz und Konsonanz auf dergleichen ab, so wird bei Wagner das Gesetz der Gleichheit von Spannung und Lösung zum spezifischen Kanon der Technik. Schönberg, der als Komponist jenes Prinzip erstmals in Frage zu stellen begann, hat gleichwohl als Theoretiker, im strengen Wagnerschen Geiste, die authentische Formel dafür gefunden: »Every tone which is added to a beginning tone makes the meaning of that tone doubtful. If, for instance, G follows after C, the ear may not be sure whether this expresses C major or G major, or even F major or E minor; and the addition of other tones may or may not clarify this problem. In this manner there is produced a state of unrest, of imbalance which grows throughout most of the piece, and is enforced further by similar functions of the rhythm. The method by which this balance is restored seems to me the real idea of the composition.«[2] In der Herstellung der »Balance« geht der Saldo des Schicksals auf; alles Geschehene wird widerrufen, und die ästhetische Rechtsordnung ist die Restitution des Urzustandes. Ganz konsequent, und übrigens mit großartiger Einsicht in den Ernst des kompositorischen Prozesses spricht Schönberg an anderer Stelle von den motivischen und harmonischen Verpflichtungen, welche die entfaltete Komposition einzulösen haben[3]. Damit wird ein Primat des Tausches über Organisation und inneren Verlauf des Kunstwerks selber aufgerichtet: es wird zum Inbegriff des gesamtgesellschaftlichen Tauschvorgangs. Durch die Regression auf die Mythen ruft sich in Wagner die bürgerliche Gesellschaft selber beim Namen: alle neuen Ereignisse im musikalischen Fortgang messen den vorhergehenden sich an, und indem sie diese tilgen, wird stets auch das Neue getilgt. Der Ursprung ist erreicht mit der Liquidation des Ganzen. Das erwachende Bewußtsein von den anarchischen Zügen der späten bürgerlichen Gesellschaft dechiffriert die Totalität als vorweltliche Anarchie. Sie wird vom Bürger Wagner noch verdammt, vom Musiker schon gewünscht. Wenn im Ring mythische Gewalt und Vertrag sich verwirren, so setzt nicht bloß die Intuition von der Herkunft des Rechts sich durch, sondern auch die Erfahrung vom Unrecht einer Gesellschaft, die im Namen des Rechts beherrscht wird von Vertrag und Eigentum. So wahr der ästhetische Vorwurf gegen Wagner sein mag, er habe als Moderner am Ältesten, als Profaner am Mythos sich vergriffen, so wenig steht die Regression des ästhetischen Verfahrens beim individuellen Belieben oder beim psychologischen Zufall. Er gehört zu einer Generation, der erstmals in einer durch und durch vergesellschafteten Welt die Unmöglichkeit aufging, individuell zu wenden, was über den Köpfen der Menschen sich vollzieht. Versagt jedoch war ihm, die übergreifende Totalität beim Namen zu rufen. So verwandelt sie sich ihm in Mythos. Die Undurchsichtigkeit und Allmacht des sozialen Prozesses wird vom Individuum, das sie erfährt und das doch eben mit den herrschenden Mächten jenes Prozesses sich gleichsetzt, als metaphysisches Geheimnis verherrlicht. Wagner ersinnt das Ritual der permanenten Katastrophe. Sein losgelassener Individualismus spricht übers Individuum und dessen Ordnung das Todesurteil.

Indem er die Verfangenheit des eigenen Zustands im Weltgrund aufsucht, stellt ein Einverständnis sich her zwischen der Gegenwart und dem Mythos. Nicht als bloße Metaphern hat Wagner die Mythen zitiert: unter seinem Blick wird alles mythologisch und ganz gewiß der einzige neuzeitliche Stoff, den er bearbeitete. Die Meistersinger kokettieren mit jenem Brauch der älteren Malerei, das räumlich und zeitlich Entlegene mit Spätgeborenen, Einheimischen zu bevölkern. Das Weib aus Nürnberg wird zu Johannes dem Täufer an den Jordan entsandt. Eine endlose Tradition von Kitsch hat an die Manier solcher Wagnerschen Allegorese aus zweiter Hand sich angeschlossen. Aber der Anachronismus ist mehr als gespielte Naivetät und kunstgewerbliche Archaik. In jener heiteren Oper klingt jede Gegenwart, als wäre sie bereits Erinnerung. Der Ausdruck der süßen Sehnsucht verschmilzt mit der Lockung des Altbekannten, das Versprechen des Geborgenseins in der Heimat mit dem Gefühl des »Wann bin ich da schon einmal gewesen«, und um die Archetypen der Bürgerlichkeit legt sich der Nimbus der Urvergangenen. Das Werk verführt damit am Ende seine Hörer noch mehr als mit nationalistischer Selbstvergötzung und bestialischem Humor. Einem jeglichen erscheint es, als wäre es sein Eigentum allein, Botschaft seiner vergessenen Kindheit, und aus dem déjà vu aller schießt die Phantasmagorie des Kollektivs zusammen. Unwiderstehlich ist der in der Hexenküche destillierte Duft, weil er einen Drang aufrührt, befriedigt und auch noch ideologisch legitimiert, den das Dasein des Erwachsenen mühsam und nie ganz zu bändigen gelernt hat. Nicht Sachs allein, allen löst es die Glieder, und als Demagoge des Gefühls macht der Komponist allen die Reaktionen vor, in die sie einstimmen. Nirgends ist Wagner mythologischer als in der Moderne solchen Reizes. Er schmiegt der äußersten individuellen Differenzierung sich an, um das gestaltlose Glück des vorindividuierten Zustands zu bereiten. Was die Nürnberger Lebkuchenschachtel verheißt, wird als göttliches Ideenreich bestätigt. Die Wahrheit daran aber ist der Lüge untertan. Wagner unterschiebt die geschichtliche Existenz der deutschen Vergangenheit als Essenz. So hat er Begriffen wie denen des Volkes und der Ahnen jene Absolutheit eingehaucht, die sich im absoluten Grauen entlud. Das manipulierte Eingedenken ist das Widerspiel von Aufklärung. Wie die Spitzwegsche Poesie der Kulturlandschaft des Spotts auf Sonderlinge und Abweichende nicht entraten kann, so vermengt vollends Wagner die Mondnacht und den Flieder, den man im Europa des sechzehnten Jahrhunderts noch gar nicht kannte, mit der sadistischen Roheit. Das Züngelnde der Musik, der Ton des Venusbergs, ermuntert dazu, mit der Ordnung des Tages zugleich die Humanität abzuwerfen und der Destruktion ihren Lauf zu lassen. Mit jenem teuflischen Behagen, das sich nicht scheiden läßt von dem Humor, auf den es sich herausredet, weidet in der Schlägerei am Ende des zweiten Aktes der Theaterbesucher sich an der prophetischen Miniatur der Gewalttat.

Alle Wagnersche Zweideutigkeit entspringt seinem Verhältnis zu den archaischen Bildern. Sein Ingenium des Eingedenkens folgt den inwendigen Seelenregungen bis hinab zu ihren realen Modellen und hellt so das regressive Element auf; zugleich aber vertraut er sich diesem als der Wahrheit des Ursprungs an und regrediert selber. Ästhetisch hat er Spannungen vorweggenommen, die theoretisch erst mit dem Konflikt zwischen Freud und Jung aufkamen. Seine »psychoanalytischen« Motive, wie das des Inzests, des Vaterhasses, der Kastration sind oft genug erwähnt worden; und Sachsens Sentenz von der »Wahrtraumdeuterei« scheint das Kunstwerk insgesamt dem analytischen Ideal, der Bewußtmachung des Unbewußten anzunähern. In Augenblicken der Bewußtwerdung antezipiert die Sprachform Wagners die Nietzsches dreißig Jahre vorm Zarathustra: »Urmütter-Furcht! Ur-Sorge! Zu ewigem Schlaf hinab, hinab!« Aus der gleichen Perspektive antwortet Siegfried: »Muth und Übermuth – was weiß ich!« Die Formel jedoch ist selbst mythisch. Das »Muth und Übermuth« ähnelt den archaischen Mächten in der Geste der Herausforderung sich an, und die bei sich selbst beharrende Dumpfheit des »Was weiß ich« verfällt ihnen bereits wieder. Siegfried ist nicht nur das dem unbewußten Naturzusammenhang sich entringende Subjekt, sondern schon der Tor, der im Parsifal vollends verherrlicht wird, der »kindische Held«, der »Dumme«, der nicht etwa, zum Ich erwacht, die Angst verlor, sondern bloß das Fürchten »nicht kennt«, und nachdem er es am Sexus gelernt hat, wieder vergißt. Wenn Wotan Erda und die Urmütterfurcht hinabweist, büßen sie nicht ihre Gewalt ein, und er erringt nicht die Freiheit. Vielmehr verfällt er in der Nornenszene gegen seinen Willen ihrem Spruch, und zur Urmutter begeben die Nornen sich hinab, wenn das Seil reißt. Bewußtsein taugt einzig dazu, den Kreis des Unbewußtseins zu vollenden. Der kosmogonische Klages lehnt Wagner ab; aber seine Denkmotive sind in der Erdasphäre vollzähliger versammelt als je die »psychoanalytischen«. Selbst seine Erkenntnistheorie, die Lehre von den vegetabilisch treibenden Bildern als dem Gegensatz zum spontan vollzogenen Gedanken, ist im Siegfried rudimentär enthalten: der Schlaf der Wala heißt »sinnend«, und sie sagt von sich selber: »Mein Schlaf ist Träumen, mein Träumen Sinnen, mein Sinnen Walten des Wissens.« Wie bei Klages bedeutet die

Entmächtigung der Erde das metaphysische Unheil: »Wirr wird mir's seit ich erwacht: wild und kraus kreis't die Welt!« Der Geist, der gegen das blinde Schicksal handelt, wird als dämonischer Widersacher der Seele gescholten: die Weltesche ist vom Gott, der den Speer daraus schnitt, tödlich verletzt. Wagner beginnt bereits, den Schopenhauerschen metaphysischen Willen in die handlichere Lehre vom kollektiven Unbewußten umzusetzen. Daraus wird schließlich die Volksseele, in der die vom selbstherrlichen Individuum entlehnte Brutalität mit der Macht der amorphen, vom Gedanken an die antagonistische Gesellschaft sorglich ferngehaltenen Masse expansiv sich verbindet. Konsequent geht die Wagnersche Mythologie über in die Wilhelminische Bilderwelt: das Hupensignal des Kaisers war eine Simplifizierung des Donnermotivs aus dem Ring.

Unmöglich, die Beziehung der Wagnerschen Mythologie zu jener Bilderwelt insgesamt zu verkennen, zur eklektischen Architektur falscher Ritterburgen, zu den aggressiven Traummodellen des neudeutschen Aufschwungs, deren Bereich von den bayerischen Königsschlössern bis zum Namen des Berliner Restaurants Rheingold sich erstreckt. Aber die Frage nach der Echtheit führt hier so wenig weiter wie sonstwo. Wie die Übergewalt des hochkapitalistischen Systems vorm kollektiven Bewußtsein zu Mythen sich auftürmt, so trägt zugleich die mythische Region, in welche das moderne Bewußtsein Schutz suchend hinabflüchtet, dessen eigene Spur: was subjektiv Wunschtraum war, ist objektiv Angsttraum. So läßt sich wohl sagen, das Unechte der Bilderwelt, die Entstellung der Mythen durch Nachgeborene, die in ihnen sich wiederfinden und spiegeln, sei auch ihre Wahrheit. Verwandt ist das Subjekt, angesichts der überhöhten Dingwelt, die auf es fremd, unansprechbar ihre Schatten wirft, dem mythischen in der Gebärde des Verstummens. Die aber ist für Wagner, bei aller Redseligkeit und vielleicht gerade um ihretwillen, konstitutiv. Newman hat auf die Beziehung zwischen der Dichtung des Rings und dem »Vorschlag zu einer Oper« aus den »Kritischen Gängen« F. Th. Vischers aufmerksam gemacht[4]. Der Ästhetiker postulierte eine Nibelungenoper mit der Begründung, der Nibelungenmythos, dem er romantisch alle Substantialität des deutschen Volkscharakters zuschreibt, widerstrebe dem gesprochenen Drama um der Wortkargheit seiner Figuren willen. Diese Stummheit könne zugleich erhalten und gelöst werden durch Musik. Nimmt man den Ring als Ausführung des Vischerschen Vorschlags – nach Newman darf es für sicher gelten, daß Wagner ihn kannte –, so hat er eher Musik in die mythische Stummheit hineingezogen als diese gebrochen. Die »geleitende« Funktion der Musik der Tetralogie ist nicht bloß Stilprinzip, sondern notwendig um der dramatischen Personen selbst willen. Als Repräsentanten der Idee sind sie zu leer, um eigentlich über »Ausdruck« zu verfügen, und dieser hält nicht umsonst vielfach mit einem Reservoir typischer Charaktere aus dem Fundus haus. Der Komponist entlastet gleichsam seine Figuren von der Verpflichtung, selbst Subjekte, selbst eigentlich beseelt zu sein: sie singen nicht, sondern rezitieren ihre Rollen. Zappelnde Marionetten in der Hand des Weltgeist-Regisseurs, der sie technologisch verwaltet, nähern sie sich dem gegenständlich Unbeseelten des Nibelungenliedes, wo der geleitende Gestus des Erzählers gegenüber den dargestellten Menschen den Vordergrund behauptet. Ausdruck und Beseeltheit sind wohl überhaupt nicht vom selben Schlag, und manchmal scheint es, als wolle der sich selbst setzende, in sich reflektierte Ausdruck durch Nachahmung nochmals herbeiziehen, was an sich schon verschwand. Das Wagnersche Espressivo nimmt den Helden ab, wessen sie bereits so wenig fähig sind wie später die Figuren auf der Leinwand; »der Dichter spricht«, weil das Schicksal ihnen die Rede verschlägt. Eben dadurch aber, Parteigänger des Schicksalsvollzugs, der über Ohnmächtige verhängt ist, verzichtet Musik auf jene tiefste Kritik, die ihr seit Erfindung der Opernform, während der gesamten Epoche des bürgerlichen Aufstiegs innewohnte: die am Mythos. Falsche Identifikation ist sie letztlich als Identifikation mit diesem. Auf Wagners musikalischem Theater ist die Figur des Orpheus unvorstellbar, so wie in seiner Nibelungenversion kein Raum bleibt für Volker, während die Szene des Epos, in der der Spielmann die Burgunden in den Schlaf ihrer letzten Nacht geigt, mehr als jede andere Musik hätte entbinden müssen. Die wahre Idee der Oper, die des Trostes, vor dem die Pforten der Unterwelt sich öffnen, ist verlorengegangen. Wo Wagners Formgefühl solchen Trost, die Zäsur im bloßen Ablauf konzipiert, wie in dem mit einem neuen Thema anhebenden Quintett des dritten Aktes der Meistersinger, versiegt rätselhaft die Gestaltungskraft; nach wenigen Takten zart leuchtender Schönheit fällt das Stück auf den motivischen Vorrat des Preisliedes zurück, entfaltet sich nicht aus dem neuen Gedanken und schließt sich nur scheinbar zur Form zusammen: ohnmächtige, darum freilich um so ergreifendere Regung. Sonst aber fährt die Musik der Handlung bloß nach, ohne sie zu übersteigen. Die Musikdramen sind in der Tat keine Opern; das hieratische Moment, das der Form von je eignete und etwa im Fidelio zum Ritual der bürgerlichen Freiheit gesteigert sich findet, bleibt allein übrig, und die Ausdrücke Bühnenfestspiel und Bühnenweihfestspiel zeigen Wagners eigenes Wissen davon an. Gerade indem die Opern durch »Weihe« aus der Spannung herausgelöst werden und sich als wiederholbare Kulthandlungen gebärden, überantworten sie sich der reinen Immanenz ihres Ablaufs und merzen aus, was anders wäre, die Freiheit. Nirgends ist Wagner mythischer und heidnischer als in der Weihe, dem vergeblichen Rückgriff aufs Mysterienspiel. Daß Musik und Wort bei Wagner das gleiche meinen, ist danach auszulegen. Mit erstaunlicher Einsicht hat Vischer von seinem Programm einer mythischen Oper Beethoven als »zu symphonisch« ausgenommen: wie vor dem Charakter des »O Hoffnung, laß den letzten Stern« aller Mythos zunichte wird, wie jeder Takt Beethovens den Naturzusammenhang transzendiert, aus dem er entspringt und dem er sich versöhnt, so ist allgemein die symphonische Form, das von Schönberg »entwickelnde Variation« genannte Prinzip, das schlechthin anitmythologische. Bei Wagner aber wird unversöhnlich Natur beherrscht, und darum hat ihr eigenes Verdikt das letzte Wort. Der innerste Kern seiner Musik, trotz aller Beteuerungen der theoretischen Schriften, ist so wenig symphonisch wie seine Motivarbeit: der Schlüssel jeglichen Gehaltes von Kunst liegt in ihrer Technik.

Wagners Dichtung reflektiert die veränderte Stellung der Musik zum Gehalt scharf in ihrem Verhältnis zum Märchen. Dieses fällt dem Mythos anheim. Die Texte sind voll von Märchenzügen wie jenem, daß das Wirkliche aus dem Bilde – der Holländer – oder aus der Erzählung – Lohengrin und der Siegfried des ersten Aktes Götterdämmerung – hervortritt. Man begegnet dem bei

Grimm etwa im »Räuberbräutigam« wieder. Das Sprengen des bilderhaften Scheins ist nichts anderes als die Suspension der mythischen Immanenz. So stark sind solche Impulse, daß sie im Lohengrin den dramaturgischen Plan durchkreuzen; das Werk ist mit dem ersten Akt ähnlich »fertig« wie der Holländer im Augenblick der Begegnung des Helden mit Senta, und der zweite nicht Konsequenz aus dem phantasmagorisch einstehenden ersten, sondern epische Fortspinnung. Die Dramaturgie des reifen Wagner operiert durchwegs mit einer Art von »epischem Theater«. Mit dem Verzicht auf die Opposition der Musik gegen die Mythen ist vorweg jede tragische Idee geopfert. Der Determinismus von Form und Handlung kennt Konflikte nur als Schein, als Selbsttäuschung befangener Figuren. Eben darum vermag der musikalische Fluß alles, was geschieht, unterschiedslos aufzusaugen. Darin zumal sind die Texte mit der musikalischen Organisation eines Sinnes. Der ist aber der Triumph des Mythos übers Märchen. Er wird an der Geschichte des Stoffmotivs von dem, der das Fürchten nicht kennt, eklatant. Newman berichtet[5], daß Wagner in den revolutionären Dresdner Tagen den reinen Grimmschen Märchenstoff habe komponieren wollen. Plötzlich habe er dann dessen Helden mit dem mythischen Siegfried zusammengeworfen[6]. Das Märchenelement bereitete Wagner die größten Schwierigkeiten, vor allem bei der Konstruktion des Rings; sie konnten in drei Fassungen des ersten Siegfriedaktes nicht bewältigt werden und haben ihren Niederschlag gefunden in gewissen unverständlichen Wendungen der endgültigen[7]. Es handelt sich dramaturgisch darum, daß Siegfrieds furchtlose Spontaneität – der Furchtlose ist der, über den der Bann des Vaters wie der natürlichen Generationsordnung keine Macht hat – in Berechnung und Plan Mimes nicht sich einfügt. Die Konstruktion kann nicht darüber ins reine kommen, ob Mime, das dummschlaue Werkzeug des Schicksals, nun Furcht oder Furchtlosigkeit Siegfrieds wünschen und nutzen soll. Die Märchentranszendenz dessen, was nach Wotans Wort »anders ist« und nicht das Immergleiche, weigert sich der Integration in den natürlich-gesellschaftlichen Zusammenhang. Nur an einem blinden Fleck kann es eingeschmuggelt werden. Dieser findet sich im ersten Akt des Siegfried: die schwach motivierte, zugleich

unsicher und überspielt ausgeführte Angstvision Mimes. Die Rückbildung des Märchens in den Mythos hinterläßt in diesem Traumata, Narben, die den vereitelten Durchbruch bezeugen.
In der Preisgabe des Märchens ans von je schon Gewesene bemächtigt vollends der bürgerliche Charakter sich des Wagnerschen Werkes. Mythos wird zur Mythologisierung; die Gewalt des bloß Seienden zu dessen Legitimation. Man mag die Konstellation von Bürgerlichkeit und Mythos am deutlichsten im Lohengrin erkennen, wo die Etablierung der jedem profanen Zugriff entzogenen Sakralsphäre unmittelbar mit der Verklärung undurchschauter bürgerlicher Verhältnisse zusammenfällt. Im authentischen Geiste der Ideologie wird die Unterworfenheit der Frau in der Ehe als Demut, als Leistung der reinen Liebe bemäntelt. Die Unverständlichkeit des männlichen Berufslebens für die private weibliche Erfahrung, von der es strikt ferngehalten wird, erscheint als Mysterium. Der Schwanenritter spendet Glanz, wo der Ehemann bloß Geld gewährt; schon der Holländer ist eine gute Partie. Weiblicher Masochismus verzaubert die Gattenbrutalität des »Das geht dich nichts an« in das innige »Nie, Herr, soll mir die Frage kommen«. Herrenlaunen, Befehlsgewalt, vor allem aber die von Wagner bewußt kritisierte Arbeitsteilung sind unbewußt bestätigt; der Mann, der draußen für den Lebensunterhalt »kämpft«, wird zum Heros, so wie ungezählte Damen nach Wagner ihren Gatten sich zum Lohengrin zurechtstilisiert haben mögen. Im Verlauf der Handlung wird Elsa solcher Idealität unterworfen, und von ihrer Vision bleibt nichts übrig. Sie rebelliert ursprünglich gegen die ihr uneinsichtige Pflicht des männlichen Berufslebens, die in pathetischen Formeln wie »Schon sendet nach dem Säumigen der Gral« fatal mitschwingt. Dafür wird sie bestraft und will es auch selber nicht anders: »daß du mich strafest liege ich vor dir«. Der Rest unbeherrschter Natur, der im weiblichen Protest sich meldet, wird gebrochen im Namen eben des Wunderbaren, an dem die weibliche Natur entflammt, und daran erweist sich das Wunderbare selber als Lüge. So mündet die Wagnersche Mythologie in Konformismus. Mit Grund setzt gerade hier aller Spott der Abwehr an. Bestärkt die Mythologie die Bürgerlichkeit, so überführt diese den mythologischen Anspruch der Absurdität. Wagner

hatte sich auf die Idiosynkrasie als letzte Instanz berufen, wo er verdammte. Nun ereilt ihn, in den eigenen Zügen des privat Zufälligen, Trivialen oder Infantilen, das Schicksal, selber Idiosynkrasie zu provozieren. Das Brautgemach zählt zu jenen Intimitäten, auf die, wenn nicht Lachen so Ekel antwortet. Vom Schlage unverschämten Sichgehenlassens, des Komplements bürgerlicher Selbstdisziplin, sind vollends die albernen Naturlaute der Rheintöchter und Walküren, Hans Sachsens »Oho! Trallalei! O he«, Figuren der »brünstigen« Sexualität wie Brünnhildens Selbstapostrophierung als »wild wüthendes Weib« oder Verse wie »Eine zierliche Fresse zeig'st du mir da, lachende Zähne im Leckermaul« und nicht zuletzt Sachsens »Auf, nach der Wies', schnell auf die Füß'«. Der Affekt, der solchen Stellen antwortet, ist der der Scham für den Bürger, der es nicht mehr ist. Von da ist der Weg nicht weit zu jener Geschwätzigkeit und Selbstbewunderung, die allenthalben das Werk Wagners beeinträchtigt. Der Demagog redet die Gefolgschaft tot, und ihm tut es die unendliche Melodie nach. Solche Züge sind mit den Intimitäten verschmolzen; Wotan, selbst Gurnemanz benehmen sich »gemütlich«. Mit familiärer Umständlichkeit werden alle längst bekannten Geheimnisse enthüllt; Siegmund bekennt pathetisch, Wälse sei sein Vater, nachdem er ihn vorher als solchen angerufen hat; die Ähnlichkeit zwischen Siegmund und Sieglinde wird von Hunding sogleich bemerkt, und dennoch soll später die Offenbarung des Geschwisterverhältnisses ihren großen Effekt machen. All das sucht sich zu rechtfertigen mit der Vorstellung, daß fürs primitive Denken ein Tatbestand nur kraft seines Namens zum wirklichen werde. In Wahrheit jedoch bringt Wagners eigene Gemütlichkeit sich selber ein Prosit dar, und sächsisch sind ihre Urlaute. Man ist mit sich zufrieden. Fehlt dem Musikdrama das erlösende Wort, so rufen dafür seine Gestalten unablässig sich selbst als erlöste an; nicht bloß Elisabeth möchte »rein und engelgleich« sterben, noch Eva unterstellt in ihrem Dank an Sachs: »Durch dich nur dacht' ich edel, frei und kühn.« Nicht umsonst nimmt die Gestik des berühmtesten erotischen Künstlers der bürgerlichen Welt sich auf sich selber zurück: sie ist narzißtisch. Der Kult des Gewesenen und der des Individuums überlagern sich in Wagners Beschwörung der Mythologie. Dafür steht ein der Ring des Nibelungen.

IX

Wenn die Form des Rings als Gleichnis der Totalität von Weltgeschichte, die im Selbstbewußtsein zu dem sich vollendet, was sie an sich von je war, nicht weniger an Hegel mahnt als an den Schopenhauer, dem der allegorische Inhalt entlehnt ist, so kommt darüber hinaus der Ring in einem bestimmten Moment mit der Hegelschen Geschichtsphilosophie überein. Es ist das der List der Vernunft. Was immer an Opposition gegen das »Totale« geschieht, gegen den Weltwillen Wotans, geschieht zugleich in dessen Sinn, wäre es auch bloß, weil der absolute Geist Wotans nichts anderes denkt als die eigene Vernichtung. Schon von Siegmund heißt es: »Noth thut ein Held, der, ledig göttlichen Schutzes, sich löse vom Göttergesetz. So nur taugt er zu wirken die That, die, wie noth sie den Göttern, dem Gott doch zu wirken verwehrt.« Das wiederholt sich an Siegfried: allein in den von der mythischen Bindung der Verträge und des Eigentums Ausgenommenen, Unwissenden vermag der Gedanke der Weltgeschichte sich zu realisieren, der dieser das Gericht bereitet. »Nicht Land noch Leute biet' ich, noch Vaters Haus und Hof: einzig erbt' ich den eig'nen Leib; lebend zehr' ich den auf.« Der romantisch getönte Begriff vom Proletariat, der diesem die »rettende Tat« zuweist, weil es außerhalb des gesellschaftlichen Schuldzusammenhangs stehen soll, und der die Abhängigkeit des Proletariats vom gesellschaftlichen Mechanismus unterschlägt – dieser romantische Begriff wird ergänzt von der nicht minder romantischen Auffassung von der Regenerationsfähigkeit der Gesellschaft, wofern sie nur zu jenen unverstörten Ursprüngen zurückfinde. Die Regenerationslehre ist schließlich als eine der Herrenkaste im Parsifal entfaltet. Schon der antifeudale Ring aber, dem sie unausgesprochen innewohnt, bringt ihre dubiose Seite zutage. Gerade als unverderbte Natur ist Siegfried fähig und willens, einem gesellschaftlichen Gebot Folge zu leisten, das von seinem eigenen Naturburschentum nicht sowohl negiert als verdeckt wird: Wagner fälscht den Zustand des Enterbten aus dem des unterdrückten in den des unverstümmelten Menschen um. Kraft solcher Fälschung gibt Siegfried sich zum Diener des listig Bestehenden her und wird der Komplice des Ganzen, der nicht bloß dieses, sondern auch sich selber – man könnte sagen: ein nach dem Muster des Holzfällers entworfenes Proletariat – in den Untergang treibt. Siegfried, einmal in diese Rolle versetzt, bleibt nicht länger allegorischer Repräsentant der Klasse; er verwandelt sich ins »Individuum«, und als solches gerade ins Trugbild geschichtslos-reinen, unmittelbaren Menschenwesens. Aus dem Revolutionär wird der Rebell. All seine Opposition bleibt im Systemzwang der bürgerlichen Gesellschaft, weil sie nicht selbst aus dem gesellschaftlichen Prozeß entwickelt, sondern diesem scheinbar von außen entgegengesetzt und dann in den Strudel hineingerissen wird. Der individuelle Drang, der sich gegen das gesellschaftliche Ganze kehrt, ist das gleiche sture Interesse, welches die Form dieser Totalität bestimmt: bei Hegel die »Leidenschaften«, bei Schopenhauer die menschlichen »Bedürfnisse« als die konkrete Gestalt des Willens in der Individuation. Läßt sich der ganze Ring als die Geschichte von Wotans Selbstbewußtsein auffassen, der wissend geworden sich aus der Aktionswelt zurücknimmt und selber verneint, so ist die Opposition gegen ihn so blind wie der Wille an sich, und ihre Blindheit bereitet so sicher den Tod, wie das Wissen diesem sich beugt. Die Leidenschaft der Wälsungen verfolgt partikulare Zwecke, die mit dem bestehenden Ganzen unvereinbar sind und dennoch dem bestehenden Ganzen, der Herrschaft Wotans, die einzige Chance bieten. Weil aber die Hegelsche Realisierung der Weltvernunft fortfällt, verwirrt sich die Konstruktion des Rings wie die Fäden der Nornen. Die Götterdämmerung ist nicht bloß der Vollzug des metaphysischen Verdikts Schopenhauers, sondern auch der Sprung aus einer Geschichtsphilosophie, in welcher der Antagonismus des Allgemeinen und des Besonderen je und je trügerisch schillert; bar der dialektischen Artikulation, in welcher Hegel ihn meistert, bar aber auch der Hoffnung auf einen veränderten Zustand, in dem der perennierende Antagonismus selber verschwände. Dem Produziertsein des Widerstands durchs gesellschaftliche Ganze entspricht das Ende, die Identifikation des Widerstandes mit der Herrschaft: daran hat die geschichtsdeutende Kraft des Rings ihre Grenze und verrinnt in der Nacht der Indifferenz. Der partikulare Rebell wird zum Vollzugsorgan des Ganzen als dessen Vernichter, ohne daß seine Partikularität zum neuen und anderen Ganzen fände; das Ganze selber aber ist die schlechte Ewigkeit der Rebellion als Anarchie und unablässige Selbstvernichtung. Zwischen dem Vatergott Wotan und Siegfried, seinem rettenden Widersacher und tödlichen Retter, ist in Wahrheit keine Grenze, und in ihrer Vereinigung zelebriert der Ring die Preisgabe der Revolution, die keine war. Mit beispiellosem Tiefblick hat Semmig, der Genosse Wagners auf der Flucht von Dresden, im Augenblick, da der Aufstand von 1849 verloren war, diese Ambivalenz Wagners physiognomisch gewahrt: »The paroxysm lasted perhaps more than half an hour; and so overwhelmed was I by the storm of words of this man sitting next to me – shall I call him Wotan or Siegfried? – that I could not address a single word to him.«[1]

Die Verlegenheit, daß Siegfried, der »Walter der Welt«, einspruchslos zum Diener der Gibichungen, der Hagenintrige und endlich des Schicksals sich hergibt, das Wotan »will«, während zugleich nach seinem Willen Siegfried es wenden soll, ist samt der Zweideutigkeit der Konstruktion evident. Sie hat sich in den Schwankungen der Konzeption der Tetralogie kundgetan. Während in der ersten Fassung Siegfried untergehend in der Tat Walhall rettet, führt die endgültige zu der verzweifelten Auskunft, daß er, um mehr zu sein als bloß Opfer und Diener des Bestehenden, und dennoch unfähig, ein Bestehendes zu wenden, aus dem er hervorgeht und in welches die Wagnersche Resignation heimruft, mit der Vernichtung seiner selbst und der der Individuation zugleich die des Ganzen bewirkt. Die Resignation des Unbedingten, das Scheitern der bürgerlichen Revolution und die Darstellung des Weltprozesses als Weltvernichtung sind trüb vermengt. Ihr Verhältnis, zumindest das von mißlungenem Aufstand und nihilistischer Metaphysik, ist seit Nietzsche nicht unbemerkt geblieben. Sehr viel tiefer jedoch als an einer manifesten Handlung, die immerhin auf den vorgegebenen Stoff, die mythischen Verblendungszusammenhänge aus Edda und Nibelungenlied sich berufen könnte, ist die Figur des Verrats am Helden der Tetralogie, Wotan, zu markieren. In dessen Bilde treten Rebell und Gott, Mythologie und bürgerliche Gesellschaft als Rebus zusammen. Wahrhaft in seinem Bilde: dem des Wanderers, der im dunkelblauen, langen Mantel, einen Speer als Stab in der Hand, auf dem Haupte einen breiten runden Hut mit herabhängender Krempe, Mime, Alberich, Erda und Siegfried nacheinander zum Gespräch aufsucht. Es ist seine Gestalt, die als bürgerliche aus Wagners Werk in die nachlebende Gesellschaft eingetreten scheint: der rüstige, ältere Mann mit Schlapphut, Wettermantel – »Havelock« –, Vollbart und Brille als Symbol der Einäugigkeit. In einem Spottgedicht des nachmals selbst alldeutschen Simplizissimus-Thoma auf den völkischen Kleinbürger heißt es: »Ich schreite kühn, hussa, hojo, mit langem Schritt aus dem Büro«, und danach: »Ich krieg' vom Froste keine Beul': heul!« Die kollektive Schlagkraft solcher Karikaturen stammt aber nicht von der bürgerlichen Wagnernachfolge, sondern von den bürgerlichen Modellen, die in den »Rollen« der Musikdramen ursprünglich zum Bilde verdichtet waren. Alles spricht dafür, daß ihre Insignien die jener von Marx verhöhnten species des deutschen Revoluzzers vom Schlage des Turnvaters Jahn und der Burschenschaften sind. Die alten Germanen wurden einmal als Patrone von Freiheit zitiert, welche die Gesundheit eines verlorenen Urzustandes wiederherstellt. Ihre lächerliche, väterlich-autoritäre Gestik war die desjenigen, der sich seinen Schritt nicht vorschreiben läßt. Der nationalistische Bart wollte der höfischen Konvention opponieren, der Schlapphut dem Zylinder, und der Havelock beruft sich auf die Natur, der er trotzt, weil man vorgibt, als Elementarwesen ihr selber zuzugehören. Wenn aber die »deutschen Sozialisten« von Anbeginn nur scheinbar welche gewesen sind, so bedeutet ihre allegorische Einwanderung in den Wotan des Rings ihre bürgerliche Versöhnung: sie sind selber zu Vätern geworden, ihre Wut rationalisiert sich als väterliches Strafgericht, wie ihre Versöhnlichkeit als die des Vaters auftritt, der dem unterdrückten Kinde eine gute Nacht wünscht und der Welt ein gutes Nichts. Von ihrem Aufstand ist geisterhaft nichts übriggeblieben als ihr bloßes Erscheinen. Wotan ist die Phantasmagorie der begrabenen Revolution. Er und seinesgleichen gehen als spirits um an den Stellen, an denen die Tat mißlang, und ihr Kostüm hält zwangsvoll wieder und schuldbewußt das Gedächtnis an den versäumten Augenblick in der bürgerlichen Gesellschaft fest, der sie als Fluch der verfehlten Zukunft die Urvergangenheit voragieren. Der geisterhafte Charakter des Wanderers ist von Wagner angedeutet, indem der alte Gott in der Menschenwelt entmächtigt bloß noch »umgeht«. Er hat seinen Namen und seinen Ort verloren. So taucht er auf, unvermittelt wie ein Gespenst als Nachbild vergangener Allgegenwart, jäh drohend und, nachdem er einmal erschienen, »sehr langsam immer nur um einen Schritt sich nähernd«. Um seiner Plötzlichkeit willen erregt er Mimes Schrecken, dafür später wie ein absonderliches Relikt Siegfrieds Lachen. Sein Motiv klingt an die Schlafharmonien an, als wäre seine archaische Leibhaftigkeit schattengleich in den Traum verwiesen, nicht anders als am Ende Alberich. Die Enharmonik seiner Akkorde will der Paradoxie zum Gleichnis dienen, mit welcher das Unveränderliche im Schock offenbar wird. Daß aber der Wanderer als Geist des entmächtigten alten Gottes zugleich der der entmächtigten neuen Revolution sei, dafür liegen im Sachgehalt des Rings die Zeichen bereit. Der Wanderer, als bloß Redender, ist aus dem Aktionszusammenhang ausgeschieden; seine Aura rührt her von seiner Stellung außerhalb der Gesellschaft: so wird er zur unmittelbaren Vorform des symbolisch verstummten Zuschauers der Götterdämmerung. Daher gilt aber sein Wissen – die »Vernunft« – dem emsigen Mime – Repräsentanten praktisch-dumm-schlauer Reflexion – für wertlos: »müß'ges Wissen wahren Manche«. Der müßig Umgehende ist der Bettler. »Gaben gönnten viele mir«, sagt er von sich selber, und der geizige Mime wünscht ihn zu verscheuchen mit den Worten »Lungerern laß' ich den Lauf«. »Keiner merkte in dem oft zerlumpten Bettler mehr den lieben Gott.« Im drohenden Bilde des Bettlers ist das des Rebellen bewahrt: als Bittender hat er sich in der Bohème bürgerlich eingerichtet. Daß dies Bild aber in das des Gottes selber hinüberspielt, will zunächst sagen, daß der, welcher als Bettler entmächtigt ist, früher der Gott war, nämlich daß ihm einmal die Chance gehörte, die Welt zu verändern, die er verlor; dann jedoch, daß der Rebell, indem er als Gott erscheint, selber zur Autorität übergegangen ist und die

Welt vertritt, die er hätte verändern sollen. So wird Wotan zum heimelig-unheimlichen Kinderschreck, wie denn der Ring insgesamt als das unmäßige Wiegenlied der bürgerlichen Klasse – mit dem Refrain: »Ruhe, ruhe, du Gott« – sich auffassen läßt. Die sprachliche Landschaft von Kinderversen ist von Wagner selber betreten in der Szene des Wanderers mit Siegfried. Dieser fragt den Umgehenden ähnlich wie Rotkäppchen den Wolf: »Wie sieh'st du denn aus? Was hast du gar für 'nen großen Hut? Warum hängt er dir so in's Gesicht?« Wotans Antwort lautet: »Das ist so Wand'rers Weise, wenn dem Wind entgegen er geht.« Aufzulösen ist die Gemütlichkeit dieser Antwort wie die des Wanderers insgesamt. Sie faltet zweideutig alltägliche bürgerliche Erfahrung und mythische Vorzeit zusammen: nicht umsonst klingt ihre Form an die des Sprichworts als der Vermittlung zwischen Orakel und gesundem Menschenverstand an. Mythisch-verhängnisvoll will Wotans Bescheid über sein wahres Wesen täuschen, das nach den Wandererharmonien die Musik mit dem Walhallmotiv ausplaudert. Zugleich jedoch ist der Orakelbescheid wahr, Wahrheit des Bettlers, aus dessen Erfahrungskreis er stammt. Das sprichworthafte »das ist so« hat seinen Grund in der Anpassung des Armen an den Weltlauf, an das, was von je »so« war, und wovor der Ohnmächtige resigniert. Dies von je Gewesene findet aber seine Entsprechung im Mythos, der den Gott mit unveränderlichen Emblemen bekleidet. Die Weisheit des erfahrenen Bettlers schafft sich die Insignien des vorzeitlichen Gottes: die »praktischen« Kleidungsstücke, in denen der Arme vor der Natur sich schützt, der die Gesellschaft ihn überantwortet, sind auch archaische. Die Gemütlichkeit vollends, in der Bürger und Mythos ineinander sich maskieren, ist seit Shakespeares Jago das wahre Klima des Verrats. Es hat in der Szene des Wanderers mit Siegfried seinen Niederschlag gefunden. Wollte man die »Idee« des Rings in einfachen Worten aussprechen, es ließe sich angeben: daß der Mensch vom blinden Naturzusammenhang, aus dem er selber entspringt, sich emanzipiert und Macht über die Natur gewinnt, um ihr in letzter Instanz dennoch zu erliegen. Die Allegorik des Rings sagt die Einheit von Naturbeherrschung und Naturverfallenheit aus. Dabei ist die Spaltung der Welt in Natur und Individuation das

Signum jener zwischen Autorität und Rebellen. In der Szene des Wanderers mit Siegfried wird die profane Substanz des metaphysischen Dualismus sichtbar. Siegfried sagt: »Alter Frager, hör' einmal auf.« Danach der Wanderer: »Geduld, du Knabe! Dünk' ich dich alt, so sollst du mir Achtung bieten.« Siegfried: »Das wär' nicht übel! So lang' ich lebe stand mir ein Alter im Wege: den hab' ich nun fort gefegt.« Der respektlose Siegfried erringt scheinbar den Sieg. Aber ihn erringen heißt zugleich dem Fluch des Rings verfallen. Die Musik läßt an dieser Intention keinen Zweifel. Zu den letzten Worten des Wanderers: »Zieh hin, ich kann dich nicht halten« ertönt das Motiv der Götterdämmerung. Das Gleichnis von der Naturverfallenheit des naturbeherrschenden Menschen nimmt in der dramatischen Handlung des Rings seinen geschichtlichen Aspekt an: mit dem Sieg des Bürgertums bleibt die »schicksalhafte« Naturwüchsigkeit der Gesellschaft aller partikularen Naturbeherrschung zum Trotz bestehen. Das Unheil ist geschehen in dem Augenblick, in dem die auftrumpfende »Naturwüchsigkeit« als bloßes Produkt und Stigma des ungelenkten gesellschaftlichen Prozesses, als Lakai der wohlweisen Autorität sich enthüllt. Das erst macht die musikalische Geste Wagners als die der Zurücknahme gesellschaftlich voll verständlich.

Der Verrat wohnt der Rebellion selber inne. Es bedurfte nicht erst einer konformistischen Umwendung des späten Wagner gegenüber dem Gehalt seines Aufrührertums: dem Glauben an den Bauern und dem ans Nichts. Man braucht sich nur die Wirkung Bakunins auf ihn zu vergegenwärtigen. Wagner charakterisiert jenen, Newman zufolge: »He cited ... the delight, at once childlike and demoniac, of the Russian people in fire, on which Rostopchin had reckoned in his strategic burning of Moscow«, und Wagner legt den Anarchismus dahin aus, daß nichts notwendig sei als »to set in motion a world-wide movement to convince the Russian peasant – in whom the natural goodness of oppressed human nature had maintained itself in its most childlike form – that the burning of their lords' castles, with everything that was in and about them, was completely right in itself and pleasing in the sight of God; from this there must result the destruction of everything which, rightly considered, must appear, even to the most philosophical thinkers of civilised Europe, the real source of all the misery of the modern world.«[2] Feuerzauber und Bodenständigkeit finden sich dergestalt noch am vorgeschobensten Punkt der Karriere des Politikers Wagner. In der Einleitung zu »Kunst und Revolution« hat er sich mit einiger Sophistik von den konkreten Zielen des Aufstandes distanziert, an dem er teilgenommen hatte: »In die allergrößte Gefahr könnte aber der Verfasser durch seine häufige Anziehung des ›Kommunismus‹ gerathen, wenn er mit diesen vorliegenden Kunstschriften heute in Paris auftreten wollte; denn offenbar stellt er sich, dem ›Egoismus‹ gegenüber, auf die Seite dieser höchst verpönten Kategorie. Ich glaube nun zwar, daß der gewogene deutsche Leser, welchem dieser begriffliche Gegensatz sogleich einleuchten wird, über das Bedenken, ob er mich unter die Parteigänger der neuesten Pariser ›Commune‹ zu stellen habe, ohne besondere Mühe hinauskommen wird. Doch will ich nicht läugnen, daß ich auf diese (den gleichen Feuerbachschen Schriften in demselben Sinne entnommene) Bezeichnung des Gegensatzes des Egoismus' durch Kommunismus, nicht mit der Energie, wie es von mir hier geschehen ist, eingegangen sein würde, wenn mir in diesem Begriffe nicht auch ein sozialpolitisches Ideal als Prinzip aufgegangen wäre, nach welchem ich das ›Volk‹ in dem Sinne der unvergleichlichen Produktivität der vorgeschichtlichen Urgemeinschaftlichkeit auffaßte, und dieses im vollendetsten Maaße als allgemeinschaftliches Wesen der Zukunft wieder hergestellt dachte.«[3] Dabei ist keineswegs der Renegat am Werke, sondern die edle Renegatenphrase spricht bloß zynisch aus, was der rauhe Ton des bürgerlichen Rebellen versteckt. Der Wagnersche Verrat ist ein Stück bürgerlicher Revolution selber. Von deren Kritik enthält paradox genug gerade der Pessimismus des Rings Spuren, indem er ungewollt bekennt, daß der Aufstand des Naturburschen ins naturwüchsige System abermals münde; eine Weisheit, die die ideologischen Nachfahren Wagners und des Wagnerschen Typus von »Erhebung« nur ungern hörten, wenn das wogende Orchester der Götterdämmerung sie überhaupt noch durchließe. Einleuchtend genug, daß Wagner seinen revolutionären Anteil verleugnete fast gleichzeitig mit den revolutionären Ereignissen[4]; einleuchtend auch, daß die offizielle

Wagnerexegese, nach Newmans detailliertem Nachweis, diesen Anteil bewußt und sorgfältig fälschte[5]. Der Konflikt zwischen Rebellion und Gesellschaft ist zugunsten der Gesellschaft vorentschieden. Im Ring wird endlich die Übermacht der Gesellschaft über die Opposition und deren Fungieren für bürgerliche Zwecke als transzendentes Schicksal verklärt. Solche Verklärung entfremdet die weltgeschichtliche Allegorie der realen Geschichte: »Er hatte in ihr nur die bisherige geschichtliche Phase der Weltentwicklung in ihrem notwendigen Untergang, hingegen im Siegfried den von ihm gewollten furchtlos freudigen Menschen der Zukunft darstellen wollen; und bemerkte nun, wie er bei der Ausführung, ja im Grunde schon mit der Anlegung seines Planes unbewußt einer ganz anderen, viel tieferen Anschauung gefolgt war. Nicht eine einzelne Phase der Weltentwicklung, das Wesen der Welt selbst, in allen seinen nur erdenklichen Phasen, hatte er in seiner Dichtung erschaut und in seiner Nichtigkeit erkannt.«[6] Es ist der Schulfall dessen, was Lukács einmal Verflachung durch Tiefe nannte: durch die Nivellierung aufs allgemein Menschliche und dessen »Nichtigkeit« wird das wahre »Wesen«, das selbst geschichtliche Bewegungsgesetz der Gesellschaft verfehlt und die Not einer historischen Periode zum Weltprinzip verdünnt. Dabei prägt diese Not als konkret historische die Träger der Rebellion im Ring nur allzu gründlich. Die Widersacher der Ordnung sind isolierte, jeden echten Mitleids und vollends jeder Solidarität entbehrende Individuen: der Zukunftsmensch Siegfried ist ein Raufbold von verstockter Naivetät, imperialistisch im Habitus, allenfalls mit den fragwürdigen Vorzügen großbürgerlicher Unbefangenheit vor kleinbürgerlicher Beschränktheit. Es gibt bei Wagner kaum humane Kollektivität außer dem vagen »Volk«: werden die Sängerrunde des Tannhäuser, die Sippen Hundings, zu gewissem Maße auch die Zünfte der Meistersinger, herabgesetzt, so ist dafür die glorifizierte Blutsgemeinschaft des Parsifal das Modell der späteren »verschworenen« der Geheimbünde und Führerorden, mit denen der Kreis von Wahnfried selber so viel gemein hat; eine vom trüben Eros und der Tyrannenfurcht zusammengehaltene Clique, terroristisch gereizt gegen alle, die nicht dazu gehören. Als geheimer Polizeichef hat Glasenapp in der großen Biographie förmliche Conduitenlisten sämtlicher je mit Wagner in Berührung gekommenen Personen und Hunde abgefaßt und geht so weit, Nietzsche einen rabulistischen Vorwurf daraus zu machen, daß dieser Wagner für seinen Freund gehalten habe, weil Wagner ihn seinen Freund nannte[7]. Alle Beziehungen sind entstellt, indem sie der Dimension von Herrschaft und Dienst zugeordnet werden, die sich in Begriffe wie Ehrfurcht und Treue maskiert. Bayreuth hat schon Züge einer Nebenregierung, die an den späteren Grundsatz gemahnen, daß die Partei dem Staat befiehlt; sie mögen ebensowohl Wagners Feindseligkeit gegen Bismarck erklären wie den privaten Anspruch auf Ausschließlichkeit, die Ahndung jeder abweichenden Regung als Treubruch. Mitten in der liberalen Kultur soll ein Kulturmonopol errichtet werden: von der Gier danach ist die Kritik am kommerziellen Betrieb des Geistes nicht rein. Die Bayreuther Konzeption ist nach Newmans Aufweis nicht zu sondern von dem Interesse, durch Machenschaften die Konkurrenz der Repertoiretheater abzuschneiden. Der posthume Vorschlag der lex Parsifal plaudert aus, was von Anbeginn dem Willen zur Erneuerung nicht gleichgültig war. Das Sublime sitzt im Wagnerschen Umkreis übers Niedrige desto unbarmherziger zu Gericht, je mehr Grund ist, den Gedanken an das usurpatorische und parasitäre Element im eigenen Klüngel zu ersticken.

Inmitten eines verzerrten Bildes von Gemeinschaft indessen geht der Blick auf, der das echte Antlitz der Gesellschaft erbarmungslos trifft. Noch die mythische Verstrickung der Weltgeschichte im Ring ist nicht bloß Ausdruck der deterministischen Metaphysik, sondern setzt zugleich Kritik an der schlecht determinierten Welt. Die Wagnersche Vorentschiedenheit der Konflikte visiert den Verblendungszusammenhang der bürgerlichen Gesellschaft, der am mächtigsten dort sich bewährt, wo das bürgerliche Bewußtsein zum Selbstbewußtsein sich zu erheben vermeint. Zweimal verblaßt für Siegfried seine Liebe zu Brünnhilde in eben dem Augenblick, in dem er ihren Namen ausspricht. Die wissende Brünnhilde schlägt trotz ihres Wissens die Warnung Waltrautes in den Wind und Siegfried die der Rheintöchter: fast scheint es, als sei im Rebellenpaar der mächtigste Drang der zur Selbstvernichtung, der Tristan und Isolde aus der Welt des Tages fortzieht, die jene zu beherrschen sich anschicken. Hier genau bricht in Wagners Abfall die Kritik an der bürgerlichen Revolution durch. Aus dem Verblendungszusammenhang der Gesellschaft ist ihm zufolge so lange kein Ausweg, wie am Privateigentum festgehalten wird; im Zeichen des Privateigentums ist die subjektive Lust – »Minne« – und die objektive organisierte Reproduktion des gesellschaftlichen Lebens unversöhnlich. »Macht«, der Wagnersche Gegensatz zur Minne, heißt im Rheingold nichts anderes als die Verfügungsgewalt über fremde Arbeit, freilich mit der Nuance der Diffamierung allein des »raffenden« Kapitals. Wenn die Rheintöchter Siegfried die letzte Chance bieten, so hält er ihnen als letztes Schiboleth die Formel des privaten Besitzes entgegen: die von ihm den Ring fordern, dessen Preisgabe ihn rettete mit der Welt, müssen von ihm vernehmen: »Verzehrt ich an euch mein Gut, deß' zürnte mir wohl mein Weib.« Als sie danach seine Bürgerlichkeit verlachen und ihm drohen, stellt der Verblendungszusammenhang dem sich wieder her, der das Fürchten nicht gelernt hat in einer Welt, in der alles zu fürchten ist. Bei Wagner träumt das Bürgertum den eigenen Untergang als einzige Rettung, ohne doch von Rettung mehr zu gewahren als bloß den Untergang. Die Revolution wird von Wotan, gegenüber der verdinglichten bürgerlichen Welt und Fricka als dem Anwalt ihrer Moral, das genannt, »was von selbst sich fügt«; das organische Leben aber, das damit als Korrektiv aufgerufen ist, bleibt ziellos in sich verschlungen. Von selber fügt sich allein die Fügung des Schicksals. An diese verliert im Ring die Menschheit ihre Hoffnung.

X

Wagners Pessimismus ist die Haltung des übergelaufenen Rebellen. Von der Rebellion hält er die Einsicht in die schlechte Beschaffenheit »der« Welt fest, nach dem Modell der schlechten gegenwärtigen, und in die zwangvolle Reproduktion ihrer schlechten Beschaffenheit. Abtrünnig wird er der Rebellion in eben der Erhöhung dieses Prozesses zum totalen und metaphysischen Prinzip. Als ewig und unaufhebbar spottet es aller Versuche zu seiner Veränderung und nimmt den Widerschein der Würde an, die es dem Menschen vorenthält. Das metaphysische Prinzip der Sinnlosigkeit ist als Sinn des sinnlosen empirischen Daseins hypostasiert, nicht anders als später in den Anfängen der deutschen Existentialphilosophie. Vor dem Gegensatz zwischen Individualinteresse und totalem Lebensprozeß wird die Flagge gestrichen und die Kapitulation als Staatsakt gefeiert. Wohl hat der imperiale Idealismus der Kraft sich begeben, den unausrottbaren bürgerlichen Gegensatz zu »versöhnen«, und Kritik läßt diesen kahl hervortreten. Aber wie auf die trügende Versöhnung wird auf den Aspekt der Beseitigung des Widerspruchs verzichtet und dieser trugvoll wiederum zum Weltgrund gemacht. Die »ewige Gerechtigkeit«, schon bei Schopenhauer von bedenklicher Art, da sie im Reich der »Vorstellung«, also in der Welt, bestritten, zugleich aber im Reich des Willens festgehalten wird, wobei sie kein anderes Maß hat als die Konstanz des Leidens und den teuflischen Glauben, es sei alles, was existiert, schlecht genug, um zu verdienen, was ihm widerfährt[1] – diese ewige Gerechtigkeit verzerrt sich bei Wagner vollends zur Devotion vor einem Schicksal, das die Freiheit nicht einmal mehr korrektiv dem Ding an sich überläßt, sondern grob zur Farce degradiert. Wenn Wotan sich, den Willen zum Leben, verneint: »Auf geb' ich mein Werk; nur Eines will ich noch: das Ende, das Ende!«, so ist auch die Selbstverneinung des Willens, in striktem Gegensatz zu Schopenhauer, kein Akt der Freiheit mehr. Freiheit, wäre es auch bloß als »negative Bestimmung« in Schopenhauers Sinn, hat bei Wagner keine Stätte. Wotans Umwendung des Willens fällt in einen deterministischen Weltplan, der metaphysisch von Erda und den Nornen, empirisch von den gesellschaftlichen Verträgen illustriert wird: »Der durch Verträge ich Herr, den Verträgen bin ich nun Knecht.« Seine Entsagung führt nicht sowohl aus der Verstrickung der Welt heraus als um so tiefer in diese hinein mit Siegfrieds Tod. Spricht Schopenhauer dem Leben als blindem Spiel des Willens sein Urteil, so beugt Wagner diesem Spiel sich gehorsam und betet es an als unbegreiflich erhabene Natur. Das erlaubt ihm die vielberufene »positive« Wendung gegen Schopenhauer in der bereits völkisch akzentuierten Regenerationslehre, die übrigens dazu beitrug, Nietzsche von Schopenhauer zu entfernen[2]. Der bloße Drang wird zum Gebot der heiligen und mütterlichen Erde magisiert. Was immer der Ring an Opposition gegen diese kennt, bleibt chthonisch selber und ohnmächtig. Die altertümelnden Naturklänge des Themenkomplexes von Erda und der Götterdämmerung treten bestätigend an Stelle der »Umwendung« und werden zu einem »Quietiv«, sehr verschieden von dem Schopenhauerschen. In Wahrheit ist bei Wagner nicht der Wille verneint, sondern dessen Objektivation in der Vorstellung. Der Wille selbst, das Wesen des ungelenkten gesellschaftlichen Prozesses, bleibt fügsam-bewundernd hingenommen. Das Individuum dann akzeptiert die eigene Vernichtung gläubig als Werk jenes Willens, der sich nicht länger sich selber als Natur entgegensetzt, sondern unartikuliert kreist: jedes konkrete Maß zur Kritik des Daseienden verflüchtigt sich. Das ist aber möglich nur, indem die Verneinung des Willens ganz umgebogen wird. Bei Wagner wird überhaupt nicht länger das natürliche Gesetz im Individuum »umgewendet«: es wird vom Individuum bloß noch vollzogen. Dabei gerät Wagner folgerecht in ausdrücklichen Widerspruch zu Schopenhauer. Bei diesem ist die Umwendung des Willens zum Leben gleichbedeutend mit dem sich ihrer selbst bewußt Werden der Vorstellung. Diese begibt sich des eigenen Willens zum Leben, in der Erkenntnis des Unrechts, das der Wille unausweichlich mit sich führt, und durchbricht den Kreislauf des blinden Schicksals – Schopenhauer spricht von einem Kreis aus glühenden Kohlen, aus dem es herauszutreten gelte – mit der Hoffnung, daß in der Nachfolge solchen Verhaltens die erbsündige Welt selber zur Ruhe komme. Das erste Erfordernis der Entsagung ist ihm die sexuelle Askese. Ihr Postulat hat Wagner zwar im Parsifal sich zu eigen gemacht, aber nur um es durch den weltlichen Glanz von Gralsgemeinschaft und Gralsrittertum nach Schopenhauerschen Begriffen aufs schwerste zu kompromittieren. Im Ring jedoch und im Tristan wird das asketische Ideal mit dem Geschlechtsdrang selber konfundiert. Triebbefriedigung und Verneinung des Willens zum Leben vermengen sich im Rausch, in jenem »lachenden Tod« Siegfrieds und Brünnhildes, in der Nacht der Liebe, die Vergessen ans Leben gewähren soll: »Nimm mich auf in deinen Schooß, löse von der Welt mich los!« Wenn endlich Tristan die Minne verflucht, so gilt der Fluch der unstillbaren Sehnsucht der Individuation, die »gestillt« werden kann in der Ruhe des Todes wie in der Lust. Nimmt für Wagner die Lust das Bild von Zerstörung und Tod an, so wird im Spiegel des Werkes dafür der Tod als »höchste Lust« und höchstes Gut angepriesen. Schon macht Glanz für den Tod Reklame. Das Leiden, das bei Schopenhauer gerade in seiner Armseligkeit als »bloße Erscheinung« mit ganzem Ernst erscheint, wird bagatellisiert durch seine Größe; als materielles ist es bei Wagner allein noch der stummen Kreatur: dem Schwan des Parsifal vorbehalten. Der Tierschutz wird sentimental, sobald Mitleid den Menschen den Rücken kehrt. Sonst verdünnt sich Leiden, wann immer es überhaupt begegnet, zum bloßen Symbol für das unstillbare Sehnen des Willens selber. Jene siechen, bleichen Helden Wagners, Tannhäuser, der Tristan des dritten Aktes, Amfortas, sind solche Symbole, und noch ihre Blässe ist mehr die Schutzfarbe des verzehrenden unendlichen Dranges als das Anzeichen der endlichen Qual menschlichen Elends. Von der Wirklichkeit der »Hölle«, als welche Schopenhauer die Welt als Vorstellung dachte[3], bleibt nichts übrig. Viele der Wagnerschen Helden sterben ohne physischen Schmerz, ja überhaupt ohne andere Begründung als die der Idee: Tannhäuser, Elisabeth, Elsa, Isolde, Kundry. Siegfrieds Tod steht im Zeichen dessen, daß er »die Augen glanzvoll aufschlägt« und sterbend zum Bewußtsein Brünnhildes erwacht; Brünnhildes Witwenverbrennung vollends ist eine indisch-arische Ostentation. Trotz allem Tierschutz mutet sie sogar ihrem Roß zu, freudig zu wiehern, wenn es ins Feuer springen muß. Angst wird verdrängt und zur Komik; nur der Untermensch Mime darf »au, au« schreien, wenn er geprügelt wird. Im Blendlicht des spekulativen Todes hat das Mitleid keinen Unterschlupf, und denen wird es versagt, die den Anspruch darauf anmelden. An seine Stelle tritt die Entlastung der dramatischen Personen durch den totalen Determinismus. Mit Liebes- und Vergessenstrank werden Tristan und Siegfried gewissermaßen ihrer bürgerlichen Verantwortung entzogen, der der Bürger Wagner grundsätzlich sich entzieht. Er findet mit der Ohnmacht des Individuums im Mechanismus der bestehenden Welt bewußt-unbewußt sich ab. Der Sprung zwischen dem als frei sich erfahrenden Einzelnen und der Totalität der Notwendigkeit, in die er eingespannt ist, soll durch den Zauber überbrückt, aber auch definitiv werden, und die ästhetische Insuffizienz – die Übermotivation der natürlichen Handlung – dient dem akzeptierten Antagonismus zum Ausdruck. Die Entlastung des Individuums hat ihre ideologische Funktion: weil es unfrei ist, darf es alles, was es will, da es ja sub specie aeterni nichts wollen kann, und die Totalität der bürgerlichen Norm rechtfertigt ihre eigene Durchbrechung, ohne daß die moralische Integrität der Lichtgestalten versehrt erschiene. Wenn »liberale« Bürger, unter ihnen der alte Schopenhauer selbst, sich über den Ehebruch Siegmunds und Tristans empörten, so ist dabei nicht bloß Muckerei am Werke, sondern zugleich die sichere Erkenntnis, daß der Wagnersche Schein der Freiheit das Ideal der bürgerlichen in sein Gegenbild verkehrt. Frei ist hier, im Zeichen vorgeblich höherer Notwendigkeit, der Stärkere, der dem Schwächeren seinen Besitz wegnimmt. Insofern ist selbst der Bürgerspott über König Marke nicht ganz töricht: dessen Verstehen und Verzeihen, aufgezäumt als abgeklärte Entsagung und Überlegenheit über engherziges Besitzertum, impliziert in Wahrheit die Resignation des Liberalen vor moderneren Methoden und verklärt die Gewalt durch weises Staunen: Marke ist der Urvater des Appeasement. Die Lehre, daß die Welt an sich schlecht sei, schlägt der Welt, wie sie ist, allenthalben zum Segen aus. Wagner, der späte Bürger, ähnelt dem frühen sich an; jenem Hobbes, den Schopenhauer so gern zitiert.

In der Glorifizierung des Todes als Rausch ist freilich Wagners Abweichung von seinem philosophischen Kanon Schopenhauer nicht so radikal, wie man meinen könnte. Wie immer auch dieser den Übergang ins Nirwana asketisch denkt: rauschhafte Züge sind ihm nicht fremd: »Würde dennoch schlechterdings darauf bestanden, von Dem, was die Philosophie nur negativ, als Verneinung des Willens, ausdrücken kann, irgendwie eine positive Erkenntniß zu erlangen; so bliebe uns nichts übrig, als auf den Zustand zu verweisen, den alle Die, welche zur vollkommenen Verneinung des Willens gelangt sind, erfahren haben, und den man mit den Namen Ekstase, Entrückung, Erleuchtung, Vereinigung mit Gott usw. bezeichnet hat; welcher Zustand aber nicht eigentlich Erkenntniß zu nennen ist, weil er nicht mehr die Form von Subjekt und Objekt hat, und auch übrigens nur der eigenen, nicht weiter mittheilbaren Erfahrung zugänglich ist.«[4] Hier tritt Schopenhauer in Gegensatz zur eigenen Grundthese, die lautet: »Jener aber, der, das principium individuationis durchschauend, das Wesen der Dinge an sich und dadurch das Ganze erkennt, ist solchen Trostes nicht mehr empfänglich: er sieht sich an allen Stellen zugleich, und tritt heraus. – Sein Wille wendet sich, bejaht nicht mehr sein eigenes, sich in der Erscheinung spiegelndes Wesen, sondern verneint es.«[5] Anstelle des durchschauenden Selbstbewußtseins des Willens in dessen höchster Objektivation installiert sich aufs neue das Unbewußte, der Rausch und jene Art von unio mystica, die in Wagners Werk billig feilgeboten wird. Es meldet schon bei Schopenhauer die Maskierung des Todes als Erlösung und der aufgeblähte Begriff des »Welterlösenden«[6] sich an, der bei Wagner die ideologische Höhe des gesamten Werkes ausmacht. In Schopenhauer beruht das ψεῦδος darin, daß der individuellen Umwendung des Willens gelegentlich eine Macht über diesen als Ding an sich zugesprochen wird, die ihm der Schopenhauerschen Grundauffassung zufolge eben nicht zukommt: die individuelle Lebensverneinung müßte dem Schopenhauerschen Willen völlig gleichgültig sein, und er müßte nach dem principium individuationis immer neues Leiden produzieren, ohne Rücksicht auf die Praxis der Heiligen. Mit dem Begriff der Welterlösung wird von der partikularen Reflexion, dem Selbstbewußtsein des Individuums, ein spekulativ-substantielles Prinzip erschlichen, gar nicht viel anders, als Schopenhauer es Hegel immer wieder vorwirft. Dieser Erlösungsbegriff, in der Indifferenz des Bewußten gegen das Unbewußte produziert, denkt dann bei Wagner die ideologische Tendenz des Pessimismus zu Ende. Unterm Namen Erlösung wird die Negativität und die Negation der bürgerlichen Welt unterschiedslos für positiv ausgegeben. Der Weltuntergang am Ende des Rings ist zugleich ein Happy-End. Er bequemt sich dem Schema von Tod und Verklärung an, das in der Phraseologie der Todesanzeigen, Zeitungsnachrufe und Grabinschriften seinen Warencharakter enthüllt: noch die Unausdenkbarkeit des Todes wird zum Mittel, das schlechte Leben zu vergolden. Der Kategorie der Erlösung, der ihr theologischer Sinn entzogen ist, wird Trostfunktion zugeschrieben, ohne daß ihr irgend fester Inhalt mehr zukommt: es ist der Heimgang ohne Heimat, die ewige Ruhe ohne Ewigkeit, das Trugbild des Friedens ohne Substrat dessen, der am Frieden teilhätte. Auch über den Tod meldet das verdinglichte Leben seine Herrschaft an, indem es den Toten das Glück zuspricht, das es den Lebenden verweigert, dafür aber die Existenz als Besitz sich selber vorbehält, ohne die der Name solchen Glückes Lüge bleibt und Gemeinheit. Fast könnte man sagen, daß im Namen der Erlösung die Toten nochmals ums Leben betrogen werden. Der Schluß der Götterdämmerung und der von Gounods Wagner mit Recht verhaßtem Faust, wo Gretchen als Christengel über die Dächer der deutschen Mittelstadt schwebt, sind im Grunde nicht gar so verschieden: das Kolossalgemälde hat sein Muster im Postkartenrosa am Ende des Holländers und der Holländerouvertüre, mit dem es sich in den der Kirchenmusik abgeborgten plagalen Effekt teilt. Die Wagnersche Erlösung – ihr bengalisches Licht waltet vollends in zahllosen Schlüssen bei Liszt und dann in der Salonmusik – ist die letzte Phantasmagorie. Anstelle der Transzendenz setzt sie das Trugbild des fortlebenden, aufschwebenden Subjekts, das flüchtig entspringt im Augenblick von dessen Vernichtung. Nichts könnte mit der scheinhaften Versöhnung versöhnen als einzig ihre vollkommene Scheinhaftigkeit, der Zug von Glücksversprechen im äußersten Widersinn, in Kolportage und Zirkusapotheose. In der innersten Zelle der Erlösungskonstruktion wohnt das Nichts. Auch sie ist leer. Blendwerk ist Wagners Phantasmagorie als Erscheinung des Nichtigen. Das definiert den Wagnerschen Stilwillen, die Anstrengung, aus bloßer Subjektivität ein dieser verpflichtend übergeordnetes Wesen aufgehen zu lassen, wie wenn sie darin nicht nur sich selber spiegelte. So wird er zu einem der Inauguratoren des Jugendstils, verwandt seinem dem Bekenntnis nach so anders gearteten Zeitgenossen Ibsen. Den ohnmächtigen und darum hohlen Symbolen des unergreifbaren Sinnes, dem Tod mit Weinlaub im Haar, dem zwecklosen Turm des Baumeisters Solness ähnelt seine Bilderwelt. Wie die Ibsens ist sie vom Schlage der Chimären. Das Nichtige selber nimmt in seinem Werk Figur an: »Wo ich erwacht – weilt' ich nicht: doch, wo ich weilte, das kann ich dir nicht sagen. Die Sonne sah ich nicht, noch sah ich Land und Leute: doch, was ich sah, das kann ich dir nicht sagen. Ich war, wo ich von je gewesen, wohin auf je ich geh': im weiten Reich der Weltennacht.« Von der Auflösung solcher Figuren hängt endlich die Frage nach dem Wagnerschen Nihilismus selber ab.

Mag immer die Erhebung des Nichts zum Etwas in Wagners Werk zuvor eine Haltung anzeigen, welche die Identifikation mit der verstümmelnden Macht bis ins Extrem, bis in die Würdigung des eigenen Untergangs treibt: der Schopenhauersche Standpunkt, der »wenn er für uns möglich wäre ... die Zeichen vertauschen lassen, und das für uns Seiende als das Nichts und jenes Nichts als das Seiende zeigen«[7] würde, enträt nicht des systematischen Grundes. Es ist der, »daß der Begriff des Nichts wesentlich relativ ist und immer sich nur auf ein bestimmtes Etwas bezieht, welches er negirt«[8]. Die alte Kontroverse über das absolute, das nihil negativum, und das relative, das nihil privativum, hat Schopenhauer zugunsten des letzteren entschieden. Ihm ist wie seinem Antipoden Hegel das Nichts nur ein Moment in der Bewegung des Seins, das das Ganze ist. Etwas davon ist in Wagner gegenwärtig. Die Figuren des Nichts sind nicht bloß Versuche, den leeren Abgrund zuzuschmücken; sie versuchen zugleich, in der Bestimmung des Nichts spekulativ der Grenze habhaft zu werden, die dieses zum Etwas bildet, und im Zeichen der Negativität ein Entrinnendes zu entwerfen. Das »wie schwand mir seine Ahnung« Tristans, das die Ahnung des

Nichts als eine vom Etwas ausdrückt, hält den Augenblick fest, in dem die vollkommene Negativität im Umriß der eigenen Bestimmung die Chimäre der Utopie beschließt. Es ist der Augenblick des Erwachens. Jene Stelle zu Beginn des dritten Aktes Tristan, da das Horn im Orchester gleichwie über die Grenze von Nichts und Etwas hinweg das Echo der traurigen Hirtenweise auffängt, wenn Tristan sich regt – jene Stelle, die leben wird so lange, wie die Grunderfahrungen des bürgerlichen Zeitalters von Menschen werden vollzogen werden können –, und die andere der Erweckung Brünnhildes sind im Werk Spuren jenes Erwachens, ohne dessen Begriff der des Nichts selber, so möchte Wagners Musik bedeuten, nicht könnte gedacht werden. Ist Mitleid dem Tier vorbehalten, so begleitet das Tier diesen Augenblick: Brünnhildes Pferd scheint als Überlebender der Vorzeit ins wache Jetzt hinüberzuleiten; der Vorzeit, die, Schopenhauer zufolge, ganz und gar das Nichts ist. Wenn Wagner nihilistisch Geschichte in Natur zurückruft, so ist es doch wiederum auch Natur, jenes Ganze, dem das Nichts als dialektisches Teilmoment zugehört, die dem Nichts die Grenze setzt. Kein Nichts wird in Wagner vorgestellt, das nicht die überlebende Natur verhieße. Als deren Zeichen tragen die Rheintöchter jubelnd den zurückgewonnenen Ring heim in die Tiefe. Am Bild der Tiefe aber gewinnt die Wagnersche Figur des Nichts ihre Bestimmung. In den letzten Jahren seines Lebens hat seine Betrachtung insistierend den Zwischenwesen der Tiefe, den widerscheinenden, nichtigen und hoffnungsarmen gegolten; den Blumenmädchen, der Goetheschen Mignon, den Undinen, den Seelenlosen, denen er unmittelbar vor seinem Tode Cosima verglich. Sie sind die Boten des Nichts ans Etwas, und sie will ihrer tiefsten Absicht zufolge seine Musik erretten. In der Dresdner Zeit ist Wagner dem Dichter und Maler Robert Reinick befreundet gewesen. Vielleicht hat er dessen Märchen »Die Schilfinsel« gekannt, welches darstellt, wie ein Fischermädchen, des vielbedeutenden Namens Hella, dem Bann einer bodenlosen Insel und ihrer kindlichen Bewohner verfällt, von deren Liedern sie nicht loskommt, um endlich zu versinken, da sie eines von einem Felsen im See der Dorfgesellschaft am Ufer vorsingt. Die Verse dieses Liedes lauten: »'s ist Zeit, 's ist Zeit, ins Wasser schnell! Auf

Erden wird's dunkel, im Wasser hell!« Unternimmt es Wagners Musik, im depraviert allegorischen Motivschatz seines Zeitalters die Botschaft des Nichtigen zu entziffern, so wird der Umriß des Nichtigen utopisch als Gegensatz zu dem des eigenen Zeitalters. Auf Erden wird's dunkel, im Wasser hell: Haß und Traum des Wagnerschen Werkes schießen in diesem pythischen Bescheid zusammen, und in den Schlußversen des Rheingold tönt echogleich, was der Ring als das leuchtende Nachbild der großen Systeme am letzten in diesen finden konnte: die widersinnige, arme, hoffnungslose und einzige Hoffnung, die das Nichts den Verstrickten entbietet: »Rheingold! Rheingold! reines Gold! O leuchtete noch in der Tiefe dein laut'rer Tand! Traulich und treu ist's nur in der Tiefe, falsch und feig ist, was dort oben sich freut!« Diese Tiefe, als Refugium, birgt zugleich alles, was das Werk, »falsch und feig«, verriet. Ist in der schlechten Unendlichkeit der ziellos sich reproduzierenden Gesellschaft das Bild der Natur entstellt und in das des Nichts gedrängt als der einzigen Lücke in der totalen Gefangenschaft, so wird dies Nichts zum Etwas im Namen der Hölle, die gegen die trugvolle Geschlossenheit des Systems von Werk und Gesellschaft sich mobilisiert. Über das System, über seine Verklärung und noch die seines Untergangs ergeht das Urteil im zweiten Akt der Walküre, der wahrhaft des terroristischen Gottes bedarf, daß nicht das Werk die Schicksalshörigkeit kündige. Nicht Siegfried, nur Siegmund, der ohne Hoffnung Sterbende, hält dem Traum von Freiheit die Treue. Er versagt sich dem heroischen Ideal, das er doch besser vertritt als die wohlbestallten Helden, die gesiegt schon haben, ehe sie kämpfen; er weigert sich, nach Walhall zu folgen, wenn das Absolute ihm das Glück der Individuation rauben will, das Wagner mit Schopenhauer verleumdet: »Muß ich denn fallen, nicht fahr' ich nach Walhall: Hella halte mich fest!«; die Hölle, das Reich Alberichs, der Walhall zu stürmen vorhat. Hier allein geschieht diesem virtuell Gerechtigkeit; hier allein wohnt diese in Wagners Werk; nicht die »ewige« Schopenhauers, sondern die, welche aus dem Kreis der glühenden Kohlen nicht bloß heraus, vielmehr wahrhaft hervortritt; die Gerechtigkeit, mit der die Geschichte beginnt und die den bewußtlosen Mythos als Vorgeschichte abschafft.

Das Wagnersche Werk legt Zeugnis ab von der Frühzeit des bürgerlichen Verfalls. Sein Zerstörungsdrang nimmt im Gleichnis den der Gesellschaft vorweg; in diesem Sinn und freilich keinem biologischen ist Nietzsches Kritik an der Wagnerschen décadence legitim. Wenn aber die verfallende Gesellschaft in sich die Möglichkeiten der anderen entwickelt, die einmal vielleicht an ihre Stelle tritt, dann hat Nietzsche, ganz wie nach ihm die russische Despotie des zwanzigsten Jahrhunderts, die Kräfte verkannt, die mit der Frühzeit des bürgerlichen Verfalls frei werden. Kein Verfallsmoment in Wagners Werk, dem nicht die Produktivität Momente des Werdenden hätte abzuzwingen vermocht. Die Schwächung jener Monade, die der Monadensituation nicht mehr gewachsen ist, und die sich daher passiv sinkend dem Druck der Totalität überläßt, hat nicht bloß repräsentative Geltung für eine todgeweihte Gesellschaft, sondern löst zugleich, was in der Monade zuvor sich verhärtete, und machte diese wahrhaft bloß zu der »Erscheinung«, als welche sie in Schopenhauer gedacht ist. In die erweichte Vereinzelung des Wagnerschen Werkes wandert mehr vom gesellschaftlichen Prozeß ein als je in ästhetische Subjekte, die der Gesellschaft gewachsener sich zeigten und daher verschlossener ihr sich entgegensetzten. Noch die masochistische Preisgabe des Ichs ist mehr als nur masochistich. Wohl überantwortet Subjektivität ihr Glück dem Tod; aber eben damit geht ihr die Ahnung davon auf, daß sie nicht vollends sich selber gehört. Die Monade ist »krank«, zu ohnmächtig im Mechanismus, um ihr eigenes Prinzip, das der Vereinzelung, noch durchzusetzen und bei sich auszuharren. So gibt sie sich preis. Ihre Preisgabe jedoch verhilft nicht bloß der schlechten Gesellschaft zum Sieg über ihren Protest, sondern durchschlägt schließlich den Grund der schlechten Vereinzelung selber. In der Liebe sterben: das heißt auch, der Grenze gewahr werden, die der Eigentumsordnung am Menschen selber gesetzt ist: erfahren, daß der Anspruch der Lust, wäre er jemals zu Ende gedacht, eben jene autonome, sich zugehörende und ihr eigenes Leben zum Ding erniedrigende Person sprengen würde, die verblendet glaubt, im Besitz ihrer selbst Lust zu finden, und der dieser Besitz Lust gerade entzieht. Wohl verweigert Siegfried geizig den Rheintöchtern den Ring; aber indem er den Kreis der Verblendung schließt, findet er die Geste, die Erdscholle hinter sich zu werfen als das individuelle Leben, das der nicht mehr halten muß, dem es einmal hielt, was es versprach. Daher ist Wagners Werk nicht nur der willige Prophet und beflissene Büttel von Imperialismus und spätbürgerlichem Terror: er verfügt zugleich über die Kraft der Neurose, dem eigenen Verfall ins Auge zu sehen und ihn zu transzendieren im Bilde, das dem saugenden Blick standhält. Wohl könnte man fragen, ob das Nietzschesche Desiderat der Gesundheit mehr taugt als das kritische Bewußtsein, das die grandiose Schwäche Wagners im Umgang mit den unbewußten Mächten des eigenen Zerfalls gewinnt. Er wird als Stürzender seiner selbst mächtig. Sein Bewußtsein schult sich in der Nacht, die das Bewußtsein zu verschlingen droht. Der Imperialist träumt die Katastrophe des Imperialismus; der bürgerliche Nihilist durchschaut den Nihilismus der Epoche nach ihm. Am Schluß der späten Schrift »Religion und Kunst« heißt es, daß »die fortschreitende Kriegskunst immer mehr, von den Triebfedern moralischer Kräfte ab, sich auf die Ausbildung mechanischer Kräfte hinwendet: hier werden die rohesten Kräfte der niedrigen Naturgewalten in ein künstliches Spiel gesetzt, in welches, trotz aller Mathematik und Arithmetik, der blinde Wille, in seiner Weise einmal mit elementarischer Macht losbrechend, sich einmischen könnte. Bereits bieten uns die gepanzerten Monitors, gegen welche sich das stolze herrliche Segelschiff nicht mehr behaupten kann, einen gespenstisch grausenhaften Anblick: stumm ergebene Menschen, die aber gar nicht mehr wie Menschen aussehen, bedienen diese Ungeheuer, und selbst aus der entsetzlichen Heizkammer werden sie nicht mehr desertiren: aber wie in der Natur alles seinen zerstörenden Feind hat, so bildet auch die Kunst im Meere Torpedo's, und überall sonst Dynamit-Patronen u. dgl. Man sollte glauben, dieses Alles, mit Kunst, Wissenschaft, Tapferkeit und Ehrenpunkt, Leben und Habe, könnte einmal durch ein unberechenbares Versehen in die Luft fliegen.«[9] Davon weiß aber Wagners Musik mehr als das Wort. Umschlagend wird die Geleiterin des Unbewußten zur ersten bewußten: zur ersten, über die Erkenntnis gebietet, und die von der Erkenntnis eingesetzt werden kann zu ihren Zwekken. Trotz allem hat Wagner nicht ohne Recht lieber dem Traumdeuter als dem Träumenden sich verglichen. Aber nur der vermag den Traum zu deuten, der schwach und stark genug ist, ihm ohne Reservat sich auszuliefern. Tristan kennt nicht bloß die Rauschmusik von Traum und Tod, nicht bloß die Lust des Unbewußten, die in der Tat »kein Büßen noch gekühlt«, weil sie als unfreie und unbewußte Lust so unerreichbar ist wie das Glück in Schopenhauers Philosophie, und die darum in Buße sich verstellt. Die Fieberpartien des dritten Aktes Tristan enthalten jene schwarze, schroffe, gezackte Musik, die nicht sowohl die Vision untermalt als demaskiert. Musik, die zauberischste aller Künste, lernt den Zauber brechen, den sie selber um alle ihre Gestalten legt. Die Verfluchung der Minne durch Tristan ist mehr als das ohnmächtige Opfer des Rausches an die Askese: sie ist die sei's auch ganz vergebliche Auflehnung der Musik gegen den eigenen Schicksalszwang, und erst im Angesicht ihrer totalen Determination durch jenen gewinnt sie die Selbstbesinnung wieder. Mit Grund stehen jene Figuren der Tristanpartitur nach den Worten »der furchtbare Trank« an der Schwelle der Neuen Musik, in deren erstem kanonischen Werk, Schönbergs fis-moll Quartett, die Worte erscheinen: »Nimm mir die Liebe, gib mir dein Glück!« Sie sagen, daß Liebe und Glück falsch sind in der Welt, in der wir leben, und daß alle Gewalt der Liebe übergegangen ist an ihr Gegenteil. Wer es aber vermöchte, den übertäubenden Wogen des Wagnerschen Orchesters solches Metall zu entreißen, dem vermöchte sein veränderter Klang zu dem Trost zu verhelfen, den es trotz Rausch und Phantasmagorie beharrlich verweigert. Indem es die Angst des hilflosen Menschen ausspricht, könnte es den Hilflosen, wie immer schwach und verstellt, Hilfe bedeuten, und aufs neue versprechen, was der uralte Einspruch der Musik versprach: Ohne Angst Leben.

Nachweise

Kapitel I

1 Vgl. Max Horkheimer, Egoismus und Freiheitsbewegung, in: Zeitschrift für Sozialforschung 5 (1936), S. 161 ff.
2 Ernest Newman, The Life of Richard Wagner, Bd. 1, London 1933, S. 18.
3 Vgl. Newman, a. a. O., Bd. 1, S. 135 ff., insbesondere S. 137.
4 Vgl. Briefwechsel zwischen Wagner und Liszt, Bd. 1, Leipzig 1887, S. 25.
5 a. a. O., S. 20.
6 a. a. O., S. 23.
7 Carl Fr. Glasenapp, Das Leben Richard Wagners, Bd. 6, Leipzig 1911, S. 764.
8 a. a. O., S. 771.
9 a. a. O., S. 500–502.
10 Richard Wagner, Mein Leben, Bd. 1, München 1911, S. 54; vgl. Newman, a. a. O., Bd. 1, S. 87.
11 Kurt Hildebrandt, Wagner und Nietzsche, Breslau 1924, S. 291.
12 a. a. O., S. 344.
13 Wagner, Gesammelte Schriften und Dichtungen, 2. Aufl., Leipzig 1888, Bd. 5, S. 71.
14 Newman, a. a. O., Bd. 2, London 1937, S. 321.
15 Wagner, Gesammelte Schriften und Dichtungen, a. a. O., Bd. 5, S. 67.
16 Vgl. Glasenapp, a. a. O., Bd. 6, S. 551.
17 Wagner, Gesammelte Schriften und Dichtungen, a. a. O., Bd. 5, S. 85.
18 Glasenapp, a. a. O., Bd. 6, S. 435.

Kapitel II

1 Thomas Mann, Leiden und Größe Richard Wagners, in: Adel des Geistes, Stockholm 1948, S. 402.
2 Hildebrandt, a. a. O., S. 9.
3 Alfred Lorenz, Das Geheimnis der Form bei Richard Wagner, Bd. 1: Der musikalische Aufbau des Bühnenfestspieles Der Ring des Nibelungen, Berlin 1924, S. 10.
4 a. a. O., S. 292.
5 Vgl. Paul Bekker, Wagner. Das Leben im Werke, Berlin, Leipzig 1924, S. 130.
6 Lorenz, a. a. O., Bd. 3: Der musikalische Aufbau von Richard Wagners »Die Meistersinger von Nürnberg«, Berlin 1931, S. 10.
7 Lorenz, a. a. O., Bd. 1, S. 75.

Kapitel III

1 Vgl. Lorenz, a. a. O., Bd. 1, S. 66, und Ernst Kurth, Romantische Harmonik und ihre Krise in Wagners »Tristan«, 3. Aufl., Berlin 1923, S. 260 und S. 456.

Kapitel IV

1 Vgl. Kurth, a. a. O., S. 297 f.
2 Vgl. a. a. O., S. 302 f.
3 Vgl. a. a. O., S. 308 (Anm.) und S. 311.
4 Wagner, Brief vom 29. 10. 1859 an Mathilde Wesendonk; zitiert Kurth, a. a. O., S. 454 (Anm.).

Kapitel V

1 Wagner, Gesammelte Schriften und Dichtungen, a. a. O., Bd. 7, S. 122.
2 Lohengrin, kleine Partitur, ed. Breitkopf und Härtel, Leipzig 1906, S. 55 f.
3 a. a. O., S. 55.
4 Franz Schreker, Meine musikdramatische Idee, neu abgedruckt in: H. H. Stuckenschmidt, Neue Musik, Berlin 1951, S. 357.
5 Arthur Schopenhauer, Sämmtliche Werke (Großherzog Wilhelm Ernst Ausgabe), Bd. 1: Die Welt als Wille und Vorstellung I, Leipzig o. J., S. 431.
6 Carl Fr. Glasenapp und Heinrich von Stein, Wagner-Lexikon, Stuttgart 1883, S. 30.

Kapitel VI

1 Bekker, a. a. O., S. 128.
2 Hildebrandt, a. a. O., S. 377.
3 Zitiert bei Hildebrandt, a. a. O., S. 440.
4 Wagner, Gesammelte Schriften und Dichtungen, a. a. O., Bd. 10, S. 119 f.

Kapitel VII

1 Wagner, Gesammelte Schriften und Dichtungen, a. a. O., Bd. 4, S. 199.
2 a. a. O., S. 193.
3 a. a. O., S. 202 f.
4 a. a. O., S. 127.
5 a. a. O., S. 103.
6 a. a. O., S. 133.
7 a. a. O., S. 132.
8 Cosima Wagner und Houston Stewart Chamberlain im Briefwechsel 1888 bis 1908, hrsg. von P. Pretzsch, Leipzig 1934, S. 146.

9 Wagner, Gesammelte Schriften und Dichtungen, a. a. O., Bd. 4, S. 209.
10 a. a. O., S. 136.
11 a. a. O., S. 210 (Anm.).

Kapitel VIII

1 Newman, a. a. O., Bd. 1, S. 333.
2 Arnold Schoenberg, Style and Idea, New York 1950, S. 49.
3 Vgl. a. a. O., S. 67.
4 Vgl. Newman, a. a. O., Bd. 2, S. 30 ff.
5 Vgl. a. a. O., S. 313 (Anm.).
6 Vgl. a. a. O., S. 314.
7 Vgl. a. a. O., S. 312.

Kapitel IX

1 Zitiert bei Newman, a. a. O., Bd. 2, S. 95.
2 Newman, a. a. O., Bd. 2, S. 53.
3 Wagner, Gesammelte Schriften und Dichtungen, a. a. O., Bd. 3, S. 5.
4 Vgl. Newman, a. a. O., Bd. 2, S. 158, 170, 231 und passim.
5 Vgl. a. a. O., S. 9, 14, 18 und passim.
6 Glasenapp, a. a. O., Bd. 3, Leipzig 1905, S. 50.
7 Vgl. Glasenapp, a. a. O., Bd. 5, Leipzig 1907, S. 388.

Kapitel X

1 Vgl. Schopenhauer, a. a. O., S. 464.
2 Vgl. Heinrich Rickert, Philosophie des Lebens, Tübingen 1922, S. 19.
3 Vgl. Schopenhauer, a. a. O., S. 430 und S. 518.
4 a. a. O., S. 536.
5 a. a. O., S. 498.
6 a. a. O., S. 477 und passim.
7 a. a. O., S. 536.
8 a. a. O., S. 534.
9 Wagner, Gesammelte Schriften und Dichtungen, a. a. O., Bd. 10, S. 252.

Mahler

Eine musikalische Physiognomik

Für Gretel:

I

Die Schwierigkeit, das Urteil zu revidieren, das nicht nur das Hitler-Regime, sondern auch die Geschichte der Musik während der fünfzig Jahre seit Gustav Mahlers Tod über ihn verhängte, übertrifft jene, welche Musik insgesamt den Begriffen, und gar den philosophischen entgegensetzt. So wenig dem Gehalt von Mahlers Symphonien Betrachtungen vom Schlag der thematischen Analysen genügen, die über dem, was kompositorisch der Fall sei, die Komposition versäumen, so unzulänglich wären solche, die das Komponierte, nach dem Jargon der Eigentlichkeit die Aussage, dingfest machen wollten. Suchte man ihrer unmittelbar, als eines von der Musik Vorgestellten, habhaft zu werden, so siedelte man Mahler in jene Sphäre des eingestandenen oder verschwiegenen Programms zurück, gegen das er bald sich wehrte und das seitdem als untriftig offenbar ward. Ideen, die von Kunstwerken behandelt, dargestellt, willentlich gemeint werden, sind nicht deren Idee sondern Stoffe; auch jene ›poetische Idee‹, mit deren verschwimmendem Namen man das Programm seiner groben Stofflichkeit zu entäußern gedachte. Das albern hochtrabende ›Was mir der Tod erzählt‹, das Mahlers Neunter unterschoben ward, ist als Entstellung eines Wahrheitsmoments peinlicher noch denn die Blumen und Tiere der Dritten, die dem Autor wohl vorschwebten. Mahler aber ist darum gegen das theoretische Wort besonders spröde, weil er der Alternative von Technologie und Vorstellungsgehalt überhaupt nicht gehorcht. Bei ihm behauptet im Reinmusikalischen hartnäckig sich ein Rest, der doch weder auf Vorgänge noch auf Stimmungen zu interpretieren wäre. Er haftet am Gestus seiner Musik. Ihn verstünde, wer die musikalischen Strukturelemente zum Sprechen brächte, die aufblitzenden Intentionen des Ausdrucks aber technisch lokalisierte. Mahler ist in Perspektive nur dadurch zu rücken, daß man noch näher an ihn heran, daß man in ihn hineingeht und dem Inkommensurabeln sich stellt, das der Stilkategorien programmatischer und absoluter Musik ebenso spottet wie der blanken geschichtlichen Herleitung von Bruckner. Seine Symphonik hilft dazu durch die zwingende Spiritualität ihrer sinnlich-musikalischen Konfigurationen. Anstatt Ideen zu illustrieren, ist sie konkret zur Idee bestimmt. Indem ein jeglicher ihrer Augenblicke, ohne Ausweichen ins Ungefähre zu dulden, seiner kompositorischen Funktion genügt, wird er mehr als sein bloßes Dasein; eine Schrift, welche die eigene Deutung vorschreibt. Die Kurven solcher Nötigung sind betrachtend nachzuzeichnen, anstatt daß über die Musik von einem ihr äußerlichen, vermeintlich fixen Standpunkt aus räsoniert würde wie dem neusachlichen Pharisäismus, der unverdrossen mit Clichés wie dem vom titanenhaften Spätromantiker herumwürfelt.

Die Erste Symphonie beginnt mit einem langen Orgelpunkt der Streicher, alle flageolett bis auf das tiefste Drittel der Kontrabässe, hinaufreichend bis zum höchsten a, einem unangenehm pfeifenden Laut, wie ihn altmodische Dampfmaschinen ausstießen. Gleich einem dünnen Vorhang hängt er vom Himmel herunter, verschlissen dicht; so schmerzt eine hellgraue Wolkendecke in empfindlichen Augen. Im dritten Takt hebt sich ein Quartenmotiv davon ab, angefärbt von der kleinen Flöte; die spitze unsinnliche Schärfe des Pianissimo ist genau ausgehört wie ähnliche Timbres siebzig Jahre später in Alterspartituren Strawinskys, als der Meister des Instrumentierens der meisterhaften Instrumentation überdrüssig ward. Nach einem zweiten Holzbläseransatz wird das abwärts gerichtete Quartenmotiv sequenziert, um auf einem b hängen zu bleiben, das sich an dem Streicher-a reibt. Plötzliches più mosso: eine Pianissimo-Fanfare von zwei Klarinetten im unteren, fahlen Register, die dritte Stimme dazu in der schwächlichen Baßklarinette, matt, als ertönte es hinter dem Vorhang, wollte vergebens hindurch und hätte nicht die Kraft dazu. Auch wenn die Fanfare an die Trompeten übergeht, bleibt sie, wie Mahler von deren Aufstellung verlangt, »in sehr weiter Entfernung«[1]. Auf der Höhe des Satzes dann, sechs Takte vor Wiedereintritt der Tonika d, bricht die Fanfare in den Trompeten, den Hörnern, den hohen Holzbläsern[2] durch, außer aller Proportion zum Orchesterklang zuvor, auch zu der Steigerung, die zu ihr geleitet. Diese erreicht nicht sowohl die Klimax, als daß die Musik mit körperlichem Ruck sich dehnte. Der Riß erfolgt von drüben, jenseits der eigenen Bewegung der Musik. In sie wird eingegriffen. Für ein paar Sekunden wähnt die Symphonie, es sei wirklich geworden, was ängstlich und verlangend ein Leben lang der Blick von der Erde am Himmel erhoffte. Dem hat Mahlers Musik die Treue gehalten; die Verwandlung jener Erfahrung ist ihre Geschichte. Verheißt alle Musik mit ihrem ersten Ton, was anders wäre, das Zerreißen des Schleiers, so möchten seine Symphonien endlich es nicht mehr versagen, es buchstäblich vor Augen stellen; möchten die Theaterfanfare aus der Kerkerszene des Fidelio musikalisch einholen, jenem a nachfolgen, das vier Takte vorm Trio die Zäsur ins Scherzo von Beethovens Siebenter legt. So mag ein Halbwüchsiger um fünf Uhr in der Früh geweckt werden von der Audition eines überwältigend niederfahrenden Lauts, auf dessen Wiederkunft zu warten der, welcher ihn eine Sekunde zwischen Wachen und Schlaf gewahrte, niemals mehr verlernt. Vor seiner Leibhaftigkeit dünkt der metaphysische Gedanke so blaß und hilflos wie eine Ästhetik, die fragt, ob in der Gestalt der Augenblick gelungen oder bloß intendiert sei, dem der eigene Riß wesentlich ist, und der wider den Schein des gelungenen Werks rebelliert.

Das lenkt heute den Haß auf Mahler. Er tarnt sich als Redlichkeit gegen das Aufgedonnerte: gegen die Prätention des Kunstwerks, etwas zu verkörpern, was bloß hinzugedacht ward, ohne sich zu realisieren. Hinter jener Redlichkeit lauert Rancune wider das zu Realisierende selber. Das Es soll nicht sein, über das Mahlers Musik verzweifelt klagt, wird hämisch als Gebot sanktioniert. Die Insistenz darauf, daß in Musik nichts mehr sein dürfe, als es an Ort und Stelle ist, deckt gleichermaßen verkniffene Resignation und den Komfort eines Hörers, der von der Arbeit und der Anstrengung des musikalischen Begriffs als eines Werdenden und über sich Hinausweisenden sich dispensiert. Schon zu den Zeiten der Six hatte geistig versierte Antiromantik mit der Amüsiersphäre schnöd sich verbündet. Mahler stachelt die mit der Welt Einverstandenen zur Wut auf, weil er an das erinnert, was jene sich selbst austreiben müssen. Beseelt vom

Ungenügen an der Welt, genügt seine Kunst ihren Normen nicht, und darüber stimmt die Welt ihren Triumph an. Der Durchbruch in der Ersten Symphonie tangiert die gesamte Form. Die Reprise, der er den Weg bahnt, kann danach jenes Gleichgewicht nicht wieder herstellen, dessen Erwartung an die Sonate sich knüpft. Sie schrumpft zum hastigen Epilog. Das Formgefühl des jungen Komponisten behandelt sie als Coda, ohne thematische Entfaltung eigenen Rechts; unverweilt treibt die Erinnerung an den Hauptgedanken dem Ende zu. Daß aber die Reprise so verkürzt werden kann, dafür sorgt potentiell bereits der Expositionsteil, der auf Vielheit der Gestalten, ja auf den überlieferten Themendualismus verzichtet und darum auch keiner komplexen Restitution bedarf. Die Idee des Durchbruchs, die dem gesamten Symphoniesatz seine Struktur anbefiehlt, überflügelt die traditionelle, die er flüchtig noch entwirft.

Aber jene primäre kunstfeindliche Erfahrung Mahlers bedarf der Kunst, um sich zu manifestieren, und muß sie steigern um ihrer eigenen Verbindlichkeit willen. Denn das Bild, das dem Durchbruch sich entgegenstreckt, bleibt versehrt, weil er in der Welt ausblieb wie der Messias. Ihn musikalisch realisieren heißt zugleich, sein reales Mißlingen bezeugen. Wesentlich ist es der Musik, sich zu überfordern. Sie errettet die Utopie in ihrem Niemandsland. Was die Immanenz der Gesellschaft versperrt, kann der Immanenz der Form nicht glücken, die jener abgeborgt ist. Beides wollte der Durchbruch sprengen. In die Verstrickung, welche Musik durchschneiden will, ist sie als Kunst selber verstrickt und befördert sie durch ihre Teilhabe am Schein. Musik als Kunst wird schuldig an ihrer Wahrheit; nicht weniger jedoch, wenn sie, wider Kunst sich verfehlend, ihren eigenen Begriff negiert. Fortschreitend versuchen Mahlers Symphonien, diesem Schicksal sich zu entwinden. Ihr Substrat haben sie dabei an dem, worüber Musik hinauswill, am Gegenteil von Durchbruch, das doch von diesem mitgesetzt wird. Die Vierte Symphonie nennt es das »weltlich' Getümmel«[3], Hegel den verkehrten »Weltlauf«[4], der vorab dem Bewußtsein als ein »Entgegengesetztes und Leeres« gegenübertritt. Mahler ist ein spätes Glied der Tradition des europäischen Weltschmerzes. Gleichnisse des Weltlaufs sind bei ihm durchweg die ziellos in sich kreisenden, unaufhaltsamen Sätze, das perpetuum mobile. Das leere Getriebe ohne Selbstbestimmung ist das Immergleiche. In der musikalisch zunächst noch nicht gar zu heißen Hölle liegt ein Tabu über dem Neuen. Sie ist der absolute Raum. So war bereits das Scherzo der Zweiten Symphonie empfunden; extrem dann das der Sechsten. Hoffnung birgt sich bei Mahler im Unterschiedenen. Einmal inspirierte die Aktivität des tätigen Subjekts, Nachbild gesellschaftlich nützlicher Arbeit, die klassizistische Symphonik, schon bei Haydn freilich und weithin bei Beethoven doppeldeutig durch Humor. Tätigkeit ist nicht bloß, wie die Ideologie es lehrt, das sinnvolle Leben sich selbst bestimmender Menschen sondern auch der eitle Betrieb ihrer Unfreiheit. In der bürgerlichen Spätphase wird daraus das Schreckbild blinden Funktionierens. Das Subjekt ist eingespannt in den Weltlauf, ohne darin sich wiederzufinden, ohne ihn von sich aus verändern zu können; die Hoffnung, die das tätige Leben noch bei Beethoven durchpulst und dem Hegel der Phänomenologie erlaubte, dem Weltlauf am Ende doch den Vorrang vor der Individualität zuzusprechen, die erst in jenem wirklich werde, ist dem auf sich selbst zurückgeworfenen und zugleich ohnmächtigen Subjekt verloren. Darum plädiert Mahlers Symphonik erneut gegen den Weltlauf. Sie ahmt ihn nach, um ihn zu verklagen; die Augenblicke, da sie ihn durchbricht, sind zugleich die des Einspruchs. Nirgends verkleistert sie den Bruch von Subjekt und Objekt; lieber zerbricht sie selber, denn daß sie Versöhnung als gelungene vortäuschte. Zu Beginn entwirft Mahler die Äußerlichkeit des Weltlaufs programmusikalisch. Das prototypische Scherzo der Zweiten Symphonie, nach dem Wunderhornlied von der Fischpredigt des Heiligen Antonius, kulminiert im instrumentalen Aufschrei des Verzweifelten[5]. Das musikalische Selbst, das Wir, das aus der Symphonie tönt, bricht nieder. Atem geschöpft wird zwischen dem Satz und dem folgenden der sehnsüchtig humanen Stimme. Dennoch hat Mahler damals schon bei dem allzu selbstsicheren poetischen Kontrast von Transzendenz und Weltlauf nicht sich beschieden. Die Musik macht, im Verlauf der rastlosen Bewegung, mit rohen Bläserchören sich selber gemein[6]. Hegelsche Gerechtigkeit jedoch führt, rein durch die Logik der kompositorischen Fortsetzung, dem Komponisten die Feder derart, daß dem

Weltlauf etwas von der Kraft des sich reproduzierenden, fortwährenden, dem Tod widerstehenden Lebens zuwächst, als Korrektiv des unentwegt protestierenden Subjekts; sobald das Thema an die ersten Geigen gelangt, tilgen Klang und melodischer Charakter die Spur des Ordinären[7]. Ein Bericht aus den ›Erinnerungen an Mahler‹ von Natalie Bauer-Lechner, deren Details so nah an der Sache sind, solche Kenntnis der Kompositionsprobleme von der Seite des Komponisten her beweisen, daß man an ihre Authentizität glauben sollte, erlaubt die Vermutung, die Doppelschlächtigkeit der Beziehung von Subjekt und Weltlauf wäre Mahlers Reflexion gegenwärtig gewesen. Er sagte im Hinblick auf die bekannte friderizianische Anekdote: »Es ist ganz schön, daß der Bauer gegenüber dem König zu seinem Recht kommt, aber die Medaille hat ihre Kehrseite. Müller und Mühle mögen in ihrem Bereiche immerhin geschützt sein: wenn die Räder nur nicht klapperten und damit ihre Grenzen aufs unverschämteste überschritten und in dem Bereich eines fremden Geistes so viel Störung und Schaden anrichteten, wie gar nicht zu ermessen ist.«[8] Die Gerechtigkeit, die dem Subjekt widerfährt, kann objektiv zum Unrecht werden, und Subjektivität selber, empirisch die Lärmempfindlichkeit des nervösen Komponisten, belehrt ihn darüber, daß der Weltlauf, im Fall jener Anekdote die absolute Macht, gegenüber dem abstrakten Schutz der Person nicht bloß verwerflich, daß, nach Hegels Einsicht, so schlecht der Weltlauf nicht sei, wie es die Tugend sich vorstellt. Der kruden Abstraktheit des Gegensatzes von Weltlauf und Durchbruch musikalisch sich bewußt, konkretisiert Mahler ihn allmählich durch die innere Zusammensetzung seiner Gebilde und vermittelt ihn damit.

Das Scherzo der Dritten Symphonie wird, gleich dem der Zweiten, angeregt von einer Tiersymbolik. Sein thematischer Kern stammt aus dem frühen Klavierlied ›Ablösung im Sommer‹; mit der Fischpredigt ist ihm das irr Geschäftige gemeinsam. Aber nicht Verzweiflung antwortet darauf sondern Sympathie. Musik benimmt sich wie Tiere; als wollte ihre Einfühlung an deren geschlossener Welt etwas von dem Fluch der Geschlossenheit gutmachen. Den Sprachlosen schenkt sie den Laut durch tönende Imitation ihres Gehabes, erschrickt selbst und wagt mit der Vorsicht von Hasen wiederum sich hervor[9], so wie ein ängstliches Kind mit dem kleinsten Geißlein im Uhrkästchen sich identifiziert, das den bösen Wolf übersteht. Tönt das Horn des Postillons herein, so ist als Hintergrund dazu die Stille des Gewusels mitkomponiert. Menschlich wird es vor den hauchdünnen gedämpften Streichern, dem Rest des Gebundenen, dem die befremdende Stimme nichts Böses zufügen möchte. Kommentieren dann zwei Waldhörner gesangvoll jene Melodie[10], so versöhnt der künstlerisch überaus gefährdete Moment das Unversöhnliche. Der bedrohlich stampfende Rhythmus der Tiere aber, Triumphreigen von Ochsen, die sich bei den Hufen fassen, mokiert prophetisch sich darüber, wie dünn und schwach Kultur ist, solange sie Katastrophen ausbrütet, die eilends den Wald einladen könnten, die verwüsteten Städte zu verschlingen. Am Ende plustert sich das Tierstück nochmals literarisch auf, durch eine Art panischer Epiphanie[11] des vergrößerten Urmotivs. Insgesamt pendelt es zwischen Allmenschlichkeit und Parodie. Sein Lichtkegel trifft jenes verkehrte Menschenwesen, das unterm Bann der Selbsterhaltung der Gattung deren Selbst zerfrißt und sich anschickt, die Gattung zu vernichten, indem es die Mittel in den verhängnisvollen Ersatz des eskamotierten Zwecks verhext. An den Tieren wird Menschheit ihrer selbst als befangener Natur inne und ihrer Tätigkeit als verblendeter Naturgeschichte: darum sinnt Mahler ihnen nach. Wie in Kafkas Fabeln ist ihm Tierheit die Menschheit so, wie sie von einem Standpunkt der Erlösung aus erschiene, den einzunehmen Naturgeschichte selber verhindert. Mahlers Märchenton erwacht an der Ähnlichkeit von Tier und Mensch. Trostlos und tröstend in eins, entschlägt die ihrer selbst eingedenkende Natur sich des Aberglaubens an die absolute Differenz von beidem. Autonome Kunstmusik jedoch ging, bis Mahler, in die umgekehrte Richtung. Je mehr sie an der notwendigen Herrschaft über ihr Material Natur beherrschen lernte, desto herrischer war ihr Gestus geworden. Ihre integrale Einheit hat das Viele entmächtigt; ihre suggestive Gewalt weggeschnitten, was ablenken könnte. Das Bild von Glück bewahrt sie einzig noch in seinem Verbot. In Mahler rüttelt sie daran, möchte den Frieden mit dem Naturwesen und muß doch stets noch den alten Bann vollstrecken.

Das Scherzo der Vierten Symphonie, auf der Linie der beiden vorhergehenden, stilisiert die handfeste Allegorik des Weltgetümmels zum Totentanz. Ungut spielt die grelle Fiedel auf, einen Ganzton höher gestimmt als die Geigen, mit bizarr ungewohntem Klang, ohne daß das Ohr dessen Grund verstünde, und deshalb doppelt irritierend. Chromatische Akzidentien durchsäuern Harmonik und Melodik; das Kolorit ist solistisch, als fehlte etwas: als hätte Kammermusik parasitär im Orchester sich eingenistet. Aus Gleichnissen fürs Niedrige versteigt sich die Musik zur Unwirklichkeit, Schattenspiel des Getriebes, zweideutig zwischen Locken und Schluchzen, die traurige Regung vermischend mit der Flucht der Bilder, die sie durchhuschen. Ähnlich ambivalent ist eine Melodie der Holzbläser und später der Geigen, eine Art von cantus firmus zu dem hastenden Hauptthema[12] im Scherzo der Siebenten Symphonie, das nichts Harmloses mehr vorspiegelt. Von Mahler als »klagend« bezeichnet, vereint sie, wie nur Musik es kann, das drehorgelhaft Dudelnde des Weltlaufs mit der expressiven Trauer darüber. Den Durchbruch, dessen Spur nicht fehlt, gestaltet Mahlers Formgefühl im Scherzo der Vierten als Kontrast zum Geisterhaften; als Wirklichwerden, Blut Gewinnen, wie es schon die Triopartien suchen, die ohne Zwang an den Ländlercharakter des Hauptsatzes sich assoziieren; sekundenlang sinnlich wie selten bei Mahler, »sich noch mehr ausbreitend«[13]; Tschaikowsky wird gestreift, sogleich wieder verlassen, der Satz ins Geisternde, mehr und mehr Verdüsterte zurückgerufen, mit einem Schluß aus dem Phantasiehorizont des letzten Beethoven. Dabei wird stets die Serenität der Vierten als ganzer beachtet. Sie dämpft gemäßigt, freundlich fast das Makabre.

Auf der Höhe der Fünften Symphonie dann hat Mahler die Antithese von Weltlauf und Durchbruch mit voller Konsequenz zum Prinzip der Komposition erhoben, im zweiten Satz. Paul Bekker erkannte ihn als eine Art von zweitem ersten Satz und als eine der großartigsten Konzeptionen Mahlers[14]. Er ist kein Scherzo sondern voller Sonatensatz von »größter Vehemenz«[15]. Weggefegt ist der Humor, der den Weltlauf aus einer Distanz zu belächeln sich vermißt, die jener keinem Menschen gestattet; er ist unwiderstehlich losgelassen samt allen Akzenten von Leiden, ohne Begütigung. Seine Proportionen, das Verhältnis der stürmischen Allegroteile zu den überwuchernden langsamen Einschiebseln aus dem Trauermarsch erschweren die Wiedergabe ungemein. Jene Proportionen dürfen nicht dem Zufall des So nun einmal Komponiertseins anheimfallen, sondern das ganze Stück muß von Anbeginn so klar auf den Kontrast hin organisiert werden, daß es in den Andanteteilen nicht stecken bleibt; der Wechsel bildet die Form. Besonders kommt es darauf an, daß auch die Prestopartien, ohne Konzession im Tempo, deutlich, thematisch gespielt werden und nicht im Wirbel verlorengehen; sie balancieren die Trauermarschmelodien. Daß aber das dahinrasende Presto nirgendwohin führt, ist seine Formidee. Der Satz kennt, bei aller Dynamik, aller Plastik im Einzelnen, keine Geschichte, kein Wohin, eigentlich keine emphatische Zeit. Seine Geschichtslosigkeit verweist ihn auf die Reminiszenz; die vorwärtstreibende Energie wird gestaut und strömt gleichsam zurück. Von dort jedoch kommt die Musik ihr entgegen. Die potentielle Dynamik des Trauermarschs, zumal seines zweiten Trios, entfaltet sich erst nachträglich in der integralen, sonatenhaften Durchkomposition, als Seitensatz des Prestos. Was gebunden war in der stationären Form des ersten Satzes, wird entfesselt. Zugleich aber bereiten die unterbrechenden Reminiszenzen den Boden für die Choralvision, in der der Satz dem Kreis sich entringt. Nur durch die formale Korrespondenz zwischen ihr und den langsamen Interpolationen vermag er das Hereinbrechende sich einzuverleiben, ohne in Chaos zurückzuschlagen. Vision und Form bedingen einander. Diese schließt mit einer Coda. Die Vision hat keine Schlußkraft. Endete der Satz mit ihr, so wäre sie Vision nicht länger. Aber die Coda gehorcht dem, was geschah: der alte Sturm wird zu seinem ohnmächtigen Nachhall.

Die Fanfare des Durchbruchs nimmt als Choral musikalische Gestalt an, nicht länger exterritorial, sondern thematisch vermittelt mit dem Ganzen. Daß aber die mächtige Wirkung doch nicht rein dem hier und jetzt Komponierten sich verdankt, sondern den Entwurf des Schlusses von Bruckners Fünfter Symphonie wiederholt und durch diesen hindurch die etablierte Autorität des Choralwesens, enthüllt die Unmöglichkeit des Möglichen noch inmitten der Meisterschaft. Das Erscheinende ist entstellt von Schein. Was ganz es selbst sein sollte, trägt die Spur von Trost und Zuspruch, der Versicherung eines nicht Gegenwärtigen. Ohnmacht begleitet die sich manifestierende Macht; wäre sie das Versprochene, nicht länger Versprechen, so brauchte sie nicht als Macht sich zu beteuern. Nichts war für Mahlers Musik im überlieferten Kanon der Formen noch so unbestritten, als daß die Paradoxie des von ihr Gewollten darein sich hätte flüchten dürfen. Zuschanden werden die Worte aus der Schlußszene des Faust, die Mahler später unvergleichlich vertonte. Es ist nicht gelungen. Die utopische Identität von Kunst und Wirklichkeit mißrät. Noch dem jedoch stellt sich der Ernst von Mahlers Musik im Fortschritt seines kompositorischen Vermögens nicht weniger als in dem seiner entzaubernden Erfahrung. Kompositorische Verbindlichkeit, wie sie den Widerwillen gegen den programmatischen Überschuß zeitigte, nötigt Mahler so lange dazu, den Durchbruch musikalisch auszuformen, seiner Naivetät und Kunstfremdheit sich zu begeben, bis er selber formimmanent wird. Dagegen aber ist seine eigene Idee nicht immun. Kompositorische Logik kritisiert, was sie darstellen will; je gelungener das Werk, desto ärmer die Hoffnung, denn diese überstiege die Endlichkeit des in sich stimmigen Werkes. Etwas von solcher Dialektik trägt in allem sich zu, was Reife genannt wird, und deren vorbehaltloses Lob läßt immer auch von Entsagung sich korrumpieren. Das wird zur Not des ästhetischen Urteils. Um der Unzulänglichkeit des Gelingenden willen wird das Unzulängliche, das jenes Urteil richtet: das nicht Gelungene, Ereignis. Ungewiß, ob nicht wegen des Bruchs zwischen dem Weltlauf und dem, was anders wäre, mehr Wahrheit ist, wo dies Andere ohne den Anspruch, das Subjekt sei im Werk seiner habhaft, aufglänzt und im Bekenntnis seines Scheins die eigene Scheinhaftigkeit abwirft, als wo der Immanenzzusammenhang des Komponierten Immanenz des Sinnes vortäuscht und auf der eigenen Wahrheit insistiert, bloß um als ganzer zum Trug zu werden, genährt von allem partikular Scheinhaften, das er ausmerzte. Dennoch darf Musik gegen die eigene Logik nicht sich verstocken. Umsonst nicht eignet dem D-Dur-Choral des zweiten Satzes der Fünften abermals das Phantasmagorische einer Himmelserscheinung. Der Rest des kompositorisch Unverbindlichen daran mindert das

Überästhetische, das der Choral vertritt: es behält den Makel von Veranstaltung. Um den Choral mit Gewalt zu investieren, wird er dem Blech überantwortet, das seit Wagner und Bruckner entwürdigt ward vom Trara. Mahler war der letzte, das zu überhören. Kompositorische Integration, die Liquidierung des intentionalen Überschusses involviert bei ihm jene Kritik am Schein, die dann in Schönberg und seiner Schule ausdrücklich ward. Weniges vielleicht bezeichnet die fortschreitende Sublimierung von Mahlers Reaktionsweise so genau, wie daß er immer konsequenter darauf verzichtet, Hauptthemen neudeutsch vom Blech unterstreichen zu lassen. Den höchst erfahrenen Orchesterleiter mag technisch dazu bewogen haben, daß jenes Mittel, wie sämtliche probaten, rasch sich verbraucht, auch in seinen eigenen Symphonien; alle vom Blech herausgeschmetterten Themen ähneln einander fatal und gefährden das symphonisch Wichtigste, das Es selbst Sein des Einzelnen und damit die Plastik des Verlaufs. In den Spätwerken wird die Gewalt des Blechs zur momentanen, ängstigenden oder niederschmetternden; es ist kein Grundregister des Gesamtklangs mehr. Die Sublimierung des Durchbruchs aber, wie Technik sie erheischt, ist teleologisch in jenem selbst schon angelegt. Damit er authentisch sich darstelle, muß auf ihn hin komponiert werden. Danach wird nicht nur die kompositorische Fiber gemodelt, sondern der Augenblick selbst gerät zwangsläufig in einen Funktionszusammenhang mit ihr, der ihn mehr stets des Buchstäblichen, grob Materiellen enteignet. In der Ersten Symphonie, welche die Spannungen der Mahlerschen Musik nicht austrägt sondern exponiert, liegt das offen zutage. Nach dem Durchbruch, beim Eintritt der Reprise also, kann nicht einfach formgerecht wiederholt werden. Die Rückkunft, die der Durchbruch evoziert, muß dessen Resultat: ein Neues sein. Um das kompositorisch vorzubereiten, entsteht in der Durchführung ein neues Thema, dessen motivischer Kern, zu ihrem Beginn, in den Celli eingeführt wird[16]. Daraus formiert sich ein episodischer Hörnersatz[17], und dann beherrscht es, wie ein Beethovensches ›Modell‹, die spätere Durchführung, um beim Wiedereintritt der Tonika gewissermaßen nachträglich als das Hauptthema sich zu enthüllen, das es an Ort und Stelle niemals war[18]. Ebenso löst es die Verpflichtung zu einem Neuen ein, die von der

Fanfare ausgeht, wie insgeheim durch seine langwierige Geschichte das Ganze, im Geist der Sonate und gegen ihn zugleich, aus ihm herausgesponnen ist. Um des Durchbruchs, des Anderen willen verstärkt sich die Formimmanenz, und die absolute Antithese wird entschärft, welche der Durchbruch stipuliert.

Dazu taugte der Wiener Klassizismus nicht; keine Musikgesinnung, auf welche der Begriff des philosophischen Idealismus paßt. Der mächtigen Konsequenzlogik Beethovens fügte Musik sich zur lückenlosen Identität, zum analytischen Urteil. Die Philosophie, der sie darin sich anbequemte, hat auf ihrer Hegelschen Höhe den Stachel solcher Idee verspürt. In einer Anmerkung zur Theorie des Grundes im zweiten Teil der Wissenschaft der Logik wird den Gründen des szientifischen Denkens – Kant ist nicht genannt – vorgeworfen, daß sie »nicht vom Fleck« kämen, auf Tautologien hinausliefen: weil der Grund »nun durch dieß Verfahren nach dem Phänomen eingerichtet ist, und seine Bestimmungen auf diesem beruhen, so fließt dieses freilich ganz glatt und mit günstigem Winde aus seinem Grunde aus. Aber die Erkenntniß ist hierdurch nicht vom Fleck gekommen; sie treibt sich in einem Unterschiede der Form herum, den dieß Verfahren selbst umkehrt und aufhebt.«[19] Der gesunde Menschenverstand, der seine Erklärungen aus den ohnehin vorhandenen Tatsachen heraus abstrahiert und dann für Erkenntnisse ausgibt, wird als dumm denunziert. Gegen ihn rebelliert Mahler. Hat Musik überhaupt mehr mit der dialektischen Logik gemein als mit der diskursiven, dann möchte sie bei ihm eben das, wozu Philosophie mit Sisyphusanstrengung das herkömmliche Denken, die zu starrer Identität versteinerten Begriffe veranlaßt. Seine Utopie ist jenes Vom Fleck Kommen des Gewesenen und des noch nicht Gewesenen im Werden. Wie für Hegel schon in der Kritik des Identitätssatzes[20], ist für Mahler Wahrheit das Andere, das nicht Immanente und dennoch aus Immanenz Aufsteigende: ähnlich auch spiegelte bereits bei Hegel sich die Kantische Lehre von der Synthesis. Nur als Gewordenes ist etwas, anstatt bloß zu werden. Das ökonomische Prinzip der traditionellen Musik jedoch, ihre Art Determination erschöpft sich im Tauschen des Einen um das Andere, von dem nichts bleibt. Sie geht auf eher, als daß es ihr aufginge. Das Neue, das sie nicht vollends zu beherrschen vermöchte, scheut sie. Unter diesem Aspekt war bis zu Mahler auch große Musik tautologisch. Das war ihre Stimmigkeit; die des widerspruchslosen Systems. Von Mahler wird es gekündigt, der Bruch wird zum Formgesetz. »Was anders ist, das lerne nun auch!«[21]

Vermittelt Mahlers Entwicklung im Komponierten zwischen dem Weltlauf und dem, was anders wäre, so möchte solche Vermittlung, um tief genug zu geraten, schon im kompositorischen Stoff entdeckt werden. Das ist, was der Weltlauf erfaßt, wovon er sich bewegt und was doch nicht ganz ihm gleicht; das Beherrschte, das drunten harrt oder hinabgestoßen wurde. Dort erhofft sich Mahlers Musik, mit einer die Musiksprache selbst affizierenden und damit radikalisierten Romantik, das Unmittelbare, das das Leiden an Entfremdung als an universaler Vermittlung zu beschwichtigen vermöchte. Ursprünglich benutzten die Fanfaren die Naturtöne der Blechinstrumente. In der Einleitung zur Ersten Symphonie, wo die Klarinetten die Fanfare antezipieren, gesellen sogleich sich Naturlaute hinzu; die fallende Quart, die von je dafür gilt, ein unartikuliertes Crescendo und Diminuendo der heraufgezogenen Oboen, Kuckucksrufe der Holzbläser, ohne Rücksicht auf Metron und Tempo hereinschallend wie danach immer wieder bei Mahler. Seine Symphonik hascht nach unreglementierten Stimmen des Lebendigen bis zum Abschiedsgesang des Lieds von der Erde, den es ins Amorphe zieht. Was über der Gestalt wäre, ist der eigenen Gestalt nach dem verschwistert, was noch nicht Gestalt hat; die Parusien der Übernatur, in denen Sinn sich entlädt, sind zusammengesetzt aus Fragmenten von sinnverlassen Natürlichem. Aber Mahlers wache Musik weiß unromantisch wiederum, daß Vermittlung universal ist. Noch die Natur, die sie umwirbt, ist Funktion dessen, wovon sie sich entfernen möchte; ohne vermittelndes Bewußtsein behielte Verhängnis, der Mythos, das letzte Wort. – Seitdem Ästhetik das Naturschöne vernachlässigt, dem noch Kant die Kategorie des Erhabenen vorbehielt, während Hegel es verachtete, passiert in der Kunst der Begriff Natur unbesehen. So eng knüpfte seitdem sich das Netz der Vergesellschaftung, daß man an der bloßen Antithesis dagegen ein Arcanum hütet, das nicht beredet werden darf. Denn

Natur, Gegenbild menschlicher Gewaltherrschaft, ist selber deformiert, solange Mangel und Gewalt ihr angetan werden. Auch wo Mahlers Musik jedoch Assoziationen an Natur als Landschaft weckt, verabsolutiert sie diese nirgends, sondern liest sie aus dem Kontrast zu dem heraus, wovon sie abweichen. Technisch werden die Naturlaute relativ durch den Gegensatz zu der sonst bei Mahler vorwaltenden syntaktischen Regularität: seine musikalische Prosa ist keine primäre, sondern wächst als freier Rhythmus am Vers. Natur bei ihm ist als bestimmte Negation der musikalischen Kunstsprache von dieser abhängig. So setzt der peinigende Orgelpunkt des Anfangs der Ersten Symphonie das offizielle Ideal guten Instrumentierens voraus, um es zu verwerfen. Die Flageoletts jenes Klangs hat sein Bedürfnis nach Verfremdung erst nachträglich gefunden: »Als ich in Pest das A in allen Lagen hörte, klang es mir viel zu materiell für das Schimmern und Flimmern der Luft, das mir vorschwebte. Da fiel mir ein, allen Streichern Flageolett zu geben (den Geigern zu höchst bis zu den Bässen zu tiefst, die ja auch Flageoletts besitzen): nun hatte ich es, wie ich es wollte.«[22] Ein höchst plausibler Bericht von Natalie Bauer-Lechner belegt, wie sehr das Bewußtsein solcher positiven Negation, der Protest gegen das mittlere kompositorische Schönheitsideal, Mahlers technische Verfahrungsweise leitete: »Wenn ich einen leisen, verhaltenen Ton hervorbringen will, lasse ich ihn nicht ein Instrument spielen, das ihn leicht hergibt, sondern lege ihn in jenes, welches ihn nur mit Anstrengung und gezwungen, ja oft mit Überanstrengung und Überschreitung seiner natürlichen Grenzen zu geben vermag. So müssen mir Bässe und Fagott oft in den höchsten Tönen quieken, die Flöte tief unten pusten. Hierher gehört auch die Stelle im vierten Satz (der Eintritt der Violen ist dir ja gegenwärtig?) ... Auf diese Wirkung freue ich mich immer und nie hätte ich den gepreßten, gewaltsamen Ton hervorbringen können, wenn ich sie den hierin leicht ansprechenden Celli gegeben hätte.«[23] Wie im Verhältnis zum bequemen Normalklang sind die Mahlerschen Naturstellen insgesamt definiert als überschärfte Differenzen von der musikalischen Hochsprache, so wie das Naturschöne selbst gegenüber den vermeintlich gereinigten Formkategorien des Geschmacks: Denaturierung der zweiten Natur. Die Flecken der musikalischen Logik, an denen dann Mahlers eigene Selbstkritik sich betätigt, sind zugleich hervorgebracht von der Intention, die auf dem scharfen Grat zwischen dem Sinnwidrigen und dem qualitativ Neuen als dem Sinn wandert. Desultorisch spielt Mahler bereits mit dem Zufall. Natur, versprengt in die Kunst, wirkt allemal unnatürlich: nur indem der kompositorische Ton so sich übertreibt wie bei Mahler allerorten, stößt er ab von der Konvention, zu der die Formsprache der abendländischen Musik in Mahlers Epoche geworden war, während er dort noch beheimatet sich fühlte. Er raubt ihr die Unschuld. Durch den Gegensatz der sprengenden Intention zu jener Musiksprache verwandelt sie sich unvermerkt aus einem Apriori in ein Mittel der Darstellung: ähnlich markiert bei Kafka die nachdrücklich konservative, an Kleist geschulte, episch-gegenständliche Prosa den Gehalt durch ihren Kontrast zu ihm.

Im heraufdämmernden Antagonismus zwischen der Musik und ihrer Sprache offenbart sich einer der Gesellschaft. Die Unvereinbarkeit von Innen und Außen läßt nicht mehr, wie im klassizistischen Zeitalter, geistig sich harmonisieren. Darüber wird das Bewußtsein von Mahlers Musik abermals zum unglücklichen, das jenem Zeitalter erledigt dünkte. Ihm erlaubt die geschichtliche Stunde nicht länger, unter den bestehenden Verhältnissen die Bestimmung des Menschen für vereinbar zu halten mit den institutionellen Mächten, die ihn, wenn er sein Leben erwerben will, zum ihm Konträren nötigen, ohne daß er darin irgend sich wiederfände. Das hämmerte dem auf Ferienmonate eingeengten Komponisten bis zur physischen Vernichtung der Musikbetrieb ein, den zu verachten er auch als Wiener Operndirektor und Dirigierstar nicht sich abgewöhnte. Das Hohe, dessen die Wirklichkeit bloß noch spottet, artet zur Ideologie aus. Darum wird Mahlers Verhältnis zum Niedrigen dialektisch. Wohl schrieb er: »Die Musik muß immer ein Sehnen enthalten, ein Sehnen über die Dinge dieser Welt hinaus.«[24] Aber seine Symphonien spüren besser als er selbst, daß, was solche Sehnsucht meint, nicht als Oberes, Edles, Verklärtes darzustellen ist. Sonst würde es zur Sonntagsreligion, zur dekorativen Rechtfertigung des Weltlaufs. Soll das Andere nicht verschachert werden, so ist es incognito, beim Verlorenen aufzusuchen. Nicht was über den Betrieb der

Selbsterhaltung erhaben sich dünkt, von dem es profitiert, entgeht jener Konzeption zufolge dem Schuldzusammenhang, sondern was unter die Räder kam, die Last zu tragen hat und daran zu jenem Gegendruck erwacht, den die coincidentia oppositorum von Mahlers Musik zusammendenkt mit dem utopischen Sprengstoff. Ihn widerte die eigene Position an, auf die er doch nicht verzichten mochte, weil er den Weltlauf zu genau kannte, um nicht stets dessen gegenwärtig zu sein, daß Mangel ihm jene Spanne an Freiheit verweigern könnte, deren seine menschliche Bestimmung bedurfte. Die sozialistische Neigung des Arrivierten aber gehört einer Epoche an, in der das Proletariat selbst schon eingegliedert war. Der Instinkt des Enkels der Hausiererin hält es nicht mit dem, was zu jenen Bataillonen sich formiert, welche die stärkeren sind, sondern, sei's auch verzweifelnd und illusionär, mit dem Rand der Gesellschaft. Das nicht Domestizierte, in das Mahlers Musik mit Einverständnis sich versenkt, ist zugleich auch archaisch, veraltet. Deswegen band die Kompromißfeindliche sich ans tradierte Material. Es gemahnte sie an die Opfer des Fortschritts, auch die musikalischen: jene Sprachelemente, welche vom Prozeß der Rationalisierung und Materialbeherrschung ausgeschieden wurden. Nicht den Frieden wollte Mahler bei jener Sprache finden, den der Weltlauf verstört, sondern er hat sie in die Gewalt genommen, um mit ihr der Gewalt zu widerstehen. Der schäbige Rückstand des Triumphs klagt die Triumphierenden an. Mahler entwirft ein Rätselbild aus jenem Fortschritt, der noch nicht begonnen hat, und der Regression, die nicht länger als Ursprung sich verkennt.

II

Mahler ist fortschrittlich nicht durch handgreifliche Innovationen und avanciertes Material. Antiformalistisch bevorzugt er das Komponierte vor den Mitteln des Komponierens derart, daß er keiner geradlinigen geschichtlichen Bahn folgt. Schon zu seiner Zeit drohte sie, die Einzelqualitäten, das Beste, das er nicht vergessen wollte, zur blanken Einheit der Organisation zu nivellieren. Ihn befriedigt die Totale lediglich dort, wo sie aus den nicht substituierbaren Eigenschaften der musikalischen Details resultiert. Wie seine Symphonien die immanente Logik musikalischer Identität anzweifeln, so widerstreben sie auch jenem historischen Verdikt, das seit dem Tristan die Musik eindimensional weitertrieb: der Chromatisierung als Entqualifizierung des Materials. Nicht als Reaktionär, doch als scheute er den Preis des Fortschritts, besteht er auf Diatonik als auf einem selbstverständlich Tragenden, während sie bereits von der Forderung autonomen Komponierens zerrüttet ist. Trotz solcher verspäteten Harmlosigkeit des Materials jedoch sind seine Werke, von ihrem ersten Erscheinen an, als anstößig empfunden worden. Der Haß gegen ihn, mit antisemitischen Nebentönen, war von dem gegen die neue Musik gar nicht so verschieden. Der Schock, den er erteilte, hat sich im Lachen entladen, einem bösen nicht ernst Nehmen, das das Wissen verdrängt, etwas sei doch daran. Wie kaum für einen anderen gilt für Mahler, daß, was über den Standards ist, diesen zugleich nicht ganz genügt; der allemal geläuterte Geschmack von Akademikern der Tonkunst kann die Mahlerschen Durchbrüche kopfschüttelnd eines Kindischen überführen. Dem Wagnerischen Wunsch, Musik müsse endlich mündig – erwachsen also – werden, hat Mahler nicht umstandslos sich gebeugt. Unbeirrtheit des Traums und ein Infantiles lassen bei ihm nicht säuberlich sich scheiden. Als Debussy die Pariser Premiere der Zweiten Symphonie protestierend verließ, hat der geschworene Antidilettant wie ein rechter Fachmann sich benommen; ihm mag die Zweite so geklungen haben, wie die Bilder von Henri Rousseau mitten unter den Impressionisten des Jeu de Paume aussehen. Mit dem Begriff des Niveaus ist Mahler unvereinbar; während er es zunächst nicht sicher besitzt, erschüttert er es dann, um die selbstgerechte Befangenheit seines Begriffs, schließlich den Kulturfetischismus zu demolieren; nicht zuletzt darauf antwortet Wut. All das trug inmitten der Tonalität sich zu. Vielleicht sind Verfremdungseffekte überhaupt nur an einem einigermaßen Vertrauten möglich; wird es ganz geopfert, zergehen auch sie. Der Bau von Mahlers Akkorden entspricht durchweg der Dreiklangsharmonik; überall sind tonale Schwerpunkte offenbar, nirgends wird die übliche tonale Idiomatik ausgesperrt. Manches ist hinter den neunziger Jahren zurück. An Stufenreichtum muten zumindest die früheren Symphonien weniger zu als Brahms, an Chromatik und Enharmonik weniger als der reife Wagner. Mahlers Atmosphäre ist der Schein des Verständlichen, in den das Andere sich kleidet. Schreckhaft antezipiert er das Kommende mit vergangenen Mitteln.

Neu ist der Ton. Er bürdet der Tonalität einen Ausdruck auf, dessen sie von sich aus schon nicht mehr fähig ist. Indem sie überfordert wird, überschreit sie sich: eine Bläserstelle des Scherzos der Siebenten Symphonie, auch eine Oboenstimme der ›Revelge‹ bezeichnet die Partitur als »kreischend«. Das Forcierte aber wird selbst zum Ausdruck. Tonalität, die große musikalische Vermittlungskategorie, hatte sich konventionell-abschleifend zwischen die subjektive Intention und das ästhetische Phänomen geschoben. Mahler erhitzt sie von innen, vom Ausdrucksbedürfnis her derart, daß sie noch einmal aufglüht, redet, als wäre sie unmittelbar. Als explodierende vollbringt sie, was danach an die emanzipierte Dissonanz des Expressionismus überging. Das erste Trio des bereits sehr groß einsetzenden Trauermarschs der Fünften Symphonie antwortet nicht mehr mit lyrisch subjektiver Klage auf die objektive Trauer von Fanfare und Marsch. Es gestikuliert, erhebt ein Geschrei des Entsetzens vor Schlimmerem als dem Tod. Von den Angstfiguren der Schönbergischen ›Erwartung‹ ward es nicht überboten. Seine Gewalt zieht es paradox daraus, daß solcher Erfahrung noch keine musikalische Sprache

bereit stand. Durch den verstörten Kontrast zur harmlosen, deren sie sich bedient, wird jene Erfahrung schlagender, als wenn die klagende Dissonanz schon ganz freigesetzt und damit wiederum eingespielt wäre. In dem sich ins Wort fallenden Duett der schneidenden Trompeten und der regellosen Geigen verwirrt sich der Gestus des Hetmann, der zum Mord ermuntert, mit dem Jammer der Opfer: Pogrommusik, so wie die expressionistischen Dichter den Krieg prophezeiten. Nach den von der Form gefaßten Marschteilen, dem emphatischen cis-moll treibt die extreme, der sicheren Mitte von Gestalt sich weigernde Ausdruckslage der Stelle das Kunstwerk ins Protokoll wie fünfzig Jahre später Schönbergs ›Überlebender von Warschau‹. Dabei aber ist die Tonalität bereits reflektierend ergriffen, als Darstellungsmittel. So hatte sie allerdings das gesamte tonale Zeitalter hindurch, in jedem einzelnen bedeutenden Komponisten, zumal in Beethoven, stets wieder fungiert, wann immer jene subjektive Intentionen objektivieren mußten. Indem jedoch Mahler die Sprache der zweiten Natur zum Reden bringt, schlägt sie qualitativ um.
Er stört das Gleichgewicht der tonalen Sprache. Unter ihren Elementen unterstreicht, bevorzugt er geflissentlich eines, das in ihr neben anderen vorhanden ist, keineswegs jedoch herausragt, und das erst durch den auffälligen Gebrauch mit Ausdruck sich füllt. Seit den Jugendliedern mit Klavier, bis zum Adagio-Thema der Zehnten Symphonie, spielt Mahlers zähe Idiosynkrasie mit dem Wechsel der beiden Tongeschlechter Dur und Moll. Er ist die technologische Formel, in welcher der Überschuß der poetischen Idee sich verschlüsselt: von Einzelwendungen, wo Dur und Moll schroff alternieren, über die Motivkonstruktion, die in der Sechsten Symphonie den Übergang von Dur in Moll, die Senkung der großen in die kleine Terz als Einheitsmoment des Ganzen wählt, bis zur Anlage von Großformen, die – am prägnantesten im ersten Satz der Neunten – durch den althergebrachten Dualismus von Maggiore- und Minore-Partien organisiert werden. Auch die Melodik schwankt zwischen großen und kleinen Terzen oder anderen dem Dur-Moll-Charakter äquivalenten Intervallen, bei identisch bewahrten Motiven. Mahler hat damit den Einwand der Manier provoziert. Ihm zu begegnen erheischt Besinnung auf den Ausdruck in Musik. Dieser ist nicht Ausdruck von etwas

Bestimmtem; nicht zufällig ward espressivo zu einer allgemeinen Vortragsbezeichnung. Sie zielt auf markierte Intensität. Sie wächst der Musik zu aus deren ferner Vergangenheit, vor der Phase von Rationalität und eindeutiger Signifikation. Als ausdrucksvolle verhält Musik sich mimetisch, nachahmend, wie Gesten auf einen Reiz ansprechen, dem sie sich im Reflex gleichmachen. Dies mimetische Moment tritt in der Musik allmählich mit dem rationalen, der Herrschaft übers Material zusammen; wie beide aneinander sich abarbeiten, ist ihre Geschichte. Versöhnt werden sie nicht: auch in Musik unterdrückt das rationale Prinzip, das der Konstruktion, das mimetische. Dieses muß sich polemisch behaupten, sich selbst setzen; Espressivo ist der durchgelassene, rezipierte Protest des Ausdrucks gegen den Bann, der über ihn erging. Je versteinerter jedoch das musikalische System der Rationalität, desto weniger gewährt es dem Ausdruck seine Stätte. Damit er überhaupt noch in tonalen Mitteln laut werde, muß er einzelne herausbrechen, zur überwertigen Idee steigern, so sehr zu Ausdrucksträgern sie verhärten, wie das umgebende System sich verhärtete. Manier ist die Narbe, welche der Ausdruck in einer Sprache hinterläßt, die eigentlich zum Ausdruck schon nicht mehr zureicht. Die Mahlerschen Abweichungen sind Sprachgesten nächstverwandt: seine Eigenheiten krampfen sich zusammen wie im Jargon. Paradigmatisch sind manche hin- und herzuckenden, zugleich heftigen und gehemmten Motivwiederholungen im Maggiore des Trauermarschs der Fünften Symphonie[1]. Zuweilen – keineswegs bloß im Rezitativ – hat Mahlers Musik dem sprechenden Gestus so durchaus sich angeähnelt, daß sie klingt, als redete sie buchstäblich, wie es einmal, in der musikalischen Romantik, der Mendelssohnsche Titel ›Lieder ohne Worte‹ verhieß. Im Trio des Scherzos der Siebenten Symphonie, durchaus einer Dur-Moll-Partie, singen instrumentale Liedwendungen einen imaginären Text[2]. Extreme Sprachähnlichkeit ist eine der Wurzeln der Mahlerschen Symbiose von Lied und Symphonie, an der auch während der mittleren Instrumentalsymphonien nichts sich änderte. Die Fünfte etwa zitiert im ersten Satz ein Kindertotenlied[3], das zweite Trio des Scherzos ist vom Typus des Maggiore in ›Wo die schönen Trompeten blasen‹, das Adagietto, tatsächlich Lied ohne Worte, hängt mit ›Ich bin der

Welt abhanden gekommen‹ zusammen, und im Rondofinale ist eines der Hauptmotive aus dem Wunderhornlied gegen die Kritiker exzerpiert. Lied und Symphonie treffen sich in der mimetischen Sphäre, diesseits säuberlich getrennter Gattungen. Die Liedmelodie verdoppelt nicht das, wovon gesungen wird, sondern vermacht es gleichsam einer kollektiven Tradition. Auch Instrumentales und Vokales sind bei Mahler nicht unvermischten Wesens; die Instrumente schmiegen der singenden Stimme sich an, diese ergeht sich vorsubjektiv, melismatisch wie dann erst wieder in einer späten Phase der Neuen Musik. Guido Adler schon spricht von der »Begleitung von Worten zu seiner Musik«[4], im Gegensatz zu jener »Begleitung der Musik zu den Worten«, die auf der Verdinglichung von beidem beruht. Alle Kategorien werden bei Mahler angenagt, keine etabliert sich in unproblematischen Grenzen. Ihr Verschwimmen entspringt nicht in Mangel an Artikulation, sondern revidiert diese: weder das Deutliche noch das Verwischte wird als endgültig definiert, beides schwebt. Wie der sich selbst überspielende Ausdruck ins Material seine Spuren gräbt, so ereilen ihn umgekehrt Spuren des Dinghaften und Konventionellen im Sentimentalen. Indem Mahler einer gleichsam vorkritischen, noch akzeptierten, aber nicht mehr tragfähigen Sprache das Eigene abverlangt, wird er dem Klassizismus inkommensurabel. Die Komplexion seiner Musik verwehrt widerspruchsfreie Synthesis. Ihr Gegensatz, das perennierend nicht Eingeschmolzene, heißt Manier; sie steht ein für den immer wiederholten und immer wieder vereitelten Versuch. Die Schicht des Dinghaften in Mahlers Musik, unerbittlich gegen die Illusion von Versöhnung der antagonistischen Elemente im Unversöhnten, ist kein Makel kompositorischer Insuffizienz, sondern verkörpert einen Gehalt, der seiner Auflösung in die Form sich verweigert. Mahlers Dur-Moll-Manier hat ihre Funktion. Sie sabotiert die eingefahrene Musiksprache durch Dialekt. Mahlers Ton schmeckt, so wie man in Österreich die Rieslingtrauben ›schmeckert‹ nennt. Sein Aroma, beizend und flüchtig zugleich, hilft als enteilendes zur Vergeistigung. Das Schwankende, Ambivalente jenes Tons, darin wie im volkstümlichen Freischütz Liebe mit Kummer stets Hand in Hand zu gehen pflegt, setzt technisch ein Verhältnis zu Dur und Moll voraus, das zur Entscheidung nicht sich drängen läßt. Das Tongeschlecht hält sich offen, als stammte es aus einer Vorwelt, in der die antithetischen Prinzipien noch nicht als logische Gegensätze fixiert sind. Die Zwiespältigkeit, das Leiddurchtränkte auch noch der glückvollen Regung aber ist nicht, wie die billige Mahlerauffassung es will, auf Mahler als psychologisches Subjekt zu reduzieren, kein Zustand seiner Seele, sondern eine Reaktionsform in der Erfahrung des Wirklichen, ein Verhalten zur Realität, vergleichbar dem Galgenhumor, der übrigens Mahler nicht fremd war. Immer wieder wird über Mahlers Musik als Abbild seiner Seele geschwatzt. So heißt es jüngst noch in der Einleitung zu der Kletzkischen Platte der Neunten Symphonie, Mahler habe darin seine »inneren, persönlichen Probleme« kompositorisch ausgedrückt, und »when people talk about their souls the result is not always uniformly profitable«[5]. Weisheit desselben Schlages peroriert über Mahler als ›tragische Figur‹ und bekundet, indem sie mit unberechtigter Superiorität über seinen angeblichen Zwiespalt Krokodilstränen vergießt, die Rancune, die dem Habitus der Würdigung allemal innewohnt. Mahlers »innere, persönliche Probleme« mögen für seine Musik, zu ihrem Segen, nicht »uniformly profitable« gewesen sein, aber sie haben ihr sicherlich weniger Schaden zugefügt als der barbarische Strich im zweiten Satz jener sonst gar nicht üblen Grammophonaufnahme; die Rede von ihnen besagt wohl überhaupt mehr über die Hilflosigkeit von Geisteshistorikern geistigen Gebilden gegenüber als über diese selbst. So selbstverständlich Mahler, wie alle neuere Musik, Durchseelung voraussetzt; so wenig er bei den Tapetenmustern tönend bewegten Spiels sich bescheidet, so wenig sind seine Symphonien, in ihrem Zug zur Entäußerung, zur Totalität, an eine Privatperson gekettet, die in Wahrheit sich zum Instrument machte, um sie zu produzieren. Das widerwärtige Gegenbild zum zwiespältigen Mahler entwirft das kompositorische Subjekt als blonden Siegfried, einen harmonischen, mit sich einstimmigen Menschen, der, indem er singt, wie der Vogel singt, seinen Zuhörern ebensoviel Glück bereiten soll, wie fälschlich ihm selbst zugeschrieben wird. Das Cliché reimt sich bequem auf das entgegengesetzte vom Titanen, von dem Gott weiß warum mit sich selbst ringenden Beethoven, der es schließlich doch schafft. Aber die Qualität von Musik bewährt sich nicht in der dubiosen Leistung des Freudenbringers. Sie rangiert um so höher, je tiefer sie der Widersprüchlichkeit der Welt innewird, die auch das Subjekt durchfurcht. Mehr als bloß widersprüchlich wird sie, wo sie die Spannungen, die sie austrägt, durch ästhetische Synthesis ins Bild eines real möglichen Einen transformiert. Nicht daß Mahler die Person, und gar das immanente Subjekt seiner Kompositionen, konfliktlos gewesen wäre. Der Ton des Traumatischen an Mahlers Musik, ein subjektives Moment der Gebrochenheit, ist nicht zu verleugnen, und er hat ihn gegen die Ideologie der mens sana in corpore sano gefestigt. Aber auch wo der musikalische Verlauf Ich zu sagen scheint, ist sein Bezugspunkt, analog zum latenten objektiven Ich der literarischen Erzählung, durch den Abgrund des Ästhetischen geschieden von der Person, die das Gebilde niederschrieb. Mahler hat nicht die Wunde als expressiven Inhalt gestaltet wie Wagner im dritten Akt des Tristan. Sie manifestiert sich objektiv im musikalischen Idiom und in den Formen. Dadurch wird der Schatten von Negativität in seinen Symphonien so plastisch. Die Wunde der Person, das, was die Sprache der Psychologie neurotischen Charakter nennt, war aber eine geschichtliche Wunde zugleich, insoweit sein Werk mit ästhetischen Mitteln das ästhetisch bereits Unmögliche realisieren möchte. Nicht zum kleinsten Teil hat er sich legitimiert, indem er aus dem Defekt selber die Produktivkraft zog, die psychologischen Brüche zu objektiven erhob. Ticks des Subjekts sind dort in seiner Musik übrig, wo sie nicht ganz sich objektivierte, aber sie ist kein Seismogramm der Seele; dazu ward Musik erst im Expressionismus. Stattdessen erscheint bei Mahler jener subjektiven Vorstellung, die Musik physisch wie ein Rauschen im Kopf fühlt, die objektive Welt noch einmal, entgegenständlicht, begrifflich nicht festzunageln, zugleich aber höchst bestimmt und einsichtig. Subjektivität wird von Musik nicht so sehr mitgeteilt oder ausgesprochen, als daß in ihr wie auf einem Schauplatz ein Objektives sich zuträgt, dessen identifizierbares Gesicht ausgelöscht ist. Eher spielt ein Orchester im musikalischen Bewußtsein, als daß es auf ein Orchester sich projizierte. Vielleicht befähigt diese Auswendigkeit des musikalisch Inwendigen Musik zu jener Leistung, aus der die Psychoanalyse sie erklären möchte, zur Abwehr der Paranoia, zur

Beschwichtigung des pathischen Narzißmus. Es ist nur eine andere Wendung für den gleichen Sachverhalt, daß dem, der die Sprache der Musik versteht, sich verdunkelt, was sie bedeutet: bloßes Bedeuten wäre lediglich Bild jener Subjektivität, deren Allmachtsanspruch an ihr zunichte wird. Mahlers Musiksprache hat ihre Dignität daran, daß sie ganz und gar sich verstehen läßt und sich selber versteht, aber der Hand entgleitet, die das Verstandene packen will. Nicht an ihren einzelnen Intentionen, sondern erst an dem Gewebe, in dem sie aufscheinen und wiederum versinken, wird dies Medium dem Gedanken zugänglich, in der Totalität. – Mahlers Musik drückt nicht Subjektivität aus, sondern diese bezieht in ihr Stellung zur Objektivität. In seiner Dur-Moll-Manier konzentriert sich das Verhältnis zum Weltlauf; Fremdheit zu dem, was das Subjekt gewaltsam ›abweist‹; Sehnsucht danach, der nach der endlichen Versöhnung von Innen und Außen. Die starren polaren Momente sind in der musikalischen Erscheinung vermittelt, und ihr Ineinander bewirkt den Ton. Zum Sigel der Trauer wird das längst in der Syntax der abendländischen Musiksprache neutralisierte, als Formelement sedimentierte Moll nur, indem der Kontrast zum Dur es als Modus erweckt. Sein Wesen ist es, Abweichung zu sein; isoliert übte es jene Wirkung nicht mehr aus. Als Abweichung bestimmt dies Moll zugleich sich als das nicht Integrierte, nicht hinein Genommene, gleichsam noch nicht Seßhafte. Im Kontrast der beiden Tongeschlechter ist bei Mahler ein für allemal die Divergenz von Besonderem und Allgemeinem geronnen. Moll ist das Besondere, Dur das Allgemeine; das Andere, Abweichende wird, mit Wahrheit, dem Leiden gleichgesetzt. So schlägt im Dur-Moll-Verhältnis der Ausdrucksgehalt sinnlich-musikalisch sich nieder. Der Preis dafür ist eine Regression: was Mahler der entwickelten musikalischen Kunstsprache noch einmal abverlangt, ist nichts anderes, als wofür Dur und Moll einst dem Kind standen. Solche Erweckung ist die Figur des Neuen in Mahlers Musik. Tonalität, die im permanenten Dur-Moll-Spiel sich schärft, wird zum Medium von Moderne. Die Ambivalenz des Tongeschlechts kritisiert insofern schon die Tonalität, als sie diese, durch Rückbildung, so preßt, bis sie ausdrückt, was sie nicht mehr ausdrücken kann; auch bei Schönberg wurde die

Tonalität nicht durch ihre Verweichlichung sondern durch konstruktive Anspannung gebrochen. Die Mahlerschen Moll-Akkorde, welche die Dur-Dreiklänge desavouieren, sind Masken kommender Dissonanzen. Das ohnmächtige Weinen jedoch, das in ihnen sich zusammenzieht, und das, weil es Ohnmacht einbekennt, sentimental gescholten wird, löst die Erstarrtheit der Formel, öffnet sich dem Anderen, dessen Unerreichbarkeit weinen macht.

Darstellungsmittel bei Mahler ist die Tonalität insgesamt, und vorab der Dur-Moll-Dualismus, um der Abweichung willen, des Ferments eines Besonderen, das im Allgemeinen nicht untergeht und eben darum des Allgemeinen bedarf, des Bezugssystems, an dem es ablesbar wird und von dem es differiert. Allgemein sind in Mahlers Kompositionen am Ende die Abweichungen selbst. Der Ton stellt sich her nicht – wie exemplarisch bei Brahms – durch die Artikulation aller verfügbaren Mittel sondern durch Einsprengsel, die das unangefochten Herkömmliche affizieren. Die akademische Musiktheorie spricht von ›eingebürgerten‹ Akkorden und Ähnlichem. Davon wimmelt Mahlers Musik; von Assimiliertem und doch nicht ganz Autochthonem, von harmonischen und melodischen Akzidentien, chromatischen Zwischenstufen und -noten, Moll-Einschiebseln in Dur-Stellen, Intervallen aus der harmonischen Mollskala in der Melodik. Er benutzt ein Instrumentarium von Kunstmitteln, die gleich Fremdwörtern von der Diatonik längst geduldet, aber nicht eins mit ihr sind, und die durch ihr quantitatives Übergewicht diese unterhöhlen, wie wenn die rationale Ordnung der Musik sei's noch nicht ganz durchgesetzt wäre, sei's schon wieder schwankte. Vielfach verstößt die Vorliebe für jene Momente gegen die Normen des guten Musikertums. Der frühere Mahler mißachtet die elementare Forderung der Schule nach kraftvollem Fortgang der Stufen. Er häuft Orgelpunkte, Bässe, die zwischen den Hauptstufen pendeln wie im Marsch und in volkstümlichen Tänzen, verschiebt Akkorde in Parallelen, gern von Quinten. Der Generalbaß hat über ihn, wie etwas später bei Puccini und Debussy, keine rechte Autorität mehr. Auffällig auch seine Modulationsscheu; ihrer wurde er nie ganz ledig. Ursprünglich mag sie pure Unbeholfenheit gewesen sein; aber bei bedeutenden Künstlern tritt, was einmal

Defekt war, indem es beharrt, zugleich in den Dienst der Sache. Daß bei Mahler Modulatorik, übrigens mit erheblichen Ausnahmen zumal in der Sechsten, Siebenten und Neunten Symphonie, relativ untergeordnet blieb, gewinnt kompositorischen Sinn. Auch mit Rücksicht auf die Vertikale verfährt Mahler selten analytisch-differential. Er organisiert nicht durch die Harmonik im Kleinsten, sondern verschafft durch sie dem Ganzen Licht und Schatten, Vordergrund- und Tiefenwirkungen, Perspektive. Darum sind ihm Tonartenflächen wichtiger als ihr bruchloser Übergang oder die harmonische Durchartikulation jeder einzelnen Fläche in sich: seine Harmonik ist makrologisch. Rückungen werden vor unmerklich-glatten Modulationen bevorzugt. Die Idee makrologischer Harmonik wirkt bis in die Anlage ganzer Symphonien hinein. In der Siebenten steht der erste Satz, nach einer im Tonartenplan weit ausladenden Einleitung, in e-moll. Die drei Mittelsätze – allesamt, auch das Scherzo, Nachtstücke – senken danach sich in die Unterdominanzregion. Die erste Nachtmusik ist in der Unterdominanztonart der Dur-Parallele von e-moll, C-Dur, beheimatet; das Scherzo fällt weiter zur Moll-Parallele der Unterdominante von C nach d-moll; die zweite Nachtmusik schließlich hält sich auf derselben harmonischen Ebene, hellt diese jedoch auf, indem sie das d-moll durch dessen Dur-Parallele, F, ersetzt. Das Finale restituiert das Gleichgewicht zwischen dem ersten Satz und den Mittelstücken. Diese indessen haben so viel Schwere, daß jenes Finale sie nicht ganz kompensiert. Es muß eine Dominante unterhalb der Paralleltonart des ersten Satzes bleiben, also im C-Dur der ersten Nachtmusik. Die harmonische Homöostase der gesamten Symphonie, die Haupttonart, wäre demnach C-Dur, und die Siebente eine C-Dur-Symphonie. – Im Gesamtplan entspricht die abrupte Behandlung der Tonarten den überraschenden Akzidentien im Einzelnen. Sie erlaubt perspektivische Verhältnisse zwischen großen Tonartenflächen anstelle des nivellierenden Übergangs, ähnlich manchen Stellen der Eroica und der Neunten Symphonie von Beethoven, und vielen bei Bruckner. Auch die reife Technik der Sechsten Symphonie und des Lieds von der Erde operiert häufig mit Rückungen um der plastischen Differenz der harmonischen Ebenen willen, ohne Furcht vorm statischen Moment in der

Symphonie. Alle kompositorischen Dimensionen, auch die Metrik, tendieren zur Abweichung. Generell herrschen bei Mahler die geraden Taktzahlen vor. Agogische Modifikationen, Dehnungen und Verkürzungen jedoch werden mit Lust auskomponiert, insbesondere identische Motive in verschiedenen Längenverhältnissen, verdoppelt oder halbiert fortgesponnen: die Quantität solcher vom Vortrag angeregter Nuancen wird zur Qualität der Musik selbst.

Noch der Großrhythmus von Mahlers Formen, die Bewegung des Ganzen, ist dem Wechsel von Maggiore und Minore nah; wie vordem bei Schubert einer von Trauer und Trost. Daß diese Bestimmung in Mahlers Sinn lag, dafür gibt es ein außerordentliches Zeugnis. Zum Text des Glockenchors der Dritten Symphonie – im Wunderhorn trägt er den von Mahler verschwiegenen, insgeheim um so nachhaltigeren Titel ›Armer Kinder Bettlerlied‹[6] – hat er etwas hinzugefügt; mit seinen Texten, auch dem Klopstockschen Auferstehungshymnus, dem ›Wer hat denn dies Liedlein erdacht‹, den chinesischen Vorlagen für den ›Abschied‹ verfuhr er nicht anders, als wo er in faßlich wiederholte Liedmelodien abändernd eingriff. Auf die von ihm mit »bitterlich« – einem Wort, dessen Timbre, wie das von »kläglich«, bei Mahler nachhallt – bezeichnete Stelle[7] »Und sollt ich nicht weinen, du gütiger Gott« antworten im dreifachen Pianissimo, zu grellen Oboenakzenten, die Soprane, mit Mahlers eigenen Worten: »Du sollst ja nicht weinen! sollst ja nicht weinen.« Der sprachlose Wille der Musik dringt in die Sprache. Musik ruft sich selber beim Wort, als Einspruch. Pathetisch kehrt die Intention wieder im Hymnus der Achten Symphonie, bei der Anrufung des Parakleten. Indem Musik aber den Trost anredet, will sie nicht sowohl ihn ausdrücken als selber trösten. Damit ist das Gefühl der Vergeblichkeit bloßen Trostes bei Mahler stets beigemengt. Der Einspruch weiß mit sich Bescheid: nicht umsonst ist jener Glokkenchor der Dritten thematisch verkoppelt mit der Vierten Symphonie, dem absurden Traum aus Blöken und schwermütigem Trost. Mütterlich fährt Mahlers Musik denen, welchen sie sich zuwendet, über die Haare. So verschränken sich in den Kindertotenliedern Zärtlichkeit des Nächsten und zwielichtiger Trost des Fernsten. Sie blicken auf die Toten wie auf Kinder. Die Hoffnung des nicht Gewordenen, die als Schein von Heiligkeit um die sich legt, welche früh starben, erlischt auch den Erwachsenen nicht. Mahlers Musik bringt Speise dem vernichteten Mund, wacht über dem Schlaf der nicht mehr Erwachenden. Gleicht jeder Tote einem, der von den Lebenden ermordet wurde, so auch einem, den sie zu erretten hätten. »Oft denk ich, sie sind nur ausgegangen«, nicht weil sie Kinder waren, sondern weil fassungslose Liebe den Tod faßt einzig, als wäre der letzte Ausgang der von Kindern, Heimkehrenden. Bei Mahler ist Trost der Reflex von Trauer. Bangend konserviert Mahlers Musik darin jenes Besänftigende, Heilende, das Überlieferung seit undenklichen Zeiten der Musik als Kraft zuschrieb, Dämonen zu bannen, und das doch zur Schimäre verblaßt nach dem Maß der Entzauberung der Welt. Auf die Frage, was er einmal werden wolle, soll Mahler als Kind geantwortet haben: Märtyrer. Weil seine Musik am liebsten selbst der Paraklet sein möchte, übernimmt sie sich und wird uneigentlich. Das tingiert ihre gesamte Formsprache. Wie der Trost aufgeht als strahlendes Als ob, so spricht Mahler in indirekter Rede. Von je hat man das notiert als sein ironisches oder parodistisches Moment. Schönberg hat die meist phrasenhafte und feindselige Beobachtung auf ihre Wahrheit gebracht. »His Ninth is most strange. In it, the author hardly speaks as an individual any longer. It almost seems as though this work must have a concealed author who used Mahler merely as his spokesman, as his mouthpiece.«[8] Versteckt sich der wahre Komponist, so ist der manifeste der Kapellmeister, welcher die Objektivität des Werkes gegen den fehlbaren Autor vertritt. Nach der Wagnerischen ist die Mahlersche die zweite Kapellmeistermusik höchsten Ranges; eine die sich selbst vorträgt. Der gesellschaftliche Standort der Komposition hat derart sich verändert; sie hat sich so sehr in sich zusammengezogen, daß sie eines Mediums zwischen dem Komponisten, der nicht einfach mehr sich mitteilt, und der Sache bedarf, so wie im Film der Regisseur zum Träger der Sache wird und den Autor alten Stils eliminiert. In jener Zwischenschicht verschränkt sich Mahlers Gebrochenheit mit der geschichtlichen Formproblematik. Daß er in einem Augenblick, der die sanktionierte symphonische Form als buchstäblich bereits nicht mehr zuließ, unverdrossen der symphonischen Objektivität nachhing, nötigt zum Einschub der vermittelnden Instanz. Das der Musik selbst innewohnende Subjekt, an dem ihr vortragender Gestus haftet, offenbart sich wie in der literarischen Formkategorie der Rahmenerzählung. Feind aller Illusion, betont Mahlers Musik seine Uneigentlichkeit, unterstreicht die Fiktion, um von der Unwahrheit selber zu heilen, zu welcher Kunst zu werden beginnt. So entspringt im Kraftfeld der Form, was als Charakter von Ironie an Mahler wahrgenommen wird. Merkmale der Kapellmeistermusik, die Nachbilder des Bekannten im neu Produzierten, hört bei ihm jeder Esel. Nicht jedoch die Leistung der Kapellmeisterinstanz in der kompositorischen Formulierung. Ihr fällt die gebrochene uneigentliche Objektivation auf Kosten der spontanen Einheit von Komponiertem und kompositorischem Subjekt zu. Die vermeintliche Naturwüchsigkeit des engen Stroms primärer kompositorischer Vorstellungen berichtigt sich durch die Kenntnis des Kapellmeisters von allen Möglichkeiten, aus denen er auswählen kann. Sie infiltriert den Kompositionsvorgang technologisch mit jener Reflexion, die vom Unverstand der Mahlerschen Intellektualität aufgebürdet wird. Dem Kapellmeister als Komponisten ist nicht bloß der Orchesterklang im Ohr sondern auch die Orchesterpraxis, das Wie der instrumentalen Spielweisen samt jenen Anspannungen, Schwächen, Übertreibungen und Mattheiten, welche seine Intention sich erobert. Grenzlagen und Ausnahmesituationen des Orchesters, wie der Dirigent gerade an Fehlleistungen sie studieren mag, erweitern seine Sprache, so wie die Erfahrung vom Orchester als einem lebendig spielenden, Korrektiv jeder statischen Vorstellung vom Klang, der Musik hilft, sich spontan hervorzubringen, im Fluß zu bleiben. Orchesterpraxis, in der Betriebssphäre ein unselig Positives, Fesselndes, entbindet bei Mahler die kompositorische Phantasie. Selbst seine transzendierenden Augenblicke mögen zum Urbild die zufahrende Bewegung haben, mit der der Dirigent sein Orchester packt, so wie eine Kritik Speidels der Mahlerschen Interpretation des Lohengrinvorspiels es nachrühmt. Wo immer Mahler gegen das Gefälle der Musik Charaktere als ein Besonderes setzt, dürfte die Darstellungsweise des Dirigenten in seine Komposition transferiert sein. Sie entzieht seinen Stücken die Wörtlichkeit, als wären sie einfach von Natur so, wie sie sind.

Daß Mahler der musikalischen Kultur als von ihrer Sprache durchtränkter Meister zugehört und ihr doch disparat ist, wird zum Äther seiner Sprache. Sie ist eingeschliffen und die eines Fremden zugleich. Ihre Fremdheit verstärkt sich gerade durch ein allzu Vertrautes, dessen Kompositionen entraten, die so tief einig sind mit ihrer Sprache, daß diese dialektisch mit jenen sich wandelt. Bei Mahler treten Geläufiges und Dinghaftes in eine dem Deutsch Heines[9] verwandte Konstellation. Brüche der Form sind darum ihm nicht vorzuhalten, weil er seine Idee an Gebrochenheit selbst hat. Wie man des öfteren behauptete, wie er es auch wohl selbst äußerte, spielte bei ihm die hartnäckige Vorstellung einer Brücke zwischen Volks- und Kunstmusik noch herein. Er hoffte auf kollektives Vernommenwerden, ohne daß er dem doch etwas an Differenziertheit hätte opfern, den Stand des eigenen Bewußtseins hätte verleugnen mögen. Objektiv-musikalisch stand dahinter das Bedürfnis nach Stärkung des Melos, nicht um seiner selbst willen – in großer Symphonik war er stets sekundär – sondern weil die Riesendimensionen der Sätze, ihr Anspruch auf Totalität, auf ›Welt‹, nichtig hätte bleiben müssen ohne das Substrat, das in ihnen seine Geschichte hat; Synthesis liefe leer ohne das Mannigfaltige, das sie synthesiert; sie darf überhaupt nicht absolut werden, wenn sie nicht ihren Sinn verlieren soll. Aber jenes Bedürfnis wurde in den zur Vulgärmusik herabgesunkenen Volksmelodien so wenig mehr befriedigt wie von aller fortgeschrittenen Kunstsprache der Epoche. Volksmusik war schon ihr eigenes Trugbild; darum mußte Mahler ihr die symphonische Intensität gewissermaßen einspritzen. Nicht zuletzt drückt seine Gebrochenheit die Unmöglichkeit jeglichen Ausgleichs zwischen dem einmal Divergenten aus. Die Anleihen beim Volkslied und bei volkstümlichen Musikformen werden durch die Kunstsprache, in die sie verschleppt sind, mit unsichtbaren Anführungszeichen versehen und bleiben Sand im Getriebe der rein musikalischen Konstruktion. Der musikalischen Logik fährt die Besinnung auf das gesellschaftliche Unrecht in die Parade, das Kunstsprache unabdingbar denen antut, die am Bildungsprivileg nicht teilhaben. Der Streit der hohen mit der unteren Musik, in dem seit der industriellen Revolution der objektive gesellschaftliche Prozeß von Verdinglichung, zugleich von Auflösung der naturwüchsigen Residuen ästhetisch sich spiegelte, und den kein künstlerischer Wille schlichtete, erneuert sich in Mahlers Musik. Seine Integrität hat für die Kunstsprache sich entschieden. Aber der Bruch zwischen den beiden Sphären war zu seinem eigenen Ton geworden, dem von Gebrochenheit. Durchweg wäre seine Musik als Pseudomorphose zu entziffern; die Abweichungen sind deren Inbegriff. Dazu wäre er mit Bruckner zu konfrontieren, mit dem man ihn, als wäre bloße Länge eine qualitative Kategorie, in den westlichen Ländern so bedenkenlos zusammenspannt. Mahler spürt Sinn im Sinnverlassenen auf, das Sinnverlassene im Sinn. Nichts dergleichen bei Bruckner; so viel ist wahr an der penetranten Rede von dessen Naivetät. Brüchig wird Bruckners Formsprache gerade, weil er sie ungebrochen verwendet. Selbst subjektivistische Elemente wie die Wagnerische Enharmonik verwandeln sich zurück in Vokabeln eines Vorkritischen, Dogmatischen. Was er von sich aus möchte, überantwortet sich, darin ähnlich dem so viel späteren Anton von Webern, ohne Zögern dem Material. Durch den Verzicht des ästhetischen Subjekts, sein Material eingreifend zu bestimmen, wie es in der großen abendländischen Musik zur Norm geworden war, empfängt seine Musik den Ton des gegen den Strich Komponiertseins. Das Gefälle von Bruckners Symphonik ist konträr zum Glauben an Komposition als subjektiven Schöpfungsakt. Demgegenüber ist Mahlers Sprache Pseudomorphose, weil sie vom objektiven Medium ihres Vokabulars zugleich sich distanziert. Sie tut ihm Gewalt an, um es beschwörend zu einer Verbindlichkeit zu nötigen, die an ihm selber problematisch ward. Ein Ausländer spricht Musik fließend, aber wie mit einem Akzent. Nur urige Reaktionäre haben das eifernd gewahrt, die Schönbergschule hat es aus Protest geflissentlich überhört, während gerade im Moment des Uneigentlichen, das die Lüge der Eigentlichkeit demaskiert, Mahler seine Wahrheit hat. Das fahle oder grelle, trübe oder überscharfe Licht, das die Abweichungen auf die Musiksprache werfen, die sie umgibt, entzieht dieser die Selbstverständlichkeit: sie erscheint wie von außen. Was musikalisch vorhanden ist, wird transparent. Aus Uneigentlichkeit wird das unersetzlich Einmalige destilliert; ein Sinn, der abwesend bliebe, wo das Besondere als Echtes ganz mit sich identisch sein wollte. Objektiv weiß und gestaltet Mahlers Musik, daß Einheit sei nicht trotz der Brüche, sondern allein durch den Bruch hindurch.

Was an Mahler klingt, als wäre es hinter seiner eigenen Zeit zurück, ist mit der Idee verzahnt. Sein Erfahrungskern, Gebrochenheit, das Gefühl der Entfremdung des musikalischen Subjekts, will sich ästhetisch realisieren, indem auch die Erscheinung nicht als unmittelbar sich gebärdet sondern ebenfalls gebrochen, eine Chiffre des Gehalts; auf diesen wiederum wirkt die abgetrennte Erscheinung zurück. Bei ihm sind die musikalischen Phänomene ebensowenig à la lettre zu verstehen, wie der Erfahrungskern geradeswegs kompositorische Struktur werden kann. Zog jegliche andere große Musik der Epoche sich zurück auf das, was in ihr einheimisches Reich fällt, ohne Anleihe bei einer ihr heteronomen Realität oder Sprache, so innervierte Mahlers Musik das Abgespaltene, Partikulare, ohnmächtig Private solcher Reinheit. In Mahler dröhnt ein Kollektives, die Bewegung der Massen etwa so, wie noch im erbärmlichsten Film für Sekunden die Gewalt der Millionen, die damit sich identifizieren. Schaudernd macht Mahlers Musik selber sich zum Schauplatz kollektiver Energien. Daß er späterhin sogar das Medium der Kammermusik verschmähte, das einer geliebt haben muß, der täglich beobachten konnte, wie sehr der Orchesterapparat das Komponierte vergröbert, zeugt davon. Mahlers Musik ist Traum des Individuums vom unaufhaltsamen Kollektiv. Zugleich aber drückt sie objektiv aus, daß Identifikation mit ihm unmöglich sei. Wie sie von der Nichtigkeit des isolierten und sich selbst als absolut verkennenden Ichs weiß, so weiß sie, daß dies Ich nicht sich aufspielen darf, als wäre es kollektives Subjekt unmittelbar. Von objektivistischen Veranstaltungen wie denen des Neoklassizismus nach ihm fehlt jede Spur; in ihren Sphären wird Mahler gehaßt. Seine Musik redet weder lyrisch vom Einzelnen, der in ihr sich ausdrückt, noch bläht sie sich zur Stimme der vielen auf oder versimpelt um ihretwillen. Sie hat ihre antinomische Spannung an der Unerreichbarkeit beider für einander. Auch wo Mahlers Symphonien das Echo kollektiver Bewegung entwerfen, gehorchen sie der Pseudomorphose durch die Stimme des Subjekts, das einsam für jene redet, zu denen hoffnungsloser Drang es zieht. Identifiziert Mahlers Musik sich mit der Masse, so fürchtet sie diese zugleich. Die Extreme ihres kollektiven Zuges, etwa im ersten Satz der Sechsten Symphonie, sind jene Augenblicke, wo der blinde und gewalttätige Marsch der vielen dazwischen fährt: Augenblicke des Zertrampelns. Daß der Jude Mahler den Faschismus um Dezennien vorauswitterte wie Kafka im Stück über die Synagoge, motiviert wohl in Wahrheit die Verzweiflung des fahrenden Gesellen, den zwei blaue Augen in die weite Welt schickten. Mahler relativiert den Standpunkt des Individuums als des substantiellen Trägers von Musik, ohne renegatenhaft zu positiver Kollektivität überzulaufen. Auch das ist eine der Facetten seiner Sprache. Sie fügt sich als eine zweite der Musik, aus den Trümmern der sei's veralteten, sei's unerreichbaren kollektiven[10]. Unterdessen hat diese Intention von Thornton Wilder bis Eugène Ionesco auf die avancierte Literatur übergegriffen. Wo aber Mahlers Musik nicht selbst als gebrochen auftritt, muß sie zerbrechen. Auch sie ist dem Gedanken von Karl Kraus untertan, daß ein gut gemalter Rinnstein mehr sei als ein schlecht gemalter Palast. Das hat seine Entwicklung konzediert. Technische Selbstkritik wird zu der an der Idee. Sie geleitet zur Schwelle der Intention fortgeschrittener Musik: daß Komponieren keine Chance von Objektivation hat, daß sie nicht anders vor der gesellschaftlichen Wahrheit standhält, als wo der Komponist, ohne über die ästhetische Gestalt des Komponierten hinauszulugen, rückhaltlos dem sich überläßt, was im eigenen Umkreis ihm erreichbar ist.

Zu seinen Lebzeiten hat ihm, nach dem Zeugnis Schönbergs, ein angesehener Kritiker vorgeworfen, seine Symphonien seien nichts als »gigantische symphonische Potpourris«[11]. So absurd das heute angesichts der Erkenntnis von Mahlers Konstruktionen dünkt, so getreu notiert es doch, was an ihnen bestürzte. Das war ihr Irreguläres, Unschematisches. Seit Berlioz begleitete den symphonischen Integrationsprozeß als Schatten Irrationalität der kompositorischen Verfahrungsweise. Bei Mahler versteckt sie sich nicht länger, offenbart aber zugleich die eigene Logik. Verglichen mit Mahlers unschematischer Prozedur war die gesamte Musik seiner Zeit, auch die des früheren Schönberg, traditionalistisch insofern, als sie fachmännisch war. Aktuell an Mahler ist genau der Kampf mit dem Fachmann. Was im Potpourri Not der wahllosen Aneinanderreihung arrivierter Melodien war, wird bei ihm Tugend eines Gefüges, das empfindlich die eingefrorenen Gruppierungen der anerkannten Formtypen auftaut. Der Zusammenhang, den diese garantieren sollten, wird nun von der Gebrochenheit der prägnanten Themen und Gestalten gestiftet; vom Anschein des schon Bekannten, durch den ein jegliches mehr ist, als es bloß ist. In der spätromantischen Symphonik, vor allem den sogenannten nationalen Schulen, bei Tschaikowsky oder Dvořák, war das vorbereitet. Die fiktiv volksliedhafte Spezifikation der Themen placiert diese derart im Vordergrund, daß sie die Vermittlungskategorien der klassizistischen Tradition, wo sie sie bemühen, zum theatralischen Rummel oder zum Füllsel entwerten. Was bei ihnen unfreiwillig vulgär war, wird bei Mahler zur herausfordernden Allianz mit der Vulgärmusik. Schamlos paradieren seine Symphonien mit dem, was allen in den Ohren liegt, Melodieresten der großen Musik, schalen volkstümlichen Gesängen, Gassenhauern und Schlagern. Sogar solche klingen an, die erst viel später geschrieben wurden, wie das Maxim-Chanson in der Ersten Symphonie oder gar, im zweiten Satz der Fünften, das Berlinische ›Wenn du meine Tante siehst‹ aus den zwanziger Jahren. Von den potpourriähnlichen spätromantischen Stücken holt er sich die zugleich auffälligen und eingängigen Einzelprägungen, beseitigt aber das läppisch gewordene Zwischenwerk. Stattdessen entwickelt er die Beziehungen konkret aus den Charakteren. Manchmal läßt er diese übergangslos aufeinanderprallen, solidarisch mit der späteren Kritik Schönbergs am Vermittelnden als dem Ornamentalen, nicht zur Sache Gehörigen. Mehr als einem Desiderat Mahlers genügt das Potpourri. Es schreibt dem Komponisten nicht vor, was auf was zu folgen habe; es befiehlt keine Wiederholungen, entzeitlicht nicht die Zeit durch prästabilierte Ordnung ihres Inhalts. Den verwesten Themen aber, die es zusammenrafft, hilft es zum Nachleben in der zweiten Musiksprache. Diese bereitet Mahler artifiziell. Ihm wird das Potpourri Form durch unterirdische Kommunikation seiner zerstreuten Elemente, eine Art triebhaft ungebundener Logik. Jakobinisch stürmt die untere Musik in die obere ein. Die selbstgerechte Glätte der mittleren Gestalt wird demoliert vom unmäßigen Klang aus den Pavillons der Militärkapellen und Palmengartenorchester. Geschmack hat für Mahler so wenig Autorität wie für Schönberg[12]. Symphonik gräbt nach dem Schatz, den allein noch der Wirbel von Pauken aus der Ferne oder Stimmgeräusche verheißen, seitdem Musik als Kunst häuslich sich einrichtete. Sie möchte die Massen ergreifen, die vor der Kulturmusik flüchteten, ohne doch ihnen sich gleichzuschalten. Daß sie schwerlich symphonischen Organismen ohne Krücken folgen und desto lieber über deren Mangel an Kultur sich entrüsten würden, ist nicht einkalkuliert. Wohl aber wird die Konsequenz daraus gezogen, daß die disparaten Niveaus nicht dekretorisch wiederzuvereinigen sind. Das ungehobene Untere wird als Hefe in der hohen Musik verrührt. Drastik, Sinnfälligkeit eines musikalisch Einzelnen, das weder auszutauschen noch zu vergessen wäre: die Kraft des Namens[13] ist vielfach in Kitsch und Vulgärmusik besser behütet als in der hohen, die schon vorm Zeitalter radikaler Konstruktion all das dem Stilisationsprinzip opferte. Jene Kraft wird von Mahler mobilisiert. Frei wie nur einer, der selber von Kultur nicht ganz verschluckt ist, greift er auf musikalisch obdachlosem Zug nach dem zerbrochenen Glas auf der Landstraße und hält es gegen die Sonne, daß alle Farben darin sich brechen. »Daß gerade er, der Bedürfnislose, der ›Barbar‹, wie wir ihn oft wegen seiner Abneigung gegen Luxus und die Annehmlichkeiten und die Verschönerung des Lebens nannten, von solcher Herrlichkeit umgeben sei, erscheint ihm wie eine Ironie des Schicksals, die ihm oft ein Lächeln über sich selber abzwingt.«[14] Im erniedrigten und beleidigten Musikstoff schürft er nach unerlaubtem Glück. Er erbarmt sich des Verlorenen, damit es nicht vergessen sei und der Gestalt zum Guten anschlage, die es behüten soll vor der sterilen sich selbst Gleichheit. Wie ingeniös er das Heteronome, den Bodensatz fürs autonome Gebilde einsammelt, bezeugt das skandalös gewagte Posthornsolo der Dritten Symphonie. Darin komponiert Mahler das subjektive Rudiment aus, das Rubato des Blasenden. Fanfare und Lied spielen ineinander: der wirkliche Liedeinsatz[15] erfolgt auf der Dominante, als wäre unerhörbar ein Melodieteil schon vorhergegangen; die Dehnungen des Vortrags verändern auch hier

metrisch die Melodie, retten sie vor trivialer Achttaktigkeit. Unmerklich expressiv ist die Harmonik dazu. Ist Banalität Inbegriff musikalischer Verdinglichung, so wird sie bewahrt und gemildert zugleich durch die beseelt improvisierende Stimme, die dem Dinghaften sich einlegt. So wird noch das Brüchige eingebaut, ohne daß das Ganze zerbräche. Beim zweiten Auftritt des Posthorns aber horchen, nach Mahlers Vorschrift, die Geigen diesem nach[16]; als schüttelten sie den Kopf darüber. Indem sie das Unmöglich des Geschmacks reflektieren, der auf seinem Urteil: Kitsch besteht, bejahen sie die Möglichkeit, das Versprechen, ohne das keine Sekunde sich atmen ließe.
Mahler hat die Revolte wider die bürgerliche Musik aus dieser selbst herausgelesen. Seit Haydn wird in ihr ein Plebejisches tradiert. In Beethoven rumort es, übrigens ist auch Faust, auf dem Osterspaziergang mit dem pedantisch gelehrten Famulus, Sprecher jener Schicht, als wäre sie Natur. Die Emanzipation der bürgerlichen Klasse fand ihr musikalisches Echo. Ästhetisch jedoch so wenig wie in der Realität war sie identisch mit der Menschheit, die sie proklamiert. Humanität wird eingeschränkt vom Klassenverhältnis. Daß sie den formal Gleichberechtigten vorenthalten bleibt, macht deren Attitude aufsässig. Solange sind die Bürger Plebejer, wie ihr autonomer Geist nicht universal sich verwirklicht. Auch im Kunstwerk: schlecht Gekleidete, Unmanierliche tummeln sich in einem festlichen Raum, dessen absolutistische Imago die bürgerliche Musik weiter entwirft. Mit der Konsolidierung des Bürgertums hatte sich dann das plebejische Element allmählich zum folkloristischen Reiz gemäßigt. Bei Mahler, in einer Phase, in der die erdrückende Realität vom ästhetischen Sensorium nicht mehr im Bilde zu schlichten war, wird jener Klang schrill. Was zuzeiten der bürgerliche Geschmack als rote Blutkörperchen zur eigenen Regeneration goutierte, trachtet nun jenem nach dem Leben. Noch Beethoven versöhnte das plebejische Moment mit dem klassizistischen im Verhältnis zu einem Mannigfaltigen, das zwar als ›Material‹ bearbeitet wird, nirgends aber eigenständig, ungeschliffen heraussticht. Mahlers Stunde aber kannte kein Volk mehr, das als naturwüchsig sich hätte wahrnehmen lassen, und dem musikalisches Spiel mit Anstand sein Kostüm hätte entleihen können. Ebensowenig erlaubt der mittlerweile erreichte

Stand der musikalischen Materialbeherrschung, das Plebejische zu absorbieren. Darum verkörpert bei Mahler das Untere nicht Elementarisches und Mythos, nichts Naturhaftes, auch wo seine Musik derlei Assoziationen streift wie in den Stimmungen der Herdenglocken; dort holt eher eine Musik Atem, die sich den Weg zurück versperrt weiß, als daß sie jenen Weg vortäuschte. Vergebens die Suche nach Geistfernem in Mahler. Vielmehr ist das Untere bei ihm das Negativ der Kultur, die mißlang. Form, Maß, Geschmack, schließlich die Autonomie der Gestalt, die seinen Symphonien selbst vorschwebt, sind gebrandmarkt von der Schuld derer, die die anderen davon ausschließen. Wodurch Kunstwerke zum Sinnzusammenhang werden, der Schein, der sie abdichtet von der Schmach der Wirklichkeit; ihr Wählendes und Erlesenes, basiert nicht bloß gesellschaftlich auf der materiellen Verfügung und der in dieser entspringenden Bildung, sondern trägt das Vorrecht als noli me tangere hinein in ihr Allerheiligstes. Der Geist, der in großer Musik desto selbstherrlicher sich zelebriert, je größer sie ist, verachtet die niedrige, körperliche Arbeit der anderen. Nach solchen Regeln möchte Mahlers Musik nicht mitspielen. Desperat zieht sie an sich, was Kultur verstößt, so armselig, verwundet, verstümmelt, wie Kultur es ihr übermacht. Das Kunstwerk, gekettet an Kultur, möchte die Kette zerreißen, Barmherzigkeit üben am schäbigen Rest; jeder Takt bei Mahler öffnet weit die Arme. Was aber von der Norm der Kultur fortgewiesen ward, der Freudische Abhub der Erscheinungswelt, erschöpft sich, nach der Idee solcher Symphonik, nicht vollkommen in Komplizität mit der Kultur: Freuds Lehre vom Einverständnis von Es und Über-Ich gegen das Ich ist wie Mahler auf den Leib geschrieben. Abhub soll das Kunstwerk hinaustreiben über den Schein, zu dem es unter der Kultur ward, und etwas von jener Leibhaftigkeit wiederherstellen, durch welche Musik von anderen ästhetischen Medien insofern sich unterscheidet, als ihr Spiel nichts vorstellt. Kraft des Unteren als eines Gesellschaftlichen meint Mahlers Musik hinaus über den Geist als Ideologie. Die erste Niederschrift des Themas »Alles Vergängliche ist nur ein Gleichnis« aus der Achten Symphonie, seit Dezennien in der Wohnung Alban Bergs, steht auf einem Stück Klosettpapier. Der verborgene Impuls seiner Musik will den Überbau vertilgen, zu dem vordringen, was die Immanenz der Musikkultur verdeckt. Dessen aber ist Kunst so wenig wie irgendeine Gestalt der Wahrheit als reiner Unmittelbarkeit mächtig. Unverführt von der Romantik des Eigentlichen und Wesentlichen, prätendiert Mahler nirgends, jenes Nackte unmetaphorisch, als an sich Seiendes vor Augen zu stellen. Daher die Gebrochenheit. Was bei Beethoven noch als Spaß sich vermummt: daß die Vögel am Ende der Szene am Bach wie mechanische Spielzeuge leiern; die unfreiwillige Komik der Ursymbole aus Wagners Ring, wird zum Apriori alles dessen, was in Mahlers Musik Natur heißt. Erst die Einsicht darein schützt Mahler vor jenem Enthusiasmus, der seit seinen Anfängen in dem grausligen Wort ›kosmisch‹ sich zusammenfaßte und dem Hohn über den Intellektuellen sich darbietet, der auf der Alm Stunden der Einkehr feiere. Nicht jedoch verspottet Mahler wie Strawinsky seine infantilen Modelle. Der Stellung der Mahlerschen Musik zur Objektivität ist hämisches Archaisieren fremd. Weder am ohnmächtig Alten noch am impotenten Subjekt kühlt er sein Mütchen. In seinen vielberufenen ironischen Momenten klagt das Subjekt der Vergeblichkeit der eigenen Anstrengung sich an, anstatt die verlorene und beschworene Bilderwelt zu verlachen. Nie beruhigt sich Mahler bei jenen Momenten. Das Subjekt, das aus dem Überbau hinabsteigt, reißt hoch und verändert, worauf es stößt. Wollte man, auf die Gefahr des prompten Mißverständnisses hin, Mahler und Strawinsky mit Strömungen der Psychologie vergleichen, dann hielte Strawinsky es mit den Jungschen Archetypen, während das aufklärerische Bewußtsein von Mahlers Musik an die kathartische Methode jenes Freud mahnt, der, deutsch-böhmischer Jude wie Mahler, in einer kritischen Phase dessen Leben kreuzte, aus Ehrfurcht vor dessen Sache darauf verzichtete, die Person zu heilen, und damit ums Ganze den Diadochen überlegen sich zeigte, welche Baudelaire mit der Diagnose seines Mutterkomplexes erledigen. Das kompositorische Subjekt bildet bei Mahler nicht sich der infantilen Schicht an, sondern läßt sie herein, um sie zu entmythologisieren. Nach der Destruktion der zur Ideologie erniedrigten Kultur von Musik schichtet sich aus den Bruchstücken und Erinnerungsfetzen das zweite Ganze. In ihm läßt subjektiv organisatorische Kraft Kultur wiederkehren, gegen welche Kunst sich auflehnt, aber die sie nicht ausrottet. Jede Mahlersche Symphonie fragt, wie aus den Trümmern der musikalischen Dingwelt lebendige Totalität werden kann. Nicht trotz des Kitschs, zu dem sie sich neigt, ist Mahlers Musik groß, sondern indem ihre Konstruktion dem Kitsch die Zunge löst, die Sehnsucht entbindet, welche der Kommerz bloß ausbeutet, dem der Kitsch dient. Der Verlauf von Mahlers symphonischen Sätzen entwirft Rettung kraft der Entmenschlichung.

III

Wie Mahler jeweils verfährt, richtet sich nicht nach überkommenen Ordnungsprinzipien, sondern nach dem spezifischen musikalischen Inhalt und der Konzeption des Gesamtverlaufs. Wesentliche Gattungen seiner Formidee aber sind Durchbruch, Suspension und Erfüllung. Durchbruchsstellen sind jene der Ersten Symphonie, später die D-Dur-Wendung der Bläser im zweiten Satz der Fünften. Suspensionen komponieren das alte senza tempo aus in dem Fortgang gegenüber exterritorialen Partien; vom Totenvogel vorm Choreinsatz der Zweiten über die Posthornepisode der Dritten, über die Episoden in den Durchführungen der ersten Sätze der Sechsten und Siebenten bis zu den Takten des Frühlings im ›Trunkenen‹ des Lieds von der Erde und der gehaltenen Stelle der Burleske der Neunten. Die Mahlerschen Suspensionen sedimentieren sich mehr stets zu Episoden. Diese sind ihm wesentlich: Umwege, die rückwirkend als die direkten sich erweisen. Von den kodifizierten Formkategorien kommt der Mahlerschen von Erfüllung am nächsten noch der Abgesang der Barform, der seiner Generation durch die Meistersinger eingeübt war. Erfüllungen als Abgesang sind etwa das kurze Expositionsende im ersten Satz der Dritten oder der Schluß der Reprise des Finales der Sechsten, ehe die Einleitung zum letzten Mal erscheint; auch die dritte Strophe des ersten Satzes des Liedes von der Erde. Daß, bis zu ihrer Renaissance in Wagner, Abgesänge die gesamte Generalbaßära hindurch kaum geschrieben wurden, erklärt sich wohl damit, daß sie, als Erfüllung eines musikalischen Zusammenhangs durch ein ihm gegenüber wesentlich Neues, mit der Idee der immanenten Geschlossenheit der neueren Musik kollidierten, deren Ökonomieprinzip alles wie Zinsen vom Grundstock hecken ließ. Mahlers Revolte gegen solche Sparsamkeit erinnerte sich an den Abgesang unabhängig von historischer Bildung. Als Abgesang wird in Mahlers Symphonik, was nicht formimmanent, nicht kalkulabel ist, selbst zur Formkategorie, Anderes und Identisches zugleich. Das Uneigentliche tastet nach seinem An sich; nach dem, was die einzelnen Themen aus Askese gegen den subjektiven Anspruch, das Ganze aus sich heraus zu schaffen, ausgespart haben. Archaische Reste in der Volksmusik, vor allem im Marsch, mögen Mahler zur Rekonstruktion von Abgesängen bewogen haben. Ihr Vorbild in körperlicher Bewegung ist die Folge von auf der Stelle Treten und Frei weg. Aufgespeicherte Kraft wird losgelassen. Erfüllung ist Entfesselung, das physische Muster von Freiheit. Zu ihrem Typus rechnen weiter, ohne Abgesangsfunktion, der Repriseneinsatz im ersten Satz der Achten, die Fortissimo-Wiederkehr des Hauptthemas im Anfang des ersten Satzes der Neunten und sehr vieles im Finale der Sechsten, schon das Ende von deren Seitensatz in der Exposition. Erfüllt jedoch sind bei Mahler nicht nur solche Formteile, sondern jene Idee ist die gesamte symphonische Struktur hindurch am Werk. Allenthalben wird die Verpflichtung von Erwartung honoriert. Musik heimst Erfüllung als Gewinst ein, wo sie auf dramatische Schürzung, momentanen Einstand verzichtet. Mahler konnte Erfüllungsfelder beim frühen Brahms finden; so im ersten Satz des g-moll-Klavierquartetts, auch in der Marschepisode von dessen Andante. Die Geschichte der Musik des neunzehnten Jahrhunderts hatte, insoweit sie an Leitton und Chroma sich orientierte, die Spannungen ungemein vermehrt, die Entspannungen entwertet. Dadurch ist technisch eine Disproportion, dem Gehalt nach etwas von Versagung entstanden. Beides hat sich verstärkt, je weniger die Mittel, die konventionell Erfüllung vorspiegelten, vor allem die Wiederherstellung der Haupttonart, angesichts der anwachsenden Spannungen mehr ausreichten. Der Diatonik hielt Mahler sicherlich nicht zuletzt darum die Treue, weil er die Spannungen energischer ausgleichen wollte, als die Mittel des Tristan gestatteten. Da er jedoch nicht mehr schlicht auf die Tonalität vertrauen konnte, wurden ihm Erfüllungen zur Aufgabe der rein musikalischen Gestalt. Wo Doppelpunkte oder Fragezeichen komponiert sind, dürfen sie von keinem bloßen Satzzeichen beantwortet werden sondern stets nur mit einem Satz. Die aktuelle Energie der

Charaktere darf nirgends geringer sein als die potentielle der Spannung: die Musik sagt gewissermaßen voilà. Dies Moment hat dann Schönberg geerbt, dessen Satz, die Musiktheorie handle immer nur von Anfang und Schluß und nie vom Entscheidenden dazwischen, auf jenen Sachverhalt anspielt. Seine Idee des Spannungsausgleichs durch den dynamischen Inbegriff der Form ist das Selbstbewußtsein eines Mahlerschen Bedürfnisses. Gerechtigkeit waltet in der Kompositionstechnik. Aber sie erschöpft sich nicht im Maß für Maß. Der permanente Bedacht auf Erfüllung zitiert das Unaustauschbare mitten in die kompositorische Verfahrungsweise, anstatt es als abstraktes Wunschbild oder als poetisierende Vision draußen zu halten. – Durchbruch ist stets Suspension, die des Immanenzzusammenhangs; aber nicht jede Suspension ist Durchbruch. Daß sie zu diesem die Kraft hat, lernt Mahler bezweifeln; kaum mehr riskieren seine Sätze nach der Fünften die Vorstellung eines Transzendenten als neue Unmittelbarkeit. Unwillkürlich hat seine kompositorische Logik jener philosophischen sich angeglichen, der zufolge aus der Dialektik nicht ins Unbedingte sich herausspringen läßt ohne Gefahr des Rückfalls ins gänzlich Bedingte: er scheut sich kompositorisch den Namen Gottes zu nennen, um ihn nicht seinem Widerpart auszuliefern. Die Intention des Durchbruchs wird allmählich mediatisiert. Die Suspensionen kündigen die Formimmanenz, ohne die Gegenwart des Anderen positiv zu behaupten; Selbstbesinnungen des in sich Befangenen, nicht länger Allegorien des Absoluten. Retrospektiv werden sie von der Form aufgefangen, aus deren Elementen sie gefügt sind. Mahlers Erfüllungsfelder leisten in der Form, durch ihre Relation zum Vorhergegangenen, was der Durchbruch vom Außen sich versprach und was der symphonisch-dramatische Typus der Explosion des Augenblicks vorbehielt. Momentan bei Mahler ist der Durchbruch, die Suspensionen dehnen sich aus, Erfüllungen sind thematische Gestalten spezifischen Wesens. Darin aber, daß Mahlers Musik das Versprechen hält; daß es dort wahrhaft kommt, wo sonst, nach Busonis Bemerkung, Höhepunkte erreicht werden, nach denen es enttäuscht und enttäuschend wieder von unten anfängt, kommt ein Verlangen nachhause, das eigentlich, vom ungebändigten Geist, an alle Musik herangetragen wird und über das der gebändigte nur darum als Geschmack erhaben sich wähnt, weil er immer wieder darum betrogen ward und in den größten Kunstwerken am meisten. Die Idiosynkrasie gegen den Kitsch ekelt sich vor dessen Anspruch, das Erwartete zu sein, das er doch durch seinen Defekt entwürdigt. Er äfft mit dem, was er zugleich vor der Kunst voraus hat. Mahler möchte die schlechte Alternative wegräumen, indem er dem Kitsch raubt, was die hohe Musik versagt, und ihn vom Schwindel kuriert durch den Zug der hohen Musik, dem allein Erfüllung wahrhaft zuteil wird. Nimmt Mahler Abschied vom glorreichen Augenblick, so hinterläßt ihm dieser Flächen der dauernden Gegenwart. In seinen Erfüllungspartien verweilt, was sonst entflieht, wie vor ihm vielleicht nur manchmal bei Bruckner: dem Fis-Dur-Mittelsatz aus dem Adagio von dessen Siebenter Symphonie. Die aus einem unscheinbaren Kontrapunkt aus dem Hauptthemenkomplex gebildete G-Dur-Episode nach der Exposition des ersten Satzes der Vierten Symphonie Mahlers, eine selige Stelle, liegt vor dem Hörer da wie das Dorf, vor dem ihn das Gefühl ergreift, das wäre es[1]. Daß die Musik solcher Dauer mächtig werde, entschädigt für die Abdankung des authentisch symphonischen Prinzips. Das Mahlersche Formgefühl verlangt aber, daß dieser episodische Charakter der Gesamtsymphonie nicht wieder entgleite; das lang ausgesponnene erste Thema des Variationssatzes der Vierten hat, ohne alles schrille Pathos, denselben Frieden eines wunschlos Heimatlichen, geheilt vom Schmerz der Grenze. Seine Verbürgtheit, welche die Beethovensche nicht zu fürchten braucht, besteht die Probe dadurch, daß Sehnsucht rastet, unbestechlich jedoch wieder laut wird im klagenden zweiten Thema, mit dem singenden Nachsatz des Transzendierens[2].

An Mahlerschen Kategorien wie Suspension oder Erfüllung geht eine Idee auf, die über den Umfang seines œuvres hinaus dazu beitragen könnte, Musik durch Theorie zum Sprechen zu bringen: die einer materialen Formenlehre, also der Deduktion der Formkategorien aus ihrem Sinn. Sie wird von der akademischen Formenlehre versäumt, die mit abstrakt-klassifikatorischen Einteilungen wie der nach Hauptsatz, Überleitung, Nebensatz und Schlußsatz haushält, ohne daß sie diese Abschnitte ihrer Funktion nach begriffe. Bei Mahler überlagern sich die üblichen abstrakten Formkategorien mit den materialen; zuweilen werden jene spezifisch zu Trägern des Sinnes; zuweilen auch konstituieren sich materiale Formprinzipien neben oder unter den abstrakten, die zwar weiterhin das Gerüst beistellen und die Einheit stützen, selber aber keinen musikalischen Sinnzusammenhang mehr hergeben. Mahlers materiale Formkategorien werden physiognomisch besonders deutlich dort, wo die Musik einstürzt wie im Kaleidoskop. Der Ausklang der Durchführung des ersten Satzes der Neunten Symphonie etwa wirkt, nach den Worten von Erwin Ratz, »wie ein furchtbarer Zusammenbruch«[3]. Die traditionelle Formenlehre kennt, meist in den Schlußgruppen vor der Coda, Auflösungsfelder. In ihnen zergehen die thematischen Konturen in ein mehr oder minder formelhaftes Tonspiel, etwa auf der Dominante; nicht ungewöhnlich sind auch über verhältnismäßig weite Strecken auskomponierte Diminuendi. Die Einsturzpartien Mahlers jedoch vermitteln nicht mehr bloß zwischen anderen oder besiegeln Entwicklungen, sondern sprechen für sich selbst. Während sie eingebettet sind in den Gesamtverlauf der Form, erstrecken sie sich in dieser zugleich als ein Eigenes: die negative Erfüllung. Tritt in den Erfüllungsfeldern ein, was die Entwicklung verhieß, so ereignet sich in den Einstürzen, wovor der musikalische Verlauf sich ängstigt. Sie modifizieren nicht bloß die Komposition, die in ihnen weniger dicht würde oder vollends zerstäubte. Sie sind Formteile als Charaktere. Materiale Formenlehre hätte durchweg Formabschnitte Mahlers zum Gegenstand, die anstatt mit Charakteren ausgefüllt, dem eigenen Wesen nach als Charaktere formuliert werden. Die Kategorie des Einsturzes läßt auf ein sehr frühes und einfaches Modell sich zurückverfolgen, den Schluß des dritten Gesellenlieds: »Ich wollt', ich läg' auf der schwarzen Bahr'«, wo über einem Dominantorgelpunkt aneinandergereihte Akkorde nach unten schreiten. Sie gehen nicht zu einem Anderen über; sie sind selber Ziel, die Motivfragmente danach bloß noch Coda; das letzte Lied dann Epilog. Diesen Typus hat Mahler unverkennbar im ersten Satz der Zweiten Symphonie übernommen[4], der überhaupt die Tendenz zusammenzustürzen zeigt. Mit voller Meisterschaft ist ein solcher Zusammenbruch komponiert im Trauermarsch der Fünften Symphonie[5]. Er dynamisiert die Form, ohne daß doch die traditionellen Formrayons durch Entwicklung einfach abgeschafft wären; vielmehr ist die Dynamik des Katastrophenabschnitts selbst zugleich ein Charakter, ein quasi räumliches Feld. Nicht nur wird durch die Einsturzteile einem formalen Entspannungsbedürfnis genügt, sondern sie entscheiden inhaltlich die Musik durch ihren ausgeführten Charakter.

Mahlers Charaktere insgesamt machen eine Bilderwelt aus. Der erste Blick sieht sie als romantisch, sei's ländlich-landschaftlich, sei's kleinstädtisch, wie wenn der musikalische Kosmos an einem unwiederbringlichen gesellschaftlichen sich wärmte; wie wenn die ungestillte Sehnsucht nach rückwärts projiziert wäre. Daß Mahler trotzdem vor Spitzweg und den Butzenscheiben gefeit war, indem sein Schwung die Idylle, nach dem Modell der Wagnerischen Meistersinger, zum Entwurf eines dynamischen Ganzen ausweitete, war nur durch die Gebrochenheit seiner imagines möglich. Umgekehrt werden diese gebrochen auch vom symphonischen Zug, dessen Totalität die Unmittelbarkeit der Details auslöscht. In den Gedichten, mit denen Mahlers Musik sich durchtränkte, denen des Wunderhorns, waren Mittelalter und deutsche Renaissance selber schon Derivate wie auf gedruckten fliegenden Blättern, die von edlen Rittern melden, während sie bereits halbwegs Zeitungen sind. Wahlverwandt war Mahler seinen Texten weniger in der Illusion des Heimeligen als im Vorgefühl unverändert-wilder Zeitläufte, das ihn in geordnet spätbürgerlichen Verhältnissen überfiel, vielleicht motiviert von der Not seiner eigenen Jugend. Seinem Mißtrauen gegen den Frieden der imperialistischen Ära ist Krieg der Normalzustand, die Menschen sind wider ihren Willen gepreßte Soldaten. Er plädiert musikalisch für die Bauernlist gegen die Herren; für die, welche Reißaus nehmen vor der Ehe; für Außenseiter, Eingekerkerte, darbende Kinder, Verfolgte, verlorene Posten. Auf Mahler allein paßte das Wort sozialistischer Realismus, wäre es nicht selber so depraviert von Herrschaft; häufig klingen die russischen Komponisten der Jahre um 1960 wie ein verschandelter Mahler. Berg ist der legitime Erbe jenes Geistes; in den Ländler, der im Wozzeck den armen Leuten zum ungelenken, unfreien Tanz aufspielt, tönt ein Klarinettenrhythmus aus dem Scherzo der Vierten Symphonie herein. Die vorwaltende Ideologie des Wahren, Schönen, Guten, mit der Mahlers Musik zu Anfang sich gemein macht, schlägt um in stichhaltigen Protest. Mahlers Menschheit ist eine Masse von Enterbten. Das materialistische Moment lassen auch die Spätwerke nicht sich abmarkten: die Desillusion, in der sie terminieren, antwortet auf das geschichtliche Leid, dessen Furchen Mahlers Musik auf dem Antlitz einer Vergangenheit gewahrt, von der noch zu singen und zu erzählen wäre. Mahlers Romantik negiert sich selbst durch Entzauberung, Trauer, langes Eingedenken. Geschichtlich aber ist seine Bilderwelt, auch als die seiner eigenen Stunde, Abschiedsgruß dessen, was an Enklaven des traditionalen, vorkapitalistischen Europa im spätindustriellen sein Dasein fristete und was, verurteilt schon von der Entwicklung, vom Widerschein eines Glücks strahlt, das niemals gegenwärtig war, solange die einfache Warenwirtschaft als Produktionsform herrschte. Mahlers altdeutsche imagines sind ebensosehr Traumwünsche ums Jahr 1900. Zur zweiten Nachtmusik der Siebenten Symphonie könnten Verse das Motto abgeben wie die Rilkeschen »Die Uhren rufen sich schlagend an, und man sieht der Zeit auf den Grund«. Der Band, in dem sie stehen, heißt ›Buch der Bilder‹. Sie waren ephemer genug, und ein Hauch ihrer Sentimentalität beeinträchtigt auch die Mahlersche Bilderwelt. Seine Musik jedoch reicht über ihre Dimension dadurch hinaus, daß sie nicht, wie etwa auch die Wesensschau der gleichzeitigen Phänomenologie, in den Bildchen sich stillt, sondern diese zu einer Bewegung verhält, die schließlich doch die jener Geschichte ist, welche das beseligte Verharren in den Bildern so gern vergessen möchte.

Bunt verschieden, spielen dabei die Bilder proteisch ineinander. Über ihren Wandel wacht extreme Bestimmtheit der Komposition. Jedes Phänomen, vom ganzen Symphoniesatz bis hinunter zur Einzelphrase, zum Motiv und seiner Abwandlung leistet genau, eindeutig das, was es leisten soll: die neue Musik, Berg zumal, hat ihm das abgesehen. Entwicklungen bei ihm sprechen gleichsam: dies ist eine Entwicklung; unverkennbar schroff fahren Unterbrechungen dazwischen; öffnet sich die Musik, so hört man die Doppelpunkte; erfüllt sie sich, so übertrifft die Linie merklich an Intensität was vorherging, und verläßt nicht die errungene Ebene. Auflösungen verwischen klar die Konturen und den Klang. Das Marcato unterstreicht das Wesentliche, meldet: »Hier bin ich«, ein Danach wird von Fragmenten früherer Motive demonstriert, ein in Fluß Kommen vom harmonischen Fortgang; was ganz anders sein soll und neu erscheinen, ist es wirklich. Solche Präzision arbeitet die Charaktere heraus: sie fallen zusammen mit ihrer emphatischen Formfunktion, der characteristica universalis von Mahlers Musik. Die Norm von Deutlichkeit, der er zumal die Instrumentation rigoros unterwarf, entstand aus kompositorischer Selbstbesinnung: je weniger die Tonsprache mehr die Musik artikuliert, desto strenger muß diese selbst für ihre Artikulation sorgen. Deshalb nennt sie gleichsam ihre Formen beim Namen, komponiert ihre Typen aus wie nachmals paradigmatisch Schönbergs Bläserquintett[6]; der imaginäre Adrian Leverkühn, der mehr von Mahler empfing als bloß das hohe g der Celli vom Ende der ersten Nachtmusik der Siebenten Symphonie, hat jenes Prinzip zum Kanon seiner Werke erkoren. Mahlers Unnaivetät im Verhältnis zur eigenen Sprache hat in Verdeutlichung ihr technisches Korrelat. Was charakterisiert, ist eben dadurch schon nicht mehr einfach, was es ist, sondern, wie das Wort Charakter es will, Zeichen. Seine funktionellen Charaktere: was jeweils die Einzelpartie für die Form leistet, hat Mahler aus dem Fundus der traditionellen Musik geschöpft. Aber sie werden verselbständigt, ohne Rücksicht auf ihre Stellung im tradierten Schema verwendet. So kann er Melodien erfinden, die schlechterdings den Charakter des Nachher haben, Essenzen von Sonatenschlußgruppen: solcher Art ist etwa die Abgesangsgestalt des Adagiettos der Fünften Symphonie[7]. Ihr Charakter dürfte herrühren vom gedehnten Beginn, einem Zögern, das den Zeitverlauf sistiert und die Musik zum Rückblick verhält. Essentiell ist solchen schließenden Modellen der von Mahler überhaupt bevorzugte Sekundschritt nach unten. Er ist der sich senkenden Stimme abgehorcht, melancholisch wie der Sprechende, der Endungen fallen läßt. Ohne daß Bedeutungen dazwischen sich schöben, wird ein Sprachgestus auf die Musik übertragen. Freilich fungiert ein so Alltägliches wie der Sekundschritt nach abwärts gestisch nur als Hervorgehobenes; das Adagietto ist reich an Sekundsenkungen schon vorher, aber erst in jenem

Nachsatz werden sie durch die Dehnung zum Besonderen. Insgesamt neigt Mahlers Musik zur Senkung. Ergeben schickt sie sich ins Gravitationsgefälle der musikalischen Sprache. Indem jedoch Mahler ausdrücklich es sich zueignet, färbt es sich mit expressiven Valeurs, die ihm im üblichen tonalen Zusammenhang mangelten. Sie kontrastieren Mahler und Bruckner. Die Differenzen des Tonfalls stehen für solche der Intention, der affirmativen Bruckners und der Mahlerschen, die ihren Trost in rückhaltloser Trauer hat. So rein wie in jenem Abgesang indessen wohnen selten die Mahlerschen Charaktere den Einzelgestalten inne. Meist sind sie mitbestimmt durch ihr Verhältnis zu Vorhergehendem. Die chromatisch absteigende Schlußgruppe im ersten Satz der Zweiten Symphonie wirkt zerschmettert-beruhigt nur nach dem heftigen Ausbruch[8].

In die charakteristische Einzelheit sickert der Sinn ein, der samt dem ritualen Vollzug des Ganzen entwich. Darum jedoch findet die Musik nicht ihren Frieden in Details, die geladen, aber bloß aufgereiht und gegeneinander gleichgültig wären. Je weniger vielmehr die Form substantiell vorgegeben ist, desto hartnäckiger fragen nach ihr Kompositionen, die mit der schutzlosen Einzelheit anheben. Das Ganze, das einmal apriorischer Grund der Komposition war, wird zur Aufgabe eines jeden Mahlerschen Satzes. Form selber soll charakteristisch, Ereignis werden. Diese Fragestellung war innerhalb der Tradition herangewachsen. Symphonischer Zug, Schwung war die Fähigkeit der Musik, Momentum zu gewinnen wie zumal in Beethovens Durchführungen. Auch Mahler gebricht sie nicht; großartig manifestiert sie sich in manchen Stellen des Walzerkomplexes des zunächst statisch exponierten Scherzos der Neunten Symphonie[9]. Mahlers Gesamtsätze aber sind durchweg Ströme, auf denen hinfährt, was immer an Einzelnem in sie hineingerät, ohne daß sie doch je das Bestimmte ganz aufsögen. Sie können das Charakteristische nicht verschwinden machen, weil sie keine Struktur jenseits der Konfiguration des Charakteristischen anerkennen. Solche Intention aufs Ganze ist Mahlers Antithesis zur Spätromantik, die ihren Ehrgeiz an der bloßen Charakteristik des Einzelnen hatte und damit es zur Ware verdarb. Noch wo der junge Mahler nach der Übung der Zeit genreähnliche Stücke schreibt, erbeben sie vom Ganzen; selbst was der Beschränktheit sich freut, möchte der eigenen Schranken ledig werden. In die wohlgeordneten Gruppen des ersten Satzes der Fünften sind dynamische Partien eingelassen: so schon in der Rückleitung nach dem ersten Trio[10]. Siedend fährt die Fanfare bei ihrer ersten Wiederkehr in der Marschexposition in eine Masse, die mit einem Beckenschlag aufzischt[11]. So wird disziplinwidrige Klage frei inmitten der einigermaßen statischen Flächen eines militärisch durchstilisierten Marschs. Schmerzvoll entäußert bei Mahler das lyrische Einzelsubjekt durch den Formverlauf, den es initiiert, sich seiner bloßen Einzelheit. Nicht harmonisch stimmen Einzelnes und Ganzes zusammen wie im Wiener Klassizismus. Ihr Verhältnis ist aporetisch. Der Zug der Totale muß das Einzelne relativieren, um sich durchzusetzen; die Details dürfen ihm nicht konziliant willfahren, wenn sie nicht die Charakteristik verlieren sollen, die allein zum Ganzen sie qualifiziert; bei all ihrem Eigensein bleiben sie gegenüber der Idee eines Ganzen wesentlich unabgeschlossen. Wie Mahler die Aporie bewältigt, ist seine kompositorische Leistung. Entweder er experimentiert mit dem Einzelnen so lange, bis doch ein Ganzes daraus wird. Oder er vermeidet geflissentlich, kunstvoll die gerundete Ganzheit: dann wird ihre Absenz zum negativen Sinn. Oder er prägt das Einzelne, Irreguläre, das klingt wie ein von der Gesamtkomposition passiv rezipierter Einfall, insgeheim doch schon derart, daß es nicht einfach da, nichts Endgültiges, ›Hinzunehmendes‹ ist, sondern über sich und sein begrenztes Sosein hinaus will. Verbindliche Unverbindlichkeit der Einzelformulierung, der Verzicht auf fixierte Themen ist dazu das vornehmste Mittel. Subjektivität, die bei Mahler ans Objektive ihres Stoffes sich zu entäußern scheint, reicht doch in diesen hinein: daran hat seine objektivistische Intention ihre Grenze. Die plastisch-nachsingbaren Modelle, die von der Liedmelodie sich herleiten, ruhen gleichwohl nirgends in sich. Die alte Dynamik der symphonischen Kompositionsweise hat sich der emanzipierten Details bemächtigt. Zuweilen gehen sie über ins Andere, zuweilen verlangen sie es als Kontrast; manchmal spalten sie sich auf wie einst im Klassizismus die Auflösungsfelder. Insofern wehrt Mahlers Musik sich ebenso gegen den Formalismus der Akademien wie gegen die flache Assoziation von Partikularem in der neudeutschen Schule. Visiert wird ein objektives Ganzes, das weder etwas von der subjektiven Differenzierung opfert, noch die eigene Objektivität erschleicht.

Darum hat dem universalen Charakterisierungsbedürfnis Mahlers der begrenzte Typenschatz der großen Musik allein nicht genügt. Durch den unangefochtenen Primat des Ganzen über die Teile im Wiener Klassizismus gerieten dort die Gestalten vielfach einander ähnlich und rückten zusammen. Sie scheuten den extremen Kontrast, ohne den gerade das Mahlersche Ganze nicht sich formiert. Nach Sukkurs sieht er sich nicht nur in der absinkenden Spätromantik sondern vor allem in der Vulgärmusik um. Diese offeriert ihm drastische Stimulantien, welche der selektive Geschmack der oberen Musik ausschied, wie das ›Elektrisierende‹ der Militärkapellen. Die Stelle mit den Trillern aus der Allegro-Exposition des Finales der Sechsten Symphonie[12] glaubt man wer weiß wie oft in Märschen schon vernommen zu haben. Durch den Kontext aber, in dem jene Triller pfeifen, werden sie blutig unmetaphorisch, wie sie es an Ort und Stelle niemals sich träumen ließen. Dies Tödliche, Unstilisierte ist den Mahlerschen Charakteren wesentlich: Freude ist eigentlich, und nicht nur bei ihm, kaum ein Charakter. Wo der junge Mahler in ungebrochenem Österreichisch wohlig zu komponieren vorhat, wie im Andante der Zweiten Symphonie, nähert er sich dem Gefälligen, später im Adagietto der kulinarischen Sentimentalität; die Musik des reifen Mahler kennt Glück nur noch als widerrufliches, wie in der schillernden Episode der Sologeige in der Reprise des Finales der Sechsten Symphonie[13]; der Trunkene im Frühling jubiliert so, wie Wagner am Schluß des ersten Tristanaktes für die Komposition es entdeckt hat: »O Wonne voller Tücke! O Trug – geweihtes Glücke!«[14] Charakterisierung, Objektivation des Expressiven, ist mit Leiden verschwistert. Ihr schmerzliches Moment durchsäuert in den Spätwerken die gesamte Komplexion Mahlers. Seine tonale, überwiegend konsonierende Musik hat manchmal das Klima der absoluten Dissonanz, die Schwärze der neuen. Zuweilen werden die Charaktere des Ausbrechenden und des Finsteren eins im Ton panischer Wildheit; außer im ersten Trio aus dem Trauermarsch der Fünften und vielem aus der Sechsten potenziert vor allem in der Durchführung der Dritten sich die Kraft des Musikstroms und seiner Strudel ins Schreckhafte; die Komposition wird disproportional zum Leib des Menschen. Wild stellt der Ausbruch von dorther sich dar, woraus ausgebrochen wird: der antizivilisatorische Impuls als musikalischer Charakter. Solche Augenblicke rufen die Lehre der jüdischen Mystik herauf, welche das Böse und Zerstörende als versprengte Manifestation der zerstückten göttlichen Gewalt deutet; insgesamt dürften die Mahlerschen Züge, denen man das Cliché pantheistischer Gesinnung aufgeklatscht hat, eher aus einer unterirdisch-mystischen Schicht stammen als aus der ominösen monistischen Naturgläubigkeit. Das könnte die von Guido Adler zögernd als »paradox« vorgebrachte Bemerkung erhellen, monotheistische und pantheistische Aspekte überschnitten sich in Mahler[15].

Charakterisiert wird das Mahlersche Klangmaterial bis in die Physiognomik von Instrumenten hinein, die ungebändigt aus dem Tutti herausspringen: die emanzipierten, das Gleichgewicht störenden Posaunen im ersten Satz der Dritten Symphonie; hallende, dröhnende Paukenmotive in der ersten Nachtmusik und dem Scherzo der Siebenten, auch schon dem der Sechsten. Im Mahlerschen Orchester kippt erstmals die Balance um, die bei Wagner, trotz allen Zuwachses an Farbe gegenüber dem Klassizismus, noch waltet. Die Verdeutlichung der Einzelstimme geht auf Kosten der Klangtotale. Im Finale der Ersten Symphonie steigert sich Zerrissenheit über alles vermittelnde Maß hinaus in ein Ganzes von Verzweiflung, hinter der dann freilich der bedenkenlose Schlußtriumph zu einem bloßer Regie verblaßt. Der geschlossene Klangspiegel zerbricht in einer neuen Musik mit traditionellen Mitteln. Zwischen dem akademisch Mißglückten und dem ästhetisch Gelungenen ist darin so wenig zu unterscheiden wie stets bei bedeutenden Kunstwerken. Genialisch beweist Mahlers Formgefühl sich daran, daß er inmitten der zerklüfteten Gesamtlage eine ungemein lange und intensive, nicht abreißende Oberstimmenmelodie setzt, so als bedürfe jene Anlage des anderen Extrems, eines gegenüber dem Ganzen sich verselbständigenden Teilganzen, das in seiner Umgebung, die es nicht eindämmen kann, zu glühen beginnt. Derselbe Instinkt, der Mahler dem

Atomisierten das Undurchbrochene zu kontrastieren befiehlt, verhindert ihn dann, wider das Sonaten- und Rondoschema, daran, die ihrer Struktur nach einmalige Des-Dur-Melodie zu wiederholen. Sie erscheint bloß noch fragmentarisch, im Wirbel der Atome. Durch ihre eigene Vernichtung wird sie doch noch integriert; selbständig könnte sie nach solcher Vernichtung nicht ein zweites Mal kommen. Mahler verfährt mit der Form unschematisch nicht aus der bloßen Gesinnung des Innovators sondern aus der Erkenntnis, daß musikalische Zeit, im Gegensatz zur Architektur, keine einfachen Symmetrieverhältnisse gestattet. Das Gleiche ist ihr ungleich, Ungleiches mag Gleichheit stiften; nichts ist indifferent gegen die Sukzession. Was immer geschieht, muß spezifisch dem Rechnung tragen, was zuvor geschah. Die Erste Symphonie, in der Mahler noch nicht mit der Schwere der Tradition es aufnimmt, ist an antiformalistischen Charakteren besonders reich. Unvermittelte Kontraste schleudert sie bis zur Ambivalenz von Trauer und Spott. Das Potpourri des dritten Satzes gibt sich vom Weltlauf geschlagen, den zu bewältigen es verzweifelt, und koordiniert Unvereinbares, schon ziemlich zu Beginn[16] und vor allem bei der plötzlichen Beschleunigung[17].

Die Charaktersymphonie schlechthin ist die Vierte. Ihre Totalität, gänzlich gebrochen, ist vom charakterisierenden Bedürfnis hervorgebracht, das Ganze Charakter so sehr wie seine Elemente. Sie untersteht einem Gesetz von Verkleinerung. Ihre Bilderwelt ist die von Kindheit. Die Mittel sind reduziert, ohne schweres Blech; Hörner und Trompeten bescheidener besetzt. Keine Vaterfiguren haben Einlaß in ihren Bezirk. Der Klang hütet sich vor jener Monumentalität, die sonst seit Beethovens Neunter der symphonischen Idee sich gesellt. Solche Askese macht die instrumentale Charakterisierungskunst sich zunutze: was als solistisch intime Farben, als melodische, nicht fanfarenhafte Stimmen, als weichere und dunklere Substitute der Bläserbässe die Hörner in der Vierten hergeben, ist ohne Beispiel, selbst in den Meistersingern. Die Notwendigkeit, aus kleiner Palette das vielfältigste Kolorit hervorzuholen, resultiert in neuen Kombinationen wie der gedeckt-düsteren von tiefen Hörnern und

Fagotten im zweiten Satz, neuen Timbres wie dem transparenten der Klarinetten im letzten. Das Unisono der vier Flöten in der Durchführung[18] verstärkt nicht bloß den Klang. Es schafft einen sui generis, den einer Traumokarina: so müßten Kinderinstrumente sein, die keiner je vernahm. Die Verminderung des Apparats führt der Symphonik kammermusikalische Verfahrungsweisen zu, auf die dann Mahler, nach dem Alfresco der drei ersten Symphonien, immer wieder zurückgriff, am entschiedensten in den Kindertotenliedern, die im Variationensatz der Vierten zitiert sind[19]. So wenig jene freilich, im letzten Gesang, Kammermusik bleiben, so wenig die Vierte Symphonie. Wann immer sie es will, übt sie große Tuttiwirkungen aus, denen die Kammerkomplexe als Moment sich einfügen. Auch sie sind Funktionen der Komposition, des Satzes: durchleuchten das subtile, unablässig sich modifizierende Stimmgeflecht. Zu den breiten Pinselstrichen kontrastiert es nicht nur, sondern geleitet zu ihnen durch Verdichtung. Bei der Klimax am Ende der Durchführung schallt die pathetische Fanfare der Fünften herein[20]. Sie soll, nach einer Mahler zugeschriebenen Äußerung, die Durchführung, die in Schumanns Sinn »fast zu ernst« sich gebärdet, zur Ordnung und zum Spiel zurückrufen; mit einem Gestus wienerischer Skepsis war alles so gut wie nichts. Durch die Stelle werden die vier ersten Symphonien mit den mittleren rein instrumentalen verklammert. Alle Werke Mahlers kommunizieren unterirdisch miteinander wie die Kafkas durch Gänge des von diesem geschilderten Baus. Kein Werk von ihm ist so durchaus Werk, daß es gegen die anderen Monade wäre. Die kompositorische Souveränität, die er in der Ökonomie der Vierten erwarb und retrospektiv auf die Bilderwelt der sogenannten Wunderhornsymphonien übertrug, bildet schon jeden Takt gänzlich durch. In der Vierten Symphonie kontrapunktiert er erstmals im Ernst, ohne daß freilich die Polyphonie schon über den Vorstellungsschatz der früheren Stücke herrschte. Der Kontrapunkt will jene Intensität der Faktur herstellen, die durchs Opfer des schweren Blechs sich mindern mochte. Aber auch die Kontrapunkte charakterisieren. Im ersten Themenkomplex des ersten Satzes wird einer von Klarinetten und Fagotten improvisiert[21], umhüllt von den Streichern, dennoch bei richtiger Aufführung nicht zu überhören. Durch das

Nonenintervall, das in der fausse reprise nach dem Expositionsende in den Vordergrund dringt, erobert er allmählich die Gleichberechtigung eines Hauptthemas, die ihm der schulgemäße Aufbau zunächst verweigert. Das übergroße Intervall, vom kleinen d bis zum eingestrichenen h, nach dem das Kontrapunktthema von Anbeginn sich auszustrecken scheint, wird erst in jener fausse reprise von den Celli gebührend eingelöst[22]. So lang ist Mahlers symphonischer Atem, daß er eine Spannung über viele Gruppen eines Satzes hin latent durchfühlen läßt und erst bei der Wiederkehr des Modells ausgleicht. Nicht weniger spontan ist die Formbehandlung. Auf dem Höhepunkt des ersten Satzes wird ein absichtsvoll infantiles, lärmend lustiges Feld[23] erreicht, dessen Forte immer ungemütlicher wird bis zur Rückleitung mit der Fanfare. Schleunigst aber, und anstößig nach aller Formenlehre, wiederholt es sich in der Reprise[24], anstelle der ursprünglichen Überleitung[25]. Das hat seinen genauen Formsinn. Die Lärmstelle nämlich ist motivisch jener früheren Überleitung – oder, wenn man will, dem Abgesang zum Hauptthema – verwandt. Käme jedoch die Stelle in ihrer ersten Gestalt wieder, so fiele sie gegen ihre Modifikation im ersten fanfarenhaften Lärmfeld ab. Eine Fanfare nun ist nicht weiter zu entwickeln; nur zu repetieren, als käme manisch die Musik vom Gedanken an den Ausbruch nicht los. Darum nimmt sie hier lieber primitive und verfrühte, aber durch Unregelmäßigkeit eindringliche Identität in Kauf, als ein weiter Entferntes aufzuwärmen oder in der Reprise abermals eine Dynamik anzudrehen, welche die sehr ausführliche der Durchführung vergebens nur duplizierte. Wenn dann, nachdem die Durchführung, unterm Diktat der Fanfare, versickernd den Reprisenbeginn maskiert hat, die Musik mit einer Generalpause von der Szene gejagt wird, bis plötzlich[26] das Hauptthema inmitten seiner Reprise fortfährt[27], so gleicht das dem Glück des Kindes, das jählings aus dem Wald durchs Schnatterloch auf dem altertümlichen Miltenberger Marktplatz sich findet. Der Haydnscherz der Kindersymphonie weitet sich in der Vierten zu einem geräumigen Phantasiereich, in dem gleichsam alles noch einmal vorkommt. So wie jenes Lärmfeld machen Kinder Lärm, die auf Töpfe schlagen und womöglich sie zusammenhauen. Der Zerstörungsdrang, der böse hinter aller Triumphmusik lauert und sie beschämt, wird entsühnt als unrationalisiertes Spiel. Die gesamte Vierte Symphonie schüttelt nichtexistente Kinderlieder durcheinander; ihr ist das goldene Buch der Musik das Buch des Lebens. Wie das Geräusch der großen Trommel darin, haben vor dem siebenten Jahr einmal die Trommeln ausgesehen; sie ist der solitäre Versuch der musikalischen Kommunikation mit dem déjà vu, von waschechter Farbe wie die imago des Zigeunerwagens und der Schiffskajüte. Sie gewahrte Mahler auch an den Märschen, denen sein Ohr alles vergessend nachlief wie Kinder dem klingenden Spiel von Triangel und Schellenbaum. Klingendes Spiel ist dem musikalischen Sensorium des Kindes ein Ähnliches wie bunte Fahrscheine dem optischen, herausleuchtend aus dem alltäglichen Grau, letzte Spur einer vom Kommerz noch nicht konfiszierten Wahrnehmungswelt. Unter den Kinderbildern von Mahlers Musik fehlt nicht die verwehende Spur von Musikzügen, die fern aufblitzt und mehr verheißt, als sie je in betäubender Nähe bringt; unwillkürlich erinnert, klingen die Märsche, die einst Zwang ausübten, bei Mahler wie Träume von ungeschmälerter Freiheit. Erleichtert war die Adaptation der Märsche, weil sie, trotz ihrer Zugehörigkeit zur von Bildung abgewerteten unteren Musik, über einen Kanon von Verfahrungsweisen, eine relativ hoch entwickelte Formensprache verfügten, deren Suggestivkraft der symphonischen gar nicht so fern war, wie es dem Kulturhochmut dünkte. Wie später in den Jazz, ist wahrscheinlich im neunzehnten Jahrhundert ein gewisser Typus künstlerisch unprätentiöser, aber handwerklich qualifizierter Musiker in die Militärmusik gegangen und hat dort einer kollektiven Unterströmung recht genaue kompositorische Formeln gefunden; das mochte Mahler an ihnen bewundern. Wer aber auf Märsche den Besitztitel anmeldet wie einst auf seine Bleisoldaten, dem öffnet sich das Tor ins Unwiederbringliche. Kaum ist das Entrée billiger als der Tod. Mahlers Musik ist wie Eurydike aus dem Totenreich entführt. Nicht nur im zweiten Satz der Vierten überblenden sich die Bilder des Kindes und des Todes. Dämmert über Äonen die Sprache auf, die man als Kind verstand, so ist das Glück, abermals sie zu sprechen, gekettet an den Verlust von Individuation. Kinder, welche die komplexe und vielschichtige Musik Mahlers kaum richtig auffaßten, haben doch vielleicht im Irrtum den seligen Schmerz von Liedern wie ›Ich ging mit Lust durch einen grünen Wald‹ besser verstanden als die Erwachsenen. Indem Mahler ihnen die musikalische Speise kocht, mißt er abgründig dem geschichtlichen Vorgang der Regression des Hörens sich an. Einer im Ich geschwächten Menschheit, unfähig zu Autonomie und Synthesis, springt er tröstlich bei. Er simuliert die zerfallende Sprache, um das Potential dessen freizulegen, was besser wäre als die stolzen Kulturgüter.

Nirgends ist Mahlers Musik mehr Pseudomorphose als in der seraphischen Symphonie. Die Schelle des ersten Takts, die ganz leise die Flötenachtel anfärbt, hat von jeher den normalen Hörer schockiert, der sich zum Narren gehalten fühlte. Wirklich ist es eine Narrenschelle, die, ohne es zu sagen, sagt: Was ihr nun vernehmt, ist alles nicht wahr. Eine Textstelle aus dem Wunderhorngesang ›Der Schildwache Nachtlied‹, in dem herrlich dissonanten Mittelteil der weit geschwungenen Intervallbögen, heißt: »An Gottes Segen ist alles gelegen! Wer's glauben tut! Wer's glauben tut!«[28] Das kommentiert das Bild der Seligkeit, mit dem die Symphonie endet. Sie malt das Paradies bäuerlich-anthropomorph aus, um anzumelden, daß es nicht sei. Der Unglaube, der das Christentum in allen bekehrten Ländern grundiert, die es unterwarf, und in dem Reste mythischer Naturreligion mit Ansätzen von Aufklärung undurchdringlich sich vermischen, zieht ein in musikalische Bilder des Glaubens. Die Narrenschelle hat sogleich ihre kompositorische Konsequenz. Das Hauptthema, das dem Ununterrichteten wie ein Zitat aus Mozart oder Haydn klingt und in Wahrheit aus dem Nachsatz des Gesangsthemas im Allegro moderato von Schuberts Es-Dur-Sonate für Klavier op. 122 stammt, ist von allen Mahlerschen das uneigentlichste. Disparat bleiben der symphoniefremde Schellenanfang und das naiv sich gerierende, auseinandergenommene, herumgewürfelte Thema. Auch die Instrumentation ist nicht geheuer. Undenkbar wären die konzertierenden Solobläser der Einleitungstakte in jenem Wiener Klassizismus, nach dem das Hauptthema auslugt. Mit der Konsequenz des Unstimmigen stellen dann immer weiter Bläserstimmen den sicheren Primat der Streicher in Frage; so schon in der Fortsetzung des Hauptthemas, einem Nachsatz in hohen, mit Anstrengung melodieführenden

Hörnern[29]. Vollends gebrochen ist das Ende vom Lied der himmlischen Freuden, das Mahler sicherlich mit Bedacht aus dem Zyklus der Wunderhornlieder ausschloß. Nicht nur bescheiden sind jene Freuden wie ein nützliches süddeutsches Gemüsegärtchen, voll von Mühe und Arbeit: »Sanct Martha die Köchin muß sein«[30]. Verewigt in ihnen sind Blut und Gewalt, Ochsen werden geschlachtet, Rehe und Hasen laufen zum Festschmaus auf offener Straße herbei. Das Gedicht kulminiert in einer aberwitzigen Christologie, die den Heiland der darbenden Seele als Nahrung serviert und unwillentlich das Christentum als mythische Opferreligion verklagt: »Johannes das Lämmlein auslasset, der Metzger Herodes drauf passet.« Dazu intonieren die Flöten die staccato-Achtel aus der Narreneinleitung des ersten Satzes und die Klarinetten deren Sechzehntelfigur. Mit den traurig lächerlichen Verwicklungen einer rudimentären Durchführung trübt Musik unmißverständlich ein Paradies, das sie rein nur dort hält, wo sie selber Himmelsmusik spielt. Die durch Parodien berühmte Geigenstelle aus der Coda des ersten Satzes aber, die drei »sehr zurückhaltenden« Viertel vorm letzten Grazioso-Einsatz des Hauptthemas[31] sind wie ein lange zurückschauender Blick, der fragt: Ist das alles denn wahr? Musik schüttelt dazu den Kopf; deshalb muß sie mit der karikierenden Konvention des fröhlichen Beschlusses der vor-Beethovenschen Symphonie sich Courage kaufen und sich aufheben. Mahlers Theologie ist, abermals wie die Kafkas, gnostisch; seine Märchensymphonie so traurig wie die Spätwerke. Erstirbt sie nach den verheißenden Worten »daß alles für Freuden erwacht«, so weiß keiner, ob sie nicht für immer einschläft. Die Phantasmagorie der transzendenten Landschaft wird von ihr gesetzt und negiert zugleich. Unerreichbar bleibt Freude, und keine Transzendenz ist übrig als die von Sehnsucht.

Selbst die von Intentionen überquellende Vierte aber ist keine Programmusik. Von dieser unterscheidet sie sich nicht bloß durch Verwendung der sogenannten absoluten Formen Sonate, Scherzo, Variationen, Lied; auch die drei letzten, umfangreichen symphonischen Dichtungen Straussens kennen dergleichen. Umgekehrt ist Mahler, auch nachdem er vom Programm nichts mehr wissen wollte, nicht umstandslos unter die Praxis von Bruckner oder Brahms, oder gar die Ästhetik von Hanslick zu subsumieren. Die Komposition hat das Programm verschluckt; die Charaktere sind seine Denkmäler. Mahlers wahre Differenz vom Programm wird erst in der Konstellation der Charaktere mit dem Banalen recht einsichtig. Er verschreibt darum sich nicht dem Programm, weil er weder dem Zufall ausgeliefert sein will, ob die poetischen Hilfsvorstellungen sich einstellen oder nicht, noch die Bedeutung der musikalischen Gestalten dekretorisch festlegen. Die Charakteristik bei Strauss scheitert daran, daß er die Bedeutungen rein vom Subjekt her, autonom definiert. Das erlaubt ihm seine trouvailles bis zur Elektra, verhindert aber zugleich das zwingend Beredte, auf das er alles setzte. Mahlers Medium ist stattdessen das der objektiven Charakteristik. Jedes Thema hat, über den bloßen Notensachverhalt hinaus, sein geprägtes Wesen, fast jenseits der Erfindung. Warten die Motive der Programmusik auf die Etiketten der Leitfäden und Erläuterungen, so besitzen die Mahlerschen Themen ihren eigenen Namen jeweils an sich, ohne Nomenklatur. Solche Charakteristik aber hat Aussicht auf Verbindlichkeit nur, wofern die kompositorische Phantasie nicht Intentionen nach Belieben hervorbringt, also nicht etwa Motive ersinnt, die nach einem Plan dies oder jenes ausdrücken sollen, sondern mit einem musiksprachlichen Material arbeitet, in dem Intentionen bereits objektiv vorhanden sind. Sie werden dann von der kompositorischen Phantasie, als vorgedachte, gleichsam zitiert und dem Ganzen zugeeignet. Die Materialien, die das leisten, sind jene, die banal heißen: in denen Bedeutung allgemein, vorm individuellen kompositorischen Zugriff, sich sedimentierte und zur Strafe die Spontaneität lebendigen Vollzugs einbüßte. Solche Bedeutungen regen abermals sich unter dem Stab der Komposition und fühlen ihre Kraft. Sie werden zu Kompositionselementen herabgesetzt und zugleich aus ihrer dinghaften Starrheit gelöst. Derart ist Mahlers Musik »konkret zur Idee« bestimmt. Überall ist sie mehr, als sie bloß nach ihren Parametern wäre; nirgends aber auch bedarf es, um dies Mehr zu verstehen, eines abstrakten Wissens jenseits ihrer Erscheinung oder des Einschnappens von Assoziationen, die ebensogut ausbleiben könnten. Insofern wird das Novum der Mahlerschen Konzeption erzeugt durch etwas, was isoliert genommen reaktionär gescholten werden könnte.

IV

Das reaktionäre Moment von Mahlers Musik ist ihr Naives. Von jeher hat dessen Verschränkung mit Unnaivem bei ihm als Widerspruch besonders aufgereizt; die Physiognomik einer Musik, in der allbekannte volkstümliche Wendungen mit Bedeutung geladen werden, während sie umgekehrt keine Zweifel hegt an der Selbstverständlichkeit des hoch getriebenen symphonischen Anspruchs. Unmittelbares und Mittelbares werden verkoppelt, weil die symphonische Form nicht mehr musikalischen Sinn, als zwingenden Zusammenhang sowohl wie als Wahrheitsgehalt, garantiert, und weil die Form ihn suchen muß. Aus einer Art von musikalischem bloßen Dasein, jenem Volkstümlichen, sind die Vermittlungen herauszuholen, durch die es als sinnvoll erst sich rechtfertigt. Damit nähert Mahlers Form geschichtsphilosophisch sich der des Romans. Pedester ist der Musikstoff, sublim der Vortrag. Nicht anders war die Konfiguration von Inhalt und Stil im Roman aller Romane, der Flaubertschen Madame Bovary. Episch ist Mahler Gestus, das naive Paßt auf, jetzt will ich euch einmal etwas vorspielen, wie ihr es noch nie gehört habt. Gleich Romanen erweckt jede seiner Symphonien die Erwartung des Besonderen als Geschenks. Guido Adlers Beobachtung, daß noch keiner, auch kein Gegner, bei Mahler je sich gelangweilt habe, spricht darauf an. Der frühe Mahler freute sich des musikalischen Materials, in dem es hoch hergehen soll; an Scheffelschen Phantasien mochte es dabei nicht mangeln. Seine Spiritualität hatte einen Fond musikalischer Unterwelt. Daß er manchmal »Vortrag ohne alle Parodie« und manchmal »mit Parodie« verlangt, ohne daß die Themen selbst die Entscheidung übers eine oder andere erlaubten, verrät ihre Spannung zum Hochfliegenden mit Worten. Nicht Musik zwar will etwas erzählen, aber der Komponist will Musik machen, wie sonst einer erzählt. Analog zur philosophischen Terminologie wäre der

Habitus nominalistisch zu nennen. Die Bewegung des musikalischen Begriffs fängt unten, gewissermaßen mit den Tatsachen von Erfahrung an, um sie in der Einheit ihrer Sukzession zu vermitteln und schließlich aus dem Ganzen den Funken zu schlagen, der über jene Tatsachen hinaus zündet, anstatt daß von oben, von einer Ontologie der Formen her komponiert würde. Insofern arbeitet Mahler entscheidend auf die Abschaffung der Tradition hin. Auf dem Grunde der musikalischen Romanform liegt eine Idiosynkrasie, die längst schon vor Mahler muß gespürt worden sein, die er als erster jedoch nicht verdrängte. Sie haßt vorauszuwissen, wie Musik weitergeht. Das Weiß ich schon beleidigt musikalische Intelligenz, spirituelle Nervosität, die Mahlersche Ungeduld. Hat nach Mahler Musik ihre fixierten Elemente kassiert und zu Spielmarken entwertet, so begehrt er schon innerhalb der herkömmlichen musikalischen Logik wider diese auf. Aber er konstruiert nicht neue Formen, sondern bringt vernachlässigte, mißachtete, ausgeschiedene in Bewegung, die nicht unter die offizielle Formontologie fielen, welche das kompositorische Subjekt von sich aus weder mehr zu füllen vermag, noch anerkennt. Eingesprengte, dinghafte Warencharaktere der Musik sind das notwendige Korrelat zum Mahlerschen Nominalismus, der keine harmonische Synthesis mit vorgedachter Totalität mehr erlaubt. Nur als entzweigesprungene amalgamiert sich die symphonische Objektivität mit den subjektiven Einzelintentionen. Märsche und Ländler bei ihm gleichen der Erbschaft von Abenteuerroman und Kolportage im bürgerlichen Roman. Der Revisionsprozeß der Musik gegen ihre Spaltung in eine obere und untere Sphäre, die beiden ihre Male eingrub, wird von Mahler so betrieben, daß die in Gärung geratene untere Musiksphäre über Stock und Stein hinweg restituieren soll, was die Stimmigkeit der oberen einbüßte. Dem messen die Schichten der Verständlichkeit Mahlers sich an. Er dürfte den Untertitel des Zarathustra beanspruchen, Musik für alle und keinen. Trotz ihres konservativen Materials ist sie eminent modern darin, daß sie kein sinnhaftes Ganzes surrogiert, sondern dem entfremdet Zufälligen sich hinwirft, um darin va banque ihre Chance wahrzunehmen. Hat bis Mahler wahrhaft anachronistisch die Musik sich der Kritik des Geistes an den an sich seienden Ideen und Formen gesperrt und sich benommen, als wölbte über ihr sich der platonische Sternenhimmel, so hat Mahler erstmals musikalisch aus einem Stand des Bewußtseins die musikalische Konsequenz gezogen, das über nichts verfügt als über die notdürftig zusammengebündelte Fülle seiner Einzelregungen und Erfahrungen und die Hoffnung, daß aus ihnen etwas aufgehe, was sie noch nicht sind, ohne daß sie doch verfälscht würden. Daß Mahler vom Beethovenschen Typus intensiver Verschränkung, des Knotens, prinzipiell abgeht, auf dramaturgische Konzentration verzichtet, ist nicht damit zureichend erklärt, daß nach dem Beethovenschen non plus ultra auf diesem Boden nicht mehr fortzuschreiten gewesen wäre. Sondern der Klassizismus Beethovenscher erster Sätze: der Eroica, der Fünften und der Siebenten war für Mahler nicht mehr exemplarisch, weil die Beethovensche Lösung, die bereits subjektiv angegriffenen objektiven Formen aus Subjektivität noch einmal zu erzeugen, mit Wahrheit nicht mehr zu reproduzieren war. Die Differenz des epischen Kompositionsideals vom klassizistischen Typus wird desto sichtbarer, je mehr Mahler diesem sich zu nähern scheint. Das Hauptthema des Finales der Fünften Symphonie orientiert sich ähnlich an Beethoven wie das in der Ersten von Brahms, mit einer huldigenden Reminiszenz an die Hammerklaviersonate[1]. Aber dies Hauptthema ist eines nur pro forma, beherrscht den Satz nicht, sondern wird von anderen überwuchert, gewissermaßen vor der Tür des Satzinneren gehalten. Denn es meldet eben jenen symphonischen Anspruch älteren Stils an, den eines zu zergliedernden und dramatisch zu entwickelnden Modells, dem die Struktur der Mahlerschen Symphonik unangemessen wurde, weil sie nicht mehr auf die emphatische Bestätigung des musikalischen Immanenzzusammenhangs durch sich selbst zählen kann, deren Pathos den klassizistischen Symphonietypus durchtönt. Schon bei Beethoven drohte die statische Symmetrie der Reprisen den dynamischen Anspruch zu desavouieren. Die nach ihm anwachsende Gefahr akademischer Form gründet im Gehalt. Das Beethovensche Pathos, die Bekräftigung von Sinn im Augenblick der symphonischen Entladung kehrt einen Aspekt des Dekorativen und Illusionären hervor. Beethovens mächtigste symphonische Sätze zelebrieren ein »Das ist es« in der Wiederholung dessen, was ohnehin schon war, präsentieren die bloße wiedererreichte Identität als das Andere, behaupten sie als sinnhaft. Der klassizistische Beethoven verherrlicht was ist, weil es nicht anders sein kann, als es ist, indem er seine Unwiderstehlichkeit vorführt. »Der erste Satz der Eroika, der Pastorale, der Neunten sind im Grunde nur Kommentare dessen, was in ihren ersten Takten geschieht. Die gewaltigsten Steigerungen, die Beethoven geschaffen hat: die Linien vom Anfang der fünften und der siebenten Sinfonie bis zu ihren Abschlüssen entrollen sich mit der niederzwingenden Logik, die die Offenbarung eines in seiner Folgerichtigkeit unabweisbaren Geschehens mit sich bringt. Es trägt in sich die Unerschütterlichkeit der mathematischen Formel und steht vom ersten Augenblick an bis in seine letzten Folgerungen hinein als elementare Tatsache da. Gerade in der unanfechtbaren logischen Gewalt dieser Kunst ruhte die Kraft, ruht heute noch die einzigartige Wirkung der Beethovenschen Sinfonik. Aus ihr ergab sich das grundlegende organische Gesetz, dem Beethoven auch in der Neunten sich nicht zu entziehen vermochte, dieses Gesetz, das zur Konzentration der geistigen Grundideen in den Vordersatz, in den Anfang, in das Thema zwang und den ganzen Organismus als in sich Fertiges aus diesem Anfang hervorspringen ließ.«[2] Was ihn, nach dem großartig retrospektiven ersten Satz der Neunten Symphonie, zu den letzten Quartetten bewog, mag nicht durchaus verschieden sein von dem dunklen Drang, der längst vor den Jahren seiner Meisterschaft Mahler motivierte: offensichtlich war er vom letzten Beethoven, vor allem von op. 135 überaus beeindruckt. Deutsche Philosophie und Musik waren seit Kant und Beethoven System. Was darin nicht aufging, sein Korrektiv, flüchtete in die Literatur: den Roman und eine halb apokryphe Tradition des Dramas, bis die Kategorie des Lebens, zur Bildung ausgelaugt und meist schon reaktionär, um die Wende zum zwanzigsten Jahrhundert auch philosophiefähig wurde. Demgegenüber hat Mahlers Musik originär Nietzsches Erkenntnis eingeholt, daß das System und seine lückenlose Einheit, der Schein der Versöhnung, nicht redlich sei. Seine Musik nimmt es auf mit dem extensiven Leben, stürzt sich geschlossenen Auges in die Zeit, ohne doch Leben als Ersatzmetaphysik zu installieren, parallel zur objektiven Tendenz des Romans. Das Potential dazu wuchs ihm aus der vom deutschen

Idealismus verschonten, teils vorbürgerlich feudalen, teils josephinisch-skeptischen österreichischen Luft zu, während ihm gleichwohl das symphonisch-integrale Wesen noch gegenwärtig genug war, um ihn vor einer Formgesinnung zu behüten, die dem schwächlich atomistischen Hören Avancen macht. »Er nahm dem Thema als solchem die Beethovensche Bedeutung des konzentrierten Mottos und gab ihm durch üppigere melodische Ausbreitung den Charakter der ihr Wesen erst allmählich enthüllenden Anfangslinie. Diese neue Art organischer Anlage bedingte eine neue Art auch der thematischen Gestaltung. Die thematische Arbeit Beethovenscher Prägung, diese unheimlich großartige Spiegelung schärfster Gedankenzusammendrängung und unbeirrbaren Zielbewußtseins fand keine innere Begründung mehr in dem neuen sinfonischen Stil, der das unablässige Wollen aus einem Mittelpunkt geistigen Schaffens heraus nicht kannte, sondern im Gegenteil zunächst in der Mannigfaltigkeit seiner Erscheinungen die Kräfte sammeln mußte. So fiel die straffe, thematisch organische Technik Beethovens, vielmehr sie wurde zum nebengeordneten Hilfsmittel.«[3] Nur hat Bekker unterschätzt, daß Mahler auch die konstruktiven Kräfte des Systems, wie immer er an ihnen irr geworden sein mochte, mobilisierte. Im produktiven Konflikt der kontradiktorischen Elemente hat er seine Stunde. Darum ist es so töricht, ihn als Komponisten zwischen den Zeiten zu begönnern.

Musikalisch fehlte es für seine Anschauungsweise nicht durchaus an Tradition, an einem quasi erzählenden, ausatmenden Unterstrom, der in ihm nach oben drang. Immer wieder paaren sich gerade bei Beethoven mit den symphonischen Konzentraten, die virtuell Zeit einstehen lassen, Werke, deren Dauer ihnen die eines glückvollen, zugleich bewegten und in sich ruhenden Lebens wird. Unter den Symphonien nimmt die Pastorale dies Interesse am unbefangensten wahr; zu den bedeutendsten Sätzen des Typus rechnet der erste des F-Dur-Quartetts op. 59, Nr. 1. Er wird gegen Ende der sogenannten mittleren Periode Beethoven immer wesentlicher; so in den ersten Sätzen des großen B-Dur-Trios op. 97 und der letzten Violinsonate, Stücken oberster Dignität. In Beethoven selber hat Vertrauen auf die extensive Fülle und auf die Möglichkeit, passiv Einheit in der

Mannigfaltigkeit zu entdecken, der tragisch-klassizistischen Stilidee einer Musik des handelnden Subjekts die Waage gehalten. Schubert, dem diese Idee bereits verblaßt, wird vom epischen Typus Beethovens um so mehr angezogen. In den Klaviersonaten mißachtet er zuweilen mit Nonchalance die Einheit wie später, aus Dumpfheit, Bruckner in dem, was man als Formlosigkeit bemängelte. Von allen Vorformen der Mahlerschen Gestaltungsweise dürfte der erste Satz der Schubertschen h-moll-Symphonie die wichtigste sein; ihn hat Webern als eine ganz frische Konzeption des Symphonischen überhaupt verehrt. Mahler ward fasziniert von der ungebundenen Anlage unterhalb der üblichen; von der Frage danach, wohin die einzelnen Themen, unabhängig von ihrem abstrakten Stellenwert, wollen; von der Trauer eines Ganzen, das nicht prätendiert, als Ganzes wäre es bereits im Sicheren. Unter diesem Aspekt übrigens mag sich enträtseln, warum Schuberts großartigster Entwurf Fragment blieb, der erste ganz und gar organische, von rationalistischen vérités éternelles gereinigte Satz der Musik. Daraus wird Mahlers ästhetisches Programm. Bei den Österreichern vor ihm ward die Absage an die synthetische Einheit der Apperzeption, die konstitutive Arbeit und Anstrengung des Subjekts bestraft durch häufiges Erlahmen, Erschlaffen der symphonischen Bögen, schließlich durch Einbuße an organisierendem Geist selber, an technischer Legitimation. Das sucht Mahler an der Tradition, die seine eigene ist, zu korrigieren. Der ihm zugeschriebene Ausspruch über Bruckner, seinen Freund: Halb Gott, halb Trottel, ist zumindest gut erfunden; Bauer-Lechner zufolge hat er über Bruckner wie über Schubert[4] genug Kritisches gesagt. Was er aber an Bruckner tadelte, war nichts anderes, als daß bei diesem die emanzipierten, verselbständigten Einzelmomente und die tradierten Normen der Architektur auseinanderklafften. Verschleiert Mahlers Musik, vom Trio der Ersten über den Choral der Fünften und den Schluß der Siebenten bis zur Anlage des Finales der Neunten und zum Ton des ersten Satzes der Zehnten, nie seine Dankbarkeit für Bruckner, so trachtet gleichwohl sein epischer Impuls, durch Konstruktion seiner selbst mächtig zu werden, während er, unreflektiert, bei Schubert und Bruckner oftmals verrinnt. Dem Moment von Lässigkeit gesellt sich Aktivität, aber keine feldherrnhaft planende, sondern eine von Schritt zu Schritt sich fortbewegende wie im Marsch. Was immer Bruckners walddunkle Unberührtheit vor Mahlers Gebrochenheit vorauszuhaben scheint – diese ist dem Klobigen an Bruckner überlegen, jener ein wenig verstockten Statik, die kein festeres Fundament hat, als daß in St. Florian Nietzsche noch nicht sich herumsprach. Mahler verhielt sich zu Bruckner wie Kafka zu Robert Walser. Österreichisch aber war noch sein Korrektiv gegen die österreichische Tradition: Mozart, in dem der einheitsstiftende Geist und die unbeschnittene Freiheit der Details sich zusammenfinden. Daher wohl das hommage à Mozart am Anfang der Vierten. Asymmetrie und Unregelmäßigkeit der Einzelgestalten wie der Komplexe, oft auch des Formganzen, sind nicht Zufälle des Mahlerschen Naturells, sondern notwendig aus der epischen Intention. Sie liebt das nicht schon Eingeplante, nicht Veranstaltete, das, dem keine Gewalt widerfährt, und dort, wo sie ihm bereits widerfuhr, die Abweichung. Mahlers Abweichungen sind nie Substitute wie bei Strauss, nie überraschender Ersatz für Erwartetes. Jede Irregularität steht auch spezifisch für sich selbst. Gleichwohl reflektiert Mahler in dem, was wohl musikalische Empirie heißen mag, auf den Sinn des Ganzen, den Bruckner noch autoritätsgläubig von der symphonischen Form als solcher erborgte. Er ist dessen eingedenk, was schließlich noch an der radikalsten, aufgelöstesten Musik seine Wahrheit behält: daß verwandelt, verkappt, unsichtbar objektive Formtypen, Topoi, wiederkehren, wo hartnäckige Empfindlichkeit sie vermeidet. Für solche Wiederkehr sorgen bei ihm die Trümmer, aus denen er seine Architektur schichtet, wie wohl normannische Baumeister in Süditalien mit dorischen Säulen hantierten. Als spröde Stoffmassen ragen sie hinein, Repräsentanten des Moments im Epischen, das auf bloße Subjektivität nicht zu reduzieren ist. Was dinghaft, hart, selbst zufällig dem Subjekt gegenübersteht, soll von der Komposition in die Erfahrung des immanenten Subjekts der Musik eingebracht werden. Dadurch wird die kompositorische Situation, aus der Mahler spricht, prekär. Denn weder ist die Musiksprache schon so entqualifiziert, daß das kompositorische Subjekt rein darüber verfügen könnte, aller vorausgesetzten musiksprachlichen

Formen und Elemente ledig; noch sind diese umgekehrt noch so intakt, daß sie von sich aus das Ganze zu organisieren vermöchten. Die Anfälligkeit von Mahlers Musik, die von ihrem ersten Auftreten an bemerkt wurde, folgt daraus, nicht aus der Schwäche dessen, was Ernst Bloch vor einem Menschenalter seine »bloße Talentgabe«[5] nannte. Die Gebrochenheit des Mahlerschen Tons ist das Echo jener objektiven Aporie, des Zwiespalts von Gott und Trottel. Beide werden unterm Blick seiner Musik gleich fragwürdig, der Gott zum unvermittelt dogmatischen Gebot der Form, der Trottel zur kontingenten, sinnverlassenen, potentiell albernen Einzelheit, die aus sich keinen stringenten Zusammenhang entläßt.

Der Begriff des Epischen begründet gewisse Exzentrizitäten Mahlers, die ihm sonst leicht angekreidet werden könnten. Bei aller kritischen Wachsamkeit gegen Leerlauf und Formelkram wie den der Brucknerschen Sequenzen scheut Mahler nicht – wie Beethoven etwa – vor überzähligen Takten zurück, vor Augenblicken, in denen, nach dem Maß musikalischer Aktion, nichts geschieht, sondern wo die Musik Zustand wird. Noch in der überaus kontrollierten Neunten Symphonie steht, sogleich nach dem Ende der Exposition des ersten Satzes, nicht nur ein voller Takt, in dem der Paukenwirbel des vorhergehenden Schlußakkords ausklingt, sondern die harmonische Rückung durch den Hinzutritt des ges zum b beansprucht einen weiteren für sich, noch ohne motivischen Inhalt, während dieser, das Harfenmotiv der Einleitung, erst im dritten Takt in der Pauke erscheint[6]. Ein Komponist, der das Verweilen fürchtete, hätte diesen Einsatz bereits gleichzeitig mit dem des ges erfolgen lassen. Raffiniert unbekümmert läßt Mahler in einem Feld mitten aus dem ersten Satz der Vierten Symphonie die Bewegung verebben, um danach frisch fortzufahren[7]. Anstatt daß der äußere Fluß auf Kosten des Ruhebedürfnisses der thematischen Gestalt emsig angespornt würde, vertraut Mahler auf den inneren; nur die größten Komponisten können derart die Zügel schleifen lassen, ohne daß das Ganze ihnen entglitte. Die Werke des Dirigenten Mahler werden nicht angesteckt vom Gestus des Praktikers, der in der Komposition gewissermaßen mit dem Finger schnalzt und dafür sorgt, daß es Zug um Zug geht, daß nur ja keiner weghöre. Überhaupt ist Mahlers Musik nirgends entstellt durch die Bescheid wissende Erfahrung des Interpreten. Nie wird von den empirisch gegebenen Möglichkeiten her komponiert, nie passen die Symphonien der praktischen Übung sich an. Konzessionslos folgen sie der Imagination; die praktische Erfahrung tritt sekundär, als kritische Instanz hinzu, die darauf achtet, daß das Vorgestellte auch in der Erscheinung sich realisiere; insofern ist Mahler der Gegentyp jener späteren Art von Sachlichkeit, wie Hindemith sie verkörpert. Solche tyrannische Rücksichtslosigkeit gegenüber dem Wirkungszusammenhang steht der epischen Intention bei; die agogische Bezeichnung »Zeit lassen«, die gelegentlich vorkommt, beschreibt seine Reaktionsweise insgesamt. Wie solche Geduld mit der Ungeduld in Konstellation tritt, rechnet zu seinen Eigenheiten: einem Bewußtsein, das weder die Zeit verleugnet, noch vor ihr kapituliert.

Mahlers episch-musikalische Gesinnung trifft auf eine Gesellschaft, in der Musik so wenig mehr ›erzählen‹ wie aufspielen kann. Der abscheulichen Aura des Wortes Musikant entgeht Mahler, indem sein Formapriori eher dem des Romans als dem des Epos sich anbildet, trotz der Courage zum Verweilen ohne das Gehabe von gelassener Seinsverbundenheit. Er fesselt zuerst dadurch, daß es immer anders weitergeht, als man denkt, spannend im prägnanten Sinn. Erwin Stein hat das in einem verschollenen Aufsatz aus ›Pult und Taktstock‹ vor Dezennien angemerkt. Bekannt ist Mahlers passioniertes Verhältnis zu Dostojewsky[8], der um 1890 noch für anderes stand als im Zeitalter Möllers van den Bruck. Bei einem Ausflug mit Schönberg und dessen Schülern soll Mahler diesen einmal weniger Kontrapunktstudium und mehr Dostojewskylektüre empfohlen haben, um von Webern die heroisch schüchterne Antwort zu vernehmen: Entschuldigen Sie, Herr Direktor, aber wir haben den Strindberg. Die wahrscheinlich apokryphe Geschichte belichtet zugleich den Unterschied zwischen der romanhaften Musikgesinnung und der expressionistischen der nächsten, voll emanzipierten Komponistengeneration. An den großen Roman mahnt aber nicht nur, daß Mahlers Musik oft so klingt, als wolle sie etwas erzählen. Romanhaft ist die Kurve, die sie beschreibt, das sich Erheben zu großen Situationen, das Zusammenstürzen in sich[9]. Gesten werden vollführt wie die der Nastassja des Idioten, welche die Banknoten ins Feuer wirft; oder wie jener bei Balzac, wo der als spanischer Kanonikus vermummte Verbrecher Jacques Collin den jungen Lucien Rubempré vom Selbstmord zurückhält und zur befristeten splendeur befördert; vielleicht auch die Esthers, die für den Geliebten sich aufopfert, ohne zu ahnen, daß unterdessen die Roulette des Lebens beide aus aller Misere gerettet hätte. Wie in Romanen gedeiht bei Mahler Glück am Rand der Katastrophe. Überall wirken bei ihm dessen Bilder offen oder latent als Kraftzentren. Glück ist ihm die Figur des Sinnes im prosaischen Leben, für dessen utopische Erfüllung der unverhoffte und unsichtbare Gewinn des Spielers einsteht. Es bleibt bei Mahler so sehr an sein Gegenteil gekettet wie das des Spielers an Verlust und Ruin. Ohne Vernunft und selbsterhaltende Kontrolle sich genießend und verschwendend tragen die Elevationen im Finale der Sechsten Symphonie teleologisch den Untergang in sich. In unermüdlicher Überforderung, zu keiner Resignation bereit, zeichnet Mahlers Musik ein Elektrokardiogramm, Geschichte des brechenden Herzens. Wo sie sich übernimmt, drückt sie die Möglichkeit der Welt aus, welche die Welt verweigert und für die in der Sprache der Welt die Worte fehlen: dies Allerwahrste ist als ihre Unwahrhaftigkeit anrüchig. Wie in den großen Romanen – so wie musikalisch vorher vielleicht nur im zweiten Akt der Walküre – soll die ephemere Erfüllung alles andere aufwiegen: an keine Gestalt von Ewigkeit glaubt er als an die vergängliche. Gleich der Philosophie, der Hegelschen Phänomenologie, ist Musik bei Mahler das gegenständliche Leben noch einmal, durchs Subjekt hindurch, und seine Wiederkunft im Innenraum verklärt es zum schäumenden Absoluten. So ist die Konkretheit der Romanlektüre von anderer Dimension als die distinkte Wahrnehmung der Geschehnisse. Das Ohr läßt von Musik sich fortschwemmen wie das Auge des Lesers von Seite zu Seite; der stumme Lärm der Worte konvergiert mit dem musikalischen Geheimnis. Aber es löst sich nicht. Die Welt zu schildern, welche epische Musik meint, bleibt dieser verwehrt: sie ist so deutlich wie kryptisch. Die Wesenskategorien der gegenständlichen Realität kann sie zu den Ihren machen nur, wofern sie wider die gegenständliche Unmittelbarkeit sich abblendet; sie entfernte sich von der Welt, wo sie diese symbolisieren oder gar abbilden wollte. Das haben Schopenhauer und die romantische Ästhetik dort erfahren, wo sie dem Schattenhaften und Traumhaften der Musik nachsannen. Nicht sowohl aber malt Musik schattenhafte und traumhafte Zwischenzustände der Seele, als daß sie nach Logik und Erscheinung selber der von Traum und Schatten verwandt ist. Wesenhaft wird sie, als Wirklichkeit sui generis, durch Entwirklichung. Dies Medium, das aller Musik, wird in Mahler gewissermaßen thematisch. Zweimal schreibt er »schattenhaft« als Vortragsbezeichnung, im Scherzo der Siebenten und im ersten Satz der Neunten Symphonie[10]. Das Gleichnis aus dem optischen Bereich indiziert Auswendigkeit als Komplement des musikalischen Innenraums. Indem alles Musikalische, gesteigert bis zur sinnlichen Gewißheit, jenen Innenraum besetzt, wird nichts als bloßer Stoff verschmäht und ausgeschieden. Im musikalischen Raum gedeiht eine Empirie zweiten Grades, nicht länger, wie die andere, dem Kunstwerk heteronom. Die Innerlichkeit von Musik assimiliert Auswendiges, anstatt Innerliches darzustellen, zu veräußerlichen. Soviel ist wahr an jener psychoanalytischen Theorie, welche Musik als Abwehr der Paranoia interpretiert: sie behütet das Subjekt vor der Überflutung der Realität durch subjektive Projektion. Weder verwechselt sie die Welt, die sie als Ihresgleichen nennt, mit sich, noch sind ihre Kategorien losgelassene des bloßen Subjekts: zugeeignet bleiben sie die der Welt. Wäre diese unmittelbar dem Wesen gleichgesetzt – und nach Schopenhauers Einsicht ist Musik Wesen unmittelbar – so wäre Musik der Wahnsinn. Diesem ist alle große Musik geraubt; in jeglicher steckt Identifikation des Inwendigen mit dem Äußeren, aber er hat über das Resultat keine Macht. Die Trennung von Wesen und Gegenstand sanktioniert Musik als ihre eigene Grenze zum Gegenständlichen: so ergreift sie das Wesen. Daß Mahler, der sein Leben in der Oper zubrachte und dessen symphonische Bewegung der der Oper so vielfach parallel geht, keine Opern schrieb, mag aus der Transfiguration des Gegenständlichen ins inwendige Bilderreich sich erklären. Seine Symphonie ist opera assoluta. Wie die Oper steigt Mahlers romanhafte Symphonik aus Leidenschaft auf und flutet zurück; Partien der

Erfüllung wie die seinen kennen Oper und Roman besser als sonst absolute Musik.

Mahlers Beziehung zum Roman als Form läßt sich demonstrieren etwa an seiner Neigung, neue Themen einzuführen oder wenigstens thematische Materialien so zu verkleiden, daß sie im Verlauf der Sätze ganz neu wirken. Nach Ansätzen in den ersten Sätzen der Ersten und Vierten wird diese Tendenz prononciert im zweiten Satz der Fünften, wo nach einem der langsamen Einschübe eine einigermaßen sekundäre Expositionsgestalt[11] aufgegriffen und umformuliert[12] wird, als beträte helfend, unerwartet eine zuvor nicht beachtete Person die Szene wie bei Balzac und schon im älteren romantischen Roman bei Walter Scott; Proust soll darauf aufmerksam gemacht haben, daß in Musik zuweilen neue Themen das Zentrum eroberten wie bis dahin unbemerkte Nebenfiguren in Romanen. Die Formkategorie des neuen Themas stammt paradox aus der dramatischesten aller Symphonien. Aber gerade der singuläre Fall der Eroica verleiht der Mahlerschen Formintention Relief. Bei Beethoven kommt das neue Thema der mit Grund überdimensionierten Durchführung zu Hilfe, als vermöchte diese der längst vergangenen Exposition schon gar nicht recht mehr sich zu erinnern. Trotzdem überrascht das neue Thema eigentlich gar nicht, sondern tritt ein wie ein Vorbereitetes, Bekanntes; nicht zufällig haben die Analytiker immer wieder versucht, es aus dem Expositionsmaterial abzuleiten. Die klassizistische Idee der Symphonie rechnet mit einer definiten, in sich geschlossenen Mannigfaltigkeit wie die aristotelische Poetik mit den drei Einheiten. Das schlechthin neu erscheinende Thema frevelt an ihrem Ökonomieprinzip, dem der Reduktion aller Ereignisse auf ein Minimum von Setzungen; einem Vollständigkeitsaxiom, das die integrale Musik so sehr sich zu eigen gemacht hat wie die wissenschaftlichen Systeme das Ihre seit Descartes' Discours de la méthode. Unvorgesehene thematische Bestandteile zerstören die Fiktion, Musik sei ein reiner Deduktionszusammenhang, in dem alles, was geschieht, mit eindeutiger Notwendigkeit folgt. Auch darin waren Schönberg und seine Schule dem klassizistischen Ideal des ›Obligaten‹, das heute seine fragwürdigen Momente hervorkehrt, treuer als Mahler. Bei diesem werden selbst Gestalten, die wie in der Fünften tatsächlich aus Vorhergegangenem motivisch entwickelt waren, zu frischen, der Maschinerie des Verlaufs entrückten. Wo die dramatische Symphonie ihre Idee zu ergreifen glaubt in der dem Modell der diskursiven Logik nachgeahmten Unerbittlichkeit ihrer Verklammerung, sucht die Romansymphonik aus jener den Ausweg: möchte ins Freie. Dabei bleiben die Mahlerschen Themen insgesamt wie Romanfiguren kennbar, noch als sich entwickelnde mit sich selbst identischen Wesens. Auch darin differiert er vom klassizistischen Musikideal, wo der Vorrang des Ganzen über die Teile der unbestrittene des Werdens über alles Seiende ist; wo das Ganze virtuell die Themen selber hervorbringt und sie dialektisch durchdringt. Umgekehrt aber ist bei Mahler die thematische Gestalt auch so wenig gleichgültig gegen den symphonischen Verlauf wie Romanfiguren gegen die Zeit, in der sie agieren. Impulse treiben sie an, als gleiche werden sie zu anderen, schrumpfen, erweitern sich, altern wohl gar. Solche sich eingrabende Modifikation eines Festen ist so unklassizistisch wie die Duldung bestimmten musikalischen Einzeldaseins, der unauslöschliche Charakter der thematischen Figuren. Sobald die traditionelle große Musik nicht durchführte und ›arbeitete‹, begnügte sie sich mit konservierter architektonischer Identität; kehrte in ihr Identisches wieder, so war es, abgesehen von der Tonart, identisch und nichts sonst. Die Mahlersche Symphonik jedoch sabotiert diese Alternative. Nichts darin wird von der Dynamik ganz verzehrt, nichts aber bleibt je, was es war. Zeit wandert ein in die Charaktere und verändert sie wie die empirische die Gesichter.

Der dramatisch-klassizistischen Symphonie verkürzt Zeit sich durch Vergeistigung, als hätte sie den feudalen Wunsch, Langeweile zu töten, Zeit totzuschlagen, zum ästhetischen Gesetz verinnerlicht. Der epische Symphonietypus aber kostet die Zeit aus, überläßt sich ihr, möchte die physikalisch meßbare zur lebendigen Dauer konkretisieren. Dauer selber ist ihr die imago von Sinn; vielleicht aus Gegenwehr dagegen, daß Dauer in der Produktionsweise des späten Industrialismus und den diesem angepaßten Bewußtseinsformen kassiert zu werden beginnt. Nicht länger soll über die Zeit mit musikalischem trompe l'oreille betrogen werden; sie soll nicht den Augenblick vortäuschen, der sie nicht ist. Die Antithesis dazu waren schon Schuberts himmlische Längen. Nicht bloß sind die Melodien, von denen dessen Instrumentalsätze zuweilen nicht sich losreißen mögen, so sehr ein An sich, daß der Gedanke an Entwicklung ihnen gegenüber nicht sich ziemte. Sondern Zeit mit Musik ausfüllen, der Vergängnis widerstehen durch das, was zu verweilen sein Recht hat, wird selber zum musikalischen Wunschbild. Auch es hat seine Vorgeschichte; schwer genug fiel es noch der Periode Bachs, der Musik zeitliche Extension zu erringen. – Über die Mahlerschen Längen zu lamentieren ist nicht würdiger als jene Gesinnung, die gekürzte Fassungen von Fielding oder Balzac oder Dostojewsky verhökert. Allerdings stellt ausschweifende zeitliche Extension bei Mahler an die zum Waren-Hören Dressierten kaum geringere Anforderungen als früher die symphonische Verdichtung: wo diese wacheste Konzentration verlangt, verlangt jene die vorbehaltlose Bereitschaft von Geduld. Mahler macht kein Zugeständnis an den Komfort des easy listening ohne Erinnerung und Erwartung. Dauer wird auskomponiert. Mochte es den Zeitgenossen Beethovens vor der gerafften Zeit seiner Symphonien schaudern wie vor den angeblich den Nerven schädlichen ersten Eisenbahnen, so schaudert es denen, die Mahler um fünfzig Jahre überlebten, vor ihm wie den Habitués der Flugzeuge vor einer Seereise. Die Mahlersche Dauer mahnt sie daran, daß sie selber Dauer verloren haben; vielleicht fürchten sie, gar nicht mehr zu leben. Das wehren sie ab mit der Überlegenheit des wichtigen Mannes, der versichert, er habe keine Zeit, und damit seine eigene schmähliche Wahrheit ausplaudert. Aberwitzig, Mahler und Bruckner durch Striche genießbar zu machen, die, nach dem Wort Otto Klemperers, ihre Sätze verlängern und nicht verkürzen. Nichts darin ist entbehrlich; wo etwas fehlt, wird das Ganze zum Chaos. Fast hundert Jahre nach Schubert ist für Mahlers Musik die bloße Länge nicht mehr göttlich. So geduldig sie in die Zeit sich ergießt, so ungeduldig horcht sie darauf, ob der musikalische Inhalt diese auch füllt; die kritische Frage ist das Agens ihrer Form. Kraft rücksichtsloser Durchbildung der Details und ihrer Relationen kündigt sie den Konformismus, mit dem österreichisch gemütlichen den aller zum Konsum verkommenen musikalischen Kultur.

Ihrer Dauer wiegen die Augenblicke, die moments musicaux nicht weniger schwer als Schubert, auf den das Wort zurückdatiert. Denn nur vermittelt durch deren Intensität, nicht als vollgestopfte Strecke wird ihr die extensive Zeit zur Fülle.

Das Bindeglied zwischen dem romanhaften Wesen und dem Mahlerschen Duktus sind die Lieder. Ihre Funktion für die Mahlersche Symphonik läßt sich nicht, nach dem Muster von Wagners Wesendonkgesängen, unter den gängigen Begriff von Vorstudien subsumieren. Durch ihr eigenes symphonisches Element unterscheiden sie sich von fast jeder anderen musikalischen Lyrik derselben Epoche; die archaistische Textwahl, welche vom psychologisch individuierten Ich geflissentlich sich distanziert, schafft dafür die Bedingung. Richard Specht hat zu den kleinen Partiturausgaben der Mahlerschen Orchesterlieder eine unsägliche Einleitung beigesteuert. Er schreckt nicht vor der Behauptung zurück: »In früheren Jahrhunderten mag man in Marktflecken, unter Soldaten, Hirten, Landleuten so gesungen haben«[13], ohne daß ihn an solchem Unsinn die »einzigartige Instrumentation« irremachte: »hier ist eine Delikatesse, eine Vielfalt der Farbentönung erreicht, die erst unserer Zeit, der Zeit nach Wagner und Berlioz, erreichbar geworden ist«[14], während doch jene Künste nicht nur die Wiedergabe auf Messen und Märkten ausschließen, die es ohnehin nicht mehr gibt, sondern dem Begriff des Volkslieds ins Gesicht schlagen. Inmitten solcher Kontaminationen jedoch überrascht Specht mit der Bemerkung, es handele sich bei Mahler nicht um subjektive Lyrik. Paul Bekker hat die Einsicht fruchtbar gemacht: »Lied und Monumentaltrieb streben in Mahler zueinander. Das Lied wird aus der Enge subjektiven Gefühlsausdruckes hinaufgehoben in die weithin leuchtende, klingende Sphäre des sinfonischen Stiles. Dieser wiederum bereichert seine nach außen drängende Kraft an der Intimität persönlichsten Empfindens. Dies erscheint paradox, und doch liegt in solcher Vereinigung der Gegensätze eine Erklärung für das seltsame, Innen- und Außenwelt umspannende, Persönlichstes und Fernstes in sein Ausdrucksbereich einbeziehende Wesen Gustav Mahlers. Eine Erklärung für seine äußerlich oft so widerspruchsvolle Kunst, die scheinbar heterogenste Stilelemente wahllos durcheinander würfelt. Eine Erklärung für die Gegensätze in der Beurteilung und Bewertung seines Schaffens.«[15] Erst im Lied von der Erde, das sich Symphonie nennt, wird die Idee subjektiver Lyrik, und nicht umstandslos, zu der Mahlers. Darin ist er ein Außenseiter in der Geschichte des deutschen Liedes von Schubert bis Schönberg und Webern; eher auf der Linie Mussorgskys, an dem solche Objektivität gelegentlich konstatiert wurde, oder der Janáčeks; vielleicht tastete auch Hugo Wolf an Stellen, welche die übliche Grenze des komponierbaren Texts überschreiten, nach Ähnlichem; gerade in diesem Moment mag Mahler mit dem slawischen Osten, als einem Vorbürgerlichen, noch nicht durchaus Individuierten wesentlich sich berühren. Wem Mahler diese Lieder in den Mund legt, ist ein anderer als das kompositorische Subjekt. Sie singen nicht von sich, sondern erzählen, epische Lyrik, so wie die Kinderlieder, an deren Verhalten wenigstens die früheren der Mahlerschen als gebrochene Wiederkehr von Tanz- und Spielmelodien sich anlehnen. Ihr Strom ist gleichsam Bericht, Ausdruck dessen Kommentar. Solche stilisierte Objektivität bildet das homogene Medium von Mahlers Liedern und Symphonien. Jene entfalten sich in den Symphonien so, wie sie es prinzipiell an sich schon vermocht hätten. Die Totalität der Symphonien ist die der Welt, von der in den Liedern gesungen wird. Die zum Absurden tendierende, durch Montage divergenter Gedichte bewirkte Irrationalität der Wunderhorntexte, die Goethe in seiner Rezension vermerkte[16], ist von Mahlers Kompositionsweise vindiziert: sie lädt jenen musikalischen Sinnzusammenhang ein, der so wenig begrifflich ist wie psychologisch. Volkselement und Subjektiv-Kompositorisches verhalten so sich zueinander, daß der Bodensatz des Absurden, Unterschlupf der Musik im Text, von jener nach ihrem eigenen Gesetz organisiert, ›rationalisiert‹ wird. Wie aber Mahlers Liedkompositionen zu den Gedichten stehen, so verfahren seine Symphonien insgesamt mit ihren thematischen Kernen. Das Einheitsmoment von Lyrik und Symphonie ist die Ballade, und Mahler plauderte wohl aus der Schule, wenn er in einem rein instrumentalen Satz, in einem Augenblick atemloser Anspannung, ein älteres Instrumentalstück zitierte, das den Titel Ballade trägt: die Chopinsche in g-moll im zweiten

Satz der Fünften Symphonie[17]. Balladenhaft objektiv sind die Mahlerschen Lieder als Strophenlieder, während subjektive Lyrik den Strophenbau dem des Gedichts und der musikalischen Form opfert. Daher die besondere Schwierigkeit der Interpretation von Mahlers Orchesterliedern. Sie realisieren den strophischen Charakter und wandeln doch die Strophen mit fortschreitender Erzählung ab. Was sie erzählen, ist der musikalische Inhalt selber; ihn tragen sie vor. Daß Musik sich selber vortrage, sich selbst zum Inhalt habe, ohne Erzähltes erzähle, ist keine Tautologie, auch keine Metapher für den Habitus des Erzählenden, der vielem von Mahler fraglos zukommt. Das Verhältnis von Vortrag und Vorgetragenem in Musik seines Typus ist das zwischen den partikularen Momenten und dem Zug. Das Vorgetragene sind die konkreten Einzelgestalten, der musikalische ›Inhalt‹ im engeren Sinn. Der Vortrag aber ist der Strom des Ganzen. Indem jene Einzelmomente auf ihm schwimmen, stellt er sie gewissermaßen dar; die Reflexion der Details durch den Zusammenhang ist desselben Wesens wie die eines Erzählten durch die Erzählung. So vulgär dem Kunstwerk gegenüber die Trennung von Form und Inhalt, so schwächlich ist die abstrakte Versicherung ihrer Identität; nur wo beide Momente auch auseinander gehalten sind, werden sie bestimmbar als eines. Als vermittelte bleiben sie in ihrer Unterschiedenheit erhalten, und eben das erreicht der epische Gestus der sich vortragenden Musik. In ihm nimmt bei Mahler das Rätsel jeglicher Kunst Gestalt an, die den Betrachter, je besser er sie versteht, desto hartnäckiger mit der Frage, was sie sei und solle, quält. Gleich dem Erzähler sagt Mahlers Musik nie zweimal das Gleiche gleich: so greift Subjektivität ein. Durch sie wird das Unvorhersehbare, Kontingente, das sie berichtet, zur Überraschung als Form, dem Prinzip des immer ganz Anderen, das eigentlich erst emphatisch Zeit konstitutiert. Nie dürfen denn auch Mahlers Lieder ohne zeitliche Artikulation wie an einem Band aufgeführt werden – nur die Rewelge bestätigt mit der Vortragsbezeichnung »In einem fort« als Ausnahme die Regel, um eines Marsches willen, den selbst der Tod nicht unterbricht. Jene artifizielle Objektivität der Mahlerschen Lieder, Urbild seiner symphonischen, dürfte erhellen, warum alle, nach den drei ersten Heften, mit Orchesterbegleitung gesetzt sind. Mahler sträubte sich gegen das Klavier als das zu seiner Zeit bereits dinghaft klappernde Instrument subjektiver Lyrik, während das Orchester ein Doppeltes vermag: die kompositorische Vorstellung genau in konkreter Farbe registrieren, und durch das chorische Volumen, das ihm noch im Pianissimo bleibt, eine Art innere Großheit bewirken. Der bloße Klang stellt ein Wir als musikalisches Subjekt vor, wo das Klavierlied des neunzehnten Jahrhunderts in der Wohnung der bürgerlichen Privatperson sich einrichtete. Als Balladen organisieren sich die Mahlerschen Lieder nach dem Formgesetz des Erzählten, ein Zeitkontinuum aus aufeinanderfolgenden, miteinander wesentlich zusammenhängenden und doch abgesetzten Ereignissen. Die strophische, dabei nirgends mechanisch, zeitfremd wiederholende Schichtung musikalischer Felder wird übertragen auf die Symphonik. Während ihre Objektivität sich stützt auf den alten Wiederholungszwang, bricht sie ihn zugleich in der immerwährenden Produktion von Neuem. Aus der Zeitlosigkeit des Immergleichen läßt Mahler historische Zeit entspringen. Er nimmt damit die ursprüngliche antimythologische Tendenz des Epos und vollends dann des Romans[18] auf. Am unverhohlensten nähern sich ihm manche von Mahlers ersten Sätzen, die am wenigsten durch die Statik von tanzartigen Schemata behindert sind. Fertig zu werden haben sie mit der Reprise. Entweder verkürzen sie diese so, daß sie gegenüber der Vormacht von Entwicklung kaum mehr zählt, oder modifizieren sie radikal. Im ersten Satz der Dritten Symphonie ist das Sonatenschema wirklich nur noch dünne Hülle über dem inwendigen, ungebundenen Formverlauf. Mahler riskiert darin mehr als jemals wieder, überbietet durch Komplizität mit dem Chaos selbst das Finale der Ersten. Nicht weniger monströs ist die Länge des Satzes als die Disproportionen. Die panische Fülle, die das beherrschende musikalische Subjekt virtuell ausradiert, wirft jeglicher Kritik sich in die Speere. Wie nicht selten kompositorische Innovatoren, scheint Mahler davor erschrocken zu sein; das nächste Werk war die höchst stilisierte, gestraffte Vierte. Auffällig im ersten Satz der Dritten der Verzicht auf alle bewährten Vermittlungskategorien. Ähnlich dem expressionistischen Schönberg werden die Komplexe nicht kunstvoll ineinander übergeführt. Auftrumpfend barbarisch, verbindet Mahler sie eben noch durch den bloßen Schlagzeugrhythmus, ein abstraktes Pochen der Zeit. Verschmäht ist das Glättende, Harmonisierende der vermittelnden Arbeit; Mahler wartet nur mit Brocken auf, nicht mit Brühe. Schon inmitten der Einleitung wird verwegen eine leere Hörkulisse jenseits der musikalischen Bewegung aufgestellt[19]. Nicht bloß nach Schulregeln scheint später die Überleitung zur Reprise durch bloße Trommeln absurd[20]. Aber angesichts der genialen Stelle torkeln solche Einwände hilflos wie die Ästhetik des juste milieu. Die Durchführung wird weggefegt, als wäre das kompositorische Subjekt des Eingriffs in seine Musik überdrüssig und ließe sie gewähren, damit sie unbelästigt zu sich selbst komme. Themen üblichen Stils fehlen, wie schon im ersten Satz der Zweiten, wo ein Hauptthema substituiert wird durch ein Rezitativ der Bässe und dessen cantus firmus-ähnliche Gegenstimmen. Im ersten Satz der Dritten aber sind die Komplexe, aus denen er sich fügt, überhaupt nicht mehr tektonisch da, sondern werden vor den Ohren des Hörers; besonders kraß, wo in der Reprise der Marsch nicht einfach eintritt, sondern, als wäre er latent immer weitergespielt worden, allmählich wieder hörbar wird[21]. Das Kopfthema, das man zunächst mit einem Hauptthema verwechseln könnte, ist nach Bekkers Bemerkung eher ein Sigel denn Material der Verarbeitung. Seine charakteristischen abwärtsschreitenden Sekundintervalle jedoch sind bereits die eines der später wichtigsten Marschmotive[22]. Die Proportionen des Satzes sind vorweltlich. Die improvisatorische, in zwei Riesenstrophen gebaute Einleitung überschattet die Marschexposition und -reprise, die dem Sonatenschema entsprächen; balanciert wird die Einleitung allenfalls von der ebenso unmäßigen Durchführung. Die literarische Idee des großen Pan hat das Formgefühl erobert; Form selber wird schreckhaft-ungeheuerlich, Objektivation des Chaos; nichts anderes ist die Wahrheit des diesem Satz gegenüber besonders mißbrauchten Naturbegriffs. Immer wieder schallen rhythmisch irreguläre Holzbläserfragmente als Naturstimmen herein; die Kombination von Marsch und Improvisation streift das Zufallsprinzip. Nirgends übt Mahler weniger Zensur am Banalen; da wird »Ich hab mich ergeben mit Herz und mit Hand«, da die Sommernachtstraumouverture von Mendelssohn vernehmbar, und das patriotische Lied vom Feldmarschall aus Schulgesangsbüchern pfeift dazwischen, als hätte es nie den alten Blücher gemeint. Der Satz reckt und dehnt sich nach allen Dimensionen wie ein Riesenkörper. Für Polyphonie hat er nichts übrig. Das Hauptmodell der Durchführung, der b-moll-Einsatz[23], wird zwar ein paar Takte lang solo aufgestellt, als sollte er fugiert werden, beißt sich dann aber höchst fugenwidrig auf einer Note fest, und wer auf die wohlerzogene Antwort wartet, wird gefoppt. Ältere idiomatische Elemente wie die Schubertschen Doppelschläge sind potenziert zum antizivilisatorischen Überfall. – Der letzte Satz der Sechsten erbte von diesem die Frage nach der Möglichkeit gleichsam mehrbändiger musikalischer Romane und reagierte mit unerbittlicher Konstruktion. Die Dritte aber dreht dem Gedanken an Ordnung eine Nase und ist dabei doch so prall und dicht komponiert, daß es nirgends erschlafft. Die Organisiertheit des Desorganisierten dankt sie einem singulären Zeitbewußtsein. Erreicht ihr erster Satz eine eigentliche Allegro-Exposition, ist diese nicht einfach, wie der Rhythmus es suggeriert, ein langer Marsch, sondern der Teil verläuft so, als ob das musikalische Subjekt mit einer Kapelle mitzöge, die allerhand Märsche nacheinander spielt. Impuls der Form ist die Vorstellung einer räumlich bewegten Musikquelle[24]. Wie manche jüngste Musik hat der Satz, seiner inneren Struktur nach, kein festes, sondern ein labiles Bezugssystem. Dabei resultiert kein impressionistisches, raumhaft-unzeitliches Ineinander der Klänge wie in Debussys Feux d'Artifice, mit der Fanfare des 14. Juli, sondern die aneinandergereihten Teilmärsche stiften durch genaue Proportionen artikulierte Geschichte. Einmal wird es durchbruchsähnlich[25], ein Marschabgesang schließt sich an[26], bis, doch ganz ohne Ausdruck des Katastrophischen, eher als öffnete sich jäh ein neuer Aspekt, die gesamte Marschmusik zusammenbricht[27]. Die exzessiv vergrößerte Durchführung dann sammelt das antiarchitektonische Wesen der Exposition doch noch in die Architektur ein. Ihr Bau entspricht, wie nicht selten bei Mahler, und wie gelegentlich schon im Wiener Klassizismus, den gröbsten Umrissen nach dem, was vorher bis zur Durchführung geschieht, selbstverständlich ohne plumpe Parallelen. Sie ließe sich als gleichsam erste, aufs äußerste variierte Reprise analysieren, auf die dann eine zweite, die im engeren Sinn, folgt. Durch die angedeutete Wiederholung wird rückwirkend die Exposition zum architektonischen Trakt, während die gänzlich lockere Behandlung der Durchführung, die nirgends zweckrational auf ein Ziel hinsteuert und am Ende sich verläuft[28], der antiarchitektonischen Intention treu bleibt. Reprisenähnlich ist zunächst der erste Durchführungsabschnitt als Allegro-Äquivalent der Einleitung[29]. Er mündet mit einem blassen Nachsatz des Englischhorns[30] in die nächste Partie. Diese dann ist ein Analogon zum vagen Vorfeld des ursprünglichen Marsches; ihr teilt sich das Verblassen der Einleitung mit[31]. Der dritte Teil benutzt Marschbestandteile, aber, in Konsequenz der schwächeren Belichtung, lyrischen Tons, eine deutlich eingeschobene Episode in Ges[32]. Der vierte Durchführungsteil schließlich setzt, wie manchmal die letzten, entscheidenden Durchführungspartien bei Beethoven, mit jähem Entschluß ein[33], so heftig von der Tendenz des Satzes sich losreißend, wie diese vorher die Kontrollen überflutete.

V

Wie das romangleich von den Schemata emanzipierte Einzelne zur Form sich gestaltet und von sich aus autonome Zusammenhänge inauguriert, wird zum spezifischen Problem der Mahlerschen Technik. Sie soll Mahlers Paradoxie, die Totalität eines nicht Eingefaßten, nicht Überwölbten entfalten, Synthesis von Offenheit und Geschlossenheit. Das visiert schon ein berühmter und naiver Ausspruch des jungen Mahler: eine Symphonie schreiben sei »mit allen Mitteln der vorhandenen Technik eine Welt aufbauen«[1]. Zunächst erscheint dabei Technik gegenüber dem Komponierten noch als Auswendiges, im Dienst der Intention Anzuwendendes. Der Titel Symphonie der Tausend, den die Konzertdirektionen von 1910 zu seinem Verdruß der Achten Symphonie anhingen, beutet diesen Aspekt aus. Musik, welche die Welt noch einmal sein will, möchte alles aufbieten, was die Welt für ihren Zweck parat hat, ohne zunächst viel darum sich zu bekümmern, wie Verfügbarkeit und Idee miteinander sich vertragen. Rasch aber wird Mahlers Vorstellung von Technik durch die eigene Logik über jenen Ansatz hinaus getrieben. Als bloßes Aufgebot der orchestralen Mittel und anderer sogenannter Errungenschaften der Zeit bliebe sie dem Komponierten nicht weniger äußerlich als der überlieferte Formenkanon. Weil der kompositorische Komfort mit Mahlers unkomfortablen Absichten schlecht zusammengeht, meistert er denn auch jene Technik nicht so souverän wie Strauss, der Musterkonservatorist als Genius. Mühsam muß er, etwa durch nachträgliches Bachstudium, erwerben, was Komponisten, die von ihrer Kultur so durchdrungen sind wie Debussy, mitbringen. Die vorhandenen Mittel schicken sich nicht zur Mahlerschen Intention aufs nicht Vorhandene. Nicht nur muß er sie lernen, sondern vieles daraus, wie den satten Klang Wagners oder den ohne Hemmung zum Ganzen eilenden Schwung des noch in seinen Exzessen umgänglichen Strauss vermeiden. Er entwirft eine veränderte Idee von Technik selber, die integrale, die des Inbegriffs von kompositorischem Zusammenhang. An ihm partizipieren alle musikalischen Dimensionen als Teilmomente; er läßt keine von ihnen unangefochten. Aus der Gegenwehr gegen die Meisterschaft der anderen, die zur Fertigkeit verkommen war; aus den unverschminkten und provokatorischen Unbeholfenheiten der Ersten und Dritten Symphonie wird Meisterschaft restituiert, die schließlich den technischen Standard der Zeit durch die Identität des Komponierten und der Erscheinung unter sich läßt; im Gedanken an Mahler beanstandete Alban Berg an Strauss denn auch die Technik. Daß jedes Werk Mahlers das vorhergehende kritisiert, macht ihn zum Entwicklungskomponisten schlechthin; wenn bei einem, kann man bei seinem keineswegs umfangreichen œuvre von Fortschritt reden. Was er besser macht, wird stets zu etwas Anderem; daher die höchst unbrucknerische Buntheit der Folge seiner Symphonien. Zur permanenten Selbstkorrektur mag den Komponisten die Probiertechnik des Dirigenten geschult haben, der gern retuschierte und uminstrumentierte. Auch wo er eigenes Älteres umkreist, wird fortgeschritten. In der ersten Nachtmusik der Siebenten Symphonie fluoreszieren die Wunderhornlieder als schon unwiederbringliche. Die Achte, an der man Analogien zur Zweiten bemerkt hat, klingt nach der kühneren Harmonik der Siebenten über weite Strecken schlicht diatonisch. Strauss soll nach der Münchener Premiere über das viele Es-Dur sich mokiert haben. Aber sie deckt als Keimblatt überraschend vieles aus der Spätphase, bis zu Anklängen an das Stück von der Jugend des Lieds von der Erde. Mahlers harte Entwicklungslinie schreibt schon, wie die wesentlicher Exponenten der neuen Musik, mit dem Fortgang des einzelnen Komponisten von Werk zu Werk musikalische Geschichte. So energisch verfuhr dann Schönberg, während bei Strauss die Bewegung nach der Elektra mit selbstmörderischer Vorsicht gebremst wird, und bei Reger, nachdem einmal die panchromatische Verfahrungsweise etabliert ist, kaum eine stattfindet. Nicht ihnen, nur Mahler ist ein Spätstil jenes höchsten Ranges zuteil geworden, der, nach Alban Bergs Wort, über die Dignität eines Komponisten entscheidet. Schon Bekker ist es nicht entgangen, daß die letzten Stücke dessen, der kaum älter als fünfzig Jahre wurde, Spätwerke im nachdrücklichsten Sinn sind: sie stülpen das unsinnlich Inwendige nach außen. Wieviel Mahlers kritischer Wille aber zu seiner Entwicklung beitrug, läßt schon an der mittleren Zeit sich belegen. Weder vergißt er in der Siebenten Symphonie, was er in der Sechsten vollbrachte, noch wartet er mit einem Aufguß auf: Phantasie konzentriert auf ihre Umrisse eine Lichtquelle, unter der sie nicht wiederzuerkennen sind. Die produktive Gereiztheit des Kapellmeisters dürfte an einzelnem Erstarrenden in der Sechsten, vor allem im Scherzo, sich geärgert haben; mit der ursprünglich publizierten Fassung war er nie ganz zufrieden und hat viel uminstrumentiert; seine letzte Anordnung der Sätze, mit dem Es-Dur-Andante vor dem Finale, sollte man achten, allein schon des Modulationsplans wegen; Es-Dur ist die Paralleltonart des c-moll, mit dem das Finale beginnt, um erst nach langer Vorbereitung für a-moll als endgültige Haupttonart sich zu entscheiden. Ein Gegengift gegen das Starre fand Mahler bei jenem Elan von Richard Strauss, der in den ersten Satz der Siebenten vernehmlich hineintönt, unmittelbar vor der Reprise der Einleitung und dann, vor allem, vor der des Hauptsatzes[2]. – Die erste auffällige Station von Mahlers Entwicklung war die Vierte Symphonie, die wahrscheinlich eben darum die ›vorhandenen Mittel‹ so sehr beschnitt. Der qualitative Sprung danach ist trotz der unterirdischen Gänge der Vierten zur Fünften unbestritten. Schwerlich stehen, wie eine hilflose Erklärung es will, die mittleren Werke im Gegensatz zu den vorgeblich metaphysischeren früheren fest auf der Erde. Ihre Faktur indessen ist unvergleichlich reicher, auch gestraffter: tatsächlich kennen sie die Welt besser. Was früher entworfen war, soll nun ausgeführt werden; die Elemente der Wunderhornsymphonien werden reflektiert, so etwa die Trompetenfanfare aus dem ersten Satz der Dritten in der Einleitung zum Finale der Sechsten[3]. Ein sich selbst entäußerter, fern gerückter Mahler bändigt das zu früh Formulierte zur Authentizität; darum mögen die mittleren Symphonien, wesentlich produktive Wiederholung, wo sie sich nicht eingreifend kontrollieren, Schablonenhaftes dulden, wie es in den spontan herausgeschleuderten Jugendwerken nicht begegnet. Erst in der Spätphase gewinnt er retrospektiv zweite Unmittelbarkeit. Durch Selbstreflexion objektiviert sich seine musikalische Intelligenz wie vormals die von Beethoven und Brahms, nicht als subjektive Eigenschaft des Komponisten sondern als eine der Sache selbst, die ihrer inne und damit eben zum Anderen wird. Die Leistungen der Mahlerschen Technik sind die ihren, Sorge um plastische Komposition und damit um Vergegenwärtigung. Sie hat den von der Musikhistorie behend als Romantiker Rubrizierten aus dem romantischen Bannkreis herausgeführt. Ähnlich wie Wagner träumt sein Werk von scheinlosem, ernüchtertem, nicht verklärendem Komponieren. Daran schulte es sich zur bestimmten Negation der musikalischen Ideologie der Periode. Heftig hat Mahler gegen das musikalisch Dumme reagiert, das im neunzehnten Jahrhundert nicht weniger sich breitmachte als im achtzehnten und siebzehnten; ihn ekelte vor der infantilen Wiederholung. Aber ihm schon war auch bewußt, daß das tektonische Element, wie es die Wiederholung primitiv vertritt, wiederum nicht exstirpiert werden kann. Mit diesem Widerspruch hat seine Intelligenz fertigzuwerden. Alles, wodurch die Jugendsymphonien, die Zweite zumal, bestachen, wird demgegenüber gleichgültig.

Die dergestalt fortschreitende Technik Mahlers hat ihre differentia specifica von der anderer Komponisten in der Variante, im Gegensatz zur Variation. Auch er schrieb, im Adagio der Vierten, Variationen; anderes, wie das Finale der Neunten, ist zumindest variationsähnlich. Aber das Variationsprinzip definiert nicht in der Schönbergischen Weise die Zusammensetzung seiner Musik, ihre ›peinture‹. Die Mahlersche Variante ist die technische Formel für das episch-romanhafte Moment der immer ganz anderen und gleichwohl identischen Gestalten. Zu vergleichen wäre irgendeine Beethovensche Variationsfolge mit einem beliebigen Lied Mahlers wie dem nächtlichen der Schildwache. Bei Beethoven werden einzelne Strukturmomente, zuvor die Generalbaßführung der Harmonien, festgehalten; andere, so die Einheiten der Bewegung oder die Lage der motivischen Hauptbestandteile, von Variation zu Variation folgerecht abgeändert. Bei Mahler wiederholt sich, nach der ersten Interpolation der Strophe des Mädchens, das Anfangsthema unangefochten, aber mit einzelnen sinnfälligen Modifikationen wie dem Ersatz der fünften Stufe von B-Dur im ersten Takt durch die fünfte der

Paralleltonart g-moll, dann der sechsten Stufe von B-Dur durch einen mehrdeutigen übermäßigen Dreiklang und weiter des Zwischenspieltaktes auf der ersten Stufe von B-Dur durch die erste von G-Dur, jedoch mit treu korrespondierender Fortsetzung bis zur nächsten Differenz drei Takte später. Überall ist die Gesamtstruktur unverkennbar konserviert, überall aber sind in sie Finten eingelegt, harmonische Proportionen wie die von Dur- und Mollklängen gegenüber dem ersten Auftreten umgekehrt und dadurch die Anfangsformulierung des Themas nachträglich revoziert, als wäre sie dem improvisatorischen Belieben anheimgegeben. Durchweg bleibt der allgemeine Umriß der Mahlerschen Themen intakt. Es sind Gestalten, so wie die psychologische Theorie vom Vorrang des Ganzen über die Teile den Terminus verwendet. Inmitten dieser zugleich drastischen und vagen Identität jedoch ist der konkrete musikalische Inhalt, vor allem die Folge der Intervalle, nicht fixiert. Sind in Beethovens thematischer Arbeit gerade die kleinsten Motivzellen der Themen verbindlich für ihre Fortspinnung zu qualitativ verschiedenen Themenkomplexen; ist bei ihm die thematische Großstruktur technisches Resultat, so wandeln stattdessen bei Mahler die musikalischen Mikroorganismen inmitten der unverkennbaren großen Konturen der Hauptgestalten ohne Unterlaß sich ab, am rücksichtslosesten im ersten Satz der Dritten Symphonie. Die Beschaffenheit der Mahlerschen Themen qualifiziert sie besser zur thematischen Arbeit als zur motivischen. Ihre kleinsten Elemente sind unscharf bis zur Irrelevanz, weil die Ganzheiten selber zu wenig feste Größen darstellen, als daß sie in Differentiale aufzuspalten wären. Stattdessen werden umfangreichere Gruppen mit jener Vagheit erinnert, wie sie oft genug das musikalische Gedächtnis an sich erfährt. Das macht es möglich, sie umzunuancieren, umzubeleuchten, schließlich umzucharakterisieren, so daß die Varianten dann doch die Großthemen betreffen und schließlich tektonische Funktion gewinnen, ohne daß die Themen motivisch zergliedert zu werden brauchten. Solche Largesse in der Behandlung des Materials, wiederum dem Beethovenisch-Brahmsischen Ökonomieprinzip konträr, legitimiert technisch die Großflächigkeit von Mahlers epischer Symphonik. Bei ihm wird in Komplexen, Feldern gedacht. Er hat nichts von jener musikalischen Reaktionsform, die um jeden Preis Kontraktion wünscht und die nach ihm zuzeiten Ausschließlichkeit reklamierte. Sein symphonischer Atem verdankt sich nicht der gestauten Beethovenschen Kraft des Weiter, sondern der Großheit eines in die Ferne schauenden Gehörs, dem virtuell überall bereits die entlegensten Analogien und Folgen gegenwärtig sind wie der ihrer selbst mächtigen Erzählung.

In der Mahlerschen Themenkonzeption als der von ›Gestalt‹ mit mobilem motivischen Inhalt bahnt die Praxis der Schönbergischen Zwölftontechnik sich an, die gern stabile rhythmische Muster mit Tönen wechselnder Reihenformen ausfüllt. Weil Mahlers Themen, als relativ stabile, nicht in stetiger Entwicklung verändert werden, exponiert er sie aber auch nicht. Der Begriff des Themas als eines bestimmt Gesetzten und dann sich Modifizierenden ist ihm nicht adäquat. Eher ergeht es dem Kern wie Erzähltem in der mündlichen Überlieferung; bei jeder neuen Wiedergabe wird es ein wenig anders. Das Prinzip der Variante entspringt im variierten Strophenlied, insofern auch dessen Strophen nie eingreifend variiert werden können. Balladenhaft-antipsychologisch, wie Refrains kehren sie formelhaft wieder und sind doch so wenig starr wie homerische Formeln. Was geschah und was geschehen wird, affiziert sie. Sie bleiben auch nicht isoliert, sondern schieben oft sich ineinander. Meist wird an den kritischen Scharnieren, Abkömmlingen der Strophenenden, abgewichen. Das Verhältnis der Abweichungen zueinander, das Maß ihrer Nähe und Entfernung, ihre Proportionen und syntaktischen Beziehungen bilden die konkrete, auf keine allgemeine Regel zu destillierende Logik von Mahlers epischem Komponieren. Stimuliert aber die Technik der Variante den Formverlauf, so ist die Variante zugleich Prototyp seiner Form selber, als eines wie die musikalische Sprache Bleibenden und dennoch in Abweichung von der musikalischen Sprache Werdenden. Auf den festen identischen Kern, den es gleichwohl gibt, läßt nur schwer der Finger sich legen: als entzöge er sich der mensuralen Schrift. Kein Thema ist positiv, eindeutig da, keines wird je ganz fertig, endgültig; sie tauchen auf und unter im Zeitkontinuum, das von ihrer Unverbindlichkeit ebenso wie von der Stringenz der Abweichungen selber wiederum konstituiert wird. Insofern sind die Varianten die Gegenkraft zur Erfüllung. Sie enteignen das Thema seiner Identität; die Erfüllung ist positive Erscheinung dessen, was das Thema noch nicht war. – In manchen Sätzen, die Hauptthemen üblicher Prägung benutzen, ragen sie aus dem tatsächlichen musikalischen Verlauf eigentümlich heraus, so als wäre dieser nicht ihre eigene Geschichte; dem Andantethema der Sechsten Symphonie, einer recht geschlossenen Melodie, hat bereits Paul Bekker attestiert, daß sie während des Stückes gleichsam vergessen zu werden trachte. Stößt man in Mahlers thematischen Kernen auf ein Dinghaftes, Abgeleitetes, dann spottet dies nicht Spontane andererseits der Verdinglichungen der Formenlehre. Daß sie keine freien Setzungen des Subjekts sind und in ihrer Uneigentlichkeit gegen dessen Herrschaftsanspruch sich behaupten, entzieht sie zugleich der kompositorischen Hand, die sie zum Definitiven meißelte. Sie haben keine Wände innerhalb der Form, und ihr Verhältnis schafft jene Perspektive eines Ganzen, welches sonst die liedähnlich gerundeten Themen der nach-Beethovenschen Romantik verdrängen. Bei Themen, die bewahrt, aber nicht fest geronnen sind und die wie aus einer kollektiven Bilderwelt heraufkommen, wäre an Strawinsky zu denken. Aber die Mahlerschen Varianten sind auch keine unregelmäßigen, schief zusammengesetzten, untereinander unverbundenen Kuben. Sie stellen nicht die Zeit still, sondern werden von ihr produziert und produzieren sie in Konsequenz dessen, daß man nicht zweimal in denselben Fluß steigen kann. Die Mahlersche Dauer ist dynamisch. Das Ganz-anders seiner Fortsetzungen bindet keine Maske vor äffende Immergleichheit, sondern schmiegt innig der Zeit sich an, indem es noch in der traditionellen subjektiven Dynamik ein Dinghaftes wittert, den starren Kontrast zwischen dem einmal Gesetzten und dem, was daraus wird. Sein Prinzip ist nicht Gewalt sondern deren Negation. Der Fortgang willfahrt den qualitativen Implikationen der Gestalten. Mahlers Technik der Variante reicht bis ins musikalische Idiom hinunter, das jene Gestalten beseelt. Die Varianten sind der Schauplatz seines Dialekts; die Hochsprache schimmert hindurch, die Worte klingen näher und verschieden. Stets sind die Varianten technische Formeln der Abweichung von dem, was Recht behält, Geschichte schreibt, vom Offiziellen, das obenauf ist. Als Andersheit des

Vertrauten dürfte die Variante an Mahler zuerst locken. Bei der »mit Humor« bezeichneten, grellen Passage der Es-Klarinette aus dem Scherzo der zweiten Symphonie[4] wäre noch auszumachen, wie der Gang unverzerrt lauten müßte. Später sind die Mahlerschen Varianten nicht länger bequem als Karikaturen eines Regulären lesbar, sondern kompositorisch determiniert. Dafür bietet die Musiksprache Einsatzstellen, die Mahler ererbte; der Tonfall der österreichischen Komponiertradition ist von der Abweichung gesättigt, schon bei Schubert Mozart gegenüber.

Die Variantentechnik mag in einer Erfahrung wurzeln, die wohl jeder Musikalische früh machte und die nur von einem Respekt überwuchert wird, vor dem Mahler der vor der Sache feite: daß Variationen vielfach nach ihrem Thema enttäuschen, daß sie dabei verharren, es seines Wesens berauben, ohne es doch wahrhaft in ein Anderes zu entwickeln. So wird durchweg das Thema in älteren Figuralvariationen verschandelt, aber selbst noch in solchen des Beethovenschen Typus wie einigen aus dem zweiten Satz der Kreutzersonate. Die Mahlersche Variante übt produktive Kritik daran. Ihrem Gesetz zufolge darf die Abweichung nie das Modell nach Intensität und Sinn schwächen. Manchmal übernehmen bei Mahler Motive die Rolle des Jokers aus dem Kartenspiel, dessen ins Ornamentale transponierten Bildern die der Mahlerschen Musik überhaupt ähneln; sie sieht gelegentlich aus wie Kartenkönige. Über die Varianten solcher Jokermotive wird man leicht hinweggleiten, als wären sie Zufall; ein Moment des Zufälligen in ihrem Wechsel wohnt ihrem Sinn selber ebenso inne wie der Zufall den Glücksspielen. Aber der verweilende Blick deckt selbst in ihnen die kompositorische Logik auf. Eines ist addiert aus dem Schluß der ersten und dem Anfang der zweiten Halbphrase des Hauptthemas im Eröffnungssatz der Vierten Symphonie[5], des Reichs der Schelle. Begleitet wird es von der Unterdominante. Sein Endglied wird sogleich herausoperiert[6], und eine erste Variante folgt unmittelbar darauf[7]. Noch berührt sie die Unterdominante auf dem guten Taktteil, verläßt sie aber schon mit dem zweiten durch eine Ausweichung nach a-moll, der auskomponierten zweiten Stufe der Grundtonart. Die Harmonik ist gegen die Elementarform des ersten Auftretens intensiviert. Dafür gibt die Melodik nach. Bei identischem Rhythmus wird die charakteristische Aufwärtsbewegung der Sekund in der ersten Hälfte umgekehrt, und in den Sechzehnteln wird der fis-Höhepunkt vermieden: es bleibt, mit einer Tonwiederholung, bei dem e. Gerechtfertigt aber ist dies Decrescendo der Melodie durch die Linie: das vorausgehende Anfangsmotiv nämlich, welches das des Hauptthemas selbst variiert, steigt nicht mehr auf, sondern senkt sich von seinem Höhepunkt, der ersten Note h an, und diese Senkung begreift die Intervallverhältnisse des Jokermotivs ein. In der ersten Variante wirken demnach eine verstärkende und eine abschwächende Tendenz gegeneinander. Die zweite, zwei Takte später, sorgt für deren Ausgleich in entschieden fortschreitender Intensität. Die harmonische Ausweichung wird stärker durch den tonartfremden Baßton b, eine kräftige Nebenstufe. Die Melodie aber, der die unmittelbar vorhergehende Gestalt noch im Ohr liegt, geht wieder in die Höhe, auf f, ohne doch das fis des Anfangs schon wieder zu erreichen. Diese Version wird, damit keine jähe Gewalt geschähe, beim nächsten Auftreten des Motivs wiederholt[8], nur durch eine harmonische Alteration minimal verändert. Zwei Takte danach[9] wird sie bestätigt: nun harmonisch weiter verstärkt durch nachdrücklichere Ausweichungen von der Grundtonart und eine melodische Version der Sechzehntel, die, über einem verminderten Septimakkord, a berührt, eine Terz höher als die ursprüngliche Gestalt. Gegen Ende der Exposition des Hauptthemas also wirkt das Motiv horizontal und vertikal am frischesten, um dann, in Begleitstimmen, bis zum Eintritt des Überleitungssatzes sich aufzulösen. Was ihm an Abenteuern in der Durchführung widerfährt, würde allenfalls nach deren üblichem Begriff nicht wundernehmen. Allein die spezifisch Mahlersche Variantentechnik setzt in der Reprise sich fort. Die phantasierende Expansion der Themen aus der Durchführung zittert in ihrer Reprisengestalt nach. Wo das Jokermotiv in der Reprise offen wiederkehrt[10], ist zwar die Harmonisierung der zweiten Variante mit dem b im Baß benutzt, die gewissermaßen die älteren Gestalten überholte, die Melodie aber schwingt sich eine Septime auf zu d, eine Quart über dem bisherigen Höhepunkt des Motivs, und in seiner harmonisch nur wenig abweichenden Bekräftigung zwei Takte später bis zum hohen f. Die Schwächung, welche in der Exposition die Senkung vom fis auf das damals eine Oktav tiefere e und f bedeutete, wird gleichsam wiedergutgemacht. In der Coda des Satzes schließlich wird das Motiv, melodisch und durch Neuharmonisierung[11], sorgfältig vorbereitet, auf seinen absoluten Höhepunkt geleitet, ein a, genau eine Oktav über jenem, welches das Motiv gegen Ende der Exposition des Hauptthemas vorläufig gewonnen hatte. So rational sind die Mahlerschen Irrationalitäten. – Mit seiner Erfahrung wird die Variantentechnik immer präziser. In den Spätwerken konzentriert sie sich oft auf kritische Noten innerhalb eines Themas oder selbst Motivs. Gerade was an einem melodischen Teilganzen auffällt, wird modifiziert. Das Minore-Thema des ersten Satzes der Neunten Symphonie etwa enthält ein nicht leitereigenes gis[12], das den dissonanten Charakter des gesamten Komplexes in sich bestimmt; eben dies gis aber oder sein Äquivalent wird dann vielfach durch ein a, also die reine Quint zum Grundton von d-moll ersetzt. Ratz hat in seiner Analyse detailliert die formbildende Funktion gerade des Wechsels der beiden kritischen Töne gezeigt[13]. Ähnlich wird das über den ganzen Satz ausgestreute chromatische Bindemotiv[14] später einer Variante unterworfen, in der der kritische Ganztonschritt zum letzten Motivglied, von e nach fis, zur kleinen Terz e-g sich erweitert. Dadurch begibt, wie der Ton der gesamten Reprise es will, das Motiv sich des Schneidenden, um schließlich mit dem Kern der Schlußgruppe zu verschmelzen[15].

Traditionellerweise wären die musikalischen Teilkomplexe Resultanten der Spannung zwischen den vorgeordneten Kategorien, zumal der Tonalität, und dem singulären kompositorischen Impuls. Beides war durch einander vermittelt; die Details miterzeugt von tonalen Verhältnissen; die Tonalität bestätigt oder wiederhergestellt von den Einzelimpulsen. Form jedoch, im engeren Sinn der Musiktheorie, also die innerzeitliche große Architektur, war seit langem außerhalb dieses Wechselspiels. Entweder wurde das spezifische Leben der Komposition wohl oder übel nach den vorgegebenen Kategorien zurechtgestutzt, oder die Einzelimpulse verabsolutierten sich und benutzten die Form nur noch als Vehikel. Mahler endlich restituiert die Wechselwirkung. Er überträgt sie auf die Formorganisation im großen. Diese ignoriert nicht die überkommene Architektur. Gelegentlich, wie im ersten Satz der Sechsten Symphonie, hinter deren Exposition ursprünglich Wiederholungszeichen standen, wird ihr gerade von sehr expansiver Musik die Reverenz erwiesen; gefüllt aber ist sie selbst hier mit weithin Unschematischem: ein Choral etwa dient als Überleitungsgruppe. Auch was stringent auf die sonatenhaften Modelle sich beziehen läßt, hat sein individuelles Bewegungsgesetz. So verbot sich im Finale der Sechsten, nach der nicht nur sehr umfangreichen, sondern auch bereits vom symphonischen Zug durchherrschten Einleitung, und der aufgetürmten Durchführung, eine aufdringlich symmetrische Reprise. Soweit das Formgefühl Symmetrien erwartet, sorgt dafür die rondohafte Wiederkehr der Einleitung. Bei stetigen Varianten von strikter modulatorischer Funktion im Fortgang des Ganzen ist sie das relativ statische Element. Andererseits erfordern die übergroßen Komplexe nach dem Brauch der Tonalität, der sie sich verpflichten, einen Ausgleich, die Homöostase der Konstruktion. Ihr zuliebe konzediert Mahler doch eine Art Reprise. Diese aber kümmert sich um das Vorhergehende, indem sie die Reihenfolge der Hauptkomplexe einigermaßen umkehrt. Dem Satz, der unermeßliche Zeiträume durchfährt, glückt die Quadratur des Zirkels: er ist dynamisch und tektonisch in einem, ohne daß das eine Prinzip das andere annullierte. Die Reprise beginnt mit ihrem zweiten Themenkomplex, setzt sich jedoch nicht ab, sondern verschmilzt mit der Einleitung[16]. Diese schickt sich dazu, weil in ihr schon am Anfang, wie unter Glas, die Hauptmotive des zweiten Themenkomplexes ausgestellt waren. Unterdessen haben all jene Motive sich, nach einem um 1900 gebräuchlichen Wort, ausgelebt. Aus ihrer Präexistenz ist die reale symphonische Existenz geworden. Der zweite Themenkomplex wird dadurch, daß er nun gleichwie im Rahmen der erweiterten Einleitung erscheint, aus der ausdrücklichen, relativ getreuen Reprise draußen gehalten; weder wiedergekäut noch vernachlässigt. Die Reprise kann sich mit dem ersten Themenkomplex begnügen und wird kurz erledigt, wiederum ohne aufzuhalten. Sie wird abermals, ähnlich dem Verfahren der Durchführung des ersten Satzes der Vierten

Symphonie, vom Vorhergehenden nicht getrennt, sondern der Musikstrom gleitet unvermerkt in sie hinein[17]. Hat das Ganze einmal seinen Schwung gewonnen, so werden die Zäsuren kleiner als zuerst: der symphonische Zug desavouiert den symphonischen Formalismus. Lieber mißachtet Mahler die topographische Übersichtlichkeit und verschleift ursprünglich scharfe Konturen, als daß er der Stringenz des inneren Formgefühls zuwiderhandelte. Listig zieht er die Reprise, deren er bedarf, von der Oberfläche der Wahrnehmung ab. Das verleiht ihr im Finale der Sechsten den Ausdruck des schemenhaften Geisterzugs wie in der Rewelge. Die Reprise wird zum revenant; der Charakter legitimiert den Rest an Symmetrie. Nicht hier allein wechseln bei Mahler Partien der nachdrücklichsten, leibhaften Gegenwart der Musik mit derart geisterhaften. Manche Sätze entwickeln sich, um ihre eigene Wirklichkeit zu erringen oder zu verlieren; Musik soll erst als Resultat ihres Vollzuges ganz präsent sein. Das Romansubjekt, das in der Musik die Welt finden möchte, bleibt doch uneins mit dieser. Rettung erhofft es von seinem Übergang zu eben jener Wirklichkeit, vor der es in sich zurückzuckte; durch seine inwendige Bewegung selbst möchte es sie wiederfinden. – Was im zweiten Expositionskomplex des Finales unerwähnt blieb, wird dann flüchtig nachgeholt, auch die Coda ist überaus summarisch. Die Reprise war die Crux der Sonatenform. Sie machte das seit Beethoven Entscheidende, die Dynamik der Durchführung, rückgängig, vergleichbar der Wirkung eines Films auf einen Zuschauer, der nach dem Ende sitzen bleibt und den Anfang noch einmal sieht. Beethoven hat das durch ein tour de force bewältigt, das ihm zur Regel ward: im fruchtbaren Moment des Reprisenbeginns präsentiert er das Resultat der Dynamik, des Werdens, als die Bestätigung und Rechtfertigung des Gewesenen, dessen, was ohnehin war. Das ist seine Komplizität mit der Schuld der großen idealistischen Systeme, mit dem Dialektiker Hegel, bei dem am Ende der Inbegriff der Negationen, und damit der des Werdens selber, auf die Theodizee des Seienden hinausläuft. In der Reprise blieb Musik, als Ritual der bürgerlichen Freiheit, gleich der Gesellschaft, in der sie ist und die in ihr ist, der mythischen Unfreiheit hörig. Den in sich kreisenden Naturzusammenhang manipuliert sie, als wäre das Wiederkehrende kraft seiner bloßen Wiederkehr mehr, als es ist, der metaphysische Sinn selber, die ›Idee‹. Umgekehrt aber behält reprisenlose Musik ein nicht bloß kulinarisch Unbefriedigendes, Disproportionales, Abruptes: so als fehlte ihr etwas, als hätte sie kein Ende. Tatsächlich wird alle neue Musik von der Frage gequält, wie sie schließen könnte, nicht bloß aufhören, nachdem die kadenzierenden Schlußbildungen es nicht mehr leisten, die selbst etwas vom Reprisenwesen in sich haben, das, wenn man will, nur die Kadenzformel aufs Große überträgt. Mahlers Auskunft auf die Alternative aber konvergiert mit der der größten Romane seiner Generation. Wo er formgerecht Vergangenes wiederholt, singt er nicht dessen Lob oder das von Vergängnis selber. Durch die Variante erinnert seine Musik sich von weither des Vergangenen, halb Vergessenen, erhebt Einspruch wider seine absolute Vergeblichkeit und bestimmt es doch als Ephemeres, Unwiederbringliches. Ihre Idee hat sie an solcher errettenden Treue.

Mahlers Kritik der Schemata transformiert die Sonate. Nicht nur in der Sechsten, sondern häufig: auch in der Ersten, Dritten, Vierten, Siebenten sind die eigentlichen Allegro-Expositionen auffallend kurz. Vorbild dafür, komplementär zur Expansion der Durchführung, ist die Eroica. Bei Mahler opponiert solche Kürze dem architektonischen Wesen. Je weniger er statische Entsprechungen anstrebt, desto weniger ausführlich braucht er die Komplexe zu behandeln, die sonst sich entsprachen; was aber nun einmal architektonisch Identität repräsentieren muß, wird durch Kürze unaufdringlich. Im Prinzip permanenter Abwandlung erobert die Durchführung sich die Präponderanz; aber sie fungiert nicht länger als dynamischer Gegensatz zu statischen Grundverhältnissen. Damit verändert sich die Sonate bis ins Innerste. Aus den Expositionen, vordem Strukturen von schwerem eigenen Gewicht, werden Expositionen im bescheidenen Sinn der Vorstellung von dramatis personae, deren musikalische Geschichte dann erzählt wird. Als Mahler in der Neunten Symphonie, wohl dank der Erfahrungen des Lieds von der Erde, die Sonate drangab, hat er bloß offenbart, wozu subkutan sein gesamtes Werk sich anschickt. Sein extensives Zeitbewußtsein verlangt auseinander hervorgehende Abschnitte. Ihre Spannung, die mit Aufstieg und Fall die der älteren Symphonik überbietet, wird durch die Proportionen der Teile erzeugt, nicht durch Zuspitzung. Zur Sonate steht das Mahlersche Gesamtwerk disparat. In der Ersten Symphonie ist die kurze Allegro-Exposition einthematisch, das orthodoxe Gesangsthema fehlt. Allgemein neigt Mahler dazu, die zweiten Themenkomplexe knapp zu formulieren. Nach romantischer Übung holen seine ›Gesangsthemen‹ sich vom Lied die geschlossene Melodie, jeweils ein in sich einigermaßen Fertiges; ihre Formfunktion fürs Werden ist ihre relative Statik. Was aber zunächst einmal nur da ist, kann meist unmittelbar, bündig gesagt werden. Würden die Oberstimmenmelodien der Seitensatzthemen verlängert und ausgekostet, so verdrängten sie die symphonische Totalität. – In der Dritten Symphonie wird die Sonate entmächtigt, indem nach ihren Kriterien Einleitung, Expositionshauptsatz und Durchführung disproportional geraten. Der erste Satz der Vierten freilich ist Sonate, doch archaistisch wie einst schon der erste Satz der Beethovenschen Achten; das zweite Thema wäre für eine eigentliche Sonate ein viel zu selbständiges Instrumentallied; auch die Schlußgruppe ist, bei aller Kürze, weniger eine solche denn ein drittes Thema, weitab vom Vorhergehenden. Nachträglich erst werden die kontrastierenden Gedanken zur vielverzweigten Einheit in der Durchführung, der ersten Mahlerschen, welche die Expositionsbestandteile explikativ entwickelt: mit ihr hebt der Satz wahrhaft als Geschichte an. Nach der orthodoxen Reprise ergänzt die Coda, was jene an ihrem Anfang versäumte. Trotz alldem jedoch weigert auch dieser Satz sich dem Sonatenwesen, nicht nur weil alles in Anführungszeichen komponiert ist; weil die Musik spricht: Es war einmal eine Sonate, sondern auch technisch. Die Expositionskomplexe differieren so sehr, sind auch so energisch getrennt, daß sie von vornherein nicht zu einem Urteilsspruch sich kontrahieren lassen. – Die Fünfte Symphonie findet sich mit der Sonatenidee ab, indem sie gewissermaßen in zwei erste Sätze sich spaltet; der erste wäre dem Geist nach Exposition, der zweite deren Durchführung. Der Expositionssatz ist ein nach Karrees disponierter Trauermarsch, ohne eigentliches freies Durchführungsfeld; der zweite als Sonatenrondo mit eigener Durchführung gebaut; die ausführlichen Interpolationen aus dem ersten Satz beirren das Sonatengefühl. Tendiert die Fünfte zum Sonatengeist, so ist sie desto empfindlicher gegen das Schema. Ihm stellt sich erst der erste Satz der Sechsten Symphonie. Freilich wird auch in ihm der zweite Themenkomplex sehr komprimiert und die vielbeschimpfte Hauptmelodie daraus in der Reprise nur eben angedeutet. Die Anlage des Satzes dürfte durch eine Idee des Tragischen angeregt sein, die Mahlers Weltschmerz von der gängigen Ästhetik akzeptiert, ohne zunächst sie an seiner eigenen Formintention zu messen. Seiner Selbstkritik mochte temporär die höchst originelle, exzentrische Verfahrungsweise der drei ersten Symphonien unverantwortlich lax dünken. An der traditionellen Sonatenform disziplinierte er sich. Indem er ihr zu genügen sich anstrengte, erwarb er sich die Verfügung über durchbrochen thematische Arbeit, das feine Gefädel. Das Metier der reifen Werke half sie vergeistigen. Jene Errungenschaften hat Mahler dann auch festgehalten, als er frei genug war, die erschwerenden Bedingungen, die er seit der Vierten Symphonie sich auferlegt hatte, wieder fahren zu lassen. Darüber hinaus ist das Sonatenskelett im letzten Satz der Sechsten unentbehrlich zur Verklammerung der Dimensionen: die Steigerung der expansiven Kraft darin bedarf komplementär einer des ordnenden Vermögens. Im Bewußtsein der vollen technischen Meisterschaft traut er sich den Beethovenschen Typus zu. Ohnehin war das epische Komponieren nie der bloße Gegensatz zum Dramatischen, sondern auch wie Romane ihm nah im Zug, den Spannungen, den Explosionen. Nun zollt Mahler dem Drama das Seine in einer Sonate, die er paradigmatisch fest baut als Hauptthema, Überleitung, Seitensatz und Schlußgruppe. Tragik weigert sich der nominalistischen Form. Die Totalität, die zum eigenen Ruhm den Untergang des Einzelnen sanktioniert, dem keine Wahl bleibt, als unterzugehen, herrscht unbestritten. Mahlers Emanzipation von der Sonate war durch sie selbst vermittelt. Ihre Idee hat er in den mittleren Symphonien absorbiert, um am Ende so zu gestalten, daß jeder Takt gleich nah zum Mittelpunkt ist.

Um die große Form geht es deklariertermaßen im Finale der Sechsten Symphonie, neben dem ersten Satz der Dritten dem längsten Instrumentalstück Mahlers. Die Formidee ist dadurch von der des älteren verschieden, daß die epische Expansion aufs straffeste ihrer selbst mächtig wird: insofern ist der Satz das Zentrum von Mahlers gesamtem œuvre. Die Polyphonie der Fünften Symphonie wird vertagt; die Zeitdimensionen wären inkompatibel mit der kontrapunktischen Aufmerksamkeit aufs Simultane. An ihre Stelle tritt nicht minder enge sukzessive Verknüpfung durch reichste thematisch-motivische Arbeit. Für sie ist das Material hinter den Kulissen prädisponiert. Zwischen den beiden Hauptkomplexen gibt es, trotz ihrer Mahlerschen Prägnanz, ungezählte Querverbindungen, vor allem durch das Sekundintervall und den punktierten Rhythmus; zu Beginn der Reprise des ersten Themas werden sie kontrapunktiert. Dem emphatischen Grundcharakter gemäß ist der Satz Sonatenfinale, nicht Rondo. Die lange Einleitung dient nicht nur, viermal auf je wechselnden Stufen einsetzend, zur Artikulation des Ganzen, sondern wird später dem Allegro integriert. Sie stellt sogleich dessen Hauptmotive vor, während einige ihrer spezifischen Themen wie der düstere, nicht erhörte Choral[18] selber durchgeführt werden. Der Hauptsatz schließt sich nicht, nach dem Herkommen, unmittelbar an die Einleitung an, sondern es wird in ihn durch ein kurzes Allegro moderato hinübermoduliert, von der Anfangstonart c-moll zur Haupttonart a-moll; später erinnert sich Mahler an diese Zwischenversion des ersten Themas in einem der wichtigsten Modelle der Durchführung[19]. Der erste Komplex der eigentlichen Exposition[20] ist ein energischer Marsch. Ihn führt ein nach traditioneller Weise in Achtelbewegung begleiteter, mit dem Einleitungschoral verwandter ›Einsatz‹[21] des Blechs fort, der in ein Auflösungsfeld mündet. Der zweite Themenkomplex beginnt mit deutlichem Ruck in D-Dur[22]; auch er absichtsvoll kurz, in seinem raschen Aufschwung aber wohl das romanähnlichste Gebilde von Mahler überhaupt, wie ein gefährdetes Boot tanzend auf unregelmäßigen Wellen. Ohne im Nachsatz seiner simplen Sequenzen sich zu schämen, ist dies asymmetrische, von durchlaufender Bewegung gereinigte Thema unergründlich durch seinen Ausdruck. Er changiert zwischen leichtsinnigem Glück und hochbrandendem Rausch. Dazu hilft ihm sein Bau. Prosahaft reiht es heterogene

Bestandteile, vor allem rhythmisch weit voneinander gelegene Werte aneinander, die gleichwohl kraft ihrer harmonischen Verspannungen ganz ineinander gewachsen sind. Man könnte hier wie übrigens auch anderwärts bei Mahler von Satzdörfern reden im Gegensatz zu den allzu geraden Straßen, welche traditionell als spezifisch symphonisches Gebot verstanden werden. Zugleich gestattet die komplexe Gestalt des Themas, es ebensowohl als Einheit zu verwerten, wie einzelne Bestandteile auszuwählen und fortzuspinnen, vor allem auch all die unterirdischen Beziehungen zwischen seinen Motiven auszunutzen. Verzichtet ist, nach dem drastischen Dualismus von Haupt- und Seitensatz, auf eine ausführlichere Schlußgruppe oder ein drittes Thema. Die Durchführung beginnt, nach der verkürzten und andeutenden Interpolation des Einleitungskomplexes[23], abermals mit einem modulatorischen Ruck, schroffer diesmal als zu Beginn des zweiten Themenkomplexes: so mochten große Romanciers wie Jacobsen ganze Perioden im Leben ihrer Helden auslassen und mit jähem Entschluß kritische Phasen ihres Lebens belichten; was Jacobsen ausdrücklich als Prinzip der »schlechten Komposition« sich erkor[24], wird auch in Mahlers großem Formexperiment zu dem einer guten. Die Riesendurchführung, wahrhaft hier die eigentliche Symphonie, war derart zu konstruieren, daß sie weder in Mißverhältnisse zum Vorhergehenden gerät, noch in sich selber sich verstrickt. Dafür reicht jene phantasierende Freiheit nicht aus, die das Schema der Durchführung als sein Korrektiv zumißt. Jene Freiheit kommt nur darin zu Ehren, daß die jeweils sehr präzis ihre Modelle durchführenden Hauptpartien gegen ihr Ende durchweg ausschwingen, als lockerte ihr eigener Verlauf den Zwang; solche Parallelität von Auflösungsfeldern vereinheitlicht ebenso die Mannigfaltigkeit der Charaktere, wie sie das Gebändigte doch erweicht; der große Rhythmus der Durchführung wird selber einer von Notwendigkeit und Freiheit. Jede Anspannung wird gewissermaßen belohnt. Auch die Gasse der Freiheit ist kein Naturschutzpark. Gerade dort, wo der Satz durch und durch in Bewegung gerät, gehorcht er rigoroser Konstruktion. Die Durchführung gliedert sich, wie die im ersten Satz der Dritten, scharf nach vier Teilen. Der erste[25] ist eine freie Variante des zweiten Themenkomplexes der Exposition. Er kompensiert für dessen Kürze und baut die Brücke zwischen Durchführung und Exposition, als wäre er deren rückläufige Reprise. Die Tendenz zur Rückläufigkeit wirkt nach bis in jene viel spätere, eigentliche Reprise. – Den ersten Durchführungsteil bestreitet wesentlich der passionierte Nachsatz des zweiten Themas[26]. Der Anfang des zweiten wird kenntlich durch den ersten Hammerschlag[27]. Im Sinn der krebsgängigen Großkonstruktion – Berg liebte sie später – wird darin das Hauptthema noch ausgespart. Der zweite Sektor hat vielmehr dessen einsatzähnliche Fortsetzung zum Gegenstand und expliziert ihre Verwandtschaft mit der Einleitung ebenso wie die mit dem zweiten Themenkomplex. Am Schluß steigert sie eine Reminiszenz an den Hauptmarsch der Exposition[28], an dessen fanfarenhafte Bläserwiederholungen und Trillerketten, zu barbarischer Wildheit, knatternd wie zuvor die Holzklapper[29]. Die Generalpause[30] dabei hat ihr thematisches Vorbild in einer Achtelpause in der Exposition[31]. Vor der dritten Durchführungspartie[32] schafft diese Zäsur Luft in dem sonst überdichten Gewebe, führt die Spannung zu einem Doppelpunkt, gleichsam dem einer Marschintroduktion, so daß die Unterbrechung nur die Erwartung verstärkt, die dann in dem großen Marsch, jener dritten, zentralen Durchführungspartie, eingelöst wird. Treu dem Sonatengeist wird darin der motivische Kern des Hauptthemas verarbeitet, aber als Werdendes, nicht fest Geronnenes. Die Dynamik des kompositorischen Charakters teilt sich der kompositorischen Verfahrungsweise mit; unregelmäßig wird noch die Regel befolgt. Der Zug des jetzt erst widerstandslos sich Entwickelnden läßt die Durchführung auch in der kritischen Partie ihrer Mitte keine Sekunde lang erlahmen. Sein breit verströmendes Ende wäre architektonisch das Äquivalent etwa des Schlusses der ersten Durchführungspartie. – Auf den Anfang der vierten und letzten fällt abermals ein Hammerschlag[33]. Sie korrespondiert, als eine Art Choralbearbeitung des Fortsetzungsthemas aus dem ersten Expositionskomplex, sichtbar der zweiten. Der große Marsch ist eingelassen zwischen die Betonpfeiler jenes Bläserthemas. Dank seiner Affinität zur Einleitung verbindet es sich ohne Riß mit deren ausführlicher Wiederkehr. Auch die Korrespondenz zwischen zweiter und vierter Durchführungspartie aber ist nicht mechanisch: diese variiert jene gesteigert. Das Brucknersche Potential perspektivischer Durchblicke inmitten der Durchführung kommt hier erst zu sich selber. Konstruktiv wacht die Korrespondenz von zweitem und viertem Abschnitt darüber, daß der große Marsch, indem er zwischen Festes sich einfügt, bei aller Expansionskraft nicht das Ganze überflutet, sondern in der Totalität der Durchführung das relative Gewicht eines Teilganzen behält. - Jene Expansionskraft hat freilich in der Durchführung sich erschöpft. Nach der umgestellten Reprise wird die Einleitung[34], bei ihrem letzten Auftreten, nur eben noch gestreift; unverweilt schließt eine Coda im schwarzen Posaunenklang. – Einfall des Finales der Sechsten ist dessen Formidee, nicht die auf jene hin konzipierten Einzelthemen. Den Gehalt des Stückes stiftet seine großartige Formimmanenz. Die unersättlich rauschhafte Steigerung des Gefühls zu leben, zehrt sich selber auf. Die Erhebungen sind die zum Sturz in jene Finsternis, die erst in den letzten Takten den musikalischen Raum ganz erfüllt. Durch rein musikalische Drastik wird, was in dem Satz geschieht, eins mit seiner eigenen Negation.

Der erste Satz der Siebenten gehört in die Nachbarschaft der Ecksätze der Sechsten. Aber die Mahlersche Fähigkeit, Symphonietypen aus sich heraus zu erneuern, rastet auch nicht im Nachklang. Durch Umbeleuchtung wird der ganze Satz zur Variante. Er überträgt die Errungenschaften der vorausgehenden Instrumentalsymphonien auf die Bilderwelt des früheren Mahler; angesichts der vorherrschenden Helldunkel-Wirkungen ist das wohlfeile Epitheton einer romantischen Symphonie entschuldbar. Bei nachdrücklichster Konstruktion ist der Satz sinnlich bunter als alles, was Mahler zuvor schrieb; sein Spätstil hat darauf zurückgegriffen. Das Dur strahlt durch hinzugefügte Noten, als eine Art Über-Dur[35] wie in dem berühmten Akkord aus dem Adagio von Bruckners Neunter[36]. Die Kontraste, auch die des Klangs, vertiefen sich und damit die Perspektive; selbst der Bläserchor wird in sich abgetönter als zuvor, etwa durch die Gegenüberstellung von Tenorhorn und solistischen Posaunen. Unter Ausnutzung der Terzverwandtschaft läßt Mahler erstmals weit voneinander lokalisierte, nach diatonischen Spielregeln unverbundene Akkorde sich folgen[37]. Überhaupt wird der harmonische Vorrat merklich größer. Horizontale und vertikale Quartenbildungen mögen, mit Eigentümlichkeiten der Themenformulierung, unmittelbar in Schönbergs ein Jahr später entstandene Erste Kammersymphonie hineingewirkt haben. Wie beim jungen Schönberg wird die erweiterte Harmonik konstruktiv. Unverbrauchte Kadenzen stärken das Tonalitätsbewußtsein; vielfach kadenziert der Satz mit der Gebärde von Entschlossenheit[38]. Mehr noch als in der Sechsten entspricht der erste Teil der Durchführung einer rudimentären Variante der Exposition, komponiert frei die Wiederholungszeichen des Schemas aus. Daran schließt sich ein langer, exterritorialer, mehrfach durchbrochener Episodenteil. Was sich danach wie der Beginn der Zentraldurchführung anhört[39], mit Beethovenschem Gestus anbefohlen, bleibt im Bann der hartnäckigen Episodenstellen gleich dem zweiten Satz der Fünften; die eigentlich durchführenden Partien sind äußerst knapp. Mahlers epische Intention experimentiert mit der in der Sechsten Symphonie erworbenen Technik: die Durchführung spaltet sich auf in zwei sonatenfeindliche Elemente, eine Expositionsvariante und ein durch Motivvergrößerung auf die Einleitung zurückgreifendes Episodenfeld, das schließlich in die Reprise jener Einleitung mündet: das qualitativ Andere wird vollends kompositionsimmanent. Die Reprise ist gegenüber der Exposition gesteigert, aber schulgerecht. Aus dem Schatten der Sechsten, in dem der Satz existiert, wird dann das Schattenreich der drei Mittelsätze. Verschwunden ist der tragische Anspruch der Sechsten. Ihn verscheucht wohl weniger jenes ominös Positive, das freilich das Finale ruiniert, als das dämmernde Bewußtsein davon, daß die Kategorie des Tragischen mit dem epischen, in der Zeit offenen Musikideal nicht sich verträgt. Komponieren, das der Totalität mächtig ward, besinnt sich auf deren Gegenteil, den Sinn aus Stücken.

Der Mahlersche Nominalismus, die Kritik der Formen durch den spezifischen Impuls, reißt auch den Satztyp in sich hinein, der, Erbschaft aus der Suite, seit Haydn am zähesten sich erhielt, Menuett und Scherzo; allein bei Mendelssohn war er umgedacht. Der Ländler von Mahlers Erster ist traditionell noch durch die Orientierung an Bruckner, nicht nur in der Art der Thematik, sondern auch in den derb verschobenen, dabei in sich jeweils statischen harmonischen Ebenen; im Trio von einem harmonischen Reichtum und einer Finesse[40], die vom Stilmodell des Bauerntanzes nicht sich übertölpeln läßt. Die Wienerische Zärtlichkeit jenes Trios kehrt wieder in der zweiten Nachtmusik der Siebenten und, von weit her, im Lied von der Erde; schon werden die Endungen resigniert fallengelassen[41]. Hat der Walzer aus dem Freischütz, vor allem dessen Aufsplitterung in Fragmente gegen Ende, etwas Mahlersches, so dankt es ihm die Erste durchs Zitat[42]. – Die Scherzi der Zweiten und Dritten, beide symphonisch uminterpretierte und vergrößerte Lieder, verschmelzen den Scherzotyp mit dem der strophischen Ballade und bringen ihn damit erstmals in Fluß; durch Einschiebung nicht wiederholter und nicht wiederholbarer Felder möchten sie aus dem Einerlei der Tanzdrehung heraus. Präzis zieht das Scherzo der Vierten aus denen der vorausgehenden Symphonien das Fazit. War Mahler jedoch einmal etwas schlackenlos gelungen, so hat er nervös kaum mehr danach sich umgeschaut. Seine Kritik zieht die historisch seltsam widerstandsfähige Form unerbittlich ins Kraftfeld des symphonischen Komponierens. Mit einer Anstrengung, die er selbst[43] als außerordentlich muß empfunden haben, konzipiert er in der Fünften das Novum des Durchführungsscherzos. Zwar werden zunächst Scherzoteil und erstes Trio – praller freilich mit Charakteren als je zuvor im Schema – deutlich hingestellt, aber mit Verzahnungen versehen, durch die sie ineinandergreifen. Ihr abgezirkeltes Wesen wird dynamisiert, ohne daß der Bauplan sich verdunkelte, ein wahres Meisterstück. In ihm hat die Mahlersche Polyphonie einen ihrer Ursprünge. Weil die Scherzotänze ebenso fest umrissen bleiben wie wechselfältig sich durchdringen müssen, kombiniert er sie simultan, vermischt die Scherzothemen kontrapunktisch. Die Coda geht darin mit vier gleichzeitigen Themen[44] am weitesten. Die Künste sind keine Spielerei: sie allein bändigen die extensive Fülle der Tanzgestalten, ohne von ihr etwas nachzulassen. Die Formanlage des Satzes, ohne den übrigens Straussens Rosenkavalier kaum zu denken wäre, ist selber vom Kontrapunkt determiniert. Die sukzessiven Themen heben voneinander schon ähnlich sich ab wie gute Kontrapunkte von einem cantus firmus. Die orchestrale

Meisterschaft erweist sich an kleinsten Zügen. Gleich zu Beginn ist die Gegenstimme der Klarinetten und Fagotte so gesetzt, daß sie völlig deutlich wird, nicht matt, schwächlich, wie man beim bloßen Lesen es befürchtet. Die volle Setzweise wirkt über sich hinaus; an einer Stelle führt die pure Zweistimmigkeit von obligatem Horn und ersten Geigen den Reichtum des vollen Orchesters vorher noch mit sich[45]. Das schlußgruppen- und abgesangähnliche Ende des Scherzo-Hauptteils[46] wird, was es ist, durchs Ökonomieprinzip; jene Gruppe kehrt die Hauptlinie um. Erinnerung an ein nie zuvor Gehörtes ist die Pizzicato-Episode[47], Urbild des Schattenhaften bei Mahler; der darauf folgende »schüchterne« Oboeneinsatz[48] hat sein Unbeschreibliches daran, daß die Stimme wie lebendig unter die Schatten sich wagt. – Schroff kontrastiert zu jenem Scherzo das der Sechsten. Laboriert das der Fünften an der Möglichkeit symphonischer Einheit aus suitenhaft gereihten Tänzen, so fragt das der Sechsten, motivisch und harmonisch mit den Ecksätzen verklammert, wie aus einem Minimum an Ausgangsmaterialien ein Maximum wechselnder Charaktere zu destillieren sei. Scherzo und Trio rücken zusammen; eine Variante des Triothemas, unverhüllt im Duktus, erscheint ganz zu Anfang der ersten Scherzo-Exposition[49]. Die Regelwidrigkeit verstärkt die Einheit, auf die der Satz es abgesehen hat; stolziert später das »altväterisch« betitelte Trio einher, so gerät es, als hätte man das Gespenst schon geträumt, in unbehagliche Leibnähe zum Scherzoteil. Die Einheit, die nichts ausläßt, soll selbst charakterisieren, jene quälende Insistenz herstellen, die schon das starre, intentioniert stecken bleibende Scherzothema präludiert. Solche Starrheit überträgt sich auf zu viele Themen der gesamten Sechsten, als daß man sie einem Ermüden der melodischen Invention zuschreiben dürfte: sie meint dasselbe Unerbittliche wie die Sonatenstrenge. Das Bedrohliche, durch Masse Erdrückende des Scherzos ist fraglos Wirkung der bei Mahler singulären Verfahrungsweise. Nicht überall freilich ist die angestrengte Ökonomie sicher vor unfreiwilliger Monotonie. Erst der Schluß gewinnt die Authentizität eines Ende schlimm, alles schlimm. – Das Scherzo der Siebenten ist wieder Durchführungsscherzo wie das der Fünften, doch reduziert unter der Notwendigkeit, zwischen die beiden Nachtmusiken ein drittes Charakterstück zu stellen. Das eben nur skizzierte und unterbrochene Trio, rührend sprechend wie kaum etwas anderes von Mahler, wird buchstäblich Opfer der symphonischen Durchführung, roh verzerrt wie einst die Berliozsche idée fixe der Geliebten im wüsten Finale[50], um freilich sogleich im Nachsatz seine Schönheit mit gesammelter Würde wieder zu erlangen[51].

VI

Der Antagonismus der Mahlerschen Technik als der von wiederholungsfeindlicher Fülle hier, dicht zusammengewachsener, sich fortbewegender Totalität dort betrifft nicht nur die Form im engeren Sinn der sukzessiven Komplexe, sondern durchzieht alle kompositorischen Dimensionen. Denn eine jegliche nutzt Mahler gleichermaßen zur Realisierung aus; sein Werk ist Vorstufe des integralen Kunstwerks. Sie stützen einander, eine hilft über Schwächen der anderen hinweg. Paul Bekker hat die Trivialität des Hauptthemas des später großartig sich aufschwingenden und erfüllenden Andantes aus der Sechsten Symphonie bemängelt; vielleicht allzu spröde gegen den trübselig innigen Ton der Kindertotenlieder in jener Melodie. Doch mochte ihre ohrenfällige Gesanglichkeit Mahler selbst nicht befriedigen. Er hat darum das zehntaktige Thema metrisch so disponiert, daß sich Ambivalenzen zwischen Phrasenenden und -anfängen ergaben. Die Wiederholung des Anfangsgedankens fällt anstatt auf eins auf drei, also einen relativ schwachen Taktteil; metrische Irregularität ist die Mitgift, welche die volksliedhaften Melodien der symphonischen Prosa einbringen. In dem kunstvollen Scherzo der Vierten verschieben die Schwerpunkte einer Hauptgestalt sich achtelweise[1]. Mahlers Rhythmik ist ein zartes und bevorzugtes Mittel seiner Variantentechnik. Mit ständigen Vergrößerungen und Verkleinerungen bewahrt er auf agogisch einfachste Weise ein melodisch Identisches ungeschmälert und modifiziert es doch. Die Kindertotenlieder sind besonders reich an derlei Bildungen. Dank solcher Veranstaltungen verlieren Mahlers Themen die Spur des Banalen, die, wer Lust hat, an manchen Intervallfolgen rügen könnte; meist isoliert der Begriff der Banalität bei Mahler rechthaberisch einzelne Dimensionen, blind dagegen, daß bei ihm nur deren Verhältnis zueinander und keine singuläre den Charakter, die ›Originalität‹ definiert. Daß die Mahlersche

Verfahrungsweise durch ihre Mehrdimensionalität dem Vorwurf des Banalen entrückt ist, besagt nichts gegen die Existenz banaler Elemente und gegen ihre Funktion in der Konstruktion des Ganzen. Was den banalen Musikstoffen durch kompositorische Künste wie die metrischen widerfährt, ist eben jene Brechung, welche das Banale dem Kunstwerk einfügt, das dabei doch seiner als eines Agens eigenen Wesens, sogar als eines Unmittelbaren im musikalischen Zusammenhang bedarf. Auch die Kategorie des Banalen bei Mahler ist dynamisch: es erscheint, um paralysiert zu werden, ohne in dem kompositorischen Prozeß ohne Rest unterzugehen. Jener ist die disziplinierende Gegenkraft, prägnant Mahlers ›Technik‹. Sorge für die Realisierung konkretisiert sich der Fülle gegenüber im Postulat der Deutlichkeit in allen Schichten. So genau hat der große Dirigent seine Pappenheimer, die Orchester und auch die anderen Kapellmeister, gekannt, daß er allen Unsinn, den sie aus Schlamperei, mangelndem Verständnis, Zeitnot oder unterm Druck der Klangmaterie begehen, voraussah. Die Vortragsbezeichnungen ebenso wie viele Eigentümlichkeiten der Instrumentation in den reifen Werken sind Schutzmaßnahmen gegen die Interpreten. Der kommende Bruch zwischen der Musik selbst und ihrer adäquaten Wiedergabe wird von jener verzeichnet: Mahler hat versucht, narrensicher zu komponieren. Es bestätigt seine Weisheit nicht weniger als die der Fischpredigt, daß genau die Fehler, die er verhindern wollte, immer wieder begegnen; daß etwa die Prominenzen immer wieder dort eilen, wo die Partitur sie davor warnt. Sorge um richtige Wiedergabe ist zu einem Kanon der Komposition geworden. So komponieren, daß die Aufführung es nicht zerstören kann, virtuell also diese bereits abschaffen, heißt zugleich: in sich ganz deutlich, eindeutig komponieren. Weil nichts verschwimmen darf, wird wie bei Berg die romanhafte Fülle prüfender Ökonomie untergeordnet. Maximale Wirkungen erreicht Mahler mit einem Minimum an Mitteln. Schon in seinem exzessivsten Werk, der Dritten, klingt eine Wendung im Menuett, als ginge ein Riesenschauer durch die Musik[2], ohne daß doch das Tutti bemüht wäre; es genügt der solistische Klang des Menuettkomplexes. Instrumental ist die Wirkung vorher vermiedenen Details zuzuschreiben wie dem Eintritt der vier Hörner, dem akkordischen Einsatz der Harfe und dem einfachen Forte in den Streichern. Zum ersten Mal gelangen die Geigen ganz in den Vordergrund, so daß die Komposition einen Augenblick lang voll nach außen sich kehrt, während sie bis dahin vegetativ vor sich hin spielte. Den wahren Grund des Effekts aber dürfte, wie den eines jeden, der mehr ist als bloß Effekt, die Komposition selbst enthalten, den sehr hellen Vorhaltsklang a-e-h-d-g und den darauf folgenden kleinen Dominantnonenakkord. Mahlers typische Setzweise, die Dreiteilung in Melodie, Nebenstimmenkomplexe und Baß; der Hang zu einer durch Verdopplungen und Akkordkopplungen überblendeten Dreistimmigkeit, so unähnlich dem üblichen Bild von Orchesterpolyphonie, möchte die sukzessive Fülle durch einfache Präsentation des Gleichzeitigen aufhellen. Von der Fünften Symphonie an wird, vermöge der Technik der motivischen Verknüpfung, dann auch der Satz reicher und dichter.

Die zunehmende Integration des Mahlerschen Kompositionsverfahrens setzt nicht, wie vielfach nach ihm, die Substantialität der einzelnen Dimensionen herab, sondern verleiht ihnen erst recht Relief; rückwirkend kräftigt das Ganze die Momente, die es hervorbrachten. Beim frühen Mahler hatte die Harmonik zwar ihre Eigenheiten, war aber noch kein autonomes Medium. Nur wo andere Elemente, wie Melodik und Metrik, sich spezifizieren, bereichern sie die Harmonik mit dissonanten Brechungen und Stufen. Schon in der Dritten Symphonie gibt es, wie dann im Trauermarsch der Fünften, feurig-flüssige Akkorde, deren Komplexität in sich lebt; so ziemlich früh in der Einleitung[3]. Eine rezitativische Stimme der Bässe kollidiert mit der eigentlichen Harmonie; wann immer das geschieht, kommen weiterhin in der Dritten unregelmäßige Klänge zustande[4]. Im Konflikt zwischen liegenden Harmonien und emanzipierten Einzelstimmen wird, wie dann in der neuen Musik, der vertikale Klang durch den Kontrapunkt gezeitigt. Auf das schönste Beispiel der Interdependenz von Melodik und Harmonik beim jungen Mahler hat Alban Berg aufmerksam gemacht, jenen Mittelsatz des Mädchens in ›Der Schildwache Nachtlied‹, wo ein Bogen mit weiten Intervallen und die zwischen Geradtaktigkeit und Ungeradtaktigkeit alternierende Rhythmik sich spiegeln in körperhaft tiefen

Akkordfortschreitungen und Klängen wie jenem, der die Noten c-h-dis-fis-d zusammenstoßen läßt[5], ohne daß er, aus der Stimmführung deduziert, zum Flecken in der harmonischen Textur würde; nicht minder schön ist die Variante dazu in der Coda, die in völlig veränderten Akkorden den Dissonanzcharakter festhält und am Ende auch mit einer schärfer dissonanten Umschreibung des Dominantseptimakkords von B-Dur – einem d anstelle eines c – ins Weite sich auftut[6]. Beim reifen Mahler werden solche harmonischen Funde häufiger. Durch Perspektive modellieren sie die Form. So erreichen die Harmonisierungen der zweiten Themen der ersten Sätze der Sechsten und vor allem der Siebenten Tiefenwirkungen, welche die Themen über den bloßen Einfall hinaus als Momente des Gesamtverlaufs bestimmen; dabei wird die Harmonik selbst herzbrechend wie ehedem nur manchmal bei Schubert. Derart harmonisiert Mahler vor allem Eckpunkte, Themenscharniere, wo die Harmonisierung eine dritte Dimension aufreißt, die das zweidimensionale Wesen der Melodieflächen im Vordergrund aufs symphonische Gesamtvolumen bezieht. Die einst verwegenen Klänge solcher Stellen zumal in der Siebenten[7] haben mittlerweile sich eingebürgert bis hinunter zu Gebrauchskomponisten von Balletten und zur Unterhaltungsmusik. Bei Mahler aber würzen sie nicht, sondern verdeutlichen, als auskomponierte Stufen, den Sinn, den melodischen erst, dann den Fluß der Form. Solche Zweckmäßigkeit wächst ihrer Schönheit selbst zu und hält sie jung wie die sinnverwandten Fortissimoakkorde auf dem Höhepunkt des letzten Orchesterstücks aus Schönbergs op. 16. Freie und dissonante Harmonisierung veranlaßt in der Siebenten auch die Linie zu großen und dissonierenden Intervallen; unvergleichlich an Bergs Lieblingsstelle aus der zweiten Nachtmusik, einer trübsinnig zärtlichen Passage, welche die Sologeige, die zweiten Geigen und die Solobratsche einander abnehmen[8], als ob sie Akkorde entblätterten; derlei Wechselwirkungen von Vertikale und Horizontale sind anachronistisch modern, ohne daß bis heute die Moderne ihresgleichen hätte.

Wie Mahlers Harmonik hat sein Kontrapunkt sich an der dichteren symphonischen Textur gekräftigt. Mahler hat ihm erst in der

Vierten sein Augenmerk zugewandt, um ihn dann in der Fünften und später als kompositorische Dimension ganz einzubeziehen. Selten freilich kontrapunktiert er durch ganze Sätze hindurch; meist nur Abschnitte, die er eben dadurch charakterisiert. Sein erster Satz von nachhaltigem polyphonen Anspruch, der zweite der Fünften Symphonie, behandelt kontrastierend die langen Einschübe aus dem ersten Satz weiterhin homophon, als ob der Druck des Ineinander gefügter Musik ihr unerträglich würde bis zum Zerreißen. Durchkontrapunktiert ist dafür der folgende Satz, das große Scherzo. Das wirbelnd bewegte Stück, ein zur Symphonie vergrößerter Walzer, hat seine große Zäsur[9], den Augenblick der Suspension. Aber das jäh Erscheinende bleibt nicht als solches draußen, sondern entwickelt sich in ein zweites Trio. Während es der Qualität der Andersheit nie ganz sich begibt, gehen seine Themen doch in die symphonische Totale ein; in der Reprise, unmittelbar vor der Coda, wird es dann auch samt der Zäsur verkürzt wiederholt[10]. Die kontrapunktische Gesamtdisposition des Satzes erzwingt technisch die Immanenz dessen, was in die Musik hineinschlägt; die Einheit der vielstimmigen Durchbildung sträubt sich gegen alles, was ihrem Gesetz nicht unterworfen wäre. Exterritoriales dagegen ist desto möglicher, je loser komponiert wird. Mahler verhält zum Kontrapunkt sich zwiespältig. Er war, sonderbar genug, am Wiener Konservatorium vom Kontrapunktstudium, auf Grund seiner eigenen Kompositionen aus der Lehrzeit, befreit. Nach dem Bericht von Natalie Bauer-Lechner hat er darunter später gelitten: »da ich seltsamerweise von jeher nicht anders denken konnte als polyphon. Hier aber fehlt mir wahrscheinlich heute noch der Kontrapunkt, der reine Satz, welcher da für jeden Schüler, der ihn geübt hat, spielend eingreifen müßte.«[11] »Jetzt begreife ich, daß Schubert, wie man erzählt, noch kurz vor seinem Ende Kontrapunkt studieren wollte. Er empfand, wie der ihm fehlte. Und ich kann ihm das nachfühlen, weil mir selbst dieses Können und ein richtiges, hundertfältiges Üben im Kontrapunkt aus der Lernzeit so abgeht. Da setzt nun an dessen Stelle bei mir allerdings der Intellekt ein, aber der Kräfteaufwand, der dazu erfordert wird, ist unverhältnismäßig groß.«[12] Die Berufung auf den »Intellekt« zeugt davon, daß er, trotz der These von seinem primär polyphonen Denken, die Kontrapunktik als Vermitteltes erfuhr; das belegt auch die Homophonie der drei ersten Symphonien. Mit Polyphonie meinte er offenbar jenen Hang zum chaotisch-unorganisiert Tönenden, zur regellosen, zufälligen Gleichzeitigkeit der ›Welt‹, deren Echo seine Musik durch ihre künstlerische Organisation hindurch werden will. An Polyphonie liebte er, was der »Schulfuchserei« ins Gesicht schlug, von der Mahlers Schwager Arnold Rosé einmal sprach; ihr war in Mahlers Jugend der Kontrapunkt noch überantwortet. Licht auf diesen Aspekt wirft eine Stelle der Bauer-Lechner, die kaum hätte erfunden werden können: »Als wir nun sonntags darauf mit Mahler denselben Weg gingen und bei dem Feste auf dem Kreuzberg ein noch ärgerer Hexensabbath los war, da sich mit unzähligen Werkeln von Ringelspielen und Schaukeln, Schießbuden und Kasperlntheatern auch Militärmusik und ein Männergesangverein dort etabliert hatten, die alle auf derselben Waldwiese ohne Rücksicht auf einander ein unglaubliches Musizieren vollführten, da rief Mahler: ›Hört ihr's? Das ist Polyphonie und da hab' ich sie her! – Schon in der ersten Kindheit im Iglauer Wald hat mich das so eigen bewegt und sich mir eingeprägt. Denn es ist gleich viel, ob es in solchem Lärme oder im tausendfältigen Vogelsang, im Heulen des Sturmes, im Plätschern der Wellen oder im Knistern des Feuers ertönt. Gerade so, von ganz verschiedenen Seiten her, müssen die Themen kommen und so völlig unterschieden sein in Rhythmik und Melodik (alles andere ist bloß Vielstimmigkeit und verkappte Homophonie): nur daß sie der Künstler zu einem zusammenstimmenden und -klingenden Ganzen ordnet und vereint.‹«[13]

Kontrapunktik war Mahler die sich selbst entfremdete, dem Subjekt aufgenötigte Gestalt des Musikalischen, im Extrem das bloße ineinander Klingen. Das fugale Wesen galt ihm vorab für komisch, und etwas von solchem Verdacht müßte polyphonisches Denken wachhalten, wenn es nicht hinter Mahler zurückfallen will in Heteronomie. Aber er hat auch, wie alles Entfremdete, das kontrapunktische Wesen absorbiert, gerade insoweit das vielfach Tönende die thematische Einheit übersteigt. Seine Vielfalt ist selber zugleich Organisationsprinzip, nach Mahlers Wort »Ordnung«. Die Verflochtenheit der Stimmen, jenes Integral der

Musik, das nichts ausläßt, gewissermaßen den ganzen musikalischen Raum durchflutet und den virtuellen Hörer inhuman aus der Musik vertreibt, wird ihm zunächst zum Gleichnis eines ausweglos erstickenden Funktionszusammenhangs. Anstelle der perpetuum mobile-Sätze der Jugendsymphonien bemüht Mahler sich um die artikulierte Durchbildung auftauchender, gegeneinander gesetzter, wieder verschwindender Stimmen. Ihre Dichte wird unerbittlicher, aber auch, durch den Zuspruch ihrer Logik, weniger sinnlos als die Gleichförmigkeit ununterbrochener Bewegung, in der nichts geschieht. Vorm Gestaltenreichtum solcher Immanenz müßte die bloße Fanfare, als Allegorie des ihr Entrückten, geistig ebenso versagen, wie sie kompositorisch ohnmächtig dagegen blieb. Je enger Technik und Gehalt im Komponierten sich verschwistern, desto weniger grob polarisiert sich die Bilderwelt. Wird Polyphonie von der Vorstellung des Weltlaufs erweckt, so stärkt sie zugleich, als Bedingung der Wahrheit von Musik, ihre Autonomie: »Wo Es ist, soll Ich werden.«

Durch solche Autonomie unterscheidet der Mahlersche sich vom neudeutschen Kontrapunkt seiner Epoche, dem Straussens wie dem Regers: eben durch Deutlichkeit. Füllungen bleiben Füllungen, harmonisch sans phrase; Stimmen, auch Nebenstimmen, sind melodisch durchgebildet; zwitterhafte Füllstimmen schreibt Mahler nicht, auch keine ungefähren, mitschwirrenden Arabesken. Er ist allergisch gegen Scheinkontrapunkte, die in Wahrheit bloß den harmonischen Verlauf duplizieren. Lieber als um der Klangfülle willen Polyphonie vorzutäuschen, nimmt er gelegentliche Dürftigkeit des Satzes in Kauf. Der erste spezifisch Mahlersche Kontrapunkt ist jene spitzige Oboenmelodie, die im dritten Satz der Ersten gegen den Kanon gesetzt ist[14]: Programm des Mahlerschen Tons. Solche Kontrapunktik ist unmittelbar charakterisierender Absicht. Die ätzenden Charaktere vertragen sich gut mit dem technischen Bedürfnis, zu den quasi-volksliedartigen Melodien solche hinzuzufügen, die überdeutlich, wie Negationen fast, von ihnen sich unterscheiden. Die Definition von Themen als von differierenden wird dann vielfach absolut, ihr selbständiges Wesen; Charakter ist Differenz schlechthin. Dennoch hat Mahler nur selten konstruktiv verbindlichen: mehrfachen Kontrapunkt geschrieben, den Klangraum wirklich durch

Polyphonie konstituiert[15]. Wo er so weit geht, im Scherzo der Fünften, in Komplexen ihres Finales, im ersten Satz der Achten, wird er durch Stilisierungsprinzipien – oft das Fugato – dazu bewogen, allenfalls in der Burleske der Neunten Symphonie kompositorisch unmittelbar. Wie im karikaturistischen ›Lob des hohen Verstandes‹, war offenbar selbst für den späten Mahler der mehrfache Kontrapunkt mit dem Odium des Zopfigen, schulmeisterlich Bornierten behaftet; kaum zufällig ist der durchkontrapunktierte Satz der Neunten ›Burleske‹ überschrieben und »meinen Brüdern in Apoll« gewidmet, als sollte mit denen, die strebend sich bemühen, auch das Fugenwesen als ihre Domäne verspottet werden; das Suspensionsfeld ist homophon. Wie der musikalische Klassizismus, und gewiß die Meistersinger, assoziiert Mahler den Kontrapunkt vielfach noch mit Humor und Spiel; Ernstfall ist ihm das freie, autonome Leben der Form. Aber im Spielen regt sich doch schon das polyphonische Bedürfnis: es möchte auf Konstruktion hinaus. Beim späten Mahler rebelliert der Kontrapunkt. Insgesamt sucht seine Polyphonie nach einer Verfahrungsweise, die prägnant wäre und frei in eins. Sie dürfte er als Entscheidendes der Volksmusik verdanken. Ihm war kontrapunktieren: zu einer Melodie eine zweite hinzuerfinden, die es nicht weniger ist, ohne doch jener gar zu sehr zu ähneln oder sie zu überwuchern. So verfuhr man wohl auf dem Land bei mehrstimmigen Improvisationen über Lieder; Mahler mag der ›Überschlag‹ aus den österreichischen Alpen vor Augen gestanden haben, wie ihn dann Berg in dem Mahler huldigenden Violinkonzert ausdrücklich schrieb; jene zu einer Melodie nach harmonischen Regeln simultan addierte zweite, die deren Schatten und doch in sich selbst melodisch ist; nur entfernen Mahlers freie Kontrapunkte, bei zunehmender Reife, immer weiter sich von der Abhängigkeit des Überschlags von seiner Melodie, auch dort, wo sie in stilisierten Tänzen hinzuerfunden werden[16]. In der Konzeption solcher Kontrapunkte war Mahlers Phantasie unerschöpflich. Auch kontrapunktisch denkt er in Varianten. Die übereinander gelagerten Stimmen reichern den Satz stetig an, jede Reprise eines Formkomplexes wird durch sie zu einem Anderen, und dennoch der Kern nicht tangiert. So war schon die Cellomelodie im langsamen Satz der Zweiten

Symphonie empfunden, übrigens ein doppelter Kontrapunkt zum Hauptthema, dem langen Ländler. Die frühesten überschlagsähnlichen Wendungen bei Mahler, aus dem zweiten Satz der Ersten Symphonie[17], sind Brucknerisch; an ihrem Typus überlagernder Polyphonie wurde Mahler allmählich zum Meister des freien Kontrapunkts. Strukturell antwortet jene Technik auf eine Beschränkung: daß durchweg bei Mahler die eigentlich melodischen Stimmen über einer harmonisch fungierenden tiefsten, sei's einem Baß, sei's liegenden Unterstimmen, sich erheben; unter dem bei ihm noch herrschenden Primat der Harmonik können Oben und Unten nicht so unbedenklich vertauscht werden wie dann bei Schönberg. Was ihm durch die tonale Grenze an thematischer Bündigkeit des polyphonen Satzes entgeht, kompensiert er durch dessen Spontaneität. Wie der freie Kontrapunkt vom Überschlag, leitet übrigens wohl auch der vielbemerkte Hang Mahlers zur Baßlosigkeit sich von der Tanzmusik her, dem Alternieren von Tonika und Dominante im Baß anstelle von Fundamentschritten. Mahlers Reaktionsweise funktioniert das in ein eigentümliches in der Luft Hängen der Musik um, auch darin ketzerisch wider die offizielle harmonische Konsequenzlogik. Das Vertikalbewußtsein gibt dem melodischmonodischen nach: Keim von Linearität. Während Mahlers Stimmen selten den Rahmen der Harmonien sprengen, verhalten sie sich doch, etwa im Vergleich mit Reger, als duldeten sie eben noch das Generalbaßschema, ohne ganz daran zu glauben; mit Lust reiben die Mahlerschen Kontrapunkte sich unbotmäßig an den Harmonien. – In der Sechsten Symphonie verbündet sich der Hang des Kontrapunkts zum Dissonieren mit der Dur-Moll-Polarität. Die Kontrapunkte tendieren zum entgegengesetzten Tongeschlecht als die Begleitharmonien. Das kehrt im Lied von der Erde wieder. Die nach-Wagnerische Idee harmonischer Polyphonie wird von Mahler vielleicht mehr untergraben als selbst in Salome und Elektra, wo tonale Kräfte und polyphonische nebeneinander herspielen, aber sich nicht gar zu sehr behelligen, während Mahlers Gefüge vielfach aus ihrer Spannung resultiert.

Weil Instrumentation von den überlieferten Disziplinen der Kompositionslehre nicht gedeckt wird, eignet sie sich bei Mahler besonders zur Wechselwirkung sowohl mit den einzelnen Kompositionsschichten wie mit der Totale. Das Orchester widerstand Mahlers spezifischen kompositorischen Intentionen weniger als etwa Form oder Harmonik. Seine souveräne Freiheit als Instrumentator trug ihm von früh auf, ähnlich wie Bruckner, den Ruf der Meisterschaft ein, nicht ohne den Beiklang jener hämischen Gesinnung, die an Musik das vorgebliche Gewand, die ›Mache‹, von Substanz und Echtheit kategorisch auf den ersten Blick zu scheiden sich anmaßt. Von Mache indessen kann bei Mahlers Instrumentation so wenig die Rede sein wie von jener Meisterschaft, die das Cliché meint. Anstatt daß sein Ohr dem sich anpaßt, was ihm tagein, tagaus das Orchester antut, sinnt es auf Gegenmaßnahmen. Sie sind kein geringfügiges Ingrediens seiner Instrumentationsweise; die oft bizarren Register der Sechsten Symphonie, ihre vielfach paradoxen Kombinationen von Forte und Piano in verschiedenen Instrumenten und Gruppen schaffen einen Klang, der so ist, wie er ist, indem er verhindert, was geschähe, wenn konventioneller gesetzt oder bezeichnet wäre. Nirgends ist Mahlers Musik primär vom Klangsinn inspiriert. Eher war er zu Beginn ungeschickt. Der Mangel an Routine allein schon ist an einem Dirigenten seiner Erfahrenheit bewundernswert. Das strahlende Orchestertutti, das die neudeutsche Schule bis hinab zu ihren minderen Repräsentanten Wagner ablernte, will ihm zu Beginn selten gelingen, wofern er es überhaupt anstrebte. Der runde, voluminöse, geschlossene Klang fehlt auffällig in den Jugendsymphonien, und wo Mahler seiner später bedarf, folgt er wie selbstverständlich, ohne zusätzliche Veranstaltung, aus dem Satz. »Das Orchester Mahlers nimmt nicht Teil an dieser Farbenschwelgerei der neudeutschen Schule. Entscheidend ist bei Mahlers Instrumentation der Kontur. Alles Farbige wird mit fast verächtlicher Härte und Rücksichtslosigkeit behandelt.«[18] Was aber bei Mahler, nach Wagnerischen oder Schrekerschen Kriterien, trocken oder unkörperlich instrumentiert wäre, ist sachgerecht nicht durch Askese, sondern als treue Darstellung der Komposition, und insofern seiner Epoche um Dezennien voraus. Auch darin erstellen Not und Tugend ihr quid pro quo. Das Postulat der Deutlichkeit konvergiert, von der erscheinenden Musik her, mit dem Wesen der integralen Komposition. Farbe wird zur Funktion des Komponierten, das sie klarlegt; die Komposition wiederum zur Funktion der Farben, aus denen sie sich modelliert. Die funktionelle Instrumentation aber wird für den Klang selbst produktiv, haucht ihm sein Mahlersches Leben ein. Es wird so instrumentiert, daß jede Hauptstimme unbedingt, unmißverständlich hörbar ist. Das Verhältnis des Essentiellen und Akzidentellen ist ins klangliche Phänomen übersetzt; nichts verwirrt den kompositorischen Sinn. Daher kritisiert Mahler jenes Ideal des Wohllauts, das den Klang dazu verleitet, um die Musik sich zu bauschen und sich aufzuplustern. Überdies bedürfen die Mahlerschen Charaktere jener Mannigfaltigkeit, aus deren Artikulation das Ganze aufsteigt, solcher Farben, die charakteristisch sind wie die melodischen oder auch harmonischen Einzelereignisse, nicht wohltuend an sich. Auch die Mahlersche Farbe wird zur Charakteristik auf Kosten der in sich ausgeglichenen, kantenlosen Sattheit des Klangspiegels. Diese Desiderate terminieren dann in einem in sich stimmigen Instrumentationsverfahren. Der Klang des Lieds von der Erde und der Neunten Symphonie ist nicht weniger ihr Charakter als die anderen kompositorischen Eigentümlichkeiten.

Begleitet wird Mahlers Vermögen charakterisierender Instrumentation von einer Kenntnis der Möglichkeiten des Uncharakteristischen, die er in höchster Reife sich erwarb. Vertraut er im Dreiviertel-Schlußabsatz des Lieds von der Erde einen tiefen C-Dur-Akkord drei Posaunen in weiter Lage an, so fällt der Klang als solcher, trotz seiner hallenden Sonorität, nicht auf, stört nicht das allmählich entschwindende Ganze. Für große Instrumentationskunst ist so wichtig wie die Fähigkeit, Wirkungen zu erreichen, die, sie zu vermeiden oder zu umschreiben, Latenz durchzugestalten. Den extremen Gegensatz dazu bilden die gewissermaßen losgelassenen, aus dem Verband des Chorals sich befreienden Soloposaunen in der Dritten Symphonie. Mahler hat überhaupt die Posaune als solistische Farbe erst entdeckt. In der Dritten oder auch an manchen Stellen im Trauermarsch und im Scherzo der Fünften Symphonie realisiert sie, was ihr Name verheißt und was das Ohr vom mehrstimmigen Posaunensatz vergebens sich erhofft. Befähigt freilich wird sie dazu durch die Musik, die der Riesenstimme in den Mund gelegt ist, jene

Zwischengebilde von Rezitativ und Thema, von Melos und Fanfare, in denen improvisatorischer Zufall und Emphase sich verschränken. Verstärkt wird das durch die Rhythmik, die prosahaften, überlangen Pausen[19]. Dadurch erst, daß diese in der Fortsetzung[20] verschwinden, die Melodik sich rafft, wird jener wilde Charakter entfesselt, der in der vorhergehenden ›schweren‹ Episode erst sich sammelte. Solches Instrumentieren war von Anbeginn unkonformistisch. Das Finale der Ersten Symphonie enthält eine monströse Klangwirkung: brüllende Posaunenakkorde unmittelbar vorm Ende des ersten Themenkomplexes, dort, wo dessen zielloser Sturm in momentanen Ausbrüchen explodiert[21]. Die Stelle, welche die Posaunen durch Trompeten und gestopfte Hörner zum dreifachen Fortissimo potenziert, ähnelt, mit ihren Luftpausen, den statischen Schreckenslauten im Schlußtanz des Opfers von Strawinskys Sacre. Kaum woanders klingt Mahlers Musik so undomestiziert: die Farbe träumt, was erst ein Menschenalter danach ganz komponiert ward. Aber selbst hier wird der Klang von der Musik herbeigerufen, vom Bedürfnis nach Konzentration eines sonst allzu chaotisch, zeitfremd Dahinbrausenden; handgreiflich auch vom dissonanten Zusammenstoß der Achteloberstimme mit den tragenden Harmonien, den die Farbdissonanzen reflektieren. – Mahler hat avancierte Klänge geschrieben, wo man es am wenigsten vermutet. Inmitten des sich selbst beteuernden Es-Dur der Hymne der Achten Symphonie nimmt ein Feld etwas vom letzten Webern vorweg. Das Timbre des ›Infirma‹[22] mit den solistischen Blechbläsern[23] ist das von Weberns Kantaten; als hätte Mahler in das affirmative und retrospektive Werk eine geheime Botschaft an die Zukunft versenken wollen. Kaum weniger erstaunlich ist ein instrumentaler Augenblick in der an der Oberfläche so unschuldigen Vierten Symphonie, beim Übergang vom ersten zum zweiten Thema ihrer Variationen und an den analogen Punkten später. Unmerkliches Verklingen ist instrumental ausgesetzt[24]. Ein Bläserakkord auf der Tonika, im Wert einer ganzen Note, führt diminuendo in einen zweiten, auf der Dominante; die Bläser aber halten diesen nur ein Viertel, während er simultan, auf eins, in fast unmerklichem Einsatz von dreifach geteilten Bratschen und Harfenflageoletts identisch übernommen wird; der Farbwechsel wiederholt sich. In ihm zittern die thematischen Vorgänge nach, die in dem Ritardando schon zur Ruhe gekommen sind. Man wird wohl in der unscheinbaren Stelle das Modell des wechselnden Akkords aus Schönbergs op. 16 heraushören dürfen, den Entwurf der späteren Klangfarbenmelodie, der Verwandlung der Farbe in ein konstruktives Element eigenen Rechts. Ihren Ursprung hat die Idee wohl im Lohengrinvorspiel. Klangfarbenwechsel wird bei Mahler nicht nur an Akkorden sondern sogar an einzelnen Tönen vollzogen wie an dem f-Doppelpunkt der Hörner im zweiten Trio des Scherzos der Fünften Symphonie[25]; Egon Wellesz hat in seinem 1930 publizierten Aufsatz im ›Anbruch‹ die Instrumentation der Stelle instruktiv analysiert[26]; unleugbar ihre Ähnlichkeit mit dem berühmt gewordenen Farbencrescendo auf dem h vor der nächtlichen Schenkenszene des Wozzeck, zumal dem von Berg so genannten »Innenleben« jenes Tons. – Konstruktives Instrumentieren ist bei Mahler aber auch im großen zu beobachten. Bekker hat darauf aufmerksam gemacht, daß der Durchbruch, die Vision der Blechbläser im zweiten Satz der Fünften Symphonie ihre Gewalt hat nur, weil diese zuvor geschwiegen hatten. Ähnlich wird das Streicher-Adagietto, in Wahrheit ein in sich geschlossenes Einleitungsfeld zum Rondofinale, das denn auch thematisch darauf zurückgreift, formbildend durch seinen Kontrast zum Gesamtklang der Symphonie, in dem die Bläser bis dahin vorherrschten. Klangdispositionen über lange Strecken erzielen Plastizität der Form; in solchem Geist hat dann Alban Berg für manche Wozzeckszenen wie das Adagio auf der Straße oder den Anfang des ersten Akts Teilensembles aus dem großen Orchester herausgegliedert, in den Frühen Liedern das Orchester jedes einzelnen anders besetzt, schließlich in der Lulu manchen Figuren ihre eigenen Orchestergruppen zugeordnet. Im Lied von der Erde variiert, wie bei Berg, die Besetzung ein wenig in jeglichem Stück. Äußerst sparsam sind die Trompeten verwendet, Tuba und Pauken werden nur in einem Stück herangezogen; das Mahlersche Ohr mag gefühlt haben, daß, verglichen mit den wie immer auch bereits eingebürgerten orientalischen Schlaginstrumenten, die Pauke das Stilprinzip des Exotismus würde gefährdet haben, und der Tubaklang war in einer Symphonie für Solostimmen meist wohl zu schwer. Bei einheitlicher instrumentaler Grundfarbe des gesamten Zyklus sind die einzelnen Gesänge koloristisch nochmals gegeneinander differenziert. Der Kammerklang der Kindertotenlieder wird als Teilaspekt des großen Orchesters rezipiert. Beim letzten Mahler dann ist durch Wiederzusammensetzung des zuvor nach dem Geheiß der Verdeutlichung der einzelnen Stimmen auseinandergenommenen Klangs auch das Tutti zusammengepreßt, abgeblendet, analog dem von Schönberg gelegentlich verlangten »gedämpften Forte«. – Mahlers Instrumentationskunst ist ein Kraftfeld, kein Stil. Dem Bedürfnis nach Deutlichkeit und Charakterisierung wirkt das nach Integration entgegen, nach Bindung derart, wie in der Kochkunst Suppen gebunden werden. Die Konfiguration des Deutlichen und Gebundenen wäre an Mahlers Kunst der Verdopplung zumal der Holzbläser zu studieren. Sie verdeutlichen die Stimmen, die sie verstärken, sind aber stets auch koloristischen Sinnes. Die Addition zweier Farben im Einklang ergibt eine dritte, streng dem Charakter des Themas angemessene, zuweilen wie an manchen Stellen der Kindertotenlieder und analogen im ›Einsamen im Herbst‹ einen orgelhaften Interferenzton. Das Unisono der vier Flöten zu Beginn der Durchführung der Vierten ist qualitativ vom Flötenklang verschieden; die sechs Klarinetten der Einleitungsmelodie des ersten Schönbergischen Orchesterlieds op. 22 stammen wohl gar dorther. Führt das Prinzip homogen gebundenen Klanges allein zu schlechten Füllstimmen, so bliebe ohne es die deutlichste Instrumentation abstrakt. Mahler ist der große Instrumentator, weil er aus diesem Widerspruch sein Verfahren ableitete, so wie auch in seiner Zeichnung die Prägnanz der Einzelheit und der Schwung des Ganzen nicht sich befehden, sondern voneinander leben. Sein Orchester ist spröd gegen die illusionäre Wagnerische Unendlichkeit, zu sinnlich fürs nüchterne Grau; nirgends beeinträchtigt Sachlichkeit bei ihm die Differenziertheit. Aber das Orchester wirft die Schwere des instrumentalen Faltenwurfs ab wie Mahlers Harmonik oftmals die des verkappten vierstimmigen Chorals; am konsequentesten in den Kindertotenliedern und einigen anderen Rückert-Gesängen, Urphänomenen des künftigen Kammerorchesters. Körperlos wird Mahlers Musik, weil sie so klingt, wie sie spezifisch ist. Noch der Klang, von allen Dimensionen der Musik die sinnlichste, wird zum Träger eines Geistigen.

VII

Durch Vergeistigung stieß Mahler das Kriterium von Unmittelbarkeit und Natürlichkeit um, Exponent der gleichen Moderne, die auch den sakrosankten Begriff von Naturlyrik überholte. Der Schein der Kunst, Laut der Schöpfung zu sein, wird durchs Einbekenntnis ihrer eigenen dinghaften Elemente zerschlagen; Ehre widerfährt der unterdrückten Natur einzig dadurch, daß Mahler sie nirgends supponiert, als wäre sie schon da; daß er nirgends ihre Surrogate feiert. Einzig als unerreichbare, in der vergesellschafteten Gesellschaft zugerichtete wird ihre Idee Erscheinung. Technologisch läuft sie auf die Demontage der traditionellen Sprache heraus, mit der Mahler noch zögerte. Nur dadurch, daß nichts aus ihr mehr selbstverständlich ist, daß sie konsequent so reduziert wird, wie sie virtuell bereits in den Mahlerschen Trümmern sich darbietet, läßt sie autonom sich konstruieren. Deshalb springen Mahlers Klänge vielfach aus dem geschlossenen Klangraum heraus, führen ihr freies Leben unbekümmert um die sinnliche Einheit des Totalklangs. Nicht anders muß Musik insgesamt in ihre Elemente sich desintegrieren einer Einheit zuliebe, die nicht länger ihr diktiert wäre. Gleich jener Posaune der Dritten Symphonie reden seit Schönbergs Orchesterstücken op. 16 alle Farben. Durch die Rücksichtslosigkeit des einzeln Erscheinenden gegen apriorische Sinnzusammenhänge schult die Musik sich zu den konkreten. Gerade der Mahlersche Klang hat etwas eigentümlich Zentrifugales. Von der akustischen Kugelgestalt strebt er weg: durch häufigen Verzicht auf die Hörnerpedale, durch die vielfach unsinnliche Verwendung von Streichern in spröder Lage, später auch durch die kammermusikalisch-solistischen Einschübe in die Totale. Deutlichkeit selbst; der Klang, der redlich alles und nicht mehr zeigt, als was in der Komposition sich ereignet, ist der Desintegration verschwistert. Je schärfer die kompositorischen Elemente distinguiert werden, desto mehr entfernen sie zunächst auch sich voneinander, desto entschlossener verzichten sie auf primäre Identität.

Die Idee der Desintegration kündigt wunderlich sich an im dritten Satz der Ersten Symphonie. In seinen kanonischen Teilen ist er, auf seine simple Weise, gewobener als das meiste vom früheren Mahler. Indem er das Dogmatische des Kanons parodiert, negiert er es; darum läßt er entlegene Farben wie den Solokontrabaß und die melodieführende Tuba hervortreten, die man damals als skurril muß empfunden haben. Die desintegrative Neigung erobert dann den Satz in Schockmomenten wie dem der jähen Beschleunigung. Zugleich wird er dadurch, als erster Mahlers, statisch, schichtet Flächen aneinander; seine schlagende Originalität ist erzeugt von der Einheit des Desorganisierten und des Sinnvollen. So früh schon teilt der desintegrative Aspekt dem gesamten kompositorischen Verfahren sich mit. Seine Domäne ist die Form. Dem romanhaften Duktus zuliebe nähert sie sich der Prosa. Der tonale Mahler kennt das atonale Mittel der Verbindung durch Unverbundenheit, den ungemilderten Kontrast des ›Ausbrechenden‹[1] oder Abbrechenden[2] als Formmittel. Der Klang als Simultangestalt resultiert aus den Einzelklängen und ihren Ansprüchen; ausdrücklich verlangt das dann Schönberg für die Interpretation des dritten Orchesterstücks aus op. 16. Im ersten Satz der Neunten bemächtigt sich die Desintegrationstendenz auch der Setzweise: unablässige Überschneidungen und Stimmkreuzungen fransen die Linien aus; auch die Setzweise verleugnet den strikten Unterschied des Identischen und Nichtidentischen, das Ordnungsprinzip der neueren abendländischen Musik. Die Harmonik arbeitet mit an der Desintegration, wo sie wie unter einem Bann die Fundamentidee negiert. Nicht mehr als dann nach ihm die Atonalität denkt Mahler in Schwerpunkten. Er klammert sich an kein musikalisch Erstes, seine Symphonien zweifeln am Postulat der prima musica. Die Vortragsbezeichnung »schwebend« sagt mehr als bloß etwas über die Stellen, die sie charakterisiert; verglichen mit dem Stufenbewußtsein schweben Mahlers frühere Märsche und Tänze ebenso wie die emanzipierten letzten Werke. Die Dissoziationstendenz aber ist als Revolte gegen die sichere, in sich ruhende Mitte, auch eine des Gehalts. Was vom Immanenzzusammenhang der Form schließlich sich lossagt, ist das gebrochene Bild des Anderen; die integrale Form, das ist diese Welt.

Daher die größte Schwierigkeit, die Mahler dem Verständnis bereitet. In eklatantem Widerspruch zu allem an absoluter, programmloser Musik Gewohnten sind seine Symphonien nicht einfach positiv da, als etwas, was den Mitvollziehenden belohnte, indem es ihm zuteil wird, sondern ganze Komplexe wollen negativ genommen, es soll gleichsam gegen sie gehört werden. »Wir sehen ein Abwechseln positiver und negativer Situationen.«[3] Eine Schicht, die der Literatur und der Malerei reserviert war, wird von der absoluten Musik erobert. Die brutal dazwischenfahrende Stelle in der Coda des ersten Satzes der reifen Sechsten Symphonie[4] wird unmittelbar als Überfall des Abscheulichen gehört. Dem Convenu dünkt das literarisch und außermusikalisch; keine Musik soll nein sagen können zu sich selbst. Aber die Mahlersche empfängt gerade durch die stringente Fähigkeit dazu, die bis ins gewählt-wahllose Material hinabreicht, ihren begriffsfernen und gleichwohl unmißverständlichen Inhalt. Negativität ist bei ihm zur rein kompositorischen Kategorie geworden: durchs Banale, das als Banales sich deklariert; durch Sentimentalität, deren heulendes Elend die Maske sich herunterreißt; durch outrierten Ausdruck über das hinaus, was die Musik an Ort und Stelle trägt. Negativ, dabei ohne die verklärende Großheit ihrer Vorbilder, der Schlüsse der ersten Sätze von Kreutzersonate und Appassionata, sind auch die Katastrophen im zweiten Satz der Fünften, im Finale der Sechsten, im ersten Satz der Neunten. In ihnen spricht die Komposition ihrem eigenen Treiben das Urteil. Vor ihrer Gewalt wird der Einwand, all das sei bloß subjektive Projektion des Hörers, zum hilflos-versierten Gefuchtel. Die negativen Momente sind ohne Raum für beliebige Wahrnehmung auskomponiert. Oft werden die rein musikalischen Charaktere einzig von solchen Intentionen geprägt. In jedem ist Geschichte der musikalischen Sprache verkapselt. Niemals war das Material jenseits von Geschichte; untrennbar ist der Modus, in dem es in die Hand des Komponisten gelangt, von Zügen seiner Gleichheit und Ungleichheit mit dem Gewesenen, dem Veralteten, dem Gegenwärtigen. Alles musikalisch Einzelne ist mehr, als es bloß ist, vermöge seines Ortes in der musikalischen Sprache, eines Historischen. Aus diesem generellen Sachverhalt zieht Mahler seine spezifische Wirkung. Die Bewegung des symphonischen Gehalts bei ihm ist die des Auf und Ab, des Gegeneinander und Ineinander dessen, was dem Material sich eingesenkt hat. Er ruft dessen oft halb vergessene Inhalte in ein zweites Leben durch Technik. Wer ein romantisches Stück der Vergangenheit von einem ärmlichen Orchester in eingezogener Besetzung hört, mit dem Klavier anstelle der Harfe, begehrt auf, nicht gegen den Klavierklang als solchen, den er anderwärts leiden mag, sondern weil im Orchester dem Klavier der Klang nicht ausgetrieben werden kann, zu dem es einmal die Salonkapelle degradierte. Solche Schichten, samt ihrer Negativität, sind von Mahler fürs Komponieren selbst fruchtbar gemacht worden. Weil sein Material veraltet, das neue noch nicht befreit war, ist bei Mahler das Veraltete, am Wege liegen Gebliebene zum Kryptogramm der noch nicht gehörten Klänge danach geworden. Was er an Unmittelbarkeit des musikalisch Erscheinenden entbehrt, hat er in solcher Negativität vor Bruckner voraus, der Spur vergangenen Leidens in seiner Sprache.

Wie sehr die musikalisch immanente Negativität Mahlers dem enthusiastischen Berlioz-Lisztschen Programm widerstrebt, zeigt sich daran, daß die Mahlerschen Romane keine Helden haben und keine verehren, so wie zwei Titel von Strauss und zahllose von Liszt es ausposaunen. Selbst im Finale der Sechsten wird man trotz der Hammerschläge, die ohnehin bis heute nicht recht zu hören sind und wohl ihrer elektronischen Realisierung harren, vergebens auf den lauern, der da angeblich vom Schicksal gefällt wird. Die Hingabe der Musik an den ungezügelten Affekt ist ihr eigener Tod, ungeminderte Rache des Weltlaufs an der Utopie. Die düsteren und gar verzweifelten Partien[5] treten in jenem Satz zurück hinter solchen des trüb Brütenden, des Überschäumens, des Heranbrausenden; Ausnahmen sind eigentlich nur der scheele Bläserchoral der Einleitung und der Posaunensatz der Coda. Die Katastrophen koinzidieren mit den Höhepunkten. Manchmal klingt es, als ob im Augenblick des endlichen Feuers die Menschheit noch einmal aufglühte, die Toten noch einmal lebendig würden. Glück flammt hoch am Rand von Grauen. Der erste Satz des Lieds von der Erde, in der gleichen Tonart, hat dann auch dem poetischen Vorwurf nach beides in eins gedrängt und damit den Dur-Moll-Wechsel erst ganz enträtselt. Musik selber zieht ihre parabolische Bahn, kein von ihr gemeintes Menschenwesen, gewiß kein Einzelner. Darum wird bei Mahler der Typus des symphonischen Konflikts der Eroica fortschreitend entmächtigt. Die Durchführung der Zweiten Symphonie willfahrt noch dem Schema eines Aufeinanderprallens feindlicher Kräfte, einer Schlacht. Das programmatisch Intentionierte dabei ist unverkennbar; der Verlauf ein wenig unverbindlich. Daran lernen Mahlers Symphonien, daß die dramatische Kategorie der Entscheidung – die übrigens auch von Beethoven meist vermieden wird, der eher ein bereits Vollzogenes nachher ratifiziert, als daß seine Musik unmittelbar sich entschiede – musikfremd ist. Die Ermüdung, die in der Zweiten Symphonie nach Musikführerweis auf die Schlacht folgt, verrät in Wahrheit das Schimärische der Anstrengung, musikalisch dergleichen zu gestalten. Die These vom Themendualismus in der Sonate war wohl deshalb von je so inadäquat, weil sie die dramatische Kategorie des Konflikts unbesehen auf die Musik überträgt. Denn ihre verströmende Zeit kann eines objektiven Moments, eines von temps espace, nicht ganz ledig werden. Niemals, auch nicht durch symphonische Kontraktion, geht sie so auf in der Gegenwart des Augenblicks wie die pure des Subjekts, dessen Entscheidung als Akt der Vernunft Zeit gleichsam abschafft. Darum kritisiert der erste Satz von Mahlers Dritter brutal und mit Grund die dramatische Logik der Zweiten. Bei Mahler wird die Musik erstmals ihrer radikalen Divergenz von der Tragödie inne.

Das impliziert die Antwort auf das beliebteste Argument gegen Mahler: er habe Großes gewollt, aber nicht vollbracht. Es gehört ebenso ins Repertoire der Innenausstattung von bürgerlichem Geschmack und bürgerlicher Echtheitsideologie wie die Phrase, Karl Kraus wäre eitel oder hätte sich ausgeschrieben; bitter schade, daß dieser, der zur großen Musik Distanz hielt, keine Apologie Mahlers verfaßte und sich mit einer Glosse über die Hoftheaterdirektoren begnügte, die »beim Tode Gustav Mahlers geschlafen und ihn am Morgen aus ihren Nachrufen erfahren haben«[6]. Übrigens ist nach dem fabrikfertigen Cliché des Natürlichen auch Kraus Gewolltheit und Intellektualismus vorgeworfen worden. Wie an der Gebrochenheit der Mahlerschen Themen, die am vermeintlich naturwüchsigen Einfall gemessen wird, orientiert die automatische Abwehr sich am Modell von Tragik. Die Idiosynkrasien gegen Mahler melden zuweilen genauere Erfahrungen an als die Schwärmerei des Bühnenausgangs. Vieles, was den in der Realität allzu Tüchtigen in der Kunst nicht unwillkürlich genug sein kann, wird von Mahler wirklich gewollt, nach dem Satz Schönbergs, daß, wer nichts sucht, auch nichts findet. Oft formuliert er eine Gestalt, weil sie so, hier und jetzt, erfordert ist. Der Geist, der passiv dem sinnlichen Material sich überlassen will, muß es erst heranschaffen oder zurüsten, um ihm gehorchen zu können. Objektive Gesinnung bedarf zu ihrer Realisierung des subjektiven Eingriffs. Nichts, was in die epische Totalität eingeht, bleibt unverwandelt. Die spezifische, unschematische Idee eines jeden Satzes ist der Magnet ihrer Teilgestalten. Mahler weicht der Aporie nicht aus, daß das ungebundene Einzelne in ein Ganzes irgend nur dann sich fügt, wenn es präformiert ist nach den Desideraten jenes Ganzen. Er horcht nicht bloß seinen Themen hingebend nach, sondern schlüpft in sie hinein; oft ist ihnen anzumerken, daß sie um ihrer Funktion willen, etwa der des extremen Kontrasts, da sind; das Gesangsthema des ersten Satzes der Sechsten Symphonie ist das gängige Beispiel solcher Not. Sie ist inkorrigibel: eine der objektiven Formproblematik. Das Ganze soll ohne Rücksicht auf vorgedachte Typik aus den Einzelimpulsen zusammenschießen. Aber diese sind von ihrer Kontingenz nicht zu erlösen. Zu synthesieren sind sie nur, wenn ihnen bereits das Potential des Ganzen innewohnt, und dafür muß von der Komposition diskret, unsichtbar Regie geführt werden: ein Trügerisches ist nicht auszuschalten. Detail und Totalität, sogar unabgeschlossene, gehen bruchlos nicht zusammen. Was immer ihre Genesis sein mag, die Male des Gewollten an Mahler bezeugen die Unmöglichkeit der Versöhnung von Allgemeinem und Besonderem in einer dem Systemzwang entronnenen Form. In ihnen büßt Mahlers Musik dafür, daß sie von dem Halt sich wendet, der sie nicht mehr stützt, und trotzdem lange noch einstimmigen Sinn prätendiert. Daß jedoch Mahler solche objektiv in der Sache gelegene Unversöhnlichkeit nicht geschickter verdeckt, wächst dem Gehalt seiner Musik zu. Wo sie gewollt klingt, redet aus ihr Vergeblichkeit selber, eigentlich die nominalistischer Kunst überhaupt. Die eilfertige Frage, was am Mahlerschen Ausdruck des sich Übernehmens beabsichtigt, was unfreiwillig sei, ist demgegenüber so subaltern, wie dergleichen Sorgen stets: am Kunstwerk zählt seine Gestalt und ihre Implikationen, nicht die subjektiven Bedingungen des Entstehens; nach der Absicht fragen, heißt ein dem Werk Äußerliches und der Erkenntnis kaum Zugängliches als Kriterium erschleichen. Ist die objektive Logik des Kunstwerks einmal in Bewegung geraten, so reduziert sich das hervorbringende Individuum zum untergeordneten Vollzugsorgan. Mahler wäre aber gegen den Unverstand nicht damit zu verteidigen, daß man das Gewollte ableugnet und ihn in einen Schubert umstilisiert, der er nicht war und nicht sein mochte[7]. Vielmehr wäre jenes Moment abzuleiten aus dem Gehalt. Die Wahrheit von Mahlers Musik ist nicht abstrakt den Momenten entgegenzuhalten, in denen sie hinter der Intention zurückbleibt. Es ist die des Unerreichbaren. Gewollt ist sie als Wille dazu, über das Zu wenig der Existenz hinaus, ebenso wie als Zeichen von Unerreichbarkeit selber. Sie sagt, daß die Menschen erlöst werden wollen und es nicht sind: das heißt denen Unwahrhaftigkeit oder neudeutscher Größenwahn, die selber dagegen sich sträuben, daß es werde.

Der technische Schauplatz des Gewollten und sich Übernehmenden als eines Moments im Wahrheitsgehalt ist die Mahlersche Melodiebildung: das Melodisieren. Der Komponist melodisiert, wo er gleichsam von außen her verfügt, Fortgang anspornt, anstatt rein die objektive Triebkraft gewähren zu lassen; augenblicksweise verfuhr so auch Beethoven, etwa wo sein Entschluß mit der letzten Durchführungspartie großer Sätze durchdringt. Dies Moment ist kompositionsfremd und kompositionseigen zugleich. Etwas davon lebt im ›Mitreißenden‹ der Märsche, die immer auch den Marschierenden etwas befehlen, indem sie deren Schritt mimetisch vorwegnehmen. Nach diesem Muster möchte Mahlers Musik ihre Hörer mobilisieren. Was bei Beethoven noch ans konsequenzlos reine Gefühl appellierte, der Wunsch, »dem Mann Feuer aus der Seele zu schlagen«, sträubt sich bei Mahler gegen die bloße Kontemplation. Als hätte er Tolstojs Kritik an der Kreutzersonate sich zugeeignet, möchte er in Praxis übergehen. Er rennt mit dem Kopf gegen die Mauern bloßer ästhetischer Abbildlichkeit. Während er, gekettet an das unbegriffliche und ungegenständliche Material aller Musik, nie sagen kann, wofür und wogegen sie geht, scheint er es doch zu sagen. Das eröffnet Einsicht in die Konstellation von Subjektivem und Objektivem bei ihm. Ebensooft wird er verstiegen subjektivistisch gescholten, wie man seinen Liedern und Symphonien, die in der ersten Person nicht sich bescheiden, Objektivität attestiert. Aufzulösen wäre der Widerspruch dadurch, daß Subjektivität die Bewegung des Ganzen auf seine Erfüllung hin motiviert, nicht jedoch in dem Bewegten sich abbildet. Das Mahlersche Subjekt ist weniger Seele, die sich bekundet, als ein seiner selbst unbewußter politischer Wille, der das ästhetische Objekt zum Gleichnis dessen macht, wozu er die realen Menschen nicht veranlassen kann. Weil aber der Kunst die leibhafte Praxis versagt ist, der sie nachhängt, kann ihr das nicht gelingen, kann Mahler eines Restes von Ideologie nicht sich entäußern. Dieser offenbart sich dann in ästhetischen Gewaltaktionen wie dem Melodisieren. Sie haben aber doch auch ihren Grund in den Melodien selber. Zu Mahlers Zeit bedurften die überanstrengte Tonalität und die volkstümliche Melodik schon der Stimulantien. Vollends mußte Mahler die abgeleiteten Materialien kommandieren, um das Versteinerte und Tote zum Marsch zu bringen. Die sekundären, gebrochenen Themen, mit denen er schaltet, haben nicht länger den primären Impuls, durch den sie vielleicht einmal aus sich heraus leben mochten. Aber Mahler will weiter, nicht sich bescheiden. Solcher Konflikt wird zum kompositorischen Faktor. Weil es nicht zur Identität des subjektiven Ansporns mit dem objektiven Bewegungsgesetz kommt, werden die Linien über das hinaus gedehnt, was sie und ihre implizite Harmonik von sich aus hergeben. Melodik war in Mahlers Epoche insgesamt problematisch. Die tonalen Kombinationsmöglichkeiten, zumal die diatonischen, sind zu verbraucht für jenes Neue, das seit den Anfängen der Romantik Kriterium von Melodie war. Die neuen, chromatischen Konfigurationen tendieren zumindest im Anfang der Wagnerischen und nach-Wagnerischen Phase zur Verkleinerung, zur Reduktion aufs kurze Motiv, entsprechend den engen

Melodieschritten; erst in der neuen Musik entstanden aus dem emanzipierten Chroma große freie Melodien, wo sie intendiert wurden. Strauss gestand einmal, eigentlich wären ihm immer nur kurze fragmentarische Motive eingefallen; bei Reger wird Melodik atomisiert zu qualitätslosen kleinen Sekundschritten, die eine Harmonie mit der anderen verkitten. Die Straussisch-Berliozsche Technik des imprévu, des Abbrechens als Effekt, der permanenten Überraschung sucht diese Not zu konterkarieren, indem ein principium stilisationis daraus wird. Mahler hat die umgekehrte Konsequenz gezogen, Melodie dort diktiert, wo sie schon nicht mehr sein will, und damit den Melodien selber ihr Cachet verliehen, entfernt analog der Beethovenschen Manier, durch die Setzung der Sforzati den tonalen Fluß zu stauen und darin gleichsam die Spur von Subjektivität zu hinterlassen. »Wie gepeitscht« heißt es einmal im Scherzo von Mahlers Sechster Symphonie. Seit der langen Melodie aus dem Finale seiner Ersten schont er seine Themen so wenig wie ein vom Ziel besessener Kutscher zusammenbrechende Pferde. Aber was er der Musik antut, trägt diese vorwärts, als Drang übers immanente Maß hinaus, als Anspannung zum Zerbrechen, als Transzendenz der Sehnsucht. Vielfach beschreiben bei Mahler die Motive bereits in sich, auf kleinstem Raum, transzendierende Bewegung und akzentuieren sie harmonisch, durch Trugfortschreitungen, wie einst das sogenannte Speermotiv des Parsifal, dort wo es in den modulierenden D-Dur-Teilen des Vorspiels zuerst in Bratschen und ›Altoboe‹ – dem Englischhorn – auftritt, von Oboen und Celli übernommen wird und dann mit dem wieder erreichten As-Dur, fortissimo in Geigen und vielfachem Holz, weiter stets trugschlüssig modulierend, in den Vordergrund gelangt[8]. Ähnlich holt Mahler oft mit drei in Sekunden aufsteigenden Achteln aus zu einem Viertel; um eine Sekund steigt es dann ab zu einem punktierten Viertel als Schwerpunkt. Der gute Taktteil erklingt, sei es sogleich, sei es, wenn er sich wiederholt, über anderen Harmonien als den erwarteten. Solche Passagen bieten das Paradoxon einer vorbereiteten Überraschung, das bei Berg als Kunststück wiederkehrt. Das Andere, Unerwartete wird schon in dem avisiert, worüber es hinausgeht. Derlei Augenblicke sind unersättlich. Sie müssen den, der Mahler mit Forderungen von außen her zuhört, besonders verwirren. Immer wieder wird es versucht, als hoffte die abprallende Musik, daß sie einmal doch durchkäme: »Ach nein, ich ließ mich nicht abweisen.« Unersättlich wird melodisiert, unersättlich ist zuweilen der Ton der Einzelgestalten, auch die Formanlage. Der Gehalt, den es im abgesteckten Umfang, in der Rechtfertigung des Endlichen nicht duldet, macht den musiksprachlichen Gestus sich gefügig, sabotiert die ästhetische Norm von Maß und Ordnung. Das ist der Schaden, den Transzendenz als unerreichte im Immanenzzusammenhang hinterläßt. Der Affekt kollidiert mit der Zivilisation, die ihn als unerzogen zum Schweigen verhält; unersättliche Musik ist die Resultante des Konflikts. Sie verletzt das mimetische Tabu[9]. Der sich nicht halten kann, flüchtet zur unbegrifflichen Sprache, die schrankenloses Weinen und schrankenlose Liebe eben noch gestattet. – Zuweilen gesellt sich jenem Gestus in der Form ein eigentümliches Gefühl des Nachher: was sehnsüchtig über sich hinaus will, ist zugleich Abschied, Erinnerung. Etwas davon lebt in dem Wort »entlächelnd« in einem frühen Gedicht von Werfel. Derart wird der Motivtyp in dem »mit Empfindung« bezeichneten Nachsatz der ersten Geigen aus dem Adagietto der Fünften beseelt[10]. Die Idee von Transzendenz ist zur graphischen Kurve der Musik geworden. Der melodisierende Habitus Mahlers ist mit einem Mangel an dem, was vulgär Einfall genannt wird – Mahler selbst hat übrigens an jener Kategorie nicht gezweifelt – keineswegs erklärt. Wo es ihm darauf ankam, produzierte er so viel an originalen Einfällen, wie er nur wollte; Belege wären vom Andante der Zweiten Symphonie bis zum beispiellosen Hauptthema des Adagios der Zehnten mühelos zu sammeln. Vielmehr folgt die ketzerische Manipulation der Melodien aus Mahlers latentem Strukturgesetz, mit Riegls allzu psychologischem Wort: seinem »Kunstwollen«. Den Melodien widerfährt Gewalt um des Ganzen willen, das Mahler, bei aller Obsession mit dem Detail, keinen Augenblick aus dem Gedächtnis verlor.

Dem Einwand des Gewollten assoziiert regelmäßig sich der des Zeitbedingten. Der mehr wolle, als er vermag, sei das hohl aufgeblasene Subjekt des Spätliberalismus als der Verfallsperiode von Romantik. So wenig Brücken zu Strauss führen, von dem man deren Begriff abgezogen hat: die pure Chronologie ermuntert zum Vergleich zwischen ihm und Mahler. Um die Zeit der Salome war die Entscheidung, der Mitteilung Alban Bergs zufolge, recht schwierig. Straussens leichte Hand streute nicht nur all die illustrativen Pointen über ein zugleich sicheres und überraschendes Gefüge aus: der Wechsel von Assoziation zu Assoziation machte auch die Struktur in sich beweglicher und, in den besten Stücken, gegliederter. Der obenauf so viel neutönerischere Impressionist Strauss war besser in der Tradition der motivischen Kleinarbeit zuhause als Mahler; eben darum ist der Auflösungsprozeß bei ihm weiter gediehen als die zu Beginn bei aller Unregelmäßigkeit etwas quadrige Mahlersche Technik. Angesichts der Straussischen Art, Zeit zu besiegen, indem das Gehör unablässig beschäftigt und in Atem gehalten wird, dünkt die Mahlersche zutraulich anachronistisch. Der junge Mahler ließ sich eher von einem mehr oder minder vag ihm Vorschwebenden leiten, als daß er nach überlegenem Willen komponiert hätte; darum gerieten seine Stücke gegenüber dem in jeder Note beherrschten, in die entlegensten Stimmen Leben injizierenden Strauss schwerfällig. Aber dieser schaltet so unbekümmert und wirkungssicher mit den Materialien, gerade weil ihn wenig kümmert, wohin die Musik von sich aus, ihrer immanenten Logik nach will. Er behandelt sie als ein Kontinuum gegeneinander durchgerechneter Wirkungszusammenhänge. Sie werden auf seine Weise bis ins Kleinste hinein organisiert, aber ihr Habitus ist der Musik gleichsam auferlegt, mit ihr verfahren in fixem Überblick. Mißachtet wird die Forderung, rein die objektive Tendenz der Themen und des Ganzen auszuhören und kompositorisch nachzuvollziehen. Nach dem Maß eines nachdrücklichen Begriffs von Technik ist der so viel versiertere Strauss technisch unter Mahler, weil dessen Gefüge objektiv verbindlicher ist. Mahlers metaphysische Intention realisiert sich, indem er, als wäre er sein eigener detachierter Zuhörer, an den objektiven Zug des Gebildes sich verliert. Entgeht seine Musik, kraft der Einheit der Epoche, stilgeschichtlich jenem Begriff von Leben nicht, der auch die irrationalen Nuancen Debussys und den Schwung Straussens unter sich befaßt, so ist der Gehalt seiner Musik weniger als bei beiden bestätigendes Echo solchen Lebens. Eher ähnelt er den metaphysischen Philosophien, welche die Idee des Lebens reflektierten, Bergson und dem späten Simmel. Die Simmelsche Formel vom Leben als Mehr als Leben paßt nicht schlecht zu ihm. Die Differenz zwischen Straussens großbürgerlich vitalistischer Genußmusik und der transzendierenden Mahlers bleibt aber keine des bloß Ausgedrückten, sondern wird zu einer des Komponierten. Bei Mahler vergißt die Gestalt ihrer selbst. Bei Strauss bleibt sie die mise en scène eines subjektiven Bewußtseins, das nie von sich loskommt, trotz aller Äußerlichkeit nie zur Sache sich entäußert. Strauss ist nicht über die Unmittelbarkeit des Talents hinausgelangt, mußte, verstockt in dieser, sich kopieren, Josephslegende und Alpensymphonie schreiben, von trostlosen Spätwerken wie dem Capriccio zu schweigen. Was bei Mahler tappend anhebt, ward keine Beute des Allerweltjargons der Wilhelminischen Ära. Ihn geleitete es zur Meisterschaft des So und nicht anders sein Könnens, während Strauss in Konkordanz mit warenhaften Filmbegleitungen endete, zur Rache für seine schlechte Naivetät, das Einverständnis. Der letzte Beethoven, Urbild großen Spätstils, kündigte es wie Mahler. Dessen geschichtliche Stellung ist die latenter Moderne, gleich der van Goghs, der noch als Impressionist sich fühlte und das Gegenteil war. Der frühe Mahler hat, bei prinzipiell konservativerer Grundhaltung, etwas gemein mit dem fauvistischen Aspekt der Anfänge der neuen Malerei. Die Abwehr von Sätzen wie dem langsamen, geflissentlich sprunghaften der Ersten Symphonie durch die Kulturbesitzer; die sich selbst andrehende Überzeugung, so etwas sei doch nicht ernstzunehmen, wird begleitet vom Wissen, etwas sei doch daran und vielleicht justament im Beleidigenden das, worauf es ankäme. Das Lachen über solche Sätze und Stellen Mahlers ist immer auch solidarisch mit ihm, der Zuhörer läuft zu ihm über. Selten harmoniert die jähe Erscheinung des noch nicht Gewesenen mit der vollkommenen Herrschaft über die zerbrechende Tradition. Verträgt Mahlers Musik zunächst sich schlecht mit dem Begriff des Niveaus, so erinnert sie diesen ans eigene Unrecht, die naivpolierte Verstocktheit in einem abgezirkelten Umkreis von Technik und Geschmack, der der Musik die falsche Fassade des Gültigen anhext. Die Verletzung des Niveaus durch Mahler, gleichgültig ob Absicht oder nicht, wird objektiv zum Kunstmittel. Gebärdet er sich kindisch, so verschmäht er, erwachsen zu sein, weil seine Musik der erwachsenen Kultur auf den Grund schaut und herauswill. – Zeitbedingtes wäre auch an solchen Komponisten der Vergangenheit mühelos zu demonstrieren, die gerade die Richter Mahlers als ewig geborgenen Vorrat verbuchen: schablonenhafte Fehler bei Bach und Mozart, der Einschlag des dekorativen Empire-Heroismus bei Beethoven, des Öldruckhaften bei Schumann, des Salons bei Chopin und Debussy. Was von solchen Momenten in bedeutender Musik abstirbt, läßt als Vergehendes einen Gehalt erst hervortreten, der ohne Nahrung an dergleichen Schichten verkümmerte. Die Trennung von Zeitbedingtem und Bleibendem ist untriftig, weil, was etwa bleibt, auch in der Musik nichts anderes ist als »ihre Zeit in Gedanken erfaßt«[11]. Am Ende verdinglicht die Idee des Bleibens selbst das Leben der Werke zu festem Eigentum, anstatt es als sich Auseinanderfalten und Absterben so zu denken, wie es menschlichen Gebilden gegenüber sich ziemt. Man hat einmal Mahlers Symphonien mit romanischen Bahnhöfen und kathedralischen Warenhäusern verglichen[12]. Aber seine Formphantasie hätte nie sich emanzipiert ohne die Intention aufs Monumentale. Hätte er mit intimen Genreformaten sich begnügt, so hätte die musikalisch entscheidende Frage nach der Konstruktion von Dauer überhaupt nicht sich aufgeworfen. Der wie immer auch wackelige Prospekt des Grandiosen, den ihm seine Ära lieferte, war der Hintergrund seines metaphysischen Elans, hoch über dem mittleren Maß der gleichen Ära. Wie wenig der armselige Begriff eines Zeitbedingten, das vom Bleibenden und Ewigen als einem Rest zu subtrahieren wäre, sein Werk oder irgendein bedeutendes erledigt; wie sehr vielmehr der Wahrheitsgehalt eingesenkt ist einer Zeitlichkeit, die am behendesten bemängelt, wer vor der gewürdigten und entwürdigten Sache nichts voraushat, als daß er später geboren ward – das erweist sich an dem, was aus der Monumentalität bei Mahler geworden ist. Er zog aus, hohe Lieder zu schreiben, und hat das Lied von der Erde geschrieben. Daß in seiner Entwicklung Affirmation immer wieder scheiterte, ist sein Triumph, der einzige ohne Schande, die permanente Niederlage. Er hat das monumentale Dekor widerlegt, indem er seine ungemessene Anstrengung von dem Monumentalen widerlegen ließ, dem sie galt. Bloß durch Scheitern scheitert er nicht. Die

Authentizität der letzten Werke, die alle Fiktion von Rettung fahren lassen, war um kein geringeres Risiko zu erlangen. Das Finale der Sechsten Symphonie hat darum seinen Vorrang in Mahlers œuvre, weil es, monumentaler komponiert als alles andere, den Bann des affirmativen Scheins zerstört. Die gegenwärtige Allergie gegen das Kolossale ist kein Absolutes: auch sie hat ihren Zoll zu entrichten. Ihr zerrinnt die Konzeption von Kunst als Erscheinung der Idee, die das Ganze wäre. So indifferent ist die Qualität nicht gegen die Quantität, wie es aussieht, nachdem diese einmal zur sauren Traube wurde. Sie läßt sich nicht mehr pflücken, wohl aber erretten von der Reflexion. Die Gewalt des Herzbrechenden und Durchbrechenden wäre Mahler nicht beschieden gewesen, hätte nicht in ihm bis zur Weißglut sich erhitzt, was die Liebhaber eines übrigens nicht existenten musikalischen Barock als romantischen Subjektivismus abkanzeln. Mahler, erfüllt von der Spannung des geschichtsphilosophisch Fälligen und zugleich geschichtsphilosophisch Unmöglichen, überlebt allein aus dem, was zeitlich ist an ihm. Eher stünde zur Kritik, daß ihm, was anders wäre als der Weltlauf, der Augenblick des Transzendierens, die Suspension des immanenten Gefüges und seiner Formkategorien selbst zur Kategorie, zum festen Bestandteil der Form gefriert. Wer die Sprache seiner Symphonien kennt, sieht nicht ohne Besorgnis voraus: jetzt wird die Struktur gelockert, durchstoßen, jetzt breitet unweigerlich die Episode sich aus. Auch darum, nicht bloß als dem logisch-musikalischen Verlauf entrückte, sind Mahlers Signale und Naturlaute starr. Seiner Musik droht, was sie am letzten möchte, das Ritual. Es bekundet sich bis in Disproportionen der Form hinein, in Überdehnungen noch der großartigsten Episoden wie der der Burleske der Neunten Symphonie mit den gehäuften Glissandi. Tröstlich dabei, welch unerschöpflichen Reichtum Mahler der verhängnisvollen Identität dessen, was das Gegenteil meint, abgewonnen hat.

Nur der sture und ängstlich-apologetische Wille könnte bestreiten, daß es schwache Stücke von Mahler gibt. Wie seine Formen nie im Umkreis der gegebenen bleiben, sondern allerorten ihre eigene Möglichkeit und die musikalischer Form überhaupt thematisch machen, betritt eine jegliche die Zone potentiellen Mißlingens. Gegen seine Brüche ist die ästhetische Qualität selber nicht immun. Das Werk, an dem wohl die meisten Mahler lieben lernten, die Zweite Symphonie, dürfte am raschesten verblassen, durch Redseligkeit im ersten Satz und im Scherzo, durch einige Primitivität des Auferstehungsfinales. Dieses hätte jener durchgebildeten Polyphonie bedurft, die der erste Satz der Achten sich zumutet; der lange instrumentale Teil plaudert zuviel vom vokalen aus und scheint lose gereiht, auch bei den Rufen überrieselt es einen schwerlich mehr; nur der Pianissimo-Einsatz des Chors und dessen Thema bewahrt die suggestive Kraft. – Das Adagietto der Fünften grenzt trotz bedeutender Konzeption innerhalb des Ganzen als Einzelstück, durch den einschmeichelnden Klang, ans Genrehafte; das Finale, frisch in vielen Details und mit neuartigen Formideen wie der des kompositorischen Zeitraffers, wiegt wohl doch gegenüber den drei ersten Sätzen zu leicht. Läßt darüber sich rechten, so bringt das Finale der Siebenten auch den in Verlegenheit, der Mahler alles vorgibt. Schönberg hat in einem Brief Beispiele für Mahlers Erfindungskraft gerade aus jenem Satz ausgewählt[13]. Selbst sie aber bleiben eigentümlich stecken und sind gehemmt in der Entfaltung. Ein ohnmächtiges Mißverhältnis zwischen der prunkvollen Erscheinung und dem mageren Gehalt des Ganzen wird man auch bei angestrengter Versenkung kaum sich ausreden lassen. Technisch trägt Schuld die unentwegte Diatonik, deren Monotonie bei so ausgiebigen Dimensionen kaum zu verhindern war. Der Satz ist theatralisch: so blau ist nur der Bühnenhimmel über der allzu benachbarten Festwiese. Die Positivität des per aspera ad astra aus der Fünften, welche dies Finale noch übertrumpft, kann sich nur als Tableau, als Szene mit buntem Getümmel offenbaren; vielleicht tendiert bereits das Finale der Schubertschen C-Dur-Symphonie, das letzte gefüllte Stück symphonischer Positivität, das geschrieben ward, insgeheim zur Opernveranstaltung. Der lichte Aufschwung der Sologeige im ersten Takt des vierten Satzes von Mahlers Siebenter, Trost, der wie ein Reim der Trauer des tenebrosen Scherzos folgt, ist glaubwürdiger als all der Pomp des fünften. Leise verspottet ihn Mahler einmal mit dem Epitheton »etwas prachtvoll«, ohne daß doch der Humor durchdränge.

Auf den Anspruch, es sei erreicht, die Angst vor Aberrationen après fortune faite antworten deprimierend endlose Wiederholungen zumal des menuetthaften Themas. Der angestrengt fröhliche Ton vergegenwärtigt Freude so wenig wie das Wort gaudeamus: die thematischen Erfüllungen, die der Gestus des Erfüllenden übereifrig avisiert, stellen nicht sich ein. Mahler war ein schlechter Jasager. Seine Stimme überschlägt sich, wie die Nietzsches, wenn er Werte verkündet, aus bloßer Gesinnung redet; wo er selbst jenen abscheulichen Begriff der Überwindung praktiziert, den dann die thematischen Analysen ausschlachten, und musiziert, als wäre Freude schon in der Welt. Seine vergeblichen Jubelsätze entlarven den Jubel, seine subjektive Unfähigkeit zum happy end denunziert es selber. In die überlieferten Formen war es noch eingebaut und mochte durchschlüpfen, solange die Konvention es von spezifischer Verantwortung entlastete; es versagt, wo der Scherz Ernst wird. Die affirmativen Sätze dürfen, um des Gleichgewichts willen, nicht gegen die ersten abfallen, wo sie Resultat eines Prozesses sein wollen. Bekker hat die Werke dieses Typus Finalsymphonien genannt. Sie weigern sich dem Kehraus, dem minder verbindlichen Residuum der Suite. Zugleich jedoch können sie eben das nicht bringen, was sie postulieren. Sie sollen Lösungen, Überwundenes vorstellen, dürfen die vorhergehenden Spannungen weder wiederholen noch gar überbieten. Der clichéhaft fröhliche Beschluß der älteren Symphonik trug wie die Heirat am Ende der Komödie solcher Einschränkung Rechnung. Symphonische Dynamik duldet sie nicht länger, damit nicht die ohnehin problematische Einheit der Sätze zunichte werde. Weil beide Alternativen objektiv falsch sind, ist das Finalproblem, das Mahler als erster radikal anpackte, schon im gleichen Augenblick nicht mehr zu lösen. Ihm gelangen die Finalsätze, die den Schein der astra fahren lassen. Der der Sechsten Symphonie steigert ihren ersten und negiert ihn; Lied von der Erde und Neunte Symphonie weichen mit großartigem Instinkt aus, indem sie so wenig Homöostase usurpieren, wie einen konfliktlos positiven Ausgang spielen, sondern fragend ins Ungewisse blicken. Ende ist hier, daß kein Ende mehr möglich sei, daß Musik nicht als Einheit gegenwärtigen Sinns hypostasiert werde.

Solche Hypostasis betreibt das offizielle Hauptwerk, die Achte Symphonie. Die Worte offiziell und Hauptwerk nennen die Angriffspunkte, le genre chef d'œuvre, Puvis de Chavannes, den repräsentativen Karton, die symbolische Riesenschwarte. Das Hauptwerk ist die mißglückte, objektiv unmögliche Wiederbelebung des kultischen. Es beansprucht, Totalität nicht nur in sich zu sein, sondern eine des Wirkungszusammenhangs zu schaffen. Der dogmatische Inhalt, von dem es die Autorität borgt, ist ihm zum Bildungsgut neutralisiert. In Wahrheit betet es sich selbst an. Der Geist, den der Hymnus der Achten mit Namen nennt, ist zur Tautologie, zur bloßen Verdopplung seiner selbst degeneriert, während der Gestus des sursum corda den Anspruch unterstreicht, mehr zu sein. Was Durkheim, etwa als die Weihfestspiele vom Parsifal bis zur Achten Symphonie entstanden, den Religionen nachsagte: sie seien Selbstdarstellungen des kollektiven Geistes, das gilt prägnant jedenfalls für die ritualen Kunstwerke im Spätkapitalismus. Ihr Allerheiligstes ist leer. Der Witz Hans Pfitzners über den ersten Satz, Veni Creator Spiritus: »Wenn er nun aber nicht kommt«, rührt mit der Hellsicht der Rancune an ein Richtiges. Nicht daß es Mahler an Kraft gebrochen hätte: gerade das erste Thema ist zu jenen Worten bewundernswert erfunden, genial der Gedanke, das nach Riemanns Terminologie tote Pausenintervall der Septime zwischen den beiden ersten Motivgliedern in der unmittelbaren Fortsetzung durch die Posaunen zu verlebendigen. Aber der Anruf bezieht sich dem objektiven Formsinn nach auf die Musik selbst. Daß der Geist kommen solle, erbittet, die Komposition solle inspiriert sein. Indem sie das Venerabile des Geistes mit sich selbst verwechselt, verwirrt sie Kunst und Religion, im Bann eines falschen Bewußtseins, das von den Meistersingern zu Pfitzners Palestrina reicht und dem auch die weltanschaulichen Konzeptionen Schönbergs, der Mann der ›Glücklichen Hand‹, der Erwählte der ›Jakobsleiter‹, untertan sind. Mahler war wie kein anderer Komponist seiner Zeit empfindlich für kollektive Erschütterungen. Die Versuchung, die daraus aufstieg: das Kollektiv, das er durch sich hindurch tönen fühlte, unmittelbar zum Absoluten zu erhöhen und zu glorifizieren, war fast übermächtig. Daß er ihr nicht widerstand, ist sein Frevel. In der Achten hat er die eigene Idee der radikalen Säkularisierung der metaphysischen Worte verleugnet und sie im Munde geführt. Wollte man, dies eine Mal, von Mahler in Begriffen der Psychologie reden, so wäre die Achte, wie schon das Finale der Siebenten, Identifikation mit dem Angreifer. Sie flüchtet zur Macht und Herrlichkeit dessen, wovor sie sich fürchtet; die zur Affirmation verbogene Angst ist das Offizielle.

Sozialstruktur wie Stand der ästhetischen Formkonstituentien verbieten das Hauptwerk. Darum hat die neue Musik von der Symphonie überhaupt sich abgekehrt; Schönberg konnte jene, deren Potential in der ›Glücklichen Hand‹ so vernehmbar sich regte, nicht vollenden, auch nicht das Oratorium und die alttestamentarische Oper. Die geschichtsphilosophischen Voraussetzungen waren bei Mahler schwerlich günstiger, und er hat es dennoch, darin naiv, gewagt. Er hat damit jenem Neudeutschtum den Tribut gezollt, dem seit Liszt als Vorwurf von Musik nichts zu hoch und teuer war, und das an der Verschleuderung des sogenannten kulturellen Erbes durch dessen sekundäre Herrichtung mitschuldig wurde. Die Achte ist angesteckt von dem Wahn, erhabene Gegenstände, jener Hymnus Veni Creator Spiritus, die Schlußszene des Faust, bürgten für die Erhabenheit des Gehalts. Aber erhabene Gegenstände, an die das Kunstwerk sich heftet, sind zunächst nicht mehr als dessen Vorwurf. Daß der Gehalt durch Negation besser bewahrt werden kann als durch Demonstration, dafür steht sonst Mahlers eigene Musik, seinem Bewußtsein entgegen, exemplarisch ein. In der Achten jedoch hat er jener Vulgarisierung der Hegelschen Inhaltsästhetik sich gebeugt, wie sie heute im Ostbereich blüht. Vom ersten Orgelakkord an ist sie durchweht von den erhebenden Hochgefühlen der Sängerfeste, abermals meistersingerhaft sogleich[14]. Daß sie der Begeisterung zuliebe die Faktur vereinfacht, schlägt dieser trotz meisterlicher Ökonomie nicht zum Segen an. Die gedrängte Polyphonie des ersten Satzes, die vor der Zweiten alle Erfahrung der mittleren Instrumentalsymphonien voraushat, wird ins beengende Generalbaßschema stilisierend hineingesteckt. Freilich durchschlägt an einigen Stellen das Pathos des Hauptwerks dessen Begriff und verwirklicht ihn dadurch: vielleicht kann das nur ganz ermessen, wer noch das Accende der Wiener Aufführung

Anton von Weberns im Ohr hat. Auch der Einsatz der Reprise behielt damals seine Gewalt. Muß alle musikalische Interpretation der Unzulänglichkeit der Werke zu Hilfe kommen, so bedarf die Achte der vollkommensten. Der retrospektiv geschlossene Sonatenbau ihres ersten Satzes ist weder mit dem Bedürfnis eines Kontrasts zum zweiten noch dem der Steigerung zureichend erklärt. Vielmehr gestattet die Sonate der unentwegten und sich selber unglaubhaften Affirmation etwas wie Dialektik. In der Durchführung gähnt der Abgrund eines Bösen und Fehlbaren auch musikalisch und schützt den Hymnus vorm fad Erbaulichen. – Die Faustmusik dagegen läßt sich verführen vom Phantasma der großen Einfachheit. Entlehnt sie das Thema zu den Worten »Neige, neige« einem Kinderstück Schumanns, so bangt ihr nicht vor der Großheit der Worte. Auffällig, wie wenig sie reproduziert, was an der Dichtung primär der Komposition sich darzubieten scheint, den Aufstieg von den Bergschluchten in den Marianischen Himmel. Eher hat Mahlers epische Kontemplation eine Phänomenologie der Liebe herausgelesen. Daher geht dann das antithetische Moment dem zweiten Teil ab, trotz der Verse vom peinlichen Erdenrest.

Die allein menschenwürdige Frage wäre, was trotzdem dem Hauptwerk glückte. Das ist aber nicht einfach dem Affirmativen entgegengesetzt; Böcke und Schafe sollte nicht sondern, selbst wer es mit den Böcken hält. Die affirmative Intention der Achten ist auch Mahlers alte des Durchbruchs, und sie gliedert nicht gänzlich dem Offiziellen sich ein. Singt in der Faustmusik der Knabenchor: »Jauchzet laut, es ist gelungen«, so durchschauert es den Hörenden für eine Sekunde, als ob es wirklich gelungen wäre. Scheinhaftes Jasagen und scheinlose Gegenwart verschlingen sich: nur in solcher Scheinhaftigkeit mochte der primäre Impuls Mahlers, der der Ersten Symphonie, undomestiziert noch einmal laut werden. Nutznießer davon ist, zumal im zweiten Teil, die musikalische Verfahrungsweise. Die Textwahl hat, durch die kantatenhafte, reprisenlose Architektur der Szene, Mahler zu jener ungebundenen Formanlage angeregt, die dann die der Spätwerke wurde. Das sehr umfangreiche, in breiten Komplexen ausgeführte Stück ist nicht mehr Sonate, aber auch keine bloße Folge kontrastierender Sologesänge und Chöre, sondern, durchflutet von einem mächtigen unterirdischen Entwicklungsstrom, ›Symphonie‹ so schon wie das Lied von der Erde, mit dem es wunderlich konvergiert. Die Erfahrung der geopferten Sonate ist unverloren. Die zum Adagio expandierte Einleitung geleitet deutlich zu einem Hauptsatz im vollen Allegrotempo[15]. Manche der Alla breve-Gesänge sind das Äquivalent eines Scherzos[16]; Erfüllungsfeld der durchgehenden Dynamik dann der Hymnus des Doktor Marianus »Blicket auf«. Der Chorus mysticus wendet sich gleichsam nach rückwärts, mit dem Gestus der Coda. Signatur des Satzes ist die Kombination absichtsvoll einfacher harmonischer Grundverhältnisse mit von ihnen sich ablösender Stimmführung. Die überaus inspirierte es-moll-Einleitung bringt den Mahlerschen Typus stufenlos von der Erde sich entfernender Harmonik zu sich selbst. Ihre potentielle Energie aktualisiert sich in den wild ergriffenen Gesängen des Pater ecstaticus und des Pater profundus. Rätselhaft genug stellte Mahler der Text etwas von der Farbe kabbalistischer Gewura bei[17]. Daß er das Riesenorchester durchweg zur Begleitung dämpft, fördert die Desintegration des Klangs durch eine gewisse spitze Schärfe, auch durch solistische Mischungen; der zweite Teil des wegen seines Massenaufgebots verschrienen Werks ist arm an gehäuften Massenwirkungen; keine Rede kann darin von einer Übersteigerung der äußeren Mittel sein. Grund des Aufgebots ist vermutlich Mahlers Wunsch, um monumentaler Wirkungen willen vieltönige Klänge zuweilen in homogener Farbe zu instrumentieren. Alles steht auf des Messers Schneide, die ungeschmälerte Utopie und der Rückfall ins grandios Dekorative. Mahlers Gefahr ist die des Rettenden.

VIII

An der Utopie hält Mahlers Musik fest in den Erinnerungsspuren der Kindheit, die scheinen, als ob allein um ihretwillen zu leben sich lohnte. Aber nicht weniger authentisch ist ihm das Bewußtsein, daß dies Glück verloren ist und erst als Verlorenes zum Glück wird, das es so nie war. Umschlagend werden dem die letzten Werke gerecht. Sie lassen von der Macht und Herrlichkeit nicht sich betören, der der kompositorische Immanenzzusammenhang der Achten zu Willen war, sondern möchten vom Falschen darin sich befreien. Nicht bloß durch den Ton von Abschied und Tod verläßt Mahler das affirmative Unwesen. Die musikalische Verfahrungsweise selber spielt nicht mehr mit, Zeugnis eines geschichtlichen Bewußtseins, das ganz ohne Hoffnung zum Lebendigen sich neigt. Die extremen Seelenlagen, welche in der Spätphase mit für die Jahre nach 1900 stets noch einigermaßen traditionellen Mitteln ausgedrückt werden, verfremden diese vollends: das Allgemeine sättigt derart sich mit dem Besonderen, daß es daran verpflichtende Allgemeinheit erst wiederfindet. Das Mädchen des Lieds von der Erde wirft dem heimlich Geliebten »lange Blicke der Sehnsucht« nach. So ist der Blick des Werkes selbst, saugend, zweifelnd, mit abgründiger Zärtlichkeit nach rückwärts gerichtet: wie zuvor nur jenes Ritardando in der Vierten Symphonie, aber auch wie der der Proustschen Recherche, die um dieselbe Zeit entstand; die Einheit der Jahre schlägt den schwanken Bogen zwischen zwei Künstlern, die nichts voneinander wußten und sich kaum verstanden hätten. Die jeunes filles en fleurs von Balbec sind die chinesischen Mahlers, die Blumen pflücken. Das Ende des Gesangs von der Schönheit, der Klarinetteneinsatz des Nachspiels[1], eine Stelle, derengleichen der Musik nur alle hundert Jahre beschieden wird, findet die Zeit wieder als unwiederbringliche. Bei beiden stellen fesselloses Glück und fessellose Schwermut ihre Scharade; im Bilderverbot über die

Hoffnung hat diese ihre letzte Stätte. Die aber ist bei beiden die Kraft, das Vergessene zu nennen, das im Erfahrenen sich verbirgt. Wie Proust hat Mahler seine Idee aus der Kindheit errettet. Daß ihm das idiosynkratisch Unverwechselbare, Unvertauschbare zum dennoch Universalen, zum Geheimnis aller wurde, hat er vor jeglicher Musik seiner Zeit voraus; darin kam unter den Komponisten wohl überhaupt nur Schubert ihm gleich.

Das Kind, das zu komponieren meint, wenn es auf dem Klavier herumtappt, traut jedem Akkord, jeder Dissonanz, jeder überraschenden Wendung unendliche Relevanz zu. Es hört sie mit der Frische des Zum ersten Mal, als hätte es diesen Schall, meist doch Formeln, nie zuvor gegeben; als wären sie an sich geladen mit allem, was es dabei sich vorstellt. Dieser Glaube ist nicht zu halten, und wer solche Frische zu restituieren trachtet, wird Opfer der Illusion, die jene selbst schon war[2]. Mahler aber hat es sich nicht ausreden lassen und darum versucht, dem Trug es zu entreißen. Seine Sätze, als ganze, möchten ihrem musikalischen Inhalt das Zum ersten Mal anschaffen, das aus jedem einzelnen Element verdampft, so wie im österreichischen Dialekt das Wort anschaffen auch befehlen bedeutet. Alle Willkür der Materialbeherrschung wendet er ans Unwillkürliche. Fähig dazu ward seine Symphonik durchs Altern, durch ihr allmähliches Durchtränktwerden mit Erfahrung, dem Medium der epischen Kunstwerke. Früh schon zeigen das einzelne Stellen, desto weniger zu überhören, weil sie durch jene spezifische Qualität von ihrer Umgebung abstechen. In dem Lied ›Liebst du um Schönheit‹, am Ende des wohl etwa mit der Fünften Symphonie gleichzeitigen Zyklus der sogenannten Sieben letzten, schließt die Singstimme mit einem a, der Sext des Grundtons, dissonierend zum tonischen Dreiklang, als finde das Gefühl nicht nach außen, sondern ersticke an seinem Übermaß. Das Ausgedrückte überwiegt so sehr, daß es das Phänomen, die Sprache der Musik selber vergleichgültigt. Sie spricht sich nicht mehr zuende, Ausdruck wird zum Schluchzen. Was ihr in solchen Einzelheiten widerfährt, ergreift sie insgesamt in den letzten Stücken. Erfahrenheit tingiert alle Worte und Konfigurationen der Musik des späten Mahler, weit über ihre funktionelle Bedeutung hinaus, so wie sonst nur im Spätstil großer Dichtung. Die Originalität des Lieds von der Erde hat mit deren herkömmlichem Begriff wenig zu tun. Vertraute Wendungen aus dem musikalischen Sprachgefälle leuchten auf: wer Gewohntes ausspricht, wohinter sein ganzes Leben steht, sagt mehr und anderes, als er sagt. Musik wird zum Löschpapier, einem Alltäglichen, das mit Bedeutendem sich vollsaugt, es erscheinen läßt, ohne ihm sich zu unterwerfen. Solche Umfunktionierung des Trivialen als des Abstrakten durch die Erfahrung lag stets in Mahlers Sinn; im Spätstil läßt sie den Gedanken an Trivialität nicht mehr aufkommen. Formeln aus dem letzten Satz wie »O sieh! wie eine Silberbarke schwebt der Mond«[3] oder die parallele »Du, mein Freund, mir war in dieser Welt das Glück nicht hold«[4], alltäglich und unik in einem, gab es vordem nur beim letzten Beethoven, allenfalls in Verdis Otello, wenn die Essenz ganzer arioser Entwicklungen in einem einzelnen Motiv aufgespeichert wird: Verwesentlichung des Unwesentlichen durchs Kleinerwerden, wie im Kästchen von Goethes Neuer Melusine. Das Allgemeine eines Lebens und die fast materielle Konkretion des Augenblicks wird zum Einstand gezwungen, das gebrochen sinnliche Glück zum Übersinnlichen. Derart relevant ist das beinah Nichtige ganz im Anfang der Neunten Symphonie. Dort bringt, im ungetrübten D-Dur, eine Begleitstimme der Celli und des Horns in der Kadenz ein b[5]. Der Moll-Pol der alten Polarität wird von einem einzigen Ton vertreten. Wie durch Säure hat Leid darin sich zusammengezogen, als würde es gar nicht mehr ausgedrückt, sondern hätte in der Sprache sich niedergeschlagen. Nicht anders ist dem Reifen Leiden die unausdrückliche Voraussetzung alles dessen, was er sagt. Musik zuckt um die Mundwinkel. An sich, isoliert, wäre die Moll-Sext banal, allzu harmlos fürs Gemeinte. Aber sie wird, wie insgesamt das Konventionelle, das auch der späte Mahler toleriert, durch die Dichte der Erfahrung vom Brüchigen geheilt: die entfremdeten musikalischen Mittel ergeben ohne Widerstand sich dem, was sie bekunden. Damit tendiert Mahler zum Dokumentarischen wie Prousts Roman zur Autobiographie; das wird am Ende aus dem Willen der Kunst, sich selbst zu übersteigen. Der Sinnzusammenhang, der jegliches Element assimiliert, findet sich zusammen mit Desintegration, der Lockerung des ästhetischen Banns durchs scheinlos Mitgeteilte.

Um, nach Goethes Wort, »zurückzutreten von der Erscheinung« und zugleich seine Musik mit dem schmerzhaften Duft von Erinnerung zu infiltrieren, neigt der letzte Mahler dem Exotismus der Periode sich zu. China wird zum Stilisierungsprinzip. Aus den kunstgewerblichen Texten Hans Bethges zum Lied von der Erde, denen die Unsterblichkeit nicht an der Wiege gesungen war, hat bei Mahler gezündet, was in den alten Originalen auf ihn warten mochte. Die Neunte aber, von der man nicht zu Unrecht gesagt hat, sie beginne dort, wo das Lied von der Erde ende, beharrt auf demselben Schauplatz. Sie verwendet weiter die Ganztonskala zur melodischen Konstruktion und mit Konsequenz für die Harmonieführung, vor allem im zweiten und dritten Satz. Mahler hat mit Pentatonik und fernöstlichem Klang gearbeitet zu einer Zeit, da in der Gesamtbewegung der europäischen Kunst all das bereits leise veraltet, die Ganztonskala überholt war; er erobert dieser etwas von dem Schock zurück, den sie unter Debussys Pflege schon verloren hatte: wo ein Ganztonakkord den »morschen Tand« des Trinklieds vom Jammer der Erde begleitet[6], zerbröckelt gleichsam die Musik. Solche Elemente wollen kaum mehr impressionistisch genossen werden. Der Exotismus war übrigens auch in Debussy und im Strauss der Salome mit der Evolution des Materials verbunden; was man von außen in die abendländische Tonalität importierte, hat deren Vorherrschaft, zumal die der Kadenz, erschüttert. Beim späten Mahler soll jener musikalische Tonfall helfen, mit bereits gängigen Prägungen gänzlich Individuiertes zu treffen. Das uneigentliche, überaus diskret nur eben skizzierte China spielt eine ähnliche Rolle wie beim früheren das Volkslied: Pseudomorphose, die sich nicht wörtlich nimmt, sondern durch Uneigentlichkeit beredt wird. Indem er aber das österreichische Volkslied durch Ferne, einen als Stilmittel approbierten Osten ersetzt, entschlägt er sich der Hoffnung auf kollektive Deckung des Eigenen. Auch insofern sind die Spätwerke Desillusionsromantik wie keine seit Schuberts Winterreise. Mahlers Exotismus war Vorspiel der Emigration. Wirklich ging Mahler, nachdem er die Leitung der Wiener Hofoper niedergelegt hatte, nach Amerika; dort brach er zusammen. Auch Berg spielte in den zwanziger Jahren mit dem Gedanken der Auswanderung und entgegnete auf die Frage, wie er mit der technischen Zivilisation fertig zu werden gedächte: drüben sei diese wenigstens konsequent und funktioniere. Nicht unähnlich verhielt Mahler sich zu den technischen Mitteln. – Das Lied von der Erde ist auf dem weißen Fleck des geistigen Atlas angesiedelt, wo ein China aus Porzellan und die künstlich roten Felsen der Dolomiten unter mineralischem Himmel aneinander grenzen. Pseudomorphose ist dieser Osten auch als Deckbild von Mahlers jüdischem Element. Auf es läßt so wenig der Finger sich legen wie sonst in Kunstwerken: es weicht vor der Identifizierung zurück und bleibt doch dem Ganzen unverlierbar. Der Versuch, es zu verleugnen, um Mahler für einen vom Nationalsozialismus angesteckten Begriff deutscher Musik zu reklamieren, ist so abwegig, wie wenn man ihn als national-jüdischen Komponisten beschlagnahmt. Synagogale oder profan-jüdische Melodien dürften selten sein; am ehesten noch könnte eine Stelle aus dem Scherzo der Vierten Symphonie[7] dahin weisen. Was jüdisch ist an Mahler, partizipiert nicht unmittelbar an Volkstümlichem, sondern spricht durch alle Vermittlungen hindurch als ein Geistiges, Unsinnliches, gleichwohl an der Totalität Fühlbares sich aus. Damit freilich entfällt der Unterschied zwischen der Erkenntnis jenes Aspekts von Mahler und der philosophischen Interpretation von Musik überhaupt. Sie ist auf die musikalische Unmittelbarkeit und ihre technischen Organisationsformen verwiesen, diese aber auch auf den Geist der Musik. Der läßt so wenig abstrakt, mit einem Zauberschlag sich ergreifen wie an unreflektierten sinnlichen Gegebenheiten. Musik verstehen ist nichts anderes als der Vollzug der Wechselwirkung von beidem: musikalisch sein und Philosophie der Musik konvergieren. – Was im Spätstil nicht länger die kompositorische Manier sondern das Material selber beistellt, das Grelle, zuweilen Näselnde, Gestikulierende und durcheinander Redende macht genau, ohne Beschönigung jenes Jüdische zur eigenen Sache, das den Sadismus reizt. Die Verfremdungseffekte des Lieds von der Erde sind getreu dem Irritierenden abgehorcht, das fernöstliche Musik unabdingbar fürs europäische Ohr behält. Der Ausdruck chinesische Mauer begegnet bei Karl Kraus und bei Kafka. Diesem könnte die Geschichte von dem Tamtamschlag des Feuerwehrmanns in Amerika entlehnt sein, der Mahler einen traumatischen Schock versetzt haben soll und der wohl am Ende des ›Purgatorio‹-Fragments aus der Zehnten Symphonie wiederkehrt; durchaus vermöchte bei Mahler eine Feuerwehrkapelle zum Jüngsten Gericht zu blasen. Seine Utopie ist vernutzt wie das Naturtheater von Oklahoma. Den Assimilierten schwankt – wie den Zionisten – der Boden unter den Füßen; durch den Euphemismus des Fremdartigen möchte der Fremde den Schatten des Grauens beschwichtigen. Das, nicht bloß der Ausdruck individueller Todesahnung des Kranken, verleiht den letzten Werken ihren dokumentarischen Ernst. Unmittelbar, mit greifbaren motivischen Zusammenhängen, leitet die chinesische Bilderwelt des Lieds von der Erde vom biblischen Palästina der Faustmusik sich her, zumal in dem nach außen lustigsten Gesang, dem von der Jugend. Der Exotismus gibt sich nicht mit Pentatonik und Ganztonskala zufrieden, sondern modelt die gesamte Textur; Mahlers alte Baßlosigkeit kommt in der Fremde nachhause. Das nicht ganz Nachvollziehbare des entlegenen Musiksystems wird Ingrediens des Sinnes, so als wäre die Erde des vergangenen Lebens dem Subjekt selber so entrückt wie solche Sprachen. Nicht zum wenigsten trägt dazu die vielfach chinesisch denaturierte, hohe Lage des Tenors bei, welche die Interpretation bis heute prohibitiv erschwert hat: das und nicht die Furcht vorm eigenen Werk mag Mahler bewogen haben, es nicht mehr aufzuführen. Das unscharfe Unisono, in dem miteinander identische Stimmen rhythmisch ein wenig divergieren – seit den Kindertotenliedern improvisatorisches Korrektiv der allzu ausgefegten Kunstlieder – ist im Lied von der Erde mit voller Konsequenz gebraucht. Es kommt übrigens auch in der Achten vor, wohl aus dem Gefühl der im Material gelegenen Divergenz vokaler und instrumentaler Erfindung heraus. Vor allem aber liefert im Lied von der Erde der Exotismus das thematische Konstruktionsprinzip. Mahler wählt die kritische Tongruppe aus der Pentatonik aus, die melodische Folge von Sekund und Terz, also die Deviation von der Skala in Sekunden. Sie bildet ein latentes Urmotiv. Analog war Wagner, aus der Not der Panchromatik heraus, im Tristan verfahren. Jenes Motiv a-g-e in seinen ungezählten Modifikationen und Transpositionen – auch der Umkehrung, dem Krebs und der Achsendrehung – ist ein

Mittleres zwischen thematischem Bestandteil und musiksprachlicher Vokabel, darin wohl das späteste und eindringlichste Modell der ›Grundgestalten‹ von Schönbergs Zwölftontechnik. Wie in ihr wird das Motiv auch simultan zusammengeklappt, so im unaufgelösten Schlußakkord des Werkes.

Das Lied von der Erde ist eine Folge von sechs Orchestergesängen, der letzte beträchtlichen Umfanges. In allen, zumal im ersten Stück sprengt symphonische Expansion die Liedgrenze. Dennoch sind die meisten, wie die Mahlerschen Lieder zuvor, unverkennbar strophisch gedacht. Aber die Varianten gehen außerordentlich weit. Sie erstrecken sich auch auf den Tonartenplan. Vielfach erfolgen die Strophenwiederholungen auf neuer tonaler Ebene, und erst das Ende erreicht wieder die originale; die perspektivische Lagerung harmonischer Flächen aus den Symphonien ist mit dem Strophischen vereint. Nur gelegentlich, etwa in ›Von der Jugend‹ und im ›Trunkenen im Frühling‹, werden die Strophenenden und -anfänge unmittelbar als solche evident; gern werden sie durch Ummontagen des Motivmaterials cachiert. In den Ecksätzen sind die Typen der Durchführung und des Suspensionsfelds zu Orchesterzwischenspielen vor den reprisenhaften Schlußstrophen verschmolzen; doch kennt auch die Form des Lieds von der Erde den Augenblick der Selbstbesinnung, wie im ›Trunkenen im Frühling‹[8]. Der erste Satz ist ein Bar; erst gegen Ende[9], kurz vorm Refrain, kehrt der Abgesang zum Stollen zurück. Der lange, aus zwei Gedichten dunkel kombinierte Schlußteil legt die Strophenform als Wechsel breit entworfener, einander entsprechender Felder aus. Wie wenn deren Proportion allein nicht genügte, prosahafte Gebilde musikalisch zu organisieren, stehen rezitativische, ›ausdruckslose‹ und melodisch gefestigtere, höchst expressive Teile einander gegenüber. Was Wagner in der Oper außer Kurs setzte, formt wiederentdeckt die musikalische Prosa. Schönberg hat dasselbe Verfahren etwa gleichzeitig im Finale des Zweiten Quartetts angewandt und seitdem immer wieder Rezitative geschrieben; in den umfangreicheren Bühnenwerken der neuen Musik ›Von heute auf morgen‹, ›Moses und Aron‹, ›Wozzeck‹ und ›Lulu‹ haben sie sich behauptet. Man wird ihre Resurrektion beim späten Mahler aus dem redenden Wesen verstehen dürfen, das zuweilen der absolutmusikalischen Vermittlung überdrüssig ist: aus dem dokumentarischen Zug. Das Lied von der Erde rebelliert gegen die reinen Formen. Es ist ein Zwischentyp. Ihm hat später Alexander Zemlinsky in einem eigenen Werk den Namen ›Lyrische Symphonie‹ gegeben; er wirkte bis in Bergs ebenfalls sechssätzige Lyrische Suite hinein weiter. Schon die Kindertotenlieder waren architektonisch disponiert, das letzte ein rudimentäres Finale. Die Konzeption der Liedersymphonie ist der Mahlerschen Idee ungemein adäquat: ein Ganzes, das ohne Rücksicht auf a priori übergeordnete Schemata aus sinnvoll aufeinander folgenden Einzelereignissen zusammenwächst. Als latentes Kraftzentrum senden die Kindertotenlieder von der Vierten Symphonie an ihre Strahlen über das gesamte Werk Mahlers. Selbst in der Achten Symphonie, deren Landschaft sie trotz der Stimmen der früh verstorbenen Knaben am fernsten liegen, ist ein Zitat daraus versteckt[10]. Ihre spezifische Beziehung zum Lied von der Erde aber ist wohl in der Erfahrung zu suchen, daß in der Jugend unendlich Vieles als Versprechen des Lebens, als antezipiertes Glück wahrgenommen wird, wovon dann der Alternde, durch die Erinnerung hindurch, erkennt, daß in Wahrheit die Augenblicke solchen Versprechens das Leben selber gewesen sind. Die versäumte und verlorene Möglichkeit errettet der letzte Mahler, indem er durchs umgekehrte Opernglas die Kindheit betrachtet, in der es noch möglich gewesen wäre. Jene Augenblicke meint die Wahl der Gedichte des dritten, vierten und fünften Gesangs. Die Farbe des ›Einsamen im Herbst‹, Apotheose des Orchesters der Kindertotenlieder, ist die des Wortes Altgold. Wie in den Herbstgedichten aus Georges ›Jahr der Seele‹ schimmert Verwesend-Organisches metallen. Das Lied vom Pavillon, das wie eine durchsichtige Fata morgana endet, mahnt an die chinesische Erzählung von jenem Maler, der in seinem Bild verschwindet, nichtiges und unauslöschliches Unterpfand[11]. Verkleinerung, das Verschwinden ist die Erscheinung des Todes, in der Musik das Untergehende gleichwohl bewahrt. »Freunde, schön gekleidet, trinken, plaudern« nie wirklich so, wie in der Miniatur der Erinnerung, die es den Ungeborenen verheißt. In solcher Verjüngung sind die Toten unsere Kinder. Die literarische Pointe des Gedichts vom Pavillon, das Spiegelbild, war zur Entstehungszeit des Lieds von der Erde musikalisch nicht zu bewältigen. Mahler reagiert darauf mit seinem angestammten Mittel, dem Minore, einer melancholischen Episode. Wie sehr aber jene Pointe die seiner eigenen Konzeption ist, wird offenbar in dem ungeheuerlichen Stück vom ›Trunkenen im Frühling‹. Seine Situation ist bereits die expressionistische hinter der Maske objektiven Balladentons. Der Innenraum ist isoliert, ohne Brücke zu dem Leben, an dem doch Mahlers Musik mit jeder Faser hängt. Mit paradoxem Realismus denkt das Werk die Situation unverschleiert zu Ende: die Affinität zu Proust ist eine des monologue intérieur. Die Trauer des Teichs als Spiegel ist, daß dem Weltschmerz, der schließlich die Fäden durchschneidet, das lockende wirkliche Leben als der Traum erscheint, den die erste Gedichtzeile anredet, während objektlose Innerlichkeit in die Realität sich verkehrt. Hört der Trunkene an einer über alle Worte rührenden Stelle die Stimme des Vogels, die Natur als Zuspruch der Erde, so ist ihm »wie im Traum«. Vergebens möchte er noch einmal zurück. Seine Einsamkeit überschlägt sich im Rausch zwischen Verzweiflung und der Lust absoluter Freiheit, schon in der Zone des Todes. Der Geist dieser Musik konvergiert mit Nietzsche, dem Mahler in seiner Jugend anhing[12]. Aber wo der Dionysos des objektlosen Innen ohnmächtig-herrisch seine Tafeln aufrichtet, entgeht Mahlers Musik der Hybris, indem sie den eigenen Schrei noch reflektiert, Lachen über ihr Unwahres mitkomponiert. Der Rausch der Selbstzerstörung; das Herz, das sich nicht halten kann, verschenkt sich an das, wovon es abgeschieden ist. Sein Untergang will die Versöhnung. Das Adagio-Finale der Neunten Symphonie, etwa die letzte Periode der ersten Des-Dur-Strophe, hat denselben Ton des Überschwangs von Selbstpreisgabe[13]. Das Taumeln des Trunkenen aber, das die Musik nachahmt, läßt durch die Lücken zwischen Tönen und Akkorden den Tod ein. Musik holt in Mahler den Schauer von Poe und Baudelaire, den goût du néant, nach, als wäre er zur Entfremdung vom eigenen Körper geworden: das Lied von der Erde ist aus der Region jenes Wahnsinns eingebracht, vor dem die Interjektionen im Autograph der Zehnten Symphonie erzittern. Im ›Abschied‹ dann verflüchtigt sich der Schein des Glücks, bis dahin das Lebenselement aller Musik. Weil Glück heilig ist, täuscht die Musik nicht mehr vor, daß es schon sei. Nichts davon ist übrig als das wohlige Erschlaffen dessen, der nichts mehr zu verlieren hat; den Affirmativen heißt das Mangel an Ethos. Der Ton des Satzes ist auch nicht der von Verzweiflung. Vom Schluchzen durchschüttelte Prosa inmitten der Tonalität, weint er ohne Grund wie ein von Erinnerung Übermannter; mehr Grund hätte kein Weinen. Die kompositorischen Felder darin sind Blätter eines Tagebuchs; jedes gespannt in sich, manche in die Höhe fahrend, keines aber verspannt mit dem anderen, wie Seiten sich umblätternd in der bloßen Zeit, deren Trauer die Musik nachbildet. Kaum sonstwo dissoziiert Mahlers Musik sich so vorbehaltlos; die Naturlaute mischen sich in anarchischen Gruppen, potenzieren Mahlers altes »Ohne Rücksicht auf das Tempo«[14]. Häufig wird die Musik ihrer selbst müde und klafft auseinander[15]: dann trägt der innere Fluß über das Versiegen des äußeren hinweg, das Leere wird selber Musik. So hat erst sehr spät wieder die neue Musik Schweigen komponiert. Dissoziiert wird auch vertikal: die Akkorde zersetzen sich in Stimmen. Das Kontrastmittel des Rezitativs steckt das durchweg karg gewobene Ganze an; die Instrumente laufen auseinander, als wollte ein jegliches ungehört vor sich hinreden. Das stammelnde Ewig des Endes aber, wiederholt, als hätte die Komposition den Stab von Herrschaft niedergelegt, ist nicht Pantheismus, der den Blick in selige Weiten aufschlüge. Kein Ein und Alles wird als Trost vorgegaukelt. Der Titel ›Lied von der Erde‹ könnte der Komplizität mit solchen aus der neudeutschen Sphäre, wie ›Natursymphonie‹ oder gar ›Das hohe Lied vom Leben und Sterben‹, sich verdächtig machen, wenn nicht der Gehalt des Werkes ebenso den außerordentlichen Anspruch rechtfertigte, wie durch seine trauernde Wahrheit das Pompöse wegwischte. Dazu befähigt ihn nicht zuletzt die Atmosphäre, welche die Musik dem Wort Erde selber verleiht. Von ihr heißt es im ersten Gesang, daß sie lange – nicht ewig – fest stehe, und der Abschied Nehmende nennt sie gar die liebe Erde, als die im Verschwinden umfaßte. Sie ist dem Werk nicht das All, sondern was fünfzig Jahre später die Erfahrung des in großen Höhen Fliegenden einholen durfte, ein Stern. Dem Blick der Musik, der sie verläßt, rundet sie sich zur überschaubaren Kugel, wie man sie mittlerweile aus dem Weltraum bereits photographiert hat, nicht das Zentrum der Schöpfung sondern ein Winziges und Ephemeres. Solcher Erfahrung gesellt sich die schwermütige Hoffnung auf andere Gestirne, die von Glücklicheren bewohnt wären als den Menschen. Aber die sich selber ferngerückte Erde ist ohne die Hoffnung, die einst die Sterne verhießen. Sie geht unter in leeren Galaxen. Auf ihr liegt Schönheit als Widerschein vergangener Hoffnung, die das sterbende Auge füllt, bis es erfriert unter den Flocken des entgrenzten Raumes. Der Augenblick der Entzückung vor solcher Schönheit vermißt sich, dem Verfallensein an die entzauberte Natur standzuhalten. Daß keine Metaphysik möglich sei, wird zur letzten.

Der Abglanz unmittelbaren Lebens im Medium der Erinnerung ist im ersten Satz der Neunten Symphonie, einem reinen Instrumentalstück, so sinnfällig wie im Lied von der Erde, das sie noch durch Texte kommentiert. Aber absolute Musik, von Gegenwart zu Gegenwart spielend, vermag nie rein Erinnerung zu sein. Davon läßt der erste Satz der Neunten, Mahlers Meisterstück, sich inspirieren. Winfried Zillig hat darauf aufmerksam gemacht, daß seine vollen 450 Takte eigentlich von Anfang bis zu Ende aus einer einzigen Melodie bestünden. Die Totale ist durchmelodisiert. Sämtliche Periodengrenzen verwischen sich: die musikalische Sprache geht vollends in die redende über. Wo aber die melodisierenden Stimmen sich übereinander schieben und kreuzen, murmeln sie wie in Träumen. So begehrt das Kollektiv Einlaß in die Symphonie des Abgeschiedenen und grundiert die erzählende Stimme. Berichtend von Vergangenem hebt es an, episch schlechthin. Es wird ausgeholt, als solle nun etwas erzählt werden und doch das Erzählte verhüllt, so wie auch zu Beginn des Finales der Sechsten Symphonie der Vorhang sich hebt über einem Unsagbaren und Unsichtbaren. Der gesamte Satz neigt zu eintaktigen Ansätzen; in ihnen stockt der Vortrag ein wenig, vom schweren Atem des Erzählenden begleitet. Die fast mühsamen Eintaktschritte der Erzählung tragen die lastende Schwere des symphonischen Zuges beim Einsatz des Trauermarschs[16] wie einen Sarg im schweren Kondukt. Die Glocken dazu sind keine christlichen: mit so bösem Gepränge wird ein Mandarin zu Grabe getragen. Indem jedoch der Satz, vorher, mit der Zeit sich einläßt, verstrickt er sich in Unmittelbarkeit, in ein zweites Leben, blühend als wäre es das erste: »Oft bin ich mir kaum bewußt, daß die wilde Freude zücket.« Die Musik entwickelt sich, indem sie die Distanz verliert, mit der sie beginnt. Sie begibt in die Welt sich zurück, geht mit dem dritten Thema der Exposition sinnfällig über zur Leidenschaft. Erinnerung vergißt die Selbstbesinnung, bis der trügenden Unmittelbarkeit auf ihrer Höhe ein gräßlicher Schlag widerfährt, das Memento von Hinfälligkeit. Nichts als Trümmer behält sie in Händen und zwielichtig schmeichelnden Zuspruch: Musik nimmt tödlich sich in sich selbst zurück. Daher die Reprise des sonst, nach dem Nachweis von Erwin Ratz, windschief zur Sonate stehenden Satzes. Zwielichtig ist der sinnliche Trost des letzten Mahler darum, weil er einzig solchen Augenblicken des Zurückschauens und keiner Gegenwart zuteil wird: nur als Erinnerung ist das Leben süß, und eben das ist der Schmerz. Der Rhythmus der Katastrophe aber ist derselbe wie der fast unhörbar leise der ersten Noten, so als verwirklichte er nur, was verborgen dem Ganzen schon vorangeht, das Urteil übers unmittelbare Leben. Wo es ganz gegenwärtig ist, ganz für sich, enthüllt es sich als todverfallen.

Die technischen Verfahrungsweisen sind dem Gehalt angegossen. Der Konflikt mit den Schemata ist gegen diese entschieden. So wenig wie die Sonatenidee ist die der Variationen dem Stück adäquat[17]. Doch wirkt das alternierende Moll-Thema, dessen Kontrast zur Dur-Region den ganzen Satz hindurch nicht aufgegeben ist, durch die metrische Ähnlichkeit seiner Kurzphrasen mit denen des Hauptthemas, trotz verschiedenen Intervallinhalts, wie dessen Variation. Auch das ist antischematisch; anstatt das Kontrastthema strukturell vom vorhergehenden abzuheben, ähnelt Mahler die Strukturen einander an und verlagert den Kontrast ins Tongeschlecht allein. In beiden Themen sind, nach dem radikalisierten Prinzip der Variante, die Intervalle überhaupt nicht festgelegt sondern nur der Duktus und gewisse Ecknoten. Ähnlichkeit und Kontrast werden beide den kleinen Zellen entzogen und an die thematische Ganzheit zediert. Die Form dürfte der Begriff symphonischer Dialog treffen. So sprach Wagner von den Orchesterwerken, die er nach der Vollendung des Parsifal allein noch zu schreiben vorhatte; nicht unwahrscheinlich, daß der sehr belesene Mahler davon wußte und in dem Wagnerischen Projekt ein der eigenen Musik Verwandtes erkannte, nachdem diese einmal vom Formenkanon sich losgesagt hatte: Alfredo Casella hatte gegen Guido Adler recht, als er mit dem Lied von der Erde eine neue Phase Mahlers datierte. Konnte man der vor-Mahlerschen Symphonik nur gezwungen, in Analogie zum Drama den vielberufenen Themendualismus nachsagen, so verwirklicht ihn erst der epische Komponist; das große Andante der Neunten Symphonie ist konstruiert nach der Proportion von Erstem und Zweitem. Die Kurzphrasen selber schon sind potentiell dialogisch. Sie gewähren Antworten und brauchen sie zu ihrer Ergänzung. Die Tendenz zum Dialogisieren teilt dem Ganzen ebenso in der Setzweise permanenter Überschneidung wie in der Dur-Moll-Antithese sich mit: überall changieren eine und zwei Hauptstimmen. Die allgegenwärtige Antithetik macht eine Durchführung als Reservatsphäre aufeinander stoßender Gegensätze überflüssig: so bahnt die Liquidation der Sonate durch die neue Musik in Mahlers Neunter sich an. Nach der Achten hat Mahler wirkliche Sonatensätze so wenig mehr geschrieben wie der reife Alban Berg. Das zweite Thema wirkt als Minore des ersten, kaum als Seitensatz, während freilich das dritte unmißverständlich den Schlußgruppencharakter kondensiert. Die Wiederholung der Exposition ist in stetigen Varianten so sehr auskomponiert, daß sie spontan wie eine erste Durchführungspartie wahrgenommen wird; erst dem Zurückhören klärt sich auf, was allenfalls Durchführung heißen dürfte. Die Konsequenz von Mahlers Formsinn in der neuen Phase demonstrieren Einzelheiten wie die, daß in der zerfallenden Reprise des Satzes, nach der Katastrophe, ein längeres kadenzartiges Soloduett zwischen der Flöte und dem beispiellos kühn behandelten Horn, begleitet von tiefen Streichern, sich bildet: der ursprünglich aus Dur und Moll herausgelesene Dualismus wird schließlich auf seinen Idealtypus, die unverhüllte Zweistimmigkeit gebracht. Mahler reduziert in jenen Takten die Auflösungsfelder auf die durchgeformte Kadenz; als solche werden jene beredt und kehren am Ende zu ihrem geschichtlichen Ursprung zurück. Meisterlich mißachtet er dabei die Setzregel, der zufolge man dem Horn dauernd Pausen zum Atmen gewähren müsse. In einem spinnt er die

Hornmelodie fort. Schwebend hält sie die Mitte zwischen Rezitativ und Thema gleich dem letzten Stück des Lieds der Erde. Melodisieren wird am Ende zu einer Formkategorie sui generis, der Synthesis von thematischer Arbeit und Beredtheit. In der dialogisierenden Anlage des Satzes erscheint sein Gehalt. Die Stimmen fallen einander ins Wort, als wollten sie sich übertönen und überbieten: daher der unersättliche Ausdruck und das Sprachähnliche des Stücks, der absoluten Romansymphonie. Die Themen sind weder aktiv, prägnant hingestellt, noch auch passiv eingefallen, sondern sprudeln, als ob die Musik während des Sprechens den Impuls zum Weitersprechen erst empfinge.
Die thematischen Rhythmen, welche die Einheit stiften, wurden zum Modell derer aus Bergs ›Wozzeck‹, dem Kammerkonzert und schließlich der Monoritmica der ›Lulu‹: die serielle Einbeziehung des Rhythmus in die Konstruktion hat ihren Ursprung in jenem Satz. Im Futurum exactum steht auch der Bau des Hauptthemas. Es wird aus unscheinbaren, rezitativisch-uncharakteristischen Ansätzen zu einem mächtigen Höhepunkt geleitet, ein Thema als sein eigenes Resultat, auch es erst im Zurückhören ganz evident. Nicht anders disponierte Schönberg im ersten Satz des Violinkonzerts, und solche Innovationen der Formsprache erweisen heute sich als relevanter denn der Vorrat des Tonmaterials. Die Themengruppen sind zwar scharf antithetisch gesetzt, aber dem motivischen Inhalt nach, genial regelwidrig, untereinander verwandt: einer der Hauptrhythmen[18] kommt in den Maggiore- wie in den Minore-Sektoren vor, und insgesamt wirken beide wie Varianten eines verschwiegenen Grundgedankens; auch durch die ihnen gemeinsame Gliederung in kurze Ansätze. Konturen werden markiert zugleich und verschleift, als beargwöhnte der musikalische Prosateur in der Eindeutigkeit der musikalischen Felder, die er doch braucht, die Willkür. Durchweg operiert der Satz mit überzähligen Takten, nicht bloß präludierenden, sondern auch nachspielend leerlaufenden, welche die Grenzen aufweichen, ohne doch als Übergänge zu fungieren[19]. In die alternierenden Hauptkomplexe sind motivische Bestandteile eingefügt, die später sich verselbständigen. Der Seitengedanke der Celli[20], zunächst Variante eines Teilglieds des Hauptthemas, dient dann, sehr abgewandelt, als eine Art Überleitung

zwischen den Feldern[21]. Unabhängig von jedem fixierten Ort im Schema, erlangt ein durch seine Chromatik ebenso wie durch den Wechsel von Triolen und punktiertem Rhythmus sehr einprägsames Motiv Ubiquität. Aus dem Geist der Blechbläser erfunden, durchwandert es das ganze Orchester. Seinem vagierenden Charakter entspricht, daß es trotz seiner Prägnanz nirgends fest, endgültig formuliert ist. Es wird nicht als solches einfach in den Vordergrund gestellt, sondern ist zuerst Schlußglied eines viertaktigen Kontrapunkts der Hörner zum Minore-Thema, ehe es in der Trompete durchdringt und jenen Fortissimo-Höhepunkt des Hauptthemas vorbereitet[22]. Die gesamte Exposition schließt mit einem Thema von größter Intensität. Sein Formsinn ist etwa der einer Schlußgruppe[23]. Obwohl auch es rhythmisch abgeleitet ist[24], wirkt es wie die neue Romanfigur im zweiten Satz der Fünften: die kritische Gestalt des Satzes. Meist luxurierend begleitet, zieht es die Katastrophe als seine eigene Negation gewissermaßen herbei. Beim ersten Mal bricht es die Kraft des Satzes noch nicht[25], die dann ›leidenschaftlich‹ wiederum sich aufbäumt; der Akkord d-f-a-cis dazu, überhaupt die Basis des Minore-Komplexes, wurde zum Leitklang des ersten Orchesterstückes aus Schönbergs op. 16. Endgültig, ärger als einst der Hammer, fährt der Hauptrhythmus, beim zweiten Mal, im schweren Blech mit großer Trommel und Tamtam[26] dazwischen. Schon die Harmonie über dem tiefen es, vor der ersten Spitze des Minore[27], greift durchdringend, gleichsam allzu nah in den musikalischen Körper. Aus dem Blendenden des Schlußgruppenthemas wird am Ende des Satzes, gesänftigt, der schillernde Trost. Einem, von dem man weiß, daß er sterben muß, wird, als wäre er ein Kind, versichert, daß alles gut werde. Der ganze Satz ist die epische Ausführung des »Mir war in dieser Welt das Glück nicht hold« aus dem Lied von der Erde, das zwei Takte vorm ersten Minore-Eintritt anklingt. Auch das Feld, das unmittelbar auf die Exposition folgt und mit dem Katastrophenrhythmus in den Hörnern eingeleitet wird[28], ist im Lied von der Erde vorgedacht, in den atomisierten Stellen des ›Abschieds‹; mit der Spachtel nebeneinander geklexte Farben, Überlagerungen von Piano und Fortissimo intensivieren die Partie ohne schweres Tutti zum drohenden Extrem[29]. An das zerrissene Feld schließt sich eine fausse reprise, die unter Benutzung des Nebengedankens ausläuft und erst bei dem Einsatz »Mit Wut«[30] eine Durchführung freigibt bis zur ersten Katastrophe. Nach dieser wird das Minore in einer b-moll-Variante[31] wiederholt, durchführungsähnlich gegen Ende; es folgt ein entwirklichtes Auflösungsfeld, dann abermals eine Reprise in der Haupttonart, im letzten Durchführungsabschnitt gesteigert zur Katastrophe. Die Trauermarschepisode leitet zur endgültigen, von der Originalgestalt sehr weit abgehenden Reprise.

Die Formeln des Spätstils sind gültig nicht als wie immer auch ererbte, sondern vom kompositorischen Willen herausgestanzt. Das ermöglicht die Instrumentation, gänzlich nun konstitutives Darstellungsmittel der Musik. Den punktierten Rhythmus des Anfangs schlagen leise die Celli an. Synkopiert antwortet ihnen das gleiche a im tiefen Horn; außer dem Rhythmus wechselt nur das Timbre, rudimentäre Klangfarbenmelodie. Im dritten Takt spielt die Harfe das Urmotiv des Lieds von der Erde im Krebs dazu; ihr Forte ist nicht ganz real gegen das undeutliche Piano. Die Dynamik ist divergent und doch gebunden, mit einer hohlen Resonanz, deren Raum die Interpretation erst herstellen muß. Während das rhythmische Dessin der Celli und des vierten Horns sich fortsetzt, intoniert im vierten Takt ein gestopftes Horn, abermals also in anderer und zugleich ähnlicher Farbe, einen neuen Rhythmus, der aus dem synkopierten sich herleitet; das Motiv, das ihn füllt, ist jenes essentielle, den beiden späteren Hauptthemengruppen gemeinsame. Im fünften Takt wird, wiederum unverbunden, eine unverkennbar begleitende Sextolenfigur der Bratschen addiert; sie währt fort bis in die zweite Hauptthemengruppe hinein. Nach dem ersten Eintritt dieser Figur variiert das zweite Horn, nun offen, den Schluß seines essentiellen Motivs[32]. Dann sinkt es in den Hintergrund der duettierenden Begleitung; der Hauptthemeneinsatz selbst, in den zweiten Geigen, verknüpft sich mit ihm durch Gegenbewegung. Jedes Instrument fürchtet die vorschriftsmäßige Parallele zum anderen. Paradox rundet diese Einleitung sich zur Einheit kraft nach allen Richtungen konsequenter Verschiedenheit. Der Gegensatz von Desintegration und Integration schließt bei Mahler zugleich ihre Identität ein: die zentrifugalen Momente der

Musik, von keiner Klammer mehr zu bändigen, ähneln sich und artikulieren sich zu einem zweiten Ganzen. Das Zerfallende der Einleitung wirkt weiter in den Beginn des Hauptsatzes hinein, über der Tonika und in deutlichem D-Dur. Während das Thema tröstlich nahe scheint, als hätte die Musik heimatlichen Boden betreten, bleibt die klangliche Grundierung finster; durch einfachste instrumentale Mittel wie jenes, daß die begleitenden Pizzicati allein den Kontrabässen in tiefer Lage vorbehalten sind, ohne durch solche der Celli sich aufzulichten. Das Beängstigende und Drohende wird der Satz nicht mehr los, wie Kafka qualvoller Traum und doch überreal; die Katastrophe verifiziert diesen Ton, als hätte man es insgeheim immer schon gewußt und nichts anderes erwartet. Die Dissoziationstendenz produziert weiter die instrumentale Grundfarbe des gesamten Satzes, ein gleichsam erwürgtes Dämpfer-Forte: gebrochen wird, mit der Musik, der Klang selber. Der knatternde d-moll-Akkord von schwerem Blech, Fagotten, Kontrafagott und Pauken zum Minore-Thema[33] ist sein Paradigma. Untreu werden ihm nur die Stellen, die sich verschwenden zu den Katastrophen hin. Gegen Ende des Satzes, etwa von der solistischen Stelle nach der letzten Andeutung des Minore-Themas[34] an, vollzieht die Farbe den Formsinn dessen nach, was geschah: als wäre der Satz schon dahin, begibt er sich des Volumens, die Musik hält sich wie ein Astralleib, schließlich nach Mahlers Vorschrift ›schwebend‹. Der Fortgang des Satzes in dissoziierten Atemzügen ist überall durchzuspüren, auch dort, wo die melodischen Linien bereits lang ausgesponnen sind; ähnlich fühlt man im ersten Satz der Sechsten Symphonie immerzu den über ganze Komplexe hin lautlosen Marschrhythmus, als hätte der Komponist vom eigenen Stück periodisch sich abgewendet. Eben darum muß in der Darstellung des ersten Satzes der Neunten die Gefahr des Trottenden vermieden werden durch stetige Bereitschaft, die Auftakte anstelle der guten Taktteile zu markieren, so wie es zu Beginn der Durchführung Mahlers eigene dynamische Zeichen suggerieren, sobald die Sekunden des Hauptmotivs in die Posaunen gelangen[35].

Der zweite Satz ist ein Durchführungsscherzo wie das der Fünften und Siebenten, mit drei diesmal auch durchs Tempo scharf unterschiedenen Hauptgruppen, dem Ländler in C-Dur, einem viel rascheren Walzer in E-Dur[36] und einem quasi überösterreichischen, zeitlupenhaften Ländlerthema in F[37]; die motivischen Bestandteile der Gruppen werden dann unermüdlich kombiniert. Der Geist des Scherzos jedoch hat kein Vorbild, auch bei Mahler nicht. Die Ländler-Hauptgruppe ist wohl der erste exemplarische Fall musikalischer Montage, Strawinsky vorwegnehmend ebenso durch die zitatenhaften Themen wie durch ihre Dekomposition und schiefe Wiedervereinigung. Der Ton solcher Montage indessen ist keiner von Parodie sondern eher nochmals der eines Totentanzes, wie er gelassener in der Vierten angeschlagen war. Die Trümmer der Themen versammeln sich zu beschädigtem Nachleben, beginnen zu wimmeln, entfernt ähnlich dem Scherzo aus Beethovens op. 135. Hinzu tritt in den raschen Walzerteilen der verzweifelte Ausdruck jener Erniedrigung, die dem Trio der Siebenten angetan ward. Durch unversöhnliche und ohrenfällige Negativität ist der Satz trotz der überkommenen Tanztypen mirakulös seiner Zeit voraus. Dabei differenziert er noch in der Hölle wie Karl Kraus. Klebebild aus deformierten Floskeln ist nur die Hauptgruppe: sie stellt das dinghaft Verhärtete nackt an den Pranger. Die kompositorische Intention dringt durch in der Walzergruppe. Diese verläuft viel direkter, auch motivisch bruchloser, erschreckt jedoch durch die torkelnd überenergische Harmonik des ›Trunkenen im Frühling‹ und durch wüste Vulgarismen[38]. Zum dritten Thema schließlich werden Bestandteile des ersten kontrapunktiert. Das Scherzo hält sich dynamisch, ergötzt sich nicht an der bloßen Montage von sinnlos Verhärtetem, Unbeweglichem, sondern schwemmt es mit in der symphonischen Zeit und macht es dadurch dem Subjekt doch wieder kommensurabel. Der Schauer solcher Musikanschauung ward vom surrealistischen Strawinsky verdrängt: erst an der symphonischen Zeit wird das Grauen dessen lesbar, was die Zeit verloren hat wie Peter Schlemihl den Schatten.

Der Rondo-Burleske, deren Name anmeldet, daß sie über den Weltlauf lachen will, vergeht darüber das Lachen. Sie ist Mahlers einziges Virtuosenstück, kompositorisch nicht weniger als für das Orchester, aller Erinnerung ans Gediegene ledig noch in den eigentlichen Fugatopartien. Sie fallen als solche, im Gegensatz zu denen im Finale der Fünften und im ersten Satz der Achten, nicht auf, sondern werden durchs Prinzip der Doppelfuge raffiniert versteckt: verdichten bloß den ohnehin überaus integrierten Satz. Offenbar war Mahler, nach dem Hymnus der Achten, der festliche Anspruch der handgreiflichen Fugenmanier zuwider. Der reife Kontrapunktiker stößt darauf, daß keine Fugen mehr sich schreiben lassen. Der trotz seiner Länge vorüberrasende Satz spielt den Weltlauf nicht als ein dem Ich Fremdes und Schmerzliches vor, sondern als wäre er ins Subjekt hineingezogen, als wäre es selber ihm verfallen, und darum ginge er so wenig es an wie der Frühling den Trunkenen. Nicht länger hasten die anderen, unterm Blick eines musikalischen Ichs, das besser sich dünkt. Sondern für den Verstrickten steht es nicht mehr dafür, sich draußen zu halten: ihm verwüstet der Weltlauf das eigene Herz. Nur der Musik ist es gestattet, irdisches Leben und Sterbenmüssen so durcheinander zu wirbeln. Dort wo die Notation, bei real strikt durchgehaltenem Tempo, vom Alla breve zum Zweivierteltakt hinüberwechselt, entpuppt sich eines der Rondo-Hauptmotive als selbständiges Thema[39]. Es schlenkert im Rhythmus des Weibchansons aus der Lustigen Witwe, das damals aus den Messingtrichtern der Grammophone quäkte. So benimmt sich Proust auf jenen Photographien, die ihn als bonvivant mit chapeau-claque und keck geschwungenem Stöckchen zeigen: Incognito des Genius, der sich zerstört, indem er ins schale Leben der anderen sich mischt. Erst das Allegro misterioso aus Bergs Lyrischer Suite ist wieder ein solches Virtuosenstück der Verzweiflung. Virtuosität und Verzweiflung aber ziehen sich an. Denn jene balanciert stets am Rand des Mißlingens, des Sturzes wie von der Kuppel im Zirkus; in jedem Augenblick kann der Virtuos sich vergreifen, aus der Geschlossenheit herausfallen, die der Satz vor Augen stellt. Mit dem geringsten Fehler scheiterte das Ganze: so eng vermählen sich technische Prozedur und Ausdruck. Jenes »Was kost' die Welt?«, mit dem Mahler das Finale der Siebenten Symphonie soll erläutert haben, beantwortet die Burleske der Neunten mit: nichts. Es ist aber die Frage des Spielers, der à la longue gegen die Bank verlieren muß. Die Welt kaufen ist das Fallissement. Virtuosität, die absolute Herrschaft als Spiel, verurteilt den Herrschenden zugleich zur vollkommenen Ohnmacht. In aller Virtuosität, auch der kompositorischen, bestimmt das

Subjekt sich als bloßes Mittel und unterwirft dadurch verblendet sich dem, was zu unterjochen es sich vermißt. – Die Episode des Durchbruchs ist in der Burleske so vergeblich geworden, wie die Hoffnung des sich öffnenden Fensters beim Tod Joseph K.'s im Prozeß, nur noch ein Flattern des richtigen Lebens, das möglich wäre und nicht ist: »Wie ein Licht aufzuckt, so fuhren die Fensterflügel dort auseinander, ein Mensch, schwach und dünn in der Ferne und Höhe, beugte sich mit einem Ruck weit vor und streckte die Arme noch weiter aus.«[40] So wenig weckt den Trunkenen im Frühling der Vogelruf, der sein Echo hat im Klang und selbst in der Thematik der Burlesken-Episode[41]; so vollständig ist das Subjekt sich selbst entfremdet, daß es nicht zurück findet: Wahrheit erfährt es als Phantasmagorie. Als Widerschein der Immanenz, die alle transzendenten Bilder nährt und damit vergiftet, bekennt sich das Episodenthema eben dadurch, daß es ein Kontrapunkt aus dem letzten Fugato ist[42]. Ganz arm ward die Hoffnung in Mahlers Bilderwelt, ihre Exterritorialität dem Gebilde gegenüber zur verwehenden Spur in dessen Höhlentiefen.

Bis in die Motivik hinein geht die Burleske auf den zweiten Satz der Fünften zurück. Nicht selten entstehen bei Mahler aus den gleichen Materialien durchaus veränderte Charaktere; so schon im Scherzo der Fünften, wo das düster pathetische Thema des zweiten Trios mit dem Übergang nach As-Dur[43] idyllisch belichtet wird. Die Burleske ist verwegen lustig, als könnte sie in jedem Augenblick ins Bodenlose stürzen. Beim zweiten Auftreten des Alternativthemas fällt eine wahrhaft schauerliche Hörnerstelle[44] auf, trällernd wie der altmodische Schlager »In der Nacht, wenn die Liebe erwacht«, hintersinnig dadurch, daß schwere Instrumente die ordinär-lustige Melodie vortragen. Ihr Mißverhältnis zum motivischen Inhalt läßt sie apoplektisch japsen. Überhaupt entzaubert die virtuose Behandlung des Blechs in der Neunten Symphonie vollends jene Instrumentenfamilie: verhetztes Pathos ist schon Stöhnen der Angst. Einmal noch überschneiden sich in der Episode des Satzes Trost und Verzweiflung, nicht aber trüb verwaschen sondern distinkt, wie die gegeneinander getupften Farben des Orchesters der Neunten. Solche Partien erst holen die kaleidoskopisch schaltende Phantasie ein, welche die deutsche Frühromantik von der Musik sich erhoffte. Die Befangenheit des Trunkenen ist eins mit dem Verblendungszusammenhang lückenloser Immanenz. Ihr fügt selbst jenes Taumelnde der Harmonik, als Moment des Trugs und als Element der Sprache, sich ein. Die Neunte Symphonie rezipiert es nicht nur in der Burleske sondern ebenso im Walzerthema des zweiten Satzes; auch bei Mahler wird, was Ausdruckscharakter war, Material. Analog zum früheren Schönberg kräftigen sich die Fundamentschritte und beziehen gleichzeitig das Chroma ein. Der Tonalität geht es ans Leben. Die verselbständigten Stufen dissoziieren sich in ihrer unmittelbaren Folge; nur gewaltsam wären sie noch mit Riemannschen Mitteln zu analysieren. Auch darin sind Dissoziation und Konstruktion wechselseitg vermittelt. Den energischen Fortgang eines Satzes, der einheitlicher zusammengehalten wird denn jeglicher andere von Mahler, ermöglichen ebenso die starken Fundamentschritte, wie diese in sich schwanken, zwei kontradiktorische Aspekte des gleichen Sachverhalts, so als wäre rücksichtslos unbedachtes Fortschreiten vorweg die Bahn des Untergangs.

Das Adagio-Finale zögert zu schließen wie vollends dann das von Bergs Lyrischer Suite, das kunstvolle Fragment. Dabei aber bleibt es doch innerhalb der Form durch die Beziehung auf den ersten Satz, der bei ständiger Neigung zum Allegro ebenfalls langsam ist. Über das Tempo hinaus entsprechen die beiden Sätze sich strukturell dadurch, daß beide im Verlauf der Reprisen die Themen ihrer gesetzten Bestimmtheit entkleiden und schließlich nur noch Bruchstücke daraus präsentieren. Das verstärkt den Charakter des Rückschauenden, der nicht länger gebändigten, diskontinuierlich sich anmeldenden Erinnerung. Solche lediglich strukturelle Ähnlichkeit musikalischer Felder, in denen kein Takt mehr kompakt ist, sondern wo überall Luft hineindringt, schafft architektonische Symmetrie, auch ohne alle motivischen Beziehungen. Das Gefühl eines Ungeheuren, das am Schluß den Hörer angehaltenen Atems entläßt, wird eher hervorgebracht vom Bewußtsein des Nachher, als daß es in unmittelbarer musikalischer Präsenz seinen Ort hätte. Wie über Äonen kehrt das »Im Himmel Sein« aus dem Urlicht der Zweiten Symphonie zu Beginn wieder[45]. Aber gleichwie im höchsten Alter, durchtränkt mit Erfahrung und schon ihr sich entfernend, schaut der Satz zurück, Musik der abgeschiedenen Reminiszenz. Als wäre es halb vergessen, verteilt sich das Melos vom Weiten Gang aus den Kindertotenliedern in zwei Violinstimmen[46]; das Episodenthema der Burleske ist im Adagio zunächst in einer Mittelstimme verborgen[47]. Die Mahlersche Transzendenz der Sehnsucht redet selber, unwiederholbar, in der über zwei Oktaven gespannten Melodie der ersten Geigen, einen Takt vorher. Die Formidee huldigt Bruckner in der immer reicher umkleideten Rückkunft desselben Hauptkomplexes nach Kontrastpartien. Nicht nur jedoch ist diese Wiederkehr von allem Mechanischen, bloß äußerlich Gesteigerten gereinigt, wie es jenen Adagio-Typus Bruckners noch in dessen Spätzeit beeinträchtigt; nicht nur trägt Mahlers Kunst der Variante in einem Satz, der mit relativ beschränktem Motivmaterial haushält, doppelte Sorge dafür, daß es immer anders weitergehe, am intensivsten vielleicht in der Fortsetzung der letzten Reprise des Hauptthemas[48]. Sondern die Brucknersche Struktur, die zuweilen selbst die Behandlung des Kontrapunkts bestimmt[49], wird modifiziert durch einen höchst neuartigen Formeinfall. Nach der ersten achttaktigen Periode des Hauptthemas erscheint eine zweitaktige Interpolation des Solofagotts in des-moll. Sie kehrt, in cis-moll notiert, zweimal wieder, breitet als selbständiger Themenkomplex sich aus, ein Werdendes gegenüber dem statischen, lediglich durch Varianten umgelenkten ersten Thema. Dadurch wird das überaus langsame Stück dem Mahlerschen dynamischen Zeitbewußtsein einverleibt. Bei seinem dritten, entscheidenden Auftreten[50] bekennt sich der cis-moll-Komplex nach Klang und Motivik – mit den Unisono-Terzen der Klarinetten und der Harfe, den solistischen Holzbläsern, der Vermeidung des Streichertuttis – als einen Sinnes mit dem ›Abschied‹ des Lieds von der Erde. Den Wiedereintritt des Streicherchors mit der zweiten Strophe des Hauptthemas bezeichnet Mahler als »heftig ausbrechend«[51]: unwiderstehlich erinnernd. Dieser retrospektiven Wendung gehorcht die gesamte Reprise. Die zurückgenommene Zeit hat kein Ziel mehr, führt nirgendwohin, gänzlich verliert sich der Schluß. Selbst dieser Satz läßt dabei das Pedestre ein in vierstimmigen Posaunenstellen, einer Apotheose des Männerchors. Der Abschied jedoch entäußert sich der Feierlichkeit des Hauptthemas, nur versprengte Tongruppen sind übrig, darunter auch das Motiv aus den Kindertotenliedern[52]. Die Abschied nehmende Musik kommt nicht los. Aber nicht, weil sie aneignen, sich selbst behaupten wollte. Vom Unwiederbringlichen vermag das Subjekt die anschauende Liebe nicht abzuziehen. Ans Verurteilte heftet sich der lange Blick. Seit der unbeholfenen, vom Klavier begleiteten Jugendkomposition des Volkslieds ›Zu Straßburg auf der Schanz'‹ sympathisiert Mahlers Musik mit den Asozialen, die umsonst nach dem Kollektiv die Hände ausstrecken. »Ich soll dich bitten um Pardon, und ich bekomm' doch meinen Lohn! Das weiß ich schon.« Subjektiv ist Mahlers Musik nicht als sein Ausdruck, sondern indem er sie dem Deserteur in den Mund legt. Alles sind letzte Worte. Der gehenkt werden soll, schmettert heraus, was er noch zu sagen hätte, ohne daß einer es hört. Nur daß es gesagt wird. Musik gesteht ein, daß das Schicksal der Welt nicht länger vom Individuum abhängt, aber sie weiß auch, daß dies Individuum keines Inhaltes mächtig ist, der nicht sein eigener, wie immer auch abgespaltener und ohnmächtiger wäre. Darum sind seine Brüche die Schrift von Wahrheit. In ihnen erscheint die gesellschaftliche Bewegung negativ wie an ihren Opfern. Noch die Märsche werden in diesen Symphonien von dem vernommen und reflektiert, den sie verschleppen. Die aus der Reihe Gefallenen, Niedergetretenen allein, die verlorene Feldwacht, der bei den schönen Trompeten Begrabene, der arme Tambourg'sell, die ganz Unfreien verkörpern für Mahler die Freiheit. Ohne Verheißung sind seine Symphonien Balladen des Unterliegens, denn »Nacht ist jetzt schon bald«.

Nachweise

Alle Werke Mahlers mit Orchester werden nach den Studienpartituren zitiert. Die Erste bis Vierte, die Achte, die Neunte Symphonie und das Lied von der Erde sind bei der Universal Edition, Wien, erschienen. Die Wunderhornlieder, die Kindertotenlieder und die sogenannten Sieben Lieder aus letzter Zeit sind in die Reihe der Philharmonia-Partituren aufgenommen. Der Verlag der Fünften Symphonie ist Peters, Leipzig; der Sechsten C. F. Kahnt Nachfolger, Leipzig; der Siebenten Bote und Bock, Berlin. Dort hat auch Erwin Ratz 1960 deren revidierte Neuausgabe herausgebracht. Drei Hefte früher Klavierlieder sind bei Schott's Söhne, Mainz, publiziert.

I

1 I. Symphonie, S. 4, letzter Takt (Partitur).
2 a. a. O., S. 35.
3 IV. Symphonie, S. 102.
4 Hegel, Phänomenologie des Geistes, ed. Lasson, Leipzig 1921, S. 250.
5 II. Symphonie, S. 116 f.
6 a. a. O., S. 94.
7 a. a. O., S. 95, Takt 3.
8 Natalie Bauer-Lechner, Erinnerungen an Gustav Mahler, Leipzig, Wien, Zürich 1923, S. 15.
9 III. Symphonie, S. 156, bei Ziffer 16; S. 158, bei Ziffer 17.
10 a. a. O., S. 156 und 157.
11 a. a. O., S. 176 f., Ziffer 31–32.
12 VII. Symphonie, S. 121, von Ziffer 116 bis S. 122, von Ziffer 118, und S. 142, zwei Takte nach Ziffer 154 bis S. 143, einen Takt nach Ziffer 156.
13 IV. Symphonie, S. 67, bei Ziffer 11.
14 cf. Paul Bekker, Gustav Mahlers Sinfonien, Berlin 1921, S. 181.
15 V. Symphonie, S. 47.
16 I. Symphonie, S. 18, Takt 2 und Takt 4 f.
17 a. a. O., S. 20, einen Takt nach Ziffer 15 ff.
18 a. a. O., S. 36, bei Ziffer 26 ff.
19 Hegel, Sämtliche Werke, Band IV, ed. Glockner, Wissenschaft der Logik I, Stuttgart 1928, S. 572.
20 a. a. O., S. 510 ff.
21 Richard Wagner, Gesammelte Schriften und Dichtungen, 6. Band, Leipzig 1888, Der Ring des Nibelungen, S. 128.

22 Bauer-Lechner, a. a. O., S. 152.
23 a. a. O., S. 151; die Stelle der Violen: I. Symphonie, S. 147.
24 a. a. O., S. 119.

II

1 V. Symphonie, S. 16, vom Auftakt zum 5. Takt, nach Ziffer 5.
2 VII. Symphonie, etwa S. 132, 5. und 6. Takt, nach Ziffer 134 mit Auftakt oder S. 133, zwei Takte vor Ziffer 137.
3 V. Symphonie, S. 39, Takt 2 und 3.
4 Guido Adler, Gustav Mahler, Wien 1916, S. 50.
5 Columbia Long Playing Record 33 1/3 CX 1250.
6 Des Knaben Wunderhorn, Leipzig 1906, S. 702.
7 III. Symphonie, S. 198.
8 Arnold Schoenberg, Style and Idea, New York 1950, p. 34.
9 cf. Th. W. Adorno, Noten zur Literatur, Frankfurt a. Main 1958, S. 144 ff.
10 cf. Th. W. Adorno, Dissonanzen, 2. Auflage, Göttingen 1958, S. 44.
11 Arnold Schoenberg, a. a. O., p. 23.
12 cf. Arnold Schönberg, Briefe, ed. Erwin Stein, Mainz 1958, S. 271 ff.
13 cf. Th. W. Adorno, Klangfiguren, Frankfurt am Main 1959, S. 297.
14 Bauer-Lechner, a. a. O., S. 159.
15 III. Symphonie, S. 154, Auftakt zum letzten Takt.
16 a. a. O., S. 173, bei Ziffer 128.

III

1 IV. Symphonie, S. 12, von Ziffer 7 an mit Auftakt der Celli; cf. auch S. 44 f., »ruhig und immer ruhiger werdend«.
2 a. a. O., S. 78, zweites System, Takt 2 mit Auftakt.
3 Erwin Ratz, Zum Formproblem bei Gustav Mahler. Eine Analyse des ersten Satzes der Neunten Symphonie; in: Die Musikforschung, Kassel und Basel, Jahrgang VIII, Heft 2, S. 176.
4 II. Symphonie, S. 25, Takt 4 ff.
5 V. Symphonie, S. 43, von Ziffer 18 bis zum Wiedereintritt von cis-moll auf S. 45.
6 cf. Th. W. Adorno, Schönbergs Bläserquintett; in: Pult und Taktstock, V. Jahrgang 1928, Mai/Juni, S. 46 ff.
7 V. Symphonie, S. 176, fünf Takte nach Ziffer 1 (»wieder äußerst langsam«), und S. 179, einen Takt nach Ziffer 4.
8 II. Symphonie, erstmals S. 13, bei Ziffer 6 ff.
9 IX. Symphonie, S. 68, von Ziffer 19 an.
10 V. Symphonie, S. 30 f.
11 a. a. O., S. 10, Takt 2.
12 VI. Symphonie, S. 164, zwei Takte nach Ziffer 111.
13 a. a. O., S. 228, vom letzten Takt an, mit Auftakt.

14 Richard Wagner, Gesammelte Schriften und Dichtungen, 7. Band; a. a. O., Tristan und Isolde, S. 30.
15 cf. Guido Adler, a. a. O., S. 46.
16 I. Symphonie, S. 81, bei Ziffer 6.
17 a. a. O., S. 91, letzter Takt (»viel schneller«).
18 IV. Symphonie, S. 12, ein Takt nach Ziffer 10 ff.
19 a. a. O., S. 79, zwei Takte vor Ziffer 3 beginnend.
20 a. a. O., S. 30, 2. Takt ff.
21 a. a. O., S. 5, 4. Takt.
22 a. a. O., S. 12, 4. Takt, Celli.
23 a. a. O., S. 27 ff., von Ziffer 16 an.
24 a. a. O., S. 34, von Ziffer 19 an.
25 a. a. O., S. 6 f., von Ziffer 2 an.
26 a. a. O., S. 32, bei Ziffer 18.
27 cf. a. a. O., S. 4, Takt 2.
28 Wunderhornlieder, kleine Partitur I, S. 13 ff.
29 IV. Symphonie, S. 4, Takt 6, mit Auftakt.
30 a. a. O., S. 118.
31 a. a. O., S. 45.

IV

1 V. Symphonie, S. 181, Takt 5 ff.
2 Paul Bekker, a. a. O., S. 16.
3 a. a. O., S. 17 f.
4 cf. Bauer-Lechner, a. a. O., S. 138.
5 Ernst Bloch, Geist der Utopie, Berlin 1923, S. 83.
6 IX. Symphonie, S. 18.
7 IV. Symphonie, S. 12, vor Ziffer 8.
8 cf. Adler, a. a. O., S. 43.
9 etwa V. Symphonie, S. 68, bei Ziffer 11.
10 cf. VII. Symphonie, S. 119, und IX. Symphonie, S. 37.
11 V. Symphonie, S. 52, von Ziffer 3 ff., Stimme der ersten Trompete.
12 a. a. O., S. 77, vom Eintritt von As-Dur an.
13 Mahler, Wunderhornlieder, a. a. O.
14 ibid.
15 Bekker, a. a. O., S. 23 f.
16 Goethe, Sämtliche Werke, Stuttgart und Berlin, Jubiläumsausgabe, 36. Band, S. 247.
17 V. Symphonie. S. 63, vier Takte vor Ziffer 9.
18 cf. Max Horkheimer und Th. W. Adorno, Dialektik der Aufklärung, Amsterdam 1947, S. 97.
19 III. Symphonie, S. 17, vom 3. Takt an bis Ziffer 13.
20 a. a. O., S. 77, von Ziffer 54–55.
21 a. a. O., S. 83 ff., von Ziffer 62 an.

22 zuerst auftretend a. a. O., S. 15, vier Takte nach Ziffer 11; cf. aber vor allem in der Form der vier letzten Takte von S. 23.
23 a. a. O., S. 59, Ziffer 43.
24 cf. dazu etwa a. a. O., S. 35, von Ziffer 26 an.
25 a. a. O., S. 37, bei Ziffer 27.
26 a. a. O., S. 40, bei Ziffer 28.
27 a. a. O., S. 42, Takt 3.
28 a. a. O., S. 77 und vorher.
29 a. a. O., S. 44, bei Ziffer 29.
30 a. a. O., S. 50 f., von Ziffer 34 an.
31 a. a. O., S. 51, etwa von l'istesso tempo an bis S. 55, Ziffer 39.
32 a. a. O., S. 55, Ziffer 39 bis S. 58 einschließlich.
33 a. a. O., von S. 59 an.

V

1 cf. Bauer-Lechner, a. a. O., S. 19.
2 cf. VII. Symphonie, S. 50, S. 53, S. 55, letzter Takt.
3 III. Symphonie, S. 5, vier Takte nach Ziffer 2, und VI. Symphonie, S. 151, drei Takte nach Ziffer 104.
4 II. Symphonie, S. 82, letzter Takt.
5 IV. Symphonie, S. 4, Takt 1.
6 a. a. O., S. 4, Takt 5, Sechzehntel der Bratsche.
7 a. a. O., S. 4, zweites System, Takt 3.
8 a. a. O., S. 6, Takt 1.
9 a. a. O., S. 6, Takt 3.
10 a. a. O., S. 33, zweites System, Takt 1.
11 a. a. O., S. 44, Takt 3, cf. S. 43, bei Ziffer 23 und einen Takt später.
12 IX. Symphonie, S. 5, Takt 4.
13 cf. Erwin Ratz, a. a. O., S. 172 ff.
14 IX. Symphonie, erstmals S. 7, Takt 3 f.
15 cf. a. a. O., S. 58, letzter Takt, und S. 59, Takt 1 (erstes Horn).
16 VI. Symphonie, schon etwa von S. 226, Takt 5 an, deutlich S. 228, zwei Takte vor Ziffer 147.
17 a. a. O., S. 238, von Ziffer 153 an.
18 a. a. O., S. 155, von Ziffer 106 an.
19 a. a. O., cf. S. 160, Ziffer 109 ff. mit S. 204 ff., vom Auftakt von Ziffer 134 an.
20 a. a. O., S. 163, von Ziffer 110 an.
21 a. a. O., S. 167, zwei Takte nach Ziffer 113.
22 a. a. O., S. 174, bei Ziffer 117.
23 a. a. O., S. 181, von Ziffer 120 an.
24 cf. J. P. Jacobsen, Gesammelte Werke, 1. Bd., Novellen, Briefe, Gedichte, Brief an Ed. Brandes, 6. Februar 1878, Jena und Leipzig 1905, S. 247.
25 VI. Symphonie, S. 185, von Ziffer 123 an.

26 a. a. O., S. 187, von Ziffer 124 an.
27 a. a. O., S. 194, Ziffer 129.
28 a. a. O., S. 202 f.
29 a. a. O., S. 172.
30 a. a. O., S. 204, Takt 2.
31 a. a. O., S. 171, bei Ziffer 116.
32 a. a. O., S. 205, von Ziffer 134 an.
33 a. a. O., S. 216, bei Ziffer 140.
34 a. a. O., S. 259, Ziffer 164 f.
35 VII. Symphonie, S. 4 oben.
36 Anton Bruckner, IX. Symphonie, kleine Partitur (F. Loewe), 1903, S. 155, bei A.
37 VII. Symphonie, S. 5.
38 a. a. O., etwa S. 12/13, oder S. 25, bei Ziffer 20.
39 a. a. O., S. 40, von G-Dur an.
40 I. Symphonie, S. 66, zwischen Ziffer 18 und 19, und S. 68, nach Ziffer 22.
41 a. a. O., S. 67, vor Ziffer 20.
42 a. a. O., S. 55, zwei Takte vor Ziffer 9, und S. 56, Takt 6 und 7.
43 cf. Bauer-Lechner, a. a. O., S. 164 f.
44 V. Symphonie, S. 172 f., vom vorletzten Takt an (»noch rascher«).
45 V. Symphonie, S. 117, von Ziffer 1 mit Auftakt an.
46 a. a. O., S. 124, von Ziffer 5 an.
47 a. a. O., S. 135, Ziffer 11.
48 a. a. O., S. 136.
49 VI. Symphonie, S. 83, von Ziffer 51 an.
50 VII. Symphonie, S. 149, mit Auftakt.
51 a. a. O., S. 150, vom Auftakt von Ziffer 165 an.

VI

1 IV. Symphonie, S. 63, von Ziffer 8 an.
2 III. Symphonie, S. 106, Takt 3.
3 a. a. O., S. 8, Takt 2.
4 a. a. O., etwa S. 9, zweites System, Takt 3, und besonders S. 11, bei Ziffer 7 ff.
5 Mahler, Wunderhornlieder, a. a. O., S. 6, zweites System, Takt 21 ($^4/_4$-Takt).
6 a. a. O., S. 27, Takt 107.
7 VII. Symphonie, S. 21, letzter Takt und S. 22, erster Takt.
8 a. a. O., S. 181, letzter Takt bis S. 182, Takt 218.
9 V. Symphonie, S. 134, nach Ziffer 10.
10 a. a. O. S. 166 ff.
11 Bauer-Lechner, a. a. O., S. 154.
12 a. a. O., S. 138.
13 a. a. O., S. 147.
14 I. Symphonie, S. 78, Ziffer 3 ff.

15 cf. Th. W. Adorno, Klangfiguren, a. a. O. Die Funktion des Kontrapunkts in der Neuen Musik, S. 210 ff.
16 cf. IX. Symphonie, S. 64, Takt 1 mit Auftakt, zweite Geigen, und von Ziffer 18 an Celli.
17 I. Symphonie, etwa S. 68, von Ziffer 23 an.
18 Bekker, a. a. O., S. 28.
19 III. Symphonie, S. 20.
20 a. a. O., S. 21, von Ziffer 16 an.
21 I. Symphonie, S. 115, die beiden ersten Takte, cf. auch die beiden folgenden.
22 VIII. Symphonie, S. 24 ff. (etwa von Ziffer 23 bis 30).
23 cf. a. a. O., insbesondere S. 26 f., Ziffer 26/27.
24 IV. Symphonie, S. 78, von Takt 1 bis Ziffer 2.
25 V. Symphonie, S. 134, ein Takt nach Ziffer 10 ff.
26 cf. Egon Wellesz, Mahlers Instrumentation; in: Anbruch, XII. Jahrgang 1930, Heft 3, S. 109.

VII

1 etwa VI. Symphonie, S. 40, bei Ziffer 25.
2 etwa Lied von der Erde, S. 119, bei Ziffer 40.
3 Erwin Ratz, Zum Formproblem bei Gustav Mahler. Eine Analyse des Finales der VI. Symphonie; in: Die Musikforschung, Jahrgang IX, Heft 2, S. 166.
4 VI. Symphonie, S. 61, bei Ziffer 37.
5 cf. Erwin Ratz, Zum Formproblem bei Gustav Mahler. Eine Analyse des Finales der VI. Symphonie, a. a. O., S. 169 f.
6 Gustav Mahler, Im eigenen Wort – Im Wort der Freunde, ed. Willi Reich, Zürich 1958, S. 73; zitiert nach: Die Fackel, Nr. 324/25, Wien, am 2. Juni 1911.
7 cf. Bauer-Lechner, a. a. O., S. 165.
8 Richard Wagner, Parsifal. Kleine Orchesterpartitur, Mainz, Wien, Leipzig o. J., S. 27 f.
9 cf. Max Horkheimer und Th. W. Adorno, a. a. O., S. 214 f.
10 V. Symphonie, S. 176, Takt 5, nach Ziffer 1.
11 Hegel, ed. Glockner, Band VII, a. a. O., Rechtsphilosophie, S. 35.
12 cf. Hans F. Redlich, Mahlers Wirkung in Zeit und Raum; in: Anbruch, XII. Jahrgang, März 1930, S. 95.
13 cf. Arnold Schönberg, Briefe, a. a. O., S. 274.
14 VIII. Symphonie, S. 4, zwei Takte vor Ziffer 2.
15 a. a. O., S. 105, bei Ziffer 56.
16 a. a. O., etwa S. 111, von Scherzando an bis S. 118 einschließlich, und S. 148, von Ziffer 117 bis etwa S. 166.
17 cf. Th. W. Adorno, Zur Schlußszene des Faust; in: Akzente, 6. Jahrgang 1959, Nr. 6, S. 570.

VIII

1 Lied von der Erde, S. 80, Auftakt vor Takt 4.
2 cf. Ernst Křenek und Th. W. Adorno, Kontroverse über Fortschritt und Reaktion; in: Anbruch, XII. Jahrgang 1930, Heft 6, S. 191 ff.
3 Lied von der Erde, S. 100, Takt 2 ff.
4 a. a. O., S. 130, Takt 2 bis S. 131, bei Ziffer 52.
5 IX. Symphonie, S. 3, fünf Takte nach Ziffer 1.
6 a. a. O., S. 31, Takt 1 und 2.
7 IV. Symphonie, S. 48, Takt 4 ff.
8 Lied von der Erde, S. 90, beginnend einen Takt vor Ziffer 9.
9 a. a. O., S. 31, bei Ziffer 39.
10 VIII. Symphonie, S. 150, zwei Takte vor Ziffer 120.
11 cf. Ernst Bloch, Spuren, Frankfurt am Main 1959, S. 191 ff.
12 cf. Guido Adler, a. a. O., S. 43.
13 IX. Symphonie, S. 167.
14 Lied von der Erde, S. 108 und S. 116 f., von Ziffer 36 an.
15 a. a. O., etwa S. 117, um Ziffer 37.
16 IX. Symphonie, S. 49, Takt 4 ff.
17 cf. Erwin Ratz, Zum Formproblem bei Gustav Mahler. Eine Analyse des ersten Satzes der Neunten Symphonie, a. a. O., etwa S. 177.
18 IX. Symphonie, S. 4, Takt 4, S. 8, Takt 3, S. 13, Takt 1.
19 cf. a. a. O., erstmals S. 4, die beiden letzten Takte.
20 a. a. O., erstmals S. 9, drei Takte vor Ziffer 4.
21 a. a. O., cf. S. 21, Takt 2 ff., und S. 23, einen Takt vor »allmählich fließender«.
22 a. a. O., S. 7, Takt 2 (1. und 3. Horn) und Takt 3 f. (1. Trompete).
23 a. a. O., S. 15, Takt 1 ff.
24 a. a. O., S. 6, Takt 3 und 4.
25 a. a. O., S. 30 bis S. 31, bei Ziffer 11.
26 a. a. O., S. 46 und 47.
27 a. a. O., S. 6, Takt 2.
28 a. a. O., S. 18, nach dem Teilstrich.
29 a. a. O., cf. insbesondere S. 18, Takt 5 und 6, nach dem Teilstrich; S. 19, die ersten drei Takte, und die Stelle der Hörner und Posaunen S. 20, von Ziffer 7 an.
30 a. a. O., S. 25.
31 a. a. O., S. 32.
32 a. a. O., S. 3, Takt 5 bis 6.
33 a. a. O., S. 5, Takt 3.
34 a. a. O., S. 56.
35 a. a. O., S. 20, vorletzter und letzter Takt.
36 a. a. O., S. 66.
37 a. a. O., S. 75, »Tempo III«.
38 a. a. O., etwa S. 70, von Takt 3 an.
39 a. a. O., S. 114, l'istesso tempo.

40 Franz Kafka, Der Prozeß, Berlin 1925, S. 401.
41 IX. Symphonie, S. 134 ff.; am deutlichsten wohl S. 136, vier Takte vor Ziffer 37 beginnend.
42 a. a. O., S. 132, beim Eintritt von As-Dur, 1. Violine.
43 V. Symphonie, S. 136, letztes System, Klarinette.
44 IX. Symphonie, S. 129, Takt 1 bis S. 130, Ziffer 35.
45 a. a. O., S. 166, zweites System, Takt 3.
46 a. a. O., S. 166, letzter Takt.
47 a. a. O., S. 167, zweites System, Takt 3.
48 a. a. O., insbesondere S. 178, Takt 3 ff.
49 a. a. O., S. 170, zweites System, Takt 2 f.
50 a. a. O., S. 173, »sehr gehalten«.
51 a. a. O., S. 174, zweites System, Takt 2 ff.
52 a. a. O., S. 182, erstes System, von Takt 5 an ff.

Notiz

Die zweite Ausgabe bietet den unveränderten Text der ersten; lediglich Druckfehler sind berichtigt.

Auffallen mag, daß »Quasi una fantasia«, der zweite Band der Musikalischen Schriften des Autors, ebenfalls zwei Texte über Mahler enthält.

Der eine ist die Gedenkrede, die auf Einladung der Gustav Mahler-Gesellschaft im Juni 1960 in Wien gehalten wurde. Formuliert ist sie nach dem Abschluß des Buches. Vielleicht hat ihr das eine gewisse überschauende Qualität, Freiheit zum Gegenstand verschafft, die es rechtfertigt, sie neben dem Buch festzuhalten, dessen Ehrgeiz die äußerste Nähe zum Behandelten in der Konstellation von Einzelanalysen ist. Nach wie vor vermag allein das Buch einzulösen, was gemeint ward.

Die »Epilegomena« sind als Nachträge und Ergänzungen zu ihm zu lesen. Viele gelten dem zentralen Komplex der Sechsten Symphonie. Noch darf daran erinnert werden, daß zwischen diesem Werk und dem Lied »Rewelge« die tiefsten Beziehungen walten, weit über lose thematische Anklänge hinaus.

Absichtlich ist in dem Buch das Fragment der Zehnten nicht behandelt. Die philologischen Fragen, die es aufwirft, sind viel zu ungeklärt, als daß der Autor ein Urteil sich anmaßte; ohne Entscheidung der textkritischen Probleme, ohne Abwägen der Rekonstruktionsversuche wäre auch die Sache selbst nicht verbindlich zu erörtern. Nur soviel scheint dem Autor gewiß: selbst wenn die Sätze dem ganzen Formverlauf nach fixiert und alle Entwürfe gerettet sein sollten, sind sie *vertikal* fragmentarisch. Sogar in dem offensichtlich am weitesten geförderten Anfangsadagio ist zuweilen nur der harmonische »Choral« und ein oder zwei Hauptstimmen notiert, das kontrapunktische Gewebe lediglich angedeutet. Die Anlage des Werkes jedoch, und der Mahlersche Spätstil insgesamt lassen keinen Zweifel daran, daß die harmo-

nische Polyphonie, das Stimmengeflecht im Rahmen jenes Chorals, erst die konkrete Gestalt, das Komponierte gezeitigt hätte. Respektiert man streng das von Mahler Stammende, so gibt man ein Unvollständiges und seiner Intention Widersprechendes; ergänzt man es aber kontrapunktisch, so drängt sich die Bearbeitung gerade auf dem wahren Schauplatz von Mahlers eigener Produktivität ein. Danach neigt der Autor der Ansicht zu, es solle, gerade wer die außerordentliche Tragweite der Konzeption der Zehnten spürt, auf Bearbeitungen und Aufführungen verzichten. Auch Skizzen von Meistern zu unausgeführten Bildern wird, wer sie versteht und wer sich ausmalt, wie etwa sie vollendet worden wären, lieber in eine Mappe legen und sie für sich betrachten, als sie an die Wand hängen.
Daß die zweite Ausgabe so rasch fällig wurde, spricht dafür, daß das volle Bewußtsein von Mahlers Bedeutung durchzudringen beginnt.

Oktober 1963

Berg
Der Meister des kleinsten Übergangs

Vorrede

Die captatio benevolentiae, ein Autor habe gezögert, der Anregung zu folgen, ein Buch zu veröffentlichen, ist ramponiert durch hartnäckigen Mißbrauch. Meist will sie lediglich den Autor von der Verantwortung entlasten. Im Fall des Bergbuchs jedoch spricht sie nicht nur korrekt den Sachverhalt aus, sondern ist zur Erklärung unerläßlich.

Die liebenswürdige Einladung von Elisabeth Lafite, für die Buchreihe ›Österreichische Komponisten des XX. Jahrhunderts‹, unter Benutzung eigenen älteren Materials, eine Monographie über Berg zu verfassen, erregte im Autor doppeltes Bedenken. Einmal hatte er in den mehr als vierzig Jahren, seitdem er als Schüler Bergs nach Wien kam, viel über diesen publiziert und fürchtete, sich zu wiederholen. Er hat das, so gut es geht, zu vermeiden gesucht, ohne alle Überschneidungen etwa der ›Erinnerung‹ mit dem Aufsatz aus den ›Klangfiguren‹ ausmerzen zu können. In den Band wurden nur Texte aufgenommen, die nicht in anderen Büchern des Autors stehen.

Unterdessen liegen kompendiöse Werke über den Komponisten vor. Darüber nachzudenken war, ob dadurch die Monographie nicht überflüssig geworden sei.

Gerade die Erwägung der Einwände jedoch, die der Autor sich selbst machte, brachten ihn zum Entschluß, der Einladung zu folgen. Der größte Teil seiner Arbeiten über Berg bestand in den Analysen und Betrachtungen, die er zu dem 1937 von Willi Reich veröffentlichten, als durchaus vorläufig konzipierten Band über Berg beigesteuert hatte. Er ist längst vergriffen. Jene Beiträge, aus einer Phase, die der Autor als eine des Durchbruchs empfindet, scheinen ihm wert, der Öffentlichkeit erneut zugänglich gemacht zu werden. Er dankt Willi Reich dafür, daß er sie ausdrücklich freigab. Am wichtigsten in dem Buch ist dem Autor freilich das, was er eigens dafür, erst 1968, verfaßte.

Einige der jüngeren Publikationen dürften erst recht das Buch legitimieren. Wenn Musikwissenschaftler, die seinerzeit Schönberg als ›großen Einsamen‹ geschichtlich zu neutralisieren und in eine Art geistige Einzelzelle zu internieren suchten, und die, in den Jahren der politischen Verfinsterung, auf ihre Verbundenheit mit Volksmusik sich etwas zugute taten, nun nach Berg die Hände ausstrecken, so sieht der Autor darin wenig anderes als den Versuch, nachträglich das Monopol ihrer akademischen Disziplin dorthin auszudehnen, wo diese vor Dezennien sich zu kompromittieren fürchtete. Mit solcher Gesinnung hat der Autor nichts gemein. Umgekehrt hofft er, das Buch möge jenen jüngeren Musikwissenschaftlern etwas sagen, die anders sind. Würden gerade die 1937 gedruckten Kapitel mit dem Werk von H. F. Redlich verglichen, so wäre das dem Autor überaus willkommen. Er wollte nicht würdigen, sondern als Musiker der zweiten Wiener Schule, an der er nie irre ward, Erfahrungen mitteilen, die auf Person und œuvre Bergs sich beziehen. Dabei hat ein neuer Begriff von Analyse ihm sich herausgeschält; doch beansprucht er keineswegs, daß, was er heute vorlegt, diesem schon genüge. Ebenso sind Differenzen zwischen dem Alten und dem Neuen nicht im mindesten geglättet. Daß das Buch in sich selbst eine Entwicklung dokumentiert, ist seinem Gegenstand nicht ungemäß.

Bei einem Abschied für längere Zeit schrieb Alban Berg dem Autor eine Postkarte mit dem Zitat der Hagenstelle aus der Götterdämmerung: »Sei treu«. Er wünschte sich nichts Besseres, als daß er dahinter nicht zurückgeblieben sei, ohne daß doch leidenschaftliche Dankbarkeit eine Autonomie beeinträchtigte, die musikalisch sein Lehrer und Freund in ihm entwickelte.

Frankfurt, September 1968

Ton

Aus der Kindheit vertraut ist der letzte Satz der Abschiedssymphonie von Haydn, das fis-moll-Stück, in dem ein Instrument nach dem anderen zu spielen aufhört und abgeht, bis schließlich nur noch zwei Geigen übrig sind und das Licht auslöschen. Über den harmlosen Anlaß hinaus und jene Sphäre, die der abscheulichen Zutraulichkeit als Humor des Papas Haydn gilt, reicht die Intention, den Abschied auszukomponieren, das Verschwinden von Musik zu gestalten und eine Möglichkeit zu realisieren, die in der Flüchtigkeit des Tonmaterials selber von je auf den wartete, der in ihr Geheimnis dränge. Blickt man auf das Werk Alban Bergs zurück, der, lebte er noch, mehr als achtzig Jahre wäre, so will es scheinen, als wollte sein gesamtes Werk jene aufblitzende Intention Haydns einholen, Musik selber zum Bild des Verschwindens umschaffen, mit ihr dem Leben Valet sagen. Komplizität mit dem Tod, urbane Freundlichkeit fürs eigene Verlöschen sind Charaktere seines Werkes. Nur wer es aus ihnen, nicht stilgeschichtlich begreift, wird Alban Bergs Musik recht erfahren. Eine seiner reifsten und vollkommensten Kompositionen, die Lyrische Suite für Streichquartett, schließt, ohne zu schließen, offen, ohne Taktstrich am Ende, mit einem Terzenmotiv der Bratsche, das nach der Vorschrift des Komponisten beliebig noch ein paar Mal wiederholt werden darf, bis es ganz unhörbar wird. Dies todtraurige Verrinnen der Musik, der kein bestätigender Punkt vergönnt ist, klingt, als wäre aus dem, was bei Haydn noch sicheres Spiel dünkte, der Ernst trostlos offener Unendlichkeit geworden. Aber auch eine Spur der Hoffnung lebt darin, welche einstmals die Musik auf ihrer Bachischen Höhe in jene Choräle setzte, die den Sterblichen durch ein Tor ins Dunkel geleiten, so dicht, als müßte das endliche Licht darin sich entzünden. Töricht wäre es, in der Hereinnahme des Chorals ›Es ist genug‹ aus der Kantate ›O Ewigkeit, du Donnerwort‹ ins Violinkonzert bloße poetische Absicht oder gar eine Konzession an das versöhnliche Schema zu suchen. Hätte Berg damit sich begnügt, er hätte es leichter gehabt; er hätte keinen Fremdkörper in sein Finale zu montieren brauchen und dort so auffällig stehen zu lassen, daß es schockiert wie kaum eine Dissonanz. Viel eher verhält es sich mit diesem Zitat, dessen stilistische Unbekümmertheit dem differenzierten Bewußtsein Bergs am letzten kann entgangen sein, so, als wäre er aller runden Form und ästhetischen Immanenz, an die er sein Leben verschwendet hatte, müde geworden; als hätte er unmittelbar, ungeduldig, es nur ja in der letzten Minute noch sagen, ja als Einspruch gegen die Kunst selber beim Namen nennen wollen, worum namenlos seine Kunst organisiert war. Das Verschwindende, das eigene Dasein Widerrufende ist bei Berg kein Ausdrucksstoff, kein allegorischer Gegenstand der Musik, sondern das Gesetz, nach dem sie sich fügt. Symphonischen Komponisten wie Berg, solchen der großen Form, wird gern nachgerühmt, daß sie ihre Bauten aus kleinsten Bausteinen gleichwie aus dem Nichts aufzuführen verstünden. Sicherlich bindet eine Proportion die Geschlossenheit und Verbindlichkeit der großen Form daran, daß nichts Einzelnes in ihr sich zu eigenem Sein, gar zu unabhängig von der Totale verselbständigt. Bei Berg entsprechen die Atomisierung des Materials und die Integration, die ihm angedeiht, fraglos einander. Aber es hat mit solcher Atomisierung bei ihm seine untergründige Bewandtnis. Jene minimalen Motive, welche zu Bergs Lebzeiten die Beckmesser infusorienhaft schalten, kennen eigentlich gar nicht den Ehrgeiz, sich selbst zu setzen und zu einem Ganzen von Macht und Größe zusammenzuschießen. Versenkt man sich in Bergs Musik, so ist es einem manchmal, als spräche seine Stimme mit einem aus Zartheit, Nihilismus und Vertrauen ins Hinfälligste gemischten Klang: nun ja, eigentlich ist alles überhaupt nichts. Vollends unterm analysierenden Blick zergeht diese Musik, als enthielte sie keine festen Elemente. Sie verschwindet noch in ihrem scheinbar fixierten, objektivierten Aggregatzustand. Hätte man Berg darauf aufmerksam gemacht, er würde, auf seine schamhafte Weise, sich darüber gefreut haben wie einer, den man bei seiner Güte ertappt. Der verästelte, organisch wuchernde Reichtum vieler seiner Gebilde ebenso wie die disziplinierende

Kraft, das Diffuse, Auseinanderfließende zu binden – eine Kraft, die an knabenhaft sorgsam ausgeführte Reißbrettzeichnungen mahnt –, all das erweist sich vom Zentrum her nur als Mittel, der Idee, daß alles nichts sei, Nachdruck zu verleihen durch das kontrastierende Aufgebot eines mächtigen musikalischen Daseins, das im Nichts entspringt und ins Nichts versickert. Treibt dies Werk den Vorgang der Abschiedssymphonie ins unmäßig Große, so folgt es doch treu einer österreichischen Tradition, der des Tones von Ergebung, den Schubert entdeckte, aber auch der volkstümlichen, töricht-weisen Verschränkung von Skepsis und Katholizität aus dem Dialekt Raimunds im Bauer als Millionär, im Valentin des Verschwenders. Dialekt redet Bergs Musik bei aller strengen Differenziertheit des Kompositionsverfahrens. Die Vortragsbezeichnung »wienerisch« über einem Thema des Violinkonzerts, alles andere als folkloristische Zutat von außen, bekennt das ein. Es ist aber dies wienerische, lässig sich herschenkende Thema, aus dem dann das tödliche sich bildet, das in den Ländler hineinschneidet.

Das Nichtige hat im musikalischen Material sein Äquivalent an dem Halbtonschritt, der gerade eben über den bloßen Ton hinausführt, ohne doch diesem gegenüber melodisch sich zu profilieren; diesseits noch der Plastik der Intervalle und darum immer bereit, ins Amorphe sich zu verflüssigen. Berg war, als einziger wohl unter den Meistern der neuen Musik, durch und durch Chromatiker; die überwiegende Zahl seiner Themen reduziert sich auf Halbtonschritte als auf ihren Kern, und daher eignet diesen Themen niemals der Charakter der Setzung, der ihnen in der traditionellen Symphonik zukam. Selbstverständlich erschöpft sich Bergs Musik, mit ihrem eminenten Instinkt für Gliederung und Artikulation, nicht in der Monotonie des Chromas, wie etwa Reger. Vielmehr bewährt sich das Komponierniveau Bergs – so hoch, daß es heute kaum auch nur wahrgenommen wird – gerade in der äußerst bewußten syntaktischen Gliederung, die vom ganzen Satz bis in den Stellenwert jedes einzelnen Tons reicht und nichts ausläßt. Schön ist diese Musik nach dem lateinischen Begriff formosus, dem des Formenreichen. Ihr Formenreichtum prägt sie zur Beredtheit, zur integralen Sprachähnlichkeit. Aber er verfügt über eine besondere Technik, die geprägten thematischen Gestalten, durch ihre eigene Entwicklung, ins Nichts zurückzurufen. Wagner, der als erster wesentlich chromatisch komponierte, bestimmte das Komponieren als Kunst des Übergangs. Schon bei ihm diente die Chromatik, Medium unmerklichen Ineinandergleitens, wenigstens im Tristan dazu, daß die Musik insgesamt zum Übergang, zum Übergehenden, bruchlos sich selbst Transzendierenden wurde. Daraus entstand bei Berg eine fast idiosynkratisch festgehaltene Manier. Er hat die Kunst der thematischen Arbeit, der strikten Motivökonomie, wie er sie in der Schule Schönbergs sich erwarb, mit dem Prinzip des kontinuierlichen Übergangs verschmolzen. Seine Musik pflegt ein wahrscheinlich aus der Lehrzeit stammendes Lieblingsverfahren. Von jedem Thema behält sie einen Rest, immer weniger, schließlich ein differentialähnlich Kleines zurück, wodurch nicht nur das Thema als Nichts sich deklariert, sondern zugleich die formalen Beziehungen zwischen den sukzessiven Teilen unendlich eng gewoben werden. Bergs Musik kann, in allem üppigen Reichtum ihrer Mannigfaltigkeit, den nackten Kontrast, das unvermittelte Aufeinanderprallen der Gegensätze nicht ertragen – als ob die musikalische Behauptung des Gegensätzlichen dem einzelnen Element bereits ein Sein zuspräche, das mit der metaphysischen Bescheidenheit, dem zerbrechlichen Duktus aller Bergschen musikalischen Gestalt unvereinbar ist. Man mag diese Bergsche Manier – Manier so groß gemeint wie im Manierismus – mit jenem Kinderscherz verdeutlichen, der das Wort Kapuziner auseinandernimmt und wieder zusammenfügt: Kapuziner – Apuziner – Puziner – Uziner – Ziner – Iner – Ner – Er – R; R – Er – Ner – Iner – Ziner – Uziner – Puziner – Apuziner – Kapuziner. So hat er komponiert, so spielt seine ganze Musik in einer Kapuzinergruft des Schalken, und seine Entwicklung war wesentlich die zur Vergeistigung jener Manier. Noch in seinen Spätwerken, in denen, nicht ohne Einfluß der Zwölftontechnik, zuweilen energische thematische Konturen angestrebt werden, und in denen die charakterisierende Neigung des Dramatikers auch das absolut-musikalische Gepräge ergreift, behalten die Themen ein Schwebendes, Unverbindliches, durch minimale Variationen und Umrhythmisierungen das Sekundintervall Umspielendes. Die wehmütige Grazie des Ländlerthemas der beiden Klarinetten, mit dem das Allegretto des Violinkonzerts einsetzt, scheint zugleich zu sagen, daß auch es eigentlich gar kein Thema sei, daß es nicht beharren, nicht sich selber besitzen wolle.

Mit alledem, mit der Technik nicht weniger als mit dem Ton, den sie herstellt, ist Bergs Affinität zu Wagner umschrieben. Im Unterschied von seiner Generation hat er an der Opposition gegen ihn keinerlei Anteil genommen, weder in der ästhetischen Gesinnung noch in der Verfahrungsart. Damit provozierte er Widerstände. Aber auf ihn wahrhaft trifft Schönbergs Gedanke zu, daß die Idee einer Musik mehr zähle als ihr Stil. Unterdessen wurde das Ohnmächtige bloßer Gesinnung in der Kunst weithin offenbar. Die Frage nach der Qualität ist weit dringlicher geworden als die nach den Mitteln, die oft genug fertig bezogen sind und an sich weder Mut noch Kraft mehr bezeugen. Musik, die bis ins letzte Sechzehntel gefüllt, organisiert ist, bedeutet mehr und erweist sich als moderner denn eine, die nicht zögert, weil sie schon gar nicht mehr die Spannungen ihres eigenen Materials fühlt. Berg hat Leittonwirkungen und eingesprengte Dreiklänge nicht verschmäht, wohl aber eine Stilreinheit, die ihre Konsequenz mit Verödung der Sprache und Geklapper bezahlt. Sein Verfahren hat sehr andere Elemente als nur das Wagnersche Erbe absorbiert, die durchbrochene Arbeit der ersten Wiener Schule zumal, Debussy und viel deutschen Expressionismus. Vor allem aber hat das Wagnersche selbst bei Berg seine Funktion durch übertreibende, höchst unbehagliche Spezialisierung gewechselt. Er hat keine Todesmetaphysik illustriert; im geistigen Haushalt seiner reifen Zeit spielte Schopenhauer keine Rolle. Der Drang zum Verschwinden ergreift statt dessen die Musik selber, die nicht länger den Anspruch einer ansichseienden Ideenwelt anmeldet. Darin war Berg, bei vollkommen verschiedener Verfahrungsweise, doch der Tendenz seines Freundes Webern verwandt, dessen Miniaturen ebenso aufs Verstummen angelegt sind wie die großen Bergschen Formen auf die Negation ihrer selbst.

Man wird die Differenz von Wagner am genauesten gerade am Bergschen Ton gewahren können, wofern man für solche Kategorien überhaupt noch Ohren hat – Ton war übrigens Bergs Lieblingsbegriff, dem er seine musikalischen Urteile immer wieder unterstellte. Dieser Ton kennt nicht, was den Wagnerschen vorab bezeichnet: die Selbstverherrlichung. Mag immer man bei Berg Rudimente des Tristan aufspüren, solche der Meistersinger fehlen. Wie seine Musik eigentlich niemals Themen setzt, so setzt sie überhaupt niemals sich selber. Alles Insistieren ist ihr fremd. Energie und Aktivität sind bei Berg in den Vorgang des Formens eingegangen; was resultiert, ist ein passiv, einspruchslos Entgleitendes. Es genießt sich niemals im Spiegel, sondern hat den Gestus von largesse, der auch der Person Bergs eigentümlich war, und den die Wagnersche Ekstase kaum je erreichte, die den Augenblick der Selbstauslöschung als den der Selbsterfüllung feiert. Für Wagner bleibt Unbewußt immer Höchste Lust, während Bergs Musik sich selbst, und das Subjekt, das in ihr redet, drangibt um ihrer Eitelkeit willen, vielleicht auch in der verschwiegenen Hoffnung, daß nur das nicht verloren sei, was nicht sich selbst behält. Wollte man Berg mit Vergangenem zusammendenken, man müßte ihn eher mit Schumann vergleichen als mit Wagner. Wie die C-Dur-Phantasie am Ende ins Weite sich ergießt, ohne damit sich selbst als erlöst zu verklären, ja ohne nur sich selbst zu meinen: das nimmt das Innerste des Bergschen Tons vorweg. Kraft solcher Wahlverwandtschaft allerdings tritt er in den äußersten Gegensatz zu dem, was in der musikalischen Tradition gesund genannt wird, zum Lebenwollen, zum Affirmativen, zur wiederholenden Verherrlichung dessen was ist. Dieser Begriff von Gesundheit, der so unausrottbar den geltenden musikalischen Kriterien wie der Banausie innewohnt, verbündet sich dem Konformismus; Gesundheit hält es mit dem, was im Dasein als stärker sich zeigt, mit den Siegern. Solches Einverständnis hat Berg, wie vor ihm der späte Schubert, wie Schumann, wie vielleicht Mahler, dessen Musik auf die Seite der Deserteure sich schlug, gekündigt. Mag es zutreffen, daß seine mit liebevoller Hand geduldig polierte Musik nach außen dem Hörer nicht soviel Spitzen zukehrt wie Schönberg, radikal und schockierend ist dafür sein Hang zum Schwächeren, Unterliegenden: Figur der Bergschen Humanität. Keine Musik aus unserer Zeit war so menschlich wie die seine; das rückt sie den Menschen fern.

Die Identifikation mit dem Unterliegenden, mit dem, was die Last der Gesellschaft zu tragen hat, bestimmt die Wahl der Texte von Bergs Hauptwerken, den beiden großen Opern. Er hat Büchners Drama von dem gequälten paranoiden Soldaten Wozzeck, der das Unrecht, das ihm angetan wird, an der ungebändigten Natur ausläßt und die Geliebte umbringt; er hat die Wedekindsche Zirkustragödie von dem unwiderstehlich schönen Niemandskind Lulu, wider deren ohnmächtige Allmacht die männliche Gesellschaft sich zur Rache verschwört, im selben Geiste ergriffen wie Karl Kraus das vergangene Wort der Menschlichkeit zitierend gegen die herrschende Unmenschlichkeit wandte, der die Sprache zum Opfer fiel. Mit Recht wird am Wozzeck die szenische Wirkung bewundert, welche die überaus straffe, gleichsam keine Sekunde dramaturgisch freilassende Konstruktion erzwingt. Aber diese Wirkung wäre undenkbar, verbände nicht das konstruktiv-musikdramatische Vermögen sich mit dem Ausdruck des Humanen als des Leidens, den sonst die Konstruktion allzu leicht ausmerzt. Heute, da alles Lebensrecht von Musik bei der Frage steht, ob es ihr gelingt, in neuen Charakteren sich zu konkretisieren, gewinnt dies Element des Wozzeck die äußerste Aktualität. Da dringt in Mariens Stube ein Marsch, klingendes Spiel, mit einem fast Mahlerschen Trio; aber der grelle Marsch ist umgekippt, in Mischfarben einer traumgleich entfremdeten Inwendigkeit getaucht, als wäre er durch die erblindeten Scheiben der Armenstube wahrgenommen. So wird aus der wüst schmetternden Bühnenmusik ein Archetypus von Gewalt, wie sie die Militärmusik über die hat, die sie ins Kollektiv hineinreißt. Oder es gibt, als symphonisches Hauptstück des zweiten Akts, ein weit ausgesponnenes Scherzo, eine Wirtshausmusik mit Ländler und Walzer, aber von abgründiger, tappender Traurigkeit. So fessellos ist die Macht des Mitfühlens im Wozzeck, wie ihn die Oper wohl nie zuvor vernommen hat: als wäre an die Stelle, die bei Wagner die Verherrlichung der dramatischen Personen durch die Musik usurpierte, nun nichts als Mitleid mit ihnen gerückt. Kaum kann man Bergs Eigentliches sich besser vor Augen führen, als wenn man diese Wirtshausszene mit Strawinsky vergleicht, an den sie als Trübung und Verzerrung veralteter Typen von Volksmusik erinnert. Bei Berg ist nichts vom schnöden Witz der Kälte, nichts Hämisches; daß das Glück solcher Tänze falsch sei, daß die darum betrogen werden, die es haben, schafft gerade den tödlichen Ernst und eine Vielschichtigkeit, die alles Äußere zum Gleichnis des Inneren wandelt, ohne darüber zu vergessen, wie sehr die geheimnisvoll schiefe Innenwelt der einander Entfremdeten selber nur Abdruck des verhexten auswendigen Daseins ist. Darauf folgt ein Chor schlafender Soldaten. Schnarchen und Stöhnen ist auskomponiert zum Bild dessen, daß den Unfreien auch der Schlaf entstellt wurde; stumm materialisiert sich, was die Zwangskollektivierung über die in eine Kaserne Zusammengesperrten verhängt. Und wie wird nicht, nachdem lautlos der Vorhang über dem dritten Akt sich gehoben hat, die verflackernde, verzweifelt-tröstliche Kerze Mariens, wie wird nicht der unselig leichte Schlaf ihres Kindes zu Musik. Wozzeck: das ist nicht die virtuose Anwendung der neuen Errungenschaften auf die längst fragwürdige große Oper, sondern das erste Modell einer Musik des realen Humanismus.

In der Lulu betritt das Ich, aus dessen Sympathie die Vorgänge erscheinen, aus dessen Perspektiven die Musik gehört wird, sichtbar die Bühne; Berg hat das mit einem jener Zitate, die er gern einschmuggelte, zu verstehen gegeben, so wie mittelalterliche Meister ihr Selbstportrait als Nebenfigur in religiösen Darstellungen anbrachten. Wahrhaft ein sinnlich-übersinnlicher Freier: in Alwas Rondothemen eint sich der Überschwang des Schumannschen Jünglings mit der Baudelaireschen Faszination durch die todbringende Schönheit. Was als erster Satz der Lulusymphonie bekannt ward, die hingerissene Lobpreisung der Geliebten, leuchtet in einer Ekstase, an die Worte nicht heranreichen; so als wollte die Musik sich zu einer der Märchentoiletten machen, von denen Wedekind für Lulu träumte. Als strahlend bunter Schmuck des geliebten Leibes möchte sie dem verfemten, verketzerten Drang sein Menschenrecht wiedergeben. Jeder Takt der Musik meint die Rettung der Verfemten, der Figur des Geschlechts, einer Seele, die sich im Jenseits den Schlaf aus den Augen reibt, wie es in den unwiderstehlichsten Takten der Oper heißt. Mit dem Zitat dieser Worte und ihrer Komposition hat Berg dem sechzigjährigen Kraus Glück gewünscht, dem Autor von Sittlichkeit und Kriminalität. Ihm dankt die Lulu-Musik im Namen der Utopie, die verborgen die Kritik von Kraus an der Erniedrigung der Liebe durch die bürgerlichen Tabus motiviert.

Bergs Musik trifft den Nervenpunkt, an dem die organisierte Menschheit keinen Spaß versteht, und er gerade wird ihm zur Zuflucht des Menschlichen.

In der hymnischen Zirkusoper ist alles heller, schmiegsamer, beweglicher als in den früheren Werken: das clair obscure von Bergs Orchester klärt sich zu einer schlanken Transparenz, die des Impressionismus gedenkt, um ihn durch Sachlichkeit an Zauber zu überbieten und ins Spirituelle zu entrücken. Selten ist, ein Wort von Wagner zu verwenden, das Orchester, die Farbe so sehr Aktion geworden wie in der Lulu; glückvoll verliert sich das Werk an die sinnliche Gegenwart, die es feiert; einmal noch versöhnt die Szene sich dem Geist. Die Instrumentation blieb unvollendet. Dem glückvollsten Gebilde widerfuhr mit Bergs Tod das äußerste Unglück. Wer irgend etwas vom Theater weiß, darf sich nicht darüber täuschen, daß Lulu als Fragment nur intermittierend zu erwecken, nicht dem Repertoire zu gewinnen wäre, das auf dies Werk nicht verzichten kann, wenn die Institution der Oper überhaupt noch ihr Existenzrecht beweisen will. Es ist aufs dringendste zu hoffen, daß man endlich die ausstehenden Partien des dritten Akts orchestrieren läßt, auch um zu verhindern, daß Geltungssucht und Betriebsamkeit verspäteter Gralshüter eine Aufgabe an sich reißen, zu der nichts sie qualifiziert.

Dem einordnenden Blick könnte Berg in der Moderne, zumal in der Schönbergschule, der er unbedingt die Treue hielt, gerade nach dem Wohllaut der Lulu und der Einfachheit des Violinkonzerts als Gemäßigter erscheinen. Er hat den Kontakt mit den tradierten Mitteln der Tonalität nie ganz durchschnitten; sein letztes Stück, eben das Violinkonzert, schließt in offenem B-Dur mit der sixte ajoutée. Wohl existieren ungemein komplexe, schwer durchdringliche Gebilde von Berg. Insgesamt jedoch mildert seine Kunst des Übergangs, Vermittlung im doppelten Sinn, den Schock. Das Publikum hat sich ihm denn auch, zu seinem Unbehagen, zunächst viel gewogener gezeigt als Schönberg oder Webern. Dafür ergötzten sich von Anbeginn die Fachleute daran, ihn ins neunzehnte Jahrhundert abzuschieben und eine frischfröhliche Zeitgenossenschaft von der Bergschen Schwermut zu dispensieren, die unterdessen von der Realität nur allzu gründlich bestätigt ward. Weit entfernt davon, das Element des der eigenen

Sache Ungleichzeitigen zu verleugnen, hat Berg es durch die Instrumentation und Veröffentlichung der romantischen Sieben frühen Lieder selber ins Licht gesetzt. Aber die Spannung zwischen dem vertrauten Idiom und dem Fremden, Unvertrauten war eminent fruchtbar: sie hat Bergs eigenen, tollkühn bedachtsamen Ton gezeitigt. Unter den Exponenten der neuen Musik hat er die ästhetische Kindheit, das goldene Buch der Musik, am wenigsten verdrängt. Über die wohlfeile Sachlichkeit, die auf solcher Verdrängung beruht, spottete er. Seine Konkretion und humane Breite verdankt er der Toleranz gegen das Gewesene, das er durchläßt, aber nicht buchstäblich, sondern wiederkehrend in Traum und unwillkürlicher Erinnerung. Bis zum Ende hat er von der Erbschaft gezehrt und dabei an der Last getragen, unter der seine hohe Gestalt sich beugte. Sie hat im Werk die unverwechselbaren physiognomischen Züge hinterlassen. Bergs Drang zum Sich-selbst-Tilgen, Sich-selbst-Auslöschen ist im innersten eins mit dem Drang, durch Erhellung, Bewußtwerdung dem bloßen Leben sich zu entwinden, und die Wiederkehr des Gewesenen, gewaltloses Eingeständnis des Unentrinnbaren, trägt dazu nicht weniger bei als fortschreitende Vergeistigung. Verzweifelt hat seine Musik die Trennung von der bürgerlichen auf sich genommen, anstatt einen Zustand vorzugaukeln, der jenseits des bürgerlichen läge und der so wenig vorhanden ist wie bis heute eine andere Gesellschaft. Alban Berg hat sich der Vergangenheit als Opfer an die Zukunft dargebracht. Darin entspringt die Ewigkeit seines Augenblicks, der Einstand der unendlich vermittelten Bewegung, den er erneut stets beschwor.

Erinnerung

Der Versuch, dem Gedächtnis an Berg die Worte zu finden, wird davon gelähmt, daß er mit makabrer Ironie ihn vorwegnahm. Als ich sein Schüler war, vergnügte er sich bei gemeinsamen Spaziergängen um Schönbrunn zuweilen damit, die Nachrufe sich auszudenken, die einmal die Zeitungen Wiens für ihn bereit halten würden. In einem, dessen war er gewiß, werde man ihn mit einem jüdischen Volkskomiker, ich glaube des Namens Armin Berg, verwechseln; in einem anderen werde ein allzu vertrauter Kritiker – der gleiche, dem dann das von Reich, Krenek und mir 1937 publizierte Buch zuvorkommen mußte, um ein von ihm drohendes abzuwenden – seinen Panegyrikus über den ›Sänger des Wozzeck‹ krächzen: »Wie vordem unser Schubert, unser Bruckner, unser armer unvergeßlicher Hugo Wolf, so ist nun auch dieser in der über alles geliebten undankbaren Heimatstadt, die ihn doch tief im Herzen trägt, Hungers gestorben. Wieder ein Glied in der unendlichen Kette der Ewigen . . .« Die Unmöglichkeit, solchen Angstvisionen des fiebernd wachen Träumers auszuweichen, die längst von der gesunden Dummheit der Nachlebenden übertroffen sind, die ihn würdigen und einordnen, zwingt zum Entschluß, ihnen standzuhalten und sie zu befragen; nicht nach der Welt, die in ihnen so treulich sich offenbart, sondern nach dem Ich, das in ihnen sich verbirgt. Desperater Humor war der Statthalter des Todes in einem Leben, das um diesen wie um seinen Kern gewachsen war. Er verstärkte sich womöglich. Zur Zeit des Dritten Reiches, als er in sein Haus am Wörthersee sich vergrub, um ungestört an der Lulu arbeiten zu können, nannte er den Ort, wo er sich konzentrieren wollte, sein Konzentrationslager. Der Ausspruch war nicht zynisch sondern morbid. Berg, der sich nicht darüber täuschte, welchen Schlages die Nationalsozialisten waren, stellte sich vor, wie leicht es ihm passieren könnte. Willi Reich erzählt, er hätte, während der letzten Krankheit ins

Rudolf-Spital überführt, Witze darüber gemacht, weil es auf halbem Weg zum Zentralfriedhof sich befinde; in denselben Kontext gehört die Geschichte mit dem wie man so sagt schlichten Wiener Blutspender, als es schon verzweifelt um Berg stand: »Wenn ich jetzt nur kein Operettenkomponist werde.« Dies höchst Individuelle ist zugleich eminent österreichisch. Liest man in der unvergleichlichen Dokumentation von Otto Erich Deutsch den Bericht über Schuberts letzte Tage, so kann man sich des Eindrucks nicht erwehren, daß gerade das trübselig Unnötige, zugleich großartig Ergebene und unverantwortlich Lässige des Endes bei Berg sich wiederholt hat, als wäre in seiner Gegenwart, der des Avantgardisten, die Vergangenheit unmittelbar auferstanden. Das stimmte zu seiner Musik nicht schlecht. Die Identität der Stadt, ihre unselig-selige Unverbesserlichkeit mochte fürs Schicksal der beiden Musiker gewichtiger gewesen sein als die hundert Jahre zwischen ihnen; eine der paradoxen Bedingungen von Bergs Moderne ist, daß nicht gar so viel sich änderte.

Selbstironie und jene Skepsis, die als geduldige Selbstkritik in seinem œuvre so überaus fruchtbar wurde, hat auch vor seiner Selbsteinschätzung nicht halt gemacht. Einmal sagte er mir lachend: »Beim Komponieren komm' ich mir immer wie der Beethoven vor, erst hinterher merk' ich, daß ich höchstens der Bizet bin.« In seinem Mißtrauen auch gegen das Eigene war etwas Ichfremdes zu spüren. Mit dem mühsam erwachenden Blick des Tagwandlers sah Berg auf, regte sich mit vorweltlich großer Gebärde. Nach der Berliner Uraufführung des Wozzeck, jenem Diner bei Töpfer, wo sie ihn feierten und er, jünglingshaft verlegen, kaum zu antworten vermochte, war ich bis tief in die Nacht mit ihm zusammen, um ihn buchstäblich über den Erfolg zu trösten. Daß ein Werk, selbst konzipiert wie Wozzecks Gesichte auf dem Feld; eines, das vor Bergs eigenem Maßstab bestand, einem offiziellen Publikum gefallen sollte, war ihm unverständlich und dünkte ihn ein Argument gegen die Oper. So reagierte er durchaus. Seine Konzilianz hat keine Sekunde lang mit dem Bestehenden paktiert; plötzlich konnte der Abgeschiedene allen trügenden Frieden sprengen. Aus der Wiener Aufführung von Mahlers Achter Symphonie unter Anton Webern wurden wir beinahe als Ruhestörer verjagt. Begeisterung an Musik und Interpretation rissen Berg so hin, daß er von beidem laut zu reden begann, als werde nur für uns gespielt. Indifferenz dem gegenüber, was um ihn passierte, zeigte er nicht bloß im erhobenen Augenblick. Sie war das unveränderte Gesetz seines Lebens. Oft mußte ich denken, nichts Auswendiges, mochte es auch folgenreich für ihn sein, hätte je bis ins Innerste ihn betroffen. Solche Unberührbarkeit kam als Kraft seiner Musik zu. In Strindberg zuhause so gut wie im Orchester der Glücklichen Hand, war er noch in den nächsten Beziehungen der immerwährenden Möglichkeit von Haß und Verrat sich bewußt; nicht zuletzt darum mochte er permanent in Absence leben. Dafür konnte er in periphere Bekanntschaften freundlich, dankbar eingehen; staunend, daß sie nicht ganz schlecht waren, provinzielle Geistesprodukte loben. Er wünschte viel, hoffte nichts, hatte darum wenig zu verlieren, weniger zu fürchten. Seine Lässigkeit war auch Gelassenheit. Ist an den behenden Verbindungslinien zwischen Wagner und Berg irgendein Wahres, so wäre es Ähnlichkeit mit dem Wotan der Götterdämmerung: nicht mit der Allegorie des sich verneinenden Weltwillens – der war bei Berg schon vor dem ersten es des Rheingolds verneint – sondern dem individuellen Charakter des großmütigen, verstrickten und müden Gottes. Berg hat die Negativität der Welt mit der Hoffnungslosigkeit seiner Phantasie unterboten, mit aller gestauten Fülle und Essenz des Wiener Pessimismus sie akzeptiert, mit Hohn und Aberglauben wie in jenen erfundenen Nachrufen; so konnte der Allerzarteste, gemäß der chinesischen Maxime, das Allerhärteste überwinden, gefeit kraft der eigenen Schutzlosigkeit, des einzigen Panzers, den die Moderne dem Riesen verstattete. Sterben mußte er erst als Gefangener der eigenen Physis, an einem Leiden, in dessen Namen das Wort Blut mitklingt, Gift des Einsamen, entspringend in seinem Blut. Berg, dessen hypochondrische Züge seiner aufs schlimmste geeichten Weltkunde nichts nachgaben, hielt gewiß jede nur mögliche Krankheit für sich in Phantasiebereitschaft. Daß er einer erlag, die er verkannte und vernachlässigte, daß er die Gefahr nicht sehen wollte oder sie mit dem Datum des 23., der Schicksalszahl seiner wunderlichen Mystik, gebannt wähnte, war die letzte trübsinnige Finte eines Daseins, das nur als Finte des Hoffnungslosen ein halbes Jahrhundert sich halten konnte zwischen Schlaf und Tod in Musik.

Eine nationelle Tradition, an der er teilhatte, und von der er zugleich sich distanzierte, die des ›Raunzens‹, paarte sich mit seinem individuellen Defaitismus, vor allem mit der Neigung, eigene Mängel und Unzulänglichkeiten zu überwerten, als würden sie dadurch gemindert. Wollte man psychologisch reden, so dürfte man darin wohl eher Reaktion auf latenten Hochmut vermuten als ein Primäres; Stolz und Schüchternheit waren bei ihm unauflöslich ineinander. Die Grenze von Ernst und Ironie war fließend, wie bei ihm diese und Bescheidenheit sich verschränkten; was da jeweils aus ihm redete, ließe so wenig sich ausmachen wie bei sehr gut erzogenen Engländern. Auffallend sah er Wilde ähnlich und benutzte die Ähnlichkeit spitzbübisch wie ein Incognito; das Wort Lord kehrte in seinem Vokabular häufig wieder. Als ich ihm nach dem ersten Zusammentreffen mit Schönberg sagte, dessen Erscheinung erinnere mich, auch durch die übertriebene Eleganz, deren Schönberg zu Beginn seiner zweiten Ehe sich befleißigte, an einen Zigeunerprimas, antwortete Berg: »Er meint doch, er sieht wie ein Lord aus.« Bergs Humor war humour noir, seine Selbstverkleinerung nie ganz ernst; ihr haftete nicht die Spur von Rancune oder Ressentiment an. Den Antisemitismus, zu dem das Wiener Milieu ihn leicht hätte verführen können, lehnte er nicht aus gewonnener Erkenntnis ab; er war ihm vorweg unvollziehbar. Er fühlte sich gänzlich in der Tradition der deutschen Musik, aber zählte Mahler und Schönberg mit Selbstverständlichkeit dazu. Frei war er von jenem Gestus des wütenden Es muß anders werden, der so behend in Wien jenen sich darbietet, die weder als Sozialdemokraten noch als Katholiken sich fühlen. Um übrigens seine Vorstellung vom Primat der deutschen Musik, die Schönberg teilte, recht zu verstehen, muß man daran sich erinnern, daß zwischen dem Ende des Ersten Krieges und dem Ausbruch des Dritten Reiches das internationale Musikleben, auch die Feste der IGNM, von einem konzessionsbereiten Geist unterhaltsamer, justament oberflächlicher Kunst, entsprechend etwa dem Programm der Pariser Six, beherrscht war, der der radikalen Moderne schroff widersprach. Paradox genug war damals gerade die nicht konformistische Musik deutsch, im gleichen Zeitraum, da in Deutschland die grauenvolle Diktatur des politischen Konformismus sich vorbereitete. Gleichwohl hat der Artist als seinen Ahnherrn Baudelaire so gut erkannt, wie Proust es tat; die Weinarie ist nicht nur ein Prolegomenon zur Lulu, sondern ebenso solidarischer Dank der Zugehörigkeit. Was er, in manchem literarisch vermittelt, der deutschen Musik an Französischem einbrachte, übertraf die Franzosen, selbst Debussy, den er liebte; noch dessen Feste und die Ravels nehmen sich, mit dem Lulu-Orchester verglichen, harmlos bürgerlich aus. In Berg durchdrangen musikalisch das Österreichisch-Deutsche und das Französische erstmals sich so, wie es dann, nach 1945, in der gesamten Produktion sichtbar wurde. Politisch war Berg nicht eben engagiert, fühlte sich aber so weit als Sozialist, wie es in den zwanziger Jahren für orthodoxe Leser der Fackel sich geziemte. Seine betonte Amerikophilie wurde vielleicht genährt davon, daß sein einer Bruder lange drüben gelebt hatte. Mehr als einmal hörte ich von ihm: wenn schon technische Zivilisation, dann wenigstens eine, die radikal und gründlich ist; seine Vorliebe, auch Begabung für das, was man in Amerika gadgets nennt, mag hineingespielt haben. Fraglos ging er mit dem Gedanken um, in Amerika aus noch in seinen besten Zeiten beengten Verhältnissen herauszukommen, sorgloser zu existieren. Mit grimmiger Genugtuung deutete er auf die Erfolge, welche neue Musik dort, unter Stokowski etwa, errang, und benutzte das als Argument gegen die Wiener Philharmoniker. Seine Opposition gegen das offizielle Wien hatte jedoch ihre wienerischen Vorbehalte. Als ich, blutjung angesteckt vom Hochmut der Opposition, ein paar Monate lang mich geweigert hatte, die Staatsoper zu besuchen, für die mir damals der Name Piccaver und dessen Clique einstand, schimpfte er mich aus. Ich ging denn auch in die nächste mich interessierende Aufführung, eine der Salome mit der Jeritza; sie blieb mir in grausliger Erinnerung, der Ausdruck Kulissenreißer traf auf die damals Hochberühmte wörtlich zu. Häufig dagegen nahm mich Berg mit ins Theater in der Josephstadt. Ich glaube, die Karten erhielt er durch den Dramaturgen Erhard Buschbeck, den Freund Trakls, der schon beim ersten großen Schönbergskandal mit diesem und seinen Freunden sich tapfer solidarisiert hatte und zu dem Berg

stetig Beziehungen unterhielt. Unter anderem sahen wir zusammen die Uraufführung von Werfels Juarez und Maximilian. Bergs Stellung zu Werfel war besonders diffizil. Karl Kraus blieb die unbefragte Autorität, aber Werfel war der Mann von Alma Mahler, und Berg mochte ihn, den persönlich überaus Unprätentiösen und Angenehmen, im Umgang gern.
Bergs Vater war Bayer, aus Nürnberg nach Wien eingewandert, aber seinem Wienertum tat das keinen Abtrag. Das Wienerische setzte er als gleichsam gottgegeben voraus. Tendenziell fand er alles andere, auch Prag, das in den zwanziger Jahren weit großstädtischer wirkte, provinziell. Norddeutsches vollends inspirierte seine Heiterkeit. Ein gemeinsamer Bekannter, klein von Statur, war mit einer sehr großen, stark norddeutsch sprechenden Frau verheiratet, und Berg malte sich mit Vorliebe Liebesdialoge zwischen den beiden aus. Ein Berliner Restaurant, in der Nähe der Oper, frequentierten wir, weil es so nahe zu den Proben lag; Berg fand es aber nicht nur schlecht, sondern generalisierte, die Deutschen fräßen immer nur Dreck; davon wäre er wohl nie abzubringen gewesen.

Kennenlernte ich ihn auf dem Frankfurter Fest des Allgemeinen Deutschen Musikvereins 1924, im Frühjahr oder frühen Sommer, am Abend der Uraufführung der drei Bruchstücke aus Wozzeck. Hingerissen von dem Werk, bat ich Scherchen, mit dem ich in Kontakt war, mich Berg vorzustellen. In ein paar Minuten wurde vereinbart, daß ich als sein Schüler nach Wien kommen sollte; ich mußte meine Promotion, im Juli, abwarten. Die Übersiedlung nach Wien zog sich hin bis Anfang Januar 1925. Der erste Eindruck von Berg, damals in Frankfurt, war der größter Liebenswürdigkeit, auch der seiner Schüchternheit, die mir wiederum die Angst nahm, die sonst der von mir maßlos Bewunderte in mir erregt hätte. Suche ich mich auf den Impuls zu besinnen, der mich spontan zu ihm trieb, so war er gewiß überaus naiv, bezog sich aber doch auf etwas für Berg Wesentliches: die Wozzeckbruchstücke, vor allem die Einleitung zum Marsch und dann der Marsch selbst, erschienen mir, als wäre das Schönberg zugleich und Mahler, und das schwebte mir damals als die wahre neue Musik vor.

Zweimal die Woche pilgerte ich zu Berg nach Hietzing in die Trauttmansdorffgasse 27, in dieselbe Parterrewohnung, in der Helene Berg heute noch wohnt. Die Straße dünkte mir damals unvergleichlich schön. Mit ihren Platanen mahnte sie mich, auf eine Weise, die ich heute nur schwer präzisieren könnte, an Cézanne; ihren Zauber hat sie in meinem Alter nicht verloren. Als ich nach meiner Rückkunft aus der Emigration wieder nach Wien kam und die Trauttmansdorffgasse suchte, verlief ich mich und ging zum Ausgang an der Hietzinger Kirche zurück; dann machte ich mich gleichsam blind, ohne nachzudenken auf den Weg, so wie er mir in unbewußter Erinnerung vertraut war, und fand in wenigen Minuten hin. Ehe ich 1925 das Haus zum ersten Mal betrat, erkannte ich, wo ich mich befand, an dissonanten Akkorden – solchen aus dem Kammerkonzert, an das er damals letzte Hand legte –, die auf dem Klavier angeschlagen wurden; daß da eine sehr berühmte Situation sich wiederholte, ahnte ich nicht. Der Name an der Tür war in kunstvoller Schrift von Berg entworfen, derselben wie auf den Titeln der Orginalausgaben von op. 1 und op. 2, mit einer Spur von Jugendstil noch, aber doch leserlich deutlich, ohne peinlich Ornamentales. Berg besaß eine unverkennbare Begabung für bildende Kunst. Kaum war er primär ans musikalische Material gebunden sondern bestimmt vom Ausdrucksbedürfnis. Daß er bei der Musik blieb, hatte, von den Anfängen her gesehen, beinahe etwas Zufälliges. Sicherlich kostete es ihn große Mühe, sein allgemein ästhetisches Ausdrucksbedürfnis ins spezifisch musikalische umzusetzen: diesen Zug hat er Leverkühn geliehen. Er war Künstler vor allem anderen, aber Künstler so sehr, daß er eben dadurch zum Künstler im besonderen wurde, zum kompositorischen Meister. Dabei jedoch blieb vom Visuellen viel erhalten, am auffälligsten in der kalligraphischen Gestalt seiner Partituren. Einmal hat er mir einen Nachmittag lang im Café Imperial Unterricht im klaren Notenschreiben erteilt. Das Visuelle reichte jedoch auch ins eigentlich Kompositorische hinein. Er plante, je länger desto mehr, nach quasi räumlichen Symmetrieverhältnissen. Auch seine Neigung für spiegel- und krebsartige Gebilde dürfte, abgesehen von der Zwölftontechnik, mit der visuellen Dimension seines Reagierens zusammenhängen; musikalische Krebse sind antizeitlich, bestimmen Musik, als wäre sie in sich simultan. Wahrscheinlich ist es unrichtig, jene technischen Verfahrungsweisen allein aus der Zwölftontechnik zu erklären; sie dürften sich nicht nur von der Mikrostruktur der Reihen herleiten, sondern ebenso vom Gesamtplan, gleichsam vom Grundriß, und haben als solche ein Moment der Indifferenz gegen die Sukzession, etwas wie den Hang zu musikalischer Verräumlichung. Vorbilder dafür gibt es beim epischen Mahler, so früh schon wie in den Wunderhornliedern. So sehr Berg der Tradition der thematischen Arbeit und der entwickelnden Variation, also eines durch und durch dynamischen Komponierens, zurechnete, seine musikalische Art hatte doch etwas eigentümlich Statisches, zögernd auf der Stelle Tretendes. Erst nach dem Wozzeck ist sein Komponieren beweglicher geworden. Mir fiel auf, daß er in solcher Statik inmitten des gänzlich Bewegten mit Benjamin sich berührte, der vom Wozzeck überaus angetan war.

Nicht kann ich mich der Versuchung erwehren, über Bergs Namen zu reden, den er ohne jedes weitere Wort mit so unendlicher Wärme aussprach, wenn er das Telephon beantwortete. Nannte er den Namen, so war es, wie wenn andere Menschen »Ich« sagen. Kaum je kannte ich Einen, der so sehr seinem Namen glich wie er. Alban: das hat das katholisch-traditionale Element – die Eltern besaßen eine Devotionalienhandlung – ebenso wie das Gewählte, Aparte, dem der Treue bei aller konstruktiven Disziplin und Strenge nie ganz absagte. Berg: sein Gesicht war ein Berg-Gesicht, gebirgig in dem doppelten Sinn, daß es die Züge eines in den Alpen Heimischen trug, und daß er selber, mit der edel geschwungenen Nase, dem weichen und feinen Mund und den abgründigen, rätselhaft leeren Augen, die wie Seen blickten, etwas von einer Berglandschaft hatte. Außerordentlich groß von Gestalt, zugleich aber zart, als wäre er der eigenen Größe nicht gewachsen, hielt er sich vornüber gebeugt. Hände und vor allem Füße waren erstaunlich klein. Erscheinung, Haltung und Blick hatten etwas vom tappend träumenden Riesen. Gut hätte man sich vorstellen können, daß ihm alle Dinge beängstigend vergrößert erschienen, wie es von Pferden berichtet wird. Das mikrologische Element seines Komponierens mochte darauf antworten: die Details sind so winzig, infinitesimal, weil der Riese sie wie durch ein Opernglas gewahrte. Auch als Ganzes ist seine Musik, unmäßig und hinfällig in eins, Bergs Ebenbild. Seine Reaktionen waren im allgemeinen langsam, dann jäh und plötzlich. Daher wohl hatte er ungemeinen Respekt vor Witz, Raschgeistigkeit und Beweglichkeit; diese Bewunderung war dann wieder so gesteigert, daß er selbst Begabung für Pointen und Wortwitze meist trister Art entwickelte. Ein nicht allzu begabter Schüler, den er fragte, ob er das absolute Gehör besitze, gab ihm die patzige Antwort: »Gott sei Dank nicht.« Das »Gott sei Dank« adoptierte er sogleich und versäumte selten, es bei lästigen und unangenehmen Erfahrungen hinzuzufügen.

Erst aus dem Briefwechsel mit seiner Frau geht das Baronat von Bergs Familie hervor, er hat es nie erwähnt. Immerhin mag es einiges beleuchten: eine gewisse unerschütterliche Sicherheit, die nicht nur von den keineswegs stets gesicherten Lebensumständen abstach, sondern die auch oberflächlich mit seinem bescheidenen Wesen sich kaum zusammenreimte. Wechselfällen des Schicksals begegnete er, als vermöchten sie ein zwar geheimes, aber verbrieftes Vorrecht nicht anzutasten. Nur war all das bei Berg nicht grob real vorhanden sondern sublimiert. Schönberg mochte das latente Selbstvertrauen spüren. Als Berg ihm die Absicht mitteilte, den Wozzeck zu komponieren, also ein Werk von einem Umfang in Angriff zu nehmen, wie es in der Ära der freien Atonalität von keinem gewagt ward, vielleicht als unmöglich galt, staunte Schönberg darüber, daß gerade der Schüchterne etwas Derartiges plane. Bescheiden unerschütterlich war auch der Anspruch ans Leben, den Berg erhob oder der unwillkürlich durch seine Existenz erhoben wurde und den die geleitende und bewahrende Hand seiner Frau zu schützen verstand. Die bedachte Sorge des Komponisten für die sinnliche Erscheinung, ein Hang zum Glättenden, Polierenden, der nichts mit Anbiederung, alles mit gesteigerter sinnlicher Empfindlichkeit zu tun hatte, wurde vom Bergschen Lebensgefühl genährt. Er war, wie die Briefe an seine Frau es drastisch bezeugen, keineswegs der asketische Künstler, der er doch der Strenge der Gesinnung nach ebenfalls war; diese Doppeldeutigkeit hat seiner Musik aufs produktivste sich mitgeteilt. Was österreichische sinnliche Kultur heißen kann, war an ihm zu lernen; nicht wegzudenken von ihm sein Sinn für gutes Essen und für Wein, wie man ihn ähnlich sonst in Paris findet. Ihm danke ich die Kenntnis des damals vorzüglichen, wörtlich und übertragen höchst schwarzgelben Restaurants Weide in Speising, mit den berühmten Krebspastetchen; auch des Schönerschen in der Siebensterngasse, das noch heute offen ist. Alltägliches, das mit Genuß zu tun hatte, empfing durch Berg unaufdringliche Würde. Sein von aller Gier freier Hedonismus war wie das Reversbild seines metaphysischen Pessimismus, so als nähme er die Freude ernst um ihrer Unwiederbringlichkeit willen. Krenek hat darauf aufmerksam gemacht. Seinem Pessimismus entsprach, daß er positive religiöse Tendenzen, trotz des unverkennbar Katholischen seines Wesens, nicht bekundete; doch mochte sich das, als er das Violinkonzert schrieb, geändert haben.

Die habituelle Geringschätzung des deutschen Geistes für das Sensuelle war Berg ganz fremd, und das wiederum kam dem Geist zugute. Sublimiert aber war seine Verhaltensweise insofern, als ihm alle Breite und Differenziertheit der Person nur Anlaß und Material zum Werk bot, als dessen Exekutor er sein bewußtes Leben hindurch sich erfuhr. Darin war er gebrochen; mit einiger zuschauerhaften Kühle stand er seinem konkreten Dasein, sogar der eigenen Leidenschaft gegenüber. Sagte Mahler einmal von der Landschaft um den Attersee, er hätte sie ganz wegkomponiert, dann hätte Berg, in so vielem Betracht Mahlers Erbe, das gleiche von seiner inwendigen sagen können. Das Maß, in dem er von sich selbst distanziert war, wirkte zuweilen, als reflektierte er sich historisch auf jeder Stufe, wie er denn nach Reichs Mitteilung mit dem Gedanken an seine Biographie umging. Die eigene Person behandelte er vorsichtig und gleichgültig in eins, wie das Musikinstrument, das er sich war. Gern sprach und schrieb er von sich, lieber von seiner Musik. Aber dem fehlte jede Spur von Eitelkeit; es klang, als fühlte er sich kaum nur identisch mit sich, eher als hätte er über den von ihm geschätzten Komponisten Alban Berg zu berichten. Als Privatperson tat er sich aufs Werk jenes Meisters nichts zugute, wandelte als langer Schatten hinter ihm her, unprätentiös, gleichgültig gegen Prestige. Ich pflegte zu ihm in die

Stunde, Gott weiß warum, mit einer schweren, mit Manuskripten und Notenpapier angefüllten Mappe zu kommen. Gingen wir danach spazieren, so trug er, der sich für kräftiger hielt, meinem Einspruch zum Trotz, stundenlang die Mappe. Nicht viel anders trug er sein Werk mit sich und den Vorrat an Lebenskraft, von dem es zehrt. Auf freundlichen Spott für mich, der Mappe wegen, verzichtete er nicht.

Wer über Berg spricht, dürfte nicht hoffen, etwas von ihm zu erreichen, höbe er nicht hervor, was so sehr von ihm ausstrahlte, daß man es seiner Allgegenwart wie seiner Diskretion wegen schuldhaft vergessen mochte: das schrankenlos Gutartige. Als ich einmal, nach seinem Tod schon, mit Kolisch über ihn redete, fiel diesem als Erstes ein: »Er war so lieb.« Über einen anderen sagt das vielleicht nicht viel, bei dem nuanciert Unterscheidenden, Spöttischen, Skeptischen und au fond Strengen war Freundlichkeit das Medium, das da, wie in seinen Partituren, keine Kante herausstechen ließ; noch wenn er sich über einen lustig machte, geschah es ohne die leiseste Aggression. Selbstlosigkeit ist bei Berg keine Metapher. Sein Verhältnis zum Tod stand wohl dahinter, ein nicht auf sich Pochen, ein Laß fahren dahin. Der Gestus des Wozzeck drückt das aus, nicht der der Personen der Oper, doch die Verhaltensweise der Musik, des kompositorischen Subjekts, das da kommentiert und im großen Orchesterzwischenspiel vorm letzten Bild vor den Vorhang des musikalischen Theaters tritt: »Der Dichter spricht.«

Bergs ungetrübte Gutartigkeit ist das Äquivalent eines tiefen, vielleicht stets als vergeblich sich wissenden, doch vollkommen unverbogenen Glücksverlangens. Es äußerte sich als Ehrfurcht vor jeglichem Glück; bei aller Todessucht sollte es gut werden, sollte sein. Manche Exzentrizitäten seiner Musik dürften dadurch sich erhellen, zumal ihr Drang, sich abzustützen, indem sie allen Kriterien, womöglich einander widersprechenden, gerecht würde. Er hat sogar die Kritiken des alten Korngold, über den er gründlich Bescheid wußte, aufmerksam gelesen, rühmte mit der Zärtlichkeit des Menschenfressers, stets könne er danach recht gut sich vorstellen, wie ein Konzert gewesen sei, und ein Werk wäre ihm nicht unwillkommen gewesen, das nicht nur ihn und seine Freunde sondern auch den alten Korngold befriedigt hätte.

Wahrscheinlich ist der spezifische Ton der Traurigkeit in seiner Musik das Negativ des Glücksverlangens, Desillusion, Klage darüber, daß die Welt eine utopische Erwartung, welche sein Naturell hegte, nicht einlöst. Die zentrale Stellung eines sehr spezifischen Ausdruckscharakters bei Berg, des vergeblichen Wartens, der im Wozzeck und in der Lulu hervortritt, spricht dafür. Mit der Verhaltensweise von List, die Person und Werk teilen, möchte Bergs Glücksverlangen der Unmöglichkeit, deren er gewiß war, das Unmögliche entlocken. Noch seine Interpreten hätte er am liebsten überlistet, der einzige unter den Meistern der neuen Musik, der erleichternde Alternativen einplante und bedenkenlos das Wort ›ossia‹ gebrauchte. Auch sein Privatleben schlug dem eingeborenen Defaitismus Schnippchen. Durch die Kombination der ungezählten Veranstaltungen, mit welchen das Werk die stets lauernde und erkannte Gefahr des Mißlingens abzuwehren trachtet, streift es jenes Chaotische, das auf dem Grund der Bergschen Reaktionsweise brodelt. Zum Glück jedoch gereichte der Musik gerade, daß sie die absolute Sekurität nicht erreichte; dem alten Korngold hätte keine Note von ihm gefallen. Die Summe der Veranstaltungen wirkt zentrifugal. Produktiver als die Frage, ob er tatsächlich alles vereinte, was er zu vereinen plante, wäre die, welche Züge seine mythische List des Sicherns dem Werk eingrub, insbesondere, was es darin bedeutet, daß er die Zwölftontechnik handhabte, bis man gleichsam nichts von ihr merkte. Als er sie adoptierte, war es sein erstes Interesse, sie bruchlos dem eigenen Ton zu verschmelzen. Ich rühmte das, und er sagte erfreut: »Das war gerade das Kunststück«; das Problem, ob eine solche Verschmelzung möglich ist, ob nicht gerade hier die Integration einen Sprung verdeckt, oder gar das, ob die Konsequenzen der Zwölftontechnik nicht seinem Begriff des ›Tons‹ ans Leben gehen, beunruhigte ihn nicht. Mit treuer Insistenz bewahrte Berg, einer der kühnsten musikalischen Inauguratoren des zwanzigsten Jahrhunderts, die Forderungen des neunzehnten, konservierte noch nach dem Bruch das Bruchlose.

Seine eigentümliche Fixiertheit ans Vergangene, die Elternwelt, wohl auch die bis zur Angst reichende Gebundenheit an Schönberg – er erzählte einmal, noch als längst Erwachsene hätten

Webern und er nicht anders als im Frageton mit ihm verkehrt – zieht fatal automatisch den Begriff der Neurose herbei. Gewiß hat Berg als neurotisch sich empfunden, wußte auch genug von Psychoanalyse, um über sein Asthma sich Gedanken zu machen und über handgreifliche Symptome wie seine Gewitterfurcht. Mir selbst hat er einmal einen Traum gedeutet. Übrigens war er als junger Mensch in einem Dolomitenhotel, ich glaube in San Martino, Freud begegnet, erkrankte an einer der bei ihm häufigen Grippen und goutierte es, daß Freud, der einzige Arzt im Hotel, mit der trivialen Krankheit nichts Rechtes anzufangen wußte. Über die psychische Komponente seiner Leiden machte er Witze. Leise Unpäßlichkeiten verhalfen ihm dazu, in die oftmals glückvolle Kindersituation des umsorgten Kranken sich zu begeben. Insgesamt genoß er, mit leiser Süchtigkeit, die euphorischen Züge des Krankseins. Manches Neurotische lag obenauf: er litt an einer Art von Eisenbahnkomplex. Prinzipiell stellte er sich, zuweilen um Stunden, zu früh an Zügen ein. In einem Fall, berichtete er, wäre er drei Stunden vor Abfahrt dort gewesen und hätte es dann fertig gebracht, den Zug doch noch zu versäumen. Aber wie es bei Menschen von geistiger Kraft nicht ganz selten ist, hat seine Neurose nicht, wie es doch in ihrem Begriff läge, seine Produktivkraft ernsthaft beeinträchtigt. Auffällig ist allenfalls sein langsames Produzieren. Aber das folgte doch eher aus selbstkritischer, durchaus rationaler Gewissenhaftigkeit, mag immer diese an Angstneurotisches sich angelehnt haben. Manchmal erinnerte Berg an den, der »Wolf, Wolf« schreit. Wenige Wochen vor seinem Tod schrieb er mir beiläufig von seiner Furunkulose, und ich schenkte dem, von Eigenem präokkupiert, nicht die Beachtung, die es verdient hätte. Die Todesnachricht, die ich, bereits emigriert, während der Weihnachtsfeiertage empfing, die ich bei meiner Familie in Frankfurt zubrachte, traf mich unvorbereitet als Schlag. Nicht undenkbar, daß er, an den Umgang mit der eigenen Hypochondrie gewöhnt, eben deshalb um die letzte Krankheit zu wenig sich kümmerte.

All das repräsentiert in seinem Dasein unmittelbar das Jugendstilhafte, das fin de siècle, das in seinem œuvre bis zuletzt überdauert und in der Lulu so großartig thematisch wird. Seine Physis war wie ein Modell seiner Musik; er war noch ein Sprößling jener Künstlergeneration, die es dem siechen Tristan nachtun wollte. Altenberg, mit dem er in der Jugend intensiv Umgang gepflogen hatte, war für ihn einer der Baudelaireschen Leuchttürme. Ein Wort wie ›Secession‹ klang in seinem Mund zeitgenössisch; auch zu Schreker gab es, ähnlich wie zwischen diesem und Schönberg, Verbindungen. Er hatte seinerzeit den Klavierauszug des Fernen Klangs, eines Prototyps musikalischen Jugendstils, angefertigt, und war mit einem Bruder der schönen Frau Schreker befreundet gewesen. Eine Stelle des Wozzeck: wo der Hauptmann singt, auch er habe einmal die Liebe gefühlt, klingt wie eine Schrekerparodie; meist parodiert man, wohin es einen, sei's auch ambivalent, zieht. Etwas Schwelgerisches, Luxurierendes, aus Bergs Musik und seinem Orchester nicht wegzudenken, tönte auch sein Glücksverlangen. Erbärmliche Klugheit, hellhörig für die Schwächen des Überlegensten, hat jene Seite herausgefühlt und viel Unwesens damit getrieben, zumal das Morbide, mit dem Bergs Kunst gestaltend fertig wurde, an dieser bemängelt. Die Gesundheit gereifter Jugendbewegter, die wohlweise Souveränität von Musikhistorikern tobt sich unverdrossen aus an Bergs neuromantischer décadence, schiebt ihn als todesgierigen Individualisten in die nahe Vergangenheit ab, um dem sich zu entziehen, was sie an dem in jeglichem Sinn komplexen Werk nicht begreifen. Die unerschöpfliche qualitative Fülle, der gewährende Reichtum durchgebildeter Charaktere, dem Bergs Idiom dient, ist auf eine Sphäre auch subjektiver Differenziertheit hin angelegt, die heute den meisten mangelt; ihre Abwesenheit verdammt vieles an der späteren stolzen Objektivität zum schalen Rest, zur abstrakten Negation dessen, was man selbst nicht hat. Bergs Objektivität war anders geartet. Er war wohl einer der modernen Künstler, deren Rang einem Opfer sich verdankt: dem, daß sie ihrer Substanz etwas Fremdes, ihr nicht ganz Assimilierbares hinzufügten. Falsche Freunde wie der tückische Germane Klenau haben das wohl bemerkt und geglaubt, den vom Hitlerregime Verfemten damit an der Achillesferse zu treffen. Ihnen wäre entgegenzuhalten, daß die bis ins Innerste fragwürdige Situation nicht nur aller Kunst sondern alles Geistigen bedeutende Produktion heute dazu zwingt, ihrer selbst sich zu entäußern, um ihrer Beständigkeit willen sich zu vergiften, so wie, nach der Meinung reaktionärer Plattheit, der Spätromantiker Berg es tat, als er Schönberg sich verschrieb. Kraft war es, nicht Schwäche, daß er sein im Umriß bereits fest Geprägtes sprengte, den ästhetizistischen Jüngling vergaß, den die Jugendphotographien zeigen: daß er sich dem in vielem repressiven Lehrer aussetzte. Verschmolz Berg die Elemente seines Stils nicht bruchlos, so bezeugt das Wahrheit: den Verzicht auf ästhetisch bruchlose Einheit in einer Welt, welche Kontinuität und Totalität nur als Farce gestattet, während sie jedem zerspringt, der treu dem Stundenschlag des Geistes nachhorcht. Daß Berg, dessen Metier es vermocht hätte, alles Inhomogene in seinem œuvre auszumerzen, es mit bedachter Toleranz, fast montagehaft stehen ließ, war angemessener, als hätte er absoluten Neubeginn vorgetäuscht und sich damit einem undurchschauten Gewesenen anvertraut. Auf meine vorlaute Frage während der Lehrzeit, warum in den meisten seiner Werke tonale Einschiebsel sich fänden, antwortete er, so ungereizt wie unerschüttert, das sei nun einmal seine Art, und er wolle dagegen nichts tun. Ein traditionales, österreichisches Moment mochte daran mitgewirkt haben, derselbe Widerwille gegen Gewaltsames, der Hofmannsthal beseelte. So unbeirrt war seine Treue zum Organischen, daß er lieber Unorganisches stehen ließ, als rigoros, willentlich umzuformen, was der Vorrat seiner künstlerischen Erfahrung, weithin der unbewußter Erinnerung, ihm zutrug. Man braucht Inkonzinnitäten nicht zu beschönigen wie die im Violinkonzert, dort, wo die tonale Harmonisierung des Bachchorals zitiert wird; auch das fast Straussische Schema von Tod und Verklärung, das im zweiten Teil die Dissonanz als Allegorie des Negativen, die Konsonanz im Namen von Erlösung einsetzt, als hätte nicht Bergs Atonalität eine solche Polarität längst aufgehoben. Realisiert man aber, was trotzdem und am Ende gerade vermöge solcher Brüche im Violinkonzert geriet; wie Bergs Kunst der Vermittlung, in keinem seiner Werke höher als dem letzten abgeschlossenen, an dem nicht zu Vermittelnden sich schulte, so wird man die wie immer auch sich aufdrängenden Einwände, ein Niveau höher, als Schulmeisterei wegwischen. Berg hat Anspruch auf jene Gerechtigkeit, die Karl Kraus übte. Unnachsichtig ahndete dieser jedes falsche Komma und war doch bereit, den krassesten Verstoß gegen die Regel zu verteidigen, wenn er aus dem übergeordneten Gesetz eines Gebildes hervorging. Bergs Stilbrüche waren Ausdruck einer historischen Spannung in seinem eigenen Wesen. Beiläufig gesagt, das Violinkonzert ist sehr rasch entstanden; wer Berg genau kennt, wird vermuten, die vielberufene Vereinfachung und Abklärung des Stils, die dem Stück seine Popularität verschaffte, habe etwas mit der Not der Auftragskomposition zu tun, aus der er die Tugend eines weniger mühsamen und gehemmten Produktionsprozesses machte. Er wollte in dem Werk, wie in einem Zwischenspiel, das Komponieren sich ein wenig erleichtern, und das öffnete manche seiner neuen Perspektiven; so, daß Berg dort, wo er ursprünglich ein Sonatenallegro, die symphonische Mitte geplant haben soll, eine lange Kadenz auskomponierte. An manchen der einfachsten, den hohen Verstand irritierenden Stellen wie dem zweimaligen Zitat des Kärntner Liedes ist das Violinkonzert von einer herzbrechenden Gewalt der Rührung wie kaum etwas anderes aus Bergs Hand. Ihm war etwas gegeben, was nur den größten Künstlern zuteil wird: Zugang zu einer Sphäre, in der das Untere, nicht ganz Gestalt Gewordene umschlägt ins Oberste, am ehesten vergleichbar Balzac. Zu ihm hatte Berg ein starkes Verhältnis, vorab zu Seraphita, einer Hauptquelle der Schönbergschen Theosophie, die auch in der Jakobsleiter ihre Spur hinterließ. Daß Berg, wo er den Kitsch streift, an die äußerste Höhe rührt, ist aber von seiner retrospektiven Komponente schwer zu trennen: jenes Moment ist das des jüngst Vergangenen. In Zügen wie dem rauschend und leuchtend sich Erhebenden und finster Niederstürzenden, den Situationen von Elevation und Verhängnis, mahnt die gesamte Lulu an Splendeurs et Misères, und wer diese Dimension verklagt, anstatt in ihr des zentralen Gehalts von Berg gewahr zu werden, wird die letzte Oper kaum verstehen. Die Tendenz jedoch, mit welcher die Imagerie des neunzehnten Jahrhunderts bei ihm sich bewegt, ist avanciert. Nirgends geht es dieser Musik um Restauration des vertrauten Idioms oder um Anleihen bei einer Kindheit, zu der er den Weg zurück wissen möchte. Bergs Erinnerung ist tödlich. Nur dadurch, daß sie das Vergangene als unwiederbringlich wiederbringt, durch seinen Tod hindurch, fällt es der Gegenwart zu.

Schumann war unter den großen Komponisten derjenige, der – so in den langsamen Stücken der Kreisleriana – musikalisch den Gestus des sich Erinnerns, nach rückwärts Schauens und Hörens entdeckte. Das, und schumannisch schwärmender Überschwang, klingt durch Bergs œuvre hindurch, nur so, als wäre die erinnernde Kraft der Musik in Schmerz getaucht wie die Prosa Prousts, auf die Berg sehr ansprach und der seine zugleich durchkonstruierte und dickichthaft verschlungene Musik tief ähnlich ist. Tödlich überlebt bei Berg das Vergangene, indem es zum Selbstbewußtsein findet, anstatt daß es verdrängt würde. Rettend nicht nur sondern erhellend verhält es sich zu den Dramen Büchners wie Wedekinds, die er vertonte. Durch die Gestaltung, die dem neunzehnten Jahrhundert in Berg widerfährt, wird es zu dem, was jenem Jahrhundert am hartnäckigsten abgesprochen wird: zum Stil. Von Wedekind existiert eine Aufzeichnung, Kitsch sei die Gotik oder der Barock der Moderne. Dieser Satz, schwerer genommen denn ein Aperçu, umschreibt viel vom Bergschen Formgesetz. Er mochte es erfüllt haben in der Casti Piani-Szene der Lulu, von der die kurzen Variationen der Symphonie immerhin eine Vorstellung geben; Berg beurteilte jene Szene, die doch wohl im Particell ganz ausgearbeitet war, als »besonders gelungen«. Grundfalsch wäre es, auf Phänomene dieser Art, nach Musikschriftsteller-Weis, den Begriff Parodie anzuwenden. Berg haßte ihn und herrschte mich einmal an, als ich ihm, meiner Sache nicht sicher, die Komposition eines Kindergedichts als solche vorlegte. Er mochte das Lied, »es ist gute Musik, ein sehr schönes Gedicht, da ist nichts von Parodie dran«. Den Schein steigern bis zur Transparenz: das war Bergs Wille, darin befreite er sich von dem Bann der Eltern, ohne aus ihm zu entweichen. Mit rückhaltlosem Ernst überantwortete er sich dem Schein als der ihm gemäßen Gestalt von Wahrheit.

Möglich war all das nur durch ein Anwachsen der kompositorischen Extreme, die den bürgerlichen Kulturraum, in dem Berg zuhause war, schließlich sprengten. Die erotische Triebwelt der Tristansphäre stürzt bei ihm durch alle Individuation hindurch ins Es. Psychologie transzendiert in Bergs Musik sich selber. Der taumelnde Riese, der da in den Schründen der achtziger Jahre aufwacht, stammt aus Gesteinsschichten; keine Macht in seinem

Leben war groß genug, den tiefen Schlaf ganz fortzunehmen, von dem das erste Lied aus op. 2 zeugt. Die Bedrohung Bergs durchs Ungestalte geht als Ausdruck von seiner Musik aus, erregt Furcht, muß ursprünglich auch so gefühlt worden sein: der größte Schönbergskandal entstand um eines der Altenberglieder. Die Brücken der Bergschen Musik zur Vergangenheit sind schmale und zerbrechliche Stege: darunter rauscht es wild. Solcher Art war schon das intentioniert amorphe Mombertlied, das der radikale Blaue Reiter abdruckte; dann der zweite Satz des Ersten Quartetts; ganz entfesselt durfte Berg sich austoben im Marsch der Drei Orchesterstücke, einer durchaus ungeheuerlichen, vom öffentlichen Bewußtsein bis heute nicht rezipierten Musik, deren Analysis und Deutung einmal die Aufgabe einer verbindlichen Interpretation Bergs wird abgeben müssen. Als er mir die Partitur zeigte und erläuterte, meinte ich, unterm ersten graphischen Eindruck: »Das muß klingen, wie wenn man Schönbergs Orchesterstücke und Mahlers Neunte Symphonie zugleich spielt.« Nie werde ich das Bild der Freude vergessen, die das für jedes Kulturohr bedenkliche Kompliment auf seinem Gesicht entzündete. Mit einer Wildheit, die alle johanneische Sanftmut lawinengleich unter sich begrub, sagte er: »Ja, da müßte man einmal hören, wie ein Blechbläserakkord von acht verschiedenen Tönen wirklich klingt«, so als wäre er gewiß, daß kein Publikum solche Akkorde überleben dürfte; daß es sie doch überlebte und unterdessen an weit ungebärdigeres Material sich gewöhnte, ist wohl eher Zeichen von Neutralisierung als glücklicher Fortschritt musikalischen Bewußtseins. Ging Berg kompositionstechnisch von Schönbergs Erstem Quartett, von der Kammersymphonie und dann vom Pierrot aus, so war seine Liebe doch wohl mehr bei der Erwartung und der Glücklichen Hand; an der eigenen Musik ließ ihn nicht ein Mangel an Form unbefriedigt, an jener Form, um die er unendlich, und wie aus Angst sich mühte, sondern eher, daß sie ihm nicht mehr so unversöhnlich nackt klang, wie er es sich wohl gewünscht hätte. Dennoch ist das Bedrohliche noch in der Straßenszene des zweiten Wozzeck-Akts, dem Rondo des Kammerkonzerts, vielfach in der Lulu zu fühlen. Auch jene Substanz hat Berg weniger, wie das Convenu es will, ›geformt‹, als überlistet. Der Reichtum des Gestaltens selbst, die Formen der

Unersättlichkeit, zielte ins Gestaltlose. Mein prima vista-Einfall zum Marsch war etwas mechanisch, aber nicht durchaus falsch. Formen hieß für Berg stets kombinieren, auch übereinanderlegen, Unvereinbares, Disparates synthesieren, es zusammenwachsen lassen: entformen. In seiner Musik kommt das Wort konkret nach Hause. Als ich in einem Quartettsatz, den ich bei ihm arbeitete, Variations- und Sonatenform nicht, wie ich es vorhatte, zum Ausgleich bringen konnte, riet er mir bei der kritischen Stelle sogleich, und wie sich zeigte richtig, zwei vorher gebrachte Variationen miteinander zu kontrapunktieren, sie zu addieren. Die Kritikerweisheit, Musik müsse durchsichtig sein, die seit der Elektra zumal die zwanziger Jahre hindurch immer wieder hergebetet wurde, hatte keine Macht über Berg; das von Max Scheler für sich selbst erfundene letzte Wort »mehr Dunkel« hätte ebensogut er erfinden können. Alle Schönbergschen Konstruktionskünste sind bei ihm zu solchen der Selbsterhaltung von Anarchie geworden. Sie durchdringen zwar das Material, nähern es aber, mit der Ausnahme des Violinkonzerts, keineswegs der Luzidität an. Von den in seinen Tagen beliebten Schlagworten gegen das Komplexe ließ Berg sich nicht terrorisieren, er genoß das Gewusel; Transparenz war ihm nur dort angelegen, wo er ein reiches Gewebe so setzen wollte, daß es durchzuhören war; nie Selbstzweck. Das organisierende, rationale Prinzip tilgt nicht das Chaos, sondern steigert es womöglich kraft seiner eigenen Artikulation. Damit hat er eine der tiefsten Ideen des Expressionismus realisiert; kein anderer Musiker vollbrachte das ebenso.

Denn getrieben war Berg vom Ausdrucksbedürfnis, in aller Hinsicht der Widerpart Hindemiths, mit dem der Vereinsamte in den letzten Jahren freundlichen Kontakt gehabt zu haben scheint. An jenem gab er zu bewundern vor, daß seine Musik immer weiter laufe, im Gegensatz zur Bergschen, die es schwer von der Stelle bringe; freilich ließ er sich nicht ungern vom bescheidenen Wert solcher Geläufigkeit überzeugen. Die Vormacht von Bergs Ausdrucksbedürfnis über das materialgebundene Talent mochte aus seinem abgründig unartikulierten Naturell fließen. Er maß und vervielfachte seine Kräfte an der Schwierigkeit, ans Material sich zu binden. Zunächst dürfte er als Dichter sich gefühlt und dazu subsidiär komponiert haben wie hochbegabte Halbwüchsige zuweilen, auch Wagner. Der bunte Artist flog nicht auf aus der Puppe des Handwerks. Berg hat auch nicht etwa virtuos Klavier gespielt, vielmehr, mit Recht, Mißtrauen gehegt gegen alles Komponieren, das auf instrumentale Fertigkeit sich stützt. Allerorten bleibt sein literarischer Sinn fühlbar, nicht zuletzt in seiner eigenen Prosa. Der ursprünglich im ›Anbruch‹ gedruckte Aufsatz gegen Pfitzner, mit der ingeniösen Analyse der ›Träumerei‹, dürfte zur bedeutendsten Musikschriftstellerei zählen, Beweis dafür, daß der Erkenntnis und der Erfahrung weit mehr an Objektivität des musikalischen Urteils sich öffnet, als dem ästhetischen Allerweltsrelativismus lieb ist. Manche theoretischen Passagen des traumdunklen Berg verletzen die eifrigen bürgerlichen Hüter der Irrationalität der Kunstwerke durch das, was sie Rationalismus schelten und was nichts anderes ist als das Verhalten des Geistes, dem die Werke eine »Erscheinung der Wahrheit« sind. In solchem Geist verfügte Berg über eine tödliche Schärfe des – rein kompositorischen – Zitats, die ihres Vorbilds Kraus würdig und musikalisch ganz originär war.

Bergs literarischer Sinn wurde für den Komponisten fruchtbar durch die Wahl der Bücher seiner beiden Bühnenwerke und die meisterliche operndramaturgische Bearbeitung. Er fühlte sich wesentlich als Opernkomponisten und sprach sich, ungerecht genug, den Sinn für Lyrik ebenso ab wie die primär lyrische Begabung. Um 1926 plante er, Chöre nach Gedichten von Ronsard zu schreiben; Werfel und dessen Frau hatten ihn darauf aufmerksam gemacht. Mit seiner outrierten Bescheidenheit der Lyrik gegenüber drückte Berg indessen trotz allem eine genuine Erfahrung aus: das Überdimensionierte des Menschen und seines musikalischen Reagierens widerstrebte der herkömmlichen lyrischen Kürze, wie er denn selbst in der Weinarie drei Gedichte zu einer ausladenden dreiteiligen Form verband. Die Klarinettenstücke sind die Ausnahme, welche die Regel bestätigen. Dabei dachte er niemals im neudeutschen Verstande monumental. Aber seine zögernd sich expandierende Musik bedurfte großer Flächen; mußte sich Zeit lassen in sich. Zwischen der atomistischen Kleinarbeit hier und der großen Totale dort duldete er eigentlich kein selbständig Mittleres, kein Teilganzes; das ganz Kleine und das ganz Große waren ihm komplementär. Der tiefste Grund seiner Aversion gegen das traditionell Lyrische war wohl, daß er der endlichen, in sich ruhenden Gestalt überhaupt widerstrebte. Seine Musik ist ein einziger Übergang. Was er das Joviale nannte, Großzügigkeit, teilte sich bei aller Versenkung ins Detail auch dem musikalischen Gestus mit; nichts sollte coupiert werden, Musik sollte nichts versagen. Auch das empfand ich von Anbeginn als Benjamin ähnlich, und als sehr konträr zu Webern. Konstruktion bei Berg hieß eigentlich stets soviel wie aus Nichts ein Maximales machen und es widerrufen; durch und durch paradox. Die selbstzerstörerische Genialität, sich unmögliche Aufgaben zu stellen und sie dann doch zu lösen, bedurfte der besessenen Bastelei. Auch Bergs Formtypen streben auseinander nach Polen: dem Stillstand und der unmerklichen Modifikation einerseits, andererseits dem atemlosen Perpetuum mobile. Was dazwischen ist, die – Brahmsische – Norm des faßlichen, entschiedenen Fundamentschritts, war Berg zumindest bis zur Lulu fremd. – Auch im Privatleben hat er mit technischen Dingen, in die er vernarrt war, das widerspenstige Leben herausgefordert; mit dem elektrischen Zigarettenanzünder, der Schreibmaschine, dem Auto; technisches Ungeschick animierte seine gutartige Spottlust. Gern gab er mir Ratschläge über die Einstellung der Schreibmaschine, verschmähte das Rasieren nicht als Gesprächsthema. Mir, dem das umständliche Verfahren lästig war, hätte damals ein Mittel gepaßt, das den Bart ein für allemal abnähme und den täglichen Zeitverlust erspare. Berg widersprach solchem Rationalismus in gut Altenbergschem Geist: das für Frauen Angenehme eines glatt rasierten Gesichts sei davon nicht zu trennen, daß sie den sprossenden Bart darunter fühlten. An derlei Nuancen hat er für sich die Dialektik entdeckt. Von seiner geduldigen Befassung mit täglichen Dingen, und der affektiven Besetzung geringfügiger Tätigkeiten, ging nicht wenig in seine Musik ein, die manische Durchbildung der Details. Gerade weil seine ursprüngliche Anlage, der Todestrieb, ins diffus Große wollte, war er besessen von handwerklicher Treue. Glückliche Pedanterie wacht über sein radikales Werk wie nur einst über das des konservativen Stifter. Es war, als wolle technische Veranstaltung im Werk wieder einbringen, was das Leben verweigert: Bergs

Musik, darin allein schutzlos, schützt sich nach allen Dimensionen, mag auf nichts verzichten, sucht nach dem Generalnenner von Expression und Konstruktion, verbindet den Schock des Chaotischen mit dem Rausch des Klingens, autobiographische Geheimnisse mit durchgeplanter Architektur.

Die Kriterien seines unter deutschen Musikern exzeptionellen literarischen Niveaus kamen gewiß zum Teil von Kraus; nicht weniger von seiner Anlage. Darin jedenfalls übertraf er weit Schönberg und Webern; der Dramatiker konnte darauf sich verlassen; nicht nur in der Wahl der beiden Sujets und in dem Theaterinstinkt, mit dem er sie einrichtete, mehr noch in der Stellung, die seine Musik dazu bezog. Benjamin, dem Musik eher fern lag und der in seiner Jugend eine gewisse Animosität gegen Musiker hegte, sagte mir nach einer Aufführung des Wozzeck mit wahrem Tiefblick, Berg habe als Komponist zur Dichtung Büchners ähnlich sich verhalten wie Kraus zu Claudius und Göcking. Bergs literarische Sensibilität sagte ihm, man könne diese Werke nicht unmittelbar komponieren wie Verdi seine Libretti. Die Zeit zwischen ihnen und dem Komponisten ist für diesen wesentlich, er muß durchs Stilisationsprinzip Distanz zu ihnen gewinnen. Schwer zu sagen, ob sie die Voraussetzung des objektivierenden Verfahrens von Bergs Opernkompositionen ist, oder ob dies Verfahren von sich aus die Distanz schuf. Jedenfalls spürte er, vielleicht schon in heraufdämmernder Ahnung von der Problematik aller Oper heute, daß diese Form nicht ohne weiteres mehr trage, obwohl er opernreformatorische Absichten energisch von sich wies. Der Rang der Texte, die er wählte, mochte ihn zum Tribut bewogen haben, sie nicht einfach, als wären sie wehrlos, unter Musik zu setzen. In ihrer Behandlung waltete der Hang des Literators zur ›Rettung‹, einer seit der Antike tradierten literarischen Gattung. Die Behutsamkeit, mit der Berg beide Texte einrichtete, ohne sie zu beschädigen, sie komponierfähig machte, ohne doch angebliche Lyrik vor einer nicht minder konventionell vorgestellten ›Reflexion‹ zu bewahren, verdient Bewunderung. Er schwankte, ob er Hauptmanns Pippa oder Lulu komponieren solle. Nach einer Postkarte vom 11. Januar 1926 riet ihm Soma Morgenstern zur Komposition der Pippa, und Berg bat mich, dazu Stellung zu nehmen. Im November 1927 erhielt ich einen Brief von ihm, dessen wichtigster Passus lautete: »Ich habe beschlossen im kommenden Frühsommer mit der Komposition einer Oper zu beginnen. Hierzu habe ich 2 Pläne von denen *einer ganz bestimmt* ausgeführt wird. Es fragt sich also nur *welcher*. Zu diesem Zweck frage ich auch Sie um Rat: Es ist: entweder ›Und Pippa tanzt‹ oder Lulu (letzteres durch Zusammenziehung von ›Erdgeist‹ u. ›Büchse der Pandora‹ zu einem 3aktigen (6–7bildrigen) Opernbuch). Was sagen Sie dazu? Da ich unbedingt ein's davon (oder ev. beide) komponieren werde ist also eine Entscheidung *welches* von beiden (resp. ev. welches *zuerst*) vonnöten.« Über der Seite mit dem Luluplan bittet Berg um höchste Diskretion. Ob ich, wie es mir in der Rückerinnerung scheint, ihn zuerst auf die Lulu hinwies, vermag ich nicht mit Bestimmtheit mehr zu sagen; in solchen Dingen irrt man sich leicht aus Narzißmus. Jedenfalls redete ich ihm mit allen Argumenten zur Wedekindoper zu, überzeugte wohl auch den Theaterpraktiker mit dem Hinweis auf dramaturgische Mängel des Glashüttenmärchens, das zerfließt nach dem genialen ersten Akt, der Musik unwiderstehlich herbeizieht. Nach meinem Eindruck gefiel ihm Gerhart Hauptmann, mit dem Frau Mahler Berg in Santa Margherita zusammenbrachte, nicht sonderlich. Hauptmann war längst bei Kraus in Ungnade gefallen, während dieser zeitlebens an Wedekind festhielt. Bergs Stellung zu Kraus war die uneingeschränkter Verehrung; wann immer ich in Wien war, haben wir gemeinsam jede erreichbare Kraus-Vorlesung besucht. Doch glaube ich nicht, daß er damals mit ihm, den er gut kannte, selbst zusammenkam, abgeneigt der Sphäre zudringlicher Bewunderung. Dagegen schickte er Kraus gern Prachtgreuel aus der Musikpresse, zumal »ausgebaut und vertieft«; mehr als ein Zitat solcher Art dürfte in die Fackel eingegangen sein. Bei den Vorlesungen von Kraus kokettierte Berg bisweilen mit seiner Langsamkeit und behauptete, sehr pointierte Gedichte beim ersten Hören nicht ganz erfassen zu können. Die Beziehung zu Kraus war die zur Autorität; für Berg, ähnlich wie für den Georgekreis, war das Wort Meister auf einen Künstler noch unerschüttert anwendbar. Einmal redete ich von Hofmannsthal und dem Turm und von der Möglichkeit, das Trauerspiel, in der Fassung der Neuen Deutschen Beiträge, zu komponieren. Heute noch meine ich, ihm wäre kein Stoff so sehr auf den Leib geschrieben gewesen wie dieser oder der verwandte des Kaspar Hauser. Aber als getreuer Leser der Fackel wollte er mit Hofmannsthal nichts zu schaffen haben und hätte nicht um die Burg zugegeben, daß jener eine andere Seite hatte als die der Salzburger Festspiele. Eine einzige, quasi Proustische Beziehung bestand zwischen beiden: ein Dienstmädchen diente nacheinander in ihren Häusern.

Ähnlich selektiv war sein Verhältnis zu zeitgenössischen Komponisten; äußerst wenige ließ er gelten. Er wünschte, es möchten musikalisch ähnliche Maßstäbe aufgerichtet werden wie literarisch durch Kraus; tatsächlich hatte die Wirkung Schönbergs auf seine Umgebung viel davon. Bei Krenek, mit dem er befreundet war, störte ihn eine gewisse Sperrigkeit und, wenn man so sagen darf, technologische Irrationalität: wo man eine Sequenz erwarte, bemerkte er einmal, gebe es keine, wo man keine erwarte, gebe es eine. Sicherlich hat sein Urteil sich gewandelt, als Krenek die Zwölftontechnik akzeptierte. Webern liebte er ohne Vorbehalt, aber mit einem Unterton seines Spotts, so, als begehrte er leise gegen Orthodoxie auf; Fanatismus war ihm nicht verliehen. Er mokierte sich über Weberns Kürze, vor allem auch, als dessen Zwölftonstücke kaum umfangreicher gerieten als die früheren, während es doch, nach dem von Schönberg inspirierten Manifest Erwin Steins, gerade eine der Aufgaben der neuen Technik sein sollte, die Komposition umfangreicher Formen wieder zu ermöglichen. Einmal fertigten wir zusammen jene Parodie eines Webernschen Stücks an, die aus einer einzigen, mit einer Quintolenzahl überdachten, mit allen erdenklichen Zeichen und Vortragsanweisungen ausgestatteten Viertelpause bestand, die dann auch noch verlöschen sollte. Mittlere Komponisten verachtete Berg ohne Umschweife; er konnte sich ergötzen an Erwägungen darüber, ob von zwei gemäßigt modernen Wienern der, welcher peripher aus der Schönbergschule kam, oder der aus einer anderen stammende schlechter sei, entschied sich dann aber zugunsten dessen aus der eigenen; heute dächte er wahrscheinlich anders. Reger, der in den Programmen des Vereins für musikalische Privataufführungen eine große Rolle spielte, verteidigte er,

konzedierte aber ohne viel Widerstreben, daß jeder Takt aus jedem seiner reiferen Werke in jedes andere transponiert werden könnte. Was er über Pfitzner dachte, dafür zeugt die bekannte Polemik; sie entsprach dem Ideal einer musikalischen Fackel, das die von Willi Reich edierte Zeitschrift ›23‹ beseelte; Berg hatte sie wohl ersonnen. Ein paar Tage war er einmal bei Frau Mahler mit Pfitzner zusammen und belustigte sich grimmig daran, daß dieser seine in Arbeit befindlichen Manuskripte vor ihm versteckte, damit er nichts davon stehle. Bergs Beziehung zu Mahler war enthusiastisch und vorbehaltslos, vor allem die zu den späteren Werken. Die Zweite Nachtmusik aus der Siebenten haben wir, wie vieles andere von Mahler, oft vierhändig gespielt. Überhaupt pflegte er diese unterdessen wohl ausgestorbene Kunst; er hatte sie seit der Kindheit mit seiner Schwester Smaragda geübt. Diese sah George ähnlich wie Berg Wilde. An Wagner durfte nicht gerüttelt werden. Berg gab mir verschiedentlich auf, Passagen aus der Götterdämmerung zu instrumentieren und dann mit den Wagnerschen Lösungen zu vergleichen, ein ungemein lehrreiches Unterfangen.
Auf Bartók hielt er große Stücke und war unverhohlen stolz, als er in dessen Viertem Quartett den Einfluß der Lyrischen Suite gewahrte. Ein wenig kränkte ihn, daß Bartók, den zuweilen sein Weg nach Wien führen mochte, sich nie bei ihm oder einem anderen aus dem Schönbergkreis meldete. Doch waren die Temperamente der beiden inkompatibel, Bergs Urbanität und das bis zur Starrheit Unverbindliche des Ungarn. Strawinsky nahm in Bergs geistigem Haushalt nicht viel Platz ein; nur zu den Drei Japanischen Liedern, die eine Grenzzone zu Schönberg besetzen, stand er sehr positiv. Ein Faible hatte er für Suk; fühlte überhaupt sehr zu den Tschechen sich hingezogen. Die großen Komponisten der traditionellen Musik waren ihm, wie der gesamten Schönbergschule, kanonisch; daß die neue Musik objektiv auch Kritik der traditionellen ist, hätte er fraglos abgelehnt. Passioniert stand er zu Schumann; sein Lieblingslied war das wenig bekannte ›So oft sie kam‹. Die Beziehung seines eigenen Tons zum Schumannschen entging ihm nicht. Was heute als ›Barockmusik‹ kursiert, ließ ihn gleichgültig; ihm fing die Musik mit Bach an. Gegen abfällige Bemerkungen, die ich über Bruckner machte, wendete er nichts ein, obwohl

er sicherlich die Unreife meiner Ansicht durchschaute. Er überließ die Korrektur der Entwicklung: sie erfolgte erst nach seinem Tode, unter dem unvergeßlichen Eindruck der Webernschen Aufführung der Siebenten in London.

Schon zu seinen Lebzeiten spielte man Berg, als den Eingängigeren, gern gegen Schönberg aus. Ihm war das besonders widerwärtig. Für seine Stellung zu Schönberg gilt wohl die Formel, daß dieser Bergs Erfolge beneidete, Berg Schönbergs Mißerfolge. Einer gewissen Eifersucht Schönbergs auf ihn war er sich bewußt. Immerhin beanstandete er an Schönbergs ersten Zwölftonkompositionen Mangel an expressivem Gehalt; im Alter eroberte Schönberg die Expression sich zurück, dafür trat jener Mangel später, in der Breite der Produktion nach 1945, desto bedrohlicher hervor; zuweilen eiferte die Kranichsteiner Generation gegen den style flamboyant. Doch wahrte Berg auch angesichts der Wendung des Lehrers, die ihn erschreckt haben mag, seine Liberalität; er brachte vor, eine neue Technik dürfe erst einmal mit einer gewissen Verflachung des Gehalts bezahlt werden, der ihr dann schon zuwachse. Die Phase Schönbergs, in der eben das geschah, hat er nicht mehr miterlebt. Ernsthaft dagegen irritierte ihn an Schönbergs Idiom, seinem ›Ton‹, ein Moment des Insistierenden, Advokatorischen, Rechthaberischen; so an den einleitenden Takten des Marschs der Serenade. Bergs eigener Art war es gemäß, immerdar sich ins Unrecht zu setzen und dadurch der Welt, von deren Übermacht er a priori überzeugt war, stets wieder zu entschlüpfen.

Als ich nach Wien kam, stellte ich mir den Schönbergkreis einigermaßen festgefügt vor, nach Analogie zum Georgeschen. Das galt schon damals nicht mehr. Schönberg, wieder verheiratet, lebte in Mödling; er wurde, so dünkte es zumindest der alten Garde, von seiner jungen und eleganten Frau ein wenig von den Freunden aus der heroischen Zeit isoliert. Webern wohnte wohl bereits draußen in Maria Enzersdorf. Man sah sich nicht häufig. Berg klagte besonders darüber, daß er mit Webern und mit Steuermann, an dem er sehr hing, selten zusammenkomme, und machte dafür die keineswegs so formidable Größe Wiens verantwortlich. Doch mochte ihn insgeheim von den anderen Schönbergschülern eben seine Liberalität leise sondern, wohl auch das

Bedürfnis des überaus Schmerzempfindlichen und Anfälligen, der Tyrannis des Kollektivs so gut es ging auszuweichen. Schönberg lernte ich durch Berg kennen, an einem Sonntag in Mödling, wo Webern in einer Kirche die f-moll-Messe von Bruckner dirigierte. Zur näheren Berührung kam es erst in der Wohnung von Kolischs Mutter, in der Wiedner Hauptstraße. Berg nahm mich eines Abends dorthin mit. Die Kolischs spielten damals in einer völlig neuartigen, von Schönberg einstudierten Aufführung das f-moll-Quartett op. 95 von Beethoven.

Zu jener Zeit verkehrten Berg und seine Frau viel mit einem dem Schönbergkreis sehr ergebenen Rechtsanwalt Ploderer. Befreundet war er mit Soma Morgenstern, zu dessen polnischem Musikerkreis unter anderen Jascha Horenstein und Karol Rathaus zählten. Der Witz und die Schlagfertigkeit Morgensterns haben Berg sehr imponiert, ich war deswegen auf den Älteren und Erfahreneren, den ich sehr gern hatte, gewiß eifersüchtig. Mein eigener philosophischer Ballast fiel wohl für Berg zuweilen unter die Kategorie dessen, was er fad nannte; ich machte einmal einen Spaß darüber, ohne daß er mir ernstlich widersprochen hätte. ›Fad‹ als Sammelname für alles nicht sinnlich Schmeckende gehörte überhaupt zu Bergs bevorzugten Worten. Sicherlich war ich damals tierisch ernst, und das konnte einem reifen Künstler auf die Nerven gehen. Aus lauter Verehrung trachtete ich, nie etwas zu sagen, als was ich für besonders tief hielt, ohne daß ich diesen Anspruch stets erfüllt hätte; noch ahnte ich nicht, daß emphatisch produktive Menschen im Umgang mit anderen eher von jenem Äußersten an Intensität und Anspannung sich erholen möchten, das mir damals das ihrer allein Würdige dünkte.

Bei Alma Mahler führte Berg mich ein, damit ich dort der Sängerin Barbara Kemp, die ursprünglich im Dezember 1925 in Berlin die Marie kreieren sollte, deren Partie vorspielte; zu jener Besetzung ist es dann doch nicht gekommen. Als später Berg und ich wieder mit der Kemp zusammentrafen, ging sie mit uns Unter den Linden auf und ab und wiederholte unermüdlich, sie arbeite an einer ganz neuen Interpretation der Carmen, sie fasse diese als Dirne auf. Daß Frau Mahler nicht der imago entsprach, die ein Einundzwanzigjähriger mit dem Namen verband, leuchtet ein. An jenem ersten Nachmittag sagte sie mir: »Gestern abend hab' ich dem Beer-Hofmann gesagt: Kinder, euch fehlt oans, 's Blut.« Berg nahm, was ich auf dem Herzen hatte, lachend, eher zustimmend zur Kenntnis. Immerhin glaubte ich ihm schuldig zu sein, ein paar bewundernde Phrasen über ihre vielgerühmte Vitalität von mir zu geben, obwohl ich Frau Mahler keineswegs mehr als reizvoll empfand. Berg hakte ein und bat mich, ich möchte, was ich gesagt hatte, ihr, die nach Venedig abgefahren war, schreiben. Das tat ich und erhielt postwendend eine überaus herzliche Antwort; allerdings vierzehn Tage darauf den fast wörtlich gleichen, womöglich noch herzlicheren Brief zum zweiten Mal: offensichtlich hatte sie vergessen, daß sie ihn mir schon geschrieben hatte.

Frau Mahler hat jedenfalls das Verdienst, daß sie, als Berg in materiell schwieriger Lage sich befand, dem Wozzeckauszug zum Druck verhalf. Bergs elterliche Familie war offenbar wohlhabend, wenn auch nicht reich; sonst wären nicht unmittelbar nach dem Tod des Vaters die Verhältnisse prekär geworden. Sie blieben es, mit Schwankungen, ausgenommen die paar Jahre zwischen der Uraufführung des Wozzeck und dem Ausbruch des deutschen Faschismus. Bergs äußeres Leben war der Bedrängnis abgewonnen und von ihr beschattet; unter all dem Guten, was Helene Berg für ihn tat, war sicherlich nicht das Geringfügigste, daß wesentlich sie es vermochte, die Schwierigkeiten so zu meistern, daß sie unbemerkbar wurden. Niemand als die Stolze wüßte zu sagen, was den beiden insgeheim an Entbehrung aufgebürdet war, wieviel Zeit sie mit Sorgen verloren, die eine Schmach sind für die Umwelt, in der sie lebten. Aber für den Einzelnen sind Armut und Reichtum nicht ohne weiteres und unmittelbar identisch mit den tatsächlichen Besitzverhältnissen, gewiß nicht innerhalb des Bürgertums. Ich habe Menschen gekannt, einen berühmten Universitätslehrer, einen leitenden Radiofunktionär, die sehr viel Geld verdienten und trotzdem ein Air von Armut und Dürftigkeit nie los wurden. Umgekehrt gibt es solche, die es knapp haben, doch nie den Eindruck von Armut erwecken. Einer von ihnen war Berg. Die Atmosphäre hatte, das Wort recht verstanden, stets etwas Herrschaftliches. Der erste Grund dafür war die selbstverständliche Haltung gut Gewöhnter; ähnlich fanden ehemals wohlhabende Emigranten sich leichter in die ungewohnte Dürftigkeit und klagten weniger als kleinbürgerliche. Hinzu kam ein schwer abzuleitender gentleman- und ladyhafter Gestus der beiden, ausgehend bereits von ihrer Erscheinung. Je weniger sie dessen sich bewußt waren, desto nachhaltiger wirkte er. Nichts in ihrem Lebensstil war Bohème. Kaum je sah ich eine Wohnung, in der ich mich wohler fühlte; sie hatte etwas Weiträumiges, Larges, das zum Bergschen Ideal des Jovialen sehr genau paßte. Erleichtert wurde das Dasein der Beiden dadurch, daß das noch lange über den ersten Weltkrieg hinaus nicht so ganz durchkapitalisierte Österreich Intellektuellen annehmbare Schlupfwinkel bot, in denen sie mit einigem Behagen überwintern konnten; so half die sozialdemokratische Stadtverwaltung durch rigorosen Mieterschutz. Im stillen habe ich mich, wie übrigens bei vielen Wienern der freien Berufe, darüber gewundert, wovon Berg eigentlich bis zu seinem großen Erfolg lebte. Er unterrichtete nur ein paar Schüler; die Honorare waren im Vergleich zu den damals in Deutschland üblichen bescheiden. Etwas vom Familienvermögen, vor allem der Kärtner Hausbesitz, war noch übrig. Etwa zwischen 1928 und 1933, vielleicht schon ein paar Jahre früher, zahlte ihm die Universal Edition ein Fixum. Nicht anders als Schönberg hing er an dem Verlag, vor allem an dessen Direktor Hertzka, der tatsächlich einen außerordentlichen Instinkt für die großen Komponierbegabungen seiner und der nächstfolgenden Generation bewies. Als Berg von den Nationalsozialisten als Kulturbolschewist verfemt wurde und seine Stücke nichts mehr einbrachten, ging es ihm schlecht. Nach dem Wozzeck hatte der Lebensstil sich ausgeweitet; seine Freude hatte er an einem kleinen Auto, das er, soviel ich weiß, bis zuletzt behielt. Nach 1933 wurde zu einer Einnahmequelle der Verkauf von Bergs Manuskripten; ich selbst suchte vergebens das Interesse einer englischen Mäzenatin für das der Lyrischen Suite zu wecken; in den letzten Briefen, die er mir schrieb, spielte das Projekt eine erhebliche Rolle. Den Kompositionsauftrag von Louis Krasner, der zur Komposition des Violinkonzerts, freilich auch zur Unterbrechung der Instrumentation der Lulu führte, empfand er als große Erleichterung. In jenem Jahr verbrachte er zum ersten Mal einen ganzen Winter auf dem Berghof, in Wahrheit wohl, weil man dort kaum etwas zum

Leben brauchte. Es ist ein trostloser Aspekt von Bergs Biographie, daß er, wahrscheinlich um Geld zu sparen, nicht sogleich die Furunkulose von den besten erreichbaren Ärzten durchgreifend behandeln ließ, obwohl an seinem Tod der Geist des »Da kann man halt nix machen«, Resignation, vielleicht seine eigene Müdigkeit ihren Anteil hatte. Angesichts der Morde an Millionen, welche die Nationalsozialisten begingen, vergißt man subtilere Untaten des Dritten Reiches: hätte es sich nicht stabilisiert, so hätte Berg wohl nicht zu sterben brauchen. Noch in seinem Tod paarte sich das Panische mit Zartheit, das grausig Folgerichtige mit dem Grundlosen.

Den Lehrer zu schildern, wird mir schwer, weil, was ich von ihm empfing, so sehr mein musikalisches Dasein durchdrang, daß ich selbst heute, nach vierzig Jahren, noch keine rechte Distanz gewonnen habe. Als ich zu ihm kam, hatte ich, was man auf dem Konservatorium lernt, in Privatstunden bei Bernhard Sekles hinter mich gebracht, mit Ausnahme des vierstimmigen Palestrinakontrapunkts, den ich später nacharbeitete. Berg entschied sich von der ersten Stunde an, als ich ihm einiges zeigte, dafür, nichts Schulmäßiges mit mir zu betreiben, auch nicht Formenlehre und das, was auf Akademien als ›freie Komposition‹ läuft, sondern nur meine eigenen Sachen mit mir durchzusprechen. Um eine Vorstellung vom Unterricht bei ihm zu geben, muß man sich seine spezifische Musikalität vergegenwärtigen. Auch als Lehrer reagierte er langsam, beinahe brütend, seine Kraft war eine der geistigen Imagination und des höchst bewußten Verfügens über die Möglichkeiten, dazu starke und ursprüngliche Phantasie in allen kompositorischen Dimensionen; keiner unter den neueren Komponisten, auch Schönberg und Webern nicht, waren so sehr das Gegenteil des in jenen Jahren ideologisch aufgeplusterten Musikanten wie er. Gewöhnlich sah er sich, was ich brachte, lange an und rückte, vor allem bei Stellen, über die ich nicht hinausgekommen war, mit Lösungsversuchen heraus. Niemals umging er Schwierigkeiten durch Geschick oder glich sie aus, sondern traf den Nagel auf den Kopf: wenn einer, dann wußte er, wie sehr ein jeder richtig komponierte Takt ein Problem, Wahl zwischen Übeln ist. Konsequent bildete er mein Gefühl für musikalisches

Formniveau, impfte mich gegen das nicht Durchartikulierte, Leerlaufende, vor allem auch gegen mechanische und monotone Rudimente inmitten eines aufgelösten Komponiermaterials. Was immer er am Einzelfall exemplifizierte, war von solcher Evidenz, daß es für alle Zukunft sich einprägte. So beanstandete er an der Begleitung eines Lieds, das mir sehr am Herzen lag, den übermäßigen Gebrauch großer Terzen, zu dem ich damals überhaupt neigte, und kurierte mich damit ein für allemal von harmonischem Füllsel. Sehr drängte er auf die Vielheit voneinander unterschiedener Gestalten, auch im engsten Raum, freilich dann stets willens, sie miteinander zu vermitteln. Alle seine Korrekturen trugen unverkennbar Bergschen Charakter. Er war viel zu ausgeprägt als Komponist, um sich, wie die Phrase lautet, einfühlen zu können; jeder einigermaßen Erfahrene wird an den Stücken, die er mit mir durchging, leicht die Stellen identifizieren, die auf ihn zurückgehen. Aber so sehr die Lösungen die seinen waren, so sehr bezeugten sie doch objektiven Zwang, waren niemals aufgepfropft. Viel Liebe verwendete er darauf, mir meine Hemmungen beim Komponieren abzugewöhnen, wie er mich denn, anders als Schönberg mit seinen Schülern umging, stets ermutigte; ich glaube, er mißbilligte, daß ich überhaupt anderes tat als komponieren. Um mich daran zu verhindern, mich so sehr ins Detail zu verbeißen, daß der Zusammenhang litt, oder um ein Stück vorwärts zu bringen, wenn ich daran verzweifelte, riet er mir, über weite Strecken nur eine oder zwei Stimmen, unter Umständen sogar ohne bestimmte Noten, einzig mit Rhythmen oder Kurven, gleichsam neumisch zu skizzieren; später habe ich den Trick in die literarische Technik übertragen. Was er mir an Anweisungen übermittelte, hatte unzweideutig den Charakter von Lehre, der Autorität ›unserer Schule‹. In ihrem Namen hielt er seit der ersten Stunde mich dazu an, quasi symbolisch jeder einzelnen Note ein Versetzungszeichen: Kreuz, b oder Auflöser zu geben. Das Hauptprinzip, das er übermittelte, war das der Variation; alles sollte eigentlich aus einem anderen entwickelt sein und dabei doch in sich unterschieden. Für schroffe Kontraste hatte er, im Gegensatz zu Schönberg, wenig übrig. Er gab mir nicht wenige einigermaßen handfeste Regeln mit, die gewiß der Modifikation bedurften, von ihm auch nie starr gemeint waren, die aber in ihrer Drastik sich pädagogisch überaus bewährten, Mittel zur Rechenschaft über das jeweils Angestrebte. So hielt er grundsätzlich zwei Typen des Komponierens auseinander, den symphonischen, dynamisch und gestaltenreich organisierten, und den, welchen er, möglicherweise mit einem Terminus Schönbergs, »Charakterstück« nannte: das sollte jeweils durch einen einzelnen, möglichst prägnanten Zug sich definieren und durch ihn vom Folgenden sich abheben; als Muster dafür zog er die Georgelieder und den Pierrot von Schönberg heran.

In späteren Jahren, mit steigender Weltkenntnis, hat Berg, gleichwie in Kompensation der mit dem Alter zunehmenden Isoliertheit, eine Art diplomatischer Lebensstrategie sich erworben, nicht unähnlich wie Benjamin es gern getan hätte, doch mit mehr Erfolg. Ich nannte ihn den Außenminister seines Traumlands, und er hat darüber gelacht. Wenig Wozzeckaufführungen wird es gegeben haben, bei denen er nicht die Hauptbeteiligten, vor allem die Dirigenten, mit Photographien bedacht hätte, auf die er generöse Widmungen schrieb. Mehr als ein Kapellmeister wird noch heute dessen sich rühmen können, er hätte gerade seine Aufführung für die beste erklärt, die es je gegeben habe; in Wahrheit hielt er für authentisch doch wohl nur die unter Erich Kleiber. Aber jene Attitude des reifen Berg war nicht menschenverächterisch. Allmählich lernte er, seine großherzige und verbindliche Freundlichkeit, ursprünglich dem Realitätsprinzip konträr, in dessen Dienst zu stellen, ohne daß er es wohl gemerkt hätte; Ähnliches habe ich bei schüchternen und verwundbaren Menschen öfter beobachtet. So unversöhnlich fühlte er seinen Antagonismus zum Bestehenden, so sehr empfand er seine Erfolge a priori als Mißverständnisse, daß er Taktik als sein Menschenrecht ausbildete. Wer darüber moralisieren wollte, machte sich zum Sprecher der Welt, die desto mehr Unmittelbarkeit fordert, je gründlicher sie diese verhindert. Berg kehrte ihre eigenen Waffen gegen sie. Indem er seine monadologische Position bezog, befolgte er die weltliche Spielregel der unverbrüchlichen Selbsterhaltung des je Einzelnen und verteidigte dadurch seine Integrität. In den elf Jahren, die ich ihn kannte, spürte ich stets mehr oder minder deutlich, daß er als empirische Person nicht ganz dabei war, nicht ganz mitspielte; zuweilen brach das in

Momenten der Abwesenheit durch, die auf den ausdruckslosen Ausdruck seiner Augen genau sich reimten. Er war nicht mit sich selbst identisch, so wie das Ideal des Existentiellen es verhimmelt, sondern hatte eine eigentümliche Unangreifbarkeit, sogar etwas Unbeteiligtes, Zuschauerhaftes, wie Kierkegaard es nur aus Puritanismus am Ästhetischen geschmäht hat. Noch die Passion wurde ihm, während er ihr sich überließ, Material fürs Kunstwerk; der Wagner, der vor Gattin und Geliebter nach Venedig floh, um dort den dritten Tristanakt zu schreiben, mochte nicht viel anders sich verhalten haben; Analoges haben Thomas Mann, Gide, Proust notiert. Bergs empirisches Dasein unterstand dem Primat der Produktion; er schliff sich selbst als ihr Instrument, und seine erworbene Lebensklugheit lief nur darauf hinaus, Bedingungen herzustellen, die ihm gestatteten, eigenen physischen Schwächen und psychologischen Widerständen das œuvre abzuzwingen. Er wußte dem Tod sich stets so nahe, daß er das Leben als Provisorium nahm, ganz nur dem zugewandt, was bleiben könnte, dabei ohne Härte und ohne Egoismus. In Berlin hat er einmal, unter unmittelbarer Lebensgefahr, einen Menschen von den Schienen der Untergrundbahn weggerissen, der eine Sekunde später zermalmt worden wäre. Elementar war er bereit, alles von sich herzuschenken, auch das Kostbarste, seine Zeit. Seine Distanz zum Menschlichen war menschlicher, als was unter Menschen für menschlich gilt. Er krallte sich nicht fest in sein Leben, es stand wie unter einer Vorbehaltsklausel, narzißtisch und selbstlos zugleich. Daher wohl seine Ironie. Sollen Intellektuelle keine Väter sein, dann war Berg der unväterlichste, den man sich erhoffen kann; seine Autorität war die der vollkommenen Abwesenheit von autoritärem Wesen. Ihm gelang es, kein Erwachsener zu werden, ohne daß er infantil geblieben wäre.

Zu Werken

Analyse und Berg

Berg war Analysen freundlich gesinnt. Die von Werken Schönbergs, den Gurreliedern, Pelléas und Mélisande und der Ersten Kammersymphonie, hat er in seiner Jugend mit all seiner Sorgfalt durchgeführt. Sie sind veröffentlicht, wenn auch längst nicht so bekannt, wie sie es verdienten; besonders die der Kammersymphonie, eines heute noch schwierigen Stücks, darf als exemplarisch gelten; eine Sammelpublikation wäre anzuraten. Der Aufsatz über Schönbergs d-moll-Quartett öffnete die Perspektive eines ganzen Buches über jenes Werk, das leider ungeschrieben blieb; die Analyse der Träumerei hat zu all ihren anderen Verdiensten auch das, die Erfahrungen des motivisch-variativen Denkens der Schönbergschule auf ein Gebilde der traditionellen Musik höchst produktiv anzuwenden. Sie rechnet zu den wenigen Texten, die auf die Frage, warum ein bestimmtes Kunstwerk mit Grund schön genannt wird, bündig oder, mit einem Lieblingswort von Berg, »verbindlich« antworten. Der Konzeption der Schönbergschule von der objektiven Qualität und von objektiven Kriterien des Komponierten ist gemäß, daß sie, gestählt an der eigenen selbstkritischen Anstrengung, musikalische Einsicht nicht jener Art von Gefühl überantwortet, die vielfach nichts ist als ein dumpfes Gemisch dem Gegenstand unangemessener Reaktionsweisen. In einem gleichsam umgekehrten, beim Resultat ansetzenden kompositorischen Prozeß gilt es zu versuchen, der Objektivität des Rangs von Kompositionen durch Versenkung in ihr Ganzes und ihre Mikrostruktur innezuwerden. Tatsächlich erfährt jeder ernsthaft der Sache verpflichtete musikalische

Interpret an sich, daß er keine andere Möglichkeit hat, Gewebe, Ökonomie, Schichtung, Zusammenhang authentisch darzustellen, als die vorgängige Analysis. Mißtrauen ihr gegenüber – meist schon, wie es an Freud sich zeigte, gegen das Wort – verbündet sich nicht bloß mit einer unkritisch irrationalistischen Ansicht vom Kunstwerk sondern mit reaktionärer Haltung insgesamt. Sie wähnt jegliche Substanz von deren Erkenntnis bedroht, während, was standhält, nur daran sich bewährt, daß es in eindringender Erkenntnis sich entfaltet. Die Feinde der Analyse verwechseln, tatsächlich oder fiktiv, die bis zum Pleonasmus selbstverständliche Rationalität des erkennenden Verfahrens mit einer rationalistischen Ansicht von dem zu Erkennenden; die Methode wird fälschlich, unvermittelt der Sache gleichgesetzt, der sie sich nähern will. Das zuverlässigste Symptom eines solchen bürgerlichen Irrationalismus, der die Kunst als Sonderbereich ausgrenzt, ideologisch-komplementär zur herrschenden ökonomischen und gesellschaftlichen Pseudorationalität, ist das idiotische und unausrottbare Argument, das dem Analytiker automatisch entgegentönt: ob die von ihm aufgedeckten Zusammenhänge dem Komponisten bewußt gewesen, ob sie beabsichtigt seien. In der Kunst kommt alles auf das Produkt an, dessen Organ der Künstler ist; was ihm selbst vorschwebte, läßt sich kaum je zwingend rekonstruieren, ist aber auch weithin irrelevant. Das Werk zwingt, kraft seiner immanenten Gesetzlichkeit, dem Autor, seinem Vollstrecker, Züge auf, ohne daß er darauf eigens reflektieren müßte. Es wird um so besser sein, je vollkommener der Künstler zur Sache sich entäußert. Seine Subordination unter die Forderungen, die es ihm vom ersten Takt an präsentiert, wiegt unvergleichlich viel schwerer als die Intention des Künstlers. Schönberg hat dafür, gerade an der Ersten Kammersymphonie, schöne Beispiele angeführt.

Man muß freilich den Begriff der Analyse, soll er nicht tatsächlich in schlechten Rationalismus ausarten, hoch genug spannen. Analyse geht auf die konkreten Momente, aus denen eine Musik sich zusammensetzt. Sie hat nicht zum Maß deren Reduktion auf mehr oder minder abstrakte und, innerhalb gegebener Idiome, relativ identische Bestimmungen; sonst wird sie, nach Metzgers

Bemerkung, tautologisch. Sie bemüht sich ums Fleisch, nicht ums Skelett. So wenig zumal in der traditionellen Musik von gewissen abstrakten, mehr oder minder invarianten Strukturmomenten abzusehen ist, deren Bedeutung mit der Fiber in lebendiger Wechselwirkung steht, hat man doch niemals ein Werk begriffen, solange man es einzig auf derlei abstrakte Ureinheiten zurückführt. Zu bestimmen ist vielmehr deren wechselnder Stellenwert in der Konstellation der einzelnen Werke; durch solchen Wechsel nehmen selbst abstrakte Invarianten jeweils extrem verschiedene Bedeutung an. Berg hat nicht etwa der Rondoform in der letzten Szene des zweiten Wozzeckaktes oder im Finale des Kammerkonzerts, wie verdinglichtes Bewußtsein es möchte, sich bedient: durch die Funktion, welche der traditionelle Formtypus hier und dort übernimmt, wird er zugleich beide Male zu einem ganz Verschiedenen, vom traditionellen Typus Abweichenden. So groß das Verdienst Heinrich Schenkers bleibt, die musikalische Analyse gegenüber der Leitfadenliteratur und der poetisierenden Umschreibung als Instrument zur Erkenntnis der musikalischen Vorgänge oder, wie er mit Recht es nennt, des musikalischen »Inhalts« geschliffen zu haben – die Ähnlichkeit der von ihm herausgestellten sogenannten Urlinien untereinander spricht, trotz seiner eifernden Beteuerungen des Gegenteiles, gegen deren Fruchtbarkeit. Seine Analysen terminieren in der Allgemeinheit, nicht im Spezifischen am einzelnen Werk. Daß an jener Allgemeinheit große Kunst ihre Größe habe, ist verzweifelte Apologie. Schenker hält, was am Kunstwerk allgemein und unveränderlich ist, für sein Wesen, in Harmonie mit seiner reaktionären Attitude, musikalisch gesprochen: mit seiner Vergötzung der Tonalität. Seine Methode, nicht zufällig an Beethoven entwickelt, bei dem ja, wenn man will, die Tonalität selbst ›thematisch‹ war, von der Komposition nicht nur vorausgesetzt sondern bestätigt wird, ist nicht auf exemplarische Gebilde der neuen Musik wie die Werke Bergs anzuwenden, in denen von Anbeginn die traditionellen Kategorien und das tonale Idiom, wie tief auch seine Spuren gegraben sein mögen, durch die emphatische Tendenz zur Besonderung gebrochen werden.

Analyse, die das vulgäre Vorurteil so gern als atomistisches

Unterfangen, als Zerstückelung der Gestalt von sich abwehrt, hat ihr Daseinsrecht an dem Moment des Zusammengesetztseins, das keine organisierte Musik von sich abzuschütteln vermag und das gerade in den kanonisierten Werken der Tradition unvergleichlich viel weiter reicht, als der herrschenden Kunstreligion genehm ist. Den musikalischen Kunstwerken wird von Analyse heimgezahlt, daß sie wahrhaft ›komponiert‹, aus Einzelnem zusammengesetzt sind; der Schein berichtigt, den sie hervorbringen, eben der ihres absolut gestalthaften Seins, der absoluten Vorgängigkeit des Ganzen und seines Flusses vor dem, woraus er sich fügt. Als Zerstörung jenes Scheins ist Analyse kritisch. Das spüren ihre Gegner recht wohl. Sie wollen von ihr nichts wissen, weil sie fürchten, mit jenem Schein absoluter Sinnhaftigkeit des Ganzen werde ihnen das geraubt, worin sie ein Geheimnis des Kunstwerks zu besitzen und zu hüten meinen, das doch in weitem Maß mit dem Schein übereinkommt. Gleichwohl ist damit eine Grenze der üblichen Analysen genannt und auch derjenigen, die ich zu dem Reichschen Bergbuch 1937 beisteuerte und die nun wieder erscheinen. Nur freilich wäre nicht, wie es dem Vorurteil behagt, ein Weniger an Analyse gefordert sondern ein Mehr, deren zweite Reflexion. Nicht genügt, die Elemente, sogar nicht die konkretesten Urzellen, die sogenannten ›Einfälle‹ analytisch herzustellen. Vor allem wäre nachzukonstruieren, was daraus wird, oder, nach Schönbergs Wendung, die »Geschichte eines Themas« zu schreiben. Bei Berg vollends hat die überlieferte Elementaranalyse deshalb etwas Schiefes, weil seine Musik ihrer Struktur nach, und das ist ihr höchst eigentümlich, nicht in irgend der Überlieferung kommensurabler Weise aus Elementen sich zusammensetzt. Sie befindet sich, kraft ihrer immanenten Richtungstendenz, in einem Prozeß unablässiger Spaltung. Sie strebt dem Element als ihrem Resultat zu, und zwar als einem dem Nichts angenäherten Grenzwert. Das ist das technische Korrelat dessen, was als Todestrieb der Bergschen Musik gedeutet wurde. Während sein Idiom in vielem der tonalen Musik näher steht als Schönberg und Webern, opponiert er in dieser Dimension schroffer als seine Freunde. Übernahm er von Schönberg die Technik der »entwickelnden Variation«, so lenkte er sie, unbewußt, in umgekehrte Richtung. Aus einem Minimum an Elementen, nach Schönbergs Idee, ein Maximum an Gestalten hervorzubringen, ist nur die eine Schicht von Bergs Komponieren; tiefer die andere: daß Musik durch ihren Verlauf sich auflöse. Sie endet im Minimum, virtuell im einzelnen Ton. Dadurch ähneln die Bestandteile rückläufig sich einander an und erfüllen das Ökonomieprinzip umgekehrt. Bei Berg mehr wohl als bei jedem anderen Komponisten ist die Art Elemente, auf welche die Analyse dringt, kein Erstes, Ursprüngliches sondern Ergebnis, durch und durch in sich vermittelt. Das Programm zukünftiger und zureichender Erkenntnis von Berg wäre die Analyse solcher Vermittlung, vielleicht verwandt dem, was ich am Schicksal mancher thematischer Gestalten bei Mahler und in der Interpretationsanalyse des Bergschen Violinkonzerts aus dem ›Getreuen Korrepetitor‹ zu demonstrieren versucht habe. Der Begriff der Analyse wird einmal bei Berg so sehr sich umzuwenden haben, wie seine Musik sich umwendete vom Ziel des Ganzen weg auf das Kleinste, in dem das Ganze verschwindet. Bekannt, und vielfach belegt ist, daß Berg es liebte, an musikalische Kategorien der Vergangenheit in extremer Metamorphose anzuknüpfen. Eine solche Kategorie des Wiener Klassizismus wäre, wofür, vielleicht nach einem Terminus von Schönberg, der Name Auflösungsfeld sich eingebürgert hat: jene typischen Takte gegen Ende der Sonatenexposition, vor der Coda, in denen das motivische Leben, oft auf der Dominante, einem rein harmonischen Tonspiel, mit Trillern über der Dominante, wich. Berg hat solche Auflösungsfelder, als Form-Mittel, über die ganze Komposition ausgebreitet, mit der Motivtechnik der ›Reste‹ und mit dem Prinzip des musikalischen Differentials verschmolzen; virtuell wird der ganze Satz zu seinem eigenen Auflösungsfeld[1]. Was einmal Akzidens

1 In der Auflösungstendenz wagte sich zuweilen der französische Impressionismus, so der zweite Band der Préludes für Klavier von Debussy, ebensoweit vor; die Affinität liegt zutage und ist den Kommentatoren nicht entgangen. Desto essentieller der Unterschied. Debussy, dessen kompositorische Reaktionsweise zutiefst statisch war, präsentiert die Auflösungsfelder und ihre Elemente fertig, als bereits Gewonnenes. Berg ist insofern Glied der deutschen Überlieferung »entwickelnder Variation«, als er das Gewordene, die Auf-

war und konventionell, erhebt er zum Wesen und, durch folgerechten Gebrauch, zu dem Medium, das die Konvention mit unerbittlicher Zartheit vernichtet.

Die Analyse von Bergs Musik gerät in die sonderbare Situation, daß jene in gewissem Sinn ihre eigene Analyse vollstreckt. Die technische Tendenz Bergs meint einerseits, daß die Musik unablässig, als permanentes Werden, in Kleinstes sich aufspaltet. Andererseits kann dies Kleinste, eben um seines infinitesimalen Charakters willen, eigentlich gar nicht mehr als Element aufgefaßt werden, so wie es bei Analysen der Fall zu sein pflegt. Das impliziert nicht weniger, als daß, unterm strukturellen Aspekt von Werden schlechthin, das jegliche Verfestigung und dadurch sogar die eigene Struktur widerruft, Bergs Musik im Verhältnis zu aller anderen neuen ein radikal Neues bietet. Erst der Reflexion auf ihre Analysierbarkeit wird das offenbar. Die Signatur von Bergs Musik ist, daß sie vermöge des Akts ihrer permanenten Selbstproduktion, dadurch, daß der Schaffensprozeß gleichsam zum Gebilde an sich wird, zum Nichts transzendiert. Sie vollführt eine Doppelbewegung. Ihr in sich analytisches Verfahren bedroht sie mit der ununterschiedenen Gleichheit dessen, worein sie zerfällt; zur Artikulation eben dieses Vorgangs aber verlangt sie gesteigerte konstruktive Plastik. Das Undeutliche wird zum Movens von Deutlichkeit. Wenn beim reifen Berg am Ende eine jegliche Phrase oder Teileinheit nicht nur dem denkenden Nachvollzug ihren Formsinn mit vollkommener Eindeutigkeit enthüllt, sondern von sich aus jenen Formsinn so kräftig ins unmittelbar wahrgenommene Phänomen setzt, als sagte ein Nachsatz: ich bin ein Nachsatz, und eine Fortsetzung: ich bin eine Fortsetzung, so ist diese unverwechselbare Meisterschaft musikalischer Funktionsbestimmung geradezu erzeugt von unstillbarer Sehnsucht nach dem Amorphen, Gestaltlosen, dem Grundwesen Bergs. Der Satz, sie sei zwischen Extremen polarisiert, deren jedes durchs andere vermittelt ist, bezieht sich nicht allein auf den Bergschen Ton, auf Ausdruck und Physiognomik seiner

lösungsfelder bis hinab zu ihren Differentialen, nicht nur produziert sondern ihr Werden, oder Vergehen, als den eigentlichen Inhalt der Komposition erscheinen läßt und gestaltet.

Stücke. Er definiert streng ihre Faktur. Das musikalische Etwas kann sie als Verdinglichung nicht ertragen, muß aber eben diese primäre Reaktionsweise objektivieren, um sie auszudrücken, und darum doch wieder das Nichts zum Etwas machen.

Ihre Legitimation hat die Analyse von Bergs Musik, weil es in ihr möglich und absehbar ist, was freilich insgeheim die Idee musikalischer Analyse überhaupt bildet: die künstlerische Essenz von Musik, ihr Beredtes, ihren Namen in technologischen Sachverhalten zu ergreifen. Die Expression Bergs, die eines organisch Lebendigen, das sich erhält, indem es sich vergeudet, die eines Lebens als Inbegriff von Tod, ist in der kompositorischen Komplexion zu identifizieren. Seine Musik ist gewaltlos, konkret und tödlich wie Schlingpflanzen; das ist ihre wahre Moderne, wie sie erst ganz in der Beschaffenheit mancher wuchernd entgegenständlichter Gebilde der jüngsten Malerei und Plastik ihre Korrespondenz gefunden hat.

Aus den Analysen, die folgen, mehr noch aus der Kontinuität der Erfahrung von Bergs Musik über mehr als vierzig Jahre hin, hat ein solches Programm sich kristallisiert. Was zu einzelnen Werken gesagt wird, will nicht mehr bieten als Materialien dazu, vielfach schwankend zwischen Betrachtungen, die der älteren Form von Analyse noch verpflichtet sind, und physiognomischen Deskriptionen, die aufs Entscheidende zielen, ohne es schon so durchaus in technische Details zu übersetzen, wie es nötig wäre, damit endlich das musikalische Bewußtsein nicht länger hinter Bergs Gebilden zurückbliebe. Sie klingen gemäßigt modern nur so lange, wie man der Paradoxie eines Gewebes nicht gewahr wird, das ebenso dicht gesponnen ist, wie die Hand, die es wirkt, das Gewirkte demontiert.

Klaviersonate

Die Klaviersonate op. 1 ist Bergs Gesellenstück. Durchartikuliert bis zur letzten Note, darf sie den Anspruch vollen Gelingens erheben. Aber Zwang und Not des Gelingens sind ihr als Male eingeprägt; die Hand, die den widerstrebenden Stoff bezwang, hat in der gewonnenen Gestalt überall ihre Spur hinterlassen; überall wird das erfahrene Auge im Produkt selber der Produktion gewahr. Tritt der lyrische Genius Anton Weberns mit dessen erstem Werk, der Passacaglia, in rund geschlossener Meisterschaft hervor, so fordert der dynamisch-dramatische Bergs vielmehr das Recht fortschreitender Entwicklung – wie sie denn auch jedem einzelnen seiner Werke in sich das technologische Gesetz vorschreibt. Eben darum taugt die Klaviersonate vor allem anderen zur Einleitung in seine Musik. Noch unverfestigt, liegt sie offen zum Hörer; den Zwang ihres technischen Gefüges nachvollziehen heißt in gewissem Sinn, sie zum zweiten Male, aus sich heraus, komponieren; sie ist kurz, leicht zugänglich und nicht gar zu schwer auszuführen; so kann wohl Betrachtung, willens dem Verständnis zu dienen, bei ihr verweilen.

Zuvor legt das Werk Zeugnis ab vom Studium der Sonatenform in Schönbergs Lehre. Gut könnte man sich vorstellen, daß es aus der Lösung der gestellten Aufgabe ›Sonatensatz‹ hervorging. Denn es ist nur *ein* solcher; der Ergänzung durch andere zwar nicht bedürftig, aber durchaus doch fähig. Seine didaktische Sonatenschlichtheit gibt sich unberührt von jenem Prinzip der Verklammerung mehrerer Sätze zu einem, welches das Erste Quartett und die Kammersymphonie Schönbergs durchsetzt. Dafür ist die Sonate dieser in aller anderen Hinsicht so sehr verpflichtet, daß die Behauptung gilt, Bergs Stilgeschichte sei in den Kompositionsproblemen der Kammersymphonie entsprungen, bei denen Berg insistierte, während der Ältere längst die eiserne Geschlossenheit jener Verfahrungsweise für neue Funde preisgab.

Der Dank an die Kammersymphonie wird abgestattet vorab durch thematische Anklänge: die charakteristischen Intervalle des Beginns etwa, die Folge reiner und übermäßiger Quart sind am Anfang von deren Hauptthema (a d gis) zu finden, und die Sechzehntelfigur des Seitensatzmodells [Beispiel 3, Motiv f] wird fast tongetreu dem Schluß des Überleitungsmodells der Kammersymphonie entlehnt. Wichtiger ist die Identität des vormotivischen ›Materials‹: bei voll entwickelter, doch tonal interpretierter Chromatik treten melodisch wie harmonisch Ganzton- (vgl. Takt 8 f.) und Quarten- (vgl. Takt 36 ff.) Bildungen bestimmend auf.

Doch ist bereits der zentrale Unterschied zwischen Schönbergs und Bergs Handhabung des Materials zu konstatieren. Mit Quarten begann die Kammersymphonie: akkordisch die Introduktion, melodisch der Hauptsatz. Unvermittelt, mit aller Sicherheit der Eroberung werden sie exponiert. Bei Berg dagegen treten sie im Takt 26 der Sonate zuerst harmoniebildend auf. Der Quartenklang fis–h–e wird so eingeführt, daß der kritische Ton e, als Vorhalt vor d, also auf einen freilich nur umschriebenen Tonika-Akkord der Grundtonart h-moll bezogen, ›harmoniefremd‹ erscheint. Unmerklich, erst um eine Quart nach unten transponiert, zunächst noch durch eine Gegenstimme paralysiert und chromatisch weiter verschoben, emanzipiert sich in der Fortsetzung der Quartendreiklang, um schließlich (Takt 28) als reiner fünftöniger Quartenakkord zutage zu kommen. Dieser aber wird, unter Ausnützung eines Motivrests, schrittweise, Ton um Ton so verändert, daß er sich (Takt 29) in eine alterierte Dominante von A-Dur, abermals wie in einem Grenzübergang, verwandelt. So löst die Quartenbildung zu Ende und Beginn bruchlos in den tonalen Fluß sich auf. Die gleiche Tendenz bewegt Berg, die selbstmächtig ausgestuften Fundamentschritte der Kammersymphonie zu unauffällig gleitenden Leittonbeziehungen zu verkleinern.

Er übernimmt die neuen Mittel ohne Vorbehalt und ohne je durch bequemes Spiel sie um Formsinn und Formforderung zu bringen. Er vermischt sie nicht mit Traditionellem; aber als der Meister des kleinsten Übergangs entwickelt er sie daraus; vermittelnd nicht zwischen Stilen, doch zwischen dem neuen Material und dem vorgegebenen; nicht als vorsichtig Rücksichtiger und gemäßigt Moderner – der ist er zu keiner Stunde gewesen –, treu indessen die historische Verbindungslinie sichernd, oftmals gleichsam sie nachvollziehend. Schönberg hat die Quartenakkorde utopisch erfunden; Berg, mit dem langen, verhüllten Blick der Erinnerung ins Vergangene eingesenkt, um das zu sorgen seine Musik noch im kühnsten Augenblick nicht vergißt. So ist das Verhältnis von Meister und Schüler geblieben, als längst der Schüler selbst ein Meister war.

Freilich, was er Schönberg in der Sonate schuldet, liegt unvergleichlich viel tiefer als jener auffällig gemeinsame und schon auffällig umfunktionierte Musikstoff. Es ist die Idee der Sonate selbst, ihre ausschließende, jeden Zufall verwehrende Durchkonstruktion in motivisch-thematischer Arbeit, haushaltend mit einem Minimum von Gegebenem: alle darin vorkommenden Themen sind, ob auch zuweilen durch mehrfache Ableitung, aufs Hauptthema [Beispiel 1] bezogen. Die Technik der durchfüh-

Beispiel 1

renden Variation kürzester ›Modelle‹, die Verbindung durch motivische ›Reste‹, die Deduktion aller ›Begleitung‹ aus Thematischem fungieren als wichtigste Mittel; allesamt in der Kammersymphonie exemplarisch ausgeprägt und von Berg mit strikter Selbstdisziplin in die knapperen Verhältnisse der Sonate übersetzt. Einsicht darein gewährt erst die nähere, obschon stets noch allzu fragmentarische Analysis zumindest der Expositionsseiten.

Die Formidee der Sonate ließe näher etwa so sich fassen: auf engstem Raum soll eine expansive Fülle thematischer Charaktere aus minimalem Motivmaterial gewonnen, zugleich aber in strenge Einheit gebracht werden derart, daß der Gestaltenreichtum in der Kürze nicht verwirrend gerät. Dem dient sogleich die Konstruktion des Hauptthemas (bis Takt 11). Es gibt sich deutlich zweiteilig: an einen viertaktigen, zur vollständigen Kadenz in der Grundtonart gelangenden Vordersatz [vgl. Beispiel 1] – er ließe als eine einzige Kadenz sich auffassen – schließt ein längerer, sehr modulatorischer Nachsatz an, der, ohne geradezu als Kontrastidee zu wirken, jedenfalls doch den Vordersatz nicht sequenziert, sondern selbständig fortsetzt. Aber sein Motivmaterial stammt vollständig aus dem Vordersatz; die Neuheit der Gestalt wird durch die veränderte motivische Abfolge erreicht. Der Vordersatz enthält drei Motive, die wieder aufeinander zurückverweisen; (b) ist eine umkehrungs-, wenn man will, auch krebsähnliche Variante von (a); (c) wird hergeleitet aus dem Rhythmus und dem umgekehrten kleinen Sekundschritt zwischen dem letzten Ton fis von (a) und den beiden ersten Tönen g von (b). Der Nachsatz greift nun erst auf die späteren Motivglieder, (b) und (c), zurück, die er als Rest, dicht anschließend, ›aufnimmt‹; aus diesem Rest wird das Schlußglied (c), als zweiter Rest, in nochmaliger Atomisierung des Materials über den fünften Takt festgehalten; dann erst folgt, transponiert, das prägnante Anfangsmotiv (a). Gerade es darf aber nicht als Wiederholung sich aufdrängen und wird darum in einer für die Sonate höchst bezeichnenden, zwischen treuer Wiederholung und ›Krebs‹ stehenden Weise wiederholt, die man ›Achsendrehung‹ nennen könnte; die prägnanten Intervalle bleiben erhalten, aber ihre Abfolge ist verändert; das dreitönige Motiv (a) beginnt mit dem zweiten Ton, dann kommt der erste und dann der dritte. Die Achsendrehung ist in der Sonate so beharrlich gehandhabt, daß man ohne Deutekünste in ihr eine Vorform der späteren Reihentechnik finden mag; das Motiv wird im Sinne einer ›Grundgestalt‹ behandelt. Die Fortsetzung ist aus Sequenzen des rhythmisch gedrängten Motivs (b), kontrapunktiert mit (c), gewonnen; die zwei großen Terzintervalle aus (b) bezieht Berg auf den Ganztonakkord; daraus entwickelt sich melodisch eine absteigende Ganztonskala, die später, variiert, ihre weitreichenden Konsequenzen hat [vgl. Beispiel 4, h]. Mit ihr bricht die erste Steigerung zusammen; über Orgelpunkten klingen (b) und (c) ab. Das Motivglied (c), als kleine Sekund der kleinste Übergang in nuce, dient zugleich als Auftakt des Überleitungsthemas.

Wie Berg mit der Überleitung verfährt, zeigt seine sichere Freiheit dem Schema gegenüber im Schema selber. Es weist ihr die Aufgabe zu, zwischen Haupt- und Seitensatz zu ›vermitteln‹. Berg erkennt, daß nach der Vermittlung, wäre sie nichts als eine solche, das ganz kurz gefaßte Hauptthema in einer immerhin ausführlicheren Exposition nicht im Gleichgewicht sich behaupten könnte. Andrerseits darf doch nicht in der völlig ineinander gearbeiteten Sonate auf die Vermittlung verzichtet werden. Darum sind Überleitung und Hauptthema kombiniert: so, daß dieses nachträglich die Form der Dreiteiligkeit annimmt. Zunächst freilich setzt die Überleitung, schon durchs rasche Tempo kontrastierend und nur durch das Motiv (c) offen aufs Hauptthema bezogen, als ganz frische Variante von (a) ein [Beispiel 2]. Sie ist

Beispiel 2

auch strukturell, im Gegensatz zum Hauptthema, nach einem eintaktigen ›Modell‹ angelegt, das sogleich, rhythmisch verschoben, im Abstand von zwei Vierteln, imitiert wird; die hinzutretende Oberstimmenbegleitung ist nichts anderes als eine vergrößerte Umkehrung des Modells. Bei Takt 15 kommt es zu einer regulären Sequenz; dann wird das Modell-Schlußglied gedrängt und (Takt 17) in den Beginn des wiedereintretenden Hauptthemas umgedeutet, das während der sechs vorhergehenden Takte durch das Motiv (c) als den Auftakt des Überleitungsmodells festgehalten und vorbereitet ist. Der Vordersatz des Hauptthemas erscheint melodisch getreu; der Nachsatz ist in eine reiche kontrapunktische Kombination mit dem Vordersatzschluß verwoben, dann imitatorisch ausgesponnen; der Höhepunkt (Takt 24) bezeichnet den Einsatz jenes Ganztongangs von Takt 8, dreifach vergrößert und mit dem wiederholten Überleitungsmodell als Kontrapunkt. Es folgt die Quartenstelle, motivisch aus der Umkehrung des Überleitungsmodells abgeleitet; die fallende übermäßige Quart des Motivschlusses wird als ›Rest‹ erhalten, durch größere Intervalle variiert, dann aber in der Grundgestalt zum Kopfmotiv des Seitensatzes.

Der Seitensatz (Takt 30) [Beispiel 3], kennbar am weichen Nonenakkord des Eintritts, ist abermals nach einem Modell, diesmal einem zweitaktigen, gebaut. Sein Beginn steht zu dem des Hauptthemas wiederum in der Beziehung der ›Achsendrehung‹: die Intervalle e–ais–h ergeben, mit dem letzten Ton beginnend und geradlinig aufsteigend, dessen Kopfmotiv: h–e–ais (= g–c–fis). Die zweite Gestalt des Modells [Beispiel 3,

Beispiel 3

f] ist eine freie Variante der Verkleinerung von Motiv (e). Die erste Sequenz (Takt 32) verwendet eine weitere Achsendrehung: dis–e–a aus e–a–dis. Die Fortsetzung des Seitensatzes zeigt deutlich die Tendenz zur rhythmischen Verjüngung; in deren Sinn wertet sie die Sechzehntel aus Motiv (f) aus.

Die Verjüngung erzwingt rascheres Zeitmaß: bei »veloce« (Takt 39) ist, ohne Bruch doch auffahrend, der Schlußsatz erreicht. Sein Hauptmodell [Beispiel 4] besteht aus dem Sekunden-Schluß von

Beispiel 4

[3 f] und den Sechzehntelsextolen [4 g], in denen die Verjüngungstendenz kulminiert, und der melodischen Fortsetzung [4 h], die auf jenen Ganztongang von Takt 8 weist, ohne an dessen Intervalle sich zu binden. Ähnlich wie dessen Vergrößerung bei Takt 24 führt nun das Motiv [4 h] in die jetzt allerdings lokkere, durch Liquidation des Akkords e–as–d in e–as–des vorbereitete Quartenharmonik. Langes Diminuendo, dreimal von den Sextolen verstört, dann völlige Auflösung in ganztönigen alterierten Akkorden. Sie werden beibehalten, aber nur noch als Begleitung eines dunkel getönten, breiten Abgesangs (Takt 50, »viel langsamer«). In ihm kommen die erregten Sextolen melancholisch zur Ruhe. Wahrhaft in ihm, denn er ist mit ihnen identisch: die dreifache Vergrößerung des Schlußmotivs [4 g]. Von allen

Themen des Satzes war es das einzige, das nicht in Beziehung zum Hauptthema stand. Die aber wird nachträglich hergestellt: durch Intervallvariationen der zweite Takt des Abgesangs, als ›Modell‹, in den Beginn des Hauptthemas umgeformt und damit die tongetreue Repetition des Hauptteils – Berg schreibt Wiederholungszeichen – eingeleitet.

Zur Fortsetzung der Sonate müssen Notizen genügen. In der Anlage der Durchführung ist bereits Bergs untrügliches Formgefühl evident. Nach dem kombinatorischen Reichtum der Exposition wäre es tautologisch und verwirrend, wollte man mit motivischer und kontrapunktischer Arbeit deren Künste überbieten. Das Gestaltungsprinzip der Durchführung ist genau entgegengesetzt: die Themen, einmal durch die Disziplin der Exposition gegangen, dürfen aufatmen und sich aussingen, wie es mit dem Ende der Exposition vorbereitet ist. So gewinnt die Durchführung ihre selbständige Funktion. Es hilft dazu sogleich das erste Durchführungsmodell, eine melodische Verbindung des Motivs (a) mit dem absteigenden Ganztongang; der Ausdruck der ersten Durchführungstakte gleitet schon so todtraurig dahin wie später im Anfang des großen Wozzeck-Zwischenspiels, das selbst motivisch zu dämmern scheint. Nach der ruhigeren Episode wird der Allegrocharakter wieder erreicht durch das Überleitungsmodell [2 d], konfrontiert nun zumal mit einer Verkleinerung des Motivs (b). Dieses, im Verein mit dem Motiv [4 h], erreicht die große Steigerung, die trotz einiger Imitatorik homophon gedacht ist und einmal im harmonischen Stil fast französisch klingt: eigentlich wirksam durch *Vereinfachung* des Kompositionsgefüges. Als Zäsur des Satzes erscheint, ganz ähnlich wie in der Kammersymphonie, eine reine Quartenstelle; aus ihr entspringt eine Rückleitung, die, wie zuvor die Motive (b) und (h) aufeinander bezogen waren, nun (e) und (g) aneinanderfügt; der Beginn des Motivs [4 g] ist ohnehin der Schluß des Motivs (f), in Wahrheit aber stets wieder das Motiv (c). Der Einsatz der Reprise geschieht im ›kleinsten Übergang‹.

Sie bringt alle wesentlichen Bestandteile der Exposition, doch modifiziert im Licht dessen, was geschah. Auf die Verschmelzung von Haupt- und Überleitungssatz wird verzichtet. Das Hauptthema hat sich zur Genüge durchgesetzt; stand es am Beginn der Sonate lapidar geschlossen als Motto, so wirkt nun die Dynamik der Durchführung in ihm fort und treibt es in den Funktionszusammenhang hinein. Dafür muß der in der Exposition noch zweideutige Formsinn des Überleitungssatzes endgültig herausgestellt werden. Deshalb ist an die Reprise des ursprünglichen Hauptthemas unmittelbar die jener Verarbeitung angeschlossen, die in der Exposition (Takt 17) aus dem Überleitungssatz hervorging; erst dann wird mit sechs Takten der eigentliche Überleitungssatz nachgeholt; der Idee nach als doppelter Kontrapunkt seines ursprünglichen Auftretens, etwa wie ein Fugenzwischensatz; zusammen mit einem neu gewonnenen, bindenden Motiv, einer Vergrößerung von (c). Beim Seitensatz ist die Reprisenstarrheit vermieden durch Variation des Einsatzintervalls. Der Schlußsatz wird, mit zwingender Konsequenz aus der großen Durchführung, erweitert. Deren entscheidende Klimax hatte sich des Motivs (h) bedient, das darum jetzt nicht vorbeiziehen kann, als ob nichts geschehen wäre. Nach der Wiederholung der zweiten Quartenstelle ist es, als ob die Musik sich erinnerte; mit unersättlichen Sequenzen von (h) bricht sie aus im dreifachen Forte, um erst sehr allmählich ins Vorgezeichnete zurückzufinden. Der Abgesang aber, im Ausdruck des Definitiven, kehrt bestätigt wieder; zwei Takte tongetreu, zwei sequenziert im Baß, dann in der Umkehrung. Deren ›Rest‹ mündet in die Kadenz: der ersten vollständigen seit dem Vordersatz des Hauptthemas. Sie zeigt offen die Neigung, die melodischen Intervalle des Kopfmotivs harmonisch-simultan zu bringen. In der Trauer des Endes verspricht sich nochmals, leise, die Reihentechnik.

Wer ernsthaft Zugang sucht zu Bergs Musik, wird gut tun, mit den elf Seiten Klaviersonate sich eingehend zu befassen. Unter der dünnen, erzitternden Hülle der vorgesetzten Form liegt seine ganze dynamische Gewalt, mit all ihren technischen Korrelaten, bereit; wer ihrer Dialektik mit dem Vorgesetzten innezuwerden vermag, den wird sie auch dann nicht ins akustische Chaos reißen, wenn sie später, fessellos, die wahre Form aus sich selber erzeugt.

Lieder nach Hebbel und Mombert

Nach der Anstrengung, die Bergs kritischer Formsinn dem subjektiven Ausdrucksdrang in der Sonate zumutet, erscheinen die Vier Lieder op. 2 als tiefe und erschöpfte Respiration. Die konstruktive Vielfalt schmilzt in der Einheit ausgedrückter ›Stimmung‹; die spontane Wachheit schwankt in schwere Trunkenheit von Schlaf und Traum; anstelle der Tektonik überläßt die Musik ungebunden sich an sich selbst. Immer wieder hat dieser Rhythmus der Entwicklung bei Berg sich reproduziert: wie denn sein Lebensgefühl nie vollends aus der biologischen Schicht sich löste; in seinem empirischen Dasein hat das Atmenkönnen mehr bedeutet, als leicht ein anderer nachfühlen wird. Zwischen den Extremen des Sichausgebens und des Innehaltens spielt alles, was ihn betrifft.

Das Land des Unbewußten aber, das die Lieder betreten, ist eine historische Landschaft; die der späten und neuen Romantik. Mit schwimmendem Nebel erfüllt sie Tristans Nacht. Das tätig fordernde Ich, das der fremden Umwelt nicht mehr Herr wird und kaum je ein anderes mehr erreicht, wird in sich zurückgeworfen, liebt sich im Rausch und haßt sich bis zum Tod gleich der verlorenen Umwelt, als deren Phantasmagorie es selber, vegetabilische Seele, wie im Treibhaus erblüht: wuchernder Schein. Berg streift in den Liedern mehr als irgendwo sonst die süchtig-erotische Einsamkeit des Jugendstils. Jene Einsamkeit freilich ist am letzten einsam; vielmehr ein kollektives Bild ihres Dezenniums. So klingt denn Skrjabin etwa deutlich an, und ein paar Takte am Schluß des dritten Lieds könnten, primitiver, von Rudi Stephan sein, den Berg gewiß so wenig kannte wie jener ihn. Einsamkeit als Stil ist die Einsamkeit, die da tönt.

Freilich auch mehr als Stil. Der hier »der Riesen stärksten überwand«, hat, selber ein Riese, dem Schein von Traum und Tod die Treue gehalten, ohne je durch zuversichtliche Parolen sich beirren zu lassen. Aber er hat, wie die Riesen, so den Schein überwunden durch die Treue, die er ihm hielt. Die Schlafbefangenheit der Lieder, in ihnen noch ästhetische ›Haltung‹, ist Berg nie völlig von den Augen genommen worden. Jedoch sie erreicht einmal ihren

Grund im realen Menschen. Spielen die Lieder noch aus Sicherheit mit ihrem monologue intérieur, so schlägt er im Wozzeck um in den wirklichen Wahnsinn aus leibhafter Unterdrückung. Dort ist die Substanz der Lieder gerettet: in den drei Grundakkorden der Szene auf dem Feld, im Chor der träumenden Soldaten. Berg hat die romantische Vergangenheit nicht verleugnet. Herr wird er ihrer durch Deutung, indem er ihren scheinlosen Gehalt als Not der Entfremdung endlich aufdeckt, Meister des kleinsten Übergangs auch im Gehalt selber. Wie Wappen und Kopf der Münze, sind Bergs Musik zwei Tendenzen revers eingeprägt: aus dem subjektiven Schein treu objektive Konstruktion zu gewinnen, und: durch Konstruktion über das subjektive Wesen hinauszugelangen. Das treue Wappen und der listige Kopf stehen auf Bergs Münze, wie sie am Ende zum vollen Wert eingelöst wird.

Noch nicht in den Liedern. Das Gesetz des Lieds ist Berg nicht voll angemessen. Paradox genug: die Technik des kleinsten Übergangs widerstreitet der kleinen Form. Zum Differential gehört das Integral; vom bloßen Ton oder der bloßen Spannung her kann Oper und Symphonie sich konstituieren, nicht die statische Gestalt eines ›Einfalls‹ von der Art, wie er dem Lied die Regel diktiert. Berg wußte wohl, warum er in der reifen Zeit keine Lieder mehr schrieb; Lied-Impulse hat er in ausgreifenden Formen wie der Lyrischen Suite und der Weinarie objektiviert.

So sind die Lieder op. 2 eher stilhistorisches Zeugnis eines Weges der Subjektivität, der vom neuromantischen Ornament, ausbrechend und freigelegt, in den Expressionismus strengen Sinnes führt: das letzte der Lieder wurde mit Schönbergs ›Herzgewächsen‹ und Weberns ›Ihr tratet zu dem Herde‹ im radikal expressionistischen Manifest, dem Blauen Reiter, publiziert.

Das Material entspricht etwa dem der Sonate, wird aber durchweg homophon gehandhabt. Chromatik, zumal in alterierten Dominantbildungen jeder Art, tritt noch deutlicher hervor; auch das Intervall der großen Septime, das – darin mag der Zusammenhang mit Skrjabin bestehen – vielfach als unaufgelöster Vorhalt zu Nonenakkord-Dominanzen eingeführt wird. Überall steht der Leitton als Gleichnis eines Organischen ein.

Im ersten Lied kündigt der Wozzeck einmal handgreiflich sich an; die Kompositionsidee zu den Worten »jener Wehen, die mich trafen« skizziert die Wozzeck-Stelle »der Mensch ist ein Abgrund«. Bei aller Chromatik zeigt das Lied sich gefestigt durchs Schönbergsche Stufenbewußtsein. Auffällig die sicher gehörte Umschreibung der Schlußkadenz. Am zweiten läßt ein neues Mittel des Ineinander-Arbeitens sich belegen: die Technik der Verschränkung, bewährt am Verhältnis von Singstimme und Klavier. Der Gesang beginnt mit einer plastischen Melodie, scheinbar rein akkordisch begleitet. Das Klavier nimmt in einem längeren Zwischenspiel den ›Rest‹ des Gesangsthemas auf und führt ihn imitatorisch durch. Mit dieser Durchführung überkreuzt sich ein neuer Gesangseinsatz. Der bringt aber die ursprünglich verborgene Oberstimme der Begleitakkorde, die so nachträglich thematisch wird. Mit Verarbeitungen der beiden Themen wird das ganze Lied bestritten. Das dritte, kurz, präzis und kontrastreich, ist das Stück vom Riesen; man mag schon etwas von der Gewalt des Ausbruchs darin finden, die Bergs reife Musik übt. Aber es enthält zugleich die Antithese von Gewalt: das erste Modell jener Buchstabensymbolik, an der Berg abergläubisch festhielt. Bei den Worten »an einer weißen Märchenhand« folgen aufeinander die Noten a b h: als Initialen der Namen Alban/Berg/Helene.

Das wichtigste Stück der Gruppe ist das letzte. Es hat keine Vorzeichnungen mehr und präsentiert sich als die erste ›atonale‹ Komposition Bergs. Nicht bloß ist der Bezug auf eine einheitliche Grundtonart entfallen, auch der Bau der durchweg dissonierenden Akkorde in sich strebt merklich vom tonal Beziehbaren los. Immerhin sind Dominanz- und Leittontendenzen durchaus noch vorherrschend. Der Zug von Radikalismus, der das Lied bezeichnet, hat seinen Ort nicht in der Harmonik. Sondern vielmehr in der *Prosa*, mit der Berg das Pathos der voraufgehenden Lieder im letzten zu entzaubern unternimmt, ohne von dessen Ausdruckskraft etwas preiszugeben: erste Etappe zum Wozzeck. Offensichtlich ist Berg von Schönbergs ›Erwartung‹ betroffen worden, an die der Text gemahnt. Die Deklamation macht sich von allen Symmetrieverhältnissen frei, fällt aber nicht ins Rezitativ: der Ausdruckszwang schafft auch dem asymmetrischen Melos seine ausgeformte Kurve. Nach dem Vorbild der ›Erwartung‹ verzichtet das Lied wesentlich auf thematische Arbeit; kein

Formteil ist wiederholt. Der Drang, der in den drei anderen Liedern metaphorisch blieb, wird ernst: Bergs tiefe Neigung zum Chaotischen – Ursprung all seiner formalen Sicherungskünste – wagt zum ersten Male, laut zu werden. Sie bewirkt einen wahrhaften Schock: die im Lied gewiß zuvor unerhörte Glissandostelle. In diesem Schockmoment blitzt Bergs musikalische Bestimmung auf: die Oper. Das Glissando ist eine Operngeste. In die Oper auch gehört das tiefe b, eine Schlagzeugwirkung, die sich, scheinbar, im Lied viel zu lang Zeit läßt. Wie hier die Form durchbrochen wird, verlangt es die Oper, die darum stets als Form so verzweifelt schwierig und ungesichert bleibt, weil ihr Formgesetz, zu seiner Erfüllung, die eigene Durchbrechung befiehlt. Bergs Forminstinkt für die Oper hat denn später nirgends großartiger triumphiert, als wo der Konstrukteur aus der Konstruktion herausspringt; wo die Opernform sich auf sich besinnt, indem sie tröstlich innehält. So fragt Wozzeck nach der Uhr. Das mag als Geheimnis im Innehalten der Lieder beschlossen sein. Das letzte ist vielleicht das einzige durchaus anarchische Stück, das Berg geschrieben hat. Aber seine Anarchie ist die Chiffre seines Gesetzes.

Sieben frühe Lieder

Es ist der Ort, von den Sieben frühen Liedern zu reden, denen in Bergs œuvre eine gewisse Exterritorialität zukommt. Geschrieben sind sie um 1907, also vor der Klaviersonate; instrumentiert aber und in der originalen sowohl wie der Orchesterfassung publiziert erst 1928. Sie gehören verschiedenen Stil- und Materialbereichen an. Manche, wie die schwärmerische Nachtigall, weisen unbefangen auf die Schumannsche und Brahmsische Hochromantik zurück; die ›Liebesode‹ hat schon den schweren Duft des opus 2; ›Nacht‹ spricht das impressionistische Idiom; ›Sommertage‹ und mehr noch die Vertonung des Rilke-Gedichts ›Das war der Tag der weißen Chrysanthemen‹ wirken, in der Auseinandersetzung mit Schönbergs Kammersymphonie, als weit geförderte Vorstudien zur Sonate. So wenig Schwierigkeiten Lieder solchen Orts dem Verständnis ihrer selbst bereiten, so schwierig scheint, eben um ihres Orts willen, das Verständnis ihrer Publikation. Sie bedürfen darum eher der Apologie als des Kommentars.

Die Einwände kommen aus zwei Richtungen. Einmal wird gefragt, warum überhaupt der reife Berg ein Werk veröffentlicht habe, das offensichtlich noch diesseits seines eigentlichen ›Stils‹ liege. Es ist darauf mit dem Hinweis zu entgegnen, daß es nicht angeht, den historischen Begriff des Stils als kritischen unvermittelt einzusetzen. Über die Abhängigkeiten der Lieder sollen behaglich jene triumphieren, die, auf Klassisch und Romantisch dressiert, ihre bescheidenen Stilkategorien als fertige Clichés benutzen, welche ihnen eifrige Rubrizierung gestatten; und die dafür von der Mühe sich dispensiert wähnen, Stil selber als dialektische Einheit der musikalischen Produktivkraft und ihrer ›Produktionsverhältnisse‹, nämlich des vorgegebenen Materials, in Spannung zu begreifen. Die aber solcher Mühe sich unterziehen, werden belohnt nicht bloß von Schönheit. Sie werden erkennen, wie im Mittelsatz der ›Nachtigall‹ – um sogleich das anstößigste Stück zu wählen – eine zarte Gewalt des Tons sich bekundet, die die konventionellen Mittel nicht zu verhüllen, aber auch kaum mehr zu fassen vermögen; wie im getrübten Licht des Schilflieds jenes schon dämmert, das auf Feld und Straßen des Wozzeck als ewige Sonnenfinsternis scheint; wie edel dies Ich in ›Traumgekrönt‹ sein Glück begehrt, noch vertrauend auf Erfüllung, ehe es in die Lyrik von Schlaf und Tod als in ein Land sich versenkt, wohin keine mehr »lieb und leise« eintritt, an die im Traum gedacht war.

Klügere freilich vermögen aus all dem den zweiten, den denunziatorischen Einwand zu bilden: die Lieder und ihr Material seien Bergs ursprüngliche und echte Natur, die er dann, hörig der Dämonie seines Lehrers, umgebogen und intellektualistisch verfälscht habe. Sollte zunächst Bergs reifer Stil das frühe Werk widerlegen, so sollte dann das frühe den reifen verdächtig machen. Aber zu schweigen davon, daß die Dämonie des Lehrers eine zur Wahrheit war und darum keine Dämonie: Material selber ist nicht Substanz, und das erste ist nicht das Ursprüngliche, gewiß nicht erste Natur. Vielmehr ist Material zweite

Natur, von der Freiheit erst herausgefordert wird; das Vorgegebene, ein historischer Stoff, in den die Produktivkraft ändernd eingreift, indem sie seinem Gebot folgt; gerade nicht also die Produktivkraft, sondern was ihr entgegensteht und nur als Widerstand sie mitproduziert.

Darauf wird erwidert: daß es doch eben, bei jenem Material, um das Berg eigentlich gemäße sich handle, gehe daraus hervor, daß es stets wiederkehre in seinem Werk: das f-moll der Bibelszene, das d-moll des großen Zwischenspiels im Wozzeck seien drastische Belege einer universalen Tendenz.

Daß nun mit der beharrlichen Wiederkehr von Elementen des gleichsam vorkritischen Ausgangsmaterials in Bergs entfaltetem Stil die nachträgliche Herausgabe der Frühen Lieder in Zusammenhang stehe, braucht nicht bestritten zu werden. Aber weit entfernt, den Wozzeck als stilunrein zu kompromittieren, trägt gerade die späte Instrumentation dazu bei, Einsicht in dessen Sinn vorzubereiten. Wenn gesagt war, Berg habe, treu beharrend, durch Konstruktion das subjektiv-romantische Wesen als Schein enthüllt und mit der Enthüllung verwandelt, so ist damit kein materialfremdes Aperçu formuliert sondern ein Sachverhalt, der technisch herausgearbeitet werden kann.

Denn Bergs Treue zum Schein lebt nicht darin bloß, daß er die Frühen Lieder nicht verleugnete; daß er die schamhafte Musik des Jünglings ohne Scham preisgab. Treu ist vielmehr die Instrumentation selber. Sie heftet sich an den kleinsten kompositorischen Zug der Lieder, ihn deutlich zu machen und durchsichtig; sie eben konstruiert die Lieder, auch ihren Schein, aus. Damit allein aber schon steht sie, durch Treue selber, zum beschworenen romantischen Wesen in Widerspruch, dem sie die Treue hält. Nicht war es die Idee des romantischen, jedenfalls des nach-Wagnerschen Instrumentierens, die Konstruktion rein zu realisieren, sondern sie zu schmücken und zu verhüllen. Berg aber drängt so leidenschaftlich auf die sachliche Herleitung des Klangs aus der Komposition, daß die Orchesterfassung der romantischen Lieder schlechtweg als Prototyp seines neuen konstruktiven Instrumentationsstils gelten und ähnlich zu dessen Verständnis helfen kann wie die Klaviersonate zu dem seiner motivischen Arbeit.

Deren Zentralprinzip, das unbedingter Kontinuität, ist zugleich das der Instrumentation. Sie erstrebt Indifferenz von Musik und Klang gegeneinander; nicht als indifferenten Klang im Sinne der Bläser- und Terrassenstarrheit von neuen Klassikern sondern als Identität. Alle Differenziertheit der Musik wird dem Klang als Aufgabe zugesprochen, und ihr dient er durch unablässige, höchst dynamische Abwandlung. Das funktionale Prinzip des steten Umschlags aber ist derart, daß die Klänge wechseln, indem Elemente des vorhergehenden Klangs – vorher spielende Instrumente oder Gruppen – als ›Rest‹ bewahrt und in den folgenden Klang aufgenommen werden, damit der neue, variierte Klang sich unmerklich aus dem vorhergehenden entwickelt. Im fünften Takt des ersten Lieds etwa tritt in der Komposition, als unscheinbare Begleitstimme, ein neuer thematischer Charakter ein, die Sechzehntelfigur, zunächst ausgeführt von den ersten Geigen, dann von Holzbläsern imitiert, hinleitend zum eigentlichen Beginn der Bewegung, dem Hauptteil in A-Dur. Der neue thematische Charakter bewirkt Umfärbung der ganzen Instrumentation. Die Ganztonakkorde in Achteln, die ursprünglich den Holzbläsern gehörten, gehen – mit der minimalen Erwärmung der Motivik, die die dunkle Starre des Beginns langsam zum Tauen bringt – an den wärmeren Hörnerton über; zugleich halten die Hörner das Klarinetten-Legato fest, stufenweise, in winzigen Schritten, den Klang modifizierend; als ›Rest‹ aber fungieren bindend die gleichen Streicherpizzicati, die von Beginn an die Holzbläserachtel verdoppelt hatten. So treu folgt überall die Instrumentation der kompositorischen Spur.

Damit aber verändert sie die Komposition. Am sinnfälligsten vielleicht beim Ende des ersten Lieds. In der Klavierfassung herrscht einfache Dreiteiligkeit: jenes Ende schließt sich mit dem Beginn zusammen. Die Instrumentation jedoch vermag die Wiederholung durchs inzwischen Geschehene so konsequent umzubeleuchten wie, in motivischer Arbeit, die Reprise der Klaviersonate deren Exposition. Wohl also werden, um die Reprise als solche auch durch den Klang zu sichern, abermals tiefe Holzbläser und Pizzicati kombiniert; aber die Streicher, freigesetzt im Mittelteil, dürfen nicht einfach wieder verschwinden: der Zeitverlauf ist nicht blank umkehrbar. Ihr beredter Ton ist übrig noch dort, wo die Musik gänzlich dem Beginn gleicht.

Wiederholtes mit neu Erworbenem vereinend, konstruiert die Instrumentation den in der Klavierfassung latenten Zeitverlauf des Lieds aus. Dem dynamischen Mittelteil wäre die statische Wiederholung unangemessen.

Solche konstruktive Änderungen, folgend aus dem, was die Musik kompositorisch fordert, heben aber schließlich deren romantischen ›Stil‹ selbst auf. Zunächst durch Kritik des Tuttiklangs, der im romantischen Orchester alle harmonisch-melodischen Brechungen stets wieder zu ungebrochener Einfalt sammeln möchte und jedes Detail auf eine fiktive Unendlichkeit – die des offenen Horizonts der Streicher-Tuttiperspektive – bezieht. Keine solche Fiktion läßt Berg mehr gelten; die Einzelereignisse haben ihren Einzelklang ohne Rücksicht auf vorgedachte Totalität; wo ein totaler Klang sich ergibt, wird er von ihnen – also von der musikalischen Zeichnung – erzwungen. Das bedeutet weiter: Entsubstantialisierung des Klangs. Aus der Not des Klaviersatzes wird die Tugend eines gleichsam körperlosen Orchesters, nirgends gebauscht um die Musik, nirgends größer als sie oder prätentiöser; nur deutlich und Wohllaut vermöge der Zweckmäßigkeit, angegossen dem Leib der Musik. Die Instrumentation ist eine Arbeit aus der Zeit der Lulu; sie gelingt der gleichen hartnäckigen Insistenz, die in der Meisterschaft der letzten Oper den Schein als bunte Scheinwelt selber thematisch macht samt der Treue dazu: zum Gegenstand der Konstruktion.

Freilich an dem Schein der Frühen Lieder wird solche Konstruktion möglich erst, nachdem sie an scheinlos ihr gemäßem Material bereits sich durchgesetzt hat; möglich nicht im naiven Vollzug, sondern im *Selbstbewußtsein* des Scheins. Darum hat erst der ganz Reife die Lieder instrumentiert. Er hat sie aufgehoben im genauen Hegelschen Doppelsinn: vernichtet und gerettet. Das Rätselbild des wunderlichen Zyklus schließt einen historischen Prozeß als seinen Gehalt ein. Der ist aber nichts anderes denn das spielerische Modell für Bergs Geschichte im großen.

Erstes Streichquartett

Berg erzählte, er habe das Streichquartett op. 3 im Trotz komponiert, nachdem ein Verlag die Klaviersonate refüsiert hatte. Die Geste der herrischen Selbstbehauptung aber, als welche das Stück einsetzt und endet, ist eine des Durchbruchs. Mit jäher, gewaltsamer Anspannung bemächtigt es sich der vollen Meisterschaft; ruckweise ausatmend nennt der Meister sich selber. Nichts mehr von der Befangenheit des Gesellen, nichts vom Gefühlsdekor des Jugendstils; wenn Trauer und Leidenschaft im Quartett die des realen Menschen sind anstatt deren vorweggenommenes Ornament, so sind zugleich die technischen Mittel der Klaviersonate nun freigesetzt im Raum der großen Konzeption.

Kaum gibt es eine originalere von Berg. Gilt es einem seiner Werke gegenüber etwas gutzumachen, dann hat das Quartett, auch heute noch, Anspruch darauf, von wahrer Interpretation aus dem Schatten genommen zu werden, in den es der Erfolg der Lyrischen Suite verwies. Was der Vierzigjährige vorm Fünfundzwanzigjährigen an distanzierter Erfahrung und Überlegenheit voraushaben mag, macht dieser wett durch rücksichtslose Unmittelbarkeit, durch elementarische, höchst aggressive Gewalt der anschauenden Subjektivität; das Quartett zählt zu den sehr wenigen Frühwerken dieses Sinnes, die der Musik beschieden waren. Gewiß hat es seine stilhistorischen Voraussetzungen so gut wie jedes andere. Schönbergs fis-moll-Quartett ist die evidenteste: das Schlußgruppenmodell des ersten Satzes etwa (Takt 58) klingt an ein wichtiges Motiv aus jenem an, wird auch ähnlich behandelt. Aber die Ähnlichkeiten sind durchaus nur solche von Details. Erfindung und Ausführung gehören völlig Berg zu; kein Vorbild ließe sich aufspüren.

Diese Erfindung ist das spontane Äquivalent von Bergs Einsicht in die Zugehörigkeit von Differentialprinzip und großer instrumentaler Form. Zu einer Zeit, da Schönberg und Webern deren Fragestellung vertagt und die Zeitdimension eingezogen oder ihre Artikulation dem poetischen Wort aufbehalten hatten, folgte Berg dem Impuls seiner Produktivkraft, die er selber als architektonisch verstand, und verlor die extensive Totalität des

Musikalischen noch im Bewußtsein des unwiederholbar Einmaligen nicht aus dem Griff. Das Erste Quartett bekundet in einsamer Vorwegnahme einen Willen, der erst viele Jahre danach in der Breite der fortgeschrittenen Produktion sich durchsetzte. Er war zur gleichen Zeit bei Reger noch wach. Berg aber setzt unvergleichlich viel avancierter ein als dieser, indem er die große Form nicht von der Tradition gehorsam empfängt, nicht neuen Wein in alte Schläuche füllt, nicht mit Chromatik und Enharmonik die unbesehenen Schemata der Sonate, der Variation, des Rondos modernistisch anreichert, sondern von Anbeginn entschlossen sich zeigt, sie in Strenge und Ursprünglichkeit aus den von Schönberg erarbeiteten und in der Klaviersonate adaptierten motivisch-thematischen Konstruktionsprinzipien hervorzutreiben. Es ist Bestätigung sowohl für die Konsequenz von Schönbergs späterer Stilgeschichte wie für die Hellhörigkeit des jungen Berg, daß das Quartett, zumal im zweiten Satz, bereits ganz deutlich die Verfahrungsweisen auskristallisiert, die dann, zur Norm erhoben, Zwölftontechnik heißen.

Er wäre aber nicht der Meister äußerster Behutsamkeit, nähme er die Tendenz zur großen Form anders auf denn in enger Fühlung mit dem damaligen Stand der Formproblematik. Es bezeichnet vielmehr das Quartett als ein Stück genuin dialektischen Umschlags, daß seine Architektur hervorgeht aus der treuen Kritik der kammermusikalisch bis dahin verbindlichen. Hat Reger diese als sichere Hülse ergriffen, des Glaubens, es könne seine Intention bruchlos in sie eingelegt werden, so hat Berg mit ihrem authentischen Anspruch zugleich den seiner sprengenden Impulse realisiert und ihren Konflikt bis zum Ende ausgetragen. Nichts Einzelnes bleibt, was nicht aus seinem Verhältnis zur Formtotalität allein seinen Sinn empfinge – keine Form aber auch, die nicht aus Forderung und Impuls des Einzelnen erst sich legitimierte, ohne dem ›Einfall‹ abstrakt vorgeordnet zu sein. Das Ende des Konflikts jedoch ist nichts anderes als die *Liquidation der Sonate.* Das Sonatenwesen selber steht im Quartett ein; es zerfällt im Angriff der ungebundenen, subjektiv-musikalischen Produktivkraft; durch seinen Zerfall aber werden in ihm die objektiven Kräfte frei, die die Konstitution der neuen symphonischen Form in freier Atonalität verstatten.

Die Einsicht in den dialektischen Sinn des Quartetts führt zur Erkenntnis seiner Schwierigkeit, die ins Auge gefaßt werden muß, soll ihr zureichend begegnet werden. Sie ist außerordentlich; nur sie macht verstehen, daß die exemplarische Leistung des Quartetts von der Reproduktionspraxis so wenig noch honoriert wurde. Zunächst bezieht sie sich auf die Entwertung des Einzelnen durchs Ganze, die die Formdialektik vollbringt. Es gibt im Quartett, jedenfalls im zweiten Satz, keine ›Themen‹ im alten statischen Sinn mehr. Der permanente Übergang weicht jede in sich verfestigte Gestalt auf, öffnet sie zum Voraufgehenden und Folgenden, hält sie im unablässigen Fluß der Varianten, unterwirft sie dem Primat des Ganzen. Die thematischen Modelle schrumpfen: sie reduzieren sich auf minimale Motiveinheiten. Wurden die Themen der Klaviersonate durch ›Arbeit‹ in solche aufgespalten, so verfällt nun der Schulunterschied von Einfall und Arbeit selber der Kritik des Meisters: beides konvergiert. Der Einfall wird Funktion der Totale, diese zum Inbegriff der Motivspaltung. Es ist darum die Aufgabe für den Hörenden, nicht Themen sich zu merken und deren Schicksale zu verfolgen, sondern einen musikalischen Verlauf mitzuvollziehen, darin jeder Takt, ja jede Note gleich nah zum Mittelpunkt steht. Solche Schwierigkeit ist konkreter eine der materialen Disposition selber. Das dominierende Materialprinzip bleibt der chromatische Schritt. Er beherrscht die Melodik des Werkes, die durchweg entweder in Halbtonintervalle sich verjüngt oder Halbtonintervalle ausweitet. Die Harmonik dazu aber ist nicht mehr eine von Dominanten. Sie ist weithin emanzipiert und aus dem Kontrapunkt und der Motivkonstruktion gewonnen: bietet also nicht mehr den Oberflächenzusammenhang, den die Klaviersonate noch wahrt. Die Einheit von Horizontale und Vertikale aus der späteren Zwölftontechnik wird im Quartett von der chromatischen Zwölftönigkeit angebahnt. Weder also kann das Ohr sich mehr auf die Linie verlassen, deren Begleitung unvermerkt-gewohnt dahinglitte, noch auf die harmonischen Ausdrucksvaleurs als solche, wie sie zuvor in den Liedern sich behaupten. Statt dessen ist allseitige Aktualität des Hörens gefordert, durch die vegetabilische Dichte des Quartetts sich den Weg zu schlagen. Die gilt aber wie fürs Einzelne so für sein dialektisches Widerspiel, das Formganze. Wohl sind in den beiden Sätzen Formmodelle – das der Sonate im engeren Sinn und das des Sonatenrondos – nochmals konserviert. Aber das Prinzip der Durchführung hat sie so vollkommen aufgesaugt, daß mit dem traditionellen Formverständnis für das des tatsächlichen Vorgangs nichts mehr geleistet wird. Nicht was von der Sonate übrig ist, entscheidet, sondern was an ihr sich verändert; nicht frommt es zu wissen, wann im Quartett Seitensatz, Schlußsatz, Rondoreprise anfange, sondern welchen je einmaligen Zweck das einmalige Ereignis darin erfülle.

Der erste Satz immerhin läßt das Sonatenschema deutlich noch durchscheinen. Er vereint es mit der Idee des langsamen Satzes, dessen unstillbare Schwermut niederzieht zur Versenkung in die Form. Diese aber ist durchaus kritisch angeschaut. Die in der Klaviersonate praktizierte Erkenntnis treibt zur Konsequenz. Dort war der Überleitungssatz mit dem Hauptthema dreiteilig verklammert. Nun wird er beseitigt: alles und nichts ist Überleitung. Dafür wird der Hauptthemenkomplex selbst auf zwei gegensätzliche, doch aufeinander rückführbare Motivmodelle gestellt, die über vierzig Takte zur vielfältigsten kombinatorischen Entwicklung gelangen. Dem eigentlichen Seitensatz (Takt 48) ist eine ganz kurze Einleitung (Takt 41) vorangestellt, die auf das Motivmaterial des Hauptthemenkomplexes zurückgreift, wenn man will das Erbe des Vermittlungssatzes antritt, zugleich aber (vgl. Takt 52f.) in den Seitensatz selber hineinwirkt und damit die beiden Themengruppen vereinheitlicht. Der Schlußsatz (Takt 58) tritt deutlich abgesetzt ein, verschwindet aber sofort im Gewebe. Die Tendenz zur Liquidation der Sonate ist am deutlichsten in der Durchführung (Takt 81-104). Hatte der totale Durchführungscharakter im op. 1 den eigentlichen Durchführungsteil zur Vereinfachung genötigt, so fordert er nun dessen Verkürzung: zwischen je achtzig Takten Exposition und Reprise werden ihm nur noch zwanzig Takte zugestanden. Der Kern der Sonate schrumpft ein, während seine Triebkraft in die entferntesten Verzweigungen dringt. So hebt das Schema sich auf: später der erste Satz der Lyrischen Suite ist Sonate ohne Durchführung. Die des ersten Quartettsatzes benutzt als Modell nur das Schlußsatzmotiv und eines aus dem Seitensatz und spart das Hauptthemenmaterial sorglich aus; gleichsam nur Coda zum zweiten Themenkomplex. Die Durchführung des ersten wird in die eindringend variierte Reprise verlegt.

Das Stück beginnt mit einem plastischen Kopfmotiv in Zweiunddreißigstelsextolen [Beispiel 5], dessen Rest [5 a], der Halbton-

Beispiel 5

schritt, festgehalten und durch chromatische Intervallausweitung variiert wird; im vierten Takt dazu imitierende Antwort der Bratsche. Dreitaktiger Nachsatz der ersten Geige [Beispiel 6],

Beispiel 6

unter Ausnutzung des gewonnenen großen Terzintervalls, zugleich Hauptmotive der zweiten Themengruppe vorwegnehmend; wie denn überhaupt im Quartett der Technik des ›Restes‹ die der Vorwegnahme gesellt ist. Im zehnten Takt setzt, etwas rascher, der Kontrastgedanke ein [Beispiel 7], sogleich vom

Beispiel 7

Cello mit dem Kopfmotiv [5] kontrapunktiert. Sein Rhythmus aus dem Nachsatz[6], sein Melodiekern [7 b] aber ist auf eine Weise gewonnen, die als Rudiment der Reihentechnik alle Aufmerksamkeit verdient. Die Akzentnote h des Kopfmotivs [5]

bildet mit den beiden ersten Noten der Begleitstimme der Bratsche die Reihe h–as–g [vgl. Beispiel 5, NB]. Der transponierte Krebs dieser Reihe aber ist das Motiv [7 b]: e–f–as. Die Vertikale wird also auseinandergelegt. Aus dem derart exponierten Grundmaterial ist die gesamte, ausführliche erste Themengruppe von Takt 14 an deduziert; die Intervallausweitung vom Schluß des Beispiels [5] und die Umkehrung des Motivkerns [7 b] spielen dabei eine erhebliche Rolle. Steigerung zu einem Ausbruch im achtundzwanzigsten Takt: das Kopfmotiv [5] in hoher Geigenlage, begleitet von [7 b], verkleinert zu Sechzehnteltriolen. Dreifaches Forte, Imitation des Kopfmotivs durch alle Instrumente. Diminuendo mit der Intervallausweitung des Beispiels [5]; der Nachsatz [6] coda-artig im Cello (Takt 36 ff.). Völliges Verstummen. Einleitung zur zweiten Themengruppe: erst leerlaufende Begleitung, dann ein Geigenmotiv (Takt 43), das eine Achsendrehung von [7 b] scheint, eigentlich jedoch das spätere [8 d] vorwegnimmt. Cellorezitativ (Takt 45), den Nachsatz [6] zitierend, ebenfalls indessen auch im Seitensatz zuständig [vgl. Beispiel 8 f]. Der Seitensatz beginnt a tempo und fügt vier kontrastierende Motive unmittelbar aneinander [8]. Das Anfangsmotiv [8 c] ist mit dem Schluß von [6] eng verwandt; [8 d] eine Variante von [8 c]; ganz ›neu‹ aus dem ganzen Komplex nur das prägnante

Beispiel 8

Glied [8 e]. Es wird denn auch weitergesponnen, aber schon nach vier Takten erscheint das Schlußgruppenmodell (Takt 58-61) in rein ausgehörter Atonalität. Auf seine Verarbeitung ist verzichtet; es bleibt zunächst bloße Interpolation im Seitensatz. Die Motive des Beispiels [8] werden sofort wieder aufgenommen und ruhig mit den Mitteln der Kombinatorik und Umkehrung

entfaltet. Erst gegen Ende des Abschnitts (von Takt 77 an) verwandelt sich eine Zweiunddreißigstelgruppe aus der Begleitung des Seitensatzes, mit [8 c] ursprünglich verwandt, in die des Schlußmodells.
Diese eröffnet, zu Flageolettakkorden, die Durchführung (Takt 81). Rezitativische Fortsetzung der Bratsche, die das Schlußgruppenmodell zu [8 f] in Beziehung rückt. Kunstvoll polyphone Verarbeitung des Schlußmodells und seiner Umkehrung über sechs Takte. Mit Takt 90 Vereinfachung: Einsatz des Motivs [8 e] aus dem Seitensatz, ans Vorhergehende gebunden durch den nachschlagenden Rhythmus. Nach fünf Takten Wiederaufnahme des Schlußmodells, nun mit [8 e] kombiniert. Die Hauptstimme bringt, zum Schlußmodell als Begleitung, im vierfachen Forte ein mit [8 f] und dem Nachsatz [6] verwandtes Motiv. Völlig bruchlose Rückleitung in den Beginn, in der der Quartenschritt aus den Schlußgruppen-Zweiunddreißigsteln auf die absteigenden Quarten des Cellos in der Begleitung des Kopfthemas [5] bezogen wird.
Die Reprise (Takt 105) bleibt in strenger Ökonomie bei dem gegebenen Motivmaterial, variiert aber dessen Anordnung so weitgehend, daß alle Wiederholung des Unwiederholbaren vermieden – damit aber die schematische Dreiteiligkeit der Sonate beseitigt wird. Das Kopfmotiv hält auf dem Akzent-h still. Auf die Intervallausweitung ist zunächst verzichtet. Dafür wird aus dem Begleitrhythmus des Anfangs ein eigenes marschartiges Dessin gewoben (vom Takt 108 an) und dazu der Nachsatzgedanke [6] (bzw. das Einleitungsrezitativ zum Seitensatz) näher ausgeführt. Erst der Schluß des Abschnitts besinnt sich auf die Intervallausweitung. Takt 119 schließt sich – dem zehnten Takt entsprechend – der Kontrastgedanke der Hauptthemengruppe [7 b] an. Aus seiner Umkehrung wird (Takt 126 ff.), weiter mit dauernder Kontrapunktierung des Kopfthemas [5], eine Art zweiter Strophe gebildet. Diese nun gewinnt deutlichen Überleitungscharakter; sie führt gegen ihr Ende den Gedanken der Motivausweitung aus [5] imitatorisch durch und bindet ohne Einschnitt und Einleitung an die Hauptgruppe den Seitensatz. Dessen Reprise (von Takt 138 an) modifiziert vollends das Schema. Sie beschränkt sich, unter Aussparung der Anfangsglieder, auf [8 e] und [8 f], erweitert aber deren Repetition zu

einer zweiten Durchführung in reichster Streicherlineatur; erst kanonisch, dann [8 e] und [8 f] in Sechzehnteltriolen als Begleitsystem der eigenen Grundgestalt benutzend. Der Abschnitt verklingt, von Takt 149 an, mit dem ursprünglichen Kontrapunkt zu [8 c] als Hauptstimme.

Danach erst eigentliche Zäsur. Der letzte Teil, mit Takt 153 beginnend, wäre in Sonatenkategorien nur noch äußerlich zu fassen. Dem Sonatenbuchstaben nach holt er die Reprise der bislang noch ausgesparten Themen – vor allem [8 c] und Schlußmodell – nach; sein Formsinn jedoch ist der einer großen Coda. Sie untersteht dem Primat des ersten Themas. Dessen Begleitsystem beginnt wiederum als Marsch; es folgt das Kopfmotiv [5] und der Nachsatz [6] (Takt 157). Wiederaufnahme der Reprise: Takt 159 kommt das Schlußmodell als Interpolation (entsprechend Takt 58), fortgesetzt von der Wiederholung von [8 c]. Die Codamüdigkeit läßt bis zum Satzschluß die Musik harmonisch-leittönig hinabgleiten. [8 c] wird in eine Vergrößerung des Kopfmotivs [5] geführt (von Takt 169 an); darauf dieses in den ursprünglichen Zweiunddreißigstelsextolen enthüllt. Von Takt 177 an bildet das Schlußmodell eine kennbare Schlußgruppe, aber schon nach drei Takten (Takt 180) dringt das vergrößerte Kopfmotiv [5], mit [7 b] kontrapunktiert, in den Vordergrund. Aufteilung in Reste bis zum Ende: dem Kopfmotiv [5] über den originalen Begleitharmonien.

Der zweite Satz, ein symphonischer Allegro-Charakter trotz vielen langsamen Einwürfen, verfährt mit der Rondoform derart, daß er das – ganz kurz gefaßte – Hauptthema zwar refrainartig zwischen den einzelnen Teilen wiederholt, dabei aber so eingreifend variiert, daß es als ›Thema‹ kaum in Erscheinung tritt, sondern nur noch Rohmaterial, ganz wie eine Reihe, abgibt: das Rondo schlägt um in ungebundene Prosa. Die thematischen Verhältnisse werden kompliziert dadurch, daß die Themen in die des ersten Satzes hinüberspielen; gelegentlich wird dieser zitiert, durchweg aber sind die Gestalten Varianten, Ableitungen der seinen. Grob wäre etwa so zu schematisieren: erster Themenkomplex bis Takt 47; erste Rondoreprise von Takt 48 an; seitensatzähnliche Gruppe und Überleitung von Takt 54-71; Durchführung mit mehrfachen Rondo-Einsätzen von Takt 72 an; Reprise Takt 151. Fruchtbarer ist der wie immer flüchtige Blick auf den musikalischen Verlauf selber.

Heftiger, gezackter Einsatz des Hauptthemas [Beispiel 9]: offener Ausbruch des expressionistischen Berg. Das Thema beißt sich fest auf dem Motiv [9 h], einer Reminiszenz an die Intervall-

Beispiel 9

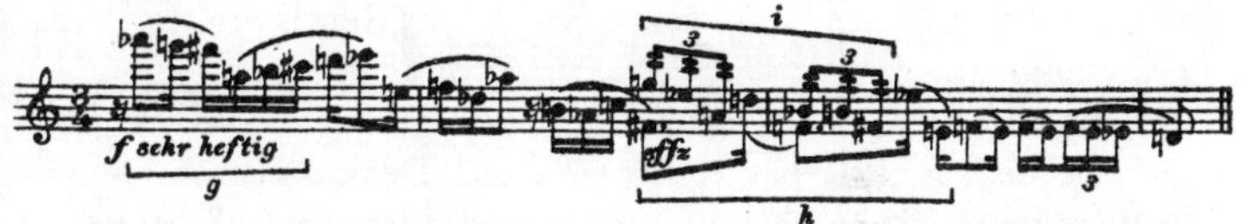

ausweitung des ersten Satzes. Dazu, als Stegtremolo der zweiten Geige, der Kontrapunkt [9 i]: Vorwegnahme des sogleich anschließenden, sinnfälligen Kontrastgedankens [Beispiel 10],

Beispiel 10

fortgesetzt durch [9 h] und dann (Takt 8) den Krebs seines eigenen Schlusses: stete Wirkung der Stentato-Tendenz von [9 h], die sich dem ganzen Satz mitteilt. Bei Takt 10 erste Variante des Hauptthemas [9 g] in der Bratsche: vergrößert und umrhythmisiert. Sie wird entwickelt und durch abermalige Variante der drei Schlußnoten von [9 g] verjüngt. Diese Variante bereitet die Verkleinerung des Kontrastgedankens [10] vor (Takt 22). Auch dessen Prägnanz fällt dem Musikstrom zum Opfer; ihm gesellt sich (Takt 25) eine Variante, die den Rhythmus des Kopfmotivs [5] aus dem ersten Satz einbezieht [Beispiel 11]. Reihenartige Verarbeitung von [10]. Presto-Absturz, Einhalten auf Akkor-

Beispiel 11

den, die den Satz als Leitharmonien durchherrschen [Beispiel 12]. Überleitungsartige Partie, aus einer frischen Variante von

Beispiel 12

[10] (grazioso, Takt 39) und aus [11] gebildet. Takt 48 Rondo-Eintritt des verkleinerten Themas [9 g]; Verarbeitung eines Motivglieds daraus. Andeutung eines Seitensatzes von Takt 55 an, absichtlich unplastischer als die Hauptthemen, verwandt mit [9] sowohl wie mit dem ersten Seitensatz [8 c] und [8 d]. Abermaliger Rondo-Eintritt (Cello, Takt 60 f.), Überleitung durch die Stentato-Idee.

Langer, sehr gegliederter Durchführungsteil von Takt 72 an. Zunächst über ein Modell aus dem Seitensatz ([Beispiel 13]; mit [8 c] verwandt). Danach tritt die Grazioso-Variante von [10]

Beispiel 13

(aus Takt 39) hinzu und verschwindet in einem imitatorischen Begleitsystem (von Takt 80 an); stets Festhalten an der Stentato-Idee. Frischer Rondo-Eintritt von [9 g] (Takt 88), presto unisono, ganz umrhythmisiert, aufgefangen von den Leitakkorden [12](Takt 91). Deren kleines Sekund-Intervall wird weitergetrieben; strophische Wiederholung des Rondo-Eintritts von Takt 88 (Takt 103), doch nun [9 g] enggeführt und auf [10] bezogen. Von (119) an ruhige, formal selbständige Episode; ihr Modell (in der zweiten Geige) ist eine Kombination des Schlußglieds von [11] mit einem Motiv aus dem ersten Themenkomplex (Takt 13

f.). Von Takt 133 an Inversion des Episodenmodells. Rückleitung unter Benutzung von [9 g] und der Umkehrung der Grazioso-Variante von [10]; stärkste Stentato-Wirkung.
Das Hauptthema [9 g] in der originalen Geigenlage markiert (Takt 151) den Eintritt der Reprise. Sie wird überaus frei, gänzlich als Prosa behandelt. Die Kontrastgedanken [9] und [10] treten scharf auseinander. In [9] wird das Hauptthema des ersten Satzes hereingezogen (Takt 168) und in dessen Begleitharmonien konturlos aufgelöst. Diese verwandeln sich unmerklich in die Leitharmonien [12] und formen – stets des ersten Satzes gedenk – ein Begleitsystem zu [10] (Takt 181). Überleitung wiederum aus [11] und der Grazioso-Variante von [10]. Der Seitensatz (Takt 200), in der Exposition sorglich im Hintergrund gehalten, dringt nun vor und wirkt – Kritik der Sonate! – neu; wird aber bald (von Takt 209 an) in [10] zurückgelenkt und dann in die Coda. Einsturz über dem Motiv [12], Stillstand. Dramatische Haltung des Endes: Takt 223 letzter Rondo-Eintritt von [9 g], nochmaliges Zufahren des Kopfmotivs [5] aus dem ersten Satz. Die Beziehung von [9 h] zur Intervallausweitung von [5] wird aufgedeckt und das Stentato zur orchestralen Ausbreitung gesteigert. Ekstatisch hochfahrende Geste als Schluß.

Altenberglieder

Mit den Fünf Orchesterliedern nach Ansichtskarten-Texten von Peter Altenberg, op. 4, die 1912 geschrieben wurden, beschäftigte sich in dem Bergbuch von 1937 Ernst Krenek. Sein Beitrag ist heute noch überaus lesenswert, sowohl wegen der Erfahrungen an den Kompositionen, die er spontan anmeldet, wie wegen mancher Modifikationen, zu denen jüngste Aufführungen der unterdessen wiederentdeckten Lieder nötigen. Sucht man nach einem drastischen Beleg für die These, daß in der Zeit Musik sich in sich selbst verändere, dann bietet ihn dies op. 4. Man wird dessen Genialität nicht herabmindern durch die Konstatierung, daß der Schock, der bei der Premiere Skandal verursachte und den noch Krenek hervorhob, in den Jahren seit Bergs Tod zerging, ähnlich übrigens wie bei Kreneks eigenen Jugendkompositionen. Dagegen ist die »Färbung von Klassizität«, auf die jener ebenfalls aufmerksam machte, als eine wahrer Sachautorität bestätigt worden. In einer Aufführung im Hessischen Rundfunk im Mai 1967, in der unter Michael Gielen Heather Harper die Lieder inmitten eines Programms späterer Komponisten sang, wirkten sie so zwingend wie sonst Stücke von Webern in der Umgebung von nach 1945 Entstandenem. Verantwortlich dafür ist sicherlich primär der Klang. Kaum vorstellbar, daß ein Komponist in seinem ersten Orchesterwerk, also ohne all das, was einem fatalen Kompliment Routine heißt, eine solche Perfektion und Ausgewogenheit der sinnlichen Erscheinung erreichte; die ehedem berüchtigten Extravaganzen waren damals schon mühelos dem Spiegel integriert. Kreneks Hinweis auf die »Zerstörung geordneter Tonbezirksgrenzen« durch Glissandi von Streicher-Flageoletts, solche der Posaunen, das später von Bartók ausgenutzte Herabstimmen der Pauken während eines Wirbels regten seinerzeit im ›Doktor Faustus‹ zur Beschreibung gewisser Eigentümlichkeiten des Leverkühnschen Stils an; erstaunlich, wie sehr all das heute der Totale sich einfügt, wie wenig es heraussticht. Der Satz Cocteaus, ein Künstler müsse wissen, wie weit er zu weit gehen dürfe, wird von dem Riesenorchester der Miniaturen verifiziert. Das ist in erster Linie Verdienst der außerordentlichen Genauigkeit der instrumentalen Imagination. Kein sei's noch so exponierter Mischklang steht in der Partitur, der nicht durchs innere Ohr hindurchgegangen wäre; nirgends wird experimentiert derart, daß das Erklingende der kompositorischen Kontrolle entliefe. Wenn die gegenwärtige Produktion vielfach diesem Verfahren absagt, so ist der Grund nicht stets, daß man ihm überlegen wäre, sondern häufig, daß man dem technischen Vermögen nach diesseits der Forderung jener Kontrolle sich befindet: sie so zu lockern legitimierte sich erst dort, wo sie einmal vorhanden und als negierte zu fühlen ist.

Weiter hilft den Liedern ein Verfahren, das man mit Technik der Vorbereitung bezeichnen könnte. So wie nach den Regeln des strengen Satzes aus dem sechzehnten Jahrhundert Dissonanzen nur unter rigorosen Bedingungen zugelassen waren, die alle auf die Motivation ihres Eintritts unterm Primat des reinen Dreiklangs sich beziehen, ergeht es in jener Phase Bergs den Klangdissonanzen und analog, bis zu einem gewissen Grad, auch den harmonischen. Zwar schreckt er damals schon vor keiner exzessiven Kombination zurück, aber er motiviert eine jede. Nichts wird einfach gesetzt, alles herbeigeführt, so als bereite der Moment, in dem ein ästhetisches Phänomen auftritt, als kritischer von ästhetischer Stilisierung überhaupt, unüberwindliche Schwierigkeiten. Gewachsen ist ihnen nur eine Behutsamkeit, die dem Exzeß gleichkommt. Prousts Prosa kannte dieselbe Schwierigkeit; heute hat sie sich zu der verstärkt, überhaupt mit Ästhetischem, einem Fiktiven, herauszurücken. Die Behutsamkeit Bergs überträgt in den Altenbergliedern den Vorrang des Werdens über das Sein auch auf die Klangdimension. Die Farben werden nicht wie Gegebenheiten hingepinselt sondern entwickelt; durch den Prozeß, in dem sie sich bilden, begründen sie sich erst. So wird der letzte Teil des ersten Liedes von einem liegenden Akkord des Harmoniums e–h–f definiert, der schon im ersten Takt im Klavier versteckt war und dann chromatisch weiterglitt. Muster wären in manchen etwa gleichzeitigen Stücken von Schönberg nachzuweisen. Aber der Akkord setzt im dritten Teil unter einem Tutti-Fortissimo unhörbar ein und gelangt erst durch Subtraktion, durchs Erlöschen aller anderen artikulierten Ereignisse in den Vordergrund. Dabei qualifiziert er sich doch als längst Vorhandenes. Zarteste Vorsicht ist in den Altenbergliedern Äquivalent der Verwegenheit.

Berg gemäß wäre es, die Ausgewogenheit der Lieder zusammenzudenken mit der Form des gesamten Zyklus; auf die Makrostruktur hat der mikrologische Komponist den größten Wert gelegt. Der Bau des Ganzen wird, wie in einem sonatenähnlichen Gebilde, von zwei etwas ausführlicheren und vor allem: in sich dynamisch entfalteten Sätzen am Anfang und am Ende zusammengehalten; beim früheren Webern gibt es Verwandtes, wie denn überhaupt die Altenberglieder in manchem dem Verfahren von Bergs Freund innerhalb seines œuvres am dichtesten sich nähern.

Das erste Stück gehorcht rudimentär einem Formgesetz, das Berg dann häufiger befolgt: Kompositionen werden stetig aus dem Amorphen, bei gleichzeitiger dynamischer Steigerung, ins Artikulierte geleitet und dann wiederum, zuweilen mit Akten der Zertrümmerung, ins Unbestimmte zurück. Diese Verfahrungsweise enthält vor allen Reihenveranstaltungen die Idee des Krebsgängigen teleologisch in sich, so wenig im übrigen auch der dritte Teil jenes Lieds als tatsächliche krebsgängige Reprise beansprucht werden kann. – Das letzte Lied ist eine Passacaglia und bekennt sich, wie die ›Nacht‹ des Pierrot Lunaire, ausdrücklich als solche. Die gebundene Form, die Schönberg und Berg aus Freiheit wählten, veranlaßt im Satz und in der gesamten Faktur zu geschlossenerer, minder aufgelöster, auch vertrauterer Gestaltung. Daher jene schließende Kraft, die in der prinzipiell offenen neuen Musik stets wieder aufs neue erstrebt wird. Kaum ist das Schlußproblem ganz zu bewältigen, nirgends zu vernachlässigen. Der Preis, den die Passacaglia zu entrichten hat, ist ihr leiser Unterschied vom Stil der übrigen Lieder, analog etwa zum Verhältnis des letzten Liedes aus Weberns op. 3 zu den vorhergehenden. Die drei mittleren Stücke sind weit kürzer als die Ecklieder.

Die von Krenek betonte »Wirrnis« der langen Instrumentaleinleitung des ersten Liedes – es ist, als wollte ihr Umfang den außerordentlichen Aufwand an Orchestermitteln rechtfertigen – herrscht nach dreißig Jahren nicht länger. Sie erweist sich als gemeistert von allmählich sich erweiternden, aber durchgehaltenen Ostinato-Komplexen, die in der Vertikale metrisch differieren und mit der Takteinteilung nicht zusammenfallen. Vom neunten Takt an heben sich expressive Melodie-Ansätze ein wenig ab. Auffallend die Ähnlichkeit der Idee des Klangdessins mit der am Anfang des Vorspiels zu Schrekers ›Gezeichneten‹, nur daß das doch wohl früher geschriebene Stück Bergs im Gebrauch der Dissonanz viel weiter geht als Schreker mit seinen polytonal getrübten Dreiklängen; selten jedoch ist eine gewisse Affinität der beiden so greifbar wie hier[1]. Um so relevanter sind die Unterschiede. Hier wie dort handelt es sich um Mischklänge.

1 Auch an strukturellen Querverbindungen zu Schreker mangelt es nicht. In den großen duettierenden Partien von Alwa und Lulu kehren manche Motivkomplexe, Gleiches inmitten des Ungleichen, unersättlich fast wieder; ebenso in der Atelierszene der ›Gezeichneten‹.

Der Schrekersche tilgt in seiner irisierenden Totalität virtuell die Einzelfarben, nur wie momentane Reflexe innerhalb eines homogenen Klangs werden sie fühlbar. Der Bergsche Mischklang dagegen, dem Vorbild des Farbenstücks aus op. 16 von Schönberg verpflichtet, hat sein Wesen daran, daß die simultan gegeneinander gesetzten Farben zwar ebenfalls zur Totale verschmelzen, gleichzeitig indessen inhomogen, selbständig übereinander bestehen bleiben: Mischklang ohne Mischung. Schwerlich wäre es bloße Analogie zu Stufen der Malerei, das Schrekersche Verfahren spätimpressionistisch, das Bergsche frühexpressionistisch zu nennen. Weit tiefer ist die Introduktion des ersten Altenberglieds von kammermusikalischer Erfahrung tingiert als die Schrekersche Konzeption, bei der, nach Schrekers eigener Äußerung, das Orchester als einziges Instrument gelten soll. Demgegenüber zeigt sich die für Bergs kompositorische Verhaltensweise und Technik insgesamt entscheidende Dissoziationstendenz bis in die Instrumentation hinein, zumindest in der seiner früheren Werke. Der Klang möchte wie die motivisch-thematische Gestaltung in seine Elemente zurück. Planmäßige Desorganisation wird zur Organisation; solche distinkte Absicht macht jene achtzehn Instrumentaltakte zu etwas anderem als dem Chaotischen, als das sie zuerst erschienen.

Besonderer Aufmerksamkeit wert ist, nach dem, was musikalisch seit 1945 geschah, der Eintritt der Singstimme. Ihr erster Ton ist mit leicht geschlossenen Lippen, ihr zweiter mit halb offenem Mund »wie ein Hauch an- und abzusetzen«; erst der dritte, auf den das erste Textwort fällt, wird im üblichen Sinn gesungen: rudimentäre, dreistufige Klangfarbenreihe, die spätere Einbeziehung des Farbparameters ins serielle Verfahren antezipierend. Veranlaßt wird die Farbenreihe durchs Prinzip des Differentials. Da Berg sich gleichsam schämt, die Singstimme anheben zu lassen, als dürfe Gesang nicht so umstandslos laut werden, muß er ihn wie aus einem vormusikalischen Bereich erst heraufholen. Das wiederum darf nicht gewaltsam geschehen, sondern unwillkürliche Kontinuität mit dem Artifiziellen ist zu wahren. Unter den Linien, die dann im Zwölfton- und im seriellen Verfahren konvergieren, ist jene für Berg spezifisch; schon am Anfang der Orchesterstücke op. 6 handhabt er sie nachdrücklich als Kunstmittel. Seine Kompositionsweise setzt sich zur Regel: musica non facit saltus; das veranlaßt in sämtlichen Dimensionen Reihungen ineinander übergehender Einzelereignisse. Wird einmal vom Infinitesimalprinzip abgesehen, so resultiert wie von selbst Serienähnliches. Auf dasselbe Phänomen bei der Behandlung der Klangfarben ist Kolisch in seiner Analyse der Bergschen Streichertechnik im Allegro misterioso der Lyrischen Suite aufmerksam geworden.

Die drei mittleren Lieder sind abermals untereinander in ein architektonisches Verhältnis gerückt. Das ganz kurze ›Siehst du nach dem Gewitterregen‹ kann drastische Gliederungen, außer der Fermate auf einem Akkord im Zentrum, entbehren; allerdings wird bei Takt 8 ein Motiv des zweiten Takts von der Singstimme aufgegriffen, von den Celli imitiert und dadurch eine rudimentäre Reprisenwirkung erzielt; auch das schließende f der Solokontrabässe erinnert an das f, mit dem im zweiten Takt die Instrumentalbegleitung beginnt. Die Gesamtstruktur des Lieds ist die der Schürzung eines Knotens, parallel zur Technik Weberns aus denselben Jahren. Im fünften Takt entfernt sich die Singstimme mit einem koloraturähnlichen Melisma vom Wagnerschen Gebot natürlicher Deklamation; erst der ›Marteau sans maître‹ von Boulez brachte wieder Ähnliches.

Bergs Formgefühl beantwortet dies Lied im folgenden, dritten, mit etwas festerem Gefüge auf kleinstem Raum. Die Zwölftonkomplexe zu Anfang und Ende sind berühmt geworden. Instrumental bildet sich das Begleitsystem des äußerst knappen Mittelteils aus einem Rest, der Sext in einer Oboenmelodie. Die quasimelodische Zerlegung der zwölftönigen Anfangsharmonie am Ende visiert ein wesentliches Moment der Zwölftontechnik, die Identität von Vertikale und Horizontale. Dabei wird, vom Standpunkt der entwickelten Zwölftontechnik aus gesehen, recht einfach prozediert, wie denn überhaupt die Faktur der Lieder, im Widerspruch zur Instrumentation als dem Hauptereignis, einiger Simplizität sich befleißigt. Man sollte das jedoch nicht eilfertig damit erklären, daß das dritte Lied eine frühe Vorform der Zwölftonkomposition darstelle. Berg hat, auch als er dann mit voller Konsequenz zwölftönig schrieb, an der immanenten Verfeinerung des Reihenverfahrens sich nicht sonderlich interessiert. Gelegentlich, etwa in der Lyrischen Suite, hat man ihn des zwölftönigen Primitivismus bezichtigt. Zu Unrecht. Denn die Intention zumal des Dramatikers Berg ging dahin, zwar durch die Zwölftontechnik das Rohmaterial zu organisieren, aber es doch so frei zu halten, daß es dem Bedürfnis von Ausdruck und subjektiver Nuancierung völlig sich anschmiegte. Das hätte rücksichtslose zwölftönige Durchformung, hätte die Webernsche Präponderanz des Reihenverfahrens, gar der Versuch, aus der Reihe ihrerseits Zusammenhänge und Formen herauszulesen, schwerlich geduldet. Bergs Toleranz in der Reihendimension schafft Raum für äußerste Differenziertheit in allen anderen. Das wohl ist die eigentliche technische Divergenz zwischen ihm und den beiden anderen Wiener Meistern in ihrer reifen Zeit. Soweit Berg Fragen der Reihenstruktur seine Aufmerksamkeit zuwandte, trachtete er mehr nach ihrer Flexibilität zugunsten der kompositorischen Absicht, als daß er die Absicht nach der Reihenstruktur gerichtet hätte.

Das vierte Lied wiederum ist weniger durchkonstruiert, lockerer, improvisatorischer, doch so, als gedächte es der Bestimmtheit des dritten, im Gegensatz zum aphoristischen zweiten: Schulfall des äußerst dicht, chromatisch ineinander gearbeiteten, minimale Ansätze ausnützenden Stils Bergs. Es neigt zu kunstvoll verwischten Oktaven- oder Einklangsführungen. Das Mittel ist ursprünglich der asiatischen Musik entlehnt; Berg mochte es von Schönbergs ›Hängenden Gärten‹ kennen, dort dürfte es sich von den Chinoiserien des Lieds von der Erde herleiten. Ungemein subtil wird das vierte Lied zusammengeschlossen durch die Gestalt der Melodiebögen. Im ersten Teil, bis zum Ritardando vom fünfzehnten Takt, steigen die Kurven tendenziell an, dann senken sie sich, am Schluß deutlich in der Singstimme. Die Wirkung ist die einer Art Umkehrung des Ganzen, freilich nicht durch wörtlich-motivische Tatbestände sondern durch die Gesamtstruktur, prototypisch für spätere große Sätze Bergs wie das Adagio des Kammerkonzerts. Die Tendenz zur Selbstzurücknahme des Lieds wird schon im ersten Teil vorbereitet. Während noch die ansteigenden Phrasenansätze sich fortsetzen, wird im neunten Takt ein Ostinatoklang erreicht, der bis zur Wendestelle des Lieds beharrt, so daß schon sehr früh harmonisch eigentlich nichts mehr geschieht; der Fortgang ist suspendiert. Diese Wirkung hat ihre Konsequenz im zweiten Teil, dessen letzte Flötentöne offen Bezug auf den Anfang nehmen; sie variiert sich wiederholt. Unmöglich wäre es gewesen, in einem solchen Gebilde einmal den harmonischen Fortgang stillzustellen, ohne daß das im Verlauf weiterwirkte. Vom zweiundzwanzigsten Takt an gibt es abermals einen liegenden Klang oder, besser gesagt, einen Leitakkord, so wie Schönberg in der Periode der freien Atonalität gelegentlich verfuhr um der Synthesis von Harmonik und Formbildung willen. Insgesamt wären die mittleren Lieder als ein in sich dreigegliedertes Intermezzo aufzufassen, das von der reinen Improvisation über äußerste Strenge zu einem Gebilde führt, das beide Kompositionstypen andeutend zusammenbringt.

Die Passacaglia, in der die Kritik am überkommenen Idiom sich mildert, bezieht sich auch offener auf die Tonalität als die anderen Lieder, so als bedürfte das spezifisch expressive Element, das hier alles andere überwiegt, noch des Rückgriffs auf den tonalen Vorstellungsschatz. Dadurch formieren sich Takte, um Ziffer 8, die nach Komplexion und Ton den Durchblick auf die Alwamusik, den ersten Satz der Lulusymphonie öffnen.

Klarinettenstücke

Die Vier Stücke für Klarinette und Klavier op. 5 tragen als erste von Bergs publizierten Kompositionen die Widmung an Arnold Schönberg. Sind die früheren Werke diesem durchs Empfangene verpflichtet als Dokumente der ›Schule‹, so bekennt nun, nach heftigem Durchbruch, in dankbarer Freiheit der Meister sich zum Freund. Solidarisch folgt er ihm in jene avancierte Sphäre des folgerecht expressionistischen Moment musical, welche die Sechs kleinen Klavierstücke konstituiert haben; wo Weberns beide Quartettzyklen sowohl wie dessen Folgen für Geige und Klavier, für Cello und Klavier und die Orchesterstücke op. 10 angesiedelt sind. Von allem, was Berg schrieb, geben sich die Klarinettenstücke am schönbergischesten; daher auch zeigen sie um ein Ideal von Stilreinheit sich bemüht, das Berg sonst eher sacht suspendiert als bekräftigt. Sie sind strikt ›atonal‹; die sonst bei Berg immer wieder einbezogenen tonalen Komplexe fehlen ganz; einmal mahnt ein versprengter Sextakkord, ein übermäßiger Dreiklang oder eine Ganztonskala ans Gewesene, nichts sonst.

Dennoch, Bergs Spezifisches wird gerade in der Spannung zu dem sichtbaren Vorbild evident. Weiß Berg, daß die kleine Form ihm nicht angemessen ist, so hat er in den Klarinettenstücken wissend sich selber überlistet und bleibt noch im starken Bannkreis von Schönbergs op. 19 seiner selbst mächtig. Unbeirrt sicher wählt er die eine Möglichkeit zur kleinen Form, die ihm offen ist: er macht das technische Prinzip, das gerade sie verwehrt, zu ihrem eigenen Vorwurf.

Gewiß, der ›kleinste Übergang‹ ist ein Mittel der Dynamik. Er verwandelt die musikalischen Substanzen in Funktionen; alles abgesetzt Seiende in die Kontinuität von Werden. Aber die Konsequenz solcher Verwandlung führt Bergs Musik aufs alte eleatische Paradoxon, das ihr – die exakt gesprochen ja stets mit endlich Kleinem und bloß im übertragenen Sinn mit Unendlichem zu rechnen hat – nicht ebenso bündig sich auflöst wie der Logik. In jedem ihrer Momente scheint sie, als unmerklich veränderte, mit sich identisch: steht sie also nicht still? Schlägt nicht die Dynamik, allen Materials beraubt, an dem sie als Dynamik sich erproben könnte, in Statik um? So fragt später, im großen, der Wozzeck, wo die bewegteste Aktion im Augenblick des angehaltenen Atems einsteht, die Zeit gebannt ist in den Raum, ernsthaft gehorsam den parodistischen Worten des Hauptmanns, den die Ewigkeit als Widerspruch von unendlicher Dauer und bloßem Augenblick erschreckt; bis die Zeit einbricht mit Wozzecks Selbstbesinnung und Herr wird über den Hexenring seiner Angst.

Aus jenem Umschlag der Dynamik in Statik, aus der einstehenden Zeit selber sind die Klarinettenstücke produziert. Sie dauern ein jegliches nur einen Augenblick, wie Schönbergs op. 19 oder Weberns op. 11; aber dieser Augenblick, der keine Entwicklung kennt und keine Zeit, wird gleichwohl in der Zeit entfaltet; das

Differentialprinzip so radikal gehandhabt, daß es die Zeit, in der es waltet und die absolut gemessen doch geräumiger ist als die der korrespondierenden Stücke Schönbergs und Weberns, gleichsam zurücknimmt und als Augenblick erscheinen läßt, während genau umgekehrt Webern, nach Schönbergs Wort, einen Roman in einen Seufzer zusammendrängt.

Bergs Wendung wird möglich nur durch die Universalität des kleinsten Übergangs. Der galt, in der Sonate, zum Teil auch im Quartett, noch zwischen Themen und verdankte seinen dynamischen Charakter wesentlich der Entwicklung von einem Thema aus dem anderen als ›Resultat‹. Die paradoxe Statik der Klarinettenstücke kennt kein ›Thema‹ mehr; sie sind, übertreibend gesagt, Musik aus nichts. Wenn Berg die Sonate liquidiert durch Ausbreitung der Durchführungstechnik übers ganze musikalische Gefüge, so fällt der Liquidationstendenz nun das ›Material‹ selber zum Opfer; ist alles Verarbeitung, so verliert alles eigenständig exponierte Material seinen Sinn. Nur aber im Widerstand eines Materials von eigenem Recht konstituiert sich musikalische Zeit; als widerspruchslos fließender fehlt ihr der Maßbezug und zeitfern hält sie inne.

Danach lassen die Stücke sich verstehen. Sie scheinen formal ganz ungebunden und treiben die Prosa-Idee des letzten Mombert-Lieds weiter. Selbst Sequenzen werden nicht mehr geduldet; die motivische Arbeit besteht einzig in Variation. Dennoch aber sind sie hervorgegangen aus der Liquidation der Sonate. Die vier Sonatensätze kehren rudimentär, geschrumpft wieder; freilich ist die Dreiteiligkeit in jedem von ihnen auf neue, überraschende Weise umschrieben. Ihre Form schaffen sie, indem sie überall und sogleich Reste bilden, atomisieren, innehalten, wieder aufnehmen und schließen. Das erste Stück, stellvertretend für ein Allegro, beginnt mit einer kleinen, leichten Klarinettenmelodie über zwei Takte [Beispiel 14]. Schon ihr Nachsatz (d) aber ist ein Rest, das Anfangsmotiv (a), durch Intervallvergrößerung variiert; sein Rhythmus, mit dem übergebundenen Achtel, ist gleichzeitig der rhythmische Rest des Motivs (c). Die rechte Hand des Klaviers beantwortet die Klarinettenmelodie mit einem dritten Motiv. Sein Einsatz, die Sechzehntel, sind frisch, werden denn auch unmittelbar von der Klarinette imitiert und als Rest

Beispiel 14

genutzt. Seine Fortsetzung aber, in Achteln, ist abermals der rhythmische Rest (c), auf kleine Sekundintervalle gebracht und damit in melodische Beziehung gesetzt zu den drei Sechzehnteln. Der Einsatz der linken Hand des Klaviers endlich ist eine rhythmisch variierte Imitation des Motivs (b) aus dem ersten Klarinettentakt, das dort zwischen den Motiven (a) und (c) entstanden war. Durch so vielfältige Relationen ist der Beginn derart artikuliert, daß er selbst bereits als Verarbeitung wirkt. Die nächste Entwicklung bringt lediglich weitere Aufteilungen; die Moleküle der beiden ersten Takte werden zu Atomen. Die offenbare Statik ergibt sich harmonisch; es folgen keine eigentlichen Fortschreitungen, sondern nur Rückungen; der Baßton d fungiert zunächst als Zentrum eines harmonischen Kreisens. Die Auflösung mündet mit dem sechsten Takt ins völlig Gestaltlose; in einem Klarinettentriller geht das Sekundintervall unter. Er bezeichnet den Einschnitt: das Klavier nimmt die Artikulation wieder auf mit einer entfernten Variante des Beginns. Der siebente und achte Takt könnten als Durchführung gelten; das kleine Sekundmotiv ist als Rest konserviert und seine Intervalle weiten sich aus; dazu bringt die Klarinette Varianten des Kopfmotivs (a), charakteristisch durch die dem Instrument abgehorchte Idee des großen Sprungs. Im neunten Takt beginnt das Klavier, bei »molto espressivo«, eine Reprise; die ersten Intervalle sind treu, der Rest variiert; die Klarinette besinnt sich dazu auf eine Vergrößerung des Sechzehntelmotivs vom Beginn. Offene Dreiteiligkeit wird vermieden, indem die Reprise, vielmehr Reminiszenz, ganz bruchlos und unauffällig in die abklingende ›Durchführung‹ verwoben wird; und indem nach Ausbruch und Diminuendo des Mittelteils der Reprisenbeginn durchaus schon als Nachsatz oder Coda, darum nicht als gleichgewichtige Wiederholung wirkt. Der Schluß ist abermals aufgelöst und statisch; ohne noch eine melodische Gestalt freizulassen, hält er den gleichen Akkordkomplex über drei Takte fest.

Das zweite Stück, einem Adagio entsprechend, leitet sich mit der Idee der ostinaten großen Terzen betont vom zweiten aus Schönbergs op. 19 her. Aber es setzt sie nicht wie Tropfen nebeneinander, sondern hält sie dicht zusammen, nur ganz kurz, in Konsequenz der zuerst im zweiten Takt eingeführten Akkorde [Beispiel 15] sie verlassend und sich fortbewegend. Die große Terz in

Beispiel 15

der wieder erreichten Grundlage dient ohne melodische Gestalt als Reprise. Für Bergs Harmonik sind jene Akkorde des zweiten Takts exemplarisch durch die besondere Art ihres Espressivo. Schönberg hat die neuen Akkorde mit dem Drang des Ausdrucks erobert, um dann über die eroberten frei als über einen Musikstoff zu verfügen und die Subjektivität nicht sowohl im harmonisch Einzelnen zu bekunden als durchs integrale Ganze. Berg hält am harmonischen Ausdruckscharakter fest. Der aber ist ihm nicht reiner Seelenlaut der Inwendigkeit wie für Webern. Sondern er ist allemal dualistisch, wenn man will historisch: hat das Moment des Auswendigen, Ichfremden in sich, bleibt gespannt, Dissonanz noch in einer Musik, die längst scheinbar mit der Konsonanz die Dissonanz opferte. Es ist ein Espressivo nicht des Eingedenkens sondern des Erwartens, nicht der Versenkung sondern der Drohung: kurz, Bergs dramatische Art ist in den Zellen seiner Harmonik mikrokosmisch angelegt. Mit solch zweideutig gespannten Klängen wie diesen kündigt später Mariens Ermordung sich an: das ganze Stück scheint eine erste Vision der Orgelpunktszene des Wozzeck.

Ein Miniaturscherzo, etwa wie das vierte Schönbergstück, ist das dritte aus Bergs Zyklus; gleich allen Scherzi leichter zugänglich. Der Scherzoteil ist deutlich gegliedert; ein plastischer Vordersatz, mit zwei Akkorden schließend, ein raschelnder Nachsatz, der den Vordersatz immaterialisiert: statisch durch festgehaltene Akkorde. Der Mittelsatz, genuines Trio, bildet den einzigen starken Kontrast innerhalb der Stücke, ist aber dafür selber, über vier Takte, dicht und kontrastlos, ganz zeitlos in sich beschlossen; sein Formsinn nimmt den der späteren Krebswendungen voraus. Die Reprise des Scherzoteils wird völlig verkürzt und motivisch eben nur angedeutet. Sie aber gerade wirkt als Reprise durch Tempo und Ton. Aus wie ein Licht.

Die besondere Formidee des letzten, etwas ausführlicheren Stücks kehrt nachmals bei Berg wieder; sie könnte dem Adagio appassionato der Lyrischen Suite zugrunde liegen. Es ist die Anwendung des integralen Durchführungsprinzips auf den Rondotyp. Das ›Thema‹ wird von einem über vier Takte im gleichen synkopierten Rhythmus festgehaltenen Akkord gebildet, mit einer chromatischen Gegenstimme der Klarinette: abermals also kein Thema. Ein melodisches Motiv der Klarinette setzt als ›Gang‹ fort; dessen Triolenschlußglied macht den Rest aus und ist imitatorisch verarbeitet; dann wird, nach der Verfahrungsweise des ersten Stücks, die Musik durch Verkleinerung aller Elemente aufgelöst und bleibt gänzlich stehen. Wiederkehr der Anfangsakkorde, wie eine Rondoreprise. Abermaliger ›Gang‹, nun aber als Steigerung disponiert. Eine Variante jenes Triolenschlußglieds, einsetzend im letzten Viertel des zwölften Takts, ist das Modell; sie wird melodisch unverändert, doch nach der Kapuzineridee um stets mehr Fortsetzungstöne bereichert und verkleinert, immer heftiger wiederholt; schließlich im siebzehnten Takt kommt es zu einer Schlagzeugwirkung, die ähnlich ausbricht wie jene am Schluß des letzten Mombert-Lieds. Coda: ein Flageolettakkord des Klaviers, deutbar als Reprise und endliche Auflösung des thematischen Akkords; darüber ein Rezitativ der Klarinette, freie Umkehrung des noch unverarbeiteten Anfangs des ersten Klarinettengangs vom fünften Takt. Die aus der Zeit herausgestaute harmonische Energie der Stücke hat ihre Dämme zerschlagen samt der Form: traurig sinnt eine beseelte Stimme ihr nach.

Orchesterstücke

»Manchmal hat man so 'nen Charakter, so' ne Struktur.«

In der Geschichte von Alban Bergs Musik machen die Drei Orchesterstücke op. 6, beendet in den ersten Wochen des ersten Weltkriegs, wahrhaft Epoche. Jene Geste des Ausbruchs am Schluß der Klarinettenstücke, welche die Staudämme der paradox kleinen Form angreift, bleibt nicht die formfeindliche des Dadaisten[1]. Mit ihr wird Berg frei zur neuen Exspiration, so mächtig diesmal, daß er allen disziplinierenden Maßes vergißt und ins Chaotische sich dehnt, dorthin, wonach sein Verlangen seit den schlafbefangenen Liedern, seit den krausen Konfigurationen des Quartetts stand. Auf solchem Grunde dann beginnt die Musik sich umzuwenden: zur großen Form, die keine übermachte mehr, sondern die ihrer singulären Art gemeinte ist. Mit vegetabilischer Gewalt, wuchernd fast, wächst sie in die Breite; die in den Klarinettenstücken intensiv wie in den Punkt sich zusammenzog, treibt nun zur totalen Räumlichkeit: ihrer ursprünglichen Intention, die doch erst nach der strengsten Schule der Verdichtung sich erfüllt.

Der Fortschritt gegenüber den Klarinettenstücken ist so groß, wie nur die Distanz sein kann zwischen der extremen Formel der Selbstdisziplin und dem durchgebildeten Stil; auch das genialische Quartett, die souveränen Altenberglieder werden überboten durch die Sicherheit der Verfügung übers dort Erworbene. Harmonisches Gleiten und akkordischer Stillstand, Schwerkraft des neunzehnten Jahrhunderts in Quartett und Klarinettenstücken, ist vermieden; der Prozeß um jene Erbschaft in unvergleichlich viel tiefere Schichten getragen. Der Primat des harmonischen Denkens verschwindet insgesamt. Die Technik erobert sich Dimensionen, vor denen Berg lange, geduldig zögerte: zumal den

1 In einem jüngst in der Tschechoslowakei veröffentlichten Brief an den von den Nationalsozialisten ermordeten Erwin Schulhoff hat Berg später den Dadaismus ausdrücklich kritisiert, und zwar als hinter dem Radikalismus der Schönbergschule zurückgeblieben.

Kontrapunkt. Gewiß hat es im Quartett an polyphonen Partien so wenig gefehlt wie – vollends in op. 4 und 5 – an intimer Kenntnis der Instrumente. Aber beides war in Grenzen gehalten. Nun werden Farbe und Kontrapunkt produktiv: die Form schaffen sie selber. Das erste Orchesterstück ist aus einer Klangidee erzeugt; das letzte hämmert mit dröhnenden Schlägen ausschweifende Vielstimmigkeit zusammen.

Die neue Breite ist danach vorab vertikal, nicht eine der Zeitdauer. Präludium und Reigen halten sich in bescheidenem Umfang; der Marsch allenfalls hat die Länge eines knappen Symphoniesatzes. Von Breite aber kann noch in anderem Sinne die Rede sein als in dem der weiträumigen Übereinanderlagerung von Stimmen. Breit ist der Stilbereich des Werks. Die insistente Ausarbeitung von Bergs spezifischen Mitteln bringt ihn, ohne daß er von Schönbergs Funden einen opferte, in wesentliche Beziehung zur Musik außerhalb von dessen Umkreis: zu Mahler und Debussy. Mit den Orchesterstücken mündet die Schönbergschule geraden und strengen Laufs in die Stilbewegung ihrer Jahre ein oder enthüllt sich vielmehr als die objektiv stilsetzende Instanz, als welche sie in Wahrheit seit ihrer Evolution legitimiert war: keine esoterische Sekte mit privatem Idiom und verschworener Gesinnung, sondern fortgeschrittenes Vollzugsorgan musikalischer Erkenntnis. In ihr denkt sich zu Ende, was den entwickelteren Kräften des zeitgenössischen Komponierens dumpf innewohnte. Sie stellt diese Kräfte fensterlos zwar vor, gleich der Leibnizschen Monade, kommuniziert aber dann doch mit ihnen im strengen Verfolg der eigenen Tendenz. Berg hat, so dünkt es, die rückwärtige Verbindungslinie von der Schönbergschen zur voraufgehenden Musiksprache gezogen und das vorgeschobene Ergebnis durch Fühlung mit dem Gewesenen gesichert. Aber die rückwärtige Linie verlängert sich als Konsequenz seiner eigenen Entwicklung in die Zukunft. Keinesfalls im ideologischen Sinn der neuen Klassizisten, die das aufgewärmte Alte für neuer ausgeben als eine Differenzierung, an die sie nicht heranreichen; doch in dem verbindlichen, daß die differenzierte Antwort des großen Formwillens, der in den Orchesterstücken jene Ähnlichkeit mit Debussy und Mahler stiftet, unvermittelt aus der Schönbergschen Fragestellung, etwa in der Situation der Glücklichen Hand und des Pierrot, hervorgeht. So erklärt es sich, daß Bergs Mahlerischste Partitur die komplizierteste wurde, die er schrieb. Mit vieltönigen Akkorden und Reibungen zahlloser Simultanstimmen überbietet er in wilder Lust alles, was zuvor der Moderne an guter Herausforderung gedieh. Der Augenblick der Wendung in Bergs Stilgeschichte ist zugleich ihr höchster Schockmoment.

Die Affinität zu Mahler war der Schule nicht fremd. Schönberg hat mit der Widmung der Harmonielehre und der großen Totenrede leidenschaftlich zum Symphoniker sich bekannt unterm Gebot der gemeinsamen Konzeption der Musik als dessen, was Bloch »Sprengpulver der Welt« nannte. Schönbergs Einsicht durchbrach divinatorisch die Stildifferenzen, an die das vordergründige Ohr sich klammert – das vordergründige Ohr, das kein Komponist tiefsinniger betrügt als Mahler. An diesen denkt danach der Trauermarsch aus Weberns Orchesterzyklus op. 6 so genau wie die Marschepisoden aus dem langsamen Satz von Bergs Quartett. Aber erst in Bergs Orchesterstücken wird die Solidarität mit Mahler zum revolutionären Sturm mobilisiert.

Ihr Ort in Bergs Stilgeschichte gewährt ihnen dazu die Möglichkeit. Sie nehmen die Bemühung um die große Form aus dem Quartett wieder auf. Allein im Bewußtsein des dort geleisteten Liquidationsprozesses dürfen sie so wenig mehr das unangefochten eigene Sein von Themen, selbst von Motiven hinnehmen wie zuletzt bereits die Klarinettenstücke. Zwar können nicht, wie dort, ihre Dimensionen als Musik aus Nichts angelegt werden – aber kein Etwas ist ihnen vorgegeben, das sie sich verstatteten. Nicht anders war jene Mahlersche Not geartet, welche die vordergründige Banalität seiner Themen zeitigte. Mit ihr tritt Bergs Funktionalismus in die wunderlichste Konstellation. Tatsächlich haben die Orchesterstücke Themen, wenn schon meist nicht als Modelle der variativen Durchführung, so jedenfalls doch als faßliche melodische Gestalten. Diese aber werden nicht mehr, wäre es auch nur wie die Kopfmotive des Ersten Quartetts, hingesetzt und dann an ihnen Musik vollzogen. Vielmehr ist es die Formaufgabe – und die zentrale Verständnisschwierigkeit – der Orchesterstücke, ihre Themen selbst entstehen zu lassen. Sie geben nicht die Geschichte, sondern die gleichsam vorzeitliche Geburt des Themas. Woraus aber die Themen entstehen, das macht die Beziehung zu Mahler nicht bloß, sondern zu Bergs eigener Vorzeit, zur Elternwelt des Jugendstils und all jenem subjektiven Schein aus, der in Bergs Stil allmählich getilgt wird, um als unsichtbar eingesenktes Kraftzentrum die gegenwärtige Gestalt zu speisen. Hat Freud den Stoff seiner Erkenntnis den »Abhub der Erscheinungswelt« genannt, so erkennt Berg den Schein des überkommenen musikalischen Hausrats als solchen Abhub, den er in Treue zertrümmert. Er ist das Nichts, das völlig in Beziehungen verschwindet; er ist das Etwas, von dem der ästhetische Schein noch in der radikalen Durchkonstruktion brennend zehrt. Das wird sichtbar am Anfang des dritten Stücks, wo vier versprengte altmodische Marschformeln zusammengestückt sind, aus denen mit der gleichen Gewalt, die jene Formeln desintegrierte, die Form redintegriert wird. Aus der Anschauung der Motivatome in jenen Bruchstücken gerät sie bruchlos. Hat der Strawinsky des Soldaten, der Satie der Cinq grimaces solche Bruchstücke kahl, maskenstarr stehen lassen, so hat Bergs Menschliches noch in ihnen das Bewegungsgesetz ihres Zerfalls entdeckt und es umgedeutet ins Bewegungsgesetz der Komposition. Benjamin hat jene Teller aus bürgerlichen Stuben entdeckt, die unter einer Glasscheibe bunte Briefmarken zum schiefen Tableau montieren; man weiß, welcher Schrecken von ihnen ausgeht; wie die Briefmarken, qualvoll aufgeklebt, für die Ewigkeit miteinander zu verzucken scheinen, ausgebrochen aus ihrer Funktion, darum als gräßliche Allegorie ihrer Funktion gebannt. Solche Montage, solche Allegorie, solcher Schrecken wird in den Bergschen Stücken zum Ausdruck des leibhaftigen Traums gesteigert. Unterm hausgroßen Glasteller der Form, in der wilden, schrägen Buntheit der Orchesterflächen erwachen die Bruchstücke zur zweiten, zur katastrophischen Bedeutung. Es ist die des Banalen. Das Banale ist die Ware als Erscheinung. Kommt die Entwicklung des jungen Berg, als Rekapitulation der romantischen, einer Fluchtbahn vorm Banalen gleich, die ins Atom, den reinen Augenblick führt, so bezeichnet die formimmanente Erkenntnis eine Wende, daß in der Warenwelt keine Flucht aus der Ware möglich ist, jede tiefer nur in sie verstrickt – daß das erreichte musikalische Atom, ja endlich der bloße Ton als so banal sich preisgibt wie nur je die falsch geschlossene Oberfläche selber. Dem gehorcht Berg zweifach: indem er die Banalität des Kleinsten durch dessen Gestalt rückhaltlos einbekennt, und indem er sie aufhebt in dem Gleichgewicht eines zweiten Ganzen. Der Ausdruck des Chaotischen, die panische Bedrohung, die im Ton der Stücke gelegen ist, wird bewirkt von der unmäßigen Gewalt solcher Integration des Banalen. Zerfällt die mittlere Humanität im banalen Schein, so vergrößert die Form, die ihn auffängt, sich ins Unmenschliche und Grauenvolle. Des zum Zeichen fällt im dritten Stück der Hammer. Er ist zweimal zuvor musikalisch gebraucht worden: in Mahlers Sechster Symphonie als dem dämonischen Triumphmarsch des Banalen und in Schönbergs Glücklicher Hand, in jenem szenischen Moment, da die Kraft des Mannes sich aufreckt, um sogleich wieder im Kreis des Banalen zu ersticken. Jene beiden Werke definieren den Schauplatz der Orchesterstücke. Mit der Angst des Riesen türmt Berg sie aufeinander. Angst ist es, die sie verbreiten.

Es ließe sich ihrer Figur anders noch nahe kommen. Sie intendieren die große Form nach Liquidation der Sonate und ohne Blick auf diese. Sie bestimmen sie darum durch ›Charaktere‹. Im Unterschied zu seiner früheren Musik haben sie Titel, die auf solche Charaktere weisen; man ist versucht, Reigen und Marsch als ingrimmiges Spiel mit jenem bürgerlichen Charakterstück des neunzehnten Jahrhunderts zu deuten, das dem Banalen in so tödlicher Innigkeit verschwistert ist wie sie nun in tödlicher Dialektik sich aufspaltet. Der ›Charakter‹ wird in Bergs späterem œuvre fortgebildet durch den dramatischen, den preisgegebenen Menschen: bis endlich mit großartiger Transparenz in Lulu den dramatischen Charakteren die der Form, Sonate und Rondo gesellt sind. Im Charakter werden die vorgeordneten Formtypen nicht ungebrochen wieder aufgenommen. Sie werden zitiert; die zitierte Form wiedererscheinend in Ausdruck verwandelt. Erst der zitierte Schriftzug macht sie zum Charakter. Solche Charaktere im Zitat umschreiben die gebrochene, allegorische, darum von aller wie sehr auch versteckt klassizistischen Ästhetik verpönte Symphonik Mahlers. Die Einzeichnung von Charakteren aber markiert zugleich eine Krisis in der bisherigen Geschichte der neuen Musik. Nicht umsonst hat der Lehrer Berg das Wesen

des musikalischen Charakters immer wieder an den kontrastierenden, je in sich eindeutigen Stücken von Schönbergs Pierrot demonstriert – jenem Pierrot, in welchem der Expressionist der Glücklichen Hand und der kleinen Klavierstücke mit Passacaglia und Spiegelkanon, vor allem aber mit dem Mondfleck als unergründlichem Manifest die musikalische Konstruktion aus Freiheit entwirft. Solche Charaktere sind die Orchesterstücke; ihre Konkretion ist die des eindeutigen Charakters im Namen, und die Benennung, nicht bloß in den Titeln, sondern entscheidend die inwendige Faktur, reißt sie aus der wortlosen Stummheit der absoluten Subjektivität. Sie auch setzt sie in Beziehung zur Bühne: die folkloristischen Trümmer der Stücke konzipieren den Ausdruck des Wozzeck; das Präludium kommt an seinen Ort in der Schlußszene des ersten Akts, der Reigen in der ersten Wirtshausszene; der Marsch geistert lautlos lärmend durch die ganze Opernpartitur, vom Trommelwirbel des ersten Akkords an.
Wenn Berg alle dialektische Bewegung seiner Musik an Modellen erprobt, nicht bloß thematischen im Sinne der Schönbergschen Variationstechnik, sondern auch stilistischen, als sei alles Neue, das er wagt, aus der totalen Variation eines Erinnerten hervorgegangen – wenn er sein Formprinzip noch an der Vergangenheit bewährt, dann weist das erste der Stücke, das Präludium, technisch merkbar auf den Pierrot und eben den Charakter des Mondflecks. Als sollte der Wendung selber die Allegorie gefunden werden, tendiert es zur Krebsgestalt, die von nun an in Bergs Architekturen bis zur Lulu unablässig eingesetzt wird als paradoxe Möglichkeit der Wiederholung des Unwiederholbaren. Sie ist freilich im Präludium erst skizziert. Es knüpft unmittelbar an den Schluß des letzten Klarinettenstücks an. Wurde dieser, als Ausbruch eines scheinlos Wirklichen aus der Form, mit dem Dadaismus zusammengenannt, so gehört der Beginn des Präludiums der Sphäre des Bruitismus an als dem strengen musikalischen Korrelat des sprachlich-optischen Dadaismus. Das bloße Geräusch ist der Grenzwert des subjektiv musikalischen Atoms gegen die außermusikalische Wirklichkeit der Waren; die strengste, freilich auch die ausdruckslose Figur des Banalen und als solche der Umschlag der reinen Expression in Objektivität. Mit bloßem Geräusch setzt das Präludium ein und in bloßes Geräusch zerfällt es wie

Staub; die Musik dazwischen ist ein Gleichnis dafür, wie überhaupt Musik dem Stummen sich entringe. Manche Ideen Mahlers haben, romantisch verkleidet, demselben gegolten: etwa im ersten Satz der Dritten Symphonie. Ein System von Schlagzeug ohne bestimmte Tonhöhe setzt ein, Tamtam, Becken, kleine, große Trommel; jedes Instrument vom anderen rhythmisch so unterschieden, daß die Erscheinung zufälligen, ungeformten Geräusches zustande kommt. Zwei Paar Pauken gesellen sich, gleichsam akkordbildend: die Zwischenstufe zwischen Geräusch und Ton, in einer Art von Farbreihe. Ihr Akkord wird von Pizzicato-Streichern aufgenommen: stets noch hält der angerissene Laut die Geräuschidee fest. Den höchsten Akkordton, das eingestrichene es, akzentuiert solistisch die Flöte als Flatterzungeneffekt, in einem nachschlagenden Rhythmus aus dem Geräuschbeginn. Während im sechsten Takt erstmals die quartige Grundharmonie modifiziert wird, legt sich das Fagott mit seinem denaturiert hohen as im Rhythmus des Flötentons über das ungestalte Klingen. Zu dem as tritt vorschlagartig, abermals wie zufällig, eine zweite Melodienote und dann eine dritte; so entspringt, mit der Anstrengung der exponierten Instrumentallage, dem Geräusch das Motiv. Trompetenimitation und völliges Ritardando; dann als Melodie wieder nur der einzelne Ton in dem charakteristisch nachschlagenden, wie regellosen Rhythmus, den das kleine Gong verdoppelt: dazu ein weicher Akkord von sechs Tönen. Dessen Disposition setzt bereits völlig die Idee des solistisch aufgelösten, alle Selbstgerechtigkeit des ›Materials‹ durch Phantasie verwandelnden, dabei Mahlerisch-deutlichen Instrumentierens durch, das den Orchesterstil des reifen Berg ausmacht [Beispiel 16]. Der tiefste Ton gehört der gedämpften Kontrabaßtuba, der nächste den gedämpften Celli, der dritte dem gedämpften Horn, der vierte der offenen Trompete, der fünfte

Beispiel 16

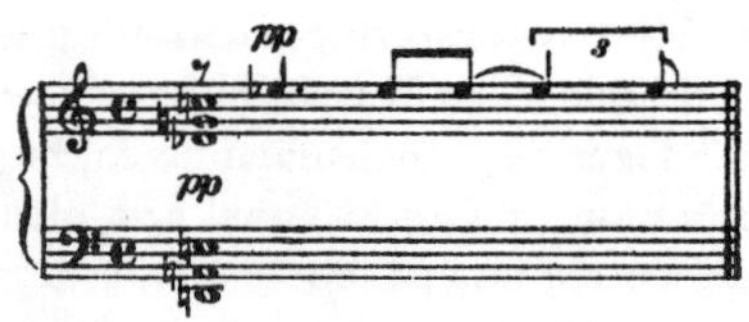

der Oboe, der sechste der gedämpften Solobratsche; der Melodieton – das zweigestrichene es! – wird, in Konsequenz der Klangvorstellung der exponierten Lage, von der kaum je in solche Regionen geführten offenen Altposaune gewagt. Das Instrumentationsprinzip, dem der Akkord gehorcht und das bereits in der Erwartung entdeckt war, ist einem harmonischen eng verwandt: wie die neue Harmonik die Konsonanz im alten Sinn als undeutlich, gleichwie als tautologische Verdopplung des einzelnen Tons, schließlich als ›falsch‹ vermeidet, so vermeidet die Instrumentation tendenziell die Homogenität in der Vertikale: in solcher Homogenität wäre der einzelne Ton überflüssig-zufällig und entzöge sich der strikt konstruktiven Determination. Als technische Regel gesagt: in der vertikalen Anordnung dürfen nicht zwei Töne der gleichen Klangfamilie unmittelbar benachbart sein. Diese Regel freilich durchkreuzt sich in Bergs weitgespannter Instrumentationspraxis mit anderen Verfahrungsweisen: im op. 6 zunächst mit der Mahlerschen Verstärkungs- und Tuttitechnik. – Nach der Posaunenstelle ein schwerer Akkordschlag: Alterierung des einleitenden Quartenakkords, dazu als Hauptstimme ein Horn- und Klarinettenmelisma aus dem Fagottmotiv. Es wirkt nun der bruitistische Impuls derart nach, daß zwischen den immer ausgreifenderen melodisch-motivischen Einsätzen leerlaufende Begleitstellen gebracht werden, die klanglich oder rhythmisch aus dem Anfangsgeräusch hervorgehen. Melodiegestalt im fünfzehnten Takt: unverändert wiederholen die Fagotte ihr dreitöniges Ausgangsmotiv (e–g–as) und wandeln es durch zweimalige Achsendrehung ab. Das Aneinanderfügen solcher kleinster Motivkuben ohne Rücksicht auf Bildung eines thematischen Oberflächenzusammenhangs bestimmt die Ähnlichkeit der Stücke mit Debussy; als hätte die Funktionalisierung des Materials endlich dessen funktionale Leitungen durchschritten, werden die Motive wie ›Kommata‹ oder, wenn man will, wie jene Briefmarken zu Flächen montiert, und erst die ganze Fläche, nicht mehr der Schritt von Motiv zu Motiv stellt die Einheit dar. Doch bleibt dem die Technik des Übergehens beharrlich gesellt. Aus der zweiten Achsendrehung des Ausgangsmotivs gewinnen die Geigen eine melodische Phrase [Beispiel 17], die in der Folge eine Art Durchführungsmodell abgibt. Das neue Motivglied

Beispiel 17

[17a] wird zunächst (Takt 20) von Flöten und Oboen umgekehrt und dabei erstmals die Motivgestalt erreicht, die das ›Andante affettuoso‹ des Wozzeck beherrscht; den Schluß von [17] und die Umkehrung von [17a] verschmelzen die ersten Geigen (Takt 22 f.); Leerstelle und abermals das Ausgangsmotiv in der zweiten Achsendrehung; dann entfaltet sich eine immer intensivere, doch stets wieder aufgehaltene Durchführung des umgekehrten Durchführungsmodells [17]; die deklamatorische, über sich hinausdrängende Diktion der Geigenmelodie übersetzt Mahlers Oberstimmensprache in die mehrfältige Bergs. Höhepunkt (Takt 36): vielfache Themenkombination, das Durchführungsmodell mit seiner Vergrößerung (in Trompeten und Klarinetten) und Verkleinerung (in den Geigen) und über zwei Takte gar der doppelten Augmentation (2. und 3. Posaune) kontrapunktiert. Kurze Rückleitung, den Wechsel von Ritardando und Accelerando, den ›wogenden‹ Charakter des Stücks in kleinste Wellen verflüchtigend. Reprise, einsetzend mit dem Akkord [16], nun – als Ausdruck der Zäsur – homogen instrumentiert; der thematische Ton in Flöten und Fagotten, doch wieder durchs Gong verdoppelt. Episodische Vorwegnahme des Anfangs des zweiten Stücks (Takt 44 f., vgl. Reigen, Takt 4 f.); Variante des Ausgangsmotivs im Fagott (Takt 46), dann vergrößert in den Celli (Takt 47–48). Krebsidee: wie das Motiv von Takt 6 bis 8 aus dem einzelnen Ton entstanden war, so kehrt es nun, im Solobaß und komplementär der Trompete, in den einzelnen Ton zurück. Das Geräuschsystem, wenngleich nach dem Verklingen der tönenden Musik von der Pauke mit Ton angefärbt bis zum Schluß, stellt sich wieder her. Völliger Untergang im Beginn.

Das zweite Stück heißt Reigen und ist ein stilisierter Walzercharakter. Es wurde als letztes aus dem Zyklus, also nach dem Finalmarsch geschrieben und avisiert bereits die stilgeschichtliche Wendung, die blind der Marsch erzwingt; nach der äußersten

Komplikation des gemeisterten Apparats plant es einige Vereinfachung aus Kenntnis seiner wirksamsten Möglichkeiten, welche den instrumentalen Bau öffnet, bis er die Bühne als Kommentar in sich aufnehmen kann; denn bei Berg kommentiert, umgekehrt als bei den Neudeutschen, die Bühne die Musik. Den Reigen hat er selber als Orchesterstudie zum Wozzeck empfunden. Längere Alla breve-Einleitung. Außer der formarchitektonischen Absicht dient sie einer zweiten, geheimeren: sie stellt, keimhaft klein und wie unter Glas, vollzählig die Motive aus, die dann unterm Zauberstab des Walzerrhythmus lebendig werden:
die im ersten Stück zitierten Leitharmonien, zweimal andeutend vorweggenommen, dann vollständig in einem Zusammenhang, dessen Oberstimme bald thematisch wird [Beispiel 18];

Beispiel 18

das spätere Walzerthema (vgl. Takt 20), dem des Präludiums nächstverwandt, in Trompete und Fagott [Beispiel 19];

Beispiel 19

dessen unmittelbare, sogleich vom Horn imitierte melodische Fortsetzung in den Oboen [Beispiel 20];

Beispiel 20

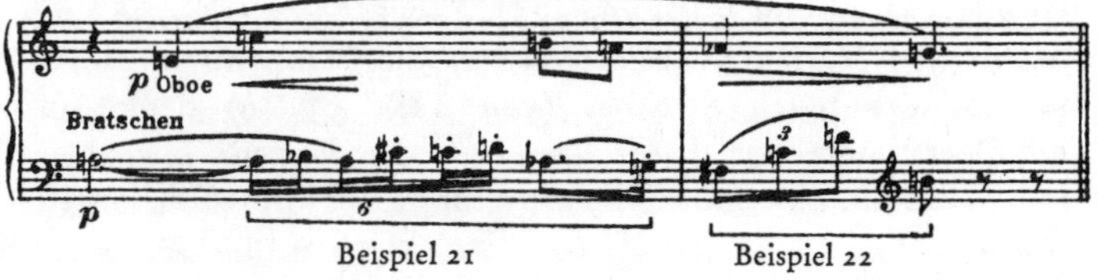

dazu ein unscheinbarer Kontrapunkt der Bratschen, der die zwei später überaus wichtigen Motive [21] und [22]enthält; eine nachsatzartige Phrase der Celli [Beispiel 23].

Beispiel 23

Abschließend Kombination von [18] und [21] in den Trompeten; dann (von Takt 14 an) überleitende Partie: aus einem Geigenmodell wird kunstvoll, durch die schon am Schluß von [23] eingeführten Überbindungen, ein Dreivierteltakt auskristallisiert. Bei Eintritt des Dreivierteltakts beginnt der Walzer ([23], variiert) mit einem einfachen Viertakter von Trompete und Fagott; der Kontrapunkt dazu ist nichts anderes als die Oberstimme des zweiten Takts von [18]. Der Nachsatz gibt die Symmetrie sogleich auf: mit ihr war bloß gespielt. Seine Kontrastideen liegen in der Einleitung bereit: Takt 24 und 25 (Flöten und Oboen) sind das Bratschenmotiv [21], Takt 26 die mittlerweile schon wiederholt verwandte Triole [22], ergänzt (Takt 27 f.) durch eine Variante von [23]. Der Takt 26 einsetzende Vierakter wird von Takt 30 an tanzhaft sequenziert, aber verkürzt und eingreifend variiert: die Tanzgestik gleichsam ins Unbewußte verwiesen. Der Schlußtakt der Sequenz ist als Rest variierend auf den Beginn des Hauptthemas bezogen und (von Takt 31 an) als Modell eines Vermittlungsteils verwandt; abermals weitgehende Variation des Modells. Anstatt einer neuen Tanzstrophe wird überraschend mit Takt 42 eine sehr aufgelöste Klangepisode über dreifachem Orgelpunkt, mit Flageoletts, Tremoli, Glissandi erreicht; die Motivsubstanz dazu ist die große Terz des Hauptthemas und [21]. Zufahrend gewinnt die Musik wieder Kontur: »schwungvoll«, »fast roh«. Neues Walzermodell der Geigen: das Anfangsglied von [23]. Es wird sehr frei, wie eine Mahlersche Variante, ausmelodisiert; die Hauptstimmenfortsetzung der tiefen Streicher (von Takt 53 an) denkt an die Oberstimme von [18]. Der Rest der langen Geigenmelodie führt in eine Durchführungsgruppe aus drei Abschnitten (Takt 55).

Ihr erstes Modell wird zunächst als ausführliches Flötensolo exponiert; es fügt melodisch ursprünglich getrennte Bestandteile, darunter [20] und den Krebs von [22] aneinander. Über fünf Takte (von Takt 60 an) wird ein Glied daraus dicht verarbeitet; dann setzen (Takt 65) abermals die ersten Geigen mit dem Melodiekern des Modells ein. Zweimalige Restvariation, dann (Takt 68) »derb bewegt« erneuter Walzereinsatz, formal scheinbar dem von Takt 48 entsprechend. Er wird aber sogleich in die Durchführung hereingezogen, deren zweiten Teil, unter Ausnutzung des Restglieds der ersten, wesentlich [22] bestreitet. Sie löst sich in Klang, verrinnt, bricht, wiederum überraschend, auf eine bei Berg recht seltene, kompositorisch irrationale Weise ganz ab, ähnlich wie vor ihrem letzten Teil die große Durchführung aus Schönbergs Kammersymphonie. Auch bei Berg vor diesem (Takt 82) Zäsur und Generalpause. Er ist über ein ungemein reiches und kompliziertes Ostinatosystem aus dem Durchführungsbeginn (Takt 55 Flöte bzw. 56 Posaune) ausgeführt, hält aber die Substanz [22] fest, bis er allmählich in eine Reprise des eigentlichen Walzeranfangs übergeht. Sie ist mit der Durchführung dadurch verklammert, daß sie, durch ein kleines Sekundintervall der Hörner vorbereitet, schon beginnt (Takt 93 Hörner), während das System des letzten Durchführungsteils noch in voller Kraft ausspielt. Wenn die Walzerreprise als solche offen hervortritt (Takt 95), ist sie bereits zur Andeutung über fünf Takte geschrumpft. Die bequeme Dreiteiligkeit wird durch kunstvollen Rückgriff auf die Introduktion umgemodelt, deren Alla breve-Metron (von Takt 100 an) mit dem des Walzers kombiniert ist. Berg kontrapunktiert (vom 96. Takt an) die ursprüngliche Walzermelodie mit einem Duolenthema der Sologeige, die – nach einer instrumental-konstruktiven Verfahrungsweise, welche Berg über die Lyrische Suite bis hinauf zum Violinkonzert kultiviert hat – »immer mehr durchdringt«. Es ist aber die Umkehrung der ursprünglichen Oberstimmenmelodie [18]. Aus ihm und einem fortsetzenden Rezitativ wird der kombinatorische Abschnitt gebaut, der schließlich (Takt 110) in die manifeste Reprise der Einleitung übergeht. Die Leitharmonien treten imitatorisch ein; dann die Umkehrung ihrer Oberstimmenmelodie [18] in dem bereits Takt 53 festgestellten Rhythmus. Engfüh-

rung, vollkommene Reduktion auf Reste. Das Motiv [22], das dem zweiten und dritten Durchführungsteil zugrunde lag, übernimmt in den Hörnern, über den Resten als liegenden Harmonien, die Funktion der Schlußkadenz.
Einzig ein Buch wie das von Berg über Schönbergs d-moll-Quartett projektierte reichte hin, von dem dritten Orchesterstück eine angemessene Vorstellung zu geben. Worte sind ein umständliches Koordinatensystem für die Partitur, die Berg nicht ohne Artistenstolz die komplizierteste aller je geschriebenen nannte. Jeder Versuch der gedrängten Analyse, schon beim Reigen höchst fragwürdig, müßte beim Marsch fruchtlos verwirrend geraten. Auch in der unterdessen erschienenen Literatur bleibt der Marsch terra incognita. Einige generelle, roh orientierende Hinweise mögen immerhin nützlich sein. Die Technik des Reigens, in einer Einleitung Motive debussystisch nebeneinander zu stellen, die als werdende erst mit dem eigentlichen ›Charakter‹ sich explizieren, wird im Marsch weit rücksichtsloser gehandhabt; aus den Motivfragmenten schießen die Themen zusammen, ohne je den Charakter des Definitiven und darum Wiederholbaren zu gewinnen. Die Dreiteiligkeit des A–B–A gibt es nicht einmal mehr als umschriebene; dafür Marschstrophen aus immer neuen Konfigurationen des Ausgangsmaterials. Ein riesiges Modell ist kritisch umgedacht; das Finale von Mahlers Sechster Symphonie. Es drängt sich zusammen und steigert sich zu einer Handgreiflichkeit der Katastrophe, die wie Heyms und Trakls Dichtung den nahen Krieg zu beschwören scheint. Aber die Idee der Verlagerung der ›Exposition‹ in die Einleitung vor einer, bei Mahler ganz verkürzten, bei Berg radikal durchführenden Behandlung des Hauptteils ist festgehalten in evidentem Zusammenhang mit der Liquidation der Sonate. Daher gibt es keine Außenbildung der Form: zwangvoll-regellos wie eine Stadtschaft breitet der Satz sich aus. Das Gesetz seiner Größe hat seinen Ort einzig noch im kleinsten. Die Motive werden in unablässiger Variation als ›Grundgestalten‹ wie später in der Zwölftontechnik behandelt. So zumal das entscheidende erste, das Marschfragment der Celli aus Sekund und Terz [Beispiel 24], das in ungezählten Varian-

Beispiel 24

ten, Versetzungen, Achsendrehungen den Satz durchherrscht: schon das Trillermotiv der Klarinette im zweiten Takt kommt daraus. Schönberg und Mahler sind nicht nur in der Überkontrapunktierung der Marschthemen, sondern auch in den Verfahrungsweisen: dem Marsch aus Formeltrümmern und der variativen Motivkonstruktion, panisch addiert.

Erster Abschnitt der Einleitung (bis Takt 15): Marschrhythmus, Klarinettentriller, Marsch-Tonwiederholung im Englischhorn, Oboenfanfare. Der erste Geigeneinsatz: Umkehrung des Grundmotivs [24]: themenartige Formulierung der Geigen und Bratschen vom elften Takt an. Zweiter Einleitungsabschnitt, mit Takt 15 ins amorphe Ausgangsmaterial zurückkehrend, Schlagzeugspannung. Mit Takt 25 trügender Haupteinsatz des Marsches, sehr vergleichbar etwa der Stelle des Mahlerschen Finales bei Ziffer 109; sogleich widerrufen und ganz aufgelockert; wichtiger Kontrastgedanke der Solobratsche. Ähnlich durchbrochen wird die Marschidee wieder aufgenommen wie die des Walzers im zweiten Stück: zunächst als rascheres »Tempo II« (Takt 33). Zum dritten Male, ritardando vermittelt, Durchsetzung des Einleitungscharakters mit dem Kontrastgedanken im piano (Takt 40). Zurück in den Ton des zweiten Abschnitts; aber endlich stürzt die Marsch-Tonwiederholung ins wilde Hörnerthema des Hauptsatzes (Takt 53). Das Posaunenmotiv daraus erzwingt später die Katastrophe. Eine Grazioso-Episode (Takt 62f.) steht im Verhältnis des Solos zum Tutti, kann aber den Marschcharakter nicht mehr erweichen, der sogleich wieder Befehlsgewalt annimmt. Homophone Sammlung (Takt 76), ganz kurzer Abgesang der Geigen (Takt 77f.); rondo-artiges Zurück in den Ton – keineswegs die Themen – der Einleitung; der Formidee nach vielleicht analog Ziffer 120 des Mahlerschen Satzes. Rasches Crescendo in den zweiten Marschhauptsatz, der sich, durchführungsmäßig, äußerst expansiv entwickelt. Den Höhepunkt markiert der Hammerschlag (Takt 126); dazu der Krebs der ›Grundgestalt‹

[24] in den Geigen. Der Schlag wirkt zunächst atomisierend; doch wird der Marsch aufgefangen, der Abschnitt als Rückleitung gewandt. Dritter geschlossener Marscheinsatz (Takt 136); durchs wiedererreichte Tempo als Reprise wirkend, aber stark schon verkürzt. Die Coda (Takt 149, »Tempo III«) zählt zu Bergs kühnsten Konzeptionen. Durchsetzung der Fanfare des Anfangs, dazu choralartige Bläserhalbe: Beklommenheit im tellurischen Maß. Diminuendo, einmal (Takt 160) verstört. Ritardando, als Epilog zerfallend, nochmals das Kontrastmotiv in der Altposaune. Dann, subito Tempo III, schallt das Posaunenmotiv dazwischen. Ganz kurzes Crescendo des Blechs allein: großes und Kontra-e als Schlußpunkt auf dem schlechten Taktteil. Im letzten Klang endgültig der Hammer.

Zur Charakteristik des Wozzeck

Im Fall des Wozzeck, wo der Anspruch des musikalischen Werkes dem des literarischen gleicht, dem es sich anschließt, ist über das Verhältnis der beiden Gebilde nachzudenken. Musik könnte solcher Dichtung gegenüber überflüssig erscheinen, bloße Wiederholung von deren eigenem hintergründigen Gehalt, von dem, was sie zur Dichtung macht. Um zu begreifen, was Bergs unendlich ausgearbeitete Oper mit dem absichtsvoll skizzenhaften Fragment Büchners eigentlich zu tun hat; was die beiden der ästhetischen Ökonomie nach zusammenbrachte, wird man wohl daran sich erinnern müssen, daß zwischen der Dichtung und der Komposition einhundert Jahre liegen. Das von Berg Komponierte ist nichts anderes, als was während der vielen Jahrzehnte der Vergessenheit in Büchner heranreifte. Die Musik, von der es getroffen wird, hat dabei insgeheim polemischen Zug. Sie spricht: so fremd, so wahr, so menschlich wie ich selber bin, ist das was ihr vergessen, was ihr nie auch nur erfahren habt, und indem ich es euch vorstelle, lobe ich dies andere. Die Oper Wozzeck meint eine Revision der Geschichte, in welcher Geschichte zugleich mitgedacht wird; die Moderne der Musik hebt die des Buches hervor, eben weil es alt ist und sein Tag ihm vorenthalten ward. So wie Büchner dem gequälten, wirren und in seiner menschlichen Entmenschlichung über alle Person hinaus objektiven Soldaten Wozzeck Gerechtigkeit widerfahren ließ, so will die Komposition Gerechtigkeit für die Dichtung. Die leidenschaftliche Sorgfalt, mit der sie gleichsam das letzte Komma in ihrer Textur bedenkt, bringt ans Licht, wie geschlossen das Offene, wie vollendet das Unvollendete bei Büchner ist. Das ist ihre Funktion, nicht die der psychologischen Untermalung, nicht Stimmung oder Impression, obwohl sie Elemente von alldem nicht verschmäht, sobald es gilt, das Verschüttete des Werks ins Licht zu rücken. Hofmannsthal sagte einmal vom Text des Rosenkavaliers, die Komödie für Musik sei dieser bestimmt als dem, was nicht in den Menschen sondern zwischen ihnen ist. Genauer als für die Straussische Oper gilt das für die Bergs, eine Art Interlinearversion ihres Textes. Sie legt nicht die Gefühle der Menschen bloß aus, sondern trachtet, von sich aus einzuholen, was die hundert Jahre an den Büchnerschen Szenen vollbrachten, die Verwandlung eines realistischen Entwurfs in ein von Verborgenem Knisterndes, darin jegliches Ausgesparte des Wortes ein Mehr an Gehalt verbürgt. Dies Mehr an Gehalt, dies Ausgesparte offenbar zu machen – dafür ist die Musik im Wozzeck da.

Sie gleitet mit unbeschreiblich gütiger Hand über das Fragment, besänftigt und glättet alles Herausstehende, Herausstechende darin, möchte die Dichtung trösten über die eigene Verzweiflung. Ihr Stil ist einer des lückenlosen Ineinandergepaßtseins. Auch sie handhabt die Kunst des Übergangs weit über das hinaus, was Wagner je unter dem Begriff dachte, treibt sie bis zur universalen Vermittlung. Vorm Äußersten schreckt sie nicht zurück, die abgründige Traurigkeit ihres süddeutsch-österreichischen Tons nimmt das Büchnersche Trauerspiel ganz in sich auf, aber in einer Geschlossenheit und Immanenz der Form, die Ausdruck und Leiden Bild werden läßt, dadurch rein aus sich heraus etwas wie eine Berufungsinstanz jenseits. Dies Ineinandergefugte und -gefügte der Musik, ihr Sprungloses, entscheidet. Verfehlt es die Aufführung nur einmal; zerreißt auch nur für eine Sekunde das Gewebe, so schlägt das akustische Bild ins Chaotische um. Was dann heraufkommt, ist freilich ein Moment der Sache selbst, jenes fassungslose Espressivo, das der äußersten Disziplin durch Konstruktion und Klang bedarf, wenn es nicht ins Diffuse stürzen soll. In der Spannung zwischen dem andrängend Unbewußten und einem fast optisch architektonischen Sinn für geschlossene Flächen lebt Bergs Musik insgesamt. Er selber sagte vom Wozzeck, er sei eine Piano-Oper mit Ausbrüchen. Erst seit die gedruckte Partitur allgemein zugänglich ist, kann man ganz ermessen, wie wahr das ist.

Weite Strecken, so gleich in der Suite, mit der der erste Akt beginnt, sind wirklich kammermusikhaft, solistisch musiziert; nur gelegentlich ist einiges sehr komplex gesetzt, und das Tutti vollends ist für die wenigen dramatischen Wendestellen aufgespart. Solche Ökonomie des Klangs fördert die Dichte des Gewebes aufs äußerste durch die vollkommene Deutlichkeit und Eindeutigkeit eines jeden musikalischen Ereignisses. Ohne viel Paradoxie läßt sich von dem heute noch schwierigen, viele Proben erheischenden Gebilde behaupten, es sei einfach: weil nicht eine Note, nicht eine Instrumentalstimme steht, die nicht unbedingt zur Realisierung des musikalischen Sinns – des Zusammenhangs – notwendig wäre. Wahrhaft sachliche Setzweise straft alle die Lügen, die von nachtristanischer Spätromantik schwatzen, um eine Musik billig in die Vergangenheit abzuschieben, bei der sie bis heute nicht mitkamen.

Zu lernen ist am Wozzeck vorab, was Ausinstrumentieren heißt. Gerade die stets noch herrschenden Vorstellungen über Orchestration sind in einem Zustand, über den etwa ein Maler, dem die Farbe als integrierendes Moment seiner Arbeit selbstverständlich ist, nur den Kopf schütteln könnte. Auf der einen Seite ist der grauslige Begriff der ›glänzenden Orchesterbehandlung‹, eines musikalischen Roßtäuscherverfahrens, das Musik möglichst bunt und knallig aufzäumt, um ihre Dürftigkeit zu verdecken, erneut in Schwang gekommen, als hätte nicht die neue Musik in ihren bedeutenden Exponenten solche Künste ein für allemal widerlegt. Andererseits befleißigen die, welche den falschen Reichtum nicht mögen, sich einer Askese, die am liebsten das Glück der Farbe aus der Musik überhaupt verbannen möchte und damit die Eroberung der Klangdimension als eines wesentlichen kompositorischen Sektors rückgängig macht. Die Wozzeckpartitur steht korrektiv gegen beides. Das Orchester realisiert die Musik im Cézanneschen Sinn des réaliser. Die gesamte kompositorische Struktur, von der Gliederung im großen bis hinein ins feinste Geäder der Motivbildung, wird in Farbvaleurs offenbar. Umgekehrt erscheint keine Farbe, die nicht ihre präzise Funktion für die Darstellung des musikalischen Zusammenhangs besäße. Der Formdisposition entspricht durchweg die orchestrale; concertinoähnliche Ensemblekombinationen und Tuttiwirkungen sind aufs sorgfältigste gegeneinander ausgewogen. Die Kunst des klanglichen Kitts, des unmerklichen Gleitens von einer Farbe in die andere ist beispiellos. Die Atmosphäre dieses Orchesters aber, das selbstvergessen in die Hohlräume hinter den Büchnerschen Worten sich versenkt, ist keine Stimmungszauberei. Sie stammt aus der Kraft zur Nuance, und die ist eins mit der des Ausinstrumentierens, der Übersetzung noch des leisesten kompositorischen Impulses in seine sinnlichen Äquivalente.

Die Einfachheit der Partitur kann man vielleicht am besten im Vergleich mit Strauss erläutern. Im Heldenleben, in der Salome geht eigentlich auf dem Papier viel mehr vor, als man dann im Orchester hört; ein Großteil des Geschriebenen bleibt ornamental und Füllung. Bei Berg sieht alles, eben vermöge der völligen Unterordnung des Orchesters unter die musikalische Konstruktion, fast geometrisch klar aus, wie auf einer Architekturzeichnung, und der volle Reichtum des Komponierten erschließt sich erst bei der Aufführung. Es gibt nichts Überflüssiges in der Partitur, sie macht keine Umstände, und die differenziertesten Klänge – wie die berühmten Teichimpressionen von Wozzecks Todesszene – erweisen sich zuweilen als Kolumbusei. Das Weggelassene bezeugt kein geringeres Gestaltungsvermögen als das Geschriebene: eine Ökonomie, die allein der überquellenden Musiksubstanz Bergs die Verbindlichkeit der Form schenkt. Manche Szenen, die im Klavierauszug überaus kompliziert sich ausnehmen, wie die zweite des zweiten Akts, Fantasie und Tripelfuge, gewinnen in der Partitur eine Plastik und Durchsichtigkeit, die von der Praxis der Operntheater erst noch eingeholt werden muß, von Boulez erstmals eingeholt wurde.

Die Geschlossenheit des Gefüges, die trotz allen dramatischen Ausdrucks krasse und primitive Kontraste meidet, wird bewirkt von der Konstruktion. Im Wozzeck wurde die Sprache der freien Atonalität zum ersten Mal in einem szenischen Werk von erheblicher Dauer gesprochen. Der Fortfall der Tonalität nötigte dazu, um so energischer andere Mittel zu entwickeln, die schlagkräftig den Zusammenhang herstellen. Das sind aber die einer wie nie zuvor aus der Tradition des Wiener Klassizismus im ganzen Umfang auf die Bühne übertragenen, motivisch-thematischen Arbeit. Sie klarzulegen, ist Aufgabe der diesmal Mahlerisch deutlichen Setzweise. Zu billig stellte man diese Konstruktion sich vor, verwechselte man sie mit den vielberufenen Formen der absoluten Musik, die im Wozzeck gebraucht sind. Diese garantieren zwar die Organisation des Zeitverlaufs über größere Flächen, brauchen und sollen aber als solche nicht wahrgenommen werden, sondern sind gleichsam unsichtbar, ähnlich etwa wie später die Reihen in einer guten Zwölftonkomposition. Übrigens wird der Formzusammenhang verstärkt durch eine Reihe plastischer Leitmotive durchaus Wagnerisch-musikdramatischen Gepräges; die Tripelfuge in der Straßenszene des zweiten Akts etwa kombiniert drei der wichtigsten dieser Motive, das des Hauptmanns, das des Doktors und die tappenden Triolen von Wozzecks Hilflosigkeit. Weit wichtiger als all das jedoch ist die innere Zusammensetzung der Musik, das Gewebe. Als der Wozzeck geschrieben wurde, haben zahlreiche Komponisten, zumal Strawinsky und Hindemith, sich um neue Autonomie der Opernmusik bemüht. Sie wollten sie aus ihrer Abhängigkeit vom poetischen Wort befreien. Auch im Wozzeck meldet die Musik neuen Anspruch auf Selbständigkeit in der Oper an. Aber Bergs Verfahren ist dem der Neoklassizisten genau entgegengesetzt: eines rückhaltloser Versenkung in den Text. Die Komposition des Wozzeck entwirft eine überaus reiche, vielfältig gegliederte Kurve des inwendigen Gesamtverlaufs: expressionistisch darin, daß sie ganz und gar in einem seelischen Innenraum spielt. Sie zeichnet jede dramatische Regung bis zur Selbstvergessenheit nach. Gerade dadurch indessen wird sie in sich ebenfalls so gegliedert, artikuliert, variierend entwickelt wie nur große Musik, wie Instrumentalsätze von Brahms oder Schönberg. In ihrer unerschöpflichen, aus sich selbst heraus sich erneuernden Entfaltung gewinnt sie ihre Autonomie, während jenen Opernmusiken, die sich von der Szene lossagen und hemmungslos drauflosla ufen, eben dadurch Eintönigkeit und Langeweile drohen. Vielleicht ist es die tiefste Paradoxie der Wozzeckpartitur, daß sie musikalische Autonomie erlangt, nicht indem sie dem Wort opponiert, sondern als rettende diesem hörig folgt. Die Wagnersche Forderung, das Orchester solle das Drama bis in die letzten Verästelungen mitvollziehen und damit zur Symphonie werden, verwirklicht der Wozzeck, und das endlich tilgt den Schein von Formlosigkeit im Musikdrama. Der zweite Akt ist buchstäblich eine Symphonie, mit aller Spannung und aller Geschlossenheit der Form, und gleichwohl so sehr Oper in jedem Augenblick, daß der Hörer, der es nicht weiß, an eine Symphonie nicht einmal denken wird.

Nicht unnütz, gerade heute darauf hinzuweisen, daß der Wozzeck Oper ist und sich selbst so nennt. Denn im gegenwärtigen Theater für Opernhäuser tendiert Musik immer mehr zur Begleitmusik filmischen Wesens, zur Radiohörkulisse, zur bloßen Untermalung. Im Wozzeck dagegen, wo die Musik den Text gänzlich absorbiert, wird sie zur Hauptsache, und alle Konzentration, die der Aufführung wie die des Hörens, sollte ihr gelten. Mit genauestem Instikt hat der Avantgardist Berg eine »realistische« Inszenierung verlangt, fraglos, um nicht von der Musik, als dem Wesentlichen, das Interesse abzuziehen. Sie ist thematisch; in jeder Szene plastische Motive oder Themen exponierend, sie verändernd, Geschichte ihnen zuteilend. Thematisch will sie auch gespielt werden, vor allem also so, daß die musikalischen Charaktere unbedingt erkennbar, Vordergrundfigur sind. Die Themen und was ihnen widerfährt muß man verfolgen, ob es nun die sonatengleich aus kleinsten Motiven abgeleiteten der Schmuckszene im zweiten Akt sind oder die des Scherzos, der großen Wirtshausszene, oder die Abwandlungen des aus Legendentonalität und ausbrechender Atonalität kühn montierten Variationenthemas von Mariens Bibelszene. Bei aller Klangphantasie, bei so frappanten Orchestereffekten wie dem bis zum Zerreißen crescendierenden h nach Mariens Tod oder den Wasserkreisen, wenn Wozzeck ertrinkt – stets ist der Klang sekundär, Ergebnis der rein musikalisch-thematischen Ereignisse, nur von diesen erzeugt.

Konzentriert man sich auf sie etwa wie auf die Melodien in einer traditionellen Oper, wird alles andere von selbst offenbar, zumal der Bergsche Ton: die gläsern festgebannte Angst der Szene auf dem Feld, der zugleich grelle und getrübte Marsch hinter der Szene, das Wiegenlied, Echo der unterdrückten und aufsingenden Natur; der unsäglich melancholische Ländler der großen Wirtshausszene, Wozzecks abgründige Frage nach der Zeit, der unselige Schlaf in der Kaserne. Vulgärmusik, das arme beschädigte Glück der Dienstmädchen und Soldaten ist in der eigenen dinghaften Fremdheit vernommen und auskomponiert, aber nicht mit Strawinskyschem Spott, sondern zum Ausdruck verhalten, dem fessellosen Mitleids. Aus der dramatischen Phantasie heraus sind dabei die kompositorischen Mittel schon so erweitert, daß vieles dreißig Jahre Spätere vorweggenommen wird: so die Einbeziehung des Rhythmus in die thematisch-variative Kunst, die man dann in der seriellen Musik wieder entdeckte: die rasche rohe Klavierpolka der ersten Takte in der zweiten Wirtshausszene ist das rhythmische Modell alles dessen, was dann in der Szene vorbeihastet. So vollkommen ist das Gebilde, daß es vom Hörer nichts anderes verlangt als die angespannte Bereitschaft zu empfangen, was es verschwenderisch schenkt. Er soll nicht zurückschrecken vor einer Liebe, die ohne Rückhalt dort die Menschen sucht, wo sie am bedürftigsten sind.

Epilegomena zum Kammerkonzert

Das Kammerkonzert für Klavier und Geige mit dreizehn Bläsern (1925), in der Reihe von Bergs Kompositionen die erste ohne Opuszahl, markiert in seinem œuvre abermals einen großen Einschnitt. Er wäre nicht der Meister des kleinsten Übergangs gewesen, wenn das neue Leben leicht sich nennen ließe, das mit dem Werk beginnt; fraglos indessen ist es der Archetypus alles dessen, was er danach schrieb. Der Zug ins Breitere, Expansive bewegt sich in der Gegenrichtung zur dramatischen Konzentration des Wozzeck; man könnte bei dem Erzdramatiker dies eine Mal von epischer Musik reden. Das Moment des Spielerischen in

Anlage und Ton geht dem jüngeren Berg gänzlich ab; eine Bezeichnung wie die des Variationenthemas als »Scherzoso« hätte er früher wohl verschmäht. Die Beweglichkeit großer Teile war seinem quasi statischen Verfahren bis dahin fremd; gleichwohl wird dies Verfahren dann doch wieder in ungezählten Aspekten konserviert. Nach Bergs Angabe stammt die Anregung, ein Konzert zu schreiben, ursprünglich von Schönberg. Ob biographisch die Sorge hineinspielte, nicht der Manier zu verfallen und auf den Wozzeckstil festgenagelt zu werden, muß offen bleiben; wahrscheinlich jedoch, daß ohne Bergs Willen eine musikalisch-geschichtliche Tendenz seinem Sensorium sich mitteilte, ähnlich wie bei Schönberg seit dem Pierrot. Jeder von beiden mochte das Gleiche empfunden haben: daß auf dem expressionistischen Punkt, dem reinen Ausdruck des abgeschiedenen Subjekts, nicht sich beharren läßt. Zum Problem und zum Stachel wird, wie darüber hinauszugelangen sei ohne illegitime Anleihe bei einer musikalischen Formsprache, die unwiderruflich der Kritik durch jene Subjektivität verfiel. Im Wozzeck war Entäußerung in gewissem Maß durch die Opernform, durch die musica ficta dramatischer Personen vorbereitet; andererseits begünstigte der Charakter der dramatischen Zentralfigur, des paranoiden, buchstäblich entfremdeten Antihelden, den expressionistischen Gestus innerhalb der diesem sonst konträren Opernform. In der reinen Instrumentalmusik, die solcher Hilfe enträt, spitzt die Aufgabe sich zu. Berg sucht durch die Wahl der Konzertform, die später von Schönberg ebenfalls zweimal wieder aufgenommen wurde, die Lösung in einem Als ob wie der Pierrot und die Serenade seines Lehrers. Daher die Verspieltheit. Indessen überlagern sich in dem Konzert des behutsam Tastenden vielfach die ältere Schicht und die neue und bilden komplexe Konfigurationen. Das dürfte die außerordentliche Schwierigkeit umreißen, die das Kammerkonzert der Aufführung und der Auffassung gleichermaßen bereitet. Wenn irgendwo, dann ist es angesichts des Kammerkonzerts keine Phrase sondern konkret einzulösen, daß es um ein Werk des Übergangs sich handle; zehn Jahre danach erst hat Berg retrospektiv, im Violinkonzert, souverän gleichsam die Essenz daraus destilliert.

Die Beziehung zum Pierrot, trotz des Unterschieds zwischen dessen komprimierten, geschrumpften Themen und den lang ausgesponnenen des Konzerts, reicht bis in die motivischen Zellen hinein. Man könnte das Zwischenspiel, das auf die ›Enthauptung‹ im zweiten Teil des Pierrot folgt [Beispiel 25], als Modell für die Charaktere des Konzerts betrachten, mit dessen Hauptthema es den Sechsvierteltakt gemein hat. Allerdings zeigt das immerhin weit spätere, nach dem Ersten Krieg entstandene Stück Bergs nicht mehr den eigentümlich gebrochenen Charakter der Schönbergschen Melodramen: es wird unbefangener, eben ›konzertanter‹ musiziert. Die Neigung zu einer Art Rückgriff auf zuvor verbannte Tektonik, der Schönberg erstmals im Bläserquintett ihren Lauf läßt, waltet im etwa gleichzeitigen Kammerkonzert. Es erlaubt sich wieder Themen im vorkritischen Sinn, hat überhaupt als Ganzes etwas von einer Reprise des älteren Idioms auf dem Niveau des durchgekneteten Materials, auch darin dem Pierrot verwandt. Dennoch ist das Konzert nicht einfach ein solches: keines eigentlich für die beiden Solo-Instrumente. Sie werden auffallend vorsichtig angefaßt, so als scheute Berg sich, ihre Möglichkeiten rücksichtslos auszunutzen. Steuermann beklagte sich einmal halb scherzend darüber, daß in dem ganzen umfangreichen Stück das Klavier außer in seinem Solo, der ersten Variation des Scherzoso, keine Gelegenheit habe, sich recht auszuspielen; allenfalls gibt noch die große Kadenz den Solisten das Ihre. Besonders im Rondo fungiert das Klavier nicht durchweg, wie sonst stets in der Schönbergschule, brahmsisch, als ein Instrument für zwei Hände und ihre Griffe, sondern streckenweise wie eines für Stimmen. Dem stehen freilich höchst klaviermäßige Partien gegenüber, aber sie treten im Gesamtklang erstaunlich wenig in den Vordergrund. Es ist, wie Berg in solchen Fällen zu sagen pflegte, einfach zuviel Musik dafür da[1]. Dagegen

1 Versteckt hat Berg in der instrumentalen Disposition einige Skurrilitäten angebracht wie die Geigen-Pizzicati im Takt 111 und 112, während die Sologeige im übrigen ersten Satz schweigt, oder die zwölf äußerst leisen Glockenschläge des Klaviers auf dem Kontra-cis an der Wendestelle des langsamen Satzes, in dem sonst das Klavier insgesamt aussetzt; die Passage dürfte von der Straussischen Domestica angeregt sein. Fraglos widersprechen diese Stellen den hergebrachten guten Manieren des Tonsatzes. Sie erheischen, daß der Komponist die selbstgesetzten Regeln – das Tacet der Geige im ersten, des Klaviers im zweiten Satz, die erst in Kadenz und Rondo sich vereinen – respek-

Aus Arnold Schönberg, op. 21, Nr. 13

Beispiel 25

wird dem begleitenden Bläserensemble das Äußerste abverlangt. Zumal die Blechbläser sind im raschen Zeitmaß bis an die Grenze des irgend Spielbaren geführt. Einen Hinweis hat Berg in dem berühmt gewordenen Widmungsbrief an Schönberg gegeben: ein Konzert sei »gerade die Kunstform, in der nicht nur die Solisten... ihre Virtuosität und Brillanz zu zeigen Gelegenheit haben, sondern auch einmal der Autor«. Demnach wäre es ein Konzert für einen Komponisten, nicht für Konzertierende. Im Primat des kompositorischen Ichs behauptet sich die Position des expressionistisch Einsamen. Sie wird Berg dazu bewogen haben, paradox die konzertanten Hauptfiguren gleichsam zurücktreten, jedenfalls kaum je im traditionellen Sinn, abermals ein Wort von Berg zu verwenden, »solistisch in Aktion treten zu lassen«. Er wollte nach Herzenslust so kompliziert sein, wie er war, unbeeindruckt von der ästhetischen Jahrmarktsweisheit nach dem Ersten Krieg, die dem Kunstwerk clarté und Einfachheit abverlangte, in Wahrheit, damit nur ja das regredierende Publikum sich nicht zu sehr anzustrengen brauchte. Jenem Hang Bergs kam die Konzertform insofern entgegen, als sie auch dem Komponisten zu spielen, alle erdenklichen Kapriolen anzustellen gestattet. Zugleich aber mußte er die kompositorische Unersättlichkeit, die Lust am Kombinieren so lenken, daß ein sinnvoll organisiertes Ganzes herauskam. Das Kammerkonzert fragt nicht, wie ein Sinn sich darstellen, sondern wie ein Überreiches, maßlos Luxurierendes sinnvoll werden könne.

Das involviert eine Einschränkung des Ideals der ›Verbindlichkeit‹, zu dem Berg sich bekannte. Tatsächlich bezeichnete Kolisch einmal im Gespräch Züge des Unverbindlichen bei Berg als wesentlich für dessen Differenz von Schönberg. Gemeint ist dabei

tiert. Berg hat mit soviel Diskretion wie Freude am Unerlaubten, und fraglos absichtlich, diese Manieren verletzt, auch damit etablierte Grenzen verwischt. Der Freund des Gewusels sträubte sich gegen das säuberliche Schema A+B=C, das er selbst graphisch entwarf. In den gleichen Kontext gehört die Einbeziehung von Vierteltönen, als Potenz der Chromatik, im Adagio (Takt 280 und 441) und an korrespondierenden Stellen des Rondos. Schon im Wozzeck waren Vierteltöne gewagt. Doch ist die Intention nicht, wie bei Hába, die einer Erweiterung des Tonmaterials sondern die Steigerung des kompositorischen Infinitesimalprinzips. Die Konsequenz der Chromatik führt aus dem sicheren Bezirk der zwölf Halbtöne hinaus.

ebenso die Themenbildung – selten sind Bergs Themen, wie die Schönbergschen, auf die äußerste, prägnanteste Formel gebracht – wie der zuweilen lässige Gebrauch von Form-Mitteln, die von sich aus Lässigkeit nicht dulden: etwa ein approximatives, nicht tongetreu kontrapunktierendes Übereinanderlegen von Komplexen. Ein Exempel ist der außerordentlich schön erfundene Nachsatz des Variationenthemas (meno allegro, Takt 25 ff.), bei dem Schönberg sicherlich im dritten Takt ohne die Wiederholung des aus einem Achtel und einem Viertel gebildeten Motivs ausgekommen und ohne Zögern zu der Achtelfigur fortgeschritten wäre; aber gerade das Zögern des motivischen Verlaufs, der Gestus des sich Zeit Lassens, trägt wiederum zum Ausdruck der Stelle und damit doch zu ihrer Schönheit bei [Beispiel 26].

Beispiel 26

Auch das Hauptthema des Doktor Schön aus der Lulu enthält in seinem zweiten Takt einen prima vista überflüssigen und trotzdem, oder eben deswegen, charakteristischen Ton. Nicht zuletzt solche Phänomene dürften die Generation nach dem Zweiten Krieg, der es ums integrale Komponieren ging, zunächst gegen Berg aufgebracht haben. Heute wäre, unterm Gesichtspunkt höherer Kritik[2], offen, ob jene Züge, die mit anderen Bergs ein

2 Vgl. Theodor W. Adorno, Klangfiguren, Frankfurt 1959, S. 279.

Syndrom bilden, wirklich Mängel sind. Stimmt es, daß bei Berg keine musikalische Gestalt absolut sie selbst sein will; daß eine jegliche sich liquidieren möchte, dann verliert zumindest der Begriff der thematischen Prägnanz etwas von seiner Autorität. Bergs dynamischer Nihilismus verschont nicht Normen, von denen doch der genaue und gewissenhafte Künstler, der er war, nicht ablassen mag. Während er tendenziell schon im Wozzeck, explizit dann im Kammerkonzert, immer mehr die Konstruktion verstärkte, mußte ihn gerade an ihr ein starres, heteronomes Moment stören; auf die Zwölftontechnik reagierte er zunächst nicht enthusiastisch. Indem er, Musiker österreichischer désinvolture, auch die Konstruktion todernst, aber nicht gar so ernst nahm, tastete er danach, sie zu korrigieren, ihre Starre human zu mildern. Seine primär ästhetische Verhaltensweise sträubte sich gegen die reine Stimmigkeit, ohne Furcht vor den Unzuträglichkeiten, die das mit sich bringt, freilich auch ohne daß er oder ein anderer die Antinomie von Verbindlichkeit und Unverbindlichkeit hätte schlichten können. Dreißig Jahre danach hatten die jungen Komponisten mit Analogem zu tun, als sie ihre der Absicht nach lediglich aus dem Material herausgelesenen Strukturen mit Hand und Gehör überarbeiteten: bei manchen aleatorischen Texten der Literatur wurde ähnlich verfahren. All diesen Perspektiven wird man gerecht wohl nur, wenn man sie im Verhältnis zum Bergschen Ton sieht, zu einem Ausdruck, der vor Eigensinn zurückzuckt und Selbstbehauptung negiert. Bei unermüdlicher Selbstkritik, am Ende in deren Namen, will seine Musik nicht gar so präzis und feuerfest sein. Zweite Dekonzentration, gewählte Laxheit ist Ferment ihres Charakters. Sein künstlerisches Naturell war stärker als all seine technische Bildung. Das mag seine Bereitschaft zu unbedenklicher zeitlicher Extension, auch zum Konzertanten gefördert haben.

Daß man in der Literatur das Kammerkonzert ein wenig vernachlässigte, dürfte von jenem Brief an Schönberg verursacht sein, den man als eine sozusagen authentische Analyse betrachtete. Das ist er nicht; vielmehr, obwohl er auch einige intrikate Details behandelt, der Rahmen für eine solche oder, wenn man will, der Aufriß des Werks, den die Komposition selbst erst ausfüllt. Die konkreten Schwierigkeiten des Verständnisses werden von dem Brief nicht gemeistert. Wie beträchtlich sie sind, dokumentieren ohrenfällig jene Schallplatten, bei denen zwar vertikal das meiste korrekt sein dürfte, die aber, anstatt den sukzessiven musikalischen Zusammenhang zu vergegenwärtigen, mit Galimathias aufwarten[3]; wer in das Kammerkonzert eindringen will, muß die Noten studieren und vor den Aufnahmen sich hüten. Auch die stets wieder zu lesende Behauptung von der kammermusikhaften Transparenz des Werkes stützt sich lediglich auf die Zusammenstellung des Ensembles, keineswegs auf den Satz. Dieser ist außerordentlich komplex und schwer durchzuhören, vor allem im Rondo, das der Idee nach die Variationen und das Adagio so simultan bringt, wie es denn doch der Komponist der Ariadne mit opera seria und opera buffa sich versagte. Sehr weit im Tristanschen Sinn geht die Melodieteilung. Die Aufgabe, das Gespaltene wieder zu vereinen, ist für den Dirigenten fast prohibitiv.

Den Anfang des Themas bildet eine nach dem Kapuzinerverfahren sich ausbreitende Melodie des Englisch Horns, begleitet von zwei Klarinetten. Bereits am Ende des dritten Takts wird diese Melodie, und zwar vom gleichen Instrument, fortgesetzt von dem im Motto enthaltenen, mit a beginnenden Motiv, das aus den in Noten übersetzbaren Buchstaben des Namens Schönberg besteht. Die kritische Note, das a, reibt sich in engster Lage mit dem h und dem g der beiden Klarinetten und dann sogar einem ais der Es-Klarinette, also der kleinen Sekund. Der Zusammenstoß hat seinen Grund in der Konstruktion: gleichzeitig mit dem Ende der Phrase des Englisch Horns intonieren die begleitenden Klarinetten, vorwegnehmend, den Schluß des Schönberganagramms durchaus schon so, wie man dann vielfach in der entfalteten Zwölftontechnik verfuhr. Aber es wird, ruckweise, mit diesem a der fest definierte Tonraum der drei ersten Takte verlassen, auf den die Wahrnehmung sich eingestellt hat; das vermehrt die Irritation. Die Schwierigkeit nun fällt genau zusammen mit der Kollision von Bergs älterer Kompositionsweise, die in den ersten drei Takten noch waltet, mit der neuen: denn das Ana-

3 Auszunehmen ist, nach dem Urteil höchst Kompetenter, die Platte von Harold Byrns, die leider nicht zugänglich war.

gramm des Namens Schönberg ist, wie auch Redlich konstatierte, das ganze Stück hindurch mehr als Reihe denn als Thema verwendet. Die kritischen Stellen des Werks sind meist solche, an denen dessen Gestaltungsprinzipien ähnlich aufeinanderprallen.
Im folgenden Takt wird das die Phrase abschließende d des Englisch Horns von der Trompete abgenommen. Das soll, der Instrumentation zufolge, unauffällig, lediglich durch Farbwechsel auf der identisch bleibenden Note geschehen. Allein schon die Linie a–d und dann den unmerklichen Farbwechsel auf dem d eindeutig, ohne Verwirrung darzustellen, bedarf einer Probenzeit, die das normal zur Verfügung Stehende sprengt; um zureichende Aufführungen des Werks zu ermöglichen, wäre die äußerste Zeitverschwendung beim Probieren nur eben ökonomisch. Die angezogene Stelle ist noch einigermaßen harmlos, obwohl sie, placiert am Beginn, wo alles darauf ankommt, das Thema klarzumachen, Unheil stiftet; im Rondo wird sie unablässig um ein Vielfaches überboten. Berg hätte sich die Sache leichter machen können, hätte er schon von dem a an das Englisch Horn durch die Trompete verdoppelt. Da er jedes Detail der Instrumentation aufs genaueste erwog, überdies glaubte, jedes kompositorische Ereignis lasse instrumental auf mehrere Weisen sich darstellen, so darf man wohl vermuten, daß er von der Möglichkeit keinen Gebrauch machte, um durch die Trompete den Phrasenhöhepunkt d besser hervorzuheben. Im Konflikt zwischen Motivstruktur und Deutlichkeit ergriff er Partei für jene und nahm als Pionier eines neuen Kompositionsverfahrens auch scheinbare Unbeholfenheiten in den Kauf. Es war ein einfacher Akt der Redlichkeit Weberns, keine Niederlage des großen Dirigenten, daß er seinerzeit die Proben zum Kammerkonzert abbrach. Übrigens entsprach das durchaus dem Usus des Schönbergkreises, der lieber Aufführungen eigener Arbeiten sabotierte, als jenen Typus von Interpretation durchgehen zu lassen, der nicht nur das Dargestellte nicht versteht, sondern nicht einmal merkt, daß er es nicht versteht, und dadurch musikalisch ins Schwimmen gerät; dann klingt neue Musik buchstäblich so, wie ihre Feinde hämisch es sich wünschen und vorstellen. Trotz der im Wozzeck geschulten Fähigkeit, mit relativ einfachen Mitteln differenzierteste Wirkungen zu erreichen, bemühte sich der Mahlerianer Berg

nicht stets um sogenannte sichere, gefahrlose Instrumentation, bei der nichts passieren kann; erst in seinen letzten Stücken hat er darauf geachtet. Eher riskiert die Instrumentation im Kammerkonzert, daß die Linie, wofern nicht kongenial musiziert wird, zerbricht. Das wiederum ist in Konkordanz damit, daß im gesamten œuvre Bergs die der farblichen zugeordnete harmonische Dimension als eigenständig erhalten bleibt, während bei dem weit lineareren Schönberg die Harmonik nach dessen Formulierung »zur Zeit nicht zur Diskussion steht«. Daß dadurch die klingende Realisierung von Melodik und Kontrapunktik, die naturgemäß in dem Bläserstück dominieren, nicht eben erleichtert wird, leuchtet ein. Durch solche Rücksichtslosigkeit hat noch der reife Berg demonstriert, wie wenig seine Meisterschaft zum Kompromiß bereit war.

Die Schwierigkeiten, die das Kammerkonzert aufwirft, sind zumindest nach einer Dimension denen ganz konträr, mit welchen der Hörer neuer Musik gemeinhin rechnet. Wie die Partitur, zeigen Klangbild und Struktur nichts von Zerrissenheit; das Konzert befindet sich am Gegenpol des Punktuellen. Dem spaßhaften Gebot Schönbergs, wer Kammermusik schreibe, müsse Rücksicht darauf nehmen, daß umgeblättert werden könne, also stets für Pausen sorgen, willfahrt das Werk nicht; sicherlich ist es eines der pausenärmsten der neuen Musik. Wird einmal eine Generalpause geschrieben, wie im Takt 630, vor der Rondo-Durchführung, so macht das einen der wichtigsten Einschnitte kenntlich. Gerade die Kontinuität jedoch, von der man Erleichterung erwarten sollte, weil sie das Ohr mitzieht und von der Not befreit, Brücken zu schlagen, hat in dem Kammerkonzert, übrigens auch in manchen anderen Arbeiten Bergs, die entgegengesetzte Wirkung. Selten werden Hörsignale zur Orientierung erteilt. Die Last der Artikulation ist gleichsam dem Hörenden aufgebürdet; er bedarf angestrengt differenzierender Wahrnehmung, um inmitten des Ineinander und Übereinander unterscheiden, den Formverlauf modellieren zu können. Ähnlich wie im Wiener Klassizismus sind die simultan ertönenden Stimmen, so sehr auch jeder einzelne Kontrapunkt melodisch durchgebildet ist, nicht gleichberechtigt, sondern haben verschiedenes Gewicht, das von Hauptstimme, Nebenstimme und Begleitung. Die Kunst der Rezeption besteht vorab darin, die Hauptstimme auf ihrem oft vielfach verschlungenen Weg zu verfolgen; gelingt das, so pflegen die Neben- und Begleitstimmen, die ja stets Funktionen der Hauptstimme, komplementär zu ihr komponiert sind, von selbst sich zu erschließen. Wird freilich, wie in den meisten Aufführungen, die Dignität der Stimmen in ihrem Verhältnis zueinander nicht ganz unmißverständlich, so ist der Hörer verloren. Ganz ungewohnt sind weiter die Anforderungen thematischer Kombinatorik, deren Zweck es ist, die Beziehungen zwischen den Simultanstimmen zu verdichten [Beispiel 27]. Dasselbe Thema

Beispiel 27

erscheint gleichzeitig in drei verschiedenen Notenwerten: Trompete und Posaune bringen es in Vierteln, Hörner und Klarinetten in Achteln, Baßklarinette und Fagott in Sechzehnteln. Dazu spielt die Geige (Takt 304 bis 305) den thematischen Hauptrhythmus, der im Adagio sich herausbildet, nach dem erstmals im Wozzeck erprobten, später in der Lulu zur Großform der Monoritmica entwickelten Prinzip. Wohl kann von anderen Hörern als von Experten nicht erwartet werden, daß sie all die Relationen sogleich mithören. Die Funktion der aufgebotenen Künste ist es, den harmonisch freizügigen Zusammenhang kontrapunktisch so zu gestalten, daß er als zwingend sich mitteilt. Die Idee des thematischen Rhythmus wurde analog in Schönbergs Bläserquintett, zumal dessen Rondo, kultiviert, wahrscheinlich ohne daß die beiden voneinander wußten. Durch die Verlagerung der Intervalldimension ins vorkompositorische Material der Reihe wird die themenbildende Kraft der Intervalle eingeschränkt. Dadurch nimmt von selbst die thematische Relevanz der Rhythmik zu.

Wie das gesamte Werk geartet ist, umschreibt das Variationenthema, die ersten dreißig Takte. Es ist sehr ausführlich, weitab von den Vorstellungen, die man herkömmlicher Weise von einem solchen Thema hegt. Nicht nur durch seine Länge sondern durch seinen Charakter weicht es ab. In keinem sei's noch so abgewandelten Sinn kann ihm liedhafte Geschlossenheit nachgesagt werden. Vielmehr wird es in sich selbst entwickelt, dynamisch, reich gegliedert, mit schwungvollem, einen Höhepunkt erreichendem und rasch abklingendem Mittelteil und einem unverwechselbaren, fast codahaften Nachsatz. Der Binnenstruktur nach sind Beginn und Mittelteil keineswegs antithetisch, vielmehr durch eine überleitende Scherzandoperiode (von Takt 8 an) miteinander verknüpft. Das in sich dynamische Wesen des Themas beeinflußt das variative Verfahren. Berg variiert nicht das Thema, so als wäre es vorgegeben, sondern denkt dessen eigene Entwicklung um. Freilich wird nach der ersten Variation, die gleichsam die nichtexistenten Wiederholungszeichen des Themas auskomponiert, sehr tief eingegriffen, und zwar unter Rekurs auf die Idee von Umkehrung, Krebs und Umkehrung des Krebses, wobei Berg die drei mittleren Variationen, die jener Mittel sich bedienen, ebenso als Variationen eigenen Rechts wie als Durchführung des gesamten Satzes verstanden wissen wollte. Die letzte Variation soll demgemäß als Reprise wirken, allerdings überaus modifiziert, mit ungemein komplizierten kanonischen Bildungen. Obwohl die drei mittleren Variationen zu einem Komplex zusammenschießen, differenzieren sie sich untereinander, kontrastieren im Charakter: die zweite basiert auf einem Walzerrhythmus und bleibt ländlerähnlich, die dritte, kräftig bewegt, gibt sich vielfach akkordisch, die vierte, sehr rasche, am offensten scherzo-artig im Sechsachteltakt. Die dritte exponiert erstmals einen Typus, der beim späteren Berg: im Mittelstück der Weinarie, in den Partien des Athleten aus der Lulu, auch an dramatisch kritischen Stellen des Violinkonzerts auftritt: den der Akkordschleuder. Er soll wohl ein Gegengewicht gegen das Prinzip des kleinsten Übergangs bilden. Von Anbeginn (vgl. etwa Takt 128 ff.) verbindet sich das Prinzip der Akkordschleuder, dem ein Moment des pointiert Zufälligen innewohnt, mit einem Verfahren, das zwanzig Jahre später als das der Tonclusters allbeliebt wurde, im übrigen auf Debussy zurückdatiert: eine der Veranstaltungen, durch welche Berg den Tonbereich kunstvoll zerrüttet, indem er das Geräusch adaptiert.

Den Mittelsatz des Konzerts, Adagio, hat Berg in seiner Übersicht als »auf dem dreiteiligen Lied beruhend« gekennzeichnet, offenbar, weil die erste, in gerader Richtung verlaufende Hälfte des Satzes von Takt 331 an eine Reprise des ersten Themas bringt, so wie der reife Berg zur Artikulation weiträumiger und verzweigter Formen nicht selten prozedierte. Doch dürfte die Idee der Dreiteiligkeit die Beschaffenheit des Satzes nicht recht umschreiben. Spezifisch ist der außerordentliche Reichtum an prinzipiell auf der gleichen Ebene befindlichen Themen. Keines ist bloß subsidiär, freilich werden sie in wechselnder Intensität und in verschiedenem Umfang ausgeführt. Obwohl das Adagio, zumal das erste Thema, gegenüber dem Rondo eher homophon ansetzt, droht es durch jenen Themenreichtum, dem fünf verschiedene Haupttempi korrespondieren, zu verwirren. Das Handicap des Bläserchors macht im langsamen Tempo sich geltend; selbst bei größer Geschmeidigkeit der kompositorischen Behandlung und bei liebevollster Darstellung bietet er dem von Berg Intendierten mehr Resistenz als ein Streichkörper. Bergs Vorliebe dafür, Klänge zu verschmelzen, indem man einen bis zum Pianissimo abschwächt und im Pianissimo in eine andere Farbe überführt, ohne daß der Eintritt der neuen auffiele, wird dadurch beeinträchtigt, daß nicht alle Bläsergattungen über dasselbe Pianissimo oder auch nur Piano verfügen, überhaupt nicht so bruchlos und kontinuierlich sich verbinden wie ein volles Orchester. Wird etwa der tiefste Ton eines Begleitakkords von der Posaune akzentuiert angeblasen, so hat das Instrument soviel Emphase, daß es automatisch fast den Schein erweckt, es spiele die Hauptstimme, und die Aufmerksamkeit von der eigentlichen Melodie, ist diese gar einer Klarinette in schwächerer Lage anvertraut, ablenkt. Dergleichen Probleme durchherrschen das Adagio. Dabei sind, trotz des auch in ihm vorwaltenden Übergangsprinzips, die einzelnen Themen jeweils überaus profiliert. Das erste, dreimal in sich verschoben, wird lang ausgesponnen und akkordisch begleitet; an einer Stelle imitieren zwei Klarinetten und die Baßklarinette das Tremolo von Streichern, so wie später voluminöse Holzbläserakkorde das volle Werk der Orgel nachahmen. Das zweite Thema differiert vom ersten zumal durch die Setzweise: ganz dünne, selbständige Stimmen, in sehr weiter Lage voneinander getrennt. Das dritte, zentral wichtig für den Fortgang des gesamten Konzerts, wird von der Klarinette vorgetragen: einer der schönsten lyrischen Einfälle Bergs [Beispiel 28]. Das Thema ist breit entwickelt und symphonisch zum

Beispiel 28

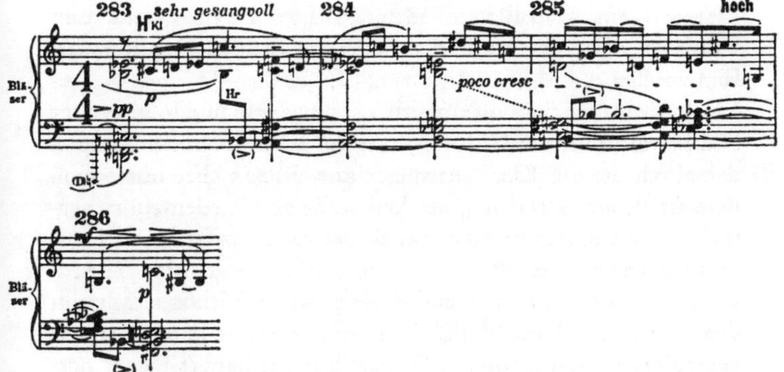

Höhepunkt (Takt 314) gesteigert. Auf sein rasches Diminuendo folgt ein viertes, schleppendes (Tempo V, Takt 322 ff.) und die variierte Reprise des ersten (Takt 331 ff.).

Einen Durchführungsteil verwehrt zunächst die Disposition des Gesamtkonzerts, dessen Rondo ja als Durchführung des ersten wie des zweiten Satzes fungiert. Ebenso jedoch schließen, nimmt man das Adagio für sich, dessen Themenreichtum und der Entwicklungscharakter des quasi in sich durchgeführten dritten Themas Durchführung im traditionellen Verstande aus. Auch das Adagio hat an der Liquidation der Sonate Anteil. Die einfache oder variierte Wiederholung der Exposition ohne Durchführung, zu der Berg dann im ersten Satz der Lyrischen Suite sich entschloß, schied aus wegen des beträchtlichen Umfangs dessen, was nach dem Schema Exposition hieße (Takt 241 bis 330). Die Wiederholung eines so vielgliedrigen Gebildes wäre außer alle Proportion zu dessen Differenziertheit geraten. Diese Situation: keine Durchführung, keine Wiederholung, dennoch die Notwendigkeit der formalen Balance und des Zusammenschlusses, hat gleichsam von sich aus das Mittel eines Krebses der Gesamtexposition herbeizitiert. Wie in manchen Sätzen Mahlers – im Adagio der Neunten Symphonie – soll die Rückläufigkeit der Gesamtform jene Rundung bewirken, die das Schema einer Musik nicht mehr garantiert, deren Fiber dem Schema ungemäß ist. Die Reihentechnik entsprang im kompositorischen Makrokosmos nicht weniger als im Mikrokosmos. Was dem Vorurteil errechnetes Kunststück dünkt, hat seinen guten künstlerischen Grund: verhärtete Identität soll vermieden, gleichwohl dem bereits Entwickelten nicht weitere und überflüssige Entwicklung hinzugefügt werden.

Indem der lange Satz sich umdreht, gelingt ihm in seiner zweiten Hälfte wahrhaft die Nichtidentität des Identischen. Wie sehr es dabei sich um ein Künstlerisches, nicht abstrakt Erdachtes handelt, ist an der Gestaltung der krebsgängigen Partien zu entnehmen. Sie kehren im Kammerkonzert etwas Uneigentliches, Derivatives hervor, besonders bei dem großartigen dritten Thema. Denn die Themen bewahren bei Berg, wie bei Schönberg, strikt den Charakter des Einfalls. Sie sind nicht, oder selten nur, aus der Konstruktion gefolgert. Solcher Einfallscharakter geht notwendigerweise der Krebsgestalt verloren. Sie ist sekundären Wesens. Ein im höheren Sinn sachliches Kompositionsverfahren muß dies Sekundäre, als objektiven Zug des Gebildes, erhalten, eher es unterstreichen, die Krebsgestalten als Ableitungen erkennen lassen. Der Mangel an Plastik, der den Krebs- gegenüber den Grundgestalten eignet, ist herauszuarbeiten, zum Sprechen zu bringen. Nur wo rein mit der Reihe, ohne primäre Thematik oder Motivik komponiert wird wie nachmals in der seriellen Schule, sind Grundgestalt und Krebs prinzipiell gleichwertig. Vorteile und Nachteile halten sich die Waage. Durch den von Berg behüteten Ableitungscharakter wird das Verhältnis zum Thema artikuliert, es werden verschiedene Ebenen der Präsenz der Teilganzheiten geschaffen, zwischen ihrer Setzung und ihrem funktionalen Wesen unterschieden. Das läßt die konsequentere spätere Verfahrungsweise nicht mehr zu. Dafür allerdings wird, wie Berg vom zweiten Teil des Adagios selbst es betonte, das Krebsprinzip, damit überhaupt die Umstülpung eines ursprünglich Sinnvollen, dem die Krebsgängigkeit nicht an der Wiege gesungen war, sinnvoll gerät, nicht strikt, sondern, nach Bergs eigenen Worten, »teils in freier Gestaltung des rückläufigen Themenmaterials, teilweise aber im genauen Spiegelbild« gehandhabt. Die ästhetische Sensibilität, die das erfordert, trübt in den Ohren des zwölftönigen und seriellen Purismus die Konstruktion durch subjektive Zufälligkeit.

Eigens gedacht sei zweier Details des Werkes. Das eine ist die Überleitung des langsamen Satzes zu der Kadenz, die, so wild auch ihr Gestus, Note für Note aus den beiden ersten Sätzen stammt. Ihr Einsatz mit dem dreifachen Forte des Klaviers setzt, nach dem Verlöschen des Adagios im vierfachen Piano der Geige, den einzigen schroffen Kontrast des Konzerts, notwendig um der Plastizität des Formverlaufs willen. Aber es ist, als hätte Bergs Sorge um sichernde Vermittlungen zugleich den Kontrast, dessen es bedurfte, kaum ertragen können. Selbst ihn noch wollte er mit der Wagnerschen Kunst des Übergangs versöhnen. Er stellte sich die buchstäblich paradoxe Aufgabe, äußerstes Pianissimo und äußerstes Fortissimo hart, mit dem Effekt der Überraschung aufeinander folgen zu lassen und gleichzeitig etwas wie ein Kontinuum der Stärkegrade herzustellen, die Quadratur des Zirkels.

Spielend und ingeniös hat er das Unmögliche möglich gemacht. Während nämlich am Ende des Adagios Geige und Bläserensemble unhörbar werden, setzt vier Takte davor, auftaktig, ebenso unmerklich das Klavier ein und steigert sich bei der attacca-Figur auf das letzte Adagio-Achtel bereits zum Fortissimo, so daß der Eklat des Klaviers durch eine stetige Steigerung vorbereitet wird. Diese jedoch trägt sich gleichsam hinter den Kulissen zu. Das Klavier, während des zweiten Satzes stumm, tritt in seinen vorbereitenden Takten kaum in Erscheinung. Zwar rumort es geräuschähnlich, vernehmbar in der Subkontralage, im Vordergrund des Hörens indessen bleibt das wie immer auch diminuierende melodische Hauptgeschehen, Piccolo und Geige. Derart wird tatsächlich der extreme Kontrast sowohl realisiert wie, für die subkutane Auffassung, gemildert, ein tour de force, ein wenig, als hätte Berg über sich selbst sich mokieren wollen. Denn selbstverständlich untersteht die Gesamtwirkung doch dem logischen Satz vom Widerspruch. In ihr bleibt maßgebende Figur das Verklingen, das Klaviercrescendo bloßer Hintergrund; es wird für mehrere Schichten der Wahrnehmung, die bewußte und die unbewußte, komponiert.

Dann der Schluß, der ohne Übertreibung ein in der neuen Musik Einzigartiges genannt werden darf. Seit dem Ende der Tonalität und der mit ihr verwachsenen Formtypen wird es, ähnlich wie im Drama, zur schwierigsten Frage, wie zu schließen sei. Das Schema garantiert kein verbindliches Ende mehr, und über dem rein aus der kompositorischen Einzelsituation gefolgerten Aufhören liegt fast stets der Schatten des Zufalls, so als ob es abbräche und ebensogut weitergehen könnte. Wie sehr Bergs Imagination um jene Frage kreiste, zeigt die Lyrische Suite, die auf das Ende verzichtet und aus dessen eigener Unmöglichkeit die Gestalt des Endes herausliest. Das Kammerkonzert dagegen erstrebt und erlangt ein authentisches Fine. Dafür reicht nicht aus, gewaltsam den harmonischen Schlußpunkt zu setzen, obwohl es ohne einen solchen wiederum auch nicht abgeht (Takt 780). Aber so wenig wie sonstwo begnügt Berg sich bei der Gewalt: die Themen müssen sich, wie man in der Schönbergschule altertümlich zu sagen pflegte, ausleben, liquidiert werden. Gleichwohl ist das überzeugende Gefühl des Endes gefordert.

Das Klavier türmt mit größter Kraft, von der tiefsten bis zur höchsten Lage eine Tonfolge auf (Takt 780), die den Charakter des Definitiven trägt und die Entscheidung herbeiführt. Während dieser Komplex sechs Vierviertelakte lang durchhallt, bringen Geige und Bläser nochmals Motive, unter ihnen das Schönberganagramm (Posaune) und das Berganagramm (Trompete) aus dem Motto. Durch sich verlängernde Fermaten werden die Melodiefragmente nach jedem Takt voneinander getrennt und immer mehr verkürzt bis zum Nichts. Der Schluß als Ganzes bildet eine Art Parallele zur Herbeiführung der Kadenz; der dröhnende Schlußakkord, eine höchst bestimmte Setzung, bleibt erhalten, gleichzeitig zergeht das motivische Leben, die Linien. Damit jedoch die Wirkung sich einstelle, bedarf es einer Interpretation, welche den Schluß als Ergebnis der vorausgehenden Entwicklung des Rondos, zumal seiner Stretta, zu begründen weiß.

Lyrische Suite

Von allen Werken Bergs ist nächst dem Wozzeck und dem Violinkonzert die Lyrische Suite für Streichquartett am bekanntesten geworden. Wenn jener Doktrin Kierkegaards irgend ein Recht innewohnt, die behauptet, zur Wahrheit müsse verführt werden, dann wird es in der Lyrischen Suite erprobt; keine Musik ließe sich denken, deren Meisterschaft mit mehr Kraft der Verführung ihr Material zu formen wüßte, ohne doch dem Glanz und Wohllaut die mindeste Konzession materialer Unwahrheit, des Aufgezäumten zu machen. Die Treue zum Schein ist gesteigert ins Formgesetz der Strenge selber; so unerbittlich ist der Konsistenz der Erscheinung, ja schlechthin der Wirksamkeit alles Erscheinenden nachgefragt, daß eben daraus ein neuer Kanon des Komponierens sich bildet, so verbindlich wie nur jener, der von der materialen Stimmigkeit ausgeht, mit dem er endlich koinzidiert. Es führt darum die Lyrische Suite in die Welt der Lulu und Bergs Spätstil als den einer zweiten Sinnlichkeit. Der Erfolg, vorweg der unablässigen Aktivität des

Kolisch-Quartetts zu danken, weist ins Zentrum der Suite zurück; ihr größter und paradoxer aber bleibt, daß sie dessen nicht sich zu schämen braucht.
Er ist andrerseits erstaunlich genug. Denn dies Werk der reifsten, oftmals der spielerisch überlegenen Meisterschaft ist ein Virtuosenstück der Verzweiflung. In keinem Takt verleugnet es den Musiker der beiden Trauerspiele, zwischen denen es entstand. Bar aller illustrierenden Absicht, darf es gewiß nicht als Tondichtung im neudeutschen Verstande genommen werden. Dafür jedoch ist es eine latente Oper. Erwin Stein hat in der Einführung, die er der Partitur beigab, die Suite lyrisch-dramatisch genannt. So darf sie in jenem Berg spezifischen Sinn heißen, der bei den Klarinettenstücken angemerkt wurde. Das lyrische Ego selber, das sich ausdrückt, frei von aller programmatischen Verdinglichung, ist dialektisch in sich: es muß nur singen, was es fühlt, und schon ist, kraft der realen Humanität, die ihm innewohnt, ein Stück Welt, wovon es singt. Eine schmerzvolle Welt: eine, die dem Selbst unerreichbar bleibt, das ihr doch sehnsüchtig verschworen ist. Daß Tasso und Antonio, als lyrisches Selbst, eines sind, hindert nicht, daß als dramatisches jener an diesem scheitert. So schließt wie Tasso die Suite, ohne schließen zu können, endlos offen; verzweifelt, weil die musikalische Bezugsperson – auch Wozzeck, auch Alwa sind solche Bezugspersonen – der fremden Welt in Liebe nicht Herr wird; endlos offen, weil die Verzweiflung sie zurückwirft einzig in die Phantasmagorie ihrer selbst, aus der kein Entrinnen ist.
Solche Welt des lyrisch Einsamen, die nur noch gleichwie im Abschied ihn grüßt, war in Mahlers Lied von der Erde: Dunkel ist das Leben, ist der Tod. Ihm dankt die Suite ihre schwebende Zwischenform, die doch die zugrunde liegenden Ursprungstypen reiner auskristallisieren kann als Werke, die geradenwegs Lied oder Symphonie oder Quartett ambitionieren. In einem langen Blick wird die entschwindende Wirklichkeit festgehalten; ganz beseelt, ohne Rest unbewältigter Stoffe und doch wirklich genug, das lyrische Ich auf sechs Zeitstufen zu geleiten. Darum ist im vierten Satz Zemlinskys Lyrische Symphonie zitiert, die um die gleiche Zwischenform sich bemühte. Am frühesten aber mag sie in Schönbergs Zweitem Quartett, mit der Singstimme, konzipiert

sein. Daß in der Lyrischen Suite, seinem zweiten Quartett, Berg nochmals an jenes dachte, kann für ausgemacht gelten; nimm mir die Liebe, gib mir dein Glück, ist ihr Traumgedanke, und ihr Adagio steht zu den übrigen Sätzen wie dort die Litanei.

Aber das Werk heißt nicht zweites Streichquartett, sondern Lyrische Suite für Streichquartett. Bergs minutiöser Formsinn prägt noch im Titel sich aus. Als latente Oper hat die Suite den Charakter der Begleitung eines in ihr, wenn man will, ausgesparten Verlaufs. Der aber verlangt nicht nach der symphonischen Präsenz der Sonate, dargestellt in den Linienzügen von vier autonomen Stimmen. Wohl ist der Reflex der dramatischen Aktion, als lyrischer, dem Quartettklang überlassen. Aber er tendiert zum Orchester. Nicht bloß ist der Reichtum lyrischer Nuancen einzig durch Reichtum differenzierter Klangfarben wiederzugeben. In der Lyrischen Suite waltet dramatisch-expansive Homophonie vor, atemholend nach der unbändigen Polyphonie des Kammerkonzert-Rondos. Oft genug duldet sie keine lineare Zeichnung und sammelt sich zu akkordischem Strömen. Als idealen Begleiter führt sie ein virtuelles Orchester mit sich. Darum ist die Suite bloß ›für‹ Quartett geschrieben, stets willens, in Orchester sich zu verzaubern, und wenn Berg schließlich drei Mittelsätze in einer Bearbeitung für Streicherchor herausgab, so besagt das mehr als bloße Willkür des Komponier-Virtuosen: er hat den Doppelsinn des Werks selber aufgedeckt, treu seinem rückhaltlosen Willen, nichts zu verschleiern. Wird das lyrische Wesen der Suite am sichersten beim Quartett behütet, so das dramatische beim Streichertutti; erst hier schwimmen die Konturen so aufgelöst und hintergründig ineinander, wie es die Anschauung des Klangs als Begleitung notwendig macht; erst hier aber auch hat der Ausbruch die volle katastrophische Gewalt.

Dergestalt dem Sonatengeist konträr, Suite lyrisch-dramatischer Augenblicke mehr als objektive Artikulation eines Zeitverlaufs, verlangt das Werk aus dem eigenen Gehalt und Formsinn die Liquidation der Sonate, die es im Zusammenhang von Bergs gesamtem œuvre vollendet. Der erste Satz faßt den Liquidationsprozeß nochmals zusammen; die anderen bringen keine Sonatenformen mehr. Setzt aber die Suite die Liquidation der Sonate, zumal also die Leistung des Ersten Quartetts und der Klarinettenstücke voraus, so verfügt sie zugleich über neue Freiheit den vorgegebenen Formen gegenüber dank eben jener Leistung. Die Technik der Durchführung ist total geworden; keine Note mehr, die nicht Resultat von Durchführung als strikter motivischer Arbeit wäre. Die augedehnteren Formen indes verlangen nach eben jener Artikulation, die zuvor von der gleichen motivischen Arbeit geleistet wurde, welche nun im ›Material‹ verschwand. So baut sich denn auf dies Material eine *neue*, es beherrschende Schicht der Artikulation auf. Der zweiten Sinnlichkeit ist willfährig eine zweite Formregion. Auf das durch motivische Arbeit bereits vordisponierte Material werden tradierte Formen angewandt: das ist es, was in aller Dunkelheit des Ausdrucks die überlegene Freiheit spielender Virtuosität bewirkt. Es gibt ein Rondo und zwei Scherzi; freilich auch Sätze, die der Formschemata spotten, ohne daß sie doch die Fühlung mit diesen ganz verlören. Mehr noch: es gibt, wie bereits im Kammerkonzert, wieder Themen, oftmals weitausgesponnene, und breite Expositionsflächen. All das mahnt an die Resultate der Schönbergschen Zwölftontechnik, die eine ähnliche Beschwörung der tradierten Formen verstattet im gleichen Augenblick, in dem diese als unmittelbar tradierte ganz im Material sich lösten. Tatsächlich hat Berg in der Lyrischen Suite erstmals die Zwölftontechnik akzeptiert. Aber sie herrscht nicht absolut, sondern ist dem Material der freizügigen Atonalität verbunden, ja aus ihm unmerklich entwickelt. So wird schon die Palette vorgeordnet: die Ecksätze sind zwölftönig, die beiden Scherzi setzen ihre Kontrastideen bis in die Zwölftondisposition fort: im Allegro misterioso ist das Scherzo streng, das Trio frei, umgekehrt verhält sich das Presto delirando zu seinen beiden Trios. Die eigentlich lyrischen Sätze bezeugen ihre ungebundene Subjektivität, indem sie die Zwölftontechnik meiden. Diese ist aber auch, wo sie verwandt wird, bruchlos dem Stil der Freiheit verbunden. Das vollführt Berg durch listige Vereinfachung jener Technik. Die simultane Kombination mehrerer Reihenformen wird im Sinne der homophonen Grundhaltung durchweg vermieden; dafür wird die Reihe gern an mehrere einander ergänzende Stimmen aufgeteilt, die sie dynamisch produzieren. Die Reihen selbst sind so gebaut, daß sie tonale Akkorde zulassen, die in der Lyrischen Suite so wenig fehlen wie sonst bei Berg, und gar das Tristanzitat möglich machen. Endlich ergreift Bergs funktionales Denken das Reihenmaterial selber: es ist nicht identisch festgehalten, sondern wird, von einem Zwölftonteil zum anderen, stetig modifiziert. Die ursprüngliche, dem ersten Satz zugrunde liegende Reihe: f–e–c–a–g–d–as–des–es–ges–b–h hat Berg öfters beschäftigt; so ist sie in der zweiten Komposition des Storm-Liedes ›Schließe mir die Augen beide‹ verwendet. Berg bezeichnete sie, in einem analytischen Entwurf für das Kolisch-Quartett, als »die von F. H. Klein gefundene Zwölftonreihe, die alle zwölf Intervalle enthält«[1]. Sie wird in dem sonst ›freien‹ zweiten Satz (Bratsche, Takt 24–28 f.) unter Vertauschung des vierten und zehnten Tons eingeführt und trägt in der neuen Form die Zwölftonpartien des dritten. Komplizierter abgewandelt erscheint sie in den Trios des fünften; das Finale behält sie in der letzten Gestalt: f–e–c–fis–a–cis–gis–d–es–g–b–h, als Fundament bei.

Wie ihr Material, sind auch die sechs Sätze als solche untereinander verkettet. Das Prinzip des kleinsten Übergangs ist in die Architektur eingegangen, derart, daß, nach Steins Angabe, »stets ein Thema, eine Idee oder eine Stelle des einen im folgenden wieder auftritt«. Daran aber hat der tektonische Plan des Ganzen keineswegs sein Genügen. Der rätselvolle Drang nach Sicherheit der Konstruktion, der den späten Berg seit dem Kammerkonzert beherrscht, als fürchtete er, zentrifugale Gewalt könnte noch das genaueste Gebilde zersprengen, so daß er sie in eine Vielfalt simultaner Formen bannt, die zuweilen selber den Ausdruck des Chaotischen gleichwie ein mächtiges Wahnsystem annimmt – dieser mythische Drang nach geschlossener Sekurität der Formimmanenz ist auch in der Lyrischen Suite am Werk. Hatte das Kammerkonzert Variationen und Adagio als Rondo kontrapunktiert, so vereint Bergs unersättliche Paradoxie in der Lyrischen Suite, wie an einer kritischen Stelle des Konzerts, durch deren Gesamtanlage den minimalen Schritt mit dem größten Kontrast. Schema solcher Formparadoxie ist der Fächer, dessen

1 Sie ist vom Typus der »All-Intervall-Reihen«, über die Ernst Krenek in seinem Buch ›Über neue Musik‹ (Wien 1937) näher berichtete.

Beginn ganz nahe zusammenliegt, um nach den Extremen sich auszubreiten. Fächerförmig angeordnet sind die Sätze der Suite; ihre Ausbreitung ist die Steigerung der latenten Oper. Der erste, einleitende heißt Allegretto gioviale. Das anschließende Andante amoroso ist mehr durch den Ton als durchs Tempo von ihm abgehoben. Es folgen als Mittelstücke Allegro misterioso und Adagio appassionato. Katastrophe und Epilog fordern extreme Tempi: Presto delirando und Largo desolato.

Der erste Satz ist liquidierte Sonate im geschärften Sinn. Das Schema der Sonatenexposition hält er fest. Als Zwölftonstück ist er Durchführung insgesamt. Aus dieser Konstellation zieht er Folgerungen, die bereits in der Klaviersonate angelegt waren, welche die Durchführung als Vereinfachung behandelte. Nun bleibt sie, die dialektische Triebkraft des Sonatenwesens, ganz fort. Die Sonate fällt der Universalität ihres eigenen Gestaltungsprinzips zum Opfer. Die Formerfahrung des op. 1 scheint auch sonst in das Stück hinein; der Überleitungssatz ist mit dem Hauptsatz verschmolzen, die thematischen Charaktere gehen bruchlos auseinander hervor, nur einer von ihnen, das Kopfthema [Beispiel 29], ist plastischer gehalten. Die Reprise schließt

Beispiel 29

(Takt 36) unmittelbar an die Exposition an, so als wollte sie die Wiederholungszeichen auskomponieren wie in der Schmuckszene des Wozzeck. Vom Sinn des Verfahrens legt einer der letzten Briefe Bergs Rechenschaft ab. »Der Mangel an Sonatencharakter erfährt auch dadurch keine Einbuße, daß der erste Satz formal zwar einen strengen, allerdings kleinen ersten Sonatensatz darstellt, als Charakter aber das gar nicht empfunden wird, sondern eher als eine leichte Intrada zum Folgenden.« In diesen dissonant-munter einleitenden 69 Takten wird die Sonate lebendig begraben, damit der Bau der Suite beständig sei.

Spielt das Präludium als latente Opernszene im Freien, so ist der Schauplatz des zweiten Satzes das Hausinnere. Er ist lyrisch durchaus, so hoffnungslos zärtlich wie später nur die Musik des Alwa, in Leidenschaft gesteigert zwar, doch rührend zur verhaltenen Zartheit zurückgerufen. Knapp wie ein Gedicht, ist doch das Stück aufs reichste gegliedert und bringt die Fülle thematischer Gestalten; es verstehen heißt zumal: hörend die Gliederung mitvollziehen. Es ist ein Rondo über drei Themen. Das erste führt den lieblich zögernden Grundcharakter ein als zweiteilige, geschlossene Oberstimmenmelodie. Mit dem neunten Takt möchte eine Wiederholung beginnen. Aber sie verarbeitet bereits, indem sie die Kopfmotive von Vorder- und Nachsatz aneinanderrückt, das letztere mit ›Achsendrehungen‹ fortspinnend. Akkordisch absteigende Skalen schließen einfach das Gewebe ab. Sie erscheinen während des ganzen Satzes an wichtigen Einschnitten und verklammern die Form. Zunächst führen sie ins zweite Rondothema. Es tritt etwas energischer auf als das erste und kontrastiert zu dessen Feingliedrigkeit betont schlicht: ländlerhaft im Dreiachteltakt (Takt 16). Unbefangen wird es sequenziert bis zur ersten Reprise des Hauptthemas (Takt 41), die vom sechsunddreißigsten Takt an vorbereitet ist durch Identifikation des verkleinerten Anfangs des zweiten Themas mit dem Kopfmotiv des Nachsatzes vom Hauptthema. Die Reprise der ersten ›Verarbeitung‹ des Hauptthemas wird zu einem kurz durchführenden Rondo-›Gang‹ erweitert (von Takt 48 an). Ein Ritardando vermittelt den Eintritt des dritten Rondothemas (Takt 56). Sein Beginn wird durch ein pulsierendes c der Bratsche markiert. Versunken wie in kindlicher Frühe spielt das Thema vor sich hin; ein Augenblick Musik von der Art, wie er sich nicht mehr vergessen läßt. Sein Nachsatz (Takt 65) verliert sich vollends träumend bis zum klopfenden Wiedereintritt jenes c (Takt 73); »wie wenn man Kindern droht«, hat Berg auf einer Probe die Stelle charakterisiert. Dann setzt, wie von Beginn, die zweite Reprise des Hauptthemas ein (Takt 81). Sie greift in der Folge auf ein bislang kaum hervorgetretenes Begleitmotiv von dessen Schluß zurück [Beispiel 30] und erzwingt eine Durchführung im

Beispiel 30

Ton und rhythmischen Charakter des zweiten Themas, doch mit der Umkehrung des Anfangsmotivs vom Hauptthema als melodischem ›Modell‹ (Auftakt und 91), das erst allmählich ins Motivmaterial des zweiten Themas übergeführt wird. Schließlich kommt es zu dessen Reprise (Takt 101), die aber schon nach vier Takten (»subito poco meno mosso«) vom dritten Thema unterbrochen wird. Nochmals stehen zweites (Takt 110) und drittes (Takt 113) Thema wie eine neue Strophe abgesetzt nebeneinander, und ein Kontrapunkt der Bratsche meldet (Takt 114) »senza espressione« scheu das erste an. Aber starr nun insistiert die Musik auf den Motiven des zweiten Themas; selbst der unerweckte Nachsatz des dritten vermag sie nicht mehr zu beschwichtigen. Das zweite Thema bleibt Hauptstimme in der Bratsche bis zu jenem Moment des Durchbruchs, wo hoch über allem Ereignis, dem Ländlermotiv und dem drohend verhärteten c, wie aus äußerster Ferne und ganz allmählich in den Vordergrund dringend, eine Melodie der gedämpften Geige aufgeht in weitem Bogen (Takt 131). Sie ist aber nichts anderes als der vergrößerte Nachsatz des Hauptthemas: der Beginn der letzten Reprise. Während das c auf der leeren Saite der Bratsche im Sinken einhält, erscheint der Beginn des Hauptthemas in der Grundgestalt. Auffahrende Geste in trotziger Ekstase wie der Schluß des Ersten Quartetts; gleichwohl bloß Umkehrung des Hauptthema-Anfangs. Dann bereitet die rasch absteigende Akkordskala das Ende: das tiefe c, pizzicato, zum letzten Male und ungemildert wiederholt.

Der Fächer des Gefühls entfaltet sich rasch: das Allegro misterioso steht dem zweiten Satz als vollkommener Kontrast gegenüber, durchs Tempo sowohl wie durch die Grundkonzeption. Es ist nicht sowohl Spiel verschlungener Themen als vielmehr atemloses Klanggedicht, ganz aus erstickten, unkenntlich entfremdeten Valeurs komponiert, meist sul ponticello oder col legno, überall mit Dämpfer. Wer poetische Assoziationen liebt, mag an eine verzweifelt leidenschaftliche, doch unterdrückt geflüsterte Szene denken, die einmal auszubrechen wagt, um wieder ins fiebernde Flüstern sich zu verstecken. Die Form ist die des Scherzos. Der eigentliche Scherzoteil, aus einer ingeniös untergeteilten Zwölftonreihe konstruiert, gibt kaum eine melodische

Gestalt frei; er verläuft als abenteuerliches Rascheln, und sein Fortgang ist ein einziges Sichauflösen, hastiger und fliegender stets. Das Trio estatico bringt den Ausbruch: eine Oberstimmenmelodie in stürmisch weiten Intervallen [Beispiel 31], bald fort-

Beispiel 31

gesetzt von der Akkordskala des zweiten Satzes, die hier erst ihre affektive Kraft entdeckt. Die Repetition des Scherzos bezeugt wiederum Bergs Willen, durch Kombinatorik die Form sicherzustellen. Die Benutzung des ›Krebses‹ einer Grundgestalt gehört zum Bestand der Zwölftontechnik, die im Scherzo angewendet wird. Zugleich aber ist dessen Repetition selber insgesamt der Krebs seiner ursprünglichen Form, im Gefolge des Präludiums der Orchesterstücke und des Kammerkonzert-Adagios. Die Umkehrung des Zeitverlaufs ist getreu, beginnend mit dem letzten Ton und mit dem ersten endend; nur ein Mittelteil bleibt fort. Das Kunststück rechtfertigt sich aus der Idee; nichts könnte den Charakter des Eingesperrten, Ausweglosen drastischer verwirklichen als die kreisend geschlossene Form.

Der vierte Satz, Adagio appassionato, konzentriert den Ausdrucksgehalt des gesamten Werks; legt entscheidend bloß, was bislang verschwiegen oder geflüstert war. Er hat die Funktion einer Durchführung und ist als solche angelegt, dicht gedrängt und ganz einheitlich. Seine Substanz bietet ein einziges, aus Umstellungen der Motive des ekstatischen Trios gebildetes Thema, strukturell ähnlich dem Variationsmodell der Litanei [Beispiel 32]. Es steigt in freier vierstimmiger Engführung aus einer mahlenden Bewegung heftig an, durchgeführt schon beim ersten Auftreten. Anstelle kontrastierender Gedanken werden entweder solche aus früheren Sätzen als Zitat gebracht oder freie, ›gang‹-artige Fortsetzungen des Hauptthemas. Die Form wird nach dem Vorbild des letzten Klarinettenstücks durch Wiedereintritt des mahlenden Motivs vom Beginn artikuliert, so daß die Ideen

Beispiel 32

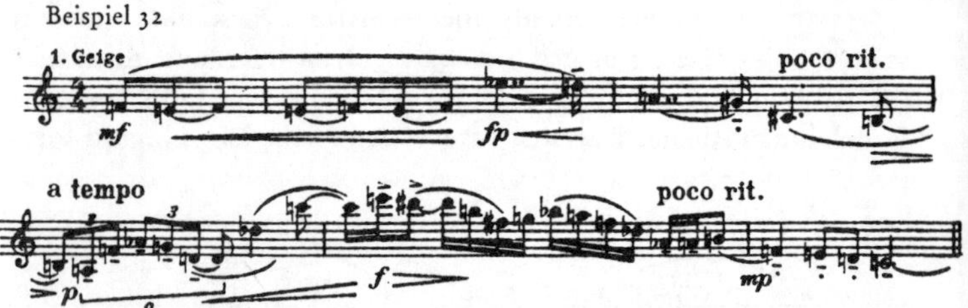

einer Modell-Durchführung und eines rudimentären Rondos gewissermaßen übereinandergelegt sind. Eine kurze Kombination des Triolenmotivs [32a] mit dem Kopfmotiv steigert sich zum ersten Ausbruch, einem offenen Zitat des Trio-Anfangs [vgl. Beispiel 31]. Danach werden weiter steigernd die drei Schlußtakte des Hauptthemas durchgeführt, bis, abklingend als erste Rondoreprise, Mahlmotiv und Hauptthema über flutend tonalen Akkorden wieder erscheinen (Takt 24). Neuer Gang (Takt 27), abermals aus Triomelodie und Motiv [32 a]. Unvermerkt wird dieses in das Hauptthema des zweiten Satzes verwandelt, dessen Nachsatzmotiv wörtlich folgt (Takt 31). Das Zemlinskyzitat führt zum Höhepunkt im dreifachen Forte über einem synkopierten es des Cellos, das an das ominöse c des zweiten Satzes mahnt. Der Appassionata-Charakter wird weitergetrieben zu einem nochmaligen Ausbruch (Takt 40, Cello), dem eines anscheinend neuen, weiterhin dominierenden Motivs: es ist der transponierte Krebs des Beginns vom Allegro misterioso (h–f–a–b = dis–a–cis–d). In einer rezitativischen molto tranquillo-Episode (Takt 45) findet der Satz seine Zäsur; dann dritter Einsatz des Mahlmotivs (Takt 51) als Rondoreprise. Doch haben Ausbruch und Rezitativ das dichte Gefüge erschüttert; das Mahlmotiv wird nicht mehr vom Hauptthema aufgenommen. Es reißt ab mit heftigen, gestischen Akzenten. Dann setzt (Takt 59) die Geige, flautando, ein mit dem ›neuen‹ Motiv als Beginn der Coda. Sie holt vergrößert die bei der letzten Reprise ausgesparten Teile des Hauptthemas nach. Pianissimo, doch nicht aufgelöst, sondern konzentrierten Klanges, wie mit fest geschlossenen Lippen, endet der Satz. Nicht anders ist der Schluß der Lulu empfunden.

Wie wild dann auch das Presto delirando umirrt, es ist das einfachste Stück der Suite: Scherzo und Trio zweimal sinnfällig alternierend, so wie Mahler nach Beethovens Vorgang die Form zu behandeln liebte. Der ganze Satz ist rhythmisch-homophon gedacht wie selten einer bei Berg. Sein Scherzoteil hat zwei Hauptgestalten, die erste in Dreiachteln, die zweite (Takt 15) in Achtelduolen oder ganzen Takten gehört. Mit Takt 36 inauguriert das Cello eine kurze Schlußgruppe, die die Zweierakzente auf den Dreiachtelrhythmus bezieht. Das zwölftönige Trio (»Tenebroso«, Takt 51) ist auf die Idee des ›wechselnden Akkords‹, die reine Farbwirkung je unhörbar einsetzender flautando-, später Steg-tremolo-Harmonien gestellt, völlig vertikal. Es wird bewegt gehalten einzig durch die sehr kunstvolle rhythmische Disposition der Akkordeinsätze, die sich erst drängen, dann ganz auseinander ziehen. Die erste Repetition des Scherzos rückt dessen vorher disjunkte zwei Hauptgestalten enger zusammen. Die Wiederkehr des Trios ist etwas konturierter, die Akkorde schießen melodisch zusammen, und einmal kommen die Dreiachtel des Hauptteils zum Vorschein. Der Trioschluß bereitet die zweite Gestalt des Hauptthemas vor, die bei dessen abermaliger Repetition (Takt 321) an der Spitze steht. Diese Reprise hat durchführende Funktion. Die beiden Hauptgestalten sind reich kombiniert, und die melodischen Ansätze des zweiten Trios werden thematisch. Die Coda, rückgreifend auf die erste Schlußsatzidee, dreht sich obstinat um sich selber; das Duolenmodell fährt dreimal dazwischen und erzwingt den Schluß als Katastrophe.

Danach ist das Largo desolato bloß noch Epilog der Trauer, freilich auch deren mächtigster Ausbruch. Das alte Finalproblem wird zur paradoxen Formidee wie im ersten Satz das der Sonate. Konnte nach Beethoven kein Finale mehr bestätigt schließen, so macht dieses die schlechte Unendlichkeit zu seinem Gesetz als Ausdruck seiner Negativität. Es gedenkt damit der Liquidation der Sonate. Von jedem vorgegebenen Typus ist es emanzipiert; Stein nennt es »rhapsodisch«. Doch gibt es Beziehungen zu den voraufgehenden Sätzen, etwa wie in Schönbergs ›Entrückung‹. Artikuliert ist strophenweise, meist durch deklamatorisch ausholende Einsätze einer begleitenden Hauptstimme im Rhythmus [33a]. Sechs Takte pizzicato-Introduktion, gedrängt zugleich und ritardiert, so innehaltend. Dann eine kurze aufs höchste angespannte Geigenmelodie [Beispiel 33], die im Ton, doch

Beispiel 33

nicht mit Tönen das Trio estatico aufruft. Das Cello nimmt sie mit Rhythmus [33 a] frei auf, treu nachahmend dann und thematisch die Bratsche (Auftakt und 13). Einer kontrastierenden Intonation (Takt 16 bzw. 17) liegt ein eintaktiges Modell (col legno) zugrunde. Die Strophe verjüngt sich ganz rasch und sinkt zusammen auf dem Kontra-h des Cellos, dessen c-Saite um einen halben Ton herabgestimmt ist. Dritter Stropheneinsatz (Takt 22): die Einheit des Abschnitts wird durch einen quasi-imitatorisch behandelten Achtelrhythmus hergestellt; er schließt mit dem Tristanzitat (Takt 26–27). Drei Takte ungestümer Steigerung, aufgelöst zunächst durch Rhythmus [33 a] (Takt 28), weiterhin bezogen auf ein Motiv aus dem Hauptthema des zweiten Satzes. Generalpause vorm Höhepunkt. Darauf der arpeggierte Quartsextakkord, leibhaft durchdringender in solcher Nachbarschaft als die äußerste Dissonanz. Harmonische Trübung und Zusammenbruch, analog dem einundzwanzigsten Takt (Takt 32); deklamatorische Rückleitung der zweiten Geige. Coda (Takt 36): ausgehend vom Achtelrhythmus der dritten Strophe, doch motivisch auf den Beginn des dritten – oder das ›neue Motiv‹ des vierten – Satzes zurückgreifend. Nochmalige Cello-Intonation mit dem Rhythmus [33 a], entschiedene Schlußwirkung. Mit dem vierzigsten Takt löst jede rhythmische Kontur sich auf in den Achteln, die verrinnen. Ein Instrument schweigt nach dem anderen. Die Bratsche ist allein übrig, und ihr wird nicht einmal das Verlöschen, nicht einmal der Tod zugestanden. Sie muß spielen für immer; nur wir sind es, die sie nicht mehr vernehmen.

»Claudel über den Stil von Baudelaire: C'est un extraordinaire mélange du style racinien et du style journaliste de son temps.« Kaum anzunehmen, daß Berg dies Exzerpt aus dem ›Buch der Freunde‹ Hofmannsthals kannte. Dennoch ließe kein genaueres Motto sich denken für die Konzertarie ›Der Wein‹, die drei Gedichte aus Baudelaires Zyklus zur großen Vokalform zusammenschließt. Allegorischer Trübsinn und trivialer Leichtsinn; der mühsam beschworene Geist aus Flaschen und die dreist zudringliche Musikware der Tangos; der brütende Seelenlaut des Einsamen und die entfremdete Geselligkeit von Klavier und Saxophon aus Jazz oder Salonorchester – daraus bildet die Arie ein Rebus, so tödlicher Bedeutung voll wie nur in Sprache und Metapher Baudelaires, und erst Lulu, als deren Prolegomenon sie anmutet, löst es ganz auf.
Den Avantgardisten Berg hat die Idee der Moderne gelockt, wie sie in der Lyrik und den theoretischen Schriften des Dichters zum ersten Mal ihr Selbstbewußtsein gewann. Das Neue steht bei ihm zentral, nicht nur in ›O mort, vieux capitaine‹, sondern auch in dem Essay über Constantin Guys, den Baudelaire zum »Maler des modernen Lebens« erhöhte. Die nouveauté verbindet bei Baudelaire die künstlerische Erfahrung mit der Kindheit, in präziser Übereinstimmung mit dem fünfzig Jahre späteren Werk von Proust. »L'enfant voit tout en nouveauté; il est toujours ivre. Rien ne ressemble plus à ce qu'on appelle l'inspiration, que la joie avec laquelle l'enfant absorbe la forme et la couleur ... Le génie n'est que l'enfance retrouvée à volonté, l'enfance douée maintenant, pour s'exprimer, d'organes virils et de l'esprit analytique qui lui permet d'ordonner la somme de matériaux involontairement amassée.«[1] Dichtungen solchen Geistes mußten Berg anziehen, zumal die eminent ästhetische, von Bergson wie von Proust seltsam ignorierte Konjunktion unwillkürlicher Erinnerung und bewußter Verfügung. Tief ist der Physiognomik Bergs eingegraben der Baudelairesche Wille, irrationale, unterschwellige Inner-

1 Charles Baudelaire, L'art romantique, Paris 1868, S. 62.

vationen mit der Stärke des Ichs, rational also, zum Werk zu objektivieren. An Berg fällt Weniges so sehr auf wie die Verbindung des unwägbar Subtilen mit fast manischer, bis zur Zahlenspielerei sich erstreckender Planung. Um diese Polarität kreiste das œuvre seines Zeitgenossen Valéry; erstmals ist sie bei Baudelaire gegenwärtig, und Bergs Flair für zurückliegende Urphänomene der eigenen Idee sprach darauf an wie auf Büchner und Wedekind.

Die Vorstellung Baudelaires von der Moderne ist aber nicht bloß die der je fortgeschrittensten künstlerischen Verfahrungsweise, sondern schließt die außer-ästhetische, gesellschaftliche Realität ein, an der jene sich erprobt. Moderne bei Baudelaire ist, nach ihrer gegenständlichen Seite, die Welt der Waren. Ihr muß, nach der Baudelaireschen Konzeption, der Artist ebenso sich überlassen, wie seine Autonomie behaupten. In diesem Kontext taucht bei ihm schon vor hundert Jahren das Gleichnis der tour d'ivoire, des Elfenbeinturms auf. Während das Pathos Baudelaires jenes unterdessen übervölkerte Bauwerk bezieht, spürt er bereits den Zweifel an seiner geschichtlichen Tragfähigkeit. »Je connais plusieurs personnes qui ont le droit de dire: ›Odi profanum vulgus‹; mais laquelle peut ajouter victorieusement: ›et arceo?‹«[2], schreibt er zum Lob von Delacroix. In seinem Sinn lag es, das Warenhafte durch Formung zum Stil zu erheben oder, wie er klassizistisch es ausdrückt: »pour que toute modernité soit digne de devenir antiquité«[3]. Das kommt Bergs süchtiger Toleranz fürs verfallene neunzehnte Jahrhundert ungemein entgegen. Die Guys'sche, vielmehr Baudelairesche Leidenschaft »d'épouser la foule«, der Menge sich zu vermählen, muß ihm nicht weniger vertraut gewesen sein als die Begierde, die bilderlose, bilderfeindliche Welt der großen Stadt ins Bild zu transfigurieren, wie der Dichter an Guys es preist: »Il contemple les paysages de la grande ville, paysages de pierre caressés par la brume ou frappés par les soufflets du soleil . . . Le gaz fait tache sur la pourpre du couchant.«[4]

2 a. a. O., S. 30.
3 a. a. O., S. 70.
4 a. a. O., S. 65 f.

Dem Komponisten wird die Warenwelt repräsentiert durchs Idiom der leichten Musik, der in jenen Jahren neuen Tänze. Berg hat sehr spät, erst 1925, Jazz überhaupt kennenlernen mögen[5] und ihm gegenüber die äußerste Zurückhaltung geübt, gründlich verschieden von den versatilen Zeitgenossen, die ihn der Kunstmusik zu adaptieren gedachten, um an seiner falschen Ursprünglichkeit das Korrektiv zu finden für eine décadence, deren doch die munteren Herren am letzten verdächtig waren. Vor solcher Versuchung war Berg so gründlich gefeit wie vor der umgekehrten, philiströsen: den Jazz als billiges Emblem einer einzig aus Wunschphantasien geläufigen Verruchtheit zu nutzen. Dennoch hat er der Erfahrung des Jazz nicht blank sich entzogen: ohne sie wäre der Klang des Lulu-Orchesters und die Garderobenszene von deren erstem Akt kaum zu konzipieren gewesen. Jahrelang hat er dem Saxophon nachgesonnen, das zu unterwerfen er sogleich willens war. Nicht aber dem Jazz sich zu unterwerfen. Die Konsequenz, die er zieht, läßt den Spaß vergehen. Wie man nachmals in Brechts Terminologie gesagt hätte: verfremdet und balanciert werden jene Momente durch Konstruktion. Nicht allein wird die Zwölftontechnik im ›Wein‹ erstmals von Berg auf ein ganzes Werk angewandt, sondern er disponiert es als strikt dreiteilige Einheit: das erste Lied baut er als Sonatenexposition, das zweite als eine Art Scherzo, stellvertretend für die abermals ausgesparte Durchführung, das dritte als Reprise. Zugleich befleißigt sich das Werk der Distanz, als wolle es dem Dandysme seinen Tribut zollen. Als Arie zählt es zu den Spielformen wie Bergs Konzerte; die Singstimme ist schon so kunstvoll denaturiert, dem direkten Liedwesen entrückt wie die Koloraturen der Lulu. Auch das ist treu einem Motiv der Ästhetik Baudelaires: sagt dieser, für die Augen der meisten Zeitgenossen, zumal für die der Geschäftsleute, existiere die Natur nicht, so hat der Dichter von dieser Perzeptionsweise der Menge schwerlich sich ausgenommen. Die virtuos-künstliche Konzertarie fängt etwas davon auf. Ihre Haltung ist mehr die eines Hindeutens auf die Gedichte, als daß das kompositorische Subjekt tel quel, hem-

5 Zweifeln an dieser Zeitangabe hat der Autor die bestimmteste Erinnerung an den Abend in einer Wiener Bar entgegenzusetzen, als das geschah.

mungslos sich aussänge; am Hörer ist es, auf diesen musikalischen Gestus vorweg sich einzustellen.

Jazz ist scheinhaft als Phantasmagorie[6] der Moderne: vorgetäuschte Freiheit. Musikalisch ist dieser Schein der rhythmische: das Gesetz der Scheintakte. Ihm gehorcht aller Jazz im genaueren Sinn. Ein durchgehaltenes Grundmetron so zu behandeln, daß es aus scheinbar von ihm verschiedenen Metren sich konstituiert, ohne doch von seiner starren Befehlsgewalt das mindeste preiszugeben: so mag man die technische Idee des Jazz definieren. In der Tangostelle der Weinarie [Beispiel 34] will-

Beispiel 34

fahrt Berg der Schablone treulich: er addiert den Zweivierteltakt durch Synkopierung und Akzentverschiebung aus zweimal Dreisechzehnteln und einmal Zweisechzehnteln zusammen. Der Dreisechzehnteltakt im Zweivierteltakt macht dabei die charakteristische Tangowirkung aus. Bei ihr insistiert Berg im kritischen Moment. Die primitive Jazzgewohnheit, den Scheintakt durch die Schrittakzente von großer Trommel und Continuo zu paralysieren, verfällt der Kritik durch die Komponierintention. Dem Zweivierteltakt ist durch die Takteinteilung Genüge getan; die drei Sechzehntel aber, im Tango bloßer Fassadenrhythmus, fordern Konsequenz. In der polyphonischen Anlage des Ganzen bewerkstelligt das ein rhythmischer Kontrapunkt. Berg nimmt die Dreisechzehntel in die Begleitung auf, derart, daß er sie unter Verzicht auf die Continuowirkung zwei Sechzehntel nachschlagend eintreten läßt und ihr dann zwei Töne von je Dreisechzehntel-Wert, gis und a, zuweist [Beispiel 34 NB].

Der Melodiegruppe $^3/_{16}+{}^3/_{16}+{}^2/_{16}$ wird also simultan der

6 Vgl. Baudelaire, a. a. O., S. 67.

Krebs ihres Rhythmus: $^2/_{16}+^3/_{16}+^3/_{16}$ entgegengestellt und damit der Scheintakt, durch strikte Durchführung seines Prinzips, auskonstruiert, zugleich aber der Mechanismus des Jazz, die falsche Integration ohnmächtiger Subjektivität und unmenschlicher Objektivität, umfunktioniert. Berg bricht sein Gesetz, indem er es erfüllt; die mechanischen Zählzeiten verstummen, und das Gesetz selber wandelt sich in Ausdruck: gleichwie mit den leeren Augen des Totenschädels blickt der Tango aus der Musik und steht dafür ein, daß die Geselligkeit der Berauschten, von der Baudelaires Dichtung weiß, nichts ist als die allegorische Figur tödlicher Fremdheit. Noch dem Wahnsinn – Baudelaires »spleen« – wird seine Wahrheit – als das »idéal« – abgezwungen. Der Kitsch, nicht geschmackvoll abgetan, sondern nach dem eigenen Gesetz weitergetrieben, wandelt sich unter den kompositorischen Händen zum Stil; so enthüllt sich das Banale als die Erscheinung der Ware und damit die herrschende gesellschaftliche Grundverfassung: in eins damit aber als Chiffre ihres Untergangs. Vernichtung und Rettung, die im ›Wein‹ dem Tango-Kitsch widerfahren wie den Trümmern der Folklore im Wozzeck, sind das Modell jener, die Berg, Dialektiker gleich jedem großen Künstler seines geschichtlichen Standorts, endlich der Ware Mensch widerfahren ließ: Lulu.

Übersetzt die Arie das Triviale insistent in Stil, so steht sie zur Übersetzung insgesamt im engsten Verhältnis. Daß der Kombinationsspieler Berg sie als ein einziges ›Ossia‹ komponierte, singbar sowohl zu Baudelaires Original wie zur Georgeschen Übertragung, eröffnet eine wesentliche Perspektive. Die symbolistische Schule, der die Arie den Nekrolog hält, indem sie deren Pose sich lösen heißt im Lethe des Gesanges, ist von Baudelaires Poe-Übertragungen bis zur Georgeschen Nachdichtung eben der Fleurs du mal ohne den Kanon des Übersetzens nicht zu verstehen. Sie sucht die eigene Sprache vorm Fluch des Banalen zu retten, indem sie sie von der fremden her visiert und ihre Alltäglichkeit unterm Gorgonenblick der Fremdheit erstarren läßt; jedes Gedicht von Baudelaire so gut wie von George ist seiner Sprachform nach am Ideal der Übersetzung zu messen. Indem aber Berg die Dialektik von Stil und Banalität aufnimmt, die der Verfahrungsweise der Symbolisten als Fluchtbahn eingezeichnet ist, kommuniziert er mit dem Ideal der Übersetzung. Durch Übersetzung selber wird tatsächlich der Kitsch Stil. Berg hat nicht nur Originaltext und Übertragung kombiniert, sondern die Musik als solche klingt wie aus dem Französischen übersetzt; die Lulu bleibt dem treu. Freilich verläuft in Bergs Erkenntnissituation die Übersetzung in der Gegenrichtung der Neuromantiker. Haben diese das Banale der eigenen Sprache, des style journaliste, zu bannen getrachtet, indem sie es unterm Druck der fremden gefrieren ließen, so rettet Berg den banalen Schein der fremden, indem er ihn in die eigene konstruktive Strenge übersetzt und mit Namen ruft. Die Arie ist eine Zwölftonkomposition, montiert aus Bruchstücken des französischen Musikidioms. Die Toleranz gegenüber tonalen Einschlägen wird zur Koketterie mit polytonalen; der kleinste Übergang zum Ineinanderklingen und zum Debussyschen Laissez vibrer – exemplarisch beim Eintritt der Singstimme im fünfzehnten und sechzehnten Takt; große Ausbrüche geschehen dreimal über dem Nonenakkord als der harmonischen Panazee des Impressionismus.

Die Form aber, ob auch vielleicht noch unabgesetzter als je sonst bei Berg, gibt weder den festen Umriß noch eine Tendenz zum stufenhaft harmonischen Fortgang preis, die dann die Technik der Lulu beherrscht. Sie durchdringt kunstvoll das Schema des dreiteiligen Lieds. Längere Einleitung: unübertrefflich im Baudelaireschen Ton Tiefsinn und Sucht verschränkend. Das Hauptthema des ersten Liedteils danach, L'âme du vin, basiert auf einer melodischen Gestalt in Achteln und einer parlando-artigen mit Sechzehnteln. Der Vermittlungssatz – Takt 31 beginnend – bereitet durch Akzentverschiebungen sehr unauffällig, nach dem Differentialprinzip, die Scheintaktsynkopen vor. Diese werden durch den herausspringenden Klavierklang aufgedeckt im Tangoseitensatz (Takt 39, vgl. Beispiel 34), der zunächst aus einer Verkleinerung des Überleitungsrhythmus abgeleitet ist, in der Fortsetzung aber, um alle durchlaufende Banalität zu meistern, zahlreiche Untergestalten kontrastierend folgen läßt: jede von ihnen selber wieder das Derivat einer Tangoformel. Bei Takt 64 wird der Tangorhythmus verlassen und eine Schlußgruppe konstituiert, die der melodischen Achtelgestalt des Hauptthemas gedenkt. Sie ist gesteigert bis zum ersten Höhepunkt über dem Nonenakkord (Takt 73) und danach ruhig, geschlossen ausmusiziert. Die Durchführung fällt wiederum, wie im ersten Satz der Lyrischen Suite, fort. An ihre Stelle tritt das zweite Lied, Le vin des amants, als Scherzo. Seine Sigel sind das punktierte Tritonusmotiv des Singstimmeneinsatzes und die Akkordschleuder von Dreiklangharmonien nach Art der dritten Variation des Kammerkonzerts. Eine Kontrastidee formuliert die Singstimme in schwebenden, akzentlosen Halben; sie alterniert mit dem eigentlichen Scherzoteil und wird bei ihrem zweiten Auftreten (Takt 114) durch synkopische Einsätze sorgsam vom guten Taktteil befreit; die Akzentuierung vollends suspendiert. Bei Takt 123 deutliche Scherzorepetition. Dann (Takt 141 ff.) Orchesterzwischenspiel: vollständiger Krebs der zweiten Scherzohälfte. Deren Triolenbewegung verwandelt allmählich sich in die Achtel der Introduktion der Arie. – Das dritte Lied, Le vin du solitaire, ist die stark variierte und verkürzte Reprise des ersten. Das Hauptthema wird ersetzt durch eine Kombination der Einleitung mit der Schlußgruppenmelodie von Takt 64 und der ursprünglichen Parlandogestalt. Es ist auf sechs Takte zusammengedrängt, die Überleitungsgruppe gar auf zwei. Dafür kehrt die Tango-Episode ausführlich wieder. Die Schlußgruppe tritt sogleich mit dem Nonenakkord ein, der in der Exposition erst den Höhepunkt begleitet hatte. Bei Takt 202 beginnt mit dem Effekt der Vereinfachung die Coda, über einer Bewegung wiederholter Achtelakkorde aus der Tango-Episode. Ein Orchesternachspiel greift über die verstummte Singstimme hinaus. Ungeminderter Schluß.

Dem säkularen Rang von Baudelaires Lyrik haben die Kompositionen bis heute kaum sich gewachsen gezeigt. Die bekanntesten, die von Henri Duparc, siedeln die Fleurs du mal mit abscheulichem Erfolg in die Sphäre der Salonmusik zurück. Die fünf Baudelairelieder von Debussy zählen gewiß nicht zu dessen chefs d'œuvre. Die Frische des ersten hat nichts von der Morbidität des Vorwurfs, das ganze Lied klingt wie der Klavierauszug eines Orchesterfragments; die Weichlichkeit des letzten ist unvereinbar mit der Haltung des Fechters, die Baudelaire favorisierte: ganz adäquat und meisterlich ist wohl nur ›Le jet d'eau‹. Auch die

Bergsche Arie wird nicht alle Zweifel beschwichtigen. Zu fragen wäre, ob die Ursache nicht bei Baudelaire zu suchen sei. Paßt auf ihn die Formel eines Ungenannten vom »Gestirn ohne Atmosphäre«[7], so bleibt ungewiß, ob ein solches Gestirn Musik in seinem Umkreis duldet oder sie lähmt. Jedenfalls erschwert die dialektische Stellung Baudelaires zur Romantik sehr, ihn zu komponieren; der Versuch dazu wird unvermeidlich fast dem einen oder dem anderen seiner entgegengesetzten Impulse widersprechen. Der zu Bergs Zeit florierende Neoklassizismus wollte ein Baudelairesches Verdikt vollstrecken, ›nichtauratische‹ Musik schreiben. Das mißlang: Moderne hatte den Preis ihrer immanenten Moderne zu zollen. Berg hat der Versuchung dazu sich erwehrt. Die tödliche Melancholie Baudelaires fängt die lange Instrumentaleinleitung aufs großartigste auf. Dafür hat Berg der unverzagten Romantisierung nicht durchaus widerstanden; das zweite Lied hat neudeutschen élan vital wie wohl nichts anderes, was er schrieb, und streift, wenn nicht in den kompositorischen Mitteln, so doch im Effekt, das Vertraute. Unverkennbar auch eine gewisse Diskrepanz zwischen den herausgemeißelten Baudelaireschen Versen und dem Ineinander der kompositorischen Faktur; Berg ging darin, um das französisch-impressionistische Idiom dem eigenen einzubringen, kaum je so weit wie in der Konzertarie. Trotzdem behauptet sich übergenug an dem Stück.

»Le regard singulier d'une femme galante / Qui se glisse vers nous comme le rayon blanc / Que la lune onduleuse envoie au lac tremblant«, beginnt das letzte Gedicht. Diesen sonderbaren Blick, der wilde Tränen dem ins Auge treibt, der ungewaffnet ihm begegnet, hat Berg lange, saugend erwidert. Wie für Baudelaire aber wurde für ihn der käufliche Blick archaisch. Der Bogenlampen-Mond der großen Stadt scheint ihm aus dem hetärischen Zeitalter. Hat Baudelaire die Moderne, die eine Hälfte der Kunst, als »le transitoire, le fugitif, le contingent«[8] definiert,

7 Zitiert nach Walter Benjamin, Schriften I, Frankfurt 1955, S. 467. *(Die Formel stammt aus Nietzsches erster Unzeitgemäßer Betrachtung; vgl. den Nachweis bei Benjamin, Über einige Motive bei Baudelaire, in: Zeitschrift für Sozialforschung 8 [1939/40], S. 89. Anm. d. Hrsg.)*

8 Baudelaire, a. a. O., S. 69.

während ihre andere die von ihm klassizistisch vorgestellte Objektivation sei, so kommt das der musikalischen Komplexion Bergs nahe genug. Ihm könnte der Baudelairesche Satz »Le rien embellit ce qui est«[9] zum Motto gedient haben. In diesem Zeichen hat Berg dann die Lulu vertont, deren Komposition zeitlich mit der der Baudelaireschen Gedichte sich überschnitt. Es bedurfte einzig des Funkens der Inspiration, um zum Strahlen zu bringen, was in der Weinarie wartet.

Erfahrungen an Lulu

Da nicht gegeben werden kann, was allein anstünde und wessen es bedürfte: die ausgeführte Analyse der Lulu derart, wie der Begriff der Analyse gegenüber dem gängigen gänzlich zu modifizieren wäre, so seien einzig Erfahrungen mit dem Werk fixiert. Die zeitliche Distanz zwischen den zwei Texten beträgt dreiunddreißig Jahre. Der erste setzt sich zusammen aus Impressionen nach der Londoner Aufführung der Lulusymphonie unter Sir Adrian Boult, 1935. Er war die letzte literarische Arbeit des Autors, die Berg gelesen hat. Der zweite Teil gilt der Oper selbst, die der Autor unterdessen sehr häufig und in verschiedenen Aufführungen hörte, und die er an Hand der Partitur und der Böhmschen Schallplatten studierte. Kein Versuch wird gemacht, zwischen der ersten, spontanen Reaktion und dem Resultat langwährender und stets erneuter Beschäftigung auszugleichen. Was einmal den Autor jäh betraf, trachtete er, denkend einzuholen und in Zusammenhang zu rücken. Die Differenz zwischen den Texten mag ein Weniges von dem anzeigen, was während des Zeitintervalls mit dem Werk nicht weniger als mit musikalischem Bewußtsein sich zutrug.

9 a. a. O., S. 99.

I

Es muß darauf verzichtet werden, von den Symphonischen Stücken aus der Oper Lulu in zusammenhängender Darstellung zu reden, weil das Werk derart intim der Bühne verschworen und dem dichterischen Wort verhaftet ist, daß es, isoliert, nicht gänzlich sich enthüllt. Das ist nicht so zu verstehen, als hätte Berg vom rein kompositorischen Anspruch das mindeste nachgelassen. Wer irgend von seinem Stil weiß, wird von der zweiten Oper vollends durchkonstruierte, autonome, mit dem herkömmlichen Wort: ›absolute‹ Musik erwarten – und wird diese Erwartung reicher belohnt finden als selbst im Wozzeck. Aber diese Konstruktion, so wenig sie das Wort-Drama abschildert, ist um dessen Wörtlichkeit gleichwie um einen dunklen Kern geordnet und wird aus ihm in jedem Augenblick gespeist. Stellt sie wortlos als vollkommene Konstruktion sich dar, so zugleich auch als verschlossene. In ihr Geheimnis einzubrechen bloß von der Musik her, setzte mehr als die Anwesenheit bei Hauptprobe und Aufführung und die Kenntnis der Partitur voraus: die Versenkung von Jahren. Anstelle solcher Prätention steht es wohl an zu notieren, womit das Werk den Hörer beim ersten Rencontre anredet – dem ersten, dem an Belang erst wieder die vollkommene Kenntnis gleichkommt. Es wird dabei vorab auf das *Neue* zu merken sein, das Lulu, auch gemessen an Bergs bisheriger Produktion, bedeutet.

Dem Wozzeck gegenüber fällt eine weitere *Vereinfachung* von Bergs Stil auf, eine denkwürdigster Art: Einfachheit der Fülle. Nichts von der Differenzierung der Bergschen Kompositionsweise ist aufgegeben; nicht die leiseste Konzession den neuklassischen und altromantischen Tendenzen gemacht; der Klang ist reicher, gewiß strahlender und bunter als der abgeblendete des Wozzeck, die Harmonik gestufter, schwingender der Kontrapunkt. Dennoch und paradox genug bleibt der Eindruck von Vereinfachung herrschend. Das macht: in der neuen Partitur ist die Forderung der *Deutlichkeit* weitergetrieben. Sie bringt Berg in neue Konstellation mit seinen Ursprüngen: Mahler und Schönberg. Vom späten Mahler, zu dem von Lulu so viele Verbindungslinien führen, wie vom Wozzeck zur abgründigen Soldatentrauer des früheren – vom Mahler der Siebenten und Neunten Symphonie kommt die Forderung, keine Stimme, keine Verdopplung, keinen Ton zu schreiben, der nicht, allein durch die Setzweise, in welcher er erscheint, vollkommen klar faßlich wird. Damit verschwindet der Hof und Hintergrund halbdeutlicher, halbpräsenter Phänomene; was immer die Musik enthält, ist ganz und ohne Rest perzipierbar; das Vage und Dämmernde ist aus ihr verbannt oder, wenn man will, selber zur Evidenz gebracht; nichts Unwahrgenommenes bleibt dem sorgfältigen Ohr zurück, und die Präsenz der vollen Musik ist es, die als einfach sich gibt. Wenn Krenek, ausgehend vom Verhältnis zum Text, den Erkenntnischarakter der Oper Lulu herausgehoben hat, dann bewährt sich dieser nicht bloß in der Wahl eines sprachlichen Vorwurfs, welcher eher in Begriffen als in Bildern spielt, sondern ebenso im Gefüge einer Musik, die, gleich ihrer Geliebten Lulu, »nie in der Welt etwas anderes scheinen« hat wollen, als wofür man sie genommen hat; eben darum aber auch nie für etwas anderes genommen wird, als was sie ist: die ihre Substanz so vollkommen in der Erscheinung besitzt, wie nur ihr Gegenstand selber: Schönheit.

Das bedeutet eine Evolution der *Technik* in allen Stücken. Aus dem Mahlerschen Instrumentationsprinzip wird eines der Konstruktion insgesamt. Sie besitzt ihr Korrektiv an Schönbergs Zwölftonverfahren, das von Berg auf höchst originelle Weise adaptiert und im Auftreffen auf den dramatischen Ausdruck verwandelt ist. Zur rohen Orientierung könnte man sagen, Lulu verhalte sich zu Wozzeck, wie Schönbergs Variationen op. 31 zu den Orchesterstücken op. 16 oder zur ›Erwartung‹. Nur wirkt die konstruktive Macht in genau entgegengesetzter Richtung als bei Schönberg. Reißt sie bei diesem alle Erscheinung in das An sich des Gebildes als in ihre Wahrheit verzehrend hinein, so saugt bei Berg die Erscheinung das konstruktive An sich gleichwie mit Begierde auf und verklärt das Erscheinende zu seiner Wahrheit. Dafür mag ein Beleg gestattet sein: in Schönbergs Harmonielehre findet sich, wo von den neuen Klängen gesprochen wird, der Hinweis, es verlören die vorgeblichen Dissonanzen ihre Schrecken, wenn sie in weiter Lage gesetzt oder wenigstens Reibungen kleiner Sekunden vermieden würden. Schönberg hat diesem Satz kaum je weiter nachgefragt und die Wahl der Lagen und der Dissonanzanordnung ohne Rücksicht auf ihr ›Erscheinen‹ nach der Konstruktion und ihrer Gesetzmäßigkeit, etwa der des steten Wechsels der Lage, vollzogen. Bei Berg jedoch wird eben das Erscheinen zum Konstruktionsprinzip und damit gewinnt Schönbergs beiläufige Notiz für Lulu kanonische Bedeutung. Scheut Schönberg selbst im Chorsatz vor der Reibung der kleinen Sekund nicht zurück, so ist sie sogar in den Instrumentalsätzen der Lulu durchweg vermieden, allenfalls gelegentlich mit besonderer expressiver Absicht verwendet. Die Konsequenz dieser Setzweise ist ein völlig frisches Klangbild: das einer überaus vielschichtigen Harmonik, die stets auf ihren Zwölftonakkord wartet, ja ihn herbeizieht wie Lulu ihren Mörder – und die doch dissonanzlos wirkt, sinnlich wohllautend so sehr, daß in London die Farben selbst von Ravels Daphnis et Cloë danach verblaßten.

Das Prinzip der weiten Lage herrscht allenthalben und produziert die außerordentlichsten instrumentalen Wirkungen. Zuweilen scheint es, als hätte die Setzkunst die Schwerkraft des Orchesters besiegt. Etwa an einem der Höhepunkte des Rondos – der Alwa-Musik –, Takt 128 und 129: Geigen und drei Flöten sind im Fortissimo auf das hohe g geführt. Als ob im Überschwang die Musik über sich selber hinausgriffe, wird dieser Höhepunkt noch überboten und das nächsthöhere b darübergelegt. Die drei Klarinetten bringen es unisono. Man sollte denken, in der heiklen Lage und gegen die Leuchtkraft der Streicher müsse dieser höchste Ton abfallen. Aber die instrumentale Disposition der ganzen Stelle, zumal die Verdopplung der tieferen Oktav durch die Oboen, ist derart, daß das b der drei Solo-Instrumente nicht bloß das chorische g, sondern das volle Orchestertutti überstrahlt. Ähnlich ist die in Worten nicht wiederzugebende Wirkung von Lulus Todesakkord durch die Setzkunst erreicht. Die Deutlichkeit und Transparenz des Orchesterklangs wird zu einem Ferment des Ausdrucks: nie zuvor hat man einen Zwölfklang so leibhaft durchdringend gefühlt. Denn nie zuvor war einer als Mannigfaltigkeit in der Einheit so offenbar.

Die Macht des Erscheinens, als Deutlichkeit und Setzkunst, prägt wie den Ausdruck des sinnlich Schönen so auch die *kompositorische* Verfahrungsart. Die Stimmen, gleichsam ans offene Licht gesetzt, erheben Anspruch auf den Klangraum, der ihnen geschaffen ward. Sie wollen sich darin bewegen: sie erheben sich in langen Bögen und singen sich aus. Was am Wozzeck-Stil in genauerem Sinne expressionistisch heißen mag: der singuläre Klang als Ausdrucksfaktor, tritt in Lulu zurück: gerade die Meisterschaft in der Handhabung des Klangs zieht ihn gänzlich ins Kompositionsgefüge hinein; seine Transparenz läßt die selbständige Stimme durch: als *Melodie.* Alles ist beweglicher, schlanker, linienhafter geworden. Von den Symphonischen Stücken ist nur eines, das Lied der Lulu, ein Vokalstück. Nach ihm aber zu urteilen und nach den Schlußzeilen der Gräfin Geschwitz am Ende des Adagio-Finales ist die Gesangslinie in Lulu durchaus zentral, trägt die Menschenstimme die Opernaktion. Am ehesten mag man Bergs neuen Gesangsstil im Wiegenlied der Marie und im Mittelstück der Weinarie präformiert finden. Es ist eine Melodik in gleichsam schwebender Ekstase. Kein Bruch mehr zwischen Instrumental- und Gesangsmelos; wie die Geigen singen, so spielt Lulus Sopran in Koloratur. Untrüglich die Sicherheit, mit welcher Bergs Vokalstil jene Lulu desavouiert, die die Phrase zu einem ›Elementarwesen‹ machen will, und jenes Kindlich-Künstliche der Figur ergreift, darin ihr Schönes und ihr Sterbliches vereint liegen. Daß Lulu Alwa »mit Bedacht küsse«, ist in einer Regiebemerkung Wedekinds verlangt; und dieser verführende Bedacht schimmert über Lulus Musik, der zerbrechlichen Koloratur als Rätselbild einer Schönheit, deren Natur sich erfüllt im Künstlichsten. Um sie aber schmiegen sich die Kontrapunkte durchsichtig wie jene Kleider, von denen der Marquis von Keith für seine Geliebte träumt. Fast möchte man vermuten, das Verhältnis dieser Musik zum Text sei wie das des Kleides zum Leib: des Kleides, in dem erst der Leib als schöner sich enthüllt, der nackt verschleiert wäre von seiner Wahrheit.

Am deutlichsten wird die technische – und darin übertechnische – Evolution an der *Harmonik.* Hier führt die Beweglichkeit des Lulustils zu unvermuteten Ergebnissen. Beim früheren Berg war es die Kunst, die zutiefst statische Harmonik unablässig zu modifizieren, trotz allem in Bewegung zu halten. Kein Zufall, daß im Wozzeck eine ganze Szene über einem Orgelpunkt gebildet ist und eine andere aus dem Wechsel dreier Klänge. In Lulu aber bricht das Moment der *Zeit* ein; dem Rückblick erscheint die Eroberung der Zeitdimension als das eigentliche Ziel auch des Kammerkonzerts und der Lyrischen Suite. Die Harmonik schreitet fort; der melodischen Plastik zugeordnet ist ein überaus deutliches Fundamentbewußtsein.

Äußerlich wird das klar – ähnlich wie beim späteren Schönberg – an einem continuohaften Begleitsystem von Harfe, Klavier und Vibraphon. – Wozzeck war gleichsam mit angehaltenem Atem empfunden, ewig zugleich und Augenblick, wie es in grotesken Worten vom Hauptmann ausgesprochen wird; Lulu geht weiter wie das Leben. Davon verrät die tiefste Einsicht jene Anweisung Bergs, die für Lulus Lied das »Tempo des Pulsschlages« vorschreibt. Diese Musik weiß allemal am eigenen Leibe, was die Stunde geschlagen hat. Freilich, es wäre unvereinbar mit Bergs Form-Sinn und Wissen von der Erscheinung, würde das Kunstwerk dem Zeitstrom auf Gnade oder Ungnade ausgeliefert. Wie er auch hier noch den groben Kontrast verschmäht und das Lebendige in vollstem Beziehungsreichtum ausbreitet, so wird die Zeit gedeutet nach dem Sinn dessen, was in ihr geschieht, dem steigenden und stürzenden Schicksal, und von dessen Rhythmus zusammengehalten. Daher ist dann die Form des Ostinatos, der Filmmusik – der Zäsur des Werkes und seines innersten Bildes –, die streng krebsgängige: die Zeit verläuft und nimmt sich selber zurück und nichts weist über sie hinaus als die Gebärde der ohne Hoffnung Liebenden.

Kaum nötig zu sagen, daß dieser Form-Sinn noch der fragmentarischen Publikation, den fünf Bruchstücken, Form aufzwingt. Sie stehen ein für die Form des Ganzen, wie nur je ein großer Torso es vermochte. Sie verklammern sich zur *Symphonie*: als Lulu-Symphonie wird denn auch diese erste publizierte Gestalt dem Bewußtsein vertraut werden. Nirgends ist die Beziehung zum späten Mahler deutlicher als hier. Fünf Sätze: die außen stehenden, durchaus symphonischer Art wie etwa in Mahlers Neunter, schließen drei kurze Mittelsätze von bestimmten ›Charakteren‹ – vielleicht ähnlich der Siebenten – zusammen. Der Eröffnungssatz ist, wieder fast mahlerisch, ein Rondo, reichster Gliederung, weit gespannt, dabei tektonisch aufs strengste gehalten; von einem überschwenglichen Ton, der im Andante affettuoso des Wozzeck und im Trio estatico der Lyrischen Suite vorgebildet war, nun aber erst ganz frei und ungebunden laut wird. Forscht man nach Details – kein schöneres wäre anzugeben als der allererste Beginn, die acht Takte Introduktion, so traurig und selig, wie es nur im Versprechen der Schönheit selber gelegen ist – sie werden einmal für den unstillbaren Schmerz, der im Anblick des Schönen uns ergreift, so endgültig einstehen wie Schumanns Ton für die Einsamkeit auf großen Festen. Danach die atemlos gedrängte Filmmusik, virtuos wie eine Karriere, flüchtig wie ein Feuerwerk, innehaltend inmitten. Als Mittelstück Lulus Lied, gläsern hell und klar, Prosa der Erkenntnis und Reim des Leibes zur Melodie verschränkend. Die folgenden kurzen Variationen sind authentischer musikalischer Surrealismus. Lulus Verfall wird grell bebildert an verfallener Musik; ein Bänkelsang von Wedekind wird nicht eigentlich variiert, aber mit Stimmen überkleidet, wie die Decke des Kuppelsalons mit Gipsornamenten; die Verwesung des Schlagers von 1890 leuchtet als trauriges Gaslicht zu Lulus letzter Flucht. Das Adagio-Finale ist die Todesszene. Seltsam genug, gerade dies Stück, beim ersten Hören das sinnfälligste und eingängigste von allen, sprengt den Rahmen der Symphonie und ruft unabweislich die Bühne auf. Denn das Grauen, das um die Musik lebt – am gräßlichsten vielleicht in der Hörnerstelle des einundneunzigsten Taktes[1] –, wird sich erst ertragen lassen, wenn das gewaffnete Auge dem Vorgang wissend sich stellt, aus dem sie aufsteigt. Dann aber wird sie frei werden vom Vorgang: zu jener tödlichen Versöhnung, die in den letzten Worten der Geschwitz ausgesprochen ist.

1 Die Zahlen beziehen sich sämtlich auf die alte Partitur der Fünf Symphonischen Stücke.

II

Die Oper Lulu gehört zu den Werken, die ihre ganze Qualität desto mehr erweisen, je länger und tiefer man in sie sich versenkt. Bergs ursprüngliche Idee von Entwicklung hat selber sich entwickelt. Nicht länger wird vorab, wie es dem innegehaltenen Atem, dem intensivierten Augenblick des Expressionismus gemäß war, von einem Klang zum anderen, von einer Phrase zur nächsten geleitet, sondern über lange Strecken hin entfaltet. Die großen Formen sind von der Bergschen Dynamik ergriffen, weit über alles hinaus, was in den komprimierten Situationen des Wozzeck möglich war, ohne daß doch die Details darüber ihre Prägnanz verlören. Berg hat einmal im Unterricht an einer Kammermusik, im Durchführungsteil, gelobt, daß sie so recht in Schwung komme. Man wird dies Lob, war es nun verdient oder nicht, als Ausdruck eines kompositorischen Interesses interpretieren dürfen, das beim reifen Berg jedes andere überwog und in der Lulu ganz zu sich selbst kam. Hier heißt dramatische Musik soviel wie, daß die musikalischen Strukturen, als insgesamt Werdendes, mit jener Spannung sich erfüllen, die im Wozzeck den Knotenstellen vorbehalten war. Ansätze gibt es freilich bereits dort. Die Passacaglia des Doktors, die allerdings zum übrigen ein wenig exterritorial steht, ist am ehesten das Urbild des späteren Kompositionsverfahrens. Wird weiter im Wozzeck die erste Szene als Suite einigermaßen lose gefügt und erst der zweite Akt im großen symphonischen Stil durchgeformt, so kennt die Lulu ein Analogon: die erste Szene mit Alwa addiert sich wie aus kurzen Ansätzen, so als wäre das Recitativo accompagnato zu einer musikdramatischen Form eigenen Rechts geworden. Gleichzeitig etwa hatte Schönberg in seiner komischen Oper ›Von heute auf morgen‹ das intermittierende Rezitativ wiederaufgenommen. Die sehr komplexe Textur beider Opern, die doch dramaturgisch durchaus Musikdramen waren, forderte um ihrer eigenen Luzidität willen Wiederherstellung jenes Dualismus von Rezitativ und, wie es einst hieß, Nummer, der von Wagners Stildiktatur abgeschafft war. Zugleich wird bei Berg dem Rezitativ mit seinen Stockungen, der Absenz durchgehenden Zuges, expressive Funktion zugewiesen: in der ersten Szene die der peinlichen Befangenheit. Bergs Formgefühl kommt auf die Rezitatividee am Beginn des zweiten Akts zurück, beim Erscheinen der Geschwitz; der Ausdruckscharakter ist verwandt.

Unter den Desideraten an den Musikdramatiker ist nicht das geringfügigste, neue Ausdruckscharaktere zu erfinden, Musikfernes der Musik zu erobern, so wie Wagner es erstmals in der Beckmessermusik gelang. Das nächste Vorbild der Stücke in Stücken aus der Lulu mag die großartig einleitende Mägdeszene der Elektra sein. Die Ökonomie in der musikalischen Explikation, die sich zurückhält und gleichsam vor den Ohren des Hörers erst bildet, ist eines der Mittel, das Ganze zu dynamisieren; von aneinander gereihten Ansätzen zu großen durchgehenden Sätzen. Folgen im ersten Bild auf die rezitativische Partie noch relativ kurze, in sich geschlossene, aber jeweils durch ihren Grundcharakter fest definierte Stücke, so wird die Sonatenexposition zur ersten Szene von Lulu und Doktor Schön (Takt 533 bis 668) – das Wort Szene doppelsinnig verstanden – schon zur großen dynamischen Form; an sie schließt unmittelbar die gleichsam sich selbst wie ein schicksalhafter Vorgang entrollende Selbstmordszene des Malers sich an. Stets jedoch werden solche Entwicklungsformen balanciert durch kurze und übersichtliche Nummern oder, wie die Schön-Sonate, mehrfach unterbrochen. Es ist eine von den Polaritäten der Lulu, daß das Werk, so viel weiträumiger als der Wozzeck, dennoch viel distinkter einzelne Stücke herausmodelliert als Bergs erste Oper. Überhaupt ist es aller Bewunderung wert, wie er, der in der Lulu ohne jede Restriktion sich ausmusiziert, doch darüber wacht, daß die dynamischen Formen nicht die momentanen dramatischen Erfordernisse unter sich platt walzen. So hat er das erste Bild des zweiten Akts, vielleicht die scène à faire des Ganzen, so gebaut, daß das Rondo, Alwas und Lulus Liebesduett, immer wieder durch Episoden des unbemerkten Beobachters Schön und der Unterweltsgestalten gestört wird, durch kompositorische Parenthesen, wie sie Boulez dann in der Dritten Klaviersonate kultivierte; in der Lulu helfen sie dem grotesken Effekt, setzen die Liebesszene unter grelle Ironie. Keiner kommt weit bei der Lulu, der sich an der Benutzung überlieferter Formen ergötzt, so erheblich auch deren Rolle ist; sie entbinden erst recht die Formphantasie und produzieren unablässig neue Strukturen. Rückversichert werden die Formen, wie im Wozzeck, durch das traditionell-musikdramatische Mittel der Leitmotivik. Die meisten Motive, so die dominierende, mit einem Mordent beginnende Skala von Lulus Koketterie, sind überaus schmiegsam und werden weitgehend variiert, mehr Kitt, als daß sie drastisch bewußt würden.

Die strukturellen Innovationen wiegen schwerer als die im Detail, an denen es nicht mangelt. Selten, dann freilich einschneidend wie der Zwölftonakkord von Lulus Tod, sind die Einzelklänge so mit Bedeutung geladen wie im Wozzeck. Durchaus original ist dafür der Gesamtklang, geschichtet aus phantasmagorischem Glanz und grundierendem Grauen. Den Ruf der Lulu als Gesangsoper rechtfertigen im Vergleich zu Wozzeck die geschwungenen melodischen Linien der Stimmen. Aber die Aufführungen dürfen nicht in die sture Umkehrung der schlechten alten Praxis verfallen und nur noch die Sänger auf Kosten des Orchesters herausholen; gewährt die Aufführung diesem nicht Volumen und räumliche Tiefe, so büßt das Werk unweigerlich auch das geistig Hintergründige ein. Die Einzelheiten bieten weniger Hörschwierigkeiten als viele frühere Stücke Bergs. Nicht nur darum, weil das Ohr mehr an das sich halten kann, was ihm Melodie dünkt. Die Melodien selbst, darin auf Bergsche Weise ähnlich denen der gleichzeitigen Zwölftonstücke Schönbergs, nähern sich dem überkommenen Duktus der Melodiebildung. Bedingt wird das vom Prinzip des Ausspinnens, das Wiederholung melodischer Elemente zuläßt und verlangt, wie sie im expressionistischen Idiom tabu war. Die Tendenz der Schönbergschule, in der Mikrostruktur durchweg mit gegensätzlichen Teilgestalten zu arbeiten, der Berg nie ganz sich einordnete, ist zugunsten des großen Linienzuges eher zurückgedrängt; nur manche der kleineren Nummern benutzen dies Mittel. Ebenso wird die Harmonik, außer durch die Ausnutzung der weiten Lagen, gemildert durch den französischen Einschlag, eine Suavität, die in der Absicht entspringt, »dein Lob zu singen, daß dir die Sinne vergehen«. Zu den wichtigsten, vermutlich erst in der Zukunft ihrer Tragweite nach sich offenbarenden trouvailles der Lulu dürfte gehören, daß sie die durch die Totalität des Kontrapunkts in der Zwölftontechnik vergleichgültigte harmonische

Dimension wiederentdeckt – wie denn das Werk, bei allem kontrapunktischen Reichtum, nicht absolut polyphon komponiert ist, sondern Gleichgewicht zwischen dem vertikalen und dem horizontalen Sektor anstrebt, nach Art des Wiener Klassizismus. Über jene trouvaille ist nicht als verkappte Reprise der Tonalität zu frohlocken, obwohl es in der Lulu weniger noch als zuvor bei Berg an tonalen Einschlägen fehlt. Auch der Begriff der Polytonalität, wie er in der Frühzeit der Six im Schwang war, reicht an eine Kompositionsweise nicht heran, die viel zu differenziert ist, als daß sie mit dem simplen Mittel der Kopplung zweier voneinander weit entfernter Tonarten sich hätte abspeisen lassen. Allenfalls könnte von potenzierter Polytonalität die Rede sein. Akkorde und Akkordverbindungen sind vielfach dominanzähnlich, terzenhaft geschichtet, eingedenk etwa der Nonenakkorde. Aber sie dissonieren weit mehr als diese, und bringen, wenn schon weniger Sekundzusammenstöße, so doch deren um Oktaven versetzte Äquivalente; außerdem werden die Terzengebilde meist, zumal durch kontrapunktische Gegenstimmen, gebrochen. Der Typus des Komponierens mit einer wieder Eigenrecht erlangenden Harmonik stellt paradigmatisch in den Alwapartien sich dar. Aufgabe einer geduldig von Takt zu Takt sich bewegenden Analyse wäre nicht zuletzt, der neuen Harmonik nachzugehen.

Die Vereinfachung der melodischen Charaktere wird ebenso wie vom Kompositionsstil vom spezifischen Ausdrucksbereich der Lulu gefordert. Daß die beiden Dramen Wedekinds in den neunziger Jahren des vorigen Jahrhunderts geschrieben wurden, konnte Berg so wenig gleichgültig sein wie einem Regisseur, der die Oper heute zu inszenieren hat. Die zeitliche Distanz setzt sich um in die Wahl distanzierten, von der Komposition verfremdeten Materials. Das gilt nicht nur für das Wedekindsche Bänkellied und vermutlich für vieles aus dem unpublizierten dritten Akt. Auch die beiden ersten beschwören in Einzelheiten Salonmusik, verwandt den Photomontagen von Max Ernst aus graphischem Material des neunzehnten Jahrhunderts. So ist das Thema des strophischen Duettinos von Lulu und dem Maler in der zweiten Szene des ersten Akts (Takt 416 ff.) phrasiert und deklamiert wie ein Chanson. Das als Seitensatz in die Schön-Sonate eingepaßte, schließlich zum Briefduett gestaltete Gavottenthema, zuerst angedeutet Takt 561 f., dann ausgeführt Takt 586 ff., klingt wie ein Echo all der Gavotten der gehobenen Unterhaltungsmusik aus der gleichen Periode. Derlei Reminiszenzen verleihen, als Kontrast, den düsteren Flächen ihr Relief. Diese wiederum sind keineswegs stets kompliziert; gegen Ende der Mordszene des zweiten Akts, etwa von Takt 587 an, wird mit Oktavierungen und anderen Parallelen gearbeitet, vielleicht im Gedanken an Beethovens Verfahren gegen Ende der langen Durchführung des ersten Satzes der Eroica. Das Schlußadagio, Lulus Tod, ist lapidar hingestellt. In Augenblicken wie dem großen Ausbruch »O Freiheit« (zweiter Akt, 1000 ff.), dem strahlendsten des Werks, vereinfacht Berg, wie man es einmal Schreker attestiert hat.

Die Anklänge an die Salonmusik, die selbstverständlich nirgendwo obenauf schwimmen, durchaus in die musikalische Fiber verwoben sind – das Kopfmotiv der Gavotte wird eines der wichtigsten Leitmotive des Gesamtwerks, das von Lulus Unwiderstehlichkeit, und greift weit über den Schön-Komplex hinaus –, sind vom principium stilisationis der Lulu anbefohlen. Es ist das des Zirkus. Das grausige Bild von Schöns Ermordung ist ein Sketch mit Exzentrikclowns, die hinter allen möglichen Soffitten kauern, um, sobald ihnen Entdeckung droht, ihre Saltos zu schlagen. Im Prolog hat Wedekind seine beiden Stücke als »körperliche Kunst«, wie im Zirkus, affichiert; Rennerts Inszenierung (Frankfurt 1960) tat recht daran, die Handlung in eine Manege zu placieren. Der Zirkus spielt musikalisch eine ähnliche Rolle wie das militärische Milieu im Wozzeck; die Fanfare, mit der Lulu beginnt, steigert schreckhaft den Marktschreier einer Seiltänzertruppe. Das Werk kennt Klänge wie kunstvolle Orchestrationen jener mechanischen Orgeln, traumhaft vergrößerten Leierkästen, die einmal in den Karussells mit metallenem Lärm rauschten; die Blechbläserbehandlung ist von dort inspiriert. Oft führen in solchem Ton, auch sentimentalisierend, Trompeten die Melodie. Berg hat mitkomponiert und mitinstrumentiert, was die Klänge halbbarbarischer musikalischer Unterwelt als ihr gesellschaftlicher Dunstkreis umgibt, triumphal und trist. Unterwelt nimmt er à la lettre, verbannt sie gern als trüb gurgelnden Strom in die tiefsten Lagen des Orchesters. Unter Bergs Hand werden solche Klänge zu Allegorien, denen permanenter Katastrophe und gleichermaßen der Sehnsucht nach dem der kulturellen Repression Entronnenen.

Der Zirkusstil gestattet Berg, eine Neigung auszuleben, die im Wozzeck eben sich regte, den Hang zum Skurrilen. Episoden bei Schönberg wie die Augustinstelle aus dem Trio des fis-moll-Quartetts und einiges – im Text eher Peinliche – aus dem Pierrot mochten haften geblieben sein; doch ist Bergs starkes und wunderliches Penchant durch Vorbilder nicht zu erklären. Das neunzehnte Jahrhundert, aus dessen Maschinenhöhlen Vorgänge und Figuren heraufdrängen, ist zur beängstigenden Urwelt geworden. Doktor Schön, der hilflose Herrenmensch, könnte in altertümlich neumodischer Kleidung einer Familienphotographie von damals entstiegen sein. Die dubiosen und ridikülen Gestalten, die seinen Salon bevölkern und ihm viel ähnlicher sind, als ihm lieb wäre, sind Exkretionen des Unbewußten in vollgestopfen Intérieurs. Die Komposition verbreitet den Widerschein von Fäulnis ums Jüngstvergangene; in den schäbig-üppigen Variationen über das Wedekindsche Lied aus dem dritten Akt materialisiert sich der Äther der gesamten Oper. Nicht zu leugnen die latente Querverbindung zu Kurt Weill, dessen Musik Berg nicht mochte; Weill hat wohl zuweilen Melodie-Einfälle von Brecht aufgegriffen wie Berg den Wedekindschen. Seine Skurrilitäten: daß er etwa die Kurzatmigkeit des Hauptmanns im Wozzeck und gar das Asthma des im allgemeinen von ihm eher geschonten Schigolch – seine eigene Krankheit – als komisch empfand, bedürften der Erklärung. Sie haben etwas Frühkindliches: Infantilität, die sich aufhebt, indem sie sich darstellt. Imagines des Zirkusclowns werden ausgemalt. Schon die daumierhaften Karikaturen von Wozzecks Quälgeistern waren von derselben Sippe. In dieser Schicht behauptet sich in der Lulu trotz aller expansiven Fülle treu die expressionistische Ausgangssituation des objektlosen Subjekts. Läßt es, wie mit einem Riß, die entfremdeten Menschen als Figuren in sich ein, so zappeln sie doch fremd, sind nicht ganz lebendig, vielmehr nach der genialen Formel des geisteskranken Senatspräsidenten Schreber »flüchtig hingemachte Männer«. Absolute Einsamkeit und Warenwelt, unversöhnlich auseinanderbrechend, sind Korrelate. Dem auf seine Inwendigkeit zurückgeworfenen Subjekt werden die Menschen draußen, die ihm ihr Gesetz heteronom, unbegreiflich aufzwingen – niemand in Lulu ist realitätsgerechter als der surreale Zirkusathlet –, zu Marionetten. Um sie zu ertragen, regrediert der Einsame, als vernichtete er sich selbst, in die Jahre seiner vorindividuellen Existenz, lacht über eben das, was ihm Panik bereitet. Etwas davon hatte die expressionistische Situation insgesamt, in Titeln wie ›Zirkus Mensch‹ ist es bewahrt, von Berg wird es objektiviert.

Dem entgegengesetzt ist Lulu, um die alles kreist. Sie steht ein für unterdrückte Natur, ihre Inkommensurabilität an die Zivilisation, ihre Schuld darin und die Rache dafür. Aber Berg wäre kein authentischer Künstler gewesen, hätte er die bürgerlich allzeit gebilligte Antithese Natur–Unnatur kopiert. Tatsächlich ist Lulu nicht das Ich, aus dessen Perspektive musiziert wird, sondern Alwa, der sie liebt. Das tangiert die Einstellung der Musik zu ihrem Vorwurf. Die zynische Dimension wird von Berg kaum beachtet: Wedekind naht er wie Schumann Heineschen Gedichten. Probleme für den Komponisten wirft die Wedekindsche Technik des Dialogs in Mißverständnissen auf, die nach ihrer diskursiven Seite spröd gegen Musik sind, obwohl jene Technik eine der Entfremdungssituation ist, aus der heraus musiziert wird. Musik konnte nie eigentlich dialogisieren, mit einer Phrase auf die vorige eingehen; wohl aber Disparates aneinanderreihen und zugleich verbinden, und das ist dem Bergschen Komponieren vertraut. Die sehr zahlreichen Interpolationen sind von dieser Intention geprägt. – Alwas Liebe, nicht die Seele der Heldin, die sie nicht hat, ist der Ort der Musik, die an sie sich herschenkt wie der todverfallene Künstler an die Schöne. Nirgendwo ist Berg so baudelairisch wie darin, daß in der Totalität der Moderne, die alle verschlingt, nichts als natürlich verschont und verherrlicht wird. Das Opfer, das diese Musik drapiert, ist selber ein Stück verdinglichter Welt. Einzig durch Verdinglichung hindurch, nicht als deren abstraktes Gegenbild kennt Bergs Werk die Utopie. Als absoluter Körper wird Lulu ebenso zur imago des fessellosen Glücks, wie im Blick ihrer »großen Kinderaugen« Seele erst sich bildet. Berg hat dafür, ohne alle geschichtsphilosophische Reflexion, tagwandlerisch das Mittel gefunden in der musikalischen

Gestaltung der Lulu als einer Koloraturpartie. Ihre Gesangsbögen schweben vogelgleich oder gleiten eidechsenhaft dahin, wie wenn Subjektivität noch nicht aufgewacht wäre; die allen Männern Preisgegebene ist so sehr Instrument wie ihre der Flöte abgelauschte Melodik instrumental. Lulus Unwiderstehlichkeit und ihr Unmenschliches, Vormenschliches sind eins; ihr Verhältnis zu Schön in der Garderobenszene des ersten Akts mahnt an das von Kaiser und Hexe bei Hofmannsthal, nur daß einmal endlich die Hexe siegt. Am vollkommensten hat Berg das vielleicht nicht einmal in den eigentlichen Koloraturen getroffen sondern in jenen Puppenstaccati, die klingen wie die der Offenbachschen Olympia; erstmals auf das Wort tan-zen (erster Akt, Takt 102). Verspricht der Tierbändiger seinem Publikum, es solle die unbeseelte Kreatur schauen, »gebändigt durch das menschliche Genie«, so vollführt die Musik, auf einer äußersten dialektischen Spitze, diese Bändigung, Lulus Dressur zum Ziergesang, und widerruft sie, indem ihr der allerkünstlichste Laut Allegorie der schrankenlosen Lust wird, welche die zugleich rationalisierte und irrationale Welt ihren unseligen Bewohnern vorenthält.

Die imago der Lulu zieht ihre leuchtende Bahn über dem Abgrund, um in ihm zu versinken. Der alte Muff hat gegen das Sujet auf Worte wie Kloake und Gosse nicht verzichten mögen, die im Wilhelminischen Sprachgebrauch gegen die damalige Moderne beliebt waren. Rettend ist Bergs Musik auch insofern, als sie, was diese Schimpfworte denunzieren, ihrem Gehalt einverleibt. Das chaotische Element Bergs und seiner Musik wird in der Lulu frei als ein mehr denn bloß Psychologisches. Die wuselnde Region des Unbewußten brodelt als Bodensatz der Gesellschaft, bereit, sie zu verschlingen. Bergs Empathie kehrt jener Schicht sich zu als der des Unterdrückten wie vordem dem Verfolgungswahn des ausgelieferten Soldaten. Sie ist wahrhaft vieldeutig in sich selbst: das Verdrängte, das in seiner gesellschaftlichen Gestalt die Male all der Verstümmelung trägt, die ihm über die Jahrhunderte widerfuhr, aber auch die Gewalt, welche die zerstörende Möglichkeit in sich enthält, die allen Figuren der Oper widerfährt, auch Lulu. Sie gehört selbst jener Sphäre an und entragt ihr. Es ist aber auch die der Revolte, der Hoffnung, daß einer Kultur ihr Ende bereitet werde, die in

Unterdrückung verstrickt ist. Kathartisch ist die Lulu nicht im Aristotelischen sondern im Freudschen Sinn: sie holt das Verdrängte herauf, sieht ihm ins Auge, macht es bewußt, und läßt ihm Gerechtigkeit widerfahren, indem sie ihm sich gleichmacht; höhere Instanz, vor der die Revision des zivilisatorischen Prozesses stattfindet. Der Glanz des Werkes, der die Verfinsterung der zeitgenössischen Kunst teilt und in ihr nicht seinesgleichen hat, ist die Vermählung des Unterdrückten mit der Hoffnung.

Die Widerstände gegen die Lulu, auch bei solchen, die Berg nahestanden, werden fraglos von jenem grandios gossenhaften Element provoziert; es wird als Befleckung einer Idee vom reinen Künstler empfunden, die an Berg sich nährt wie an wenigen anderen Zeitgenossen. Man versagt sich die Frage, ob nicht jene Reinheit gerade daran sich bewährt, daß sie nicht auf sich beharrt und lieber dem sich zukehrt, was die Tradition der affirmativen Kultur für ihr Gegenteil hält. Daher wohl die Vehemenz der Einwände gegen den Abschluß der Instrumentation der Oper. Trotzdem sind die Motive der Freunde, die hartnäckig die Fragmentgestalt der Lulu konserviert sehen wollen – während es doch der Lulu aufs dringendste zu wünschen wäre, daß sie als fertiges, rundes Stück in die Opernhäuser einziehe –, zu ehren und sehr zu bedenken. Der oberste zielt darauf, daß das Unvollendete metaphysisch zu respektieren sei; daß der frevle, der das Verdikt nicht achtet, welches das Schicksal ergehen ließ, als Berg über der Arbeit am dritten Akt sterben mußte; sein Tod habe einen Sinn, der in der Gestalt des Riesentorsos sich bekunde. Angezweifelt wird weiter die Aktualität der Lulu nach der vielberufenen Lockerung der Sexualtabus; heute gehe es um die gesellschaftliche Ordnung als ganze. Nicht gerührt werden dürfe an Bergs Konzeption, auch die instrumentale, der kein anderer gerecht werden könne. Das von ihm Hinterlassene müsse bleiben wie es ist, obwohl das doch auch den gängigen Aufführungen des dritten Akts nicht nachgesagt werden kann. Die Skizzen zu diesem erlaubten keine befriedigende Ergänzung, während das Werk so, wie es seit Jahren nun gezeigt wird, zu leben fähig sei; manche wollen sogar seine unfreiwillig verkürzte Gestalt als Vorzug betrachten.

All das klingt nicht weniger plausibel als würdig. Aber es ist

Stichhaltiges zu erwidern. Das Argument, das einen Sinn darin sucht, daß Berg die Instrumentation nicht fertig machen konnte, reißt gewiß eine metaphysische Perspektive auf; die Frage ist indessen nicht der allbeliebten weltanschaulichen Wahl überlassen, sondern objektiv entscheidbar. Dazu nur soviel: »Das Gefühl, das nach Auschwitz gegen jegliche Behauptung von Positivität des Daseins als Salbadern, Unrecht an den Opfern sich sträubt, dagegen, daß aus ihrem Schicksal ein sei's noch so ausgelaugter Sinn gepreßt wird, hat sein objektives Moment nach Ereignissen, welche die Konstruktion eines Sinnes der Immanenz, der von affirmativ gesetzter Transzendenz ausstrahlt, zum Hohn verurteilen. Solche Konstruktion bejahte die absolute Negativität und verhülfe ihr ideologisch zu einem Fortleben, das real ohnehin im Prinzip der bestehenden Gesellschaft bis zu ihrer Selbstzerstörung liegt. Das Erdbeben von Lissabon reichte hin, Voltaire von der Leibniz'schen Theodizee zu kurieren, und die überschaubare Katastrophe der ersten Natur war unbeträchtlich, verglichen mit der zweiten, gesellschaftlichen, die der menschlichen Imagination sich entzieht, indem sie die reale Hölle aus dem menschlich Bösen bereitete.«[2] Vollends lassen theologische Kategorien wie die des göttlichen Willens, die Geschöpfen gelten, nicht auf Kunstwerke schlicht sich übertragen, auf Artefakte. Keine Oper, auch nicht die höchsten Ranges, ist ein heiliger Text. Der Rang der Bergschen, ihr Wahrheitsgehalt gebietet, anders zu ihr sich zu verhalten, als wäre sie, wie es der Kunstreligion des neunzehnten Jahrhunderts behagte, Offenbarung.

Auch der Inaktualität kann die Lulu nicht geziehen werden. Die sexuelle Befreiung gelang nur an der Fassade in einer stets noch unfreien und patriarchalischen Gesellschaft. Wird gesagt, was einmal die sexuelle Frage hieß, sei veraltet, so wehrt der ungemilderte Schmerz an der alten Wunde sich dagegen, daß sie berührt werde. Keiner wußte das besser als der Schutzpatron der Lulu, Karl Kraus. Sexualität blieb der Punkt, an dem die Gesellschaft, gleich welchen politischen Systems, nicht mit sich spaßen läßt, und das brennt der künstlerischen Erfahrung sich ein. Zwar ist Lulu nicht, wie eine kommunistische Dogmatikerin einmal

2 Theodor W. Adorno, Negative Dialektik, Frankfurt 1966, S. 352.

fromm wähnte, das von der Bourgeoisie ausgebeutete Proletariermädchen, das seine darbende Familie mit seinem Körper ernährt. Aber die gesellschaftliche Repression über Jahrtausende hin hat im ambivalenten Verhältnis zur weiblichen Sexualität sich konzentriert. Wo diese ohne politisches Bewußtsein und sichtbar sozialen Grund mit der Gesellschaft kollidiert, ist sie objektiv erst recht ein Politikum par excellence.

Ebensowenig trägt ein ästhetischer Einwand, den Freunde wie Hermann Scherchen äußerten: die Lulu sei passé als traditionelle Oper. Ist sie eine, so gewiß, zusammen mit Schönbergs ›Moses und Aron‹, die letzte. Das sagt aber, daß sie einen Umschlag vollzieht. Die Oper betrachtet in dieser Einen sich wie im Spiegel, wird sich selbst thematisch gleich dem neunzehnten Jahrhundert, währenddessen die Opernform, neben dem Roman, Schlüsselcharakter besaß; nicht zufällig ist eine der Hauptfiguren, in Bergs Version des Texts, ein Komponist, und eine der zentralen Szenen spielt hinter der Szene eines Theaters, ohne daß doch das Werk in die fatale Reihe der Künstleropern fiele. Die vollkommen souveräne Verfügung übers Opernwesen läuft darauf hinaus, daß es sein Selbstbewußtsein erlangt und jener befangenen und einverstandenen Naivetät sich entledigt, welche die traditionelle Oper geschichtlich verurteilte.

Was Bergs subjektiven Willen anlangt, oder die Frage, wie er zu einer nachträglichen Instrumentation sich würde verhalten haben, so ist man auf pure Mutmaßung angewiesen. Doch war er zu gründlich von der Objektivität des künstlerisch Gestalteten durchdrungen, unterschied zu streng zwischen Richtig und Falsch, als daß er nicht in dem weit geförderten Werk von seiner privaten Existenz unabhängig die Frage nach seiner Beendigung durch andere würde gestellt haben. So furchtbar wie der Schlag, der ihn während der Endphase der Arbeit ereilte, so groß muß seine Sehnsucht nach ihrer Vollendung gewesen sein; Berichte über die letzten Fieberphantasien, in denen die Instrumentation ihn noch beschäftigte, sprechen dafür.

Als Stärkstes können die Gegner der Orchestration des nur im Particell Vorhandenen anführen, daß bedeutende und mit Berg befreundete Komponisten: Schönberg, Webern, Krenek, wohl auch Zemlinsky es ablehnten, der Sache sich zu unterziehen. Doch dürfte in einer künstlerischen Frage von solcher Tragweite persönliche Autorität kaum das letzte Wort behalten. Schönbergs Weigerung hatte keine musikalischen Gründe sondern solche, die, begreiflich und unbedingt zu respektieren, auf einem Mißverständnis von Bergs Gesinnung beruhten: jene Weigerung drückt eher die trostlose objektive Verwirrung während der Hitlerjahre aus, als daß sie nach langen Dezennien noch bindend wäre. Was Schönberg beanstandete, wäre leicht zu beseitigen. Webern hat wahrscheinlich ebenso die Verantwortung gescheut wie die Bürde, die er hätte auf sich nehmen müssen. Auf die Anregung, er möchte, nach der genialen Bearbeitung der Bachischen Ricercata, die Kunst der Fuge beenden und instrumentieren, antwortete er: dann müsse er für sein weiteres Leben aufs Komponieren verzichten; im Fall der Lulu wird er nicht anders gedacht haben. Von Krenek könnte man sich, ohne seine Gründe zu kennen, vorstellen, daß er doch seinen eigenen Stil, auch den instrumentatorischen, als zu verschieden von Berg betrachtet, um an die Lulu heranzugehen. Zemlinsky schließlich war als Komponist so vorschönbergisch, daß er bei aller Solidarität sich mit Recht als ungeeignet zurückhalten mußte. Aus der zeitlichen Distanz, die freieren Überblick gewährt, dürfte der ganze Komplex verändert sich darstellen.

Der Abschluß ist, so dünkt es einen, der das Particell nicht gesehen hat, nicht außerhalb aller Möglichkeit. Ungefähr ein Drittel des Akts liegt in Partitur vor; das Particell enthält wohl auch Instrumentationsangaben, wie sie Komponisten als Gedächtnisstützen zu notieren pflegen. Daß das musikalische Gewebe im Particell unvollständig sei, nachdem Berg berichtete, die pure Komposition sei fertig, wäre bei einer Zwölftonkomposition recht sonderbar, deren Fortgang ja jeweils die Benutzung des gesamten Reihenkontinuums voraussetzt; man kann ein Zwölftonstück schwer weiterkomponieren, solange nicht der vorhergehende Takt zwölftönig auskomponiert ist. Fehlen indessen tatsächlich, wie immerhin bei der liberalen Handhabung jener Technik durch Berg nicht unbedingt auszuschließen ist, manche Neben- und Begleitstimmen, so wären diese bei der Zwölftonstruktur des Vorhandenen notwendig dessen Funktion und müßten sich von mit Berg gewissenhaft Vertrauten überzeugend hinzuerfinden lassen. Für das Prinzip, nach dem das Ausstehende zu instrumentieren sei, birgt die Lulu Modelle, insbesondere die von der Alwamusik geübte Praxis der instrumentalen Variation. Berg instrumentierte gerade einigermaßen wörtlich wiederholte Komplexe vollständig um. Demgemäß wäre zu prozedieren. Diejenigen, die von der gegenwärtigen Lösung befriedigt sind, hören das biographische Schicksal des Komponisten mit. Das Werk jedoch ist ein anderes als sein Autor. An sich stellt es in der mittlerweile bereits eingeschliffenen Version insuffizient sich dar. Wenn irgendeine Form, dann läßt die Oper, allein schon wegen des großen akustischen Raums, dessen der Klang bedarf, nicht unabhängig von einem Publikum sich vorstellen. Eines, das ohne Information über die Umstände ins Theater kommt, muß vom jetzigen dritten Akt enttäuscht werden, die Notlösung wahrnehmen, so als würde ihm etwas vorenthalten. Das bezieht sich ebenso auf den Stilbruch, das unverhältnismäßige Überwiegen des Instrumentalen über das Vokale in der Dachkammerszene, wie auf die dramaturgische Lücke durch den Ausfall des Casti-Piani-Bilds. Das Wichtigste aber: Lulu ist nicht bloß zwölftönig, sondern in der gesamten Form durchkonstruiert; Willi Reich hat mit Recht einmal darauf aufmerksam gemacht, daß das Zwingende mancher Stücke von Berg mitverursacht werde von ihren geometrischen Proportionen. Werden diese, durch die Aufführung eines Unvollständigen, ignoriert, so gerät alles außer Balance: der Respekt vor der vorhandenen Sache verletzt die Sache selbst, die Einheit des Gefüges. Vergleiche mit der h-moll-Symphonie sind schief.

Würde die Instrumentation beendet, so bedürfte es fraglos außerordentlicher Anstrengung: der vollkommenen Äquivalenz von Treue und einer Phantasie, die von der Treue selbst erheischt wird. Möglich wäre das wohl nur einem Kollektiv; die Instrumentatoren müßten, was sie tun, wechselseitig kritisieren und berichtigen, am besten, indem sie am gleichen Ort, in einem ›Komponieratelier‹ kooperieren. Geschehen müßte das bald: solange noch die Bergsche Tradition gegenwärtig ist, und ein paar Menschen leben, die durch Schule und eigene Erfahrung wissen, wie etwa die vollendete Lulu auszusehen und zu klingen hätte. Gelänge es, so wäre der Musik Alban Bergs größtes Werk gegeben.

Werkverzeichnis

o. O. Sieben frühe Lieder für Singstimme und Klavier, 1928 veröffentlicht
- Im Zimmer (Schlaf), 1905
- Die Nachtigall (Storm), 1905/06
- Liebesode (Hartleben), 1906
- Traumgekrönt (Rilke), 1907
- Sommertag (Hohenberg), 1908
- Nacht (Carl Hauptmann), 1908
- Schilflied (Lenau), 1908

op. 1 Sonate für Klavier, 1907/08

o. O. Schließe mir die Augen beide (Storm), für Singstimme und Klavier, 1. Version, 1909

op. 2 Vier Lieder nach Hebbel und Mombert für eine Singstimme mit Klavier, 1909/10
- Schlafen, schlafen (Hebbel)
- Schlafend trägt man mich (Mombert)
- Nun ich der Riesen stärksten (Mombert)
- Warm die Lüfte (Mombert)

op. 3 Streichquartett, 1910

op. 4 Fünf Orchesterlieder nach Ansichtskartentexten von Altenberg, 1912
- Seele, wie bist du schöner
- Sahst du nach dem Gewitterregen
- Über die Grenzen des All
- Nichts ist gekommen
- Hier ist Friede

op. 5 Vier Stücke für Klarinette und Klavier, 1913

op. 6 Drei Orchesterstücke, 1914, revidiert 1930

op. 7 Wozzeck, Oper in 3 Akten nach dem Drama von Georg Büchner, 1917/21

o. O. Drei Bruchstücke für Gesang und Orchester aus Wozzeck, 1924 veröffentlicht

o. O. Kammerkonzert für Klavier und Geige mit 13 Bläsern, 1924/1925

o. O. Trio für Geige, Klarinette und Klavier (Bearbeitung des zweiten Satzes, Adagio, aus dem Kammerkonzert), 1935

o. O. Schließe mir die Augen beide (Storm), für Singstimme und Klavier, 2. Version, 1925

o. O. Lyrische Suite für Streichquartett, 1925/26

o. O. Lyrische Suite für Streichorchester (Bearbeitung des zweiten, dritten und vierten Satzes der Lyrischen Suite für Streichquartett), 1928

o. O. Der Wein, Konzertarie mit Orchester (Baudelaire, übertragen von George), 1929

o. O. Lulu, Oper in drei Akten nach den Tragödien ›Erdgeist‹ und ›Die Büchse der Pandora‹ von Wedekind, unvollendet, 1929/35

o. O. Lulu-Symphonie, 1935 veröffentlicht

o. O. Violinkonzert, 1935

Sämtliche Werke sind bei der Universal Edition Wien verlegt, die auch freundlicherweise die Genehmigung zur Reproduktion der Notenbeispiele erteilte.

Zum Text

›Ton‹ ist ein leicht überarbeiteter Aufsatz, den zuerst die ›Kontinente‹ in Wien 1955 brachten und der, nachdem er am 24. April 1960 während der ›Tage zeitgenössischer Musik‹ im Süddeutschen Rundfunk Stuttgart vorgetragen war, abermals erschien in den von der Österreichischen Gesellschaft für Musik herausgegebenen ›Beiträgen 1967‹.

›Erinnerung‹ wurde 1968 neu geschrieben auf Grund des Aufsatzes ›Erinnerung an den Lebenden‹ aus dem Berg gewidmeten Heft der ›23‹ (1936, unter dem Pseudonym Hektor Rottweiler), und von umfangreichen, ungedruckten Aufzeichnungen aus dem Jahr 1956.

Für den Teil ›Zu Werken‹ ist ›Analyse und Berg‹ 1968 verfaßt. Aus seinen Beiträgen zu dem von Willi Reich 1937 herausgebrachten Band hat der Autor übernommen: die Analysen der Klaviersonate, der Lieder op. 2, der Sieben frühen Lieder, des Streichquartetts op. 3, der Klarinettenstücke op. 4, der Orchesterstücke op. 6 und der Lyrischen Suite. Die Texte wurden lediglich soweit redigiert, wie es dem Autor unbedingt notwendig dünkte; der Charakter blieb unangetastet, nichts Wesentliches ist hinzugefügt.

Was der Autor in dem Reichschen Band über die Weinarie theoretisch gesagt hatte, befriedigte ihn nicht mehr. Auch dachte er an die Kritik, die Walter Benjamin 1937 im Gespräch an dem Kapitel übte. Er hat es darum, unter Schonung der rein musikalischen Partien, gänzlich umgestaltet. Vor allem wollte er Prätentionen vermeiden, welche die alte Fassung erhob, ohne ihnen gerecht zu werden.

Von den Altenbergliedern hatte seinerzeit Ernst Krenek gehandelt; deswegen hat der Autor ein eigenes Kapitel darüber beigestellt.

›Zur Charakteristik des Wozzeck‹ geht zurück auf einen Aufsatz für das Programmheft der Bühnen der Stadt Köln, Spielzeit

1958/59. Abschnitte aus der vom Autor in der ›Frankfurter Allgemeinen Zeitung‹ im April 1956 publizierten Anzeige der Wozzeckpartitur sind eingearbeitet.
Ganz neu sind die ›Epilegomena zum Kammerkonzert‹ (1968).
Teil I von ›Erfahrungen an Lulu‹ ist abermals ein Aufsatz, ›Zur Lulu-Symphonie‹, unterm Pseudonym Hektor Rottweiler, aus dem Gedenkheft der ›23‹, 1936; Teil II, als Letztes entstanden, wiederum von 1968. Hereingezogen wurden Motive aus der Rede, die der Autor vor der Frankfurter Premiere der Lulu unter Georg Solti 1960 hielt.
Das Violinkonzert wird nicht erörtert, weil der ›Getreue Korrepetitor‹ des Autors (Frankfurt 1963) eine ausführliche Interpretationsanalyse des Werks enthält, die auf dessen kompositorische Strukturprobleme und Eigentümlichkeiten detailliert eingeht.

Anhang

Versuch über Wagner

I. Résumés der Kapitel 2 bis 5 und 7 und 8 aus der »Zeitschrift für Sozialforschung«

Das zweite Kapitel sucht die Vermittlung von Wagners Sozialcharakter und seinem Werk auszuführen. Dieses hält Züge des einverstandenen Opfers fest in beharrlichen Elementen von dilettantischem Enthusiasmus; solche des Überläufers in der Gestik des Kapellmeisters. Seine Musik ist »von der Schlagvorstellung beherrscht«. Damit werden »seine gesellschaftlichen Impulse zu technischen«. »Als Anwalt der Wirkung ist der Kapellmeister Anwalt des Publikums im Werk.« Wagners Musik ist gewissermaßen durchtaktiert; riesige Strecken werden durch die abstrakte Vorstellung der Zählzeit artikuliert, und die Form geht weniger aus dem konkreten musikalischen Gehalt als der gewissermaßen räumlichen Aufteilung der Zeit hervor.

Das gestische Element schlägt sich nieder in den »bühnenmusikalischen« Bestandteilen von Wagners Werken: Fanfaren und Signalen. Sie sind die Keimzellen der Leitmotive.

Die musikalische Gestik repräsentiert, durch den Kapellmeister als Mittelsmann, Reaktionsweisen des Publikums: der Gesellschaft. Diese Reaktionsweisen aber sind der kompositorischen Subjektivität, die sich ihrer als »Überläufer« und Flüchtling aus der eigenen Entfremdung bedient, bloß äußerlich. Damit stellt sich Wagners kompositorische Grundaufgabe: die Geste zu beseelen.

Ausdruck und Geste sucht er zu vereinen im sequenzierbaren Leitmotiv. An ihm wird die Unlösbarkeit der Grundaufgabe nachgewiesen. Der Ausdrucksgehalt des Motivs verwehrt dessen Wiederholung; als Geste aber ist es nur zu wiederholen, nicht zu entwickeln. Wagners Musik bringt Lied und Tanz zur scheinhaften Indifferenz.

Sein paradoxes Auskunftsmittel ist die musikalische Selbstzurücknahme der Geste. Die Entwicklungslosigkeit der Geste und die Unwiederholbarkeit des Ausdrucks will er versöhnen, indem die Geste im Verfolg ihrer Wiederholung sich selbst widerruft. Die Wagnerschen Motivgesten werden wogenähnlich. Damit vollzieht sich in den innersten Zellen der Kompositionstechnik ein Vorgang, der endlich die totale Gestalt des Werkes und dessen philosophisches Selbstbewußtsein determiniert. Die Vorstellung von der geschichtslosen Invarianz des Lebendigen, in die alle Aktion zurückgenommen wird, Wagners ideologisches Kernstück, entspringt in gesellschaftlichen Antinomien seiner Verfahrungsweise. Spontane Subjektivität und verpflichtende Objektivität sind auf seiner historischen Stufe unversöhnlich geworden.

Diese Antinomien werden im dritten Kapitel an einigen kompositionstechnischen Kategorien weiter verfolgt. Sie betreffen bereits das einzelne Motiv, indem jeweils die Geste den Ausdruck so abstrakt repräsentiert wie die Schrift das Wort. Hier wird der Ursprung von Wagners eigentümlich mimischem Wesen aufgesucht: die Geste ist bloßes »Bild des Ausdrucks«. Stilistisch ist das Äquivalent dieses Gegensatzes der von expressiver Chromatik und gestischer Diatonik.

Im weiteren besteht die Methode darin, zu zeigen, daß Wagners progressive Tendenzen wesentlich in der immanenten Bewegung seines Grundgegensatzes angelegt sind. Die scheinbare »Abstraktheit« und Rationalität der Wagnerschen Motivtechnik etwa hängt mit dem antiromantischen Element seines Stils zusammen. Umgekehrt wird die Motivtechnik reaktionär durch die pseudodemokratische Forderung der Faßlichkeit. An dieser Stelle wird die Frage des »Einfalls« bei Wagner behandelt.

Als Komplement der Motivtechnik im Großen wird die unendliche Melodie angesehen. Sie erscheint einerseits als Entfesselung der melodischen Produktivkräfte, als Beseitigung der traditionellen Symmetrieschranken, andererseits stellt sie sich der kritischen Analyse als weniger verbindlich dar denn ihr Anspruch: »Die unendliche Melodie wagt nur darum, immerzu weiterzugehen, weil sie sich als unabänderlich dieselbe weiß.«

Gesellschaftlich gedeutet wird der Sprechgesang und die ihm eng verbundene Alliterationstechnik. Der bürgerliche Oppositionelle drängt auf Entzauberung der Sprache wie des geschlossenen Liedes, der ohnmächtig Übergelaufene sucht zugleich der Entzauberten neuen, alten Zauber abzugewinnen.
Die Haltung der Wagnerschen Musik zu ihrem Gegenstand insgesamt wird als »geleitende« angesprochen: damit usurpiert sie die Stellungnahme der Gesellschaft, die in ihr nicht gegenwärtig ist, aber zu der sie flieht, der Ahnung voll, daß das Geheimnis ihrer Flucht mit dem Geheimnis der Gesellschaft zusammenstimme. Worin sie sich begegnen, ist allein die tödliche Fügung, der beide gleichermaßen verfallen sind.
Aspekte der Wagnerschen Harmonik werden im vierten Kapitel behandelt. Auch sie hat Anteil an den Wagnerschen Antinomien. Als »Klang« entzieht sich die Wagnersche Harmonik dem zeitlichen Progreß und trägt bei, die musikalische Zeit in den Raum festzubannen und Musik zum Bilde des unartikulierten Naturzusammenhanges zu machen, in welchen Wagner tendenziell alles historisch Bestimmte auflöst. Gerade die Verselbständigung des klanglichen Elements gestattet jedoch entscheidende harmonische Errungenschaften: auch hier ist Reaktion ein Hebel des Fortschritts. Es wird dabei nicht bloß an die »impressionistischen« Funde der Wagnerschen Harmonik, auch nicht bloß an die Ausweitung des Akkordmaterials durch Einbeziehung immer dissonanterer Bildungen gedacht, sondern an deren Funktion. Was nach der alten Harmonielehre als bloßes Akzidens und »harmoniefremd« erscheint, wird zur Hauptsache. Das Verhältnis der Dissonanz zu ihren Lösungen, wie sehr auch determiniert von der Vorstellung bloßen Klanges, hat bei Wagner den Charakter der protestierenden Subjektivität gegenüber der regelsetzenden und einengenden Instanz angenommen. Alle Substantialität ist bei der Dissonanz. Sie zielt nicht länger mehr auf konsonante Lösungen ab, sondern trachtet, diese so unscheinbar wie möglich zu machen und schließlich an den exponiertesten Stellen von Götterdämmerung und Parsifal zu sprengen.
Das Kapitel schließt mit einer Theorie der Wagnerschen Enharmonik. Nach ihr besteht Enharmonik darin, das Neue und Unerwartete derart in den Kompositionszusammenhang einzuarbeiten,

daß es zugleich als das Alte sich enthüllt; mit Wagners Worten: »Es klang so alt und war doch so neu.« Diese Regel und ihre Zweideutigkeit werden als Gesetz der gesamten Wagnerschen Harmonik angesehen.

Die eigentlich produktive Dimension des Wagnerschen Klangs jedoch ist die orchestrale. Ihrer Erörterung dient das fünfte Kapitel. Die Instrumentation wird zu einem integralen Bestandteil der musikalischen Konstruktion: »Lernt Wagner von Berlioz die Emanzipation der Farbe von der Zeichnung, so gewinnt er die befreite Farbe der Zeichnung zurück und hebt die alte Divergenz von Farbe und Zeichnung auf.« Das konstruktive Instrumentationsprinzip wird in der eingehenden Analyse einer Stelle aus Lohengrin herausgearbeitet, wo das Verhältnis von Vordersatz und Nachsatz als eines von Solo und Tutti und gleichzeitig als ein Kontinuum allein durch die Kunst der instrumentalen Disposition realisiert ist.

Das innerste Prinzip dieser Instrumentationskunst ist, daß man vermöge der Mischungen dem einzelnen Instrumentalton den Modus seiner Hervorbringung nicht mehr anhört. Dies Prinzip wird insbesondere am Verhältnis des Wagnerschen Ventilhorns zum Naturhorn entfaltet. Die »Kittfunktion« des Ventilhorns ist gleichbedeutend mit einem von Wagner selbst bemerkten Verlust an »Charakter«, der ehedem eben darin bestand, daß der einzelne Ton als Hornton kennbar war. An dieser Stelle erreicht die Antinomik von dinghafter Objektivität und Beseelung auch das Wagnersche Orchester. Es gerät gerade durch die Kunst der Mischung und Verdopplung ein Element des Überflüssigen, Falschen und Aufgeschmückten in die Instrumentation, das sich der Einheit von Komposition und Orchesterklang in den Weg stellt, um derentwillen doch gerade die Instrumentationskunst der Mischklänge ausgebildet ist.

Es wird versucht, das Wagnersche Instrumentationsprinzip, das den Orchesterklang zugleich als Ausdrucksmittel subjektiviert und durch Abblendung gegen seine Produktion verdinglicht, gesellschaftlich zu verstehen. Das Wagnersche Kunstwerk wird definiert als ein Konsumgut, in dem nichts mehr daran gemahnen soll, wie es zustandekam. Es wird magisiert, indem die darin aufgespeicherte Arbeit im gleichen Augenblick als supranatural und heilig erscheint, da sie als Arbeit nicht mehr zu erkennen ist.

Nach einem Exkurs über die Dialektik des Banalen, deren Schauplatz Wagners Werk abgibt, wendet sich das siebente Kapitel dem Begriff des Musikdramas zu, das als »Organisationsform der Phantasmagorie« aus dieser abgeleitet wird. Das Gesamtkunstwerk sucht im Rausch die Grenzen der einzelnen Künste als der gegeneinander abgesetzten Momente seiner Produktion zu verwischen, und regressive, irrationale Ureinheit anstelle bewußter Artikulation zu setzen. Das wird insbesondere am Text von Wagners theoretischer Hauptschrift verfolgt.

Der gesellschaftliche Sinn der rauschhaften Einheit und Unmittelbarkeit des Gesamtkunstwerks ist die Ablehnung der Arbeitsteilung durch Wagner. Deren Kritik wird an Mime und Beckmesser aufgewiesen. Indem das Wagnersche Musikdrama sich jedoch bloß als Fertigprodukt installiert und den Arbeitsprozeß eigentlich überhaupt nicht visiert, bleibt die Kritik der Arbeitsteilung im Wagnerschen Werke selbst ohnmächtig. Während das Gesamtkunstwerk die Entfremdung der Künste als eine Entfremdung der Sinnesorgane voneinander zu beseitigen trachtet, bringt es im tatsächlichen Produktionsvorgang eine Teilung des Arbeitsprozesses zuwege, die alles hinter sich läßt, was vor ihm Musik kannte. In manchen seiner Wirkungen, wie der Idee der Wandeldekoration, träumt das irrationalistische Gesamtkunstwerk von solchen des technisch-rationalen: des Films.

Die Arbeitsteilung bleibt jedoch die der Teilung der Arbeit des Individuums. Daß das Gesamtkunstwerk in Rausch und Verblendung umschlägt, rührt daher, daß sein Maß eben jenes bürgerliche Individuum und seine Seele ist, das Ursprung und Substanz selbst jener Entfremdung und Verdinglichung verdankt, gegen welche das Gesamtkunstwerk sich richtet. Daher mißlingt in letzter Instanz die Organisation des Gesamtkunstwerks, die nur als kollektive gedacht werden könnte. Anstatt die Antithese der Kunstmaterialien produktiv einzusetzen, werden sie im Rausch trüb miteinander identifiziert. Das antithetische Recht der Musik in der Oper, das des Einspruchs gegen den blinden Naturzusammenhang, wird preisgegeben, und Musik selber wird zum Instrument des blinden Verhängnisses. Die scheinbar vollkommene Formimmanenz der Wagnerschen Musikdramen, ihr »Stil«, ist gleichbedeutend mit dem Verzicht der Musik auf ihre spezifisch musikalische Einspruchsfunktion.

Das Musikdrama opponiert als Phantasmagorie nicht bloß der romantischen sondern ebenso der »Großen« Oper. Es ist säkularistisch und magisch zugleich. Daher rekurriert es zum Mythos. Das mythische Element in Wagner bildet den Gegenstand des achten Kapitels.

Die mythische Stoffschicht steht bei Wagner ein als Gleichnis des »Allgemeinmenschlichen«. Aber sie nimmt im Werke weit bestimmteren Charakter an, als Wagner ihr zumutet. Das erwachende Bewußtsein von den anarchischen Zügen der Klassengesellschaft und deren Hypostasierung als naturhaft-ewig treibt das Bild urvergangener, mythischer Anarchie hervor.

Damit wird Wagners Werk im Verhältnis zu seiner mythischen Stoffschicht tief zweideutig. Auf der einen Seite verfolgt bei ihm die mythologische Intention bewußte Aufklärung der individuellen Psychologie und visiert das scheinbar autonome Individuum in seiner Abhängigkeit von der Totalität. Auf der andern Seite dienen die Mythen selber der Regression aufs Uralte und vergeblich Unabänderliche. Der Gegensatz von Freud und Jung ist in Wagners Werk virtuell enthalten. Diese Zweideutigkeit wird an einer Reihe von Stoffmomenten und schließlich an der Funktion der Opernform nachgewiesen.

Bei Wagner verrät die Musik das Märchen an den Mythos. Dieser Verrat hat seine Spur hinterlassen in gewissen dramaturgischen Inkonsistenzen des Rings, insbesondere in der Überschneidung des Märchenzugs von dem, der auszog, das Fürchten zu lernen, mit dem mythischen Vollstrecker Siegfried.

Im Verrat der Utopie ans Gewesene bemächtigt der bürgerliche Charakter vollends sich des Wagnerschen Werks. Die Mythologie geleitet in den Konformismus. Hier setzt aller Spott der Abwehr gegen Wagner an. Es ist das Schicksal des Idiosynkratikers, selber Idiosynkrasie zu provozieren. Hier wird Bezug genommen auf die Wagnerschen Intimitäten und plumpen Vertraulichkeiten, auf alberne Naturlaute und saftige Sprachfiguren der verschiedensten Art, vor welchen den Beschauer Scham ergreift. Text und Musik geraten allenthalben in Bewunderung über sich selber. Die Gestik des berühmtesten erotischen Künstlers nimmt nicht umsonst sich auf sich selber zurück: sie ist narzißtisch. In ihrer Regression vereint sich der Kult des Gewesenen und der Kult des Individuums. Das lenkt zum geschichtsphilosophischen Gehalt des Ringes.

1939

II. Notiz zur Erstausgabe

Der »Versuch über Wagner« wurde von Herbst 1937 bis Frühjahr 1938 in London und New York geschrieben. Er hängt aufs engste zusammen mit Max Horkheimers 1936 erschienener Studie »Egoismus und Freiheitsbewegung: zur Anthropologie des bürgerlichen Zeitalters«, und anderen aus dem Institut für Sozialforschung in jenen Jahren hervorgegangenen Arbeiten.
Vier Kapitel, das erste, sechste und die beiden letzten, sind 1939 in Heft 1–2 der »Zeitschrift für Sozialforschung« publiziert. Der größte Teil der Auflage wurde während der deutschen Okkupation von Frankreich vernichtet; nur ganz wenige Exemplare haben sich erhalten. Doch hatten die »Fragmente über Wagner« ihr bescheidenes Schicksal: eine umfangreiche Polemik brachten die Londoner »Dinge der Zeit«. Sie kam erst nach Jahren in die Hände des Autors, als es zur Erwiderung längst zu spät war. Immerhin glaubte er den Wortlaut der bereits gedruckten Kapitel im wesentlichen bestehen lassen zu sollen. Mit einigen der unveröffentlichten verfuhr er etwas freier; er hat auch manches an späterer Einsicht hineingezogen. Dagegen wurde die seitdem erschienene Wagnerliteratur kaum berücksichtigt. Insbesondere der Briefwechsel mit König Ludwig und die beiden letzten Bände der großen Biographie Ernest Newmans bieten neue und wichtige Materialien zur Kenntnis des Wagnerschen Sozialcharakters. Der Autor meint sich berechtigt, sie als Bestätigung des von ihm Entwickelten aufzufassen.

Ostern 1952

III. Selbstanzeige des Essaybuches »Versuch über Wagner«

Der »Versuch über Wagner« gehört zu den aus dem Institut für Sozialforschung hervorgegangenen Arbeiten, die sich die Aufgabe setzten, dem Nationalsozialismus gegenüber nicht bei fruchtloser Empörung zu verharren, sondern ihm begreifend standzuhalten. Es galt, die Vorstellung eines bloßen historischen Unglücksfalls abzuschütteln und den Ursprung der faschistischen Gewaltherrschaft im tragenden gesellschaftlichen Prozeß aufzudecken. Die Herkunft der Hitlerideologie war zu erforschen ohne Respekt vor ihrer Verwandtschaft mit approbierten Kulturgütern. Dabei drängte sich das Werk Richard Wagners auf.

Aus dem Klassiker des Dritten Reichs, dem einzigen, auf den die Machthaber spezifisch sich berufen konnten, ist mittlerweile ein nationales Trauma geworden. Sein Name steht im gegenwärtigen deutschen Bewußtsein für ein peinlich Ungelöstes. Nach wie vor soll er deutsche Kultur repräsentieren – und ist doch im handgreiflichsten Sinn untrennbar vom Ausbruch der Barbarei. Die gesamte moderne Musik hat sich entwickelt im Widerstand gegen seine Vormacht – und doch sind alle ihre Elemente in ihm selbst angelegt. Ihm wird ästhetische Größe zugeschrieben – und doch sind nicht nur Person und Gesinnung fatal, sondern seine Gebilde selber erweisen sich als brüchig, ohne daß das bis heute ihrer Gewalt Abtrag täte. Dem entspricht, daß die Literatur über Wagner entweder Verherrlichung ist, oftmals orthodoxe Bayreuther Apologie, oder Polemik, oder, vielleicht das Schlimmste, historische Würdigung, die sich der Frage nach Wahrheit oder Unwahrheit einfühlend entzieht. Das über Wagner Gedachte steht wie unter einem Bann. Der Geist hat ihm gegenüber die Freiheit noch nicht gewonnen.

Zu jener Freiheit möchte ich etwas beitragen, nicht bloß im Verhältnis zu Wagner, sondern in dem zu dem gesellschaftlich-anthropologischen Typus, der in seinem Werk sich verkörpert. Ich möchte helfen, die Urlandschaft des Faschismus aufzuhellen, damit sie nicht länger die Träume des Kollektivs beherrscht. In einer Situation nie geahnter kollektiver Verdrängung darf ein solches Bestreben vielleicht einige Aktualität beanspruchen.

Bei der formalen Anerkennung der Größe Wagners konnte ich mich nicht beruhigen. Größe ist nichtig, bloßer Fetischismus des Genies, wo nicht der Prominenz, solange sie sich nicht im Wahrheitsgehalt der Gebilde legimitiert. Unhaltbar ward jene pluralistische Vorstellung von der Kultur, die in säuberlich getrennten Sparten sogenannte ästhetische, moralische, soziale Werte nebeneinander unterbringt und alle mitsammen zu Gegenständen verständnisvoller Betrachtung herabsetzt. Die weiterhin von der totalen Katastrophe bedrohte Verfassung der Welt duldet keine solche Kontemplation. Der Wagnerschen Monumentalität habe ich mich nicht gebeugt. Die Methode meines Buches ist mikrologisch. Es gibt darin keine allgemeine Grundlegung, keine Gesamtanalysen der Werke, keine Zusammenfassungen und Folgerungen, sondern die Konstruktion setzt unmittelbar mit der Betrachtung von Einzelnem ein und fügt sich aus der nahen Interpretation von Details und minutiösen Zügen, die zur Erkenntnis des Ganzen zusammenschießen sollen. Überall steht für dies Ganze der Teil. Askese gegen die weltanschauliche Totale schien mir geboten, um des objektiven Gehalts mächtig zu werden und nicht von dem sich verblenden zu lassen, was das Werk von sich aus den Menschen aufzwingen möchte. Nichts wohl vermag der monströsen Übergewalt der Musikdramen standzuhalten als die Insistenz vor einer Akkordverbindung oder der Motivgestalt weniger Takte. Den Riesenformaten Wagners wird auf zweihundert Seiten begegnet.

Nicht also werden von außen her großmächtige Kategorien an Wagner herangebracht, sondern sein œuvre wird an seinen immanenten Voraussetzungen gemessen, auf seine Konsistenz hin abgehorcht. Erst in den innersten Zellen des ästhetischen Gefüges hoffte ich auf die großen philosophischen und gesellschaftlichen Zusammenhänge zu stoßen, die sonst nur unverbindliches Kulturgerede bleiben. An Stelle bloßer Kritik aber wollte ich die negativen Momente Wagners selber in ihrer Notwendigkeit aus dem objektiven, weit über die Person hinausgreifenden Kern des Phänomens entwickeln.

Es kam mir denn auch nicht darauf an, die offenkundigen Beziehungen zwischen der Bayreuther Ideologie und der Hitlerschen nochmals ausbreiten. Ich trachtete, die geschichtliche Tendenz in der ästhetischen Gestalt als solcher, in der Komplexion des

Wagnerschen Werkes zu bestimmen. Nur der darf hoffen, etwas Wesentliches im Kunstwerk zu ergreifen, der in diesem selbst – gleichwie in einer fensterlosen Monade – des Universums innewird, das die Monade repräsentiert. Erst wer das Kunstwerk bei seinem eigenen Namen ruft, identifiziert es zugleich gesellschaftlich. Kunstwerke sind die bewußtlose Geschichtsschreibung des geschichtlichen Wesens und Unwesens. Ihre Sprache verstehen und als solche Geschichtsschreibung sie lesen, ist das gleiche. Der Weg dazu aber ist vorgezeichnet von der künstlerischen Technik, der Logik des Gebildes, seinem Gelingen oder seiner Brüchigkeit.

An die von der wissenschaftlichen Arbeitsteilung befohlene Trennung der Disziplinen konnte eine Absicht nicht sich halten, welche nicht den Inbegriff oberster Allgemeinheiten, sondern die Konstellation konkreter Momente aufsucht, die zur Wahrheit zusammentreten. Motive der Ästhetik, der Geschichts- und Gesellschaftslehre, der Psychologie verbinden sich mit kompositionstechnischen, musiktheoretischen und musikkritischen Analysen, so wie die innere Entfaltung des Gegenstandes es verlangt, ohne Rücksicht auf die departementalen Grenzen. Das erste Kapitel exponiert die soziale Psychologie Wagners. Aus ihr entwickelt das zweite seine künstlerische Gestik; diese wird durch die musikalischen Materialbereiche des Melodischen, Harmonischen und Orchestralen im dritten, vierten und fünften Kapitel verfolgt. Die Theorie der Wagnerschen Instrumentation führt zum Begriff der Wagnerschen Phantasmagorie als dem Zentrum des Buches im sechsten Kapitel. Das siebente behandelt die Form des Musikdramas und ihre Dialektik als Entfaltung der Phantasmagorie; das achte das Verhältnis von Mythos und Moderne. Die beiden letzten gelten der Wagnerschen Metaphysik: nicht sowohl der, die allegorisch von den Werken gemeint war, als der objektiven und gegen das Wagnersche Programm in den Werken beschlossenen. Ihre Explikation leitet am Ende zu Motiven einer Rettung Wagners.

Die Bewegung der Gedanken sucht mit den seiner Kunst einwohnenden Spannungen zugleich etwas über die Bewegungsgesetze der Gesellschaft in der Wagnerschen Ära auszusagen und den Kräften gerecht zu werden, die in dem sogenannten Zeitalter des bürgerlichen Verfalls frei werden. Wer das Wagnersche Werk als Abdankungsurkunde des liberalen Geistes interpretiert, muß sich hüten, die Erkenntnis in Begriffen wie dem der Dekadenz stillzustellen, die im Vokabular der östlichen Sphäre längst von jeglicher Beziehung auf die Sache sich losgerissen haben und zu denunziatorischen Kennmarken verkamen. Was besser ist an Wagner als die Ordnung, zu deren finstersten Gewalten er sich schlug, verdankt sich eben der Dekadenz, der Unfähigkeit eines von der Übermacht des Bestehenden schon bis ins Innerste beschädigten Subjekts, den Spielregeln eben dieses Bestehenden noch Genüge zu tun. So versagt er sich den Forderungen von Gesundheit, Tüchtigkeit, Kommunikation und Einverständnis und wendet sich sprachlos gegen die Macht, in deren Diensten seine Sprache steht. Nicht die unerschüttert sich selbst behauptende, sondern die verfallende Form weist auf das Neue, das sich bildet.

Einer solchen Auffassung gilt jegliches Kunstwerk in sich als Kraftfeld, nicht als statisch in sich ruhendes Sein. Daher unterwirft sie die Kunstwerke keinem starren Entweder-Oder. Sie sind nicht pharisäisch nach positiv und negativ, fortschrittlich und reaktionär, echt und unecht, gelungen und mißlungen aufzuspalten. Wo, wie bei Wagner, der Gehalt an sich antagonistisch ist, wo die Unmöglichkeit runden Gelingens den Ansatz selber zeitigt, gibt ein jegliches dieser Momente geradezu die Bedingung des ihm entgegengesetzten ab. So vermißt sich denn der »Versuch über Wagner« nicht, die Vieldeutigkeit seines Gegenstandes zu rationalisieren. So gewiß Kunstwerke eine Weise von Erkenntnis sind, so gewiß enträt ihr Erkenntnischarakter insgesamt des Urteilscharakters. Es kann daher nicht, wie der Unverstand es ihr vorwirft, Aufgabe oder bornierter Wunsch der Kunstphilosophie sein, das Kunstwerk zu falscher Eindeutigkeit zu verhalten. Vielmehr soll der eindeutige Begriff, ohne den das Denken nicht auskommt und den die Kunst verwirft, Breschen schlagen in das Labyrinth der Werke. Nicht darum geht es ihr, die Kunstwerke auf Formeln abzuziehen, sondern darum, ihnen kraft der Konstruktion ihres Problems, wäre es auch wider ihren eigenen Anspruch, beizustehen, daß ihr Auseinanderweisendes als Figur lesbar wird. An welcher Stelle die Philosophie in die Kunstwerke eindringt, ist zufällig. Diese Zufälligkeit definiert die Bescheidenheit, die der Form des Essays notwendig eignet. Aber davon, ob sie erkannt werden, wird doch auch Leben und Tod der Kunstwerke selbst berührt. So mag es nicht bloß gesellschaftlich, sondern auch ästhetisch sich rechtfertigen, wenn der Geist stets wieder der Verführung nachgibt, in selber bereits Geistiges sich zu versenken. Freilich hängt alles davon ab, ob in solcher Versenkung mehr aufgeht als das bloß Geistige, ob Not und Hoffnung der Werke zum Zeugnis wird für Not und Hoffnung der Menschen.

1952

Berg

Konzertarie »Der Wein«

Fassung von 1937

»Claudel über den Stil von Baudelaire: C'est un extraordinaire mélange du style racinien et du style journaliste de son temps.« Kaum anzunehmen, daß Berg dies Exzerpt aus dem »Buch der Freunde« Hofmannsthals kannte – Hofmannsthals, den er nicht anders denn als den Gesellschafter von Strauss und Reinhardt sah. Dennoch ließe kein genaueres Motto sich denken für die Konzertarie Der Wein, die drei Gedichte aus Baudelaires Zyklus zur großen Vokalform zusammenschließt. Allegorischer Trübsinn und trivialer Leichtsinn; der mühsam beschworene Geist aus Flaschen und die dreist zudringliche Musikware der Tangos; der brütende Seelenlaut des Einsamen und die entfremdete Geselligkeit von Klavier und Saxophon aus Jazz oder Salonorchester – daraus bildet die Arie ein Rebus, so tödlicher Bedeutung voll wie nur in Sprache und Metapher Baudelaires, und erst Lulu, als deren Prolegomenon sie gedacht sein mag, löst es ganz auf.

Es gilt aber der Dialektik des Scheines, die Bergs gesamtes Werk zum Schauplatz sich gewählt hat. Die Weinarie ist nach der Instrumentation der Frühen Lieder geschrieben und die Treue zum Schein, die diese bis zur Transparenz treibt, wird mit der Arie vollends zum Selbstbewußtsein erhoben. Sie ist in der Tat jenes Reversbild der Treue, dessen bei den Liedern op. 2 gedacht war. Das subjektive Wesen aus Bergs spätromantischer Ursprungslandschaft deckt sie als Schein – konkret gesprochen: als trivial – auf, den einsamen Seelenrausch, zu dem der Wein verhilft, als jene Verzweiflung, die in der Lyrischen Suite den letzten Ton behielt, und kein Trost ist dafür als die Erkenntnis des Scheines selber. Den aber gewährt die Musik durch Konstruktion.

Nirgends wird das klarer als am Verhältnis zu den neuen Tänzen. Berg hat sehr spät, erst 1925, Jazz überhaupt kennenlernen mögen und ihm gegenüber die äußerste Zurückhaltung geübt, gründlich verschieden von den versatilen Zeitgenossen, die ihn der Kunstmusik zu adaptieren gedachten, um an seiner falschen Ursprünglichkeit das Korrektiv zu finden für eine décadence, deren doch die munteren Herren am letzten verdächtig waren. Vor solcher Versuchung war Berg so gründlich gefeit wie vor der umgekehrten, philiströsen: den Jazz als billiges Emblem einer einzig aus Wunschphantasien geläufigen Verruchtheit zu nutzen. Dennoch hat er der Erfahrung des Jazz nicht blank sich entzogen: ohne sie wäre der Klang des Lulu-Orchesters kaum zu konzipieren. Jahrelang hat er dem Saxophon nachgesonnen, das zu unterwerfen er sogleich willens war. Nicht aber dem Jazz sich zu unterwerfen. Die Konsequenz, die er aus seinem Schein zieht, läßt ihn vergehen.

Dieser Schein ist der rhythmische: das Gesetz der Scheintakte. Ihm gehorcht aller Jazz im genaueren Sinn. Ein durchgehaltenes Grundmetron so zu behandeln, daß es aus scheinbar von ihm verschiedenen Metren sich konstituiert, ohne doch von seiner starren Befehlsgewalt das mindeste preiszugeben: so mag man die technische Idee des Jazz definieren. In der Tango-Stelle der Weinarie [Beispiel 42][1] willfahrt Berg der Schablone treulich: er addiert den Zweivierteltakt durch Synkopierung und Akzentverschiebung aus zweimal Dreisechzehnteln und einmal Zweisechzehnteln zusammen. Der Dreisechzehnteltakt im Zweivierteltakt macht dabei die charakteristische Tangowirkung aus. Bei ihr insistiert Berg im kritischen Moment. Die primitive Jazzgewohnheit, den Scheintakt durch die Schrittakzente von großer Trommel und Continuo zu paralysieren, verfällt der Komponierintention. Dem Zweivierteltakt ist durch die Takteinteilung Genüge getan; die drei Sechzehntel aber, im Tango bloßer Fassadenrhythmus, fordern Konsequenz. In der polyphonischen Anlage des Ganzen heißt das: Konsequenz als rhythmischer Kontrapunkt. Berg nimmt die Dreisechzehntel in die Begleitung auf, derart, daß er sie unter Verzicht auf die Continuowirkung

1 *Vgl. o., S. 466, Beispiel 34. (Anm. d. Hrsg.)*

zwei Sechzehntel nachschlagend eintreten läßt und ihr dann zwei Töne von je Dreisechzehntel-Wert, gis und a, zuweist [Beispiel 42, NB]. Der Melodiegruppe $3/16+3/16+2/16$ wird also simultan der Krebs ihres Rhythmus: $2/16+3/16+3/16$ entgegengestellt und damit der Scheintakt, durch strikte Durchführung seines Prinzips, auskonstruiert. Eben damit aber wird der Mechanismus des Jazz, die falsche Integration ohnmächtiger Subjektivität und unmenschlicher Objektivität, umfunktioniert; die Intention sprengt sein Gesetz, indem sie es erfüllt, die Zählzeiten verstummen, und das Gesetz selber wandelt sich in Ausdruck: gleichwie mit den leeren Augen des Totenschädels blickt der Tango aus Bergs Musik und steht dafür ein, daß die Geselligkeit der Berauschten, von der Baudelaires Dichtung weiß, nichts ist als die allegorische Figur der tödlichen Fremdheit selber. Hat Wedekind den Kitsch die Gotik oder den Barock seiner Zeit – also ihren Stil genannt, so folgt Bergs deutende, erkennende Musik ihm, ihrer selbst sicher, ins Reich der dämonischen Zweideutigkeit und zwingt noch dem Wahnsinn – Baudelaires »spleen« – seine dialektische Wahrheit – als das »idéal« – ab. Der Kitsch, nicht geschmackvoll verworfen, sondern nach dem eigenen Gesetz auskonstruiert, wird unter seinen Händen zum Stil; das Banale enthüllt sich als die Erscheinung der Ware und damit die Grundverfassung der gegenwärtigen Wirklichkeit: in eins damit aber als Chiffre ihres Untergangs. Die Vernichtung und Rettung, die im Wein dem Tango und Kitsch widerfährt wie den Trümmern der Folklore im Wozzeck, ist das Modell jener, die Berg, Dialektiker gleich jedem großen Künstler seines Bewußtseinsstandes, endlich der Ware Mensch widerfahren ließ: der Dirne Lulu.

Übersetzt die Arie das Triviale insistent in Stil, so steht sie zur Übersetzung insgesamt im engsten Verhältnis. Daß der Kombinationsspieler Berg sie als ein einziges »Ossia« komponierte, singbar sowohl zu Baudelaires Original wie zur Georgeschen Übertragung, eröffnet Einsicht in ihr Zentrum. Die Parnassische Schule, der die Arie den Nekrolog hält, indem sie deren Haltung sich lösen heißt im Lethe des Gesanges, ist von Baudelaires Poe-Übertragung bis zur Georgeschen Nachdichtung eben der Fleurs du mal ohne den Kanon des Übersetzens nicht zu verstehen. Sie sucht die eigene Sprache vorm Fluch des Banalen zu retten, indem sie sie von der fremden her visiert und ihre Alltäglichkeit unterm Gorgonenblick der Fremdheit erstarren läßt; jedes Gedicht von Baudelaire so gut wie von George ist der eigenen Sprachform nach am Ideal der Übersetzung einzig zu messen. Indem aber Berg die Dialektik von Stil und Banalität aufnimmt, die der Verfahrungsweise der Parnassiens als Fluchtbahn eingezeichnet ist, kommuniziert er mit dem Ideal der Übersetzung. Durch Übersetzung selber wird der Kitsch Stil. So hat denn Berg nicht nur Originaltext und Übertragung kombiniert, sondern die Musik als solche klingt wie aus dem Französischen übersetzt. Freilich verläuft auf ihrem Erkenntnisstandort die Übersetzung in der Gegenrichtung der Parnassiens. Haben diese das Banale der eigenen Sprache, des style journaliste, zu bannen getrachtet, indem sie es unterm Druck der fremden gefrieren ließen, so rettet Berg den banalen Schein der fremden, indem er ihn in die eigene konstruktive Strenge übersetzt und mit Namen ruft. Die Arie ist eine Zwölftonkomposition, montiert aus Bruchstücken des französischen Musikidioms. Die Toleranz gegenüber tonalen Einschlägen wird zur Koketterie mit polytonalen; der kleinste Übergang zum Ineinanderklingen und zum Debussyschen Laissez vibrer – exemplarisch beim Eintritt der Singstimme im fünfzehnten und sechzehnten Takt; große Ausbrüche geschehen dreimal über dem Nonenakkord als der harmonischen Zauberformel des Impressionismus.

Die Form aber, ob auch vielleicht noch unabgesetzter als je sonst bei Berg; gibt weder den festen Umriß noch eine Tendenz zum stetigen harmonischen Fortgang preis, die dann die Technik der Lulu beherrscht. Sie durchdringt kunstvoll das Schema des dreiteiligen Lieds. Längere Einleitung: unübertrefflich im Baudelaireschen Ton Tiefsinn und Sucht verschränkend. Der erste Liedteil danach, L'âme du vin, gliedert sich als Sonatenexposition. Das Hauptthema basiert auf einer melodischen Gestalt in Achteln und einer parlandoartigen mit Sechzehnteln. Der Vermittlungssatz – Takt 31 beginnend – bereitet durch Akzentverschiebungen sehr unauffällig, als »kleinster Übergang«, die Scheintaktsynkopen vor. Diese werden durch den hervorspringenden Klavierklang aufgedeckt im Tango-Seitensatz (Takt 39, cf. Beispiel [42][2]), der zunächst aus einer Verkleinerung des Überleitungsrhythmus abgeleitet ist, in der Fortsetzung aber, um alle durchlaufende Banalität zu meistern, zahlreiche Untergestalten kontrastierend folgen läßt: jede von ihnen selber wieder das Derivat einer Tangoformel. Bei Takt 64 wird der Tangorhythmus verlassen und eine Schlußgruppe konstituiert, die der melodischen Achtelgestalt des Hauptthemas gedenkt. Sie ist gesteigert bis zum ersten Höhepunkt über dem Nonenakkord (Takt 73) und danach ruhig, geschlossen ausmusiziert. Die Durchführung fällt wiederum, wie im ersten Satz der Lyrischen Suite, fort. An ihre Stelle tritt bruchlos das zweite Lied, Le vin des amants, als Scherzo. Seine Sigel sind das punktierte Tritonusmotiv des Singstimmeneinsatzes und disparat geschleuderte Dreiklangsharmonien. Eine Kontrastidee formuliert die Singstimme in schwebenden, akzentlosen Halben; sie alterniert mit dem eigentlichen Scherzoteil und wird bei ihrem zweiten Auftreten (Takt 114) durch synkopische Einsätze sorgsam vom guten Taktteil abgelöst, die Akzentuierung vollends suspendiert. Bei Takt 123 deutliche Scherzorepetition. Dann (Takt 141) Orchesterzwischenspiel: vollständiger Krebs der zweiten Scherzohälfte. Deren Triolenbewegung verwandelt allmählich sich in die Achtel der Introduktion der Arie. Das dritte Lied, Le vin du solitaire, ist eine stark variierte und verkürzte Reprise des ersten. Das Hauptthema wird ersetzt durch eine Kombination der Einleitung mit der Schlußgruppenmelodie von Takt 64 und der ursprünglichen Parlandogestalt. Es ist auf sechs Takte zusammengedrängt, die Überleitungsgruppe gar auf zwei. Dafür kehrt die Tangoepisode ausführlich wieder. Die Schlußgruppe tritt sogleich mit dem Nonenakkord ein, der in der Exposition erst ihren Höhepunkt markiert hatte. Bei Takt 202 beginnt mit dem Effekt der Vereinfachung die Coda, über einer Bewegung wiederholter Achtelakkorde aus der Tangoepisode. Ein Orchesternachspiel greift über die verstummte Singstimme hinaus und macht endlich die zugrunde liegende Zwölftonreihe thematisch [Beispiel 43][3]. Ungeminderter Schluß.

2 *Vgl. o., S. 466, Beispiel 34. (Anm. d. Hrsg.)*

3 *Dieses Notenbeispiel – dem Berg-Buch von 1937 wie alle Beispiele als Beilage beigegeben – fehlt in Adornos Monographie von 1968. (Anm. d. Hrsg.)*

Beispiel 43

»Le regard singulier d'une femme galante / Qui se glisse vers nous comme le rayon blanc / Que la lune onduleuse envoie au lac tremblant«: so beginnt das letzte Gedicht, und diesen sonderbaren Blick, der wilde Tränen dem ins Auge treibt, der ungewaffnet ihm begegnet, hat Berg lange, saugend erwidert. Wie für Baudelaire aber wurde für ihn der käufliche Blick einer aus der Vorwelt. Der Bogenlampen-Mond der großen Stadt scheint ihm aus dem hetärischen Zeitalter. Er braucht ihn, dem See gleich, nur zu spiegeln und das Banale offenbart sich als das lange Gewesene; die Ware des neunzehnten Jahrhunderts gibt ihr mythisches Tabu preis. In solchem Geiste hat Berg die Lulu komponiert. Es bedarf einzig noch des Funkens der Inspiration, um in ihr die Schichten von Stoff und Bedeutung zum Strahlen zu bringen, die die Weinarie rätselvoll zusammenlegt.

Editorische Nachbemerkung

Wenn Wagner »vom ersten Tag an« – wie es in Adornos »Versuch über Wagner« heißt – »der Autor seiner sämtlichen Werke gewesen« ist, so weigerte Adorno selbst sich bis zuletzt, ausführlichere Erwägungen auch nur über eine Gesamtausgabe seiner Schriften anzustellen. Daß diese in Büchern vorlagen, die ganz äußerlich schon, nach Format, Druckspiegel und Erscheinungsort so unterschiedlich, verwirrend fast sich darstellten, freute ihn eher. Zwar bekannte er sich widerwillig zu der Notwendigkeit, seine Schriften eines Tages zu sammeln, wollte selber jedoch um keinen Preis an solcher Sammlung sich beteiligen; »das könnt ihr dann später machen«, sind Worte, mit denen er Diskussionen über das ihm leidige Thema abzubrechen pflegte. Dem Begriff des Lebenswerkes mißtraute er zutiefst, er glaubte nicht, daß ein solches »heute irgendeinem vergönnt« sei und wollte nicht, durch eine von ihm selbst veranstaltete Gesamtausgabe, den Fragmentcharakter des eigenen œuvres verleugnen. Auch fürchtete Adorno, zum Museumswärter des eigenen Denkens zu werden. Freilich war ihm nicht weniger bewußt, daß seinem Denken genügend Sprengstoff beigemengt war, um auch in einer Gesamtausgabe nicht als wie in einem Museum ausgestellt zu sein. Die Einheit des philosophischen Bewußtseins in jedem Satz, den Adorno schrieb – eine Einheit, durch welche unterirdisch noch die peripherste Konzertkritik mit Werken wie der »Negativen Dialektik« kommuniziert –, ließ es nach Adornos Tod den Verantwortlichen geboten erscheinen, jene »listige« Editionspraxis nicht fortzusetzen, die er selber geübt hatte, sondern das Wagnis einer Ausgabe »Gesammelter Schriften« einzugehen. Sie soll zunächst in zwanzig Bänden alles von Adorno selbst Publizierte sowie solche Arbeiten aus dem Nachlaß vereinen, die abgeschlossen sind; von den Fragment gebliebenen Texten durfte einzig die in der Fertigstellung sehr weit fortgeschrittene »Ästhetische Theorie« nicht fehlen.

Die Herausgeber der »Gesammelten Schriften« verfügten immerhin über einige Hinweise Adornos, wie zu verfahren sei. So meinte er nach dem Erscheinen der »Negativen Dialektik«, die äußere Gestalt, die der Verlag dem Buch gegeben hatte, könne wohl einmal auch die der Gesamtausgabe werden. In einem der letzten Gespräche, kurz vor Adornos Tod, kam die Rede darauf, welche Bücher in der Gesamtausgabe miteinander zu vereinen wären. Auch diesmal wollte Adorno die Verantwortung den Schülern und Freunden überlassen, sagte schließlich aber doch, auf jeden Fall wären die Bücher über Wagner, Mahler und Berg zu einem Band zusammenzustellen: »Der Titel des Bandes muß heißen: ›Die musikalischen Monographien‹.«
Unbedingt wollte Adorno die jeweils letzte Form, die er einem Text gegeben hatte, respektiert wissen, unerträglich war ihm der Gedanke an eine historisch-kritische Edition, welche überholte Versionen von Arbeiten zu rekonstruieren erlauben würde. An diese Weisung fühlen die Herausgeber sich gebunden, auch wenn sie dadurch mit den legitimen Bedürfnissen künftiger wissenschaftlicher Forschung in Konflikt geraten. Sie werden den Konflikt zu entschärfen versuchen, indem sie in editorischen Nachbemerkungen von allen Texten die älteren Veröffentlichungen möglichst vollständig bibliographieren; Wissenschaftler, die den oft eingreifenden und gelegentlich mehrmaligen Umarbeitungen nachzugehen wünschen, die wiederholt publizierte Texte durchgemacht haben, hätten auf die Originalabdrucke zu rekurrieren[1]. Die »Gesammelten Schriften« werden die Texte jeweils in der letzten, zu Adornos Lebzeiten veröffentlichten Form abdrucken. Wo unsere Texte von dieser Form abweichen, berücksichtigen sie Korrekturen, die Adorno in seinen Handexemplaren vorgenommen und von denen er angeordnet hat, sie »wären bei einer Neuauflage zu berücksichtigen« – so eine Eintragung etwa auf dem Vorsatzblatt des Handexemplars der Berg-Monographie. Darüber hinaus werden lediglich Druckfehler und seltene offen-

1 Durch die ausgezeichnete »Vorläufige Bibliographie der Schriften Theodor W. Adornos« von Klaus Schultz (in: Theodor W. Adorno zum Gedächtnis. Eine Sammlung, hrsg. von Hermann Schweppenhäuser, Frankfurt a. M. 1971, S. 177–239) ist ein solcher Rekurs für die Mehrzahl der Adornoschen Arbeiten bereits möglich geworden.

kundige Irrtümer stillschweigend berichtigt sowie nach Möglichkeit die Zitate und Verweise kontrolliert. Zu einer Vereinheitlichung der Adornoschen Zitation, gar zu einer Umstellung der Zitation auf neuere Ausgaben oder zu Verweisungen, die über das hinausgehen, was Adorno selbst für notwendig hielt, glauben die Herausgeber sich nicht befugt. So zweifellos derartige Editionshilfen manchem Benutzer der Ausgabe die Arbeit erleichtern würden, so unzweifelhaft gehört es zu den Impulsen des Adornoschen Denkens, seine Arbeiten positivistischer »Benutzbarkeit«, ihrer Integration in den verabscheuten akademischen Betrieb zu entziehen. Hinzu kommt, daß Adorno idiosynkratisch darauf beharrte, etwa Kant und Hegel meist nach philologisch heute überholten Ausgaben zu zitieren, mit denen er selbst seit seiner Jugend gearbeitet hatte. Auch weigerte er sich, Anmerkungen einheitlich entweder als Fußnoten zu bringen oder sie am Schluß einer Arbeit zusammenzufassen; er beanspruchte es als sein Menschenrecht, uneinheitlich zu verfahren. Dadurch mag manchen Arbeiten Adornos eine leise antiquarische Aura zugewachsen sein, die auf den ersten Blick dem Penchant Benjamins fürs Antiquarische recht verwandt erscheint. In der Tat jedoch besitzt diese Aura in Adornos Schriften einen völlig anderen Stellenwert als bei Benjamin: kontrapunktiert sie doch die Radikalität des Adornoschen Denkens, um dieser nur desto stärker zum Ausdruck zu verhelfen. An Adornos Schriften jene Aura tilgen, bedeutete zugleich, etwas von der Substanz der Philosophie Adornos anzutasten.

Druckvorlage für den »Versuch über Wagner« bildet die zweite, 1964 im Verlag Droemer Knaur, München und Zürich, als »Knaur-Taschenbuch 54« erschienene Ausgabe. Wie in der Vorbemerkung des Buches angegeben, erschien eine erste Teilveröffentlichung der Wagner-Monographie 1939 (»Fragmente über Wagner«, in: Zeitschrift für Sozialforschung 8 [1939/40], S. 1–48); den Inhalt der damals unveröffentlicht gebliebenen Kapitel faßte Adorno in Résumés zusammen, die im Anhang des vorliegenden Bandes wiedergegeben sind. Der in der erwähnten Vorbemerkung genannte Vortrag »Wagners Aktualität« erschien später im Programmheft zur Tristan-Aufführung der Bayreuther

Festspiele 1964, S. 2–22, sowie in dem Band »275 Jahre Theater in Braunschweig. Geschichte und Wirkung«, Braunschweig 1965, S. 81–97. Die erste Buchausgabe des »Versuchs über Wagner«, die 1952 im Suhrkamp Verlag, Berlin und Frankfurt a. M., veröffentlicht wurde, enthält am Schluß eine »Notiz«, die nur teilweise in der Vorbemerkung zur zweiten Ausgabe aufgegangen ist; sie wird deshalb im Anhang wiederabgedruckt. Die hier angeführte »umfangreiche Polemik« ist ein Aufsatz »Der Ring des Nibelungen oder Freiheit und Kunst der Deutung um die Mitte des 20. Jahrhunderts« von Wilhelm Lunen (in: Dinge der Zeit, Heft 2, Oktober 1947, S. 60–104). Die ebenfalls im Anhang abgedruckte »Selbstanzeige des Essaybuches ›Versuch über Wagner‹« erschien im »Morgenblatt für Freunde der Literatur«, Frankfurt a. M. und Berlin, Nr. 3 (25. 9. 1952), S. 5.
Die Mahler-Monographie erschien in der ersten Auflage 1960 im Suhrkamp Verlag, Frankfurt a. M., als Band 61 der »Bibliothek Suhrkamp«. Der vorliegende Abdruck folgt der korrigierten und um die »Notiz« erweiterten zweiten Auflage von 1963.
»Berg. Der Meister des kleinsten Übergangs« wird nach der bislang einzigen Ausgabe abgedruckt, die 1968 gemeinsam vom Verlag Elisabeth Lafite, Wien, und vom Österreichischen Bundesverlag, Wien, herausgebracht wurde; das Buch bildet den Band 15 der Reihe »Österreichische Komponisten des XX. Jahrhunderts«. Unser Abdruck läßt ein »Verzeichnis von Arbeiten des Autors über Alban Berg« fort, das sich in der Erstausgabe auf S. 143 findet; dieses Verzeichnis ist unvollständig und enthält zum Teil falsche Angaben. Über die Entstehung der Berg-Monographie und ihr Verhältnis zu Adornos Beiträgen zu dem Buch von Willi Reich, »Alban Berg. Mit Bergs eigenen Schriften und Beiträgen von Theodor Wiesengrund-Adorno und Ernst Křenek«, Wien, Leipzig, Zürich 1937, macht Adorno selbst in der »Vorrede« und in den Bemerkungen »Zum Text« die nötigen Angaben. Die Herausgeber haben lange gezögert, bevor sie die Analyse der Weinarie in der Fassung von 1937 im Anhang wiederabdruckten, schienen sie damit doch eben Adornos Weisung zuwiderzuhandeln, keine überholten Fassungen neu zu drucken. Den Ausschlag gab schließlich, daß es in diesem Fall

nicht sowohl um zwei Fassungen einer Arbeit, als vielmehr um zwei verschiedene Arbeiten sich handelt.

Juli 1971

Theodor W. Adorno
im Suhrkamp Verlag

Gesammelte Schriften in zwanzig Bänden. Herausgegeben von Rolf Tiedemann unter Mitwirkung von Gretel Adorno, Susan Buck-Morss und Klaus Schultz.

- Band 1: Philosophische Frühschriften. stw 1701. 384 Seiten
- Band 2: Kierkegaard. Konstruktion des Ästhetischen. stw 1702. 266 Seiten
- Band 4: Minima Moralia. Reflexionen aus dem beschädigten Leben. stw 1704. 303 Seiten
- Band 5: Zur Metakritik der Erkenntnistheorie. stw 1705. 386 Seiten
- Band 6: Negative Dialektik. Jargon der Eigentlichkeit. stw 1706. 531 Seiten
- Band 7: Ästhetische Theorie. stw 1707. 582 Seiten
- Band 8: Soziologische Schriften I. stw 1708. 587 Seiten
- Band 9: Soziologische Schriften II. Zwei Bände. stw 1709. 924 Seiten
- Band 10: Kulturkritik und Gesellschaft. Prismen. Ohne Leitbild. Eingriffe. Stichworte. Anhang. Zwei Bände. stw 1710. 843 Seiten
- Band 11: Noten zur Literatur. stw 1711. 708 Seiten
- Band 12: Philosophie der neuen Musik. stw 1712. 206 Seiten
- Band 13: Die musikalischen Monographien. stw 1713. 521 Seiten
- Band 14: Dissonanzen. Einleitung in die Musiksoziologie. stw 1714. 449 Seiten
- Band 15: Komposition für den Film (gemeinsam mit Hanns Eisler). Der getreue Korrepetitor. stw 1715. 406 Seiten
- Band 16: Musikalische Schriften I-III. Klangfiguren (I). Quasi una fantasia (II). Musikalische Schriften (III). stw 1716. 683 Seiten
- Band 17: Musikalische Schriften IV. Moments musicaux. Impromptus. stw 1717. 349 Seiten

NF 138/1/8.09

- Band 18: Musikalische Schriften V. stw 1718. 841 Seiten
- Band 19: Musikalische Schriften VI. stw 1719. 665 Seiten
- Band 20: Vermischte Schriften. Zwei Bände. stw 1720. 877 Seiten

Nachgelassene Schriften
Herausgegeben vom Theodor W. Adorno Archiv

Abteilung I: Fragment gebliebene Schriften
- Band 2: Zu einer Theorie der musikalischen Reproduktion. Herausgegeben von Henri Lonitz. stw 1750. 399 Seiten
- Band 3: Current of Music. Elements of a Radio Theory. Herausgegeben von Robert Hullot-Kentor. 690 Seiten. Gebunden

Abteilung IV: Vorlesungen
- Band 4: Kants »Kritik der reinen Vernunft«. Herausgegeben von Rolf Tiedemann. 440 Seiten. Gebunden
- Band 7: Ontologie und Dialektik. Herausgegeben von Rolf Tiedemann. 448 Seiten. Gebunden
- Band 10: Probleme der Moralphilosophie. Herausgegeben von Thomas Schröder. 318 Seiten. Gebunden
- Band 12: Philosophische Elemente einer Theorie der Gesellschaft. Herausgegeben von Tobias ten Brink und Marc Phillip Nogueira. 278 Seiten. Gebunden
- Band 13: Zur Lehre von der Geschichte und von der Freiheit. Herausgegeben von Rolf Tiedemann. stw 1785. 491 Seiten
- Band 14: Metaphysik. Begriff und Probleme. Herausgegeben von Rolf Tiedemann. 320 Seiten. Gebunden
- Band 15: Einleitung in die Soziologie. Herausgegeben von Christoph Gödde. 330 Seiten. Gebunden
- Band 16: Vorlesung über negative Dialektik. Herausgegeben von Rolf Tiedemann. 464 Seiten. Gebunden

NF 138/2/8.09

Einzelausgaben. Eine Auswahl

Beethoven. Philosophie der Musik. Fragmente und Texte. Herausgegeben von Rolf Tiedemann. stw 1727. 392 Seiten

Einleitung in die Soziologie. Herausgegeben von Christoph Gödde. stw 1673. 336 Seiten

Erziehung zur Mündigkeit. Voträge und Gespräche mit Hellmut Becker 1959 bis 1969. Herausgegeben von Gerd Kadelbach. st 11. 148 Seiten

Jargon der Eigentlichkeit. Zur deutschen Ideologie. es 91. 139 Seiten

Minima Moralia. Reflexionen aus dem beschädigten Leben. BS 236. 339 Seiten

Negative Dialektik. stw 1706. 531 Seiten

Studien zum autoritären Charakter. Übersetzt von Milli Weinbrenner. stw 1182. 483 Seiten

Traumprotokolle. Herausgegeben von Christoph Gödde und Henri Lonitz. Mit einem Nachwort von Jan Philipp Reemtsma. BS 1385. 122 Seiten

Zu einer Theorie der musikalischen Reproduktion. Herausgegeben von Henri Lonitz. stw 1750. 400 Seiten
Zur Lehre von der Geschichte und von der Freiheit. stw 1785. 491 Seiten

NF 138/4/8.09